历史学习的绝佳读本　中国家庭的必备藏书

中侨大讲堂

刘凤珍 主编

刘雪涛◎编著

中国通史大讲堂

中国华侨出版社

图书在版编目（CIP）数据

中国通史大讲堂 / 刘雪涛编著． — 北京：中国华侨出版社，2016.12
（中侨大讲堂 / 刘凤珍主编）
ISBN 978-7-5113-6533-0

Ⅰ．①中… Ⅱ．①刘… Ⅲ．①中国历史—通俗读物 Ⅳ．①K209

中国版本图书馆 CIP 数据核字（2016）第 292777 号

中国通史大讲堂

编　　著 / 刘雪涛
丛书主编 / 刘凤珍
总 审 定 / 江　冰
出 版 人 / 方　鸣
责任编辑 / 冰　馨
封面设计 / 杨　琪
经　　销 / 新华书店
开　　本 / 720mm×1010mm　1/16　印张：24　字数：321 千字
印　　刷 / 北京鑫国彩印刷制版有限公司
版　　次 / 2017 年 6 月第 1 版　2017 年 6 月第 1 次印刷
书　　号 / ISBN 978-7-5113-6533-0
定　　价 / 48.00 元

中国华侨出版社　北京市朝阳区静安里 26 号通成达大厦 3 层　邮编：100028
法律顾问：陈鹰律师事务所
发行部：（010）64443051　　传　真：（010）64439708
网　址：www.oveaschin.com　　E-mail：oveaschin@sina.com

前言

Preface

世界著名文学家塞万提斯说："历史孕育了真理，它能和时间抗衡，把遗闻旧事保存下来，它是往古的迹象、当代的鉴戒、后世的教训。"历史作为一面镜子，映照着人类社会的成功与失败、兴盛与衰退、辉煌与悲怆、交替与更新，也预示着人类的未来。

中国是一个拥有五千年灿烂文明史、充满生机与活力的泱泱大国，要了解中国的发展历程，就不能不了解中国历史，就不能不掌握必要的历史知识。然而，很多人对中国历史的全貌缺乏清晰的认识。在越来越重视"复合型人才"的今天，如果我们不懂得一些必需的历史知识，平日生活中难免会错误百出，被视为无知；如若不懂装懂，难免会贻笑大方；更可怕的是，如果为人师者不懂得一些历史知识，难免要误人子弟，甚至会导致谬种流传。缺乏对中国历史的全面了解，就是放弃了一座取之不尽的思想宝库。对于我们每个人来说，只有掌握了史实背后所蕴含的深厚底蕴，才能增进对历史乃至现实的解读与把握，才能在新的挑战面前与时俱进，顺应社会发展的潮流。

如何让历史知识更好地普及？如何让历史从神圣的殿堂走入民间？这对历史读物的通俗性和趣味性提出了很高的要求。中国有浩如烟海的历史典籍，从史家巨制《史记》《资治通鉴》《二十四史》到汗牛充栋的各类野史、笔记、演义，这使中华民族无愧于"历史的民族"的美誉。然而正统史著晦涩的文字、浩繁的卷帙、历史事件和人物的错综复杂，对一般读者来说无疑是一道难以跨越的鸿沟，很难找到入门之径。针对这种情况，我们采用了简明通史体例，即在一定历史观的指导下，通过通俗精练的文字对中国历史进行现代诠释，使读者在较短时间内了解中国历史。

本书以时间为序，选取了中华五千年历史上的重大事件、风云人物、辉煌成就、灿烂文化等内容，在保证历史完整与延续的基础上，将其分为远古文明、春秋战国诸侯争霸、秦汉大一统、隋唐盛世、群雄并立及两宋、元朝的征服、明朝的集权与裂变、清朝的兴衰等十个篇章，精彩扼要地勾勒出中国历史演进的基本脉络和中华民族的发展过程，从宏观上把握中国历史，窥斑知豹，进而从中揣摩历史发展的内在规律。在体例编排上，注重各历史事件之间的内在联系和逻辑顺序；同时设立了“相关链接”，涉及政治、经济、文化、科技等多个领域，以期对正文进行补充，使读者能对历史事件的相关情况一目了然。此外，本书还配以多幅精美图片，图文对应，互为解释和补充，力求精确、经典。精确是指对历史文物、遗迹、人像等图片的选用和说明准确无误；经典是指每一段历史故事都力求选取最有代表性和说服力的图片。简洁精要的故事，配以多元化的图像，打造出立体的阅读空间，使读者获得图与文赋予的双重享受。

历史蕴含着经验与真知。了解中国的历史，不仅可以增进民族荣誉感和自豪感，更重要的是可以认识昨天、把握今天、创造明天，可以充实自己的头脑，汲取宝贵的人生经验。在本书中，我们尝试为读者提供一种更轻松便捷的方式去考察历史、感受历史、思考历史。在这里，历史不再是抽象的文字表达，而是令人身临其境的直观场景。灵动缜密的文字叙述可以让读者感受到秦皇汉武的文韬武略、盛唐的辉煌气象；包罗万象的各类图片让读者见证疆场的金戈铁马、先人的匠心巧智……清新明快的语言将引导读者解读那一幕幕生动的历史剧、一个个鲜活的历史人物，把厚重的史实变得简洁明了，并让千古流传的智慧启迪人们今天的生活。

目录

Contents

第一章　远古文明

第二章　夏、商、西周王朝

第三章 春秋战国诸侯争霸

第四章 秦汉大一统

第五章　三国、两晋、南北朝的离析与交融

第七章 群雄并立及两宋

第八章　元朝的征服

第九章　明朝的集权与裂变

第一章

远古文明

我国是人类文明的发源地之一，从远古时代起，我们的祖先就生活在这片辽阔的土地上，从 800 万年前的云南腊玛古猿到 300 万年前的湖北南方古猿，渐渐向人类演化。170 万年前的元谋人已是典型的猿人了。80 万年前的蓝田人终于能直立行走了，直立人由此诞生。

一、史前人类

史前史：旧石器时代（约公元前 800 万年—约公元前 6000 年）是能够确认的人类最早制造和使用工具的时代。考古学家把人类起源至农业出现以前的这一漫长时代，称作“旧石器时代”。这一阶段，人类在体质演化上经历了直立人阶段、早期智人阶段和晚期智人阶段，逐渐由猿人向现代人进化。旧石器时代以打制石器作为重要的标志。打制石器由简单、粗大向规整、细小发展，种类也不断增多，并且在骨器上发明了磨光技术和钻孔技术。此间，人工取火出现了，人类的进化更加迅速，思维得到了突飞猛进的发展，人类社会出现了原始宗教和艺术。

原始人群

旧石器时代，远古人类的活动范围遍及中国大陆。北自黑龙江、内蒙古，南至云南、广西，西起青海、西藏，东抵沿海诸省。据不完全统计，新发现的旧石器时代遗址有三四百处。

其中，举世闻名的周口店北京猿人、陕西陈家窝蓝田猿人化石的年代距今六七十万年。公主岭蓝田猿人化石年代，约在距今 100 万年—80 万年之间。云南元谋人化石的年代较早，距今约为170万年。山西芮城西侯度遗址的年代则距今约180万年。

他们生活在杂木丛生、野兽逼人的恶劣环境中，加之主要的生产工具只有简陋的打制石器，因而获取食物十分艰难。他们必须联合起来，以群体的力量弥补个人力量的单薄。

原始人群前期的人类保留的猿类身体特征较多，与现代人类差别较大，学术界称其为“直立人”。这时男女之间关系是杂乱而不受限制的，人类的婚姻形态属于不分辈分的乱婚时期，所生的子女知其母不知其父。在我国境内，这时期的代表人类主要有元谋人、蓝田人、北京人、金牛山人等。

原始人群后期的人类体质已有相当进步，学术界称为“早期智人”，亦称“古人”，距今 20 万年—10 万年之间。随着人类思维进步，不同辈分男女之间杂乱的性交关系逐渐被摒弃。这时人类已禁止不同辈分之间通婚，婚姻只能在同辈之间进行，这叫作“血缘群婚”。血缘群婚制的出现，是人类婚姻形态的一大进步。它不仅使人类的体质、体能有所改善，而且开始形成长幼、辈分的意识。这是人类最早的婚姻制度，也是人类伦理、道德观念的启蒙。但在这样的婚姻形态下所生的子女，仍知母不知父。在我国已发现的属于这一时期的人类有马坝人、长阳

西侯度遗址

约公元前 180 万年，我国境内目前发现的最早人类文化遗址，数量不是很多，但分布跨度却很广，年代最早的是山西芮城西侯度文化遗址，共发现石制品的文化遗物 32 件。主要有用石英岩，也有少量用脉石英和火山岩加工成的刮削器、砍器、尖状器和石核、石片，另有带切割或刮削痕迹的鹿角，以及烧骨和成批的哺乳动物化石。西侯度，是华夏文明最原初的一个源头。

人和丁村人等。

元谋猿人

元谋人的发现地点在云南元谋盆地东缘的上那蚌。170 万年以前，这里榛莽丛生，是一片亚热带的草原和森林。元谋人使用原始的石器捕捉动物。在元谋盆地内暴露的 695 米厚、共 4 段 28 层的河湖相沉积地层里，在第 4 段第 22 层，发现了两枚上内侧门齿化石。通过古地磁测定法检测，确定这两枚牙齿是属于 170 万年前的一个男性青年的。和这两枚牙齿化石同时从褐色黏土层中出土的，还有 7 件元谋人制造和使用的脉石英石核与刮削器。

北京人

原始的北京人生活在距今约 70 万年—50 万年以前，其遗址位于北京周口店龙骨山的洞穴中。根据考古发现，北京人既像猿，又有一些人的特征。北京人的长相是：前额低平，两个眉骨连在一起，粗大而前突，颧骨很高，鼻子扁宽，嘴巴向前伸，没有下巴，牙齿粗大，脑壳比现代人厚一倍。脑量只有现代人平均脑量的 80%。北京人的下肢骨髓腔较小，管壁较厚，但在尺寸、形状、比例和肌肉等方面都和现代人相似，这证明他们已善于直立行走，但腿还有点弯曲。北京人身高 156 ～ 157 厘米，具有蒙古人种的特征，懂得使用石制工具和火。石器有砍斫器、刮削器、雕刻器、石锤和石砧等多种类型。

构木为巢和钻木取火

在我国古代，有许多关于原始人群到氏族公社初期人类生活进化的传说。这种传说大多是古人对远古时代的生活情景进行的一种想象。

原始人的工具很粗糙，所以难以抵御周围猛兽随时可能对他们造成的伤害。正当人们为没有理想的住处而发愁的时候，部落中的一个人看到了树上的鸟巢。他发现鸟儿白天出外寻找食物，晚上回到巢中栖息，地上的野兽无法伤害它们。由于树叶的遮挡，下雨天也不会被淋。由此看来，居住在巢中既安全又舒适。于是，那人便依鸟巢的样式筑造了一个可以住人的巢。后来，原始人就学着鸟儿的样子，在树上造起小屋，这样就安全得多了。后人把这称为“构木为巢”。传授给他们这种做法的人被称为“有巢氏”。

最早的原始人不知道怎样利用火，不仅生吃植物果实，就是捕到的野兽，也连毛带血地吃了。后来，人们在不断的实践中发明了人工取火的方法（在周口店的北京人遗址中，已发现用火的痕迹，说明那时候人们已经知道利用火）。

其实自然界中火的现象早就有了。火山爆发，会喷出火；打雷闪电的时候，树林里也会起火。起初，原始人看到火时，不会利用，反而非常害怕。后来偶尔拾到被火烧死的野兽，拿来一尝，味道香美。渐渐地人们学会用火烧

石镰　新石器时代

新疆阿克塔拉出土，它的镰体是弧形的，其中一端比较宽，装柄用；另一端是尖状的，内侧磨为锋刃。

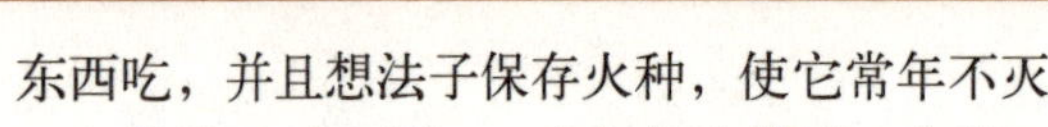

东西吃，并且想法子保存火种，使它常年不灭。

传说一天夜里，一个年轻人做了一个梦。在梦里，有人告诉他："一直往北走，有一个叫燧明国的地方，那里有火种。"年轻人醒来后，就向北方走去。他历尽千难万险，终于来到了燧明国。这里遍地长的都是一种参天大树，大树遮天蔽日，四处一片黑暗，不分白天和黑夜。这时候，年轻人的眼前突然闪出一丝亮光——一种长着短而硬的嘴巴的鸟正在啄他前方的一棵燧木，鸟一啄，燧木就迸出火星。年轻人看到这种情景，脑子里灵光一闪，立即折下几根燧枝，互相敲击，树枝上果然闪出了火花！年轻人又用小树枝去钻大树枝，终于，树枝上冒烟了，接着，燃起了火花。

有了火之后，人们开始吃熟食、用火驱赶野兽、取暖。人们被年轻人的勇气、智慧和无私所折服，推举他做首领，并称他为"燧人氏"。《太平御览》记载："燧明国，不识四时昼夜，其人不死，厌世则升天。国有火树，名燧木，屈盘万顷，云雾出于其间。折枝相钻，则火出矣。后世圣人变腥臊之味，游日月之外，以食救万物，乃至南垂。目此树表，有鸟若鸮，以口啄树，粲然火出。圣人感焉，因取小枝以钻火，号燧人氏。"

又过了很长时间，人们又用绳子结成网，用网去捕猎，还发明了弓箭，这比用木棒、石器打猎又有了很大进步。使用弓箭，不仅可以射杀平地上的走兽，就连天空中的飞鸟、水里的游鱼，也可以捕捉到。捕捉到的动物，如果吃不完，人们并不急于将它们杀死，而是将其养起来。这种结网、打猎、养牲畜的技能，都是人们在劳动中日积月累起来的。传说中，这些事的发明人是"伏羲氏"，或者叫"庖牺氏"（庖是厨房，牺是牲口的意思）。

经过了漫长的渔猎时期，人类的文明又有了新的进步。人们发现撒在地上的野谷子，到了第二年，会生出苗来，一到秋天，又结出了更多的谷子。于是，人们就自觉地栽种起来。后来，人们用木头制造了一种耕地的农具，叫作耒耜（一种带把的木锹）。他们用耒耜耕地，种植五谷，获得了可以吃的粮食。传说中把这个发明种庄稼的人叫"神农氏"。

从构木为巢、钻木取火，一直到渔猎、畜牧，发展出农业，充分反映了原始人生产力发展的进程。

山顶洞人

山顶洞人是在北京房山周口店龙骨山的洞穴中发现的，距今约有18000年。洞穴中所出石器仍为打制，属于旧石器时代晚期。有些器物制作精致，如做装饰品用的小石珠、穿孔砾石等。其中有的骨针长82毫米，最大直径3.3毫米，而且钻有规整的针鼻，以便引线缝衣。骨针的发现，证明了当时的人类已掌握了高超的钻孔技术，穿着已有很大的进步。有些石珠、鱼骨等装饰品还用赤铁矿粉染成了红色，说明当时的人类已有爱美观念。有的尸骨周围还散布着赤铁矿粉粒，可能这时已产生了原始宗教观念。在山顶洞人的居处发现有大量的动物化石，其中有鱼骨化石，说明了当时的人类过着以渔猎和采集为主的生活。那里还有用火的痕迹，估计人们已发明了人工取火技术。

 二、氏族社会

氏族公社

氏族公社是继原始群之后出现的以血缘为纽带的人类共同体，是原始社会的高级阶段。氏族公社的历史可分为母系氏族公社阶段和父系氏族公社阶段。

在母系氏族公社时期，妇女居于支配地位，丈夫居于妻方，辈分从母系计算，财产由母系继承。这时期的婚姻实行族外婚制，只有不同氏族之间的同辈男女可以互为夫妻。后来婚姻又发展为对偶婚，就是在互婚的男女群中各有一个主要配偶，但并不严格，所生子女仍然只知其母不知其父。这时期氏族的财产实行平均分配。在我国境内，这时期的代表性的人类文化遗址有河姆渡文化、仰韶文化、半坡村遗址。

父系氏族公社是由氏族公社向阶级社会过渡的社会组织形式。这时期的代表文化有龙山文化、大汶口文化。在父系氏族公社里，男子居于支配地位，妻子从夫而居，辈分从父系计算，财产由父系继承。男子不再以狩猎、捕鱼为主，而是代替妇女从事农业和饲养业。妇女在经济上退居次要地位，职能已经转向主要从事家务劳动和生儿育女。这时期的婚姻制度由对偶婚向一夫一妻制过渡。父系氏族公社内部以男子为中心分裂为若干个大家庭，各大家庭内部又分裂为若干个一夫一妻的小家庭。这样，以血缘为纽带的氏族公社逐渐瓦解，代之以地缘为纽带的农村公社，以小家庭为单位的私有制产生，随着贫富的不断分化，阶级在逐渐形成。

前仰韶文化

前仰韶文化（约公元前 5400 年—公元前 5000 年）具有代表性的文化有磁山文化、裴李岗文化等，分布范围在后来的仰韶文化区域之内，如河南、陕西、河北等省，与仰韶文化有继承关系，被称为前仰韶文化。这时期经济以农业为主，发现有石制农具、陶器及粮食等。特别是磁山遗址窖穴中发现的粮食遗存，总量竟达 5 万公斤！如此丰富的遗存，标志着前仰韶文化时期农业生产已经跨越了最初的阶段。可见这里应是中国旱作农业起源地，肥沃的黄土地是先民赖以生存的基地，从这个意义上讲，前仰韶文化居民堪称黄土地最早的儿女。

裴李岗文化

裴李岗文化（约公元前 5500 年—公元前 4900 年）是目前已知的华北地区最早的新石器文化遗存，主要分布在河南中部地带。裴李岗遗址中有房基、窖穴、墓地等村落遗迹，居住建筑集中在遗址中部，窖穴在南部，墓地在西部和西北部。最有代表性的器型是带足磨盘、带齿石镰和双弧刃石铲。农业作物是粟。饲养有家猪、家狗、家鸡甚至家牛等。以木制弓和骨制箭为狩猎工具。陶器有红褐色砂质和泥质两种，多碗、钵、鼎、壶等日用器具，陶壁厚薄不匀。从建筑遗存、埋藏习俗、农业生产，特别是陶器形制、纹饰等方面考察，它与后来的仰韶文化关系比较密切。

半坡村遗址

仰韶文化距今约六七千年，属于母系氏族繁荣时期的文化。这一文化类型是1921年首次在河南渑池县仰韶村发现的，因此以“仰韶”作为这一文化类型的名称。仰韶文化发源于黄河中游，遍布于黄河中上游各省。著名的仰韶文化遗址有陕西西安的半坡村遗址和陕西西安临潼的姜寨遗址。

半坡村遗址在西安的东郊，遗址东西最宽处近200米，南北最长为300多米，总面积约5万平方米。遗址略呈椭圆形，北面为氏族墓地，南面为居住区，东北面为陶器窑场。居住区内的房屋有大有小，大的面积达120平方米左右，只有一间，可能是氏族首领的住室或议事集会场所。

这时期的生产工具以石器为主，有石斧、石铲、石镰、石刀、石磨等，大多磨制得比较精致，各有用途。除此之外，骨器、陶器等也是他们常用的工具。这里的生产以农业为主，已经处于“锄耕农业阶段”。半坡居民种植的谷物有粟、稻等，用石磨盘、石磨棒磨去谷皮。他们还种植白菜、芥菜等。家畜饲养业在这时已出现，他们在居住区内建起圈栏，主要饲养猪、狗等家畜。居民除经营这样的原始农业和饲养业外，还要捕鱼、狩猎、采集果实以补助生活，渔猎经济在此时期仍占重要地位。

半坡居民日常生活的主要用具有手制的陶器、石器、骨器、纺织架、木器等。陶器以粗质和陶土细泥的红色、红褐色陶为主，最常见的是粗砂陶罐、小口尖底瓶和钵所组成的一套生活常用器，例如瓮、罐、瓶、盆、钵、鼎等，上面绘有黑色或红色旋涡纹、波浪纹、几何纹、花瓣纹、鱼纹、鹿纹和人面形图案等。人们称这类陶器为彩陶。在圆底钵口沿的宽带纹上，发现有22种不同的刻画符号，有人认为是中国古代文字的萌芽。半坡居民的装饰品有用石、骨、陶、蚌磨制成的环、璜、珠、坠、耳饰、发饰，以及镶嵌饰等。

半坡类型的墓葬约一半有随葬品，主要是日用陶器。其墓葬体现了一些奇特葬俗，小孩瓮棺葬具多打洞，可能是作为灵魂出入的通口。常见“割体葬仪”，将被葬者手指、足趾割去另外埋藏。半坡墓葬是同性合葬墓，反映了母系氏族社会的葬俗。

河姆渡文化

河姆渡文化是中国长江流域下游地区的新石器时代文化，因首先发现于浙江余姚河姆渡而得名，主要分布在杭州湾南岸的宁绍平原及舟山群岛，距今约有6000年。

河姆渡文化的农具除石斧、石凿等石质工具外，最有特色的是骨耜。骨耜是一种翻土工具，用水中大型哺乳动物的肩胛骨制成。河姆渡文化时期的陶器为黑色，有釜、钵、罐、盆、盘等，都是手制的。木作工艺是河姆渡文化手工业的又一特色。在这里出土的一件木质漆碗，外表涂有红色涂料，微显光泽，经鉴定为生漆，这是迄今中国最早的漆器。

河姆渡文化的农业以种植水稻为主。考古发掘时发现有很多稻谷、稻壳、稻茎的遗存，是迄今中国最早的稻谷实物，也是世界上目前最古老的人工栽培水稻

音乐的产生与发展

新石器时代，人们对音乐的乐律性质已有了理性认识，随着笛、埙类有明确音高的旋律乐器的出现，人们开始认识音之间的关系，音阶开始产生，并有了将音高纳入模式的乐律知识。山西万荣县荆村和半坡的陶埙已不按绝对音高制作，而具有调式性质，其中一音孔陶埙均能发 4 个音，并且相邻的音阶各埙也大致相同。早于仰韶文化的河南省舞阳县贾湖新石器遗址出土有十几件骨笛，大多为 7 孔，能奏出七声音阶，结构完整准确，音质较好。有些骨笛在音孔旁还有调音用小孔，可见制作者已有明确的乐律意识和调音水平。

的证据。河姆渡居民饲养的家畜有水牛、猪、狗等。

此外，河姆渡遗址还发现一种地板高于地面的干阑式建筑。干阑式建筑是中国长江以南新石器时代以来的重要建筑形式之一，目前以河姆渡发现的为最早，与北方地区同时期的半地穴式房屋有着明显区别。这种建筑构造是与河姆渡聚落地河湖密布、潮湿炎热的地理环境相适应的，同时也表明了当时的建筑技术已相当进步。

大汶口文化

大汶口文化是黄河下游地区的新石器时代文化，因 1959 年于山东泰安大汶口发掘其遗址而得名。主要分布在山东泰山周围地区，延及山东中南部和江苏淮河以北一带。年代约始自公元前 4300 年，到公元前 2500 年发展成龙山文化。

大汶口文化以农业经济为主，种植适合黄河流域的耐旱作物粟，已经有较多的剩余粮食。农业生产工具有石铲、鹿角锄等，木质农具如耒、耜等已经出现。

大汶口文化饲养的动物有猪、狗、牛、羊、鸡等。渔猎经济占有一定的比重，骨镞、角质鱼镖、网坠等遗物表明了当时居民进行狩猎和捕鱼活动。大汶口文化特有的獐牙刃勾状器以鹿角为柄，是用来捕鱼和切割的多用途复合工具。大汶口文化的陶器制作工艺在不断发展。早期以红陶为主，中期盛行灰陶，陶制品的种类明显增加，晚期则以黑皮陶为主，陶胎为棕红色，少量为纯黑陶。轮制技术的广泛使用使陶器制作获得长足的发展。在晚期制陶工艺中发现了新的制陶原料，出现了质地坚硬、胎薄而均匀、色泽明快的白色、黄色、粉红色陶器，统称为“白陶”。

大汶口文化中使用的陶文出现了迄今为止中国发现的最早的象形汉字。陶文的产生和使用，为甲骨文、金文的产生提供了条件。

制石、制玉、制骨等手工业在大汶口文化中已经比较发达。石质工具多为磨制，并穿孔，出现了管穿法和凿穿法两种穿孔方法。

大汶口文化的房屋有圆形半地穴式，屋顶为木质的原始梁架结构，呈圆锥形。

新石器时代的农作物

在新石器的早期阶段，黄河流域的旱田耕种粮食作物主要是粟（俗称小米，夏商周三代或称稷），磁山、裴李岗遗址均有出土实物，除粟外可能还有黍（俗称大黄米）；华南地区的山地耕种粮食作物，最早可能是芋类、薯类；长江流域的水田耕种是水稻，但稻的种属（籼或是粳）情况尚不清楚。在新石器时代中晚期，

黄河流域和其他流行旱田耕作习俗的北方地区，耕种的粮食作物主要是粟、黍，个别地区或亦种植豆、麻、稻、高粱、麦等；长江流域、华南地区则主要种植水稻，个别地区（如台湾凤鼻头文化）亦兼种粟。综合全国各地的情况，大致有芝麻、蚕豆、薏苡、瓠（葫芦）、菱角、芡实、甜瓜、桃、樱桃、莲藕、栗子、花生、枣、油菜、芥菜或白菜等。

家畜的饲养

畜牧业与农业一样是人类社会发展到一定时期的产物。只有在人们的生产技术与经验积累到一定水平的时候，家畜的饲养才能产生。原始人类最初的食物来源主要靠狩猎和采集，动物的驯养则是狩猎水平发展的结果。弓箭出现以后，提高了狩猎的效率，网罟、陷阱、栅栏等在狩猎中的使用，使人们能够捉到活的动物。人们捕获的动物时多时少。当捕获的动物数量较多的时候，人们没有立即将它们全部屠宰，而用绳索捆绑或用圈栏圈养起来，待食用时再去屠宰。特别是捕获的幼崽，食用又嫌肉少，它本身又不伤人，圈养以后还会日渐长大，这或许是引发人类去驯养动物的始因。其中，狗经过驯养以后，还成为狩猎时的帮手，因此，狗被认为是最先驯养的动物。家畜的饲养一经出现，驯养动物的品种也不断增多。在黄河流域，大约在仰韶文化时期已饲养黄牛。在龙山文化时期，又增加了马和猫。这样，到中国新石器时代晚期，马、牛、羊、狗、鸡等，均已成为家畜而被人们饲养。

原始乐舞

新石器时代中期的氏族先民已经创造出多种原始乐器，对繁荣和推动这一时期原始乐舞的发展做出了贡献。原始音乐是以“乐”这一概念表示的，它与原始舞蹈密不可分，是一种歌、舞、乐相结合三位一体的原始乐舞。氏族先民在长期劳动生产实践中，逐渐对劳动的呼号、动作、节奏与音调等有了深入的体会与认识，从而产生了一种再现劳动与生活场景的冲动，于是创造出了原始乐舞这种原始艺术形式。1982 年，在甘肃秦安大地湾遗址一座仰韶文化晚期大房子中发现一幅地画，就是中国新石器时代中期氏族先民原始舞蹈的艺术表现。这座大房子的居住面是用白石灰抹上的白灰地面，在室内靠后壁中部居住面上，用黑彩绘着一幅面积达 1 平方米的原始舞蹈图。画面上方是两个舞蹈者，右手抚头，左手按住腰间的武器，双脚分叉在跳舞。他们的面前是两具摆放在墓坑里的尸骨，似乎表示他们跳的是祈祷亡灵的祭祀舞。这是中国目前发现年代最早的一幅舞蹈图。

三、华夏文明的传说

创世神话

在南方人民的心目中，盘古是宇宙的开辟神。他生于宇宙中，经历 18000 年之后开天辟地，阳清为天，阴浊为地，而盘古则身化为山川日月江海草木，产生风云雷电。在北方神话中，女娲则是创造人类的女神。她用黄色泥土揉成了人类，

并且在天崩地陷、洪水泛滥的时候，炼成了五色石块修补苍天，以巨鳌的足代替坍塌的天柱支撑起天。女娲还屠龙堵水，造福人类。

后来出现了女娲与伏羲是夫妇的说法。伏羲是汉民族中流传最广的神话人物，是雷神之子，其形象是蛇身人首，来往于天地之间，创造了八卦以及其他一些事物，后来成为三皇之一。相传伏羲做天下之王的时候，野兽很多，他就教人们用绳子结网，用来狩猎、捕鱼。

神话是上古人民根据自己的能力对自然的理解，具有强烈的想象性和艺术性，反映了上古人民生活水平和生活环境的特征。据说，中国神话中的女神人物如女娲、羲和、西王母等在很大程度上带有母系氏族社会的色彩。中国母系氏族社会在新石器时代中晚期发展成熟，进入全盛时代，女性在氏族生活中的核心地位使得这些女神成为人类甚至万物的创造者。

神农、黄帝、蚩尤

中国古文献中记载了许多反映父系氏族社会的情况。距今约4000年前，黄河流域和长江流域出现了部落联盟。其中著名的部落联盟领袖有黄河流域的神农、黄帝和江淮流域的蚩尤。

神农又称炎帝，居于姜水流域，以姜为姓。他是农业生产和医药的发明者，用木制作耒耜，教民耕种；又曾尝百草，发现药材，教人治病。黄帝又称轩辕氏、有熊氏，居于姬水流域，以姬为姓。他造出了宫室、车船、兵器、衣裳。他的妻子发明了养蚕抽丝技术。他还让其臣属创制文字、音律、医学、算数等。传说中国的文明起源于炎帝和黄帝时代。旧时人们常以“炎黄”代表中华民族的祖先。

蚩尤是中国东方九黎族的首领，约与神农、黄帝同时，传说其面如牛首，背生双翅，是牛与鸟图腾的复合体。相传他以铜为兵器，能呼云作雨。据考证，现在中国南方的苗族就是蚩尤部落的后裔。

为了扩张势力，各部落之间经常发生战争。传说，蚩尤制造金属兵器与黄帝展开旷日持久的战争。黄帝久战不胜，就请来天女止雨，并制造出了指南针辨别方向，最后终于打败了蚩

黄帝像

黄帝与中医起源

《黄帝内经》是我国现存最早的一部中医理论专著，相传是黄帝与岐伯、雷官等六臣讨论医学的论述。《黄帝内经》将阴阳五行等哲学思想用于解释人体之生理、病理，形成了人与自然紧密关联的基本认识。在解释具体问题时，以脏腑、经脉为主要依据；在治疗方面，针灸多于方药。《黄帝内经》在我国中医史上，以其不可替代的“四个最早”（最早建立医学理论体系，最早研究和描述人体的解剖结构，对人体血液循环有最早认识，最早总结针灸、经络的理论和实践）为我国的中医发展做出了杰出的贡献。

炎帝像

炎帝即神农氏，曾遍尝百草为人治病，晚年在南巡途中因误尝毒草而身亡，死后葬于长沙茶乡之尾。

尤。后来，炎帝和黄帝又为争夺中原地区，在“阪泉之野”展开大战。炎帝战败，归顺了黄帝，炎、黄两部落走向联合，形成了华夏族的主体。

传说中的三皇五帝

古代传说中的“三皇五帝”究竟是谁，历史上一直没有定论，特别是“三皇”，其说法有六七种之多，“五帝”目前以《史记》所载最为通行，是黄帝、颛顼、帝喾、尧、舜五人。而与他们基本处于同一时代的著名人物和部落还有神农氏、蚩尤、祝融、共工等。后世人附会说夏、商、周三代的祖先都是与五帝有关的重要人物，甚至就是五帝的“苗裔”。在神话传说中，三皇五帝时期天下有万国，“三皇”和“五帝”都是人们民主推举的德高望重的首领，他们在位时，与人民一同劳动，推行“德政”，通过战争打败南方的蚩尤，统一各部落，率领人们由蛮荒跨入文明社会。他们老了，以禅让的方式将首领位置交给杰出的继任者。因此，在他们统治期间，天下为公，讲信修睦，人人生活幸福。

尧舜禅让

传说在黄帝之后，出了三个很出名的部落联盟首领，名叫尧、舜和禹。他们原来都是一个部落的，先后被推选为该部落联盟的首领。

尧是我国古代传说中一位著名的贤君。据说他当上部落首领后，处处想着人民，对荣华富贵十分淡薄，住的是简陋的茅屋，过着粗茶淡饭、勤俭朴素的生活。尧为了人民尽心尽责，但他的儿子丹朱却是个不肖之子。尧不愿意传位给儿子，就时常留心天下贤人，准备将帝位禅让给他。有一次，他召集四方部落首领来商议，到会的人一致推荐舜。

尧听说舜这个人很好，便让大家详细说说舜的事迹。大家便把了解到的情况说给尧听：舜有个糊涂透顶的父亲，人们叫他瞽叟（因其双目失明）。舜的生母死得早，后母心肠很坏。后母生的弟弟名叫象，极其傲慢，而瞽叟却很宠他。生活在这样一

先秦的礼教与祭祀建筑

据史料记载，先秦最有代表性的是高台建筑和神祀建筑，例如燧人氏有传教台、桀有瑶台、纣有鹿台、周有灵台、楚有章华台、秦有琅玡台、汉有通天台等。这些叠石累土而造成的台是观天文、观四时、观鸟兽的场所，但后来却演化为专供皇帝登高娱乐的行宫，但从中可以看出古人的审美观。古代人崇尚自然神教，崇拜祖先，于是有了许多神殿建筑。比如，黄帝时的合宫、尧时的衡室、舜时的总章、夏时的时室、殷时的阳馆、周时的明堂。这些神殿的建筑样式我们无从稽考，只有周代的明堂，后人略有记录。

个家庭里的舜，待他的父母、弟弟都很好。因此，大家认为舜是个德行好的人。

尧听了挺高兴，便把自己两个女儿娥皇、女英嫁给舜。为了考察舜，又替舜筑了粮仓，分给他很多牛羊。舜的后母和弟弟见了，非常妒忌，便和瞽叟一起用计想暗害舜。

尧帝像

有一次，瞽叟叫舜修补粮仓的仓顶。当舜沿着梯子爬上仓顶时，瞽叟就在下面放了一把火，想把舜烧死。舜在仓顶上一见起火，想找梯子下来，却发现梯子已经被人拿走了。幸好舜随身带着两顶遮太阳用的笠帽，他双手拿着笠帽，像鸟一样张开翅膀跳下来。笠帽随风飘荡，舜安然无恙地落在地上。

瞽叟和象不甘心失败，他们又叫舜去淘井。舜跳下井去后，瞽叟和象就在上面向井里扔石头，想把舜埋在井里面。但是舜下井后，在井边挖出一个通道，从通道中钻了出来，又安全地回家了。

从此以后，瞽叟和象不敢再暗害舜了。舜还是像过去一样和和气气对待他的父母和弟弟。

尧听了大家的介绍后，又对舜进行了一番考察，认为舜确是个众望所归的人，就把首领的位子让给了舜。这种传位方式，历史上称为“禅让”。

舜担任首领后，又俭朴，又勤劳，跟老百姓一起参加劳动，大家都信任他。过了几年，尧死了，舜想把部落联盟首领的位子让给尧的儿子丹朱来担任，但是遭到众人的一致反对。舜才正式成为了部落联盟的首领。

大禹治水

在尧担任首领期间，黄河流域经常发生水灾，良田沃土、房屋牲畜都被淹没。这时居住在崇地的一个名叫鲧的部落首领，奉了尧的命令去治理洪水。鲧用了将近 9 年的时间治理洪水，不仅没有制服洪水，反而使洪水闹得更大、更凶了。鲧只知道筑造堤坝挡住洪水，却不知道疏通河道，后来，堤坝被洪水冲垮了，灾情便越来越严重。

舜接替尧担任部落联盟首领后，认为鲧工作失职，便杀了鲧，并让鲧的儿子禹去治理洪水。

禹汲取了父亲治水失败的教训，把以堵为主改为以疏为主。他偕同益、稷二人带领工人四处考察，立了许多标记，最终得出治水方案。他认为黄河水患最严重，其次是济水、淮水和长江。于是，他从壶口起把龙门山开了一条大路，又把砥柱山挖出一条深坑，从孟津往北连开九条大河，使黄河水患平了下去。然后又疏通济水的源头，使济水一面通黄河，一面通山东的汶水，治平了济水之患。他又从河南桐柏山起，把淮水分为两路，一路通山东泗水，一路通山东沂水，把淮河水患平下去了。疏导长江的工程则从四川的岷山做起，也以疏浚河道、加速行

地理学著作《禹贡》

《禹贡》托名大禹，作于战国时代，作者不详。它是中国历史上出现较早、影响很大的一部自然地理考察著作和原始的经济地理著作。

书中假托大禹治水经过，把中国东部按自然条件中的河流、山川和大海等分界，划分为九州，同时分别叙述每州的山脉、河流、薮泽、土壤、物产、交通、田赋、民族等情况。书中还有“导山”和“导水”两部分，对于山系和水系的描述明了、准确，对当时以黄河为中心的水系网络记述得井井有条，是宝贵的历史资料。

洪为主，把长江水引到东海去了。

传说在禹治水的13年当中，一直想着老百姓仍在遭受洪水的祸害，庄稼被淹，房子被毁，于是，他曾经3次经过家门都顾不上进去探望家人。经过多年的努力，禹终于治理好了水患，把洪水引到大海里去，对社会的安定、繁荣、发展起到了积极的推动作用。

人们为了表达对禹的感激之情，尊称他为“大禹”，即伟大的禹。

大禹虽然只是一个封国国君，却很受舜的宠信，每有要事都要请他去商量。每逢舜当众表扬他的功绩，他总说是舜领导得好、指挥得好、运筹得好，是舜的德行、仁政、风范感动了民众，民众拥戴舜的结果，或者说舜慧眼识人，善于用人，并把功劳都记在其他几位大臣的账上。舜于是越发觉得大禹仁厚可靠。后来，干脆让大禹直接代替自己摄政，把国家大事全都托付给大禹，让大禹替自己管理了16年国家政事。

通过16年的观察，舜觉得大禹可以当自己的接班人，就当着众位大臣说要把帝王之位禅让给大禹。大禹多次推辞，并竭力推举舜的儿子商均嗣位。不久，舜突然病逝。大禹为了避免与商均发生冲突，就躲避到夏地的一个小邑阳城去，一躲就是3年。3年中，天下诸侯不去朝见商均，却来朝见大禹。大禹看到了自己的威望和实力，于是在舜死后的第三年，返回故都，南面天下，登天子之位。在他的治理下，部落和平，九州安定。后来，大禹命人铸造了象征九州和平的九鼎。这时，随着生产力的发展，社会产品出现了剩余。那些氏族、部落的首领利用自己的权力，将剩余产品据为己有，以公有制形式存在的氏族公社开始瓦解。

禹王治水　版画

约公元前2070年，禹建立夏朝。禹死后，他的儿子启登上王位，“公天下”变为“家天下”，王位世袭制代替了禅让制。

第二章

夏、商、西周王朝

夏朝（公元前 2070 年—公元前 1600 年）是中国历史上奴隶制确立的时期。商朝（公元前 1600 年—公元前 1046 年）是居住在黄河下游的一个悠久的部落，为东夷的一支，建立了强大的部落联盟，开始向奴隶制过渡。西周（公元前 1046 年—公元前 771 年）是中国一个古老的姬姓部落，到周文王时已成商朝西方的一个强大方国。

一、夏、商、西周王朝与社会

天下为家

公天下制度被大禹的儿子夏启破坏后，自然遭到一些人的反对。夏启很有心计，没有急于镇压那些反对他的人，他认为当前最需要做的是安定人心，让民众心服口服地拥护自己。于是夏启在迁都到山西安邑后，严格要求自己，以博得人们对他的信任。他的每顿饭只吃一份普通的蔬菜，睡觉只铺一床粗糙的旧褥子；除了祭神和祭祖以外，他不许演奏音乐来娱乐；他尊敬老人，爱护小孩；谁有本领，他就亲自请来加以重用；谁懂得武艺，他就让谁带兵打仗。

一年后，夏启的声誉就大大提高了。大家一致认为夏启理所当然地是大禹的继承人了，对于父死子继的家天下制度，人们觉得并没有什么不合理。但后来夏启还是过上了荒淫的生活，喜欢饮酒、打猎、歌舞。他的儿子们也开始了权力之争，他的小儿子武观因此被放逐到黄河西岸，并试图反叛自己的父亲。

夏启死后，他的儿子太康做了君主。太康是个不管政事、昏庸无能的人。他只有一个爱好，那就是打猎。有一次，太康带着随从到洛水南岸去打猎。他越打越起劲，一去竟然一百天没回家。

这时，在黄河下游有个夷族，部落首领名叫后羿，后羿的射箭技能非常出众，他射出的箭百发百中。有一个关于后羿的神话，说古时候天空中原有10个太阳，把地面烤得像焦炭似的，致使庄稼颗粒无收。大家请后羿想法子，后羿搭弓射箭，“嗖嗖”地几下，将天空中的9个太阳射了下来，只留下一个太阳。从此，地面上气候适宜，不再闹干旱了。后羿看到太康出去打猎，觉得这是个夺取夏王权力的机会，就亲自带兵把守住洛水北岸。等到太康带着一大批猎得的野兽，兴高采烈地归来时，发现洛水北岸排满后羿的军队，拦住他的归路。无奈之下，太康只好流亡在洛水南面。当时后羿还不敢自立为王，另立太康的兄弟仲康当夏王，而他自己却操纵了国家的权力。

仲康死后，后羿赶走了仲康的儿子相，夺了夏朝的王位。他仗着射箭的本领，也作威作福起来。后羿和太康一样，整天打猎，把国家政事交给他的亲信寒浞处理。寒浞瞒着后羿，笼络人心。有一天，后羿打猎回来，寒浞暗地里派人把他杀死。

后羿一死，寒浞便夺了王位，他担心夏族再跟他争夺王位，便杀死了被后羿

品类两分的夏朝服饰

夏代的等级分化特别明显，至少在服饰上表现出了明显的品类两分现象。所谓服饰品类，大体包括服装及其饰品材料来源的难易、质地的贵贱、制作的精粗、形制的新旧、种类的多寡、组合的繁简、品第的高低，以及穿戴佩挂者身份地位的尊卑和所服之意义。其实，这种服饰品类的两分现象，早在夏代立国之前就已存在，只不过在夏代更为明显，更进一步深化，并有了等级之分。

赶走的相。那时候，相的妻子已经怀了孕，为了保住自己和胎儿的命，相的妻子迫不得已从墙洞里爬了出去，逃到娘家有仍氏部落，后来生下了儿子少康。

少康很小就十分聪明，有心计。后缗觉得这个孩子很有希望恢复夏王朝，在他刚刚懂事的时候，便把先辈创建夏王朝的故事讲给他听，叮嘱他长大以后一定要恢复先世的基业，重振夏王朝。

少康从小受到这种教育的熏陶，果然发愤图强，为夏朝复兴做准备，先在外祖父有仍氏的部落担任管理畜牧的官。浇（寒浞长子）知道少康长大后，便又派人来杀害他。少康逃到虞舜的后代有虞氏那里。有虞氏的首领虞思觉得少康很有出息，就任命他为部落里管理膳食的官，学习管理财物的本领。后来，虞思又把自己的女儿嫁给少康，把一块叫纶的地方交给他管理。纶这个地方有 5 平方千米大小，有很好的田地，并有 500 名士兵。这样，少康就建立起恢复夏朝的根据地和武装。

少康宣扬他的祖先夏禹的丰功伟绩，以此来号召人们支持他复兴故国。少康把那些被后羿和寒浞搞得妻离子散、家破人亡、流浪在外的夏朝旧官吏召集到纶地，叫他们跟着自己重振夏朝。他先派一个名叫艾的大将去刺探浇的实力，又派自己的儿子季予攻打浇的儿子戈豷的领地，削弱浇的力量。艾和季予都出色地完成了任务。少康对于浇的情况已经了如指掌，趁势消灭了浇的儿子戈豷，这样一来使得浇处于孤立无援的地步。

一切都准备就绪，少康便从纶地起兵，向夏朝的旧都城安邑杀去。这时候寒浞已经死去，浇虽然想抵抗，怎奈力量过弱，终于被少康消灭了，天下又回到了夏禹子孙的手里。

夏朝从太康到少康，中间大约有一百年的时间，在这段时间里，国家一直处于混战状态。长期的战乱使生产荒废，民不聊生。少康执政以后，首先做的就是发展农业。少康深知要想得到人民的拥护，就要关心人民的生产和生活。所以，少康即位后，恢复了夏王朝稷官管理农业生产的制度。同时，他又恢复了水正的官职，重新整治黄河、管理水利工程。

除此之外，少康还分封他的小儿子去越国世代祭祀祖先大禹的陵墓。

还有一件事常常使少康感到心中不安，那就是夷族和夏朝之间的斗争仍在继续。为了杜绝这种祸患再次发生，少康决定征战夷族，以显示夏王朝的实力和威风。可惜，少康很早就过世了，征服东夷成了他的未竟之业。

后来，少康的儿子予（也叫杼）即位。他继承了少康的遗志，积极地准备征服东夷。传说为了战争的需要，杼制造了许多进攻武器，还发明了一种可以避箭的护身衣，叫作“甲”。

季予终于战胜了夷族，夏的势力范围又扩大了。

商汤灭夏

约公元前 1653 年，夏桀即位。桀是个暴君，骄奢淫逸，暴戾无道。百姓都痛恨夏桀，希望能推翻他的统治。约公元前 1600 年，汤的军队攻占了夏都阳城，夏王朝

灭亡，汤建立了商王朝。相传商的始祖名契，他的母亲简狄在河中洗澡时吞食了玄鸟（燕子）的卵，怀孕后生下了契，所以契又被称为玄王。商族曾以鸟作为氏族的图腾，经过长期的发展，商族力量逐渐壮大起来，至汤时，迁居于亳（今河南商丘东南），此地是夏和先商交界地区。从亳到夏的都城阳城（今河南登封告成镇），是一片平原沃野，没有什么山河阻挡，汤便于此组织军队向阳城进军。汤迁居亳是进行灭夏的准备。

对待周围各小国，商汤尽力扩大自己的影响，争取各方国和部落的拥护和支持。当汤看到夏桀的统治基础已根本动摇，灭夏时机已经成熟时，便召集诸侯开会准备征伐夏王朝。

经过一番准备之后，商汤于公元前 1600 年征伐夏桀。汤攻夏的进军路线是从亳起兵先伐葛（今河南商丘北）、韦（今河南滑县东南）、顾（今山东范县东南），再伐昆吾（今河南濮阳），最后直捣夏都阳城。夏桀面对汤的进攻，毫无防备，不战而逃，后逃至南巢（今安徽南巢）被囚而死。汤安抚夏朝臣民后举行祭天仪式，宣告夏王朝灭亡。其后，他在三千诸侯的拥戴下登上天子之位，宣告商王朝的成立。经过 20 年征伐战争，汤统一了黄河中下游地区，影响达于上游，统治区域空前辽阔，扩至“四海”东到黄海，北达渤海，西至青海湖，南抵洞庭湖。

商朝建立后，中原地区屡有江水为灾，国都一再迁移。从汤至阳甲时，迁都五次。约公元前 1300 年，商王盘庚把都城迁到殷（今河南安阳），此后商朝的统治稳定下来。因此后代又把商朝称为殷商。商朝的建立，使生产力得到巨大发展，并且使古代文明的进步获得转机，它使中国成为与埃及、印度、巴比伦并称的上古文明国家的代表。

伊尹辅政

商汤从残暴的夏桀身上吸取了教训，总结出夏桀是因为老百姓的反对才灭亡的。于是，他便以身作则，为老百姓做好事，整饬朝纲，将阿谀奉承的奸臣赶走，重用忠心为国的大臣。

伊尹，出生于伊水流域（今河南洛阳附近），在他年龄很小的时候，就被卖到了有莘国（今河南开封陈留一带）做奴隶。

有一回，商汤的左相仲虺去给夏桀送贡品，途中在有莘国停留了几天。无意中，他发现送饭菜的奴隶伊尹才智出众，交谈之下，发现伊尹果然是个贤人。

回国后，仲虺就向商汤举荐了伊尹。求贤若渴的商汤，立即派了一名使臣带着聘礼，到有莘国去请伊尹。使臣到了有莘国后，明察暗访，费了很大劲儿，才在野外的一间小茅草屋里找到了伊尹。使臣上下打量了一番这个又黑又矮、蓬头垢面的伊尹，实在看不出这个人有什么出众之处，不由得显出一副傲慢无礼的神情来，他对伊尹说道：“你就是伊尹吧，你的运气来了，我们商王想见你，赶快收拾东西跟我走吧！”伊尹被使臣傲慢无礼的言行激怒了，立即以一种凛然不可侵犯的态度，从容地回答说 ：“我伊尹虽然贫寒，但我有田种，有饭吃，过得像尧舜一样痛快，为什么要去见你们商王呢 ？”商国的使臣讨了个没趣，只好垂头丧

气地回商国了。

伊尹像

有莘国的国君听说商汤派使臣来请伊尹，他怕伊尹被商国请回去对自己不利，就找了个借口把伊尹抓了起来。后来仲虺亲自来请时，伊尹已失去了人身自由。

仲虺回商国后，把伊尹面临的处境向商汤汇报了一遍，商汤十分失望。后来，仲虺想出了一个主意，便对商汤建议向有莘国君求婚，让伊尹作为陪嫁奴隶，和有莘国君的女儿一起到商国来。这样，不仅可以请来伊尹，而且可以使有莘国免除疑虑。商汤表示赞同，马上派人到有莘国去求婚。使臣到了有莘国，向有莘国求婚，有莘国的国君答应了商汤的要求，于是伊尹作为陪嫁奴隶来到了商国。

伊尹来到了商国后，经过交谈，商汤感到伊尹果然是个了不起的人才，于是就任命伊尹为商国右相，和仲虺共同策划处理各种国事。就这样，伊尹由一个奴隶一跃成为商国的宰相。在伊尹的辅助下，商国的势力更加强大，最后终于灭掉了摇摇欲坠的夏王朝，建立了商朝。

商汤死后，伊尹成为商朝的重要辅臣。商汤原来有三个儿子，大儿子太丁死得早，于是汤死后，伊尹扶持商汤二儿子外丙继位做了商王。但是外丙不久也死了，于是伊尹又立他的弟弟仲壬为王。过了不久，仲壬又死了，伊尹只好立商汤的长孙太甲为王。

太甲从小生长在帝王之家，过着无忧无虑的生活，因此他即位后，政务民事从不过问，整天只知寻欢作乐。

对于太甲能否做好国王，伊尹很是担心，因此他辅太甲，用力最勤。太甲刚一即位，伊尹就在祭祀先主的典礼上作了长篇训话（后题为《伊训》），教导太甲要继承先主遗志，勤于政事，努力修身治德，以使商朝的江山能够永不消逝。还作了《肆命》，陈述天命之无常，劝诫太甲。不久后，再作《徂后》，以远古君主兴亡之事劝谏太甲以史为鉴，避免亡国厄运……

伊尹一再教导太甲要勤政爱民，不能耽于游乐，但太甲根本听不进去。伊尹看到太甲执迷不悟，心想：太甲这样放纵下去说不定将来会成为夏桀一样的人。由于劝诫毫无结果，伊尹在和其他大臣商议后，把太甲软禁在汤墓附近的桐宫（今河南偃师西南），让他静心思过。

三年的时间过去了，看到太甲稚气脱尽，行为简朴，与三年前相比判若两人，伊尹非常高兴，便亲自携带商王的冠冕衣服到桐宫，迎接太甲返回亳都再登王位，把国政交还太甲。桐宫三年，太甲好像变了个人。他早起晚睡，关心百姓疾苦。诸侯见太甲宽厚仁德，待人诚恳，因而都来归附；百姓见君王和蔼可亲，关心人民，因而都同心爱戴……

太甲复位后，实行了一系列好的政策，诸侯归顺，百姓安居乐业，商朝仿佛又

回到了商汤当政的时候。传说太甲死后，伊尹作《太甲训》3篇，称颂太甲，并尊他为太宗。太甲死后，沃丁即位，伊尹自觉年老，不再参与朝政。伊尹于沃丁八年病死，相传他活了一百多岁。沃丁以天子之礼隆重地安葬伊尹，用牛羊豕三牲祭祀，并亲自为伊尹戴孝三年，报答他对商王朝的贡献。伊尹的名字见于甲骨文，记载他历享后代商王的隆重祭祀。伊尹树立了中国历史上第一位名臣形象，在商王朝的建立和巩固中起了不可估量的作用，特别是他的政治主张对整个商代都起了关键性的作用。

“实维阿衡，实左右商王！”这是一首颂扬商朝开国历史的乐歌中的歌词，是歌颂伊尹担任“阿衡”官职辅佐商王的功绩的。伊尹辅佐了汤、太甲等五位商王，是名副其实的五朝元老。像伊尹这样的辅佐大臣，在商朝还有很多，他们在维护商朝的长治久安中起到了非常重要的作用。

盘庚迁都

商汤建立商朝时，将国都定在亳（今河南商丘）。后来300年当中，前后5次搬迁都城。其原因是多方面的，有王族内部经常争夺王位，发生内乱的缘故；还有黄河下游常常闹水灾的缘故。有一次洪水泛滥，把都城全淹了，商朝不得不迁都。

从商汤到盘庚，商王朝经历了18个帝王。前九王统治时期，基本上能继承商汤开创的事业，统治也比较稳定，因此都城一直在亳。可是从商汤的五世孙仲丁到九世孙阳甲，商统治集团开始腐朽起来。在王室贵族当中，争夺王位的斗争越演越烈，兄弟之间、叔侄之间，甚至父子之间，都展开了你死我活的斗争。动乱的结果，致使王位更替频繁，这就是所谓的“九世之乱”，商朝王权的势力逐渐削弱。

与此同时，奴隶主加紧了对平民和奴隶的剥削，阶级矛盾也尖锐起来，再加上水涝、干旱等自然灾害，使商朝很快地衰落下去。原来臣服于商朝的一些少数民族和诸侯国也都纷纷反叛。为了摆脱这种困难的局面，商王曾采取了迁都的办法，但都没有从根本上解决问题。盘庚就是在这种情况下，在他的哥哥阳甲死后做了商王。

盘庚在诸商王中，是一个很有作为的帝王。他既通晓自己国家和民族的历史，又有一套现实的统治办法；他能很好地笼络、使用商朝功勋旧臣，又能不被这些人左右、利用。因此，在盘庚继承王位的时候，尽管他还很年轻，却能率领商朝的臣民摆脱困境。为了改变当时社会不安定的局面，他决心再一次迁都。

可是，迁都的想法遭到大多数贵族的反对，他们贪图安逸，都不愿意搬迁。还有一些有势力的贵族煽动平民起来反对，一时间闹得满城风雨。

在强大的反对势力面前，盘庚丝毫没有动摇迁都的决心。他把反对迁都的贵族找来，耐心地劝说他们：“迁都是为了我们国家的安定。你们要理解我的苦心，不要产生无谓的惊慌。我的主意已定，不容更改。”

迁都于殷，盘庚是经过了周密考虑的。新都殷地处黄河以北、洹河之滨，不仅有着优厚的地理条件，还有着可控四方的战略优势，可以有效防御北方、西北地区各方国少数民族的侵扰。另外，殷还是商的先祖起源活动的地方，盘庚以恢

殷墟殷代车马坑

复“成汤之政”为目标，有利于号召人民。从政治上来说，迁殷之后远离了旧都奄（今山东曲阜），可以摆脱王族在旧都发展起来的各种势力，避开其锋芒，摆脱其牵制影响，巩固自己的政权。从经济上看，避开因年久失修而水涝不止的泗水流域，迁到一片肥沃的土地上，更有利于农业生产的发展。

盘庚坚持迁都的主张终于挫败了反对势力，他带着平民和奴隶，渡过黄河，搬迁到殷（今河南安阳小屯村）。仅仅迁都，并不能彻底改变朝政混乱的局面。盘庚立即实行了一系列有效的措施。他一扫昔日王族奢侈淫逸的风习，一切从简，使人们的思想行为安于质朴。紧张的营建开垦、艰苦奋斗的建设改变了商人的精神面貌，昔日贪污腐化、争权夺利的内耗得到抑制。盘庚选贤任能，惩恶扬善，论功行赏，重新以法度正天下，整顿朝政。另一方面，他也十分注意团结民心，减轻剥削，得到了人民的支持；同时打击了侵扰边境的少数民族游牧部落，安定了边疆。这样，商的势力才渐渐强盛起来，王权得到巩固。以后200多年，商朝一直没有迁都。

盘庚迁都是商朝历史的转折点，对商朝的巩固和发展起到了相当重要的作用。历史证明盘庚是位富有远见卓识、具有非凡魄力的君王，他顶住了来自各方面的压力，迁都成功，去奢就俭，根治腐败，盘庚也因此被称为中兴贤王。

从那以后，又经过3000多年的漫长岁月，商朝的国都就变为废墟。到了近代，人们在殷地旧址上已发掘五六十座宏大宫殿宗庙基址，发现大中型夯土基址和小型房子百余座，发掘铸铜作坊等手工作坊10多处，还有上千座的祭祀坑、殉葬坑、车马坑。因为那里曾经是商朝国都的遗址，就把那里命名为“殷墟”。殷墟遗址面积约30余平方千米，中心区域是宫殿区和王陵区，其外为居民区和手工业作坊区，再外则是墓葬区。宫殿区和王陵区均处在洹河南北两块高地上。王室作坊分布于宗庙区周围，呈卫星状分布着家族墓地以及其他邑落。整个国都布局合理，沿洹河而建。在宫殿区的西、南边都发现了相当宽阔的壕沟，均是人工挖的，起着城墙护卫的作用。

从殷墟发掘出来的遗物中，有龟甲（龟壳）和兽骨10多万片，上面都刻着很难辨认的文字。经过考古学家的研究，才把这些文字弄明白。当时，商朝的统治阶级很迷信鬼神。他们在祭祀、打猎、出征时，都要用龟甲和兽骨来占卜吉凶。占卜之后，就把当时发生的情况和占卜的结果用文字刻在龟甲、兽骨上。现在，我们把这种刻在龟甲、兽骨上的文字叫作“甲骨文”。我们今天使用的汉字就是从甲骨文演变过来的。

在殷墟上发掘出的遗物中，还发现了大量的种类繁多的青铜器皿、兵器，工艺制作都很精巧。有一个叫作“后母戊”的大方鼎，重量为875千克，高130多厘米，上面还刻着精美华丽的花纹。从这件青铜器上可以看出，在殷商时期，冶铜的技

术和艺术水平都是很高超的。

武丁的对外征服

商朝在盘庚即位前，历经九世之乱，人民怨恨，属国叛离，国势大衰。盘庚励精图治，又经过小辛、小乙二王的治理，国力渐强。从武丁开始，为了振兴商朝，开始连年对外用兵，战争的规模很大，往往动用数千兵力，最大的一次发兵1.3万人。

武丁先以武力兼并周边小国或使其完全臣服于商，又镇压了叛商的小国，巩固了商朝的统治。后又对西北少数民族如土方、鬼方、羌方等部族发动了一系列的征服战争，都大获全胜。此外，武丁还出兵征服了东边的夷方，南边的荆楚、巴方、虎方等方国和部落。

商王武丁在统治年间对四周部族征战达50多次，不仅获取了大量奴隶和财富，同时也扩大了商朝的疆域，使商朝达到鼎盛。商王武丁唯才是举，政治清明。故史书将武丁统治的59年间(公元前1250年—公元前1192年)称为“武丁中兴”。

姜太公钓鱼

盘庚死后，又传了11个王，最后王位传给了纣。

纣本来是帝乙少子，而此时以嫡庶为中心的宗法制度已初步形成，即立嫡不立长，纣是帝乙正妻所生，得立为太子。纣天资聪敏，身材魁梧，勇力超人，能赤手与猛兽搏斗，能言善辩，也因此而恃才傲物。帝乙死后，纣即位为帝王。

纣王喜淫乐，好酒色，修建了许多苑囿台榭。纣王宠爱美女妲己，高筑“鹿台”，命乐师师涓作“兆里之舞”“靡靡之乐”等淫声怪舞；又“以酒为池，悬肉为林”，不分昼夜地饮酒作乐，不理朝政，不祭鬼神，成为一个罕见的无道昏君。

纣王荒淫无道，引起百姓怨恨、诸侯离心。为重振自己天子威风，纣王作“炮烙之法”：用青铜制成空心铜柱，中间燃烧木炭，将铜柱烧红，但凡有人敢于议论他的是非的，全部绑在铜柱上，活活烙死。

纣的凶残暴虐，加速了商朝的灭亡。这时候，在西部的周部落正在一天天兴盛起来。

周本是一个古老的部落。夏朝末年，这个部落活动在陕西、甘肃一带。后来，为了躲避戎、狄等游牧部落的侵扰，周部落的首领古公亶父率领周人迁移到岐山(今陕西岐山东北)下的平原，并在那里定居下来。

周部落首领传至古公亶父的孙子姬昌(后来称为周文王)的时候，部落已经很强大了，这对商朝构成了很大的威胁。于是，纣王派人把周文王拿住，关在叫羑里(今河南汤阴一带)的地方。周部落的贵族把许多美女、骏马和珍宝献给纣王，又给纣王的亲信大臣送了许多礼物，才把周文王赎了回来。

周文王见纣王昏庸残暴，民心失尽，就决定讨伐商朝。但是，他身边缺少一个有军事才能的人来帮助他带兵打仗。他便开始留心物色这样的人才。

有一天，周文王带着他的儿子和兵士到渭水北岸去打猎。在渭水边，一个老头在河岸上坐着钓鱼。大队人马过去，那个老头丝毫不为所动，还是安安静静钓他的鱼。文王看了很惊奇，就下了车，走到老头身边，跟他交谈起来。

经过一番谈话，知道他叫姜尚（又叫吕尚，“吕”是他祖先的封地），是一个精通兵法布阵的高人，于是，周文王恳请姜尚同他一起回宫。

因为文王的祖父曾经盼望得到一位帮助周族兴盛起来的人，而姜尚正是这样的人，所以后来人们叫他太公望，在民间传说中，又称他为姜太公。

太公望做了周文王的助手后，一面发展生产，一面训练兵马。周族的势力越来越大。没过几年，周族逐渐占领了商朝统治下的大部分地区，归附文王的部落也越来越多了。但是，正当周文王打算征伐纣王的时候，却害了一场病死去了。

牧野之战

周文王死后，他儿子姬发继承了王位，就是周武王。周武王拜太公望为师，让他的兄弟周公旦、召公奭做太公望的助手，继续整顿政治，训练兵士，准备讨伐商纣王。

这时，商纣王的暴政已经达到了极点。商朝的贵族王子比干和箕子、微子十分担忧，苦苦地劝说他改邪归正。商纣王不但不听，反而将比干杀了，还残忍地叫人剖开比干的胸膛，挖出他的心，说要看看比干的心长什么样子。迫于无奈，箕子装疯卖傻总算免于一死，被罚做奴隶，囚禁起来。微子看见商朝已经没有希望，便离开了国都朝歌。

在公元前 11 世纪，周武王得知商纣王已经到了众叛亲离的地步，认为时机已经成熟，于是便遍告诸侯：殷有重罪，不可不征伐！武王请精通兵法的太公望做元帅，领 5 万精兵，渡过黄河东进。800 诸侯在孟津会师。周武王在孟津举行誓师大会，历数了纣昏庸无道、残害人民的罪状，鼓励大家同心讨伐纣王。

公元前 1046 年（一说公元前 1057 年）一月，周武王统率兵车 300 乘、虎贲 3000 人及甲士 4.5 万人，声势浩大地东进伐纣。

一天，在周武王进军时，有两个老人挡住了军队的去路，要见武王。原来，这两人是孤竹国（今河北卢龙）国王的儿子，哥哥叫伯夷，弟弟叫叔齐。孤竹国王钟爱叔齐，想把王位传给他。伯夷得知父王的心意后，便主动离开了孤竹国，叔齐不愿接受王位，也躲了起来。他们两人在周文王在世的时候，一起投奔周国，并定居下来。他俩听到武王要去讨伐纣王，就赶来阻止，并说这是大逆不道的行为。

太公望知道这两人是一对书呆子，吩咐左右将士不要为难他们，把他们拉走就是了。后来这两个人拒食周粟，躲到首阳山（今山西永济西南）上绝食自杀了。

一月下旬，周军抵孟津关隘（今河南孟州），会合了庸、卢、彭、濮、羌、蜀、髳、微等反商各国。短暂休整后，于一月二十八日继续挥戈东进，从汜地渡过黄河后进入中原，旋北上百泉，折而东行，直抵朝歌近郊牧野（今河南汲县北）。二月四日拂晓周军在牧野安营扎寨，周武王召集群臣进行战略部署。

周军日夜兼程到达牧野的消息传入朝歌，商廷上下惊恐万分。商纣王大骂群臣尸位素餐，办事不力。无奈之下纣王只得征兵组织抵御，但东夷人的叛乱牵制了商朝主力军队，远在山东平叛的闻仲军这时已无时间赶回朝歌应战周军。纣王就把大批奴隶临时武装起来，与国都守军整编成一支 17 万人的军队，自己亲自

统率，开赴牧野周军屯地。

2月5日，周军庄严誓师。阵前武王义正词严地声讨商纣王听信谗言诛杀肱股重臣、宠信妲己、不理朝政等累累罪行，周军深受激励，斗志昂扬，皆愿在伐纣战争中赴汤蹈火，誓死效命。武王又郑重宣读了纪律条文并布置了作战阵形，求整忌乱来提高战斗力。

战前充分动员后，武王命令周军对纣王军发起总攻。武王决定先发制人，他让太公望率2万精锐突击部队以迅雷不及掩耳之势突袭商军。纣王还未部署周密，商军就被周军冲击，阵脚顿时大乱。而商军中的奴隶和战俘之前从未受过严格的军事训练，战斗意志和纪律性都很差，再加上内心憎恨纣王从前对他们的虐待，并不乐意为之拼命；现在遭治军严谨、训兵有素的周精兵疾攻，根本就难以抵挡，遂纷纷掉转戈矛攻向商正规军。商纣王尽管体魄健硕，能以一当十，无奈己军起义反戈，又收不住阵脚，只能尽力招架。

周军元帅太公望深通谋略，运筹帷幄，即调骁将南宫适、洪锦各统5000人马从左右两面夹击商军。商军哪能经得住这两支生力军的猛攻，终于开始溃退。纣王知大势已去，拼命向东杀开一条血路逃回朝歌，商军17万人众瞬时土崩瓦解。

太公望下令乘胜攻打商都，武王又亲领1.5万精锐加入总攻，其中有兵车300乘。周军将士个个奋不顾身，猛冲商军。逃回朝歌后，商纣王看到大势已去，就于当夜躲进鹿台，烧了一把火，跳到火堆里自焚了。武王率大军进入朝歌，百姓们列队欢迎仁义之师。从汤到纣，商王朝历17代30王（不包括汤长子太丁）至此告亡。

周武王把国都从丰（今陕西西安西南）迁到镐京（今陕西西安西），建立了周王朝。

周公辅政

把商纣王彻底消灭后，武王进入商都，将商的畿内分为邶、鄘、卫3个国家，以邶封纣子禄父（即武庚），鄘、卫则由武王之弟管叔鲜、蔡叔度分别管制，合称三监。另外还有一说是管叔监卫、蔡叔监鄘、霍叔监邶，以监视武庚。安排好后，武王派兵征伐尚未臣服的商朝诸侯，据记载征服者有99国，臣服652国。武王还师西归，在他新迁的都邑镐京举行大型典礼，正式宣告周朝的建立。

周王朝建立后，所面临的政治形势十分严峻。武王以"小邦"之君统治如此规模的区域，随时都会发生诸侯叛乱的局势。为了巩固政权，适应新形势的需要，武王决定按功行赏，理顺统治集团的内部关系，实行以周王室为中心的分封政治制度。首先受封的功臣主要有：太公望、周公旦、召公奭等人。为了控制广阔的新征服地区，周朝仍然应用商的分封制方法，把王族、功臣以及先代的贵族分封到各地做诸侯，建立诸侯国。先后受封的有鲁、齐、燕、卫、晋、宋、虢等71个诸侯国。

周武王建立周王朝后仅仅4年就生病死了，他的儿子姬诵即位，就是周成王。那时，周成王只有13岁，不能处理政务。于是由武王的弟弟周公旦辅助成王掌

管国家大事，行使天子的职权。历史上，通常不直接称呼周公旦的名字，只称周公。

周公尽心尽力辅助成王，管理政事，但还是遭到周武王的弟弟管叔、蔡叔的猜忌，他们在外造谣说周公有野心，想篡夺王位。

这时，纣王的儿子武庚不满足于周朝封给他的殷侯地位，想重新恢复殷商的王位。武庚听说周朝内部动荡不安，就和管叔、蔡叔串通起来，联络了一批殷商的旧贵族，还煽动东夷中几个部落，起兵叛乱。

周公像

武庚和管叔等人制造的谣言，很快传到镐京，一时谣言四起，连召公奭听了也怀疑起来。成王年小，更分不清事实真伪，所以对这位辅助他的叔父也不太信任了。

周公内心很痛苦，他首先向召公奭推心置腹地表明心意，告诉召公奭，他绝没有野心，让召公奭顾全大局，不要听信谣言。他这番诚恳的话感动了召公奭，消除了大家对周公的误会。周公在调和了内部的矛盾之后，毅然调动大军，亲自东征武庚。

这时候，东方有几个部落都与武庚串通一气，蠢蠢欲动。周公授权给太公望：各国诸侯，有不服周朝的，都由太公望征讨。这样，由太公望控制东方，周公自己全力讨伐武庚。

周公花了 3 年时间，终于平定了武庚的叛乱，杀了武庚。周公平定了叛乱，把管叔革了职，将蔡叔充军。管叔觉得自己没有脸面去见他的哥哥和侄儿，便上吊自杀了。

周公东征结束时，抓获了一大批商朝的贵族。因为他们反抗周朝，所以叫他们是“顽民”。周公觉得让这批人留在原来的地方容易滋生事端，同时，又觉得镐京远离东部的广大中原地区，控制起来很不方便，他就在东面新建一座都城，叫作洛邑（今河南洛阳），把殷朝的“顽民”都迁到那里，派兵监视他们。这样一来，周朝就有了两座都城，西都是镐京，又叫宗周；东都是洛邑，又叫成周。

周公辅助成王执政了 7 年，不仅加强了周王朝的统治地位，而且还为周朝制定了一套典章制度。到周成王满 20 岁的时候，周公把政权交还给成王。

周成王死后，他的儿子康王即位。这段时间前后约 50 年，是周朝强盛和统一的时期，这就是历史上所说的“成康之治”。

周厉王毁国

成王、康王之后，周朝逐渐加重了对平民和奴隶的统治与剥削，刑罚也变得更严酷。周厉王是周王朝第十代国君，是个十分残暴的君主，他即位后对人民的压迫更加严酷了。

周国形成以后，渐渐破坏了原始部落公有制的土地制度。周朝初年，周天子

又分封了70多个诸侯国，把土地山林赏赐给各级贵族，国人（指居住在“国中”的平民，多为各级贵族的疏远宗族成员）可以进山采集果实、砍柴、打猎，在江河湖泊捕鱼。人们利用这些收入来添补生活上的不足。

周厉王宠信一个名叫荣夷公的大臣，荣夷公唆使他改变了原有制度，把原来公有的山林江河湖泊和贵族占有的山林土地收为国有，不准国人使用。荣夷公派兵在道路上设关立卡，盘查来往行人，不许人们上山打猎、下水捕鱼，把人们采集来的果实、山珍统统没收。他们还勒索财物，虐待人民。这样一来，上至贵族、大臣，下至平民百姓，都毫无例外地蒙受了经济损失。周厉王的暴虐措施，激起国人的强烈不满。

厉王对大臣芮良夫的忠告拒绝接受，提拔荣夷公为卿士，继续推行严酷的政策。于是全国民众怨怒，街头巷尾，到处都有人咒骂这种政策。后来，大臣召公虎进宫奏报厉王，外面的百姓对朝政不满，到处都在议论国事，并劝说厉王及早改变做法，免得出乱子。周厉王不仅不听劝说，还从卫国找来巫师，让他用巫术监视发表不同意见的怨恨者，并告谕国民，有私议朝政者，杀无赦。卫巫在厉王的纵容下，肆意陷害无辜，不少人死于非命，还说这是神灵的意愿。于是，人们不敢再在公开场合说话，路途相逢也只能以目示意。

这样到了第四个年头，也就是公元前841年，人们终于忍受不了周厉王的残暴，掀起一次大规模的暴动，史称“国人暴动”。参加暴动的人有平民，也有贵族，开始仅几十人，后来迅速发展到几万人，整个镐京成了沸腾的海洋。国人拿起武器、农具，像洪水一样向王宫冲去。王宫卫士看到愤怒的人群，吓得纷纷躲避起来。周厉王顾不得体面，慌里慌张带了一批人逃命。他一直逃到彘地（今山西霍州东北）才停了下来，总算保住了一条命。

国人冲进王宫烧毁了宫殿，搜遍了各个角落也没有找到周厉王，听说他的儿子静躲在召公虎家里，于是又围住召公虎家。召公虎无法控制住人们愤怒的情绪，出于无奈，只好将自己的儿子冒充静交给人们处死，这样才平息了这场规模巨大的暴动。

周厉王被赶下台后，朝廷里没有国王，国内人民拥戴大臣周公和召公主持国政，替天行使职权，历史上称为“共和行政”。从共和元年，即公元前841年起，中国历史才有了确切的纪年。周厉王从这一年一直到共和十四年(公元前828年)，一直待在彘地没敢回来，最后死在那里。这次起义动摇了周王朝的统治。在起义者的打击下，周室王权大大削弱了，诸侯对王室的离心倾向越来越大。后来周厉王的儿子静即位，就是周宣王。此后，周王室虽然表面上仍维系着从前的制度，实际上已经外强中干，周王朝正走向分崩离析的道路，渐渐衰落。

烽火戏诸侯

周宣王在公元前781年死了，太子宫涅即位，这就是周幽王。周幽王又是一个昏君，只知吃喝玩乐，不理政事。

幽王继位的第二年，泾、渭、洛地区发生强烈地震。百姓的生命财产遭受巨

大损失，动荡不安的政局日益加剧。

周幽王不仅残暴昏庸，而且耽迷女色。他整日派人四处寻找美女。有一个叫褒珦的大臣，劝谏幽王节制享受，幽王不仅不听，反而把褒珦判了罪。

褒珦被关入监狱 3 年，褒族人十分焦急，他们想了各种办法，解救褒珦。有人说，用珍宝赎罪；也有人说，找个美女送去，替褒珦赎罪。

后来，褒珦家人将美女褒姒进献给周幽王。周幽王一见褒姒貌若天仙，马上就把褒珦释放了。从此，幽王整天与褒姒在后宫饮酒作乐，将朝政抛在脑后。

然而，幽王虽然宠爱褒姒，但褒姒性格内向，不喜笑颜，任凭幽王想尽一切办法讨她欢心，褒姒都笑不出来。

有一天，幽王忽然心血来潮，让人在宫外贴一张布告：有谁能逗王妃娘娘笑一次，就赏他 1000 两金子。

奸臣虢石父得知后，马上向幽王献计，用“烽火戏诸侯”的玩笑来博取褒姒一笑。烽火是古代军情危急时的报警信号，周王朝在骊山上建有 20 多座烽火台，每隔几里便有一座，专门用来防备西戎的进攻。一旦西戎来犯，烽火台上的烽火会像接力棒一样点燃，一个地点一个地点传下去，附近的诸侯远远见了就会发兵来救援。

第二天，幽王兴致勃勃携爱妃褒姒上了骊山。他们白天在骊山吃喝玩乐，到了晚上，让士兵把烽火台的烽火点了起来。附近的诸侯一见黑烟滚滚的烽火狼烟，以为西戎兵打来了，立即率兵来援。赶到时，却不见西戎兵的影子，只听见山上丝竹管弦之声。这时虢石父从山上下来说，大家辛苦了，这里没有什么事，大王和王妃放烟火不过想取个乐，你们回去吧！

诸侯们从老远跑来，却被幽王耍乐一番，一个个气得肺都要炸了，掉转马头就走。褒姒在山上，借着火光看到诸侯们气愤、狼狈的样子，真的笑了一下。幽王瞧见了她这一笑，不由得心花怒放，马上赏给虢石父 1000 两金子。

幽王自宠幸褒姒以后，被她迷得神魂颠倒，竟然想废掉太子宜臼，改立褒姒生的儿子伯服为太子。

周幽王在幽王五年（公元前 777 年）废申后及其太子宜臼的时候，遭到大臣卿士极力反对，但周幽王一意孤行。宜臼被废后，逃难到其母家申国。这时候周

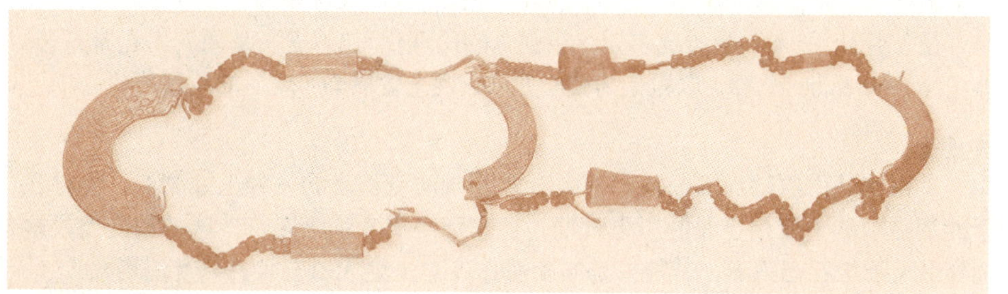

玉三璜串饰　西周

此串饰由三件玉璜、四件玉管及玛瑙珠等组成。璜和管均为透闪石玉，青灰色或乳白色。珠为肉红玉髓。三件璜上都有双钩线雕出的龙纹，两面花纹相同。

王朝的力量十分衰微，只相当于一个中等诸侯国，齐、鲁、晋、卫已不听从周王朝的命令。申侯虽不满周幽王，但还没有公然叛周。幽王八年（公元前 774 年），周幽王立褒姒子伯服为太子，遂使周、申之间矛盾趋于表面化。幽王九年（公元前 773 年），申侯与西戎及郐侯联合，准备反周。第二年，周幽王针锋相对，与诸侯结盟于太室山，并派兵讨伐申国以示威。幽王十一年（公元前 771 年），申侯与郐国、西戎举兵讨伐镐京。幽王下令点起烽火求援，结果各路诸侯对上次的羞辱记忆犹新，加上对幽王昏庸乱政的不满，连一个救兵也没有派。西戎兵很快攻破周都镐京，把逃到骊山脚下的幽王和伯服杀了，把美貌的褒姒抢走了。

幽王死后，申侯、鲁侯和许文公在申国立原来的太子姬宜臼为王，这就是周平王。平王后来回到镐京，看到镐京已被西戎人破坏得面目全非，只好于公元前 770 年东迁至洛邑（今河南洛阳）。历史上把周朝定都镐京的时期，称为西周；迁都洛邑之后，称为东周。

周礼制度的形成

西周初年，实际掌握周朝大权的摄政周公姬旦制定了完整的周礼系统，成为西周及东周数百年间统治人民的另一种手段。它决定了人们的生活方式，起着调节社会矛盾、稳定社会秩序的作用。周礼的思想基础和核心是天命观。天命观的本质是德。德是人的行为，“以德配天”是天人交合的方式，与殷商民族求天、祭天、问天的一元决定论有了区别。周公把周人取代殷商成为统治民族归因于德，文王“明德慎罚”，德行敦厚，勤劳谨慎，具备了“德”，才得到上天和小民的认可，被赐予王权。这不但是周人王统的理论论证，也是周公对周王朝统治构成的规定。“以德配天”肯定了人的主观努力，把它作为天和上帝对人们的作用方式，从而形成了周礼中主动的伦理学。周礼之下的统治者同人民一样不能再像殷商民族那样依靠上天、列祖列宗的恩惠和启示生活，而要主动地靠有德的生活方式来取得上天的监督和赏罚。

由这种天、德二元基础出发，周礼形成了一系列伦理道德观念，它们成为周礼的精神和核心。在统治上，周公从“敬德”出发，阐发了“保民”和“慎罚”的主张，以之作为“德”。这一点不但是周统治的中心思想，经战国儒家发扬光大后，也成为全部中国封建政权的根本规范。从“德”的各种含义引申出“君子”，这个合德的人的概念，把“有孝有德”作为“君子”的规范，以君子为“四方之则”。“孝”与“德”并行，“孝”是传统宗族宗法观念的伦理化，“追孝”是周人用礼器追念、祭祀先人的活动的总称，以祖先为核心的宗族观念发展为“孝”的伦理范畴。

井田制

井田制是由原始氏族公社土地公有制发展演变而来的一种土地制度，它存在于西周以前的一段相当长的历史时期，但直到西周才臻于完善。这一制度因耕地划作井字形块状而得名，其特点是实际耕作者对土地无所有权，只有使用权。

在井田制下，凡遇需休耕轮种的土地，或土地质量相差悬殊，可据情调整各农户土地分配数额，甚至有时土地在一定范围内实行定期平均分配。成年农民，

按一夫百亩的标准受田，至老死归田，对土地只有使用权，不能买卖。

井田制下劳动者的经济负担有田地税和赋。田地税不仅要缴纳地产实物，还要向领主以耕种公田的形式提供劳役地租。赋是军赋，是军队的装备连同士兵的服役合在一起的统称，它既有一部分以劳役支付，又有一部分以实物支付，因此井田制下受田的夫，也就是战争服兵役的丁壮，作战所用的器械、粮食、草料、牲畜，也由国家按井数来规定。

二、夏、商、西周的文化与社会生活

甲骨文

甲骨文是指殷墟（今河南安阳小屯村）出土的刻在占卜用的龟甲兽骨以及一般兽骨和骨角器上的文字，是商代通行的字体。因它多为记录占卜之事，亦称卜辞。商朝统治者非常迷信，每遇祭祀、征伐、疾病、狩猎、天气的阴晴等诸事，都要用占卜的方法询问鬼神。每次占卜，都要将所问事项、占卜日期、吉凶结果等刻在龟甲或牛的肩胛骨上，成为一篇或长或短的记事文章。这是中国历史上最早的一批文献资料。中国有文字可考的历史就是从商朝开始的。

甲骨文已形成一套较完整的文字体系，文字在此时的发展已相当成熟，共约有 5000 单字，已显示了象形、指事、会意、假借、形声、转注等六种构字原则。可分为九种词性：名词、单位词（或量词）、代词、动词、形容词、数词、副词、介词、连词、助词和否定词。甲骨文中，“主语—谓语—宾语”基本语序固定，并有宾语前置、状语后置等句式，复杂句子的基本语法结构已与周代及周以后的语法基本一致。

甲骨文已有从一到十和百、千、万等 13 个记数单字，使用十进位制记数，出现四位数，较大的数字是三万。已有奇数、偶数、倍数的概念，且掌握了初步的运算技能。甲骨文已有完整的六十甲子，用天干地支记日。有 1 月至 12 月，甚至 13 月的历法。从书写的工具、书法的技巧看，甲骨文已达到成熟的地步。卜辞大多刀刻，有些只有横笔或只有竖笔的现象，表明刻写者对字形的掌握已非常精熟；其中有朱书、墨书，表明当时已有毛笔，或先书后刻，或刻

㝬簋　西周

这是迄今出土的最大一件商周青铜簋，周厉王㝬作器，形体高大魁伟，可称簋中之王，内底铸铭文 124 字，作于厉王十二年，为西周青铜器断代增添了一件标准器。

后填朱墨，大多都是直接刻成。甲骨文的笔画无论是粗是细，都显得遒劲、富有立体感，轻重疾徐表现得当，反映出锲刻人对字和刀的掌握已相当熟练。在行款上，有左行、右行、直行、横行之别，文字结体自然灵活，布局参差错落；在风格上按时期、书写人的不同，或壮伟宏放，或纤弱颓靡，或严密整饬，都体现了很高的书法艺术。

商人创造的甲骨文，不仅为研究殷商历史和汉字的发展提供了重要凭证，而且使甲骨学的研究成为考古学的分支学科之一。

青铜器铸造技术

中国古代青铜技术产生和发展，其过程大致可分三个阶段：一是夏末商初的发明期，人们开始有意识生产青铜器；二是商代中期的发展期，青铜器的生产逐渐大型化和复杂化，并开始转向社会应用；三是商代晚期至西周时期的鼎盛期，这是中国古代青铜器发展史上的第一个高峰，青铜器在社会各生产部门得到极为广泛的应用。中国古代青铜技术主要体现在熔炼设备、熔炼技术、合金成分、铸造及金属加工技术等方面。熔炼设备主要有两种：一是坩埚，由草拌泥制成，或以陶质大口尊或大型陶缸胎，内外涂草拌泥；另一种是竖炉，其中化铜竖炉由泥条盘筑而成，铸铜竖炉由泥团筑成，炉缸上部有多个风口。熔炼技术在当时基本上采用化铜热技术，即把金属块和燃料一并投入大型坩埚或竖炉中点火加工，同时坩埚从上部、竖炉从下部通过风口送风，使燃料充分燃烧。通过熔炼，可除去杂质，使金属块变成液态，便于浇铸，并配制出适当的合金成分。合金成分的选择及配置在古代青铜技术中占着重要的地位。商代中晚期，中国发明了铜—锡—铅三元合金；东周时期则产生了著名的“六齐”合金规律。中国使用最早的青铜器铸造是石范铸造，大约出现在夏代。商代中期，陶范取代了石范。陶范的铸造方法包括浑铸法和分铸法两种，在中国古代青铜铸造中占有重要地位，一直影响到以后的春秋战国时期。除了石范和陶范外，在春秋中晚期还出现了失蜡法和全型铸造等铸造法。热处理技术包括退火和淬火，外镀技术包括镀铜锡和外镀金银。

后母戊方鼎模型　商

全鼎呈深腹平底长方形，口长110厘米，宽78厘米，壁厚6厘米，连耳高133厘米，重达875千克。大鼎口沿两侧一对立耳，四足柱状，中空，四角及四面中部有扉棱，四面周边分饰兽面、夔龙、云纹等纹样，中央素底无纹，四足上部浮雕兽面纹样。

后母戊方鼎

后母戊方鼎是商王文丁为祭祀母戊而铸造的祭器，1939年在河南安阳武官村殷墟出土，重875千克，是中国现存的先秦时期最重的青铜铸件。后母戊方鼎造型端庄厚重，器身呈长方形，立耳，柱足粗壮，通高133厘米，器口长110厘米，

宽 78 厘米。纹饰华美，腹部饰有兽面纹，耳廓饰有虎食人头纹。腹壁内铸铭文“后母戊”三个字。该鼎是用陶范铸造的，鼎体浑铸，铸型由腹范、顶范、芯和底座、浇口组成，鼎耳后铸，附于鼎的口沿之上，耳的内侧孔洞是固定鼎耳泥芯的部位。鼎的合金成分为铜 84.77%，锡 11.84%，铅 2.76%，锡铅合计 14.6%，较为符合铸造青铜容器硬度的要求。后母戊方鼎集中表现了殷商时期青铜冶铸业的生产能力和技术水平，是商代青铜文化高度发达的标志，在世界青铜文化史上占有很重要的地位。

商代历法

夏代时，历法已有很大的进步。相传中国最早的历法便是出于夏代的《夏小正》，是通过观察授时的方法进行编制的自然历。到了商代，大规模的祭祀和占卜，要求准确的祭祀时间和祭祀周期，加之农业生产的进步、社会生活的更高需求，使得商代历法在夏代的基础上进一步发展。

商代的历法是迄今已知较为完整的最早的历法。商代历法为阴阳历，阳历以地球绕太阳一周，即 365(1/4) 日为一回归年，故又称“四分历”。阴历以月亮绕地球一周，即 29 或 30 日为一朔望月。商代用干支记日，数字记月；月有大小之分，大月 30 日，小月 29 日。12 个朔望月为一个民用历年，它与回归年有差数，所以阴阳历在若干年内置闰，闰月置于年终，称为 13 月。季节与月份有大体固定的关系。

商代每月分为 3 旬，每旬为 10 日，卜辞中常有卜旬的记载，又有“春”“秋”之称。一天之内，分为若干段时刻，天明时为明，以后有大采、大食；中午为中日，以后有昃、小食、小采。旦为日初出之时，朝与大采相当，暮为日将落之时。对于年岁除称“岁”“祀”之外，也称作“年”。

人祭和人殉

商朝的社会由贵族、平民和奴隶构成。奴隶处在社会的最底层。据殷商甲骨文和金文记载，奴隶有隶、臣、妾、奚等分别，战俘和宗族灭亡者是奴隶的主要来源。贵族不仅无偿占有奴隶的劳动，而且可以随意地施以杀戮。最为典型的杀戮就是杀人祭祀和活人殉葬。商王和贵族在祭祀天帝、祖先、鬼神和山川河流的时候，除了屠宰牛、羊等牲畜之外，还经常屠杀战俘和奴隶。杀人的方法有许多种，比如砍头、肢解、焚烧等。此外，统治者死后，都要用活人殉葬，少者一两个人，多的有数十人或数百人，他们企图在所谓的“阴间”继续奴役这些奴隶为其服务。人祭和人殉在整个商朝都非常普遍，这反映了奴隶们在当时的悲惨处境。

早期货币——贝币

贝壳成为中国的早期货币，并非偶然。贝壳是古代人们所喜爱的一种装饰品，它们色泽光彩美丽、坚固耐用，很容易成为日常交换的媒介。贝壳产生于海洋，夏商两代主要活动在我国东部近海但又与海岸有一定距离的地区。贝壳的供给量多少适中，既便于普及，又能在一段时间内保持价格稳定。而且贝壳比较容易加工成可以分合之物，易于计量。在史前的仰韶文化和二里头夏代文

化的遗址都发现有贝，但数量很少，主要做装饰之用；在商代，用贝作为随葬品的现象已相当普遍。同时在商代金文中也出现有商王将贝赏赐给臣下的记载，这说明贝已不仅仅作为装饰品，而是具有特殊价值的物品了。将单个的贝币用索穿连成串，每5个贝为一系，两个系为一朋，10贝一朋，为一个计量单位。在商代墓葬中，还出现了石贝、铜贝、玉贝、骨贝等仿制品，说明人工铸币也开始使用。到西周时期，仍然以贝币为主要货币，这一时期天然的海贝数量减少，随着铜器铸造业的发展，铜铸贝币的数量增多。贝币是中国最早的货币形式，中国货币由此衍化，发展到后世的金、银、布帛和纸币，构成了自史前时期至明清两代独具特色的独立货币体系和货币文化。

西周时期的社会生活

在住的方面，无论是普通人还是贵族，都比殷商时代大有提高。大规模的战争促进了城市的建设，比如西周时对宗周镐京和成周洛邑的兴建，就是比较典型的例子。在这种城市里，普通人的穴居已经没有了，而高级住宅中已经使用上了瓦，木制的房屋也在增加。战争也促进了交通的进步。由于马车可以提高战争的机动性和冲击力，使得马车和牛车这样的交通工具迅速地为民间所用。工作之余的娱乐恐怕是人之本性中固有的。但是，贵族的娱乐方式大大多于普通平民。一般来说，贵族有特定的娱乐方式和场所，比如音乐和狩猎，有专门为他们提供消遣的人员，比如乐师和舞队，而平民百姓只能自娱自乐，比如收获之后以及宗教节日上的狂欢。

雅乐

中国古代统治阶级在宗教、政治等仪式典礼中所用的音乐和乐舞，后世称为雅乐。雅乐的始创者是周武王姬发，在他兴师伐殷的过程中，军中常表演歌舞以鼓舞士气，灭殷后又作了《象》和《大武》等大型歌舞庆祝胜利。周成王在位时，周公姬旦制定各种贵族生活中的礼仪和典礼音乐，以此来加强宗法制社会的等级制度，巩固王权。西周各种贵族礼仪应用雅乐的场合有：一是祭祀，二是宴飨，三是射礼，四是军事演习和军功庆典。可见，雅乐是为维持统治阶级内部秩序而设立的，普通百姓与之无涉。

雅乐的主要形式包括：一是六代乐舞，包括黄帝、唐尧、虞舜、夏禹、商汤、周武王留下的最高规格的乐舞，用于祭祀神明天地祖先；二是小舞，有羽舞、皇舞、干舞、人舞等名目；三是诗乐，大都载于《诗经》中的“大雅”“小雅”“颂”；四是宗教性乐舞。

雅乐所用乐器如编钟、编磬的制造要耗费大量人力物力，只有贵族才能配置。周王室为了推行雅乐，设置了专门机构大司乐，掌管音乐行政和贵族子弟的音乐教育。贵族子弟受教育的内容规定为“四术”，即诗、书、礼、乐。他们必须按规定的时间和严格的程序接受教育。

雅乐的制度和体系随着周朝中央政权的瓦解而衰落。

第三章

春秋战国诸侯争霸

东周（公元前 770 年—公元前 221 年）分春秋和战国两个时期，政治中心逐渐从周室转移到了诸侯各国。周王朝逐渐分裂成许多相对独立的诸侯国。诸侯、大夫兼并盛行，中原与四方各国同时争霸。对乱世的思考和改革，使得许多思想家、政治家、军事家纷纷著书立说，迎来了战国时期的“百家争鸣”。

一、春秋五霸与战国七雄

春秋时期

公元前 770 年，周平王即位，并把都城从镐京迁至洛邑（今河南洛阳）。至此，西周结束，东周建立。自这年起到公元前 476 年，史称春秋时期。

公元前 770 年到前 476 年这段时间和鲁史《春秋》的记事时间大体相当，故称“春秋”。春秋前期，王室衰微，政由方伯。齐桓公和晋文公先后称霸。春秋中期过后，晋秦和晋楚之间的战争断断续续打了近百年，之后上演的是吴越争霸。霸主政治与分权化促进了新旧制度的更替，土地制度和法律制度得以更替。劳动者的生产积极性提高了，生产力和文化有了新的进步。

春秋五霸

春秋时代诸侯争霸中五大强国的国王，具体指齐桓公、晋文公、宋襄公、秦穆公、楚庄王；一说为齐桓公、晋文公、秦穆公、楚庄王、吴王阖闾；一说为齐桓公、晋文公、秦穆公、吴王阖闾、越王勾践；一说为齐桓公、晋文公、秦穆公、宋襄公、吴王夫差。

齐桓公称霸

周王朝迁都到洛邑以后的东周，分为“春秋”和“战国”两个时期。春秋时期，周王室几经衰落后，周天子名义上是各国共同的君主，而实际上，他的地位只等同于一个中等国的诸侯。一些比较强大的诸侯国家经常使用武力兼并小国，大国之间也互相征伐，争夺土地。强盛的大国诸侯，可以号令其他诸侯，成为诸侯国的霸主。

春秋时期第一个称霸的是齐国（都城临淄，在今山东淄博）。齐国原是姜尚的封地。

公元前 686 年，齐国发生了内乱。在这次内乱中，国君齐襄公死于非命。襄公有两个兄弟，一个叫公子纠，当时在鲁国（都城在今山东曲阜）；一个叫公子小白，当时在莒国（都城在今山东莒县）。两个人身边都有辅佐的能人，辅佐公子纠的叫管仲，辅佐公子小白的叫鲍叔牙。两个公子听到齐襄公被杀的消息，都准备回齐国争夺君位。

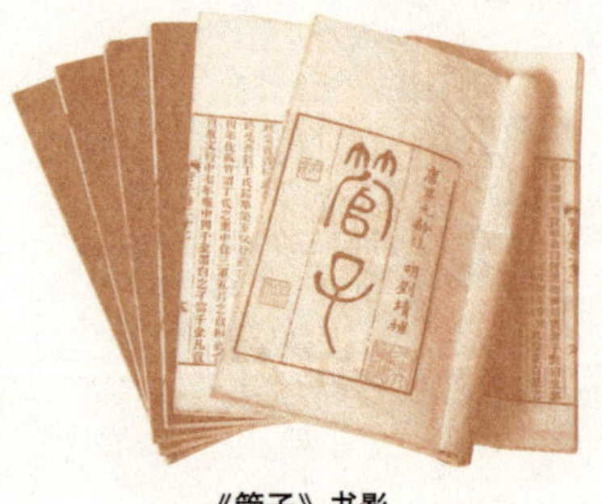

《管子》书影

鲁国国君庄公决定亲自把公子纠送回齐国。管仲对鲁庄公说：“公子小白在莒国，离齐国很近。万一回到齐国去，事情就不好办了。让我先带一路人马在路上截住他。”

正如管仲所预料的那样，公子小白在莒国的护送下眼看快要赶到齐国了，管仲在路上截

住了他。管仲拈弓搭箭，向小白射去。小白中箭倒在车里。

管仲以为小白真的死了，就不慌不忙地护送公子纠向齐国去。可是，管仲却不知他射中的不过是公子小白衣带的钩子，公子小白大叫倒下，原来是假装的。等到公子纠和管仲进入齐国国境，小白和鲍叔牙早已赶到了国都临淄，小白自然做了齐国国君，这就是齐桓公。

齐桓公即位以后，为报一箭之仇，立即发兵攻打鲁国，并且逼迫鲁庄公杀掉公子纠，把管仲送回齐国治罪。鲁庄公无可奈何，只好照办。

管仲被关在囚车里押送到了齐国。鲍叔牙立即向齐桓公推荐管仲，说他是个很有才干的人，可以帮助齐桓公干一番大事业。

齐桓公也是个豁达大度的人，听了鲍叔牙的话，不仅没有治管仲的罪，还任命管仲为相，让他管理国政。

管仲相齐后，尽心辅佐齐桓公的霸业，对齐国进行了一系列的改革。在政治上，他推行国、野分治的叁国伍鄙之制；在经济上，实行租税改革，采取了一些有利于农业、手工业发展的政策；在管理上，他号召礼法并用，知礼可以使民众懂得廉耻，明法可以让民众遵守规矩，两者结合起来，便可以使国力大增。在国内政治经济形势得到改善和稳定的基础上，管仲积极促使齐桓公采取尊王攘夷、争取邻国的手段，以建立霸业。管仲的这些政策为齐国称霸准备了物质条件。

齐桓公五年（公元前 681 年），是齐桓公霸业的开始之年。此前，齐国曾几度与邻近的鲁国交战，结果都没有取得多少胜利。这使齐桓公与管仲看到，仅靠齐国自己的力量，是不能称霸于天下的。于是，他们想到了利用周天子。

齐桓公首先与周室结亲，他迎娶周庄王之女共姬，向全国诸侯表明自己与周天子的亲近关系。在拉拢到周天子之后，齐桓公又以尊崇周天子为口号，取得各国诸侯的支持。

公元前 681 年，齐桓公奉周釐王之命，通知各国诸侯到齐国西南边境上的北杏（今山东东阿北）开会。这时候，齐桓公在诸侯中的威望并不高。通知发出以后，只有宋、陈、蔡、邾四个国家来了。还有几个接到通知的诸侯国，像鲁、卫、曹、郑（都城在今河南新郑）等国，采取观望的态度没有来。齐桓公便以此为突破口，杀鸡骇猴，制伏了鲁国，随后，齐桓公又软硬兼施，把卫国和郑国拉入同盟。

齐桓公七年（公元前 679 年），在齐国的帮助下，原先国内政局很混乱的宋国和郑国也实现了初步的稳定。齐桓公的霸主地位终于被各诸侯国认可，齐国开始称霸中原。

曹刿论战

公元前 684 年，也就是齐桓公即位的第二年，齐桓公又派兵攻打鲁国。鲁庄公对一再欺负他们的齐国，忍无可忍，决心跟齐国决一死战。

齐国的行径，也激起鲁国百姓的愤慨。有个鲁国人曹刿去见鲁庄公，要求参加抗齐的战争。鲁庄公高兴地接见了曹刿，并向他问策。

曹刿见到鲁庄公后，就自己心中的疑虑询问了鲁庄公，他问鲁庄公用什么与

走向专业化的制陶业

春秋战国时期，随着城市规模的扩大和工商业的发达，陶器生产更加集中，也更加专业化。这一时期，中国北方广泛使用的是灰色陶器，除当作日常生活用品外，还大量用于随葬。在长江以南则流行印纹硬陶、灰陶和原始瓷。由于中国幅员辽阔，各地区自然环境不同，人们的生活习俗、文化传统也大相径庭，表现在陶器的种类和装饰上也差异很大。到战国末期，随着经济文化交流的进一步加强，陶器中开始逐步出现一些共同的因素。

春秋时逐渐出现了陶制的方形、长方形薄砖。至此，建筑用陶的基本门类已大致确立并迅速发展起来。战国时，列国流行半圆瓦当，上面均模印有生动的花纹图案，区域色彩很浓，如燕下都的饕餮纹、齐临淄的树木双兽纹、秦咸阳的云纹等。此后，这一传统代代相传，成为中国古代建筑的一大特色。

齐交战。鲁庄公说："暖衣饱食，不敢独自享用，一定分于他人。"曹刿说："小恩小惠不能施之于众，老百姓不会因此为你与齐国拼命。"鲁庄公又说："祭祀用的牛羊玉帛，不敢夸大其词，祝史的祷告一定据实反映。"曹刿说："这种诚心不能代表全部，神灵不会因此赐福。"鲁庄公接着说："每逢百姓打官司的时候，我虽然不能把每件事都查得很清楚，但是都会尽最大努力处理得合情合理。"曹刿这才点头说："我看凭这件得民心的事，可以和齐国拼上一场。"

而后曹刿请求跟鲁庄公一起到战场上去，看见曹刿胸有成竹的样子，鲁庄公同意了他的请求。于是两个人坐在一辆兵车上，带领人马出发了。

两军在长勺（今山东莱芜东北）列开阵势。齐军凭借人多势众，最先擂响了战鼓，发动进攻。鲁庄公准备马上让士兵反击，曹刿连忙阻止道："等一下，还不到时候呢！"

齐桓公求胜心切，命令齐军击鼓发动第二次攻击。鲁庄公又准备让鲁军倾巢出动迎击齐军，曹刿认为齐军士气仍然旺盛，就劝鲁庄公不要传令进攻，再等一等。鲁军的坚守再一次让骄横的齐军无功而返。齐军士气开始下降，没有了刚来时的锋芒。齐桓公遭受重大挫折却未取得一丝战果，岂肯善罢甘休？短暂休整后他又下令擂响第三通鼓，鲁军还是按兵不动。齐军兵士以为鲁军胆怯怕战，耀武扬威地向鲁军冲杀过来。曹刿这才对鲁庄公说："现在可以下令反攻了。"

皮甲胄复原模型

春秋战国时期征战频繁，甲胄的作用非常重要。

鲁军阵地上擂响了进军鼓，兵士顿时士气高涨，像猛虎下山般扑了过去。齐军兵士面对勇猛的鲁军，没有丝毫的心理准备。一会儿就招架不住鲁军的攻势，溃败下来。鲁庄公欲下令紧追。曹刿说："且慢！"他登上一辆戎车远眺齐军，只见齐军战车乱行，战旗东倒西歪，知道齐桓公这次是真败了，而不是诈诱鲁军深入齐军营地，于是跳下车对鲁庄公说："可

以追击了。”庄公号令实施追击，鲁军争先恐后，一鼓作气把齐军赶出了鲁国。

鲁军反攻胜利后，鲁庄公对曹刿镇静自若的指挥，暗暗佩服，可心里想不明白这个仗是怎么打胜的。回到宫里后，他先向曹刿慰问了几句，接着说道：“齐军头回击鼓，你为什么不让我出击？”

曹刿说：“打仗这件事，全凭士气。对方擂第一通鼓的时候，士气最足；第二通鼓，气就松了一些；到第三通鼓，气已经泄了。对方泄气的时候，我们的兵士却鼓足士气，这时我们擂鼓出击哪有不打赢的道理？”

鲁庄公这才醒悟过来，称赞曹刿的见解高明。在曹刿指挥下，鲁军击退了齐军，鲁国也稳定下来。

假途灭虢之战

春秋时，晋献公积极扩军，拓展疆土。晋献公为了夺取崤函要地，决定南下攻虢（初都厂阳，今山西平陆东北，后迁上阳，今河南三门峡东）、虞（今山西平陆北）两个小国。晋献公害怕两国联合，于是采用各个击破之计，先向虞借道攻虢，再伺机灭虞。周惠王十九年（公元前 658 年），晋献公派人携美女、骏马等贵重礼品献给虞公，请求借道攻虢。虞公贪利，不但应允借道，还自愿做攻虢先锋。

当年夏，晋虞联军攻下虢国重镇下阳（今山西平陆），使晋控制了虢虞之间的要道。二十二年（公元前 655 年），晋又故技重演向虞借道。虞国大夫宫之奇用“唇亡齿寒”的道理，劝虞公绝不能答应借道。但虞公认为晋、虞是同宗，不会相欺，遂不听劝告。十月十七日，晋军围攻虢都上阳。十二月初一破城灭虢。晋军班师暂住虢国休整。后乘虞不备，发动突然袭击，俘虞公，灭其国。

晋文公称霸

晋文公即位以后，治理内政，发展经济，晋国又渐渐强盛起来。晋文公的机智、仁慈、勇敢与宽厚都预示着他将成为中原霸主。

这时候，逃往郑国的周朝天子周襄王派人到晋国讨救兵。原来周襄王有个异母兄弟叫太叔带，联合了一些大臣，向狄国借兵，夺取了周襄王的王位。

晋文公马上发兵攻打狄人，狄人大败，晋文公又杀了太叔带和拥护他的一帮人，护送天子重返京城。

周襄王设宴款待，并允许晋文公向自己敬酒。晋文公乘机请求周襄王，自己死后能用天子葬礼的仪制安葬。周襄王说：“这是天子的典章。现在还没有人能取代周王室，天下不能有两个天子，那样您也不会喜欢的。”周襄王宁肯损失土地，也不愿损害周礼，他将阳樊、温、攒茅、原等地的田地赏赐给晋文公。

周襄王二十年（公元前 632 年），楚国攻打宋国，宋襄公的儿子宋成公又来向晋国求救，说楚国派大将成得臣率领楚、陈、蔡、郑、许五国兵马攻打宋国。大臣们都同意出兵救援宋国，扶助有困难的国家，以建立霸业。

晋文公知道，要拥有中原霸主的地位，就得打败楚国。他便将部队编为上、中、下三军（三阵），于公元前 632 年一月渡过黄河。根据战略方案，晋军进攻卫国并将其占领，又于三月攻克曹都陶丘，俘虏曹共公。因为曹、卫是楚的依附国，

晋文公以为楚军必然弃宋而北上救曹、卫。然而楚不为所动，仍全力围攻宋都，宋再次向晋告急。

晋文公感到进退两难：若不救宋，则对不住宋襄公当年的礼遇，而且宋敌不过楚而降之会使晋失去一个盟友，对晋称霸中原计划不利；但若移兵救宋，则使原定诱楚决战曹、卫之地的战略意图泡汤；且南下主动攻楚一来违背了自己在楚国对楚成王的承诺，二来使晋军远离本土，劳师耗财，对手又是强大的楚国，取胜很难。晋文公一筹莫展。这时元帅先轸有了良策，他主张让宋国贿赂齐、秦两国，由齐、秦出面劝楚罢兵；并把曹、卫的一部分土地赠送于宋，使宋坚定抗楚决心；楚与曹、卫是盟友，看到自己盟国的土地为宋所拥有，更不会放过宋国，齐、秦再善意劝解楚也不会听的；齐、秦这样一定怨恨楚不给面子，就会放弃中立而站到晋国一边，晋国实力就将压倒楚国，楚军就须小心了。

晋文公大赞“妙谋”，立即实行。楚国果然不听齐、秦劝解，继续围宋。齐、秦恼楚眼空一切，于是宣布与晋国结盟抗楚。

楚成王见晋军降曹灭卫，深知其实力非比寻常，而又结盟齐、秦，形势已开始对楚不利，就命令楚军退到申地，并撤回戍守齐国穀邑的申叔军，令尹子玉也被要求撤去宋围，避免与晋军交锋。他训诫子玉，晋文公德高望重，并非等闲之辈，晋军不好对付，凡事量力而行，适可而止。但骄傲自负的子玉对楚成王之言不以为然，坚持要与晋军决一死战，并派伯芬去向楚成王请战，要求增兵。楚成王此时优柔寡断，最后抱着希望楚军侥幸取胜的心理同意了子玉的请求，但他又畏晋强大，怕失败了元气大伤，只派西广、东宫、若敖之六卒等人的少量兵力北上增援。

子玉得到支援，更坚定了与晋作战的决心。他派大夫宛春使晋，提出“休战”条件：晋让曹、卫复国，楚则撤离宋国。晋大夫子犯（即狐偃）认为子玉太无礼，晋应主动南下击楚。晋中军主帅先轸轻轻摇头以示不妥，他再次献策晋文公，表示这回管教楚师铩羽而归。

晋文公私下答应曹、卫复国，但前提是曹、卫必须与楚绝交；并扣留宛春以激怒子玉北上挑战。子玉见曹、卫已附晋，而楚使被扣，认为受到巨大侮辱，勃然大怒，下令撤去宋围，移军北上伐晋。

成得臣先派人要求晋军释放卫、曹两国国君。晋文公却暗地通知这两国国君，答应恢复他们的君位，条件是他们先跟楚国断交。曹、卫两国真的按晋文公的意思做了。

成得臣本想救这两个国家，不料这两个国家不讲道义倒先来跟楚国绝交，气得他率领全军直奔晋军大营。

楚军一进军，晋文公立刻命令往后撤。这种做法让许多晋军将领费解。狐偃解释说当初楚王曾经帮助过主公，主公在楚王面前许过愿：万一两国交战，晋国会退避三舍。今天后撤，就是为了信守这个诺言。

子玉见晋军不战而退，以为晋文公胆怯，不过徒有虚名，于是催军追逐。楚军中有人感到事有蹊跷，建议持重收军，伺机再追。子玉斥责他们当断不断，贻

晋文公复国图卷　南宋　李唐

误战机，认为聚歼晋军，夺回曹、卫指日可待。楚军追晋军至城濮（今山东鄄城西南）。

晋军在城濮屯兵，齐、秦两军和刚被解围的宋成公军队赶来会合。而楚军此时军分三阵，严阵以待。公元前632年四月四日，晋军向楚军发起攻击，晋下军佐将胥臣把驾车马匹蒙上虎皮，突然攻向楚右军——战斗力最差的陈、蔡军，陈、蔡军遭此突袭，加之又被虎皮迷惑，顿时溃散。

接着晋军又“示形动敌”。晋上军主将狐毛在战车上竖两面大旗，引车后撤假装退却；晋下军主将栾枝也用战车拖曳树枝使尘土飞扬，造成晋后军也退却的假象以诱楚军出击。子玉不知是计，命楚左翼子西进击。晋中军主帅先轸见楚军上当，便命佐将郤臻率最精锐的中军迎击楚左军，而狐毛、栾枝也乘机回军侧击楚左翼。楚左军陷入重围，后退又无路，只能接受被歼的命运。子玉见两翼均被消灭，情知无力挽回败局，无奈下令中军脱离战场，才没有全军覆灭。

晋文公连忙下令，吩咐将士们不要追杀，把楚军赶跑就是了。成得臣带着残将败兵向后败退，自己觉得没法向楚成王交代，就在半路上自杀了。

晋国打败楚国的消息传到周都洛邑，周襄王和大臣都认为晋文公立了大功。晋文公趁机约了各国诸侯于践土（今河南原阳西南）会盟，订立了盟约。这样，晋文公就成为中原霸主。

秦国崛起

公元前770年，秦庄公之子秦襄公因护送周平王东迁洛邑有功，被平王封为诸侯，并将岐山（今陕西岐山东北）以西之地赐秦，秦国迅速崛起。秦是古代嬴姓部族中的一支，此支后代非子的曾孙秦仲为周宣王的大夫。秦仲在讨伐西戎时战死。秦仲的儿子秦庄公后来攻破西戎，收复西犬丘（今甘肃天水地区的礼县、清水县和张家川县一带），此为秦建国的开端。春秋早期，东周迁出今陕西境内后，秦致力于伐戎，收复周故地。公元前766年，秦襄公伐西戎至岐身亡，其子秦文公继位。公元前762年，秦文公收复汧水、渭水交汇处，并迁都于此。在军事上，秦积极拓展领地。秦的疆域最初主要在今甘肃东南和陕西西部的渭水流域，

后逐渐吞并今陕、甘境内的西戎各部，沿渭水东进，逾黄河和崤函之塞，进攻三晋；逾今陕西商洛地区进攻楚；逾今陕西汉中地区，进入巴蜀，并从巴蜀进攻楚。公元前 753 年，秦开始有史记事，民众亦开始接受教育。秦在很多方面继承了正统文化，在春秋时代文明兴起的浪潮中走在前列。公元前 746 年，秦法律开始有三族之罪。我国现存最早的刻石文字石鼓文，歌咏了秦国游猎、战争的情景。至此，秦从西部的小国，一跃而成为与中原诸国匹敌的诸侯。

弦高退秦军

晋文公打败了楚国后，会合诸侯订立盟约，连归附楚国的陈、蔡、郑三国也与晋国成了盟约国。但是，跟晋国订了盟约的郑国，又暗地里跟楚国结了盟。

晋文公知道了这件事，非常生气，打算再次去征伐郑国，还与秦国约定，一起攻打郑国。

秦穆公一心想向东扩张自己的势力范围，就亲自带着兵马到了郑国边界。晋国的兵马在西边驻扎，秦国的兵马在东边驻扎，两军声势十分浩大。郑国的国君忙派辩士烛之武去劝说秦穆公退兵。

烛之武来到秦国军营，对秦穆公说："秦晋两国一起攻打郑国，郑国一定会亡国。但是郑国和秦国相隔很远，郑国一亡，土地全归了晋国，晋国的势力就更大了。它今天在东边灭了郑国，明天也可能向西侵犯秦国，对您有什么好处呢？再说，要是秦国和我们讲和，以后你们有什么使者来往，经过郑国，我们还可以当个东道主接待使者，对您也没有坏处。"

秦穆公衡量了一下利害关系，答应跟郑国单独讲和，自己带领兵马回国了。临走之前，派了 3 个将军带了 2000 人马，替郑国守卫北门。

晋国眼看秦军走了，非常生气，有的将领便提议追打秦兵。晋文公不同意攻打秦军，众人便想办法把郑国又拉到晋国一边，随后也撤兵回去了。

后来，秦国得知郑国又与晋国订立盟约，但又没有什么办法，只好忍耐下来。

过了两年，晋文公病死，他的儿子襄公继承王位。有人对秦穆公说道："晋文公刚死去，还没举行丧礼。趁这个机会攻打郑国，晋国绝不会去援救郑国。"

留在郑国的将军也送信给秦穆公说："郑国北门的防守掌握在我们手里，要是秘密派兵来偷袭，一定能成功。"秦穆公召集大臣们商量如何攻打郑国。两个经验丰富的老臣蹇叔和百里奚都极力反对，蹇叔认为调动大军偷袭那么远的国家，士兵都精疲力乏，而对方早就有了准备，根本没有取胜的把握；而且行军路线那么长，怎么能瞒住郑国。

秦穆公不听，派百里奚的儿子孟明视为大将，蹇叔的两个儿子西乞术、白乙丙为副将，率领 300 辆兵车，悄悄地前往郑国偷袭。

第二年二月，秦国的大军刚刚进入滑国地界（在今河南），便有人自称是郑国派来的使臣，求见秦国主将。

"使臣"说道："我叫弦高。我们的国君听说你们要到郑国来，特地派我在这里等候三位将军，并让我送上一份微薄的礼物，慰劳贵军将士。"随后，他献上 4

张熟牛皮和 12 头肥牛。

孟明视原来打算趁郑国毫无准备的时候，进行突然袭击。现在看来郑国使臣老远地跑来犒劳军队，这说明郑国早已有了准备，要偷袭已经不可能了。便收下了弦高送给他们的礼物，对弦高说："我们并不是到贵国去的，你们不必多虑。"

弦高走后，孟明视对众人说道："看来郑国已经得知了消息，做好了准备，偷袭没有成功的希望，我们还是回国吧。"随后，秦灭掉滑国便回国了。

其实，郑国根本就不知道秦国要去偷袭的事，孟明视上了弦高的当。弦高是个牛贩子，他赶了牛到洛邑去做买卖，正好碰到秦军。弦高得知了秦军的用意后，已经来不及向郑国报告，于是他急中生智，冒充郑国使臣骗了孟明视。

同时派人连夜赶回郑国向国君报告。郑国的国君接到弦高的信，急忙叫人到北门去观察秦军的动静，果然发现秦军正在做打仗的准备，他就不客气地向秦国的 3 位将军下了逐客令，说："各位在郑国住得太久，我们实在供养不起。听说你们就要离开，就请便吧。" 3 位将军知道已经泄露了机密，只好连夜带着人马离开郑国。

崤山之战

公元前 628 年冬，孟明视、西乞术、白乙丙奉秦穆公之命率秦军偷越晋境的崤山伐郑。晋国卿大夫先轸得到消息后对晋襄公说："秦国因为贪婪中原的土地而劳民伤财，违背蹇叔的忠谏，攻打偏远的国家，这是上天给予我们的机会，不能错过！我们应攻灭它，否则会留下祸患，诚请主公率军进攻秦军。"下军主帅栾枝提出异议："在秦国的帮助下文公才得以归国即位，我们若进攻秦国，岂不是违背先君的遗命吗？"先轸答道："秦不为我们国丧而悲痛，反而趁机攻打我们的同姓国家，他们如此无礼，我们还同他们讲什么恩施？我听说，'一日纵敌，数世之患'，为我们的后代着想，不能算违背先君遗命。不遵循天意是不吉利的！"襄公于是同意出兵。

公元前 627 年春，晋襄公把丧服染成黑色，以先轸为中军元帅率晋军南渡黄河，控制了崤山北麓的险要路段，又联合了姜戎军队，晋军埋伏在原上，姜戎军多伏于沟谷，布好袋形阵以待秦军。

这时秦军已抵滑国境内，值郑国商人弦高在滑国贩牛，他判定秦师将袭郑，

城市防御系统的建立和完善

春秋战国的兼并战争，使各诸侯国为了加强自身的生存能力，竞相构筑城墙。城市防御体系包括城墙和城墙外的护壕等防护设施。城墙不设护坡，增加了敌人攀登城墙的难度；城门设悬门、瓮城、城楼和吊桥，以增强城门的防御能力。攻城战争中主要依靠战车的威力出奇制胜。出现了 20 种战法，使用了临车、冲车、云梯、悬障和火槽木。面对日益猛烈的攻城战，军事家们针锋相对，在守城方面采取许多措施，确保城池固若金汤。有城上按地段储存一定数量的作战物资，如每 20 米左右存放修补城墙的柴捆 20 捆，每 45 米左右设置锅灶、水瓮及沙土，每 4 米左右存放弩、戟、连、梃、斧、椎各一件以及若干石块和蒺藜等；同时配备连弩车、转射机、悬障、累答和火槽木等功能强大的守城器械。

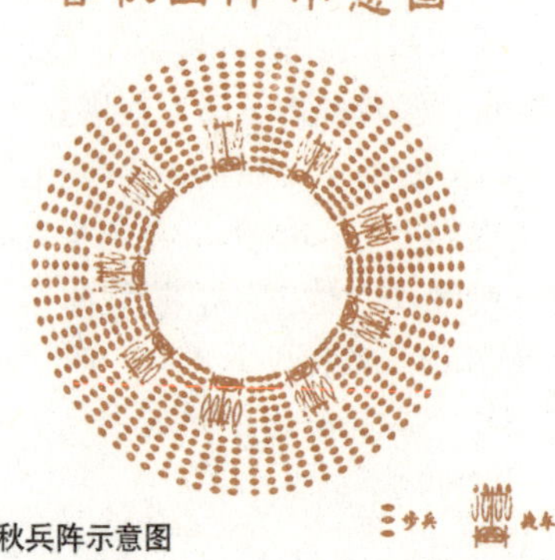

春秋兵阵示意图

决定做出点牺牲以求挽救郑国。于是他牵12头牛假托奉郑君之命，犒劳秦军。孟明视等三帅不知是假，还以为郑国已知道秦军来袭的消息并做好了防范准备，他们怕攻郑攻不下来，围困郑国又没有长期的补充资源，遂放弃伐郑计划，灭了滑国后撤军回秦。

孟明视对晋军埋伏于崤山毫无所知，秦军很自然地进入晋军包围圈。当四月十三日秦师全部进入崤山北麓峡谷隘道时，先轸令旗一挥，埋伏于两侧的晋军和姜戎军蜂拥而出，杀向秦军。秦军哪里来得及布阵防御抵抗？顿时被冲得七零八落，而兵车又无法回旋御敌，终于全军覆没，无一人得脱，孟明视等三帅全成俘虏。

晋襄公的母亲怀嬴原是秦国人，不愿同秦国结仇，她对得胜回朝的晋襄公说：“秦国和晋国原是亲戚，一向友好。如果把孟明视这些人杀了，恐怕两国的冤仇越结越深，还是把他们放了，让秦君自己去处置他们吧。”

晋襄公觉得母亲说得有道理，就把孟明视等人释放了。

元帅先轸一听让孟明视跑了，立刻去见晋襄公，说：“将士们拼死拼活，好不容易把他们捉住，怎么轻易把他们放走呢?”他一面说，一面气得向地上吐唾沫。晋襄公听了，也感到后悔，立即派阳处父将军带领一队人马飞快地去追孟明视等人。

孟明视等三人快到秦国的时候，秦穆公听到全军覆没，便穿了素服，亲自到城外去迎接他们。

孟明视等人跪在地上请罪。秦穆公说：“责任在于我，没有听你们父亲的劝告，害得你们兵败受辱，我不怪你们。再说，也不能因为一个人犯了一点小过失，就抹杀他的大功啊！”

孟明视等人感激涕零，从这以后，他们认真训练军队，一心一意要报仇雪耻。

公元前625年，孟明视要求秦穆公发兵攻打晋国，以报崤山之战的仇，秦穆公同意了。孟明视等3员大将率领400辆兵车打到晋国。晋襄公早有防备，又一次打败了孟明视。

这一来，秦国就有人说孟明视是无能之辈。附近的小国和西戎一看秦国连打败仗，纷纷脱离秦国的管制。但秦穆公仍旧没有治孟明视的罪。孟明视把自己的财产和俸禄全拿出来，送给在战争中阵亡将士的家属。他天天苦练兵马，一心要报仇雪耻。这年冬天，晋国联合了宋、陈、郑三国打到秦国的边界上。孟明视嘱咐将士守住城，不准随便跟晋国人交战，结果又让晋国夺去了两座城。

又过了一年，也就是崤山之战后的第三年。孟明视做好一切准备，在国内挑

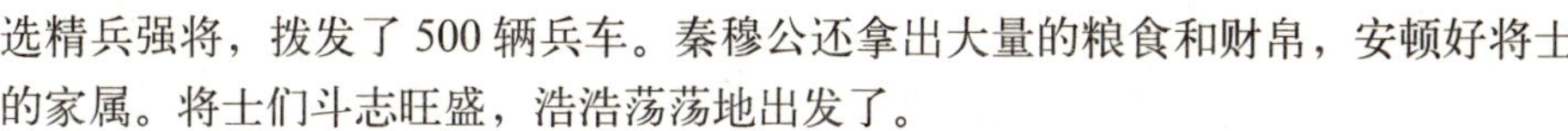

选精兵强将，拨发了500辆兵车。秦穆公还拿出大量的粮食和财帛，安顿好将士的家属。将士们斗志旺盛，浩浩荡荡地出发了。

秦军渡黄河的时候，孟明视对将士说：“咱们这回出征，只能成功，不能失败，我想把船烧了，大家看行不行？”大伙说：“烧吧！打胜了会有船的。打败了，就不回来了。”孟明视的兵士们士气高涨，隐忍了几年的仇恨全在这时候迸发出来。没过几天，秦军就夺回了上次丢失的两座城，接着又攻下了晋国的几座城池。

面对秦国的凌厉攻势，晋国上下惊慌失措。晋襄公跟大臣商量以后，命令只许守城，不许跟秦国人交兵。

看到晋国人龟缩在城里不敢出来，有人向秦穆公建议：“晋国已经认输了，他们不敢出来交战。主公不如埋了崤山兵士的尸骨再回去，也可以洗刷以前的耻辱了。”于是，秦穆公率领大军到崤山，收拾起3年前死亡将士的尸骨，掩埋在山坡上，并带领孟明视等将士祭奠了一番，才班师回国。

一鸣惊人

秦国打败晋国，报了崤山之仇后，一连十几年两国相安无事。这期间，南方的楚国却一天比一天强大起来。

公元前613年，楚庄王熊侣继位。当年楚庄王还不满20岁，掌握楚国大权的是他的两个老师——斗克和公子燮。年轻的楚庄王根本不把国家大事放在心上，一切事务全由斗克和公子燮两人决断。在他即位的前三年时间里，白天打猎，晚上饮酒作乐，并下了一道命令：谁要是敢来劝谏，就处死谁。

三年过去后，楚庄王毫无悔改之意，仍然日夜歌舞欢宴不止。此时的朝廷政事混乱不堪，公子燮和公子仪便乘机发动叛乱。幸好朝廷中有庐戢与叔麇两位忠臣，他们当机立断平定了叛乱。但此时，楚国的周边国家陈、郑、宋等小国都依附了晋国。楚国的国势已经危若累卵了。

一天，大臣成公贾实在看不下去了，他请求面见楚庄王。在富丽堂皇的宫殿里，钟鼓丝竹之声绕梁不绝，楚庄王的面前几案上摆满美酒佳肴，楚庄王正在一面饮酒，一面欣赏美女们翩翩起舞。庄王一见成公贾便问道：“大夫来此，是想喝酒呢，还是要看歌舞？”成公贾话中有话地说：“有人让我猜一个谜语，我怎么也猜不出，特此来向您请教。”楚庄王听说要让他帮着猜谜，觉得挺有趣，便一面喝着酒，一边问道：“什么谜语，这么难猜？你说说。”成公贾于是清清喉咙说道：“南山上有一只大鸟，三年里站在大树上不飞不动也不叫，这是只什么鸟？”楚庄王沉思了一会，说：“这是一只与众不同的鸟。这种鸟三年不飞，一飞冲天；三年不鸣，一鸣惊人。你的意思我明白了，你下去吧！”

成公贾以为楚庄王已幡然醒悟，朝政会有新的变化，就兴冲冲地告诉了好友大臣苏从，两人眼巴巴地等待。可是，楚庄王照旧宴饮享乐。

苏从见楚庄王依旧没有变化，便冒死直谏楚庄王。他才进宫门，便大哭起来。楚庄王问道：“先生，为什么事这么伤心啊？”苏从回答道：“我为自己就要死了伤心，还为楚国即将灭亡伤心。”楚庄王很吃惊，便问：“你怎么能死呢？楚国又

楚故都纪南城遗址鸟瞰

怎么能灭亡呢？”苏从说：“我想劝告您，您听不进去，肯定要杀死我。您整天观赏歌舞，游玩打猎，不管朝政，楚国的灭亡不是在眼前了吗？”楚庄王听罢勃然大怒，抽出佩剑指着苏从心窝说：“你不知我下的禁令吗？”苏从面无惧色，从容不迫地说：“我知道，但是楚国政事已不可收拾，活着也没什么意思，请大王赐臣下一死！”说罢延颈怒目而视，正气凛凛。楚庄王也凝视苏从片刻。突然，他将宝剑插入剑鞘，上前紧走几步，双手紧紧抱住苏从双肩，激动地说：“你才是我要寻找的国家栋梁呀！”

楚庄王立刻下令罢去乐师鼓手、歌伎舞女。然后与苏从相对而坐，促膝谈心。苏从此时才知道，原来楚庄王因为当时朝政十分复杂，权臣乱政，依附者甚多，忠奸难辨，才故意装糊涂。这样做就是要让奸臣充分暴露，让忠肝义胆的贤臣挺身而出，然后做他的助手。

第二天，楚庄王上朝，召集文武百官，振乾立纲。楚国从此蒸蒸日上，他首先整顿内政，起用有才能的人，将伍举、苏从提拔到关键的职位上去。当时楚国的令尹斗越椒野心勃勃，想要篡位。楚庄王便任命了三个大臣去分担令尹的工作，削弱了他的权力，防止斗越椒作乱。楚庄王一边改革政治，一边扩充军队，加强训练军士，准备与晋国决战，雪城濮之战的恨。

楚庄王问鼎中原

楚是地处江、汉流域的国家，西周时，活动在丹阳（今湖北秭归）一带。公元前 689 年，始建都于郢（今湖北江陵纪南城），逐渐强大，兼并了附近许多小国。楚庄王（公元前 613 年—公元前 591 年）时，孙叔敖为宰相，整顿内政，兴修水利，国势更加强盛。公元前 606 年，楚庄王率军至周定王所在的伊水、洛水流域，周定王被迫派人为他举行慰劳欢迎之礼。楚庄王趁机询问九鼎的大小轻重。鼎是王权的象征，楚庄王“问鼎”，表明了他有灭周的野心。公元前 598 年，楚围郑，晋救郑。次年，晋、楚军战于邲（今河南郑州东），晋军大败。史称“邲之战”。公元前 594 年，楚又围宋，宋向晋告急，晋畏楚而不敢出兵。从此，中原各国背

晋向楚，楚庄王成为中原的霸主。楚庄王死后，楚国势力逐渐衰弱。

伍子胥复仇

楚庄王死后，他的孙子楚平王即位。公元前 522 年，楚平王要废掉太子建。这时候，太子建和他的老师伍奢镇守在城父（今河南襄城西）。楚平王怕伍奢反对他这么做，就先把伍奢关进监狱。

楚平王派人去杀太子建的同时，逼迫伍奢给他的两个儿子伍尚和伍子胥写信，叫他们回来，以便斩草除根。伍尚回到郢都（今湖北江陵西北）后，就跟父亲伍奢一起，被楚平王杀害。太子建事先得到消息，便带着儿子公子胜逃往宋国。

伍奢的另一个儿子伍子胥，也逃离了楚国，他在宋国找到了太子建。不久，宋国发生了内乱，伍子胥又带着太子建、公子胜逃到郑国。他们请求郑国出兵攻打楚国，郑国国君郑定公没有同意。

太子建情急之中，竟勾结郑国的一些大臣想夺取郑定公的权，结果被郑定公杀了。伍子胥带着公子胜从郑国逃了出来，投奔吴国。

楚平王为了捉拿伍子胥，叫人画了伍子胥的像，挂在楚国各地的城门口，并用重金悬赏。伍子胥和公子胜逃出郑国后，怕被楚国人发现，白天躲藏起来，到了晚上才赶路，到了吴楚两国交界的昭关（今安徽含山北）时，关上的官吏盘查得很严。传说伍子胥为了过关而忧虑不安，一夜之间，头发都愁白了。幸亏遇到了一个好心人东皋公，他同情伍子胥等人的遭遇，把他们接到自己家里。东皋公有个朋友，长得有点像伍子胥。东皋公让他冒充伍子胥蒙骗关上的官吏。守关的逮住了假伍子胥，而真伍子胥因为头发全白了，面貌也变了，守关的人没认出来，混出了关。

伍子胥到了吴国，吴国公子光正在谋划夺取王位。吴王诸樊的小弟弟季札博学多才，吴王十分喜欢幼弟，为了能让他继承王位，死时遗命王位继承实行弟继兄位制。周景王十八年（公元前 527 年），吴王夷末死，应由季札即位，季札坚辞不就，结果夷末的儿子僚即位为王。诸樊的儿子公子光认为自己继承王位才合理，于是暗中打算夺位。

周敬王五年（公元前 515 年），公子光与勇士专诸谋刺吴王僚。四月，公子光先于地下室埋伏甲士，然后设宴礼招待吴王。吴王僚戒备森严，为了防止有人将兵器带入刺杀吴王，端菜的人要在门外换穿别的衣服，才可进门。专诸把匕首放在鱼肚子里，然后膝行而入，在上菜时抽出匕首猛刺并杀死了吴王僚，专诸也被甲士乱剑刺入胸膛而死。伍子胥帮助公子光杀了吴王僚，公子光登上了王位。这就是吴王阖闾。

苏州盘门

建于春秋吴王阖闾六年（公元前 509 年）。

吴王阖闾即位之后，封伍子胥为大夫，

帮助处理内政大事。周敬王八年（公元前 512 年），伍子胥推荐孙武给阖闾，孙武与吴王讨论晋六卿强弱，开始治兵。此年十二月，吴灭徐。周敬王九年（公元前 511 年），吴王采用伍子胥的谋略讨伐楚国，吴军分为三师，轮流出扰，彼出此归，彼归此出，楚军疲于奔命。吴军所向披靡，攻无不克，战无不胜，楚国的军队一路兵败，吴军乘胜一直打到郢都。

那时，楚平王已经死去，他的儿子楚昭王在吴军到来之前就跑了。伍子胥对楚平王恨之入骨，刨了他的坟，还把平王的尸首挖出来狠狠地鞭打了一顿。

吴军占领楚国郢都。楚国人申包胥逃往秦国求救兵，秦哀公没有答应。申包胥在秦国宫门外赖着不走，日夜痛哭，一连哭了七天七夜。秦哀公终于被感动了，派兵救楚国，并击败吴军。

卧薪尝胆

晋国在邲打了败仗，霸业开始衰落。楚国渐渐强盛起来。此后，晋楚争霸，各不相让。后来，经宋国调停才罢兵讲和。

在中原局势渐趋平静的时候，南方的吴越争霸开始了。吴国的国王阖闾，依靠伍子胥、孙武等人的辅佐，在柏举（今湖北麻城）之战中打败了楚国。但就在吴军攻入郢都的时候，越国军队向吴国发起了进攻，从而揭开了吴越争霸的序幕。

吴王阖闾得知越国攻吴的消息，立即从前线回师攻打越国。公元前 496 年，越王允常病死，其子勾践继位。吴王阖闾趁越国刚刚遭到丧事，发兵攻打越国，两军在槜李（今浙江嘉兴）展开大战。结果，吴军大败，阖闾中箭受了重伤。阖闾临死前，对儿子夫差说："千万不要忘记越国的杀父之仇。"

夫差即位后，发誓一定要打败勾践，为父亲报仇。他任命伍子胥为相国，伯嚭为太宰，励精图治，准备攻打越国。

过了两年，勾践探知夫差昼夜练兵，就想先发制人。吴王夫差率兵迎战，双方大战于夫椒（今江苏太湖椒山）。结果，越军大败，勾践战败逃到会稽山（今浙江绍兴）上，被吴国追兵围困起来。

勾践以为局面已临近最后关头，准备杀妻与吴王决一死战。他手下有两个很有才能的人，一个叫文种，一个叫范蠡。他们认为一味蛮干，只有死路一条，不如先贿赂吴国权臣伯嚭，以求生路。便暗中派人把一批越女和奇珍送给他，托他向夫差请和。伯嚭果然接受礼物，在夫差面前劝说一番。

越王勾践卧薪尝胆图

夫差不顾伍子胥的反对，答应了越国的求和条件，但要勾践到吴国去赎罪。

勾践把国家大事托付给文种后，就带着夫人与大夫范蠡去了吴国。夫差派人在其父阖闾墓旁筑了一个石屋，将勾践夫妇、君臣赶进屋中，换上囚衣，去做喂马的苦役。夫差每次坐车出去，叫勾践牵马，叫范蠡伏在地上当马镫。

这样过了两年，勾践在吴国吃尽了苦头。文种又给伯嚭送去珍宝美女，请他在夫差面前进言放回勾践。夫差对伯嚭一向信任有加，又觉得勾践这两年的表现的确是真心归顺了他，也就微笑点头了。

勾践在越 3 年，受尽苦难。周敬王二十九年（公元前 491 年），吴王夫差赦勾践归国。自此，勾践广纳贤士，立志报仇雪恨。为了不忘屈辱，磨砺志气。他自己身穿粗布衣服，不吃肉食，住在简陋的屋子里，把席子撤去，用柴草做褥子；在吃饭的地方悬挂一个苦胆，每逢吃饭的时候，先尝一尝苦胆，然后大喊一声："勾践，你忘记会稽的耻辱了吗？"他不断激励自己，振作精神。这就是"卧薪尝胆"故事的由来。

勾践亲自与百姓一起共同劳作，让夫人织布裁衣，与民同甘共苦。经过长期的艰苦奋斗，"十年生聚，十年教训"，越国最终从失败中重新崛起。

面对越强吴弱的发展态势，伍子胥忧心如焚，他对夫差说："我听说勾践卧薪尝胆与百姓同甘共苦，请一定要保持警惕啊！"夫差不仅不听，反而疏远了伍子胥。又过了两年，夫差带兵进攻齐国，得胜而归。文武官员全说恭维话，只有伍子胥在夫差面前批评说："这次进攻齐国，只能算是一次小胜利。如果越国不灭，才是心腹大患。"吴王夫差大怒，赐伍子胥一把宝剑，令他自杀了。不久，勾践留下文种处理朝政，自己与范蠡率精兵五万袭击吴国，打败吴国守军，杀了吴国太子。

公元前 473 年，勾践再次进攻吴国，把夫差包围在姑苏山上。随后，越军消灭了吴军。勾践封给夫差一块地方叫甬东，在会稽东边的一个海岛。夫差痛悔自己相信伯嚭之言，却不听忠言，于是他以布蒙面，伏剑自杀了。勾践以国王的礼节埋葬了夫差，又诛杀了伯嚭。

吴越战争是春秋时期的尾声。到了公元前 475 年，进入战国时期，我国封建社会开始了。

三家分晋

东周时期，诸侯国内有大夫采邑，因为诸侯兼并，某些诸侯国土地扩大了，国内某些采邑也跟着扩大起来。大采邑间由开始兼并到盛行兼并，与诸侯兼并走着同样的道路，不过两种兼并的作用却明显有所不同。诸侯兼并破坏了被灭国的宗族，加强了本国内的宗族势力；采邑兼并则是破坏了国内失败的宗族。家族代宗族而兴起，这主要是战争的结果。

食采邑的贵族有两类。一类是国君的儿子，按规定，嫡长子得以继承君位，其余众子食采邑做大夫，如鲁国的三桓，郑国的七穆，齐国的高、国、崔、庆等。一类是有功的异姓人，也得食采邑做大夫，如晋国六卿中范氏、赵氏，齐国陈（田）氏等。大夫的采邑与名位都是子孙世世继承不绝，国君在这些世袭贵族中选出一人或数人做卿，助国君掌管国政。到后来，华夏诸侯国如晋、齐、鲁、宋、郑、卫等国，卿也成为子孙世袭，国政被几家世卿把持，某些"私家"（大夫）变为强宗，而"公室"（诸侯国君）衰微。

大夫被宠或有功或有权力，可以获得国君的赏田、赏人，也可以向国君请赏，或瓜分其他宗族的土地，甚至可以瓜分公室。鲁国在公元前 562 年，季孙、孟孙、叔孙三家三分公室，作三军各得一军；到公元前 537 年，三家又四分公室，季孙得二，孟孙、叔孙各得一，季孙私属甲士多至 7000 人。

东周前期，诸侯武力兼并，晋悼公兴霸业，先给人民免旧欠，救灾难，轻赋敛，赦罪人等好处。东周后期，齐国田氏、晋国的韩赵魏三家，政治上比较开明，所以成为大夫兼并的最后胜利者。

在周代初年的所有封国中，晋国的面积最大，力量最强，最有资格统一中国。

晋国国君的权力衰落后，实权由范、中行、赵、魏、韩、智六家大夫把持，他们又以自己的地盘和武装，争权夺利，互相攻战。后来只剩韩、赵、魏、智四家。四家中智伯瑶势力最大，野心也最大。智伯瑶打算下一步侵占韩、赵、魏三家的土地，于是把赵襄子、魏桓子、韩康子三大夫请到家中，设宴款待。席间智伯瑶对三家大夫说："晋文公时，晋国是中原霸主，后来霸主地位被吴、越夺去了。为了重振晋国雄风，我主张每家献出一百里土地和相应的户口交国君掌管。"韩康子害怕智伯瑶的势力，首先表示赞同，愿把韩家土地和一万家户口交给国家；魏桓子心里不愿意，但也不得不表态，也把百里土地和九千家户口交给智家，智伯瑶见赵襄子一言不发，便用言语威胁他。赵襄子性格耿直，看智伯瑶贪婪的样子，非常气愤，便说："土地是祖宗遗产，要送给别人，我实在不敢做主。"智伯瑶听罢立刻翻脸，智、赵席上争吵不休，赵襄子最终拂袖而去。智氏立刻决定讨伐，并亲自带兵马为中军，让韩为右军，魏为左军三军直奔赵城。赵襄子寡不敌众，边战边退，退到晋阳（今山西太原）闭关固守。整整打了两年的仗，智军就是攻不下赵城。

智伯瑶无计可施，十分恼火。一天智伯瑶绕赵城察看地形时，看到晋阳城东北有晋水河，水势湍急，受到启发。智伯瑶便命令士兵筑坝蓄水，想把晋阳全城淹没。

大水淹进晋阳城以后，赵襄子焦虑不安，愁眉不展，就与谋士张孟谈探讨对策。赵襄子说："目前百姓情绪稳定，只是水势若再往上涨，全城就难保了，这可怎么办呢？"张孟谈分析说："攻城不如攻心。我看韩、魏把土地割让给智家，并不是心甘情愿的，我们何不派人游说，把韩、魏争取过来，请他们帮我们一起对付霸道的智伯瑶。"赵襄子同意这主意，就派张孟谈连夜出城，直奔韩、魏两营。韩、魏二大夫正担忧自己的前途，经张一说，都赞同合力对付智伯瑶。

第二天深夜，智伯瑶在营帐里睡得正香，突然听见一阵喊杀声。他连忙披衣察看，发觉床下到处是水，以为大堤决口的水从晋阳城漫过来了，心里还挺高兴。但出帐外一看，兵营里一片汪洋，士兵给突来的大水弄得惊慌失措，乱作一团。智伯瑶惊魂未定，转瞬间，三家军分由韩、赵、魏大夫带领，撑着木筏，从四面八方冲杀过来，打得智家军措手不及，被砍死和淹死在水里的不计其数，智伯瑶也死于乱军之中。

韩、赵、魏全歼了智家军，并乘势瓜分了晋国土地。公元前 403 年，三家派使者上洛邑去见周天子，要求晋封他们为诸侯。周天子见木已成舟，也就顺水推舟送个人情，正式晋封韩康子、赵襄子、魏桓子三人为诸侯。

从此以后，韩、赵、魏都成为中原大国，与秦、楚、燕、齐四个大国并称为“战国七雄”。

战国七雄并立时期

以田氏代齐和韩、赵、魏三家分晋为标志，中国历史进入了战国时期。战国时期既是战争频仍的时期，也是经济、文化迅速发展的时期。当时封建制已占主导地位，新的生产方式正处在自身发展的上升阶段。

七雄并立的战国时期，齐、楚、燕、韩、赵、魏、秦七大诸侯国之间，争城夺地的战争愈演愈烈。各国都致力于富国强兵，变法革新。西方秦国的实力日益增强，逐渐形成了兼并东方六国的优势。

列国诸侯为在兼并战争中抗衡和发展，大力发展生产，壮大自己的经济力量。新的社会制度和经济的发展，使人们的眼界大为开阔，思想大为解放。适应变革需要的新学术、新思想纷纷涌现，重新探讨宇宙和人生哲理蔚然成风。各派学者竞相发表重要的哲学观点和政治思想，思想领域出现了“百家争鸣”的生动局面。艺术领域出现一派盎然生气，造型艺术以及音乐、舞蹈，都有长足的发展。自然科学和医学亦有新的成果，不少发现和发明遥遥走在当时世界科学技术的前列。各地区经济文化联系的加强和各族人民的融合为建立统一的国家奠定了重要的基础。

围魏救赵

魏惠王也想仿效秦孝公，搜罗一个商鞅式的人才来治理国家。他不惜重金招徕天下豪杰。当时有个叫庞涓的人来到魏国，魏惠王亲自接见了他。庞涓讲了一些富国强兵的道理。魏惠王听了很赞赏，就拜庞涓为大将。

后来，魏惠王又听到孙膑很有才干，跟庞涓说起孙膑。庞涓派人把孙膑请来，跟他一起在魏国共事。庞涓发现自己的能力不如孙膑，怕有朝一日孙膑会取代他的地位，就告发孙膑私通齐国。魏惠王十分恼怒，治了孙膑的罪，在孙膑的脸上刺了字，还剜掉了他的两块膝盖骨。

正巧齐国有一个使臣出使到魏国，便偷偷地把孙膑带回了齐国。孙膑到了齐

李悝变法

战国初期的魏文侯（公元前 445 年—公元前 396 年在位）是位有作为的君主。他任用李悝（公元前 455 年—公元前 395 年）为相，在国内推行变法。变法的主要措施有：一、鼓励农民勤谨耕作。李悝认为农民的劳作态度直接关系到土地的收成高低。二、实行“平籴法”，丰年由国家以平价购进粮食，灾年则平价出售，使粮价保持平衡。三、依据“食有劳而禄有功”的原则，授予有功劳的人以职位和爵禄，取消那些无功于国而又过着奢华生活的人的世袭特权。四、编集《法经》，分为盗、贼、囚、捕、杂、具六篇，目的是为了保护地主阶级的生命和财产安全，维护新兴封建国家的统治秩序。李悝变法巩固了地主阶级的政权，发展了封建经济，使魏国在战国初期首先强盛起来。

国后，齐威王对他大为赏识。

公元前 354 年，魏惠王派庞涓进攻赵国，齐威王就拜田忌为大将，孙膑为军师，发兵去救赵国。田忌血气方刚，欲直奔邯郸与魏军主力厮杀以解赵围；孙膑深谋远虑，认为不妥，他提出“批亢捣虚”“疾走大梁”的策略，并解析这样可以避实击虚，不必付出惨重代价即可解邯郸之围。田忌认为此策妙极，于是统率齐军主力向魏都大梁挺进。魏国此时已成四面受敌，更可怕的是齐国人击向了魏的心脏，庞涓无奈，以少数兵力控制千辛万苦刚刚攻克的邯郸，自己率魏军主力撤出赵国，回救大梁。这时，孙膑已安排齐军在桂陵（今山东菏泽）潜伏，庞涓率军行至这里即遭到已等待多时的齐军突然截击。魏军在攻邯郸时已消耗很大兵力，再加上日夜兼程的行军，疲惫不堪，于是大败而溃；与此同时，邯郸也被赵军夺回。

公元前 341 年，魏国又派兵进攻韩国。韩国也向齐国求救。那时候，齐威王已经死了，他的儿子齐宣王继承了王位。齐宣王派田忌、孙膑带兵救韩国。孙膑采用他的老办法，不去救韩，却直接去攻魏国。庞涓接到本国的告急文书，只好退兵往回赶。这时，齐国的兵马已经攻进魏国了。

庞涓率军撤回魏国，并加速追赶齐军。当追到齐军第一天扎营之地时，发现齐军营寨占地面积很大，从齐军做饭的炉灶数推测，齐军人数有 10 万左右。庞涓为齐军力量之大担忧。当第二天追到齐军扎营之地时，发现营地已缩小，炉灶也减少，推算齐军已由 10 万人减少至 5 万人左右。庞涓担忧之心渐轻，心里知道齐军的士兵人心不齐，有逃跑的士卒。当他追到齐军第三天扎营之地时，发现营地更加缩小，炉灶也大为减少，估计此时齐军只剩 3 万人左右。他不由心中大喜，于是舍弃一部分军队，亲自率领精锐之师加紧追击。

魏军披星戴月，一直追到马陵（今河北大名东南），天色渐渐黑了下来，马陵道十分狭窄，路旁边都是障碍物。庞涓恨不得一步赶上齐国的军队，命令大军摸黑前进。忽然前面的路给木头堵住啦。

庞涓到前面一看，见道旁树全被砍倒了，只留下一棵最大的没砍。那棵树上面还刮去了树皮。裸露的树干上面影影绰绰还写着几个大字，因为天色昏暗，看不太清楚。

庞涓叫兵士拿火一照，看见上面写的是：“庞涓死于此树下。”

庞涓大惊失色，连忙命令将士撤退。霎时间，四周的乱箭，像飞蝗似的向魏军射来，马陵道两旁杀声震天，齐国的兵士铺天盖地地杀过来。

原来这是孙膑设下的计策，他故意让军队装出逃跑的样子，引诱庞涓追上来。他算准魏兵在这个时辰到达马陵，预先埋伏下一批弓箭手，吩咐他们只等树下出现火光，就一齐放箭。庞涓见无路可逃，便拔剑自杀了。

齐军乘胜大破魏军，把魏国的太子申也俘虏了。从这以后，孙膑的名声传遍了各诸侯国。他写的《孙膑兵法》一直流传到现在。

商鞅变法

商鞅方升

公元前 350 年，商鞅受第一次变法成功的鼓励，决定再次变法。这次变法举措重大，影响深远，为秦国的强盛奠定了雄厚基础。“开阡陌封疆”就是把标志土地国有的阡陌封疆去掉，废除土地国有。确认地主和自耕农的土地私有制，在法律上公开允许土地买卖，并扩大政府拥有土地的授田制度，便利地主经济的发展，增加地主政权的地税收入。普遍推行县制。商鞅将郡县制这一行政机构推行于全国，使之成为秦国地方政权的基本组织形式。最初设置的县有 30 多个，其后，随着国土的扩张，又有所增加。县制的普遍推行，把地方政权和兵权集中到中央，加强了中央集权的封建统治。统一度量衡制度。此前，各地度量衡不一，不便人们的贸易往来，统一斗、桶、权、衡、丈、尺等度量衡后，地区间的商业往来十分便利，并对赋税制和俸禄制的统一产生了积极作用。开始按户、按人口征收军赋。这一制度的推行，为秦国强大的军事力量提供了保障。秦国迅速强大起来。

秦商鞅变法，实行“利禄、官爵抟出于兵”，就是把爵位与军功挂钩，确立了二十等军爵制。

秦的爵位分二十等：公士、上造、簪袅、不更、大夫、官大夫、公大夫、公乘、五大夫、左庶长、右庶长、左更、中更、右更、少上造、大上造、驷车、大庶长、关内侯、彻侯。其中公士最低，彻侯最高。因军功获得爵位者，可以享受减免刑罚，免除劳役，获得土地、房屋或奴隶，爵位荫及子孙等优惠和特权。由于秦国实行军功与军爵挂钩的制度，所以秦军作战时非常勇猛，这也是秦能够统一六国的原因之一。

秦统一后，此制依然实行，“官斗士，尊功臣，盛其爵禄”，各级官吏主要由那些因军功而封爵者把持。但是由于战争的减少，“军”爵的性质逐渐发生了变化，赐爵的范围不再限于军功，赐爵的对象也由军人扩大到修筑驰道者以及自愿徙边的刑徒等。

胡服骑射

北方的赵国看到秦国恃强凌弱的做法，知道只有发愤图强，才能国泰民安。赵国的国君武灵王，是个很有远见的国君，面对周边的诸侯国日益强大，便考虑着赵国的发展前途。

周赧王八年（公元前 307 年），赵武灵王率军攻取中山国的房子（今河北高邑西南）之后，大军直达无穷之门（今河北张北），又自北而西到达黄河边，考察了赵国北面的游牧部族地区。赵武灵王意识到，在北方山地和丘陵地区不能使用车战，胡人身着胡服骑马射箭的作战技术则显示出特有的长处。于是他就着手进行军事改革。

有一天，赵武灵王对他的臣子楼缓说：“咱们国家东边有齐国、中山（古国

名），北边有燕国、东胡，西边有秦国、韩国和楼烦（古部落名），我们如果不强大起来，随时都会遭受灭顶之灾。要发愤图强，就必须改革一番。我觉得咱们穿的长袍大褂，干活打仗都不方便。相比之下，胡人（泛指北方的少数民族）的短衣窄袖，倒是很灵活。我打算效仿胡人的风俗，把我们的服装改一改，你看怎么样？"

楼缓一听，连声说好，他说："咱们效仿胡人的穿着，也能学习他们打仗的本领啦！"

赵武灵王说："对啊！咱们打仗全靠步兵，或者用马拉车，这样不如骑马灵活机动。我们学胡人的穿着，就是要学胡人那样骑马射箭。"

赵武灵王胡服骑射复原图

这个想法一传开去，就遭到许多大臣的反对。公子成是赵武灵王的叔父，在赵国影响力很大。他先是以不能"变古之教，易古之道"为由拒绝穿胡服。赵武灵王于是亲至公子成家，反复说明事与礼可以随时代而变，并讲述胡服的优越性，赵要想永远立于不败之地，就得改革以加强军事实力。赵武灵王表示要继承赵简子、赵襄子的事业，振兴赵国。赵武灵王的慷慨陈词，令公子成备受感动，于是第二天他便着胡服上朝。公子成对胡服骑射改革的支持，使得赵武灵王有信心将这项军事改革坚决贯彻下去。

赵武灵王向全国发布胡服命令。这时有王族赵文、赵造和王子傅周绍等大臣向赵武灵王进谏以质疑胡服骑射，不断陈述习俗、礼教的不可变更性，希望他收回成命。赵武灵王批驳说："三代不同服而王，五伯不同教而政"，"法度制令，各顺其宜，衣服器械，各便其用。"批评他们不知时变，不谙治国。他们最后不得不接受了胡服。

赵武灵王看到条件已经成熟，就发布了一道改革服装的命令。不久，赵国人不分贫富贵贱，都穿上了胡服。一开始，人们还觉得有点不习惯，后来觉得穿了胡服实在方便灵活得多。

赵武灵王接着又号令国人学习骑马射箭。他把攻下的原阳（今山西大同北）改为"骑邑"，用来培训骑兵。大臣牛赞进谏："使不得，大王！国家和军队的常规是不能改变的。"赵武灵王立即驳斥他："依你说，经济发展，社会进步了，国家和军队还应该是一成不变吗？""今重甲循兵，不可以踰险；仁义道德，不可以来朝。"牛赞被斥责得无言以对。从这里可以看出，赵国胡服骑射改革的过程是艰难而又曲折的。这不只是单纯的易服，而且还是一场尖锐的思想政治斗争。

赵国原来的服装是宽袍大袖，厚重烦琐；改为胡人服饰后变成紧身短装，束皮带，穿皮靴，轻巧利索，很适合马上训练、作战。赵武灵王组织培养出一支强大的骑兵，使之成为赵国军队中一个重要组成部分，为赵国发展成为东方六国最

强国做出了卓越贡献。春秋以来，骑兵虽已出现，但数量很少，在军队中地位无足轻重。赵武灵王通过骑射改革，建立起强大的骑兵队伍，这为中原国家军队的发展提供了范例。

赵武灵王的改革很快收到了成效。胡服骑射举动不仅拓展了赵国的疆土，壮大了赵国的实力，而且使赵国继晋之后与燕国同为北方民族融合的中心，也为中原的生活方式带来了新的因素。公元前 305 年，赵武灵王亲自率领骑兵打败了临近的中山，又收服了东胡和临近几个部落。到了实行胡服骑射以后的第 7 年，中山、林胡、楼烦都被收服了，赵国的土地扩大了许多。

赵武灵王经常带兵外出打仗，把国内的事务交给儿子处理。公元前 299 年，他把国君的位子传给了他的儿子，就是赵惠文王。赵武灵王自己改称叫主父（意思是国君的父亲）。

完璧归赵

赵惠文王在位时，得到了楚国丢失的和氏璧。这时，强大的秦国曾几次派兵攻打赵国。因赵国大将廉颇英勇善战，秦国占不到丝毫便宜。

公元前 283 年，秦昭襄王得知赵国得到了和氏璧，便派使者对赵惠文王说："秦国愿意用 15 座城池换取和氏璧。"

赵王和大将军廉颇等大臣商议对策。他们考虑到，如果把和氏璧给了秦国，秦国不守信，只会白白地被骗；要是不给，秦国会借口攻打赵国。他们讨论了许久也没想出一点办法。后来决定先找个使者去秦国周旋，但又没有理想的人选。这时，有人推荐蔺相如可以出使。

秦昭襄王听说赵国使臣来到，立即在别宫接见了蔺相如。蔺相如捧着和氏璧恭敬地献给秦王，秦王高兴地接过观赏，随后递给左右大臣们传看，又传给姬妾和侍人们赏玩，大臣们祝贺秦王得到稀世珍宝。

蔺相如在朝堂上等了半天，发觉秦王没有换城的诚意。可是和氏璧已落到别人手中，怎么才能拿回来呢？蔺相如急中生智地对秦昭襄王说："这玉璧确实好，但还有个小毛病，让我指给大家看。"秦王信以为真，叫手下把璧交给蔺相如。蔺相如捧璧退了几步，身子靠着殿柱，怒气冲冲而义正词严地说："当初大王派使者送国书，愿意以 15 城换这块玉璧。赵国大臣都认为大王在骗人，我却认为普通百姓交朋友都讲信用，何况秦国是泱泱大国。赵国诚心实意派我把璧送来，大王却态度傲慢，在一般殿堂接见我，显然是没有诚意换璧。现在请按诺言以城换璧。如果大王逼迫我，我就把我的脑袋和这块璧一起撞碎在柱子上。"说完蔺相如抱着玉璧用愤怒的目光斜视着柱子，做出要去撞的样子。

完璧归赵画像石

秦王唯恐砸碎了玉璧，赶紧劝他不要这样做，并连连表示歉意。他马上命令大臣把地图拿来，指着那换璧的15座城给蔺相如看，蔺相如知道秦王又在使用欺骗手段，也将计就计。他对秦昭襄王说："和氏璧是无价之宝，在我把它带来之前，我国举行隆重仪式，斋戒5天。大王也要斋戒5天，我才敢献上和氏璧。"

秦王想，反正你也跑不了，就答应斋戒五日。蔺相如回到住处，叫自己的随从化装成百姓的模样，把璧藏在怀中，从小路偷偷地回国去了。

5天后，秦王在朝廷备了九宾大礼接见赵使蔺相如。蔺相如对秦王说："秦国自穆公以来的20多个君主，没有一个是讲信用的。我实在怕被骗上当，所以派人把璧先送回赵国了。"秦昭襄王听到这里，大发雷霆，气呼呼地对蔺相如说："我今天举行这么大的仪式，你竟敢把和氏璧送回去。来呀！把他绑起来。"

蔺相如不慌不忙地说："请大王别发怒。天下诸侯都知道秦国是强国，赵国是弱国，只有强国欺负弱国，从来没有弱国欺负强国的道理。如果大王真心想要和氏璧的话，请先交15座城给赵国。弱国是不敢背信弃义而得罪大王的。如果杀了我，天下人就看透了您的用心，都知道秦国不是讲信誉的国家。望你们仔细地想一想吧！"秦王与大臣们被说得哑口无言。秦王只得在正殿上以欢送赵国特使的礼节把蔺相如送回去。

蔺相如因完璧归赵，为赵国立了大功，赵惠文王提拔他为上大夫。秦昭襄王本来也没打算以城换璧，后来再没提过这件事。

将相和

秦昭襄王一心想要制伏赵国，接连入侵赵国国境，而公元前279年，又突然表示愿与赵国和好，约请赵惠文王渑池（今河南渑池县城西南）相会。赵惠文王害怕秦国有奸计，不愿去赴会。上卿廉颇和上大夫蔺相如以为，不去，秦国会更骄横，以为赵国软弱胆小，因而劝说赵惠文王去渑池。最后赵惠文王决定冒一次险，他叫蔺相如随行，让廉颇率领精兵守候在赵国边界，准备抵御秦兵进犯赵国。

到了渑池相会这天，秦昭襄王大摆酒席款待赵惠文王。饮酒至酣时，秦昭襄王请赵惠文王弹瑟，赵惠文王没有办法推辞，便弹了一曲。秦国御史走上前来记录此事："某年某月某日，秦王与赵王饮酒，令赵王弹瑟。"以侮辱赵惠文王。蔺相如看见这种情况，心里十分气愤，便走上前对秦昭襄王说："赵王听说秦王擅长演奏秦地乐曲，请允许我献上瓦缶，请秦王敲击，作为娱乐。"秦昭襄王很生气，拒不敲缶。蔺相如拿着瓦缶上前，跪于秦昭襄王面前，再次请求他敲。秦昭襄王仍是不答应。蔺相如站起身厉声威胁："再不敲，我将不惜一死以相拼。"秦昭襄王的侍从要杀蔺相如，蔺相如做出欲击秦昭襄王的样子，呵斥他们退回。秦昭襄王没有办法，只得也敲了一下瓦缶。蔺相如召赵国御史记道："某年某月某日，秦王为赵王敲击瓦缶。"随后，秦大臣又提出无礼要求，让赵国拿出15城给秦王献礼。蔺相如也说："请秦国把都城咸阳给赵国献礼。"直至宴会结束，秦国一直未能占上风。

由于赵国已在边境部署重兵，时刻准备接应赵惠文王，秦国不敢轻举妄动，双方以平等地位重修旧好。

回到赵国后，赵惠文王对蔺相如的勇敢机智大加赞赏，拜他为上卿，地位在廉颇之上。廉颇是赵国名将，英勇善战，曾率兵击败齐国，夺取阳晋，被任命为上卿。他认为蔺相如不过是口舌之功，而位在自己之上，不由得勃然大怒，私下里对自己的门客说："蔺相如有什么本领，职位反比我高。就凭一张嘴，能说会道那叫什么本事。我南征北伐，攻下多少城池，立过多少次大功，日后见面一定要给他点颜色看看。"这话传到蔺相如耳里，蔺相如便尽量避开廉颇，并且装病不去上朝。

有一天，蔺相如坐车上朝，在路上看见廉颇的车马迎面而来，赶紧叫车夫把车躲进小弄堂里，给廉颇让道。蔺相如的属下有点看不过去，责怪蔺相如不该那么怕廉颇。蔺相如笑着问他们："你们说，廉颇将军厉害，还是秦王厉害？"手下人都说秦王厉害。蔺相如又说："秦王我都不怕，我会怕廉颇吗？今天秦国不敢入侵我国，是因为有我和廉颇在，一旦我们不和，就会削弱内部力量，秦国就会乘机入侵。所以我不与廉颇争高低，为的是国家稳定。"

后来，蔺相如的话传到廉颇耳里。廉颇听说后，深为自己的无知感到羞愧，更加佩服蔺相如的高风亮节，便脱去上衣，露出肩膊，背着荆条，去蔺相如府上请罪。他见了蔺相如低头说道："我私心太重，只顾论功争权，幸亏您以大局为重！我实在是没脸来见您，请处罚我吧！"蔺相如连忙搀起廉颇，说："咱们两人都是赵国的大臣，您能理解我，我已经万分感激了，何必给我赔礼呢！"

从这以后，他们互相谅解，成了生死与共的朋友，赵国也更加强盛了。

乐毅伐齐

齐湣王在位期间，骄横霸道，常常欺负弱小的国家。这样一来，许多诸侯国对他都不满，特别是燕国。

燕国也是战国七雄之一，在燕王哙做国君时，用子之为丞相。后来，燕王哙听信了坏人的主意，把国君的位子让给了子之，结果把国家搞得混乱不堪。齐国趁机进攻燕国，燕差点被灭掉。

燕王哙死后，燕昭王即位，他恨透了齐国，总想报仇雪恨。但自知国小地僻，力量对比悬殊，于是他礼贤下士。有人对燕昭王说，老臣郭隗有见识，请他帮助招贤纳士准错不了。燕昭王与郭隗一交谈，果然觉得郭隗很有才能，便为他造了一座精美的住宅，还拜郭隗做老师。

各国有才能的人听说燕昭王真心实意地招募人才，便纷纷来到燕国。乐毅以魏昭王使节的身份来到燕国，燕王用宾客之礼接待他，被乐毅婉言谢绝，并在昭王面前声声称臣。燕昭王高兴地任他为亚卿，经过考察，发现他非常有才能，便把国家大事交他处理。

经过几年的努力，燕国国力日盛，燕昭王看到齐国潜在的危机逐渐暴露，便与乐毅商讨如何征伐齐国。乐毅认为齐国地广人多，单靠燕国的力量不容易取胜，建议联合其他国家一同攻齐。燕昭王赞成乐毅的意见，派乐毅去赵国联络，派其他使者联合楚、魏两国，还叫赵国去说服秦国共同出兵。诸侯各国深受齐湣王骄矜暴戾之害，都愿意跟燕国讨伐齐国。

乐毅等回来禀报燕昭王，燕昭王见时机成熟，便任命乐毅为上将军，统领全国军队。与此同时，赵惠文王也把相国的印交给了乐毅，授给他全权。公元前284年，乐毅统领赵、魏、秦、韩、燕五国的军队进攻齐国，齐军不敌众国倒山倾海之势，大败。

齐将达子召集逃亡的齐军士兵，整顿后继续作战，想以此挽回败局，但齐湣王不予援助。达子率军在秦周（今山东临淄西北）与五国联军再次交锋时又被打败，达子死于乱军之中。两次战役使齐国主力受到重创，不能再与五国联军交战。乐毅遂遣还秦、韩等国军队，让魏国进攻原宋国地区，赵国去攻取河间，自己亲率燕军长驱进击，攻打齐都临淄，齐湣王逃走。齐国疆土分裂，势力大减。

五国联合伐齐，是战国时的一场大战。后来，六国之间的自相残杀愈演愈烈。

合纵与连横

关东各国即韩、赵、魏、齐、楚、燕六国为了抗拒强秦，就组成军事联盟，因为是南北联合，因此称为“合纵”。秦国位于西部，为了破坏关东的“合纵”，以便于秦国势力向东方发展，秦国就用军事压力和政治离间等手段，在关东争取盟国，这是东西联合，称为“连横”。文献记载，从事于“合纵”运动的主要人物是洛阳人苏秦，从事于“连横”运动的是魏人张仪。

苏秦的主张于公元前334年首先得到燕文侯的支持，继之又得到赵肃侯的支持，后又联合韩、魏、齐、楚，形成南北联盟之势。苏秦为纵约长。“合纵”的形成，曾使秦兵15年不敢过函谷关（今河南灵宝东北农涧河畔王垛村）。可是关东各国之间互相猜疑，矛盾重重，在对抗秦的进攻方面，各有打算。后苏秦死于齐，“合纵”瓦解。

张仪稍后于苏秦，为秦相，首倡“连横”。秦之主要联合对象为魏、韩。公元前322年，张仪至魏国，劝魏背弃纵约，联结秦国。魏王不听，秦便出兵大破韩军，斩首八万余，诸侯震恐。魏迫于压力，就背弃纵约，与秦连横。后来关东各国又联合起来，赶走张仪，推举楚怀王为纵长。魏、楚、燕、韩、赵五国出兵伐秦。可是兵到函谷关，就被秦军打败，“合纵”遂瓦解。魏、韩两国又转而屈从于秦，形成秦、魏、韩三国“连横”，齐与楚两国“合纵”的对抗形势。秦为了拆散齐、楚“合纵”，就派张仪至楚，劝说楚怀王与齐绝交，并以割让商（今河南淅川西南）地300千米为酬谢。楚闭关与齐绝交之后，向秦索地，张仪却说当初只说许给“3千米”。楚怀王知道被秦骗之后，就发兵攻秦，但被秦打败。后来，秦昭王约楚怀王至秦会盟，楚怀王赴会被秦扣押，死于秦国。此后，关东各国虽还想合纵，但情况更困难。

屈原投江

屈原出生在公元前340年的农历寅月寅日。生于硝烟弥漫的乱世，空负绝世才华和救世之志，却只能感叹报国无门，在一次次的打击和流放中体味忧世、忧生、忧民的精神之痛，这就是屈原悲剧的一生。他20多岁时受到楚怀王的信任，先后做过左徒和三闾大夫的官职，地位相当显赫，“入则与王图议国事，以出号令；

屈原像

出则接遇宾客，对应诸侯”，一度是楚国内政外交的关键人物。为挽救楚国的危亡，屈原提出了内修弊政，改革图强，外联齐国，抗秦图存的“美政”纲领。然而，在旧贵族的造谣中伤、陷害诋毁之下，他很快便遭到疏远，并在5年后遭受了人生中的第一次沉重打击，被流放到汉北。然而他绝不肯就此放弃。公元前292年，已回到楚国宫廷的屈原，因不懈坚持“美政”路线，而被放逐江南。屈原一生遭到楚王的两次放逐，过了20多年的流浪生活。评价屈原的一生，可以说他是一个伟大的诗人，又是一个怀才不遇的政治家。

楚国被秦国打败后，楚怀王又想重新和齐国联合起来。这时，秦昭襄王继王位，他很客气地写信给楚怀王，请他到武关（今陕西丹凤东南）相会，当面订立友好盟约。

屈原劝楚怀王不要去，他说，秦国一定会设下圈套等着我们上当呢。但无济于事，楚怀王一意孤行。

正如屈原预料的那样，楚怀王刚进入秦国的武关，立刻被秦国预先埋伏下的人马截断了后路。在会见时，秦昭襄王逼迫楚怀王把黔中的土地割让给秦国，楚怀王拒绝了。秦襄王下令把楚怀王押到咸阳软禁起来，并派人通知楚国让他们拿土地来赎人。

楚国的大臣们听到国君被押，非常气愤，拒绝了秦国的无理要求，并立太子为国君，这个国君就是楚顷襄王。

楚怀王在秦国被关一年多，吃尽苦头，后来病死在秦国。楚国人为楚怀王被害死愤恨不已，大夫屈原更是怒不可遏。他劝楚顷襄王搜罗人才，远离小人，鼓励将士，操练兵马，为国家和怀王报仇雪耻。

可是他的劝告却招来了令尹子兰和靳尚等人的仇视。他们抓住一切机会在顷襄王面前诬陷屈原。楚顷襄王听信谗言，把屈原革了职，放逐到湘南去。

屈原到了湘南以后，经常在汨罗江（今湖南东北部）一带徘徊，吟诵着伤感的诗歌。有一天，屈原在汨罗江边遇见一位打鱼的渔夫。渔夫对屈原说：“您不是楚国的大夫吗？怎么会落到这种田地呢？”屈原说：“我落到这个地步，是因为许多人都是肮脏的，只有我是干净的；许多人都喝醉了，只有我还醒着。”

公元前278年，楚国国都被秦国攻破。一直支持着屈原人生的精神支柱——国家，就此坍塌了，屈原内心的孤愤随着国破山河碎而彻底泯灭。怀着绝望的心情他走向汨罗江，投江自尽，以身明志，以死殉国！

屈原的人生之痛，造就了中国文学之幸。从《九歌》到《九章》，从《哀郢》到《离骚》，从《橘颂》到《天问》，屈原所有的痛苦、愤怒、哀怨、孤独都通过与楚地民歌相结合，而化为响彻天地的吟唱，回荡在时间的尽头，这就是“楚辞”——

一种在香草美人的意象中寄寓理想，在上天入地的境界中探索真理，在不拘一格的言语中抒写忧伤的崭新文体。由屈原“自铸伟词”所开创的楚辞的天空一经产生便是群星璀璨，而《离骚》则是所有星座中最灿烂的一颗。《离骚》全长373句，2490字，是中国文学史上第一首由诗人自觉创作、独立完成的长篇抒情诗。诗人以自身为原型，从多方面树立了一个具有高尚品格和出众才华的抒情者光彩照人的形象。

透过屈原的作品可以感受到屈原伟大的人格和高尚的情操，他以国家兴亡为己任，追求“举贤荐能、修明法度”的美政理想。在《离骚》中，屈原对贵族统治集团争权夺利、贪婪嫉妒、仗势欺人、蔑视法度等腐朽现象进行了无情的揭露。屈原耿直的性格和他那国家利益高于一切的爱国思想在《离骚》中得到充分的体现，当国君的做法不利于国家时，他也同样在作品中表现出自己的不满和愤怒。

屈原是中国古代第一位具有爱国主义思想的浪漫主义大诗人，他开创了楚辞文体，形成了中国文学史上最早的浪漫主义文学流派，和《诗经》一起构成了中国诗歌的两大源头，在中国文学史上占有极其重要的地位，对后世文学产生了无穷的影响。屈原的作品有自己独特的艺术风格，他大胆使用浪漫主义手法，运用神话传说，展开丰富的想象，抒发了自己奔放的情感和对美好理想的追求，表达了自己的政治理想，以及对腐败的统治者的不满和对人民的痛苦生活的深切同情和关怀。在反映现实矛盾、抒发内心感情时，他继承并发扬了《诗经》的传统，巧妙地使用比兴手法，委婉而且深入地表述自己的观点。屈原在诗歌的语言和表现形式上也做了变革，不仅加长了句子，还加大了篇幅，相对《诗经》来说，更有利于增加内涵，深入地表达思想。

远交近攻

赵国因为将相和睦，使秦国不敢侵犯。秦国便把矛头指向其他国家。到了公元前270年，秦国又派兵攻打远离秦国的齐国。

正在这时，有人向秦昭襄王推荐一个人，他叫范雎。范雎是魏国人，才高八斗，能言善辩，但家境贫寒，曾在魏国大夫须贾府里当门客。

有一回，魏昭王要与齐国结盟，派遣须贾出使齐国。须贾带着范雎一起去了。齐襄王听说范雎很有才能，便想与他交好，特意叫手下人赏赐给范雎很多黄金以及佳肴美酒。范雎想到自己的身份，不便接受这份厚礼，于是再三推辞不受，有人把这件事告诉了须贾。

几天后，须贾率随员回到魏国，向魏国的相国公子魏齐告发。魏齐立即派人把范雎抓起来，严刑拷问，几次把范雎打得昏死过去，牙齿打掉了，肋骨也打折了，浑身上下皮开肉绽。范雎只好直挺挺地一动不动，假装已经被活活打死。魏齐以为范雎死了，叫人把范雎用破席卷起来扔到厕所里。天黑后，范雎才从席子里爬出来。

郑国的郑安平与范雎有很深的交情，他钦佩范雎是个难得的人才，暗地里把范雎救下来，连夜帮他逃出虎口，改名张禄。

后来，秦昭襄王派使臣王稽访求贤士，郑安平扮作士兵模样服侍王稽，找机会向王稽推荐了范雎。经过交谈，王稽觉得范雎的确是个难得的大才，便设法把范雎带到秦都咸阳。

秦王非常恭敬地请范雎进宫，虚心求教。范雎分析了各国的情况，主张对于远离秦国的国家，要采取联合的策略；对于邻近秦国的国家，采取进攻的策略。如果攻打遥远的国家，即使打胜了，也不好管理。而攻占了邻近的国家，那么这个国家的土地，都是自己的了。秦昭襄王听后大加赞赏，立刻拜范雎为客卿。过了几年，正式拜他为秦国宰相。秦王振兴朝政后，准备攻打魏国。

魏王听说秦国要发兵攻魏，忙派须贾出使秦国求和。范雎听说须贾来到秦国，便扮作贫寒落魄的样子，前往馆舍见须贾。须贾见到范雎还活着，吓了一跳，问道："你还活着呀，你现在在干什么？"范雎答："我就在这儿给人家干杂活。"须贾看到范雎的可怜相，就让人取了一件锦袍送给范雎。须贾顺便问道："听说秦国宰相张禄很得秦王的赞赏，我很想见见他，不知有没有人能给我引见！"范雎笑了笑说："我家主人同张相国很有交情，我倒愿意替须大人说句话。"须贾说："那太好了。"

到了第二天，范雎带须贾到了相府门口。范雎让须贾在门口等候，自己一直走进相府内，门卫们不加盘问还肃然施礼。此景须贾都一一看在眼里觉得有些不对劲儿，便忍不住向守门人打听："我今天特来拜会你家主人，不知你家主人在不在家？"守门人告诉他："刚才陪你一起来的就是我家主人，秦国宰相张大人。"须贾一听吓得目瞪口呆。一会儿听到里面传唤："相爷叫须贾进去。"须贾慌忙匍匐在地爬着进入大厅，见到高堂上坐的丞相正是范雎，便连连磕头说："须贾罪该万死，请相国饶恕小人的罪过吧！"范雎愤怒地痛斥须贾一番。接着又说："昨天你送我一件锦袍，念你还有一点良心，饶你一命。今天交你一个任务，回去替我告诉魏王，把魏齐脑袋送来。不然的话，我要发兵直取魏都大梁。"须贾狼狈地退出相府，赶紧回国把范雎的话告诉了魏王。魏齐知道在魏国会成为牺牲品，再也无法待下去了，他偷偷地逃到赵国去，躲在平原君门下避难。

后来，秦国答应了魏国的求和条件，按照范雎的远交近攻计策，先出兵攻打韩、魏，同时，为了防止齐国与韩、魏结盟，秦昭襄王还派使者主动与齐国结盟。开始时，齐虽不愿意秦抢先兼并中原而图谋合纵伐秦，但它同时也怕其他小国强大难制。秦正是利用这一点开展远交近攻的。

到秦王嬴政时，他依然坚持"远交近攻"之策，远交齐、楚，首先攻下韩、魏；然后又从两翼进兵，攻破赵、燕，统一北方；攻破楚国，平定南方；最后把齐国也收拾了，实现了四海归一、统一中国的愿望。

纸上谈兵

公元前 262 年，秦昭襄王派大将白起向韩国进攻，切断了上党郡（治所在今山西长治）和韩都的联系。在形势危急的情况下，上党的韩军将领打发使者去赵国请降。赵孝成王派军队接收了上党。过了两年，秦国又派王龁带兵把上党团团围住。

赵孝成王得知消息，连忙派廉颇率领20多万大军去援救上党。他们到长平（今山西高平西北）时，听说上党已经落入秦军之手。

王龁转而进军长平。廉颇连忙叫兵士们修筑堡垒，坚守阵地准备做长期抵抗的打算。王龁无计可施，只好派人回报秦昭襄王。

秦昭襄王请范雎出主意。范雎说："要打败赵国，必须把廉颇调开。"他沉思了一会儿，想出了一条计策。

过了几天，赵孝成王听到左右纷纷议论，说："秦国就是怕让年轻有为的赵括带兵，廉颇老了不中用了，眼看就快投降啦！"

他们所说的赵括，是赵国名将赵奢的儿子。赵括自幼爱学兵法，谈起用兵之道，口若悬河，自以为天下无敌，不把任何人放在眼里。

赵王听信了左右的议论，叫人把赵括找来，问他能不能打败秦军。赵括说："秦国的大将白起比较难对付。但是王龁没有什么了不起的，不过是廉颇的对手。要是换上我，打败他轻而易举。"

赵王听了很高兴，就拜赵括为大将，去接替廉颇。这个决定遭到了蔺相如的反对，可是赵王听不进蔺相如的劝告。

赵括的母亲也给赵王上了一道奏章，不赞成赵王派他儿子去换廉颇。赵王把她召了来，问她什么原因。赵母说："他父亲临终时再三嘱咐我说，'赵括这孩子把用兵打仗看作儿戏似的，派不上用场。将来大王不用他还好，如果用他为大将的话，只怕赵军断送在他手里'。所以我请求大王千万别让他当大将。"

赵王说："你不要管了，我已经决定了。"

赵括替换廉颇的消息传到秦国，范雎知道自己的反间计成功，就秘密派白起代替王龁为上将军，去指挥秦军。白起其人非同一般，伊阙一战斩韩魏军24万；南破楚都郢，焚楚夷陵；华阳斩魏、赵军15万；战功显赫，威震东方，纸上谈兵的赵括又怎是他的对手？赵括上任，一反廉颇所为，更换将吏，改变固守防御战略，让大小将领大为不满。接着他制订了进攻方案，传令准备出击。

公元前260年8月，赵括率赵军主力出城进攻秦军。两军稍事交锋后，白起命秦军佯败后撤，诱敌深入。赵括误认为秦军抵挡不住，便挥师紧追。当赵军前进到长平后，预伏在这里的秦军主力精锐迎面扑来，赵军攻势受阻；白起又组织了一支轻装突击队直插过来。正面的秦军主力已让赵军疲于应付了，又怎经得起这一股新生力量的冲击？赵军渐抵挡不住，赵括欲退兵，但为时已晚：白起埋伏于两翼的2.5万秦兵在赵军与秦军主力格斗时已迂回到赵军侧后，抢占了西壁垒高地，截断了赵军的退路，赵军被全面包围。白起见袋形阵已形成，为防止这"庞大猎物"逃脱，"口袋"还得系上口，他即派精骑5000迅速插入赵军营垒间，牵制、监视守营的那部分赵军。赵军被围困，只得筑垒坚守。

赵王大惊，忙派兵增援。秦王知道赵派援兵后，便往河内（今河南黄河以北地区）征发年满15岁的男丁参加长平之战，堵截赵国援军，断其粮道。9月，赵军已被困46天，粮尽援绝，内部自残以人肉充饥；他们还不时受到秦军突击队

的冲击，死亡的阴影笼罩着全军。突围4次失败后，赵括孤注一掷，亲领赵军精锐强行突围，结果再遭惨败，赵括本人也中箭身亡。赵军失去主帅，又身心疲惫，便放弃抵抗，白起怕赵军日后反叛，只让年少体弱的240人归赵，其余全部坑杀于长平。

秦赵长平之战，结果以赵国的惨败而告终，赵军先后死亡达45万人，秦军也死亡过半。赵国实力由此大为削弱。

窃符救赵

秦国大将白起在长平大败赵军后，挥师长驱直入包围了赵国都城邯郸。赵国请求楚、魏出兵援救。

楚国派兵救赵的同时，魏国也同意出兵救援赵国。魏国领兵的大将是晋鄙。

秦昭襄王得知魏、楚两国发兵的消息，亲自前往邯郸督战。他派人对魏安釐王说："秦国早晚会把邯郸打下来。谁敢来救邯郸，等我灭了赵国，就攻打谁。"魏安釐王害怕了，连忙派人去追晋鄙，叫他停止前进，按兵不动。

赵孝成王见魏军驻扎在邺城（今河北临漳西南），不来救援，十分着急，他叫平原君给魏国公子信陵君魏无忌写信求救。平原君的夫人是信陵君的姐姐，两家是亲戚关系。

信陵君接到信，一再央求魏安釐王命令晋鄙进兵，无论信陵君怎么说，魏王也不答应。信陵君没有办法，对门客说："大王不愿意进兵，我决定自己去赵国，与秦军拼个死活。"他手下的很多门客都愿意跟信陵君一起去。

信陵君有个他最尊敬的朋友，叫作侯嬴。临行前信陵君去跟侯嬴告别，侯嬴说："你们这样去救赵国，像把一块肥肉扔到饿虎嘴边。"

侯嬴接着说："听说国家的兵符藏在大王的卧室里，只有如姬能把它拿到手。当初如姬的父亲被人害死，是公子叫门客找到那仇人，替如姬报了仇。为了这件事，如姬非常感激公子。如果公子请如姬帮忙，让她把兵符盗出来，如姬一定会答应。公子拿到了兵符，就能接管晋鄙的兵权，然后带兵救援赵国。这比空手去送死不是强多了吗？"

信陵君马上派人去求如姬，如姬一口答应了。当天午夜，如姬趁魏王睡觉的时候，把兵符盗了出来，交给一个心腹，送给了信陵君。

侯嬴见信陵君拿到了兵符，又对信陵君说："将在外，君命有所不受。万一晋鄙接

信陵君夷门访侯嬴图　清　吴历

到兵符，不肯交出兵权您打算怎么办？”信陵君皱着眉头答不出来。

侯嬴说：“我已经替公子想好了。我有个朋友叫朱亥，是魏国数一数二的大力士，公子可以把他带去。要是晋鄙能痛痛快快地把兵权交出来最好；要是他推三阻四，就让朱亥来收拾他。”

信陵君带人到了邺城，假传魏王的命令，要晋鄙交出兵权。晋鄙验过兵符，仍旧有点怀疑，不愿意交出兵权。这时站在信陵君身后的朱亥大喝一声：“你不听大王的命令，是想造反吗？”他边说边从袖子里拿出一个40斤重的大铁锤，向晋鄙的脑袋上砸过去，结束了晋鄙的性命。

当下，信陵君选出8万精兵，由他亲自指挥，向秦国的兵营冲杀。秦将王龁没防备魏国的军队会突然进攻，慌忙抵抗。

这时邯郸城里的平原君见魏国救兵赶到，也带着赵国的军队杀出来。两下一夹攻，一下子打败了围城的秦军。

荆轲刺秦王

尉缭在秦国得到重用后，用计拆散了燕国和赵国的联盟，秦国趁机攻占了燕国的几座城池。

燕国的太子丹原来留在秦国当人质，他见秦王政有兼并列国的野心，又夺去了燕国的土地，便设法逃回了燕国。太子丹回国后，寻找能刺杀秦王政的人。

太子丹物色了一个很有本领的勇士，名叫荆轲。他把荆轲奉为上宾，把自己的车马给荆轲坐，让荆轲一起享用自己的饭食、衣服。

公元前230年，秦国灭韩国。两年后，秦国大将王翦攻占了赵国都城邯郸，向燕国进军。燕太子丹十分着急，就去找荆轲，商议如何刺杀秦王。

荆轲说：“要挨近秦王身边，必须先让他相信我们是去向他求和的。听说秦王早就想得到燕国的土地督亢（河北涿州一带），还有流亡在燕国的秦国将军樊於期，秦王正在悬赏抓他。我要是能拿着樊将军的头和督亢的地图去进献，秦王一定会接见我。这样，我就可以下手了。”

荆轲刺秦王石像图

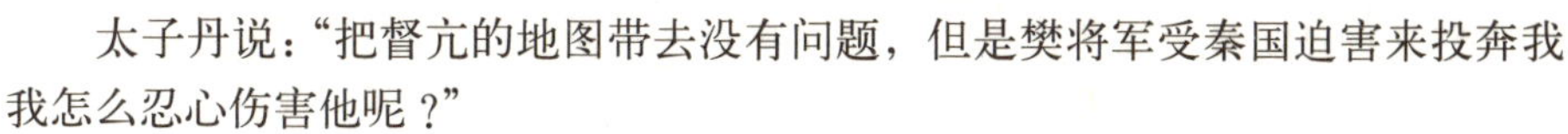

太子丹说："把督亢的地图带去没有问题，但是樊将军受秦国迫害来投奔我，我怎么忍心伤害他呢？"

荆轲知道太子丹不忍心杀樊於期，就私下去找樊於期，跟樊於期说："我决定去行刺，怕的就是见不到秦王的面。现在秦王正在悬赏捉拿你，如果我能够带着你的头颅给他送去，他一定会接见的。"樊於期二话没说，拔出宝剑，刎颈自杀了。

荆轲临行前太子丹交给他一把锋利的匕首，这是一把用毒药煮炼过的匕首，只要被它刺出一滴血，就会立刻气绝身亡。太子丹又派了个年仅 13 岁的勇士秦舞阳，做荆轲的助手。

荆轲出发时，太子及宾客都穿白衣戴白帽到易水边为他饯行。荆轲的朋友高渐离击筑，荆轲慷慨悲壮地唱道："风萧萧兮易水寒，壮士一去兮不复还！"唱完上车离去，头也不回一下，表示了他义无反顾的决心。

荆轲到了咸阳。秦王政一听燕国派使者送来了樊於期的头颅和督亢的地图，十分高兴，就传令在咸阳宫接见荆轲。

到了秦国的朝堂上，荆轲从秦舞阳手里接过地图，捧着装了樊於期头颅的木匣上去，献给秦王政。秦王政打开木匣，里面果然装着樊於期的头颅。秦王政又叫荆轲把地图拿来。荆轲把一卷地图慢慢打开，到地图全都打开时，荆轲事先卷在地图里的那把浸过毒的匕首就露了出来。

秦王政见了，惊呼。荆轲连忙抓起匕首，左手拉住秦王政的袖子，右手握着匕首向秦王政的胸口刺去。

秦王政使劲挣断了那只袖子，便往外跑。荆轲拿着匕首追了上来，秦王政一见跑不了，就绕着朝堂上的大铜柱子跑。荆轲紧紧地在后面追，两个人在柱子的周围周旋起来。

过了一会儿，有个伺候秦王政的医官急中生智，把手里的药袋向荆轲扔了过去。荆轲一闪身的工夫，秦王政往前一步，拔出宝剑，砍断了荆轲的左腿。

这时候，侍从的武士一拥而上，杀死了荆轲。台阶下的勇士秦舞阳也死在了武士们的刀下。

秦始皇统一天下后，高渐离借击筑之机，扑击秦始皇，也失败被杀。秦始皇因此不再接近各诸侯国的人。

二、春秋战国时期的文化艺术与科教

百家争鸣

春秋、战国时期是由封建领主制向封建地主制过渡的时期，新旧阶级之间，各阶级、阶层之间的斗争复杂而又激烈。代表各阶级、各阶层、各派政治力量的学者或思想家，都企图按照本阶级（层）或本集团的利益和要求，对宇宙对社会对万事万物做出解释，或提出主张，于是出现了一个思想领域里的"百家争鸣"的局面。参加争鸣的各派，史称为"诸子百家"。其中主要的有儒、道、墨、法、

名、阴阳、纵横、农、杂、小说等家。在思想领域影响最大的是前四家。

老子论道

老子，姓李名耳，字聃，楚国苦县（今河南鹿邑）厉乡曲仁里人，东周时曾任守藏史，掌管图书典籍。相传孔子曾向他问过“礼”，他却给孔子讲述许多深奥的道理，使孔子折服于他。

老子曾做过周朝“守藏室之史”，所以他谙于掌故，熟于礼制，不仅有丰富的历史知识，并且有广泛的自然科学知识。他和孔子是同时代的人，较孔子年辈稍长，世称“老子”。公元前520年，周王室发生争夺王位的内战，这场长达5年的内战，最终以王子朝失败告终。王子朝失败后，席卷周室典籍，逃奔楚国。老子所掌管的图书也被带走。于是老子遂被罢免而归居。老子由于身受当权者的迫害，为了避免祸害，不得不“自隐无名”，流落四方。后来，他西行去秦国，经过函谷关（今河南灵宝西南）时，关令尹喜知道他将远走隐去，便请老子留言。于是老子写下了5000字的《道德经》。相传老子出关时，骑着青牛飘然而去，世不知其所终。

《道德经》又名《老子》《老子五千文》，是中国道家的主要经典，全面反映了老子的哲学思想。全书共81章，分上下两篇：上篇37章为《道经》，讲的是世界观问题；下篇44章为《德经》，讲的是人生观问题。全书文辞简奥，哲理宏富，且体系完整，内容丰富，涉及宇宙、社会、人生、军事、政治、医学等各个方面。

《老子》以“道可道，非常道”开篇，提出了一个最高的哲学概念“道”。老子哲学就是由“道”推演出来的，他也因此成为道家的始祖。

老子把天、地、人等宇宙万物连贯成为一个整体，突破了古代哲学以政治和伦理为轴心的局限。老子认为“道”是先于天地生成的，是天地万物之源，宇宙间的一切，包括人在内都是天地万物的一部分，“人法地，地法天，天法道，道法自然”。老子这种思想实际上就是中国古代最早的一种“天人合一”思想，这一思想为后来的庄子所继承和发展。这种“天人合一”的整体观念，对中国古代的各个领域都产生了深远的影响。

老子思想中最大的闪光点是他的朴素的辩证法思想。老子观察到宇宙间的万事万物都存在着互相矛盾的两个对立面，“有无相生，难易相成，长短相形”，世间万物有阴阳、刚柔、强弱、兴废等分别。他还发现对立的事物能够向其相反的方向转化，如“物壮则老”“兵强则灭”“木强则折”“祸兮福之所倚，福兮祸之所伏”。为了防止物极必反，导致衰落，老子主张“去甚去奢去泰”，就是要去掉那些极端的、过分的举动，始终保持着像“道”那样冲虚而不盈满的状态。

老子朴素辩证法思想表现在军事战略方面就是“善为士者不武，善战者不怒，善胜敌者不与”，同时还要注意“将欲弱之，必固强之”，“将欲夺之，必固与之”。他还提出了以柔弱胜刚强的指导思想，比如，天下没有比水更柔弱的东西，但以水攻坚，没有攻不下的，以此来说明柔弱能胜刚强。

老子的道的本性是自然的，他提出了天道自然的观念。他认为天地的运行是自然而然、不假外力的。人也应该和万物一样，是自然的，人生必须消除主观和外在的干涉，使其自然发展。

在自然人性论的基础上，老子提出了“无为而治”的政治论。老子把人民的饥荒、贫困看作是多欲的统治者横征暴敛的结果。人民起来为“盗”，轻生冒死，其责任完全在于统治者。老子主张用“天之道”来取代“人之道”，“损有余以补不足”，这样就能够解决社会所存在的一切弊端。

老子提倡的“无为”而治，是对统治阶级的“有为”进行的揭露和抨击。老子提倡这种“无为”之治的目标是建立一个“小国寡民”的社会，也就是“使民复结绳而用之，甘其食，美其服，安其居，乐其俗。邻国相望，鸡犬之声相闻，民至老死不相往来”。

千百年来，老子的思想深刻地影响着中国的哲学、伦理道德、政治、文化，甚至是中国人的思维。他的思想为战国时代的庄子等人所继承，形成了道家学派。《老子》也被奉为道教的三大经典之一，尊称为《道德经》。

庄子

庄子（公元前369年—公元前286年），名周宋国蒙（今河南商丘）人。他出身穷苦，一度在蒙做过漆园小吏，以后便终身不仕。庄子生性孤傲，曾拒绝楚威王的厚币相聘，一生过着贫困的隐居生活。

庄子常以寓言的形式表达哲学思想。他吸收老子《道德经》的思想，并进一步发挥，形成自己的思想体系。在先秦百家争鸣的学术氛围中，庄子哲学占有重要的地位，他因此与老子并称道家宗师。

庄子思想中对人最有启发性的是相对主义。他指出通过“道”来观察宇宙万物，事物之间的差别都是相对的。

庄子崇尚自然，认为自然万物都是一个统一体，不能分割，人与自然应该和谐发展。他主张人应该顺其自然，无为而治。要忘记社会，忘记自己，放弃外在一切事情，去追求精神上的绝对自由。

孔子

孔子名丘，字仲尼，是鲁国陬邑（今山东曲阜）人，春秋末年的思想家、政治家和教育家，同时也是儒家学派的创始人。孔子的祖先是殷商王室的后裔，居住在宋国，后来为了避祸才逃到鲁国，定居下来。孔子的父亲名叫叔梁纥，曾以勇敢和臂力过人立下战功。叔梁纥在66岁左右与未满20岁的颜徵在结婚。婚后两人曾到山东曲阜东南的尼山拜神求子，后来生下了孔子，便取名为“丘”，字“仲尼”。

孔子3岁时就遭受了丧父之痛，母亲颜氏把他带到当时鲁国的都城曲阜。由于父亲早逝，家中贫困，孔子只好瞒着母亲，辍学在叔孙氏家放牛。叔孙氏家有许多藏书，孔子经常借来阅读，成了知识渊博的人，孔子的名声也渐渐传开了。

20岁时，孔子的妻子为他生了一个儿子，鲁昭公闻信，派人送来鲤鱼，表示祝贺。昭公赐鱼之事，使孔子在曲阜声名鹊起。随后季平子根据孔子的业绩，擢

孔子像

升他为管理户口的司职吏。孔子上任以后，施行了五条措施，即薄赋税，轻徭役，慎刑戮，定婚嫁，行节俭。鲁国人奔走相告，外邦人陆续迁入，鲁国人口剧增。孔子不到30岁，就已经掌握了“六艺”，也就是礼仪、音乐、射箭、驾车、书写、计算。此外，还掌握了以《诗经》《尚书》《礼记》《乐经》《周易》《春秋》为代表的各种文献资料，真正是才高八斗、学富五车了。这样一来，许多人都愿意拜他为师，他便办了一些私塾，收了许多学生，提出“有教无类”的教育方针。

孔子在34岁时，赴洛阳会见道家学派的创始人老聃。这一次会见，使孔子学到了周朝的礼乐及文物典制。孔子对老子的道家思想佩服得五体投地，称他为云中之龙。公元前513年，鲁国发生“三桓”之乱，鲁国掌权的三家大夫——季孙氏、孟孙氏、叔孙氏把鲁昭公轰下了台。这时，孔子在鲁国也待不下去了，只好来到齐国。这一次齐景公待他很客气，还向孔子询问了治国的道理。孔子提出了“正名”的主张，即所谓“君君、臣臣、父父、子子”，也就是说，君、臣、父、子都应当名副其实，各自都按等级名分的要求行事。齐国宰相晏婴认为孔子学说不过是书生之见罢了，并非齐国的当务之急。齐景公听从晏婴的话，决定不用孔子。这样，孔子便离开齐国，又回到鲁国教书，跟他学习的人越来越多。

到了公元前501年，鲁定公任命孔子做了中都宰，后来又提升为司空、司寇。这时，齐国要与鲁国假意会盟的事引起了孔子的注意。他建议鲁定公防备齐国的阴谋，多带一些大将和兵马前去。在夹谷（夹谷有三，此夹谷乃今山东莱芜之夹谷峪）会盟上，孔子发挥了重要作用，使鲁国在外交上取得了胜利。鲁定公被胜利冲昏了头脑，以为天下太平了，便不过问政事，整天吃喝玩乐。孔子想劝说他，但他总是躲着孔子。无奈之下，孔子便离开了鲁国。

孔子先后到过卫国、曹国、宋国、郑国、陈国、蔡国、楚国。这期间，孔子曾经在陈、蔡之间受困，7天没吃上饭，但孔子依旧不改其初衷，坚持讲诵弦歌，表现了他乐观豁达的人生态度。

公元前484年，孔子又回到了鲁国。鲁哀公和大臣们多次向孔子问政，但最终还是没有起用孔子。此后的5年里，孔子专心从事文献整理和教育事业，删《诗

经与传

公元前479年，《春秋》记事结束。一般所说的《春秋》，由两部分组成，一部分是“经”，另一部分是“传”。《春秋经》是鲁国的史书，也是中国最早的编年体著作，即以年代为主线，记载天下大事。由于孔子弟子传习不断，才得以保存这一段244年的中国历史，从春秋末年始，就有种种“传”问世，补充“经”所记载的事件的过程。传世的“春秋传”有三种，即《左传》《穀梁传》和《公羊传》。其中，《左传》以记事为主，集文、史、哲笔调于一书，尤为史学家看重。可以说，没有《左传》《春秋经》只能发挥其极有限的作用。

经》《尚书》，定《礼记》《乐经》，修《春秋》，授徒多达3000多人，其中，道德高尚精于六艺的就有72贤人。

公元前479年，孔子去世。孔子死后，为后代留下了丰富的思想遗产。孔子强调仁，这是充满人道主义的光辉思想，也是春秋时期社会动荡不安的客观反映。经孔子编著整理保存下来的诸如《春秋》《尚书》《诗经》等书籍，对后世的学术思想影响极大。

孟子

孟子（公元前390年—公元前305年），名轲，字子舆，战国中期邹（今山东邹县）人，为孔子之孙子思的学生，后人认为他是孔子之后的儒学大师，故有“孔孟”的合称。

孟子一生以教书为业。他曾带着几百学生，游访列国，向有关国君阐述政见。但各国统治者均认为不符合实际情况，因而没有采纳。他最终回到故乡，著成《孟子》一书，宣传自己的政治理想，并且阐述和发挥孔子的思想。他提出了著名的“性善”说，即道德是一个人的本质属性。成长过程中，由于努力程度和环境的影响，道德才有了或好或坏的发展。孟子主张行“仁政”，主张“保民”，反对诸侯混战，反对残酷的剥削和压迫。他认为对一个国家而言，人民是最重要的，其次是祭祀社稷神，以获得肥沃的土地和充足的粮食，相比之下，国君并不重要。

墨子

墨子（约公元前468年—公元前376年），战国初期思想家、政治家、墨家学派创始人，名翟，宋国人（一说鲁国人），生活于孔子之后、孟子之前。墨子出身平民，精通手工技艺。他自称是“鄙人”，有人称他为“布衣之士”。墨子曾经做过宋国的大夫，是一个同情下层人民的士人。他早年学习过孔子的学说，非常欣赏儒家所说的大同社会，重点学习《诗》《书》《春秋》等儒家典籍。但后来他渐渐对儒家所崇尚的烦琐礼乐感到厌烦，最终放弃了儒家学说，著书立说，自成墨家一派。他主张“兼爱”“非攻”，反对以大攻小、以强凌弱的兼并战争，提出“兼相爱，交相利”的原则，作为救世良药。其观点代表了当时广大小生产者要求平等、厌恶战争、希望安居乐业的愿望。但他所主张的“兼爱”“非攻”却是一种不切实际的幻想。他还提出“尚贤”“尚同”的政治主张，认为“官无常贵，民无终贱”，希望用说教来实现政治平等和经济平均。他的弟子被称为“墨者”，讲究实践，节约俭朴，不怕艰苦，服从纪律。墨子思想对学术界影响很大，在法家学派兴起之前，墨家学派是先秦和儒家相对立的最大的一个学派，与儒家、法家并称三大“显学”。

韩非子

韩非子（约公元前280年—公元前233年），战国末期思想家，法家代表人物，韩国人，出身于韩国贵族，与李斯同师从于荀子。韩非曾数次上书韩王修明法度，不见用，其著作传入秦国，受到秦王赏识。后出使秦国，得见秦王。不久遭李斯、

姚贾谗害，自杀于狱中。韩非的学说兼采商鞅、申不害、慎到的观点，提出法、术、势三者结合的法治思想。主张中央集权、君主专制，认为应“不务德而务法”；重耕战，轻商业，倡言武力；反对是非古今，强调独尊法家。韩非的思想集先秦法家之大成，为封建专制主义奠定了理论基础。

孙武论兵

孙武，世俗尊称其为孙子或孙武子。孙子的祖先本姓田，是齐国王族。其祖父田书颇有军事指挥才能，曾被封一块封邑，获赐孙姓。父亲孙冯，做过齐国的卿相。孙氏家族后因无法忍受齐国内部激烈的权力纷争，去了吴国。在吴国，孙武一边耕田，一边写作兵书。后得好友伍子胥的7次推荐，被吴王拜为大将，孙武很快就为吴国训练出一支纪律严明、能征善战的军队来。

孙武不愧为一个有战略思想的伟大军事家，在他的努力下，吴国不但很快从一个贫弱小国，发展为实力强大的诸侯国，还实现了吴王阖闾称霸诸侯的梦想。公元前506年，在柏举（今湖北麻城境内）之战中，孙武仅以3万兵力就击溃了楚国20万大军，攻占了楚国的都城。吴王阖闾死后，夫差即位，孙武又辅佐夫差征服越国、讨伐齐国、与晋国争霸，使得吴国的国势达到了顶峰，吴王也成为春秋时代又一个霸主。司马迁曾这样评价孙武：吴国的胜利是和孙武分不开的，正是在孙武的指挥下，吴军才能击败强大的楚国，威震齐晋，名扬诸侯。

孙武的主要思想都集中在《孙子兵法》中。传世本《孙子兵法》13篇，是孙武一派兵家的著作，其主要内容和核心思想属于孙武，但经过他的门生和战国兵家的整理补充。该书中所描写的战争规模，似是战国时代的情况。现存的《孙子兵法》是经过三国时代曹操删定编注的，全书分为13篇：《计》《作战》《谋攻》《形》《势》《虚实》《军争》《九变》《行军》《地形》《九地》《火攻》《用间》，总结了春秋至战国时期长期战争的经验，揭示了战争的一些规律，具有朴素的唯物主义思想和原始的军事辩证法思想。其思想内容主要有三方面：

一、战略指导思想

战略论是孙子军事学说的主体部分。孙武在此书中首次提出了战略概念——“庙算”，具体论述“安国保民”的最高目标、“五事七计”的全局运筹、“不战屈敌”的止战谋划、“知彼知己”的作战指挥等战略思想。在战略论中孙子提出“安国全军”“唯民是保”的战略目标，把“重战”“慎战”作为根本用战原则。并从其对待战争的严肃态度出发，评述了“五事七计”的重要性。“重战”，即重视战争，提高警惕，加强戒备，应取态度是：“无恃其不来，恃吾有以待之；无恃其不攻，恃吾有所不可攻也”。慎战即开始须慎重，其原则是：“非利不动，非地不用，非危不战”。“五事七计”书中详述“道”（治道）、“天”（天时）、“地”（地利）、“将”（将帅）、“法”（法度）五要素，及其“主孰有道、将孰有能、天地孰得、法令孰行、兵众孰强、士卒孰练、赏罚孰明”等7个对战备全局作正确估计的条件。但孙子并没有认为军事力量越强越好，而是主张顾及国力，有限地发展军事。孙子反复强调要以“伐谋”“伐交”作为优先的决策，总结“不战而屈人之兵”的“全胜战略”。

而在实战中争取一“军”、一“旅”、一“卒”、一“伍”之“全”仍不失为上策。如此，“谋”“攻”思想已贯彻到底。

孙子关于“知彼知己”和“致人而不致于人”之说，为作战指挥的战略原则。并尽可能“策之而知得失之计，作之而知动静之理，形之而知死生之地，角之而知有余不足之处。”争取“先机之利”，“致人”“不致于人”，掌握战争的主动权。

二、作战策略思想

以战略为基础，孙子提出相应用兵策略。其重要策略原则有六：其一，因利制权，因敌制胜。其二，奇正相生，出奇制胜。其三，避实击虚，击其惰归。其四，我专敌分，以众击寡。其五，攻其无备，出其不意。其六，示形用诈，诡道制胜。

三、军事哲学思想

孙子论“天”：“阴阳、寒暑、时制也”，是自然界之天；论“道”：“令民与上同意也”，具有民本主义因素。在书中把具有理性思维的人，放在认识和掌握战争规律的主体地位，并详细分析了战争对客观条件的依赖关系。孙子重视矛盾的相互依存，尤其重视矛盾的相互转化，说“乱生于治，怯生于勇，无恒形”，关键是造成“胜兵先胜”的条件，促使矛盾向有利方面发展。

《孙子兵法》除三个主要方面以外，各篇均有其主题思想，又构成一个完整的思想体系。

孙武的战略思想对后世产生了巨大的影响：“世俗所称师旅，皆道《孙子》十三篇”，孙膑、吴起的兵书吸收了很多孙武的思想。曹操亲自为《孙子兵法》做过注释。唐太宗曾赞曰：“观诸兵书，无出孙武。”宋神宗颁定《孙子兵法》为《武书七经》之首。毛泽东曾赞誉它“至今仍是科学的真理”。

孙武以及他的《孙子兵法》在国际上也很有影响。唐代时传到日本。1772 年，《孙子兵法》被译成法文版本。英国的汉学家称《孙子兵法》为“世界最古的兵书”，美国人则盛赞孙武是“古代第一个形成战略思想的伟大人物”。孙武的确堪称“百世兵家之祖”。

孙武的军事思想还被广泛地应用于政治、外交、经济、科技、体育竞赛等社会生活的各个方面，《孙子兵法》在现代企业经营管理和商业竞争中也具有不可估量的指导意义。

《孙膑兵法》

孙膑，战国时期著名军事家，孙武后裔，齐国阿（今山东阳谷东北）、鄄（今鄄城北）一带人。早年曾与庞涓师从鬼谷子习兵法。庞涓出任魏将后，妒孙膑之才而将其骗至魏，施以膑刑（剜去膝盖骨），因有孙膑之称。后逃往齐国，为田忌门客，助田忌在桂陵、马陵两败魏军，杀庞涓复仇。后辞官归隐。

著有《孙膑兵法》一书，后失传。1972 年，在山东银雀山汉墓发现了这部兵法的残简，分上、下编，各十五篇，经过整理，现已由文物出版社出版。《孙膑兵法》凡 16 篇，系原上编诸篇加下篇中的《五教法》而成，其篇目依次为：擒

庞涓、见威王、威王问、陈忌问垒、篡卒、月战、八阵、地葆、势备、兵情、行篡、杀士、延气、官一、五教法、强兵。

《孙膑兵法》继承了《孙子兵法》的军事思想，提出了“战胜而强立”和“乐兵者王”等有价值的战争观点和原则。

《诗经》

《诗经》是中国最早的一部诗歌总集，编成于春秋中叶，收集了从西周初到春秋中叶约500年间的诗歌305篇，先秦称为《诗》或“诗三百”，到汉代《诗》被朝廷正式奉为儒家经典，始有《诗经》之名，并沿用至今。

《诗经》是经过不断的搜集、整理和编订而成的。相传周代采诗官员“行人”深入民间四处采访，收集民歌以供朝廷了解民情风俗和考察政治得失，另外周代又有公卿大夫和诸侯向天子献诗的制度。这些搜集和陈献来的作品经过乐师的审理编定，并使其词汇、句法、韵律都相一致。

《诗经》的作品当时是用来配乐歌唱的，根据音乐的不同，分为“风”“雅”“颂”三部分。“风”是各诸侯国的地方音乐，共160篇，其中大部分是民歌；“雅”是西周京畿周族地区的正声音乐，共105篇；“颂”是用于宗庙祭祀的舞曲歌辞，共40篇。

《诗经》中最富有思想意义和艺术价值的是《国风》，它广泛而真实地表现了下层人民的生活困苦和喜怒哀乐，反映出当时严重的阶级对立。另外，歌颂爱情婚姻和家庭生活的作品在《国风》中占了很大比重，有的写相思苦、失恋愁，有的表现了对爱情的忠贞、对礼教的反抗等。

《诗经》的表现手法，前人概括为赋、比、兴。赋是用铺陈手法直接叙事抒情，多见于《颂》和《大雅》。赋对《诗经》的写实性和形象性起了积极作用。比即比喻，对人或物加以形象的比喻，使其特征更加鲜明突出。兴是借助其他事物作为发端，引起所要歌咏的内容，使人产生联想，或用于烘托和渲染气氛。赋、比、兴手法的运用，可在诗中产生多重艺术效果，增加诗的韵味和形象感染力，构成生动鲜明的艺术形象。

《诗经》主要是四言诗，这是在原始歌谣的基础上发展起来的早期诗歌形式，适应当时劳动、舞蹈的节奏和语言发展水平。《诗经》语言准确生动，动词和形容词运用精当巧妙，用重叠的章句来表达思想感情，在音律和修辞上都收到了美的效果。

战国刺绣工艺

中国刺绣工艺源远流长，在战国时期已经十分成熟。湖北江陵马山砖厂一号战国楚墓出土的丝绸刺绣数量之多、保存之完好、色彩之绚丽缤纷，都是前所未有的。在这里发现的刺绣品有对凤对龙纹绣浅黄绢面衾、凤鸟花卉纹绣、蟠龙飞凤纹绣浅黄绢面衾等。

通过考古发现，战国时期刺绣纹样、题材基本上是图案化并互相穿插的花草、藤蔓和动物。

花草、藤蔓的分布，都严格按照垂直线、水平线或对角线组成的方形骨格或

菱形骨格布局，穿插灵活，既起装饰作用，又起骨格作用。在枝蔓交错的大小空位中填饰动物纹样。动物纹样的头部比较写实，而身部或经过简化，或直接与藤蔓结成一体，或彼此互相盘叠。

写实形与变体形共存，数种动物或数个动物合体，动物体与植物体共生，利用几何学的原理，把动物图案变形与几何形骨格结合，这些都是春秋战国时期刺绣纹样的重要特征。

由于采取了按几何骨格对位布局、同位对称与移位对称并用等方法，因而纹样既有严格的数序规律，又有灵巧的穿插变化。战国刺绣的色彩，每一花样一般只配三色到五色，在色相上多数采取暖色基调的缓和对比或邻近调和，在色彩明度上则拉开层次，富丽缤纷又和谐统一。

战国时期刺绣纹样的题材具有一定的象征含意。当时最为流行的龙凤，既象征宫廷昌隆，又象征婚姻美满。鹤与鹿都与神话有关，象征长寿。翟鸟是妃子身份的标志。猫头鹰则象征胜利。

楚国帛画

帛是战国时期对丝织物的通称。帛画大概起源于战国中期，到东汉以后才消亡不复见。中国现存最早的帛画出于楚地，即江陵马山一号墓所出的帛画。楚国帛画也是中国现存最早的独幅绘画。

除了马山，在长沙沅湘流域也出土了三幅帛画，即陈家大山一号墓《龙凤仕女图》、子弹库一号墓的《御龙图》和《楚帛书》。

据学者研究，帛画的内容可分为三大类：巫术辟邪的天界内容、模拟人间的像生内容、旌幡招魂的冥间内容。帛画的分类，完整地反映出楚人的世界观，包括天界和神界观、人生和人生观、地界和冥界观。

二十八宿体系形成

1978 年，湖北随县发掘的战国初曾侯乙墓，出土了一个漆箱。其盖上有青龙白虎，中间写上一个斗字，围绕斗字的 28 个字正是 28 宿的名称，表明四象与 28 宿配合在当时已是常识。28 宿是将黄道带星空划分成 28 部分，用 28 个名称命名星空划分体系。早期载有 28 宿的可靠文献是《吕氏春秋》《礼记·月令》《周礼》等书，它们的时代大约在战国中期，随县出土的 28 宿漆箱盖的发现，则把文献证据提前到公元前 500 年。此时，28 个星宿名称已经完备，它们与四象配伍如下：东宫苍龙：角、亢、氐、房、心、尾、箕七宿；北宫玄武：斗、牛、女、虚、危、室、壁七宿；西宫白虎：奎、娄、胃、昴、毕、觜、参七宿；南宫朱雀：井、鬼、柳、星、张、翼、轸七宿。各宿分布疏密不均，井宿横跨 30 多度，而觜宿、鬼宿仅跨几度。中国的 28 宿是不等间距划分，这同先秦时期形成的“分野”说有一定的关系。

气功

气功是通过调身、调息、调心相结合，内外兼练、动静相兼的自我身心锻炼的功法，它是中国古代流传下来用于医疗保健等各种功法的总称。练功者通过对身心（形体和精神）和呼吸等进行特定的自我锻炼，而调动生理潜能，培育人体

真气（体能及其信息），达到防治疾病、保健强身、抵抗衰老、延年益寿的目的。

史学家普遍认为气功产生于春秋战国之际。由于医、儒、道、武、杂、俗等诸家的努力，春秋战国时对诸如气的形成、养气练功的方法、要领及气功的作用等形成了一整套认识并逐渐发展成后来不同的气功流派。

扁鹊

扁鹊，姓秦，名越人，渤海郑郡（今河北任丘）人，是春秋战国时期著名的医学家。

扁鹊年轻的时候，是一家馆舍的主管人，他认识了一个叫长桑君的人。通过长时间的交往和了解，长桑君觉得扁鹊人不错，就把自己多年来的医疗经验和珍藏多年的药方都传授给他。扁鹊经过钻研学习，成了一名杰出的医生。

扁鹊此后就在今陕西、山西、河北一带行医，为人民解除疾病痛苦。

扁鹊经过虢国的时候，听说虢国公子因血液运行不畅而忽然倒地身亡。他认真询问了公子的病情和症状，认为公子并没有真正死亡，他可以把公子救活过来。于是他求见虢国国君，用针石药剂很快就救活了公子。大家都认为扁鹊能够使死了的人复生。扁鹊谦虚地说，不是我能起死回生，是他本来就没有死，我只不过是让他恢复过来而已。

扁鹊经过蔡国的时候，看见蔡桓公气色不好，就很直率地告诉他："您生病了，病在皮肉之间，现在还比较容易治。"可是蔡桓公自我感觉很好，坚称自己没病。又过了5天，扁鹊见到蔡桓公说，你的病已在血脉里，不治就要恶化。蔡桓公又没有听扁鹊的劝告。又过了5天，扁鹊见到蔡桓公，见他面色灰暗，又说："您的病已在肠胃之间，再不治的话，就有生命危险了。"这次蔡桓公还是没理会。又过了5天，扁鹊最后一次见蔡桓公，见他面色已全无光彩，知道已是无药可救，就走了。没过多久，蔡桓公就发病而亡。

此后，扁鹊开始周游列国，随俗为变，处处为病人考虑。经过邯郸时，那里重视妇女，他就当妇科医生；经过洛阳时，那里尊重老人，他就当起了耳目科医生；在咸阳时，那里人疼爱小孩子，他就做儿科医生。总之，他各种科目都很擅长，努力为天下百姓解除疾病。

扁鹊是一代神医，因为名声太大，遭到小人的嫉妒。秦国太医令李醯，觉得自己的医术不如扁鹊高明，就派人把扁鹊杀了。

扁鹊在医学上的成就，有以下几个方面：第一，在诊断方面，扁鹊采用了望色、闻声、问病、切脉的四诊合参法，尤其擅长的是望诊和切诊。在给蔡桓公看病的过程中，通过察看蔡桓公气色，就知道其疾病症结，就是望诊的体现。因此《史记》中称赞道："至今天下言脉者，由扁鹊也。"第二，在经络藏象方面，扁鹊提出病邪沿经络循行与脏腑的深浅，以及病由表及里的传变理论。在诊治虢国公子时，他就深入分析了经络循行与脏腑的关系，并给出了救治的方案。第三，在治疗方法方面，扁鹊提出辨证论治与综合治疗结合。从史籍记载中，我们看出扁鹊已经熟练掌握了砭石、针灸、汤液、按摩、熨帖、手术、吹耳、导引等方法，

并将其灵活兼用于具体病案之中，综合治疗。第四，在科学预防方面，扁鹊提出了 6 种病不能治。即“骄恣不论于理，一不治也；轻身重财，二不治也；衣食不能适，三不治也；阴阳并藏、气不足，四不治也；形羸不能服药，五不治也；信巫不信医，六不治也。”其中不治“信巫不信医”，反映出扁鹊朴素的唯物主义思想。

把中药制成丸、散、膏、丹、汤剂等品类也是他的创造。他是我国中医发展史上一位承前启后的重要医学家，为我国传统中医学的发展奠定了基础，人们把他比作传说中黄帝时代的神医扁鹊，后来的中医都尊他为祖师。扁鹊的医学理论，被后人整理成一部医书，名叫《难经》，是中医学的宝贵文献。

综上所述，扁鹊是中国医学史上第一位继往开来的大医学家，他奠定了我国传统医学诊断法的基础。他对我国传统医学的贡献将永载史册。

鲁班

鲁班，又称公输般，春秋末年鲁国匠师。他发明的木工具有刨、墨斗、曲尺、钻和铁锯。他不但能建筑房屋和桥梁，而且还会制造各种器械，如攻城的“云梯”和用于水战的“钩强”，还有运输工具木车马、加工粮食的磨和碾等。鲁班是中国春秋时期手工匠的杰出代表，后世土木匠都尊奉他为祖师。

战国瓦当

春秋战国时期，建筑技术迅速发展，出现了两层或三层的楼房，屋顶上使用瓦已经很普遍，还出现了瓦当。瓦当是瓦的一种，以黏土（包括页岩、煤石等粉料）为主要原料，经泥土处理、成型、干燥和焙烧而成。西周时期（公元前 1046 年—公元前 771 年）瓦当就已制出。一般的瓦当表面刻有各种精美的图案，既具有实用价值，又极具艺术价值。

战国时期的瓦当最为典型和重要。母子鹿纹瓦当直径 14.5 厘米，是封闭筒瓦顶端的圆形或半圆形部分。该瓦当与秦都雍（陕西凤翔）出土的瓦当完全相同，装饰着以母子鹿为主的花纹，既能起到保护椽木的作用，又发挥了装饰效果。

《乐记》

《乐记》是中国古代儒家音乐理论的重要经典，是荀子学派的著作。《乐记》主要论述了音乐的产生和形成过程，指出音乐产生于人的思想感情，人受到外界事物的影响而感情激动起来，就表现为“声”（包括乐音和噪音），这种声互相应和，其变化有一定规律的就成为“音”（乐音）。把音按照一定规律组织奏作起来，再加上舞蹈，就成为“乐”（音乐歌舞）。

《乐记》中认为音乐表现不同的感情，因而反映并影响社会的治、乱。它列举了哀、乐、喜、怒、敬、爱各种不同感情在音乐上的不同表现，进而指出社会的治、乱和国家的兴亡必然会影响人的思想感情，因此必然会从音乐中得到反映；反之，音乐表现的不同，也必然会对社会的治、乱和国家的兴亡起反作用，给予潜移默化的影响。《乐记》强调音乐的社会教育作用。音乐应成为社会教育的工具，与礼、刑、政一起，在不同的方面发挥作用，以安定社会，使国家有大治。它在后世被称为“乐教”。

在音乐美学方面，它要求以善为准则，提倡“德音”“和乐”，反对“溺音”“淫

乐”，认为音乐美的最高境界在于个体与社会、人与自然的和谐统一。《乐记》对后世有深远影响，在两千余年的封建社会中，它所表达的音乐思想被视为正统。

司南

《管子·地数》篇中说道：上面有磁石的地方，地下有铜金矿藏。这是世界上关于磁石的最早记录之一。到战国末年，人们已知磁铁吸铁的磁性作用，《吕氏春秋·精通》篇中说道：磁石对铁有吸引力。人们还利用其指极性，发明了确定方位和南北的仪器——司南。

司南形如汤匙，用磁石做成，底圆而滑，置于刻有方位之铜盘上。使用时，转动勺把，待其静止时，勺把指向南方。司南是世界上最早的指南仪器，后来逐渐发展成为指南针。

编钟

春秋战国时期，盛行以编钟与鼓为主要乐器的大型乐器。古代常把几件形状相同、大小不一的铜钟组合成一套编钟。最初的编钟往往是三件一组，以后又发展到十几件、几十件一组。编钟的音色丰富优美，音域宽广，人们演奏时，可以根据需要同时使用一至三组编钟。大型编钟往往悬挂在钟架上，通常分为上、中、下三层。下层是低音区，用来演奏和声；上层是高音区，用来演奏旋律。古代编钟演奏往往用于王侯贵族的宴饮娱乐与祭祀仪式。湖北随县曾侯乙墓出土的编钟共编成8组，是至今发现的古代保存最完好的编钟。曾侯乙墓还出土了很多战国时期的乐器，比如首次发现了十弦琴、五弦琴、排箫和篪等几种失传多年的古老乐器。

《甘石星经》

甘德，齐国人，相传他测定恒星118座，计500多颗星，著有《天文星占》八卷，今已丢失。石申，魏国人，相传他测定恒星138座，共计810颗星，著有《天文》八卷，现已无存，但在唐《开元占经》中有大量节录罗列。后人把两人的这两部书合编为《甘石星经》，这是世界上最早的天文学著作，书中有关恒星的记录，是世界上最古老的恒星表。

书中，二人精确地记录黄道附近120颗恒星的位置及其与北极的距离。书中还记录了金、木、水、火、土五大行星的运行规律。甘德发现的木星三号卫星，比意大利伽利略和德国表依耳的同一发现早近2000年。书中二十八宿用“距离”（赤经差）和“去极度”（赤纬的余弧）刻画，其余星用“入宿度”和“去极度”刻画，这与现代用赤经和赤纬来刻画天体位置使用的是同一个原理，这也就是赤道坐标系。

第四章

秦汉大一统

秦（公元前 221 年—公元前 206 年）从公元前 230 年灭韩开始，秦开始了剿灭六国的战争，秦国于公元前 221 年统一了全国，建立了中国第一个统一的多民族的中央集权的封建国家。

西汉（公元前 202 年—25 年）秦亡之后的第五年，中国又出现了统一的西汉王朝。

东汉 (25 年—220 年）25 年，刘秀称帝，重新建立起汉朝的统治。220 年，曹丕废献帝，自已称帝，汉室江山结束。

一、秦汉大一统

天下归一统

嬴政在亲政后，用了大约九年的时间，确立自己的绝对权威。对六国的斗争也由先前的蚕食变为吞并。他根据李斯的建议，确立了“先取韩，以恐他国”的策略。从公元前230年起，嬴政全面发动了兼并六国的统一战争。

战国后期，七雄中只有赵国是可以勉强与秦国抗衡的国家。但是公元前260年的长平之战中，赵国惨败，40万赵军被坑杀，赵国实力大损，其他国家更加无力抵御秦国的进攻。

嬴政亲政，更把削弱赵国的军事实力作为统一的重要一步，并于公元前236年和公元前232年先后两次进攻赵国，但由于赵国大将李牧的英明指挥而没有成功，不过也使赵国的实力大为削弱。

公元前230年，秦王嬴政令内史腾率领大军转而进攻韩国，韩国几乎没有进行任何抵抗，就被秦军迅速攻下其都城新郑，并俘虏了韩王安。韩国灭亡，秦国在此设颍川郡。

第二年，即公元前229年，秦王嬴政派大将王翦率兵从上党（位于今山西东南部，主要在长治、晋城两市）进攻赵国，赵国仍然由李牧率兵抵抗，双方相持达一年之久。于是秦国使用反间计，以重金贿赂赵王宠臣郭开，向赵王诬陷李牧，结果李牧被罢，后被处死。这样，赵国无人可以统兵抗敌。于是，王翦在公元前228年俘虏赵王，并攻入赵国都城邯郸。赵国灭亡。

秦始皇像

灭赵同时，秦已兵临燕境。燕国自知无力抵抗，太子丹于是孤注一掷，重金雇勇士荆轲，公元前227年遣其入秦刺杀秦王，结果刺杀未遂。

秦王政杀了荆轲后，余怒未消，他立即命令大将王翦加紧攻打燕国。燕国哪里抵挡得住秦军的攻打，很快就溃败下来。秦军不肯罢休，非要抓住太子丹不可。燕王喜被逼无奈，只好杀了太子丹，向秦国求和。

秦王政打败了燕国，又听从尉缭的计策，派王翦的儿子王贲带兵10万进攻魏国。魏王派人向齐国求救，齐王建没有回应。

公元前225年，王贲灭了魏国。灭魏同时秦已策划伐楚。秦王问诸将灭楚需多少兵力，青年将领李信说需20万，而老

将王翦则认为非60万不可。秦王以为王翦年老怯战，否定了他的意见，而派李信、蒙恬领兵20万攻楚。公元前225年秦军南下伐楚，楚将项燕率军抵抗。初时秦军进展顺利，在平舆（今河南平舆）和寝丘（今河南固始）击败楚军，进抵城父（今安徽亳州谯城区东南）。但楚国毕竟地大兵多，项燕在城父集结数十万楚军发起反击，大败秦军，李信败逃回国。秦王方知王翦估兵不虚，屈尊亲自登门向王翦赔礼，命他征楚。

公元前224年，大将王翦带领60万人马，浩浩荡荡向楚国进攻。楚国也出动全国兵力奋起抵抗。

王翦到了前方后，修起了壁垒，坚守不出。楚国大将项燕一再挑战，他也不理睬。

几个月的时间一晃而过，双方的将士都因为无仗可打而心烦。王翦四处巡视，见将士们闲散，就想了个办法：让大家每天吃饱睡好后，比赛跳远、蹦高和投掷石块。这样一来，将士们不像原来那样闲散、士气消落，而是生机勃勃、士气高涨，无形中成了全军大练兵。而楚军屡次挑战不成，军中烦躁、懒散风气日盛。

过了一段时间，项燕认为王翦是上这儿来驻防的，就不怎么把秦国的军队放在心上了。没想到项燕没有防备的时候，秦军突然发起进攻，60万人马一拥而上杀过去。楚国的将士如梦方醒，晕头转向地抵抗了一阵，便各自逃命去了。秦军一鼓作气打到寿春（今安徽寿县西），俘虏了楚王负刍。楚国就此灭亡了，这一年是公元前223年，秦王政二十四年。

王翦灭楚之后，回到咸阳，由他的儿子王贲接替做大将。公元前222年，王贲灭掉燕国，进而攻占了赵国最后留下的代城（今河北蔚县一带）。

这时候只剩下一个齐国了。齐王建向来不敢得罪秦国，每回遇到诸侯向他求救，他总是拒绝。他满以为齐国离秦国远，只要一心事秦，就不会遭到秦国的进攻。等到其他五国一一被秦国吞并掉，他才慌手慌脚。

公元前221年，王贲带了几十万秦兵直扑临淄。没有几天，秦军就攻进了临淄，齐王建也束手就擒了。

自从公元前475年进入战国时期起，各诸侯国经过250多年的征战，终于被秦国各个击破，结束了长期的诸侯割据的局面，建立了一个统一的多民族的封建国家秦王朝。

泰山封禅

封禅泰山的起源，可以追溯到远古时代人们对于自然山川的崇拜，但是最早有历史记载的封禅活动是从秦始皇开始的。封禅是一种祭祀性的礼仪活动，“封”是在泰山上堆土为坛，祭祀天神；“禅”是在泰山下扫去一片净土，祭祀土神。凡是“受命于天”的帝王，均须到最接近天神的泰山之巅，积土为坛，增泰山之高以祭天，表示功归于天；然后再到泰山之前接近地祇的梁父等小山丘设坛祭地，表示厚上加厚，福广恩厚以报地。帝王登封泰山是国家鼎盛和天下太平的象征，皇帝本人也因此声威卓著，成为“奉天承运”的真龙天子。秦始皇以后，秦二世、汉武帝、汉光武帝、汉章帝、汉安帝、隋文帝、唐高宗、唐玄宗、宋真宗、清圣祖、清高宗等帝王都曾到泰山登封告祭、刻石记功。

千古第一帝

秦朝以前，统治者最高的称号是王。商、周时君主都称为王。后来周王室衰微，群雄并起，各诸侯国君也相继称王。但是，经过10年左右的兼并，其他六国的国王都成了阶下囚。秦王面对自己取得的成就，深感“王”的称号不足以显示自己的地位。于是，秦王下令说：“寡人以眇眇之身，兴兵诛暴乱，赖宗庙之灵，六王咸伏其辜，天下大定。今名号不更，无以称成功，传后世。其议帝号。”

于是王绾、冯劫、李斯等人与博古通今的博士们商议后，对秦王嬴政说：“以前五帝时，不过统治方圆千里之地，而且周边的少数部落又是时向时离，但是天子也没有办法。现在，陛下兴义兵，平定天下，这是自古以来没有的功业，三皇五帝也没法与陛下相比，所以请陛下尊称秦皇，自称为朕，命令称为诏。”但嬴政认为应采用上古帝位号，称“皇帝”，并立即制命天下。在制命中，嬴政决定自称始皇帝，后世继承皇位者以数计，为二世、三世，直至万世，传之无穷。这样，秦始皇就成为秦王嬴政的称号，皇帝也就成为中国封建社会最高统治者的专称。

为了神化皇权，秦始皇在议定帝号后，还规定了玉玺制度。由秦始皇下诏，李斯书写，后由工匠制成的玉玺，上面勾交五条龙，方四寸，其文为“受命于天，既寿永昌”，成为皇权的象征。

废分封，立郡县

公元前221年，廷尉李斯主张废除分封制，秦始皇决定对国家全面施行郡县制行政管理，在全国范围内确立了郡县制度。最初，分天下为36郡，以后，随着边境的开发和郡制的调整，总郡数最多曾达到46郡。郡设郡守，郡守之下有郡丞、郡尉、监察史等。郡下设县，万户以下为小县，设县长。县令或县长之下又设县丞和县尉，也与上级政权一脉相承。县以下以乡、亭、里为单位，十里为一亭，十亭为一乡。郡县制并非秦始皇所开创，只是到了秦始皇统一全国时，才实现了它的系统化和规范化，才成为整个国家法定的行政制度，所以才称秦始皇推行郡县制。

公元前216年，秦始皇下令“使黔首自实田”，即令百姓自己申报土地，按亩纳税，这是秦王朝在全国范围推行土地私有制的法令。这个法令的推行，使国家征收租税有了主要依据，促进了地主经济的进一步发展。

统一度量衡和货币

秦国是消灭其他六国而统一起来的，但是由于七雄并立时间长久，各国在货币、度量衡等方面有很大差异。秦统一六国后，为加强统治、维护统一，实行了统一货币、度量衡的措施。

春秋战国时期是我国商品经济迅速发展的时期，不同的国家，铸币也往往不同。但是，铜币已成为当时流通领域里的主要货币，各国的铜币在形状、大小、轻重以及计算单位上却有很大差异。从形状上看，当时各国的铜币可以分为布币、刀币、圆钱、郢爰和铜贝四类。布币的形状类似金属农具镈（布），主要在赵、魏、韩等国使用。刀币的形状像刀，主要在齐、燕、赵国流通。圆钱分为外圆内有方

孔和圆孔两种，主要是在秦、东周、西周以及赵、魏的黄河沿岸地区使用。郢爰是一种铸有“郢爰”“陈爰”等印文的金饼；铜贝形状类似海贝，俗称“蚁鼻钱”，是郢爰的铺币，二者主要是在楚国使用。

币制的不统一，严重阻碍着各地商品的流通及统一国家的财政收支。所以，秦统一后，秦始皇下令统一全国货币，采取的措施主要有三项：首先将铸币权收归国家，禁止地方和私人铸币。对于私自铸币者，不仅没收其所铸钱币，还要拘捕和严惩私自铸币者。其次，明确规定货币种类。秦朝的法定货币为黄金和铜钱，黄金属于上币，铜钱属于下币。铜钱为圆形方孔钱，上面铸有“半两”的字样，每钱重十二铢。再次是废除原来六国使用的布币、刀币、铜贝等各种货币，不准以龟贝、珠玉、银锡等充当货币。

秦始皇统一货币，消除了各地区间的币制上的不统一状态。秦王朝制定的圆形方孔钱，成为中国封建社会货币的基本形制，沿用了两千多年。

秦统一前，各国的度量衡也十分混乱，计量单位不统一。单以长度而论就有数种传世铜尺可以为证，如长沙楚国铜尺两边长度分别为22.7厘米和22.3厘米；安徽寿县楚铜尺长为22.5厘米；洛阳金村铜尺长22.1厘米。1尺的长度相差多达0.6厘米。在量制方面，各国的差异更大。齐国自田氏以来，实行以升、豆、釜、钟为单位，即“五升为豆，各自其五以登于釜，十釜为钟”，而魏国则以益、斗、斛为单位。至于衡制方面则更加混乱，单位名称差别更大。楚国的衡器是天平砝码，以铢、两、斤为单位；赵国则以镒、釿为单位；东周、西周以寽、折为单位。

度量衡是商品交换中所必不可少的，而且是国家收取赋税的重要标准。秦统一后，秦始皇下令，以秦国的度量衡为标准，统一其他六国的度量衡器。具体措施是将统一度量衡的诏书全文刻在新制作的度量衡标准器上。这样既可以提供更多的标准器，又可以宣传秦始皇的功绩。统一后，秦朝的度制以寸、尺、丈、引为单位，以十为进位制度；量制方面以龠、合、升、斗、桶（斛）为单位，也是十进制；衡制方面以铢、两、斤、钧、石为单位，进位是24铢为1两，16两为1斤，30斤为1钧，4钧为1石。

文字、货币、度量衡的统一，在中国历史上占有重要地位，成为维护中国封建国家统一的重要基础。

“车同轨”“书同文”

秦始皇统一六国后，为了便于车辆在全国大路上通行，下令拆毁先前各国修筑的路障、堡垒，并在全国范围内统一车轨，规定大车的两轮之间皆宽六尺，史称“车同轨”。这一措施对发展交通运输业起了促进作用。

汉字产生后，经过长期的发展演变，至春秋战国时期，随着社会的动荡和急剧变化，各地文字的形体和读音都有所不同，出现了“言语异声，文字异形”的现象。当时，同样的字，不同的国家往往写法不同。典型的例子是“马”的诸多字形：在齐国有3种写法，在楚、燕国有另外2种写法，在韩、赵、魏还有2种不同的写法。这不但不利于文化的发展和各地人民间的交流，而且给秦朝的各种

秦统一文字表

文书、档案的书写、阅览和传播造成巨大困难。

面对这种情况，秦始皇接受李斯的建议，于公元前 221 年发布“书同文”的诏令，规定以秦国小篆为统一书体，与小篆不同者全都废掉。为了在其他六国推广小篆字，秦始皇命李斯、赵高、胡毋敬分别用小篆书写《仓颉》《爰历》《博学》3 篇，作为文字范本。

李斯等人所书的小篆字范，其实是对中国几千年来文字自然发展的一次总结。尽管上述 3 篇范本早已失传，但是小篆被大量使用在秦始皇出巡时的纪事石刻中。据记载，这些石刻大多是李斯的手笔，其中《泰山刻石》存有九字，《峄山刻石》有南唐的摹本，《琅邪台刻石》尚存 86 字。这些小篆字形结构有较大的变化：其形体长方，用笔圆转，结构匀称，笔势瘦劲俊逸，体态典雅宽舒；字形图画性减少，线条符号性增强，异体字已经很少，偏旁部首的写法和位置基本固定，字形比较简化，是中国文字发展史上的一大进步。小篆之后的文字称今文，之前的则是古文。在秦朝，除了小篆以外，还流行一种比小篆更为简易的隶书。这种字体，以前认为是程邈创造的，但是实际上是人们在抄写公文狱讼时，仓促中用不规则的草书篆体，渐渐创造出来的。这种“草篆”最初主要由狱吏使用于徒隶，所以叫隶书。秦始皇对隶书也进行了整理，经过整理后的隶书，笔画直线方折、结构平整、书写方便，不仅民间使用甚广，而且各级政府的官方文体也多用隶书，只有少数重要诏书除外。

秦始皇和李斯改革并统一文字，结束了战国以来文字异构丛生、形体杂乱的局面。篆书成为官方文字，具有权威的意义，之后历代官方更采用篆书作印章文字。文字改革对于中央集权国家政令的统一、文化的传播和经济的发展，起了巨大的作用，对于中国此后历史文化的发展也产生了不可忽视的作用。从此，汉字的结构基本定型。

秦代万里长城

战国时期，北方邻近匈奴的秦、赵、燕三国分别修筑长城以防匈奴侵袭。秦长城西起临洮（今甘肃岷县）、东北经固原至黄河。赵长城西起高阙（今内蒙古乌拉特后旗）、东至代（今河北蔚县）。燕长城西起造阳（今河北独石口）、东至辽东。3 条长城互不联结。公元前 222 年，秦灭赵后，匈奴乘机占领赵属河套地区的河南地。

秦始皇统一六国后，一方面派蒙恬大军征伐匈奴，一方面征集民工将原秦、赵、燕旧时长城，随地形修筑连接，重新加固，修建成我国历史上最伟大的军事防御工程——万里长城，以防御匈奴的侵入。修建长城的条件是十分艰苦的。30 万以上的农民及囚犯，在北方风雪萧萧的边塞上，肩挑手抬，积土垒石十

余年，在留下无数的白骨后，终于修成了西起临洮、东至辽东的秦代万里长城。万里长城修好后，蒙恬率军 30 万，屯驻上郡（今陕西榆林东南）十余年，声名赫赫，威震匈奴。匈奴与胡人从此不敢南下放牧、袭扰。在秦代万里长城的基础上，经西汉、北魏、北齐、北周、隋唐、明朝历代增修，形成今天的西起嘉峪关、东至山海关长 5500 余千米的万里长城。万里长城，对于抵御匈奴的骚扰，保障内地人民生产和生活的安定，起了重要作用。它是世界历史上最伟大的建筑之一和中国历史上七大奇迹之一。万里长城充分体现了中国劳动人民的高度智慧和无限的创造力，成为中华民族悠久文明的象征。

蒙恬伐匈奴

秦尚未统一六国前，逐渐强大起来的匈奴经常掠夺内地的人民、牲畜、财产，使相邻的燕、赵、秦深受其害。尤其是秦灭六国的最后阶段，匈奴趁中原各诸侯国激烈征战无暇顾及，占领了河套地区的所谓“河南地”（今内蒙古河套南鄂尔多斯一带）。秦王朝建立后，匈奴的威胁成为最突出的问题。公元前 215 年，传说奉命入海求仙的卢生回到咸阳，向始皇报告鬼神事，奏上的《录图书》有“亡秦者胡也”的语句。此胡本指“胡亥”之胡，但始皇却认为“胡”谓匈奴，为此，遂派大将蒙恬率军 30 万大举北伐匈奴。

蒙恬，其祖先为齐国人。祖父蒙骜，从齐入秦事奉秦昭王，官职为上卿。父亲蒙武，弟蒙毅，都是名将。公元前 221 年，蒙恬因家世殊勋被拜为秦将，受命攻陷齐国，拜为内史。第二年，蒙恬又率军越过黄河，夺取了被匈奴控制的高阙（今内蒙古乌拉特后旗）、阳山（今内蒙古狼山）、北假（今内蒙古河套以北、阴山以南、大青山以西地区）等地。

匈奴首领头曼单于在秦军的打击下，放弃河南地及头曼城向北退却。秦王朝收复河套以北、阴山一带地区后，增设 44 县，重新设置九原郡，在黄河岸上构筑城堡戍守。公元前 211 年，秦迁内地人 3 万户到北河、榆中（今内蒙古伊金霍洛旗以北）屯垦，进一步巩固了对这一地区的统治。当时人们把这一新开垦的地区叫作“新秦”。蒙恬北伐匈奴，不仅有力地制止了匈奴奴隶主贵族对中原的抢掠，而且大大促进了这一地区的开发。在长期的劳动和交往中，不少匈奴人南迁中原，逐渐同秦人及其他各族人民共同居住和生产，促进了民族的大融合。

焚书坑儒

公元前 213 年，秦始皇在咸阳大宴群臣，博士淳于越指责郡县制，提出分封制的主张。秦始皇将此事交给群臣讨论。丞相李斯以“五帝不相复，三代不相袭，各以治”的例证反驳淳于越，并指责儒生们颂古非今，各尊私学，诽谤朝政，扰乱民心。李斯认为古代天下动乱，无法一统，招致诸侯并起，四海分裂，根源在于各种儒门学说和私学的存在，致使人心不一。他建议秦始皇消灭私学，除《秦记》之外的史书一律烧毁；除秦博士官所藏《诗》《书》百家语等书外，都要将书交到所在郡，由郡守、尉监督烧毁；敢谈论《诗》《书》的斩首弃市，以古非今的灭族；官吏看到、知道而不举报的，同罪；令下后 30 日内不烧毁该烧的书，处

黥刑，到边疆修筑长城4年；医药、卜筮、种树的书不在烧毁之列；若要学习法令的，以吏为师。秦始皇采纳了李斯建议，下令焚书。一时，大量文化典籍被付之一炬。次年，方士侯生、卢生因求仙药不得，两人议论讥讽秦始皇“刚愎自用”，又指责他“乐以刑杀为威”“贪于权势”，不值得为他求仙药，并相约逃跑。秦始皇得知后，认为卢生等诽谤他，夸大他的过失，而且其他儒生也有妖言惑众之嫌，遂责令御史审问在咸阳的儒生。儒生们互相揭发，牵连出460多人。为昭示天下，以儆效尤，460多人全部被坑杀于咸阳。始皇长子扶苏对此做法有异议，也被令离开都城，去上郡（今陕西榆林东南）监蒙恬军。

秦坑儒谷

坑儒谷是秦始皇镇压方士儒生的地方，在陕西西安临潼区韩峪乡洪庆堡。

病亡沙丘

公元前210年，秦始皇在最后一次出巡中于沙丘宫病死。

秦始皇一生曾5次出巡各地。第一次是在公元前220年，巡行陇西、北地。第二次出巡则在公元前219年，这次出巡的主要目的是东抚东土、封祀泰山。秦始皇登临泰山封禅时，于半山坡曾遇暴风骤雨，不得不避雨于一棵大松树下。雨过天晴后，秦始皇称赞此松树遮雨有功，于是当即封之为五松大夫，百官则高呼皇帝万岁。现在泰山山腰的五松亭，据说就是秦始皇当年封禅的避雨处。第三次出巡是在公元前218年。秦始皇再次东出函谷关巡行东方，当其车驾行至河南阳武博浪沙时，从道旁的杂草树丛中突然跳出一个人，此人将手中的凶器掷向安车。但是秦始皇坐在安车后面的专车中，因此没有受伤。这个刺客为张良所选派，他以60公斤的大铁锤袭击秦始皇，没有成功。秦始皇十分愤怒，下令搜遍天下，张良于是改名换姓逃走。第四次出巡则是巡行碣石和北边。

据《史记·秦始皇本纪》记载，公元前211年，有一陨石落在东郡（今河南东北部和山东西部部分地区），有人在上面刻上了“始皇帝死而地分”。秦始皇听说后，便派人到东郡调查此事，但没有结果，于是便下令把陨石落地附近的居民全部杀掉。此后，秦始皇一直不高兴。到秋天，朝廷使者在一天夜里路过华阴平舒时，突然有人持着一块玉璧，拦住使者，说：“今年祖龙死！”使者正待查问，那人则放下璧，转身逃走。秦始皇闻听此事，召使者询问，并不解其意，退朝后，方想到祖龙就是指人的祖先。于是命人仔细查看玉璧，这玉璧竟是秦始皇几年前不慎掉入江中的那块。秦始皇更加觉得不可思议，于是命人占卜，依据占卜的结果，秦始皇迁徙北河榆中（今河套地区北部一带）3万家，并决定于公元前210年再次出巡。此记载固然颇具神秘主义色彩，但剔除其表象也反映了始皇的暴虐

与人民对他暴行的痛恨与诅咒。

秦始皇这次出游，本来是打算随行官员只带左丞李斯，但是其子胡亥也要随从，秦始皇也应允了。10 月，秦始皇一行从咸阳出发巡行江南，一路上，秦始皇游云梦，登庐山，过会稽(今浙江绍兴南)，游兴正浓，因此，并没有感觉到阴冷潮湿的江南天气给他的身体有什么不良影响。然后他们渡江北上，至琅玡（今山东胶南境)，沿海滨寻仙求药，在海上捕杀大鱼。秦始皇非但没有求得长生不死之药，反因海风的侵袭，使得秦始皇因长期巡行而下降的体质，已无法抵御病魔。当车驾到达沙丘平台（今河北平乡东北）时，秦始皇已经病入膏肓，只好在沙丘宫住下来，不久病死于沙丘宫。

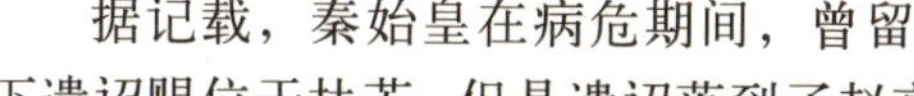

天尽头

在山东省最东端的荣成县成山头。据传秦始皇巡游至此，见海中巨石凸立，令修桥至东海仙岛，求长生不老药，故又有“秦桥遗址”之称。

据记载，秦始皇在病危期间，曾留下遗诏赐位于扶苏，但是遗诏落到了赵高、李斯手中。面对秦始皇的突然死亡，赵高、李斯决定秘不发丧，知道秦始皇死讯的只有胡亥、赵高、李斯及秦始皇身边的几个宦者。为不引起人们的怀疑，李斯等人决定将秦始皇尸体放在辒辌车中运至咸阳。但是时值 7 月，天气炎热，不几日，秦始皇的尸体便发出臭味。他们只好命令随后的车载一石鲍鱼，用鱼的臭味掩盖尸体的臭味，所以，沿途臣民并不知秦始皇已死。

另一方面中东府的赵高则利用这一时机，勾结李斯，篡改遗诏，立胡亥为太子，并以“为人子不孝”“为人臣不忠”的罪名赐死扶苏。

不久，皇帝车驾回到咸阳，李斯等先宣读改过的遗诏，立胡亥为太子。然后胡亥以太子身份主持秦始皇的葬礼，并继皇位，是为秦二世。

秦始皇一生 50 年，但这 50 年却使秦始皇成为千古一帝。他开创了中国第一个统一的封建专制主义的多民族国家，统一了文字、货币、度量衡，并确立了郡县制，对后世影响深远。可是，另一方面，秦始皇又是一代暴君，后期的暴政导致秦朝二世而亡。

陈胜、吴广起义

胡亥夺取皇位的这一年，即公元前 209 年 7 月，爆发了我国历史上第一次大规模的农民起义，领导这次起义的人是陈胜、吴广。

秦二世元年（公元前 209 年）七月，征发闾左（秦时贫弱农户居闾之左，富者居右）900 人戍守渔阳（今北京密云）。陈胜、吴广都被征调，担任屯长。

陈胜又叫陈涉，是阳城（今河南登封东南）人。吴广又叫吴叔，是阳夏（今

河南太康县）人。

那时候正赶上雨季，他们走到蕲县大泽乡(今安徽宿县西南)的时候下起了大雨。大泽乡靠近淮河的支流浍河，地势低洼，大水淹没了道路，没法走了。他们只好停下来，等天晴了再走。按照秦朝的律法，误了日期，就要杀头。陈胜、吴广计算了一下，估计无论如何也不能按期到达渔阳，这样，他们已经犯下死罪了。

陈胜、吴广一起商量办法。陈胜说："如今要是逃走，抓回来是死；起来造反，夺天下大不了也是死。这样下去等死，还不如拼出一条生路呢！"

吴广认为陈胜说得有道理，便决定跟着陈胜干一场。当时的人们很迷信，想要号召众人起来造反，除了假借扶苏等人的名义外，还得采用装神弄鬼一类的办法，取得众人的信任。他们为此想出了办法。

第二天，伙夫上街买鱼回来，剖开一条鲤鱼的时候，在鱼肚子里发现一块绸子，绸子上用朱砂写着"陈胜王"三个字。这件事一下子就传开了，众人都认为这是老天爷的旨意，原来陈胜是个真命天子呀！

过了几天，陈胜和吴广带领着一大帮人，趁押送他们的军官喝醉了酒，故意去要求释放他们回家。军官一听，又急又气，先抽打了吴广几鞭子，接着又拔出剑来要杀吴广。这时大伙儿一拥而上，陈胜乘机杀死了军官。

陈胜、吴广杀死了军官，大伙儿都感到出了一口恶气。看到大伙儿都很齐心，陈胜、吴广就决定立即起义。他们派人上山砍伐树木、竹竿作为武器。然后，用泥土垒个平台，作为起义誓师的地方。还做了一面大旗，旗上绣上了一个大大的"楚"字。陈胜自立为将军，吴广为都尉。起义军首先攻下大泽乡，进而攻占蕲县及各县。中国历史上第一次大规模的农民起义就这样爆发了。

陈胜、吴广在大泽乡起义的消息很快传开，附近穷苦的老百姓扛着锄头、铁耙、扁担，纷纷赶来加入起义军，起义队伍一下子壮大了起来，并且很快地占领了陈县(今河南淮阳)。陈胜在陈县称了王，国号"张楚"。陈县成为全国农民起义的中心。

为推翻秦朝统治，陈胜于八月封吴广为"假王"，令其率主力西击荥阳（今河南中部），进而入函谷关（今河南灵宝东北）夺占秦朝腹地；宋留率部入武关（今陕西商南东南），迂回咸阳；武臣、陈余率部攻取六国故地。吴广久攻荥阳不下，陈胜又以周文为将军，领兵绕过荥阳，进攻关中。周文攻破函谷关，屯军于戏（今陕西临潼东北）。这时起义军已有兵车千辆，战士几十万。

秦二世见起义军打到了都城附近，即令少府章邯把修建骊山陵墓的数十万刑徒和奴产子编成军队迎击农民军。同时，又从边塞调回王离的30万军队以保卫都城。周文率领的农民军，虽然英勇作战，但缺乏训练，没有作战经验，又孤军深入，在秦军的突然袭击下，接连受挫，被迫退出函谷关，在曹阳（今河南灵宝东北）驻守待援。

这时，武臣的东路农民军在河北旗开得胜，对秦朝官吏恩威兼施，连下30余城，在攻占旧赵都城邯郸后，武臣在张耳、陈余的怂恿下自立为赵王。陈胜为了顾全大局，勉强予以承认，并命他率军西上，支援周文。武臣置若罔闻，以陈

余为大将军，张耳为丞相，公然割据自立。六国旧贵族纷纷割据称王，韩广称燕王，魏咎为魏王，田儋为齐王。陈胜所遣各部义军互不接应，六国旧贵族又变身割据者，严重削弱了反秦力量，起义军陷入孤立无援又腹背受敌的境地。曹阳的农民军与兵力庞大的秦军苦战两月，损失惨重，又无援助，终告失败，周文自杀。章邯乘胜猛扑，占领渑池。

随着反秦斗争的进行，起义军自身的矛盾和弱点也逐步暴露。围攻荥阳的起义军内部发生内讧，将领田臧因与吴广意见不合，竟假借陈胜之命杀死吴广，自立为将军，致使军心涣散。章邯乘机率秦军直扑荥阳，田臧率军迎战章邯，兵败身死，余部溃散。陈胜依旧坐守陈县，章邯率军直扑陈县，在城西与张贺所率农民军展开激战，陈胜亲自督战。由于众寡悬殊，而秦军又挟战胜周文、田臧之余威，士气高昂，农民军终败，张贺战死，陈县失陷。十二月，退至下城父（今安徽涡阳东南）的陈胜为车夫庄贾杀害，余部投奔其他反秦武装。宋留闻讯，在南阳降秦。轰轰烈烈的陈胜、吴广起义在秦王朝的残酷镇压下历经半年失败了。

刘邦和项羽

陈胜、吴广起义以后，各地的百姓纷纷响应。农民起义像一阵风暴，很快就席卷了大半个中国。

在南方会稽郡有一支强大的起义队伍，领导这支队伍的首领是项梁和他的侄儿项羽。项梁是楚国大将项燕的儿子，秦国大将王翦攻灭楚国的时候，项燕兵败自杀，项梁一直想重建楚国。他的侄儿项羽身材魁梧，力大无比，跟项梁学了不少本领。

项梁本是下相（今江苏宿迁西南）人，因为跟人结了仇，躲避到会稽郡吴中来。他能文能武，吴中的年轻人都很佩服他，把他当老大哥看待。项梁教这些年轻人学兵法，练本领。这时，他们听说陈胜起义，觉得是个建功立业的好机会，就杀了会稽郡守，占领了会稽郡，不到几天，就拉起了一支 8000 人组成的队伍。因为这支队伍里都是当地的青年，所以称为“子弟兵”。

项梁、项羽带着 8000 子弟兵渡过长江，攻克了广陵（郡名，治所在今江苏扬州市），接着又渡过淮河，向北进军。一路上又有各地方的起义队伍来投奔项梁。

第二年，刘邦带着一支 100 多人的队伍，来投靠项梁。

刘邦是沛县（今江苏沛县）人，在秦朝做过亭长（秦朝十里是一亭，亭长是管理十里以内的小官）。有一次，上司要他押送一批民夫到骊山做苦工，在去往骊山的山路上，每天总有几个民夫跑掉，刘邦无力阻止。这样下去，到了骊山，刘邦也交不了差。

有一天，他把民夫们叫到一起，对大家说：“你们到骊山去做苦工。累不死也得被打死，就算不死，也不知道哪年哪月才能返回家乡。我现在放你们走，大家各自去找活路吧！”

民夫们非常感激刘邦，当时就有几十个民夫愿意跟着他走。刘邦就带着这些人逃到芒、砀山（两山在今河南永城境）躲了起来。

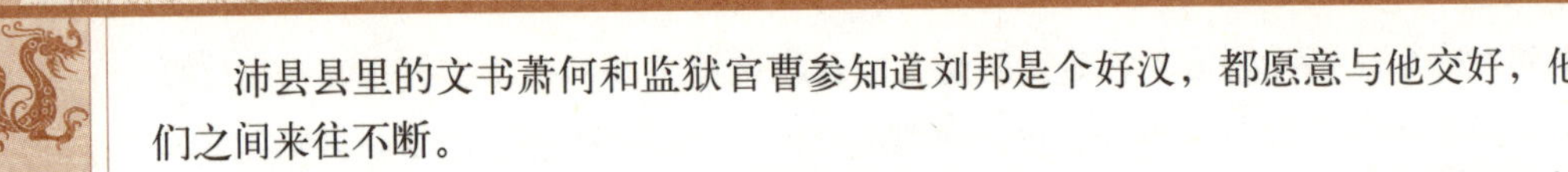

沛县县里的文书萧何和监狱官曹参知道刘邦是个好汉，都愿意与他交好，他们之间来往不断。

等到陈胜打下了陈县，萧何和沛县城里的百姓杀了县官，并让人到芒砀山把刘邦接了回来，请他当了沛县的首领，大家称他“沛公”。不久，张良也投到了刘邦麾下。

项梁见刘邦也是一个人才，就拨给他人马。从此，刘邦成了项梁的部下。

这时各地起义军的领导权都落在旧六国贵族手里，彼此争夺地盘，互相攻打。秦国的大将章邯、李由想趁机把起义军各个击破。

面对这种形势，项梁在薛城（今山东滕州南）开始整顿起义队伍。为了增强号召力，项梁听了谋士范增的建议，立楚怀王的孙子为楚王。因为楚国人对当年楚怀王受骗死在秦国一直愤愤不平，所以大家把他的孙子仍称为楚怀王。

巨鹿之战

公元前 207 年 10 月，楚怀王派宋义为上将军、项羽为次将、范增为末将，率军救助被秦兵围困的赵国巨鹿（今河北平乡西南）。宋义到达安阳（今河南安阳西南），停留 46 天坐观成败。项羽建议引兵渡河，赵、楚二军里应外合，出其不意击败秦军，以解巨鹿之围。宋义贪生怕死，不采纳项羽的意见，下令全军不准出击。项羽大怒，杀掉宋义，诸将慑服，一致拥护项羽。楚怀王知道后封项羽为上将军，令其挥师北进。

当秦军围巨鹿时，赵将陈余率数万人驻守巨鹿城北，因兵少畏惧不敢迎击秦军。救赵的齐、燕等诸侯兵共数万人，分十多个营垒屯驻在陈余军旁，无人敢派兵出战。项羽率军进抵巨鹿，迅速出击秦军，楚军以一当十，勇猛无比，经过殊死血战，终于击破 20 万秦军，生擒秦将王离，斩杀苏角。章邯带残兵败逃，退回棘原（今河北巨鹿城南）。秦将章邯在棘原眼看王离全军覆没，他上了一份奏章，把前线的消息告知朝廷，请求救兵。二世和赵高不但不发救兵，还要治章邯的罪。章邯怕赵高害他，只好率领部下 20 万人马，向项羽投降了。

巨鹿之战后，项羽召见诸侯将领，众将进入辕门个个跪行，不敢仰视。项羽从此威震诸侯，成为诸侯上将军，统领诸侯之兵。

刘邦入关灭秦

公元前 208 年闰九月，沛公刘邦奉楚怀王之命，率兵西入函谷关（今河南灵宝东南），伐灭秦朝。

公元前 208 年 7 月，农民起义军进攻定陶（今山东定陶西北）失利，西进函谷关又受阻，楚怀王与诸将约定：先入定关中者称王。由于刘邦待人宽厚，有长者之风，定能得关内百姓拥护，所以楚怀王命他收编陈王胜和项梁的散卒，率部西进入关。10 月，刘邦率军攻下成武，12 月领兵抵达栗（今河南夏邑）。刘邦听从郦食其的计谋，避开秦兵的锋芒，首先攻取了交通要道陈留（今河南开封东南），获得大批军粮供给。郦食其因此被刘邦封为广野君，他的弟弟郦商率数千人加入刘邦队伍，被封为将。刘邦兵力更为壮大。3 月，攻克白马（今河南濮阳西南）后，

刘邦又进占颍川（今河南禹县）。张良率军在此地与刘邦合兵，刘邦势力日益壮大，先后攻下丹水、胡阳（今河南唐河湖阳镇）及析县（今河南西峡）等。刘邦率数万大军攻克武关（今陕西商县西北），屠城后挥师北上，直逼咸阳。

在大军压境的危急关头，秦统治集团内部的矛盾却异常尖锐，最终发展到自相残杀的地步。公元前 208 年 8 月，赵高诬陷李斯想割地称王，并派人四处搜捕李斯的宗族，对李斯严刑拷打。李斯被迫认罪，被腰斩于咸阳，并灭其三族。李斯死后，赵高升迁宰相，他利用职权大量诛除异己。他想要检验大臣们是否俯首听命于他，便在朝会时献上一只鹿，并指着鹿说是马。二世笑言："丞相错了，指鹿为马！"赵高说是马，便叫群臣证明，大臣们有的回答是马，有的说是鹿。事后，赵高将那些回答是鹿的大臣杀害。从此，朝中人人自危，没有人敢说赵高有错。

赵高又劝二世深居禁宫，不必亲自坐朝听政，臣下有事来奏，只需由赵高自己和其他与二世亲近之人密商后上奏。秦二世对此一一采纳，从此常居深宫。这时，刘邦军队已攻克武关（今陕西商县西北），关东大部分地区落入义军之手。赵高害怕二世责难，暗中密谋杀掉二世胡亥。赵高让其弟郎中令赵成做内应，诈称搜查贼人，派人率兵进入二世所住的望夷宫。秦二世走投无路，只好自杀。

赵高杀了二世，对大臣们说："现在六国都已复国了，秦国再挂个皇帝的空名也没有什么意思，应该像以前那样称王。我看可以立二世的侄儿子婴为秦王。"这些大臣不敢反对，只好同意。于是，赵高立二世之侄子婴，贬号为秦王。

子婴知道赵高害死了二世，想自立为王，只是怕大臣们反对，才假意立他为王。子婴和他的两个儿子商量好对付赵高的计策，发兵在斋宫诱杀赵高，夷灭赵氏三族，并派兵扼守峣关（今陕西蓝田东南），抗拒义军攻势。

这时，刘邦已经率领数万大军到达峣关南面。依照张良的计谋，义军在山上大量张插旗帜设疑兵之计，张扬声势，并派郦食其与陆贾劝秦将投降，同时，刘邦却带兵绕过峣关，翻越蒉山，突然袭击蓝田，大破南北两面的秦军。公元前 206 年，沛公刘邦进驻灞上（今陕西西安东南），秦王子婴投降，秦王朝灭亡。

鸿门宴

项羽在巨鹿大战中打败了王离，收降了章邯，而后率领 40 万大军开到函谷关，看见关口有兵把守着，不准项羽的军队进关。项羽得知是刘邦的将士守着关口，怒气冲天，命令将士猛攻函谷关。关口很快被打开，项羽军队长驱直入，直到了新丰、鸿门（今陕西临潼东北）才驻扎下来。这里离刘邦军队驻扎地灞上只有 40 里路，项羽决定第二天攻打刘邦。

项羽的叔父项伯和刘邦的谋士张良是好朋友，他怕打起仗来张良会送命，就连夜赶到刘邦军营告知张良，叫张良赶快逃命。

刘邦、张良乘机以礼相待，并且刘邦当即与项伯结成儿女亲家。刘邦对项伯说："我进入关中后，登记户籍，封闭府库，未敢擅取丝毫财物，一心等待项将军的到来。至于派兵守卫函谷关，也是为了防止意外。我日夜盼望项将军的到来，岂敢背叛？希望您能替我说个明白。"项伯欣然应允，并与刘邦约定，让他次日

鸿门宴遗址

位于今陕西临潼东。鸿门宴上，项羽因其妇人之仁，放掉了刘邦这个夺取天下最大的竞争对手，最后自己吞下了失败的苦果。

亲自去拜谢项羽。

项伯连夜赶回楚营，转达了刘邦的心意。他还对项羽说："刘邦立下大功而去攻打他，是没有道理的，不如以礼相待。"其时，项羽重兵在握，并不在意刘邦，况且攻打刘邦师出无名，于是便听从项伯的建议，撤销了次日清晨进攻灞上的计划。

第二天一大早，刘邦就带领张良、樊哙和100多人赶到鸿门，拜见项羽。刘邦装作十分热情地说："我和将军一起攻打秦朝，您在黄河的北面作战，我在黄河的南面作战。没想到我能先打进关中，攻破咸阳，今天有机会和将军见面，真是件令人高兴的事。听说有些小人在您面前挑拨我和您的关系，请将军千万别听信这些话。"项羽是个直性人，见刘邦这样低首下心，怒气很快就烟消云散了。项羽叫人摆上酒席，举杯劝刘邦喝个痛快，态度越来越和气。

酒席上，范增一再给项羽使眼色，并多次举起胸前佩挂的玉瑗作暗示，要项羽下决心杀掉刘邦。项羽默不作声，好像没看见一样。范增急了，找个借口走出营门。他把项羽的堂兄弟项庄找来，交代他说："项王心肠太软，你到席上敬酒，然后舞剑助兴，趁机杀了刘邦。"项伯见项庄在宴席前别有用心地舞起剑来，害怕刚结的亲家刘邦吃亏，也拔出宝剑说："一个人舞剑没有两个人来劲。"就用身子护着刘邦，与项庄对舞起来，项庄没机会对刘邦下手。

张良见形势危急，找个机会溜了出去，对樊哙说："宴会上项庄拔剑起舞，总想对沛公下毒手。"樊哙听了急得大喊："我去同他们拼了！"他带上宝剑和盾牌赶到帐前，把几个阻拦的卫兵撞倒，怒目圆睁地冲了进去。

项羽看到冲进一个怒容满面的人，急忙按住剑把，喝问道："你是什么人？"张良急忙上前解释说："他是沛公的车夫樊哙，一定是肚子饿了。"项羽用赞叹的口气说："好一个壮士！快赏给他一斗酒，一只猪腿。"樊哙便大吃起来。项羽看了樊哙一会儿，越发觉得这人豪壮，说："壮士，还能喝酒吗？"樊哙粗声说："我死都不怕，还怕喝酒吗！当初，楚怀王跟大家有约：谁先打败秦军攻破咸阳，谁就做王。如今沛公先打进咸阳，他没拿一点东西，只是封了库房把军队驻在灞上，等到大王您的到来。如此劳苦功高的人，大王不但没给他奖赏，反而听信小人的挑拨，想去杀害他，这不是跟秦王没区别了吗？大王这种做法未免太不近情理了！"项羽一时答不上话来，招呼樊哙坐下。樊哙就挨着张良坐下了。刘邦镇定了一会儿，假装要上厕所，樊哙和张良也跟着出去了。刘邦想趁早溜回军营，又怕没有告辞失了礼数。樊哙说："干大事业的人不拘泥于小礼节。如今我们好比任人宰割的鱼肉，性命都难保了还讲什么礼数！"

刘邦走后，张良在外面等了好一会儿，估计刘邦已经到达军营了，才进去对项羽道歉说：“沛公酒量小，今天喝多了，不能当面来向大王辞别。他嘱咐我奉上白璧一双敬献给大王，玉杯两只送给亚父。”项羽接过白璧，放在席位上，范增气得把玉杯扔在地上，又用宝剑劈碎，叹着气说：“唉，真是没用的人，不值得让我操心！将来争夺项王天下的人，一定是刘邦。等着瞧吧，将来咱们这些人都会成为刘邦的俘虏！”

鸿门宴拉开了楚汉战争的序幕。

楚汉之争

刘邦听从萧何的建议，拜韩信为大将，执掌兵权，准备攻打汉中。萧何整顿后方，训练人马。公元前 206 年，汉王和韩信率领汉军进攻汉中。

战争开始后，由于关中的老百姓对“约法三章”的汉军本来就有好感，所以，汉军每到一处，士兵、百姓都不愿抵抗。不到三个月的时间，刘邦就消灭了秦国降将章邯的兵力，牢牢地控制了关中地区。项羽得知刘邦攻占了整个汉中，准备率兵来打。但是西面齐国的田荣也起来反抗项羽，把项羽所封的齐王赶下台，自立为王，项羽只好扔了刘邦这一头带兵去镇压田荣。

刘邦趁项羽和齐国相持不下的时候，率军东进，攻下了西楚的都城彭城（今江苏徐州）。项羽赶紧往回撤兵。双方在濉水展开了一场大战。战斗一开始，双方谁也不知道对方有多少人，只打得昏天黑地，尸横遍野。到最后，汉军战败，刘邦的父亲太公和妻子吕氏也被楚军俘虏了。

刘邦领着残兵败将，退到荥阳成皋一带，严密布防。另一方面派韩信带领兵马向北收服了魏国、燕国和赵国的势力，又派陈平用重金挑拨项羽和范增的关系。项羽本来疑心很重，听信了谣言，真的怀疑起范增来。范增一气之下告老还乡，又气又伤心的他死在路上。范增一死，项羽身边少了一位得力的谋士，汉军的压力也减轻了。刘邦又叫彭越在后方截断楚军的运粮道，这样就有效地控制了楚军。楚汉双方这样对峙了两年多。

公元前 203 年，项羽决定自己带兵去攻打彭越。临走时，他再三叮嘱成皋守将曹咎，无论如何也要坚守城池不许出战。刘邦见项羽一走就向曹咎挑战。曹咎说什么也不战。后来刘邦叫士兵整天隔着汜水辱骂楚军。曹咎受不了刘邦士兵的辱骂，渡江作战被刘邦打得大败。曹咎觉得没脸见项羽，就刎颈自杀了。

戏马台

在今江苏徐州，始建于公元前 206 年，据传西楚霸王项羽定都彭城后，在此建高台，作为指挥士兵操练、观赏士卒赛马的场所。

项羽听说成皋被汉军占领，曹咎自杀，急忙赶回来，楚汉两军在广武（今河南荥阳东北）又对峙起来。

正当刘邦想和项羽决一死战的时候，

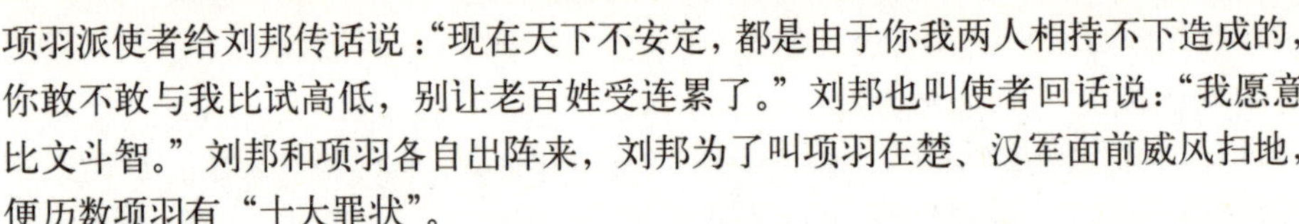

项羽派使者给刘邦传话说："现在天下不安定，都是由于你我两人相持不下造成的，你敢不敢与我比试高低，别让老百姓受连累了。"刘邦也叫使者回话说："我愿意比文斗智。"刘邦和项羽各自出阵来，刘邦为了叫项羽在楚、汉军面前威风扫地，便历数项羽有"十大罪状"。

项羽听刘邦述说自己的"十大罪状"，忍无可忍，也不回答，回头做了个暗示。钟离昧带领弓箭手一阵乱箭齐发，刘邦刚要回头，胸口已经中了一箭。他忍住疼痛，故意弯下身，大叫道："不好，贼兵射到我的脚趾了。"众将士急忙把他扶到营里，叫医官医治。张良怕军心动摇，便劝刘邦勉强起来，坐在车上巡视军营。

项羽见刘邦没死，还能巡视军营，而楚军粮草已供应不上，感到进退两难。

刘邦重伤在身，见双方相持不下，也非常着急。这时，洛阳人侯公从中调和了一下，双方定下协议，楚汉双方以荥阳东南的鸿沟（古运河名，在今河南境内）为界，鸿沟以东属楚，鸿沟以西属汉，双方各守疆土，互不侵犯，罢兵息战。协议达成后，项羽把太公和吕氏也放了回来。

四面楚歌

楚汉议和还不到两个月，刘邦便毁约，组织了韩信、彭越、英布三路大军会合一处，在韩信统率下，追击项羽。

公元前 202 年，项羽被汉军围困在垓下（今安徽灵璧县东南），韩信在垓下的周围布置了十面埋伏。项羽的人马少，粮食也快吃光了。他想带领人马冲杀出去，但是被汉军和各路诸侯的人马层层包围，项羽打退一批，又来一批；杀出一层，还有一层。项羽没法突围出去，只好回到垓下大营，吩咐将士小心防守。

这天夜里，项羽在营帐里愁眉不展。他身边有个宠爱的美人名叫虞姬，看见他闷闷不乐，便陪伴他喝酒解愁。

广武涧

曾是刘邦与项羽争霸对峙的地方。

项羽要虞姬离开垓下，回彭城或是回她的故乡，虞姬温柔地加以拒绝。项王战死，她也不独活。

到了午夜，只听得一阵阵西风吹来，风声里还夹着歌声。项羽仔细一听，歌声是从汉营里传出来的，唱的都是楚人的歌曲，这触动了楚军士卒的思乡之情，他们不觉坐起身来，不顾严寒，走出营帐，向汉军营寨远眺。项羽听四面到处是楚歌声，失神地说："完了！恐怕刘邦已经打下西楚了！汉营里怎么有那么多的楚人呀。"

项羽愁绪满怀，忍不住唱起一曲悲凉的歌来：

力拔山兮气盖世，
时不利兮骓不逝。

骓不逝兮可奈何，

虞兮虞兮奈若何？

项羽唱着唱着，禁不住流下了眼泪。旁边的虞姬和侍从也都伤心地哭了起来。

当天夜里，项羽跨上乌骓马，带了800个子弟兵冲出大营，马不停蹄地往前跑去。天亮后，汉军才发现项羽已经突围出去，连忙派了5000骑兵紧紧追赶。项羽一路奔跑，后来他渡过淮河时，跟着他的只剩下100多人了。

但后面的追兵又围上来了。项羽对跟随他的士兵们说："我从起兵到现在有8年了，经历过70多次战斗，从来没有失败过，才当上了天下霸王。今天在这里被围，这是天要叫我灭亡，并不是我打不过他们啊！"

项羽说罢又几次冲出重围，一直到了乌江（今安徽和县东北）边。此时，他的身边只剩下二十几个人了。恰巧乌江的亭长有一条小船停在岸边。亭长劝项羽马上渡江，说："江东虽然小，可还有1000多里土地，几十万人口。大王过了江，还可以在那边称王。"

项羽苦笑了一下说："我当年在会稽郡起兵时，带了8000子弟渡江。到今天他们没有一个能回去。我一个人回到江东，即便是江东父老同情我，立我为王，我也没脸见他们呀。"

项羽说完跳下马来，对亭长说道："我知道您是位长者，我骑这匹战马已有5年，所向无敌，曾经一日行走千里，不忍心杀掉它，就送给您吧。"项羽把战马送给乌江亭长后，令骑士全部下马步行，跟追上来的汉兵展开肉搏战。他们杀了几百名汉兵，楚兵也一个个倒下。项羽受了十几处创伤，最后在乌江边拔剑自杀了。

项羽死后，楚地全部向汉军投降，唯鲁地不降。刘邦率大军想要屠城，兵至曲阜城下，还可听到城中的弦歌诵读之声，认为鲁人坚守礼义，为君主死节，便拿出项羽的人头令鲁人观看。鲁地父老见项羽已死，这才投降汉军。当初，楚怀王曾始封项羽为鲁公。项羽死后，鲁地最后投降，因而按照鲁公封号应享有的礼义，将项羽安葬在谷城（今山东东阿南）。

刘邦为项羽发丧，洒泪而去。项羽的各支宗族，刘邦都不加以诛害。刘邦封项伯为射阳侯，项襄为桃侯，项佗为平皋侯，但都赐姓为刘。

西汉建立

公元前202年正月，诸侯都上书，请尊汉王刘邦为皇帝。二月，刘邦假意推让之后，在汜水（今山东曹县）即皇帝之位。

刘邦得天下，绝非偶然。他与群臣在洛阳南宫聚宴，道出了自己的法宝，他说："运筹帷幄之中，决胜千里之外，我不如张良；管理国家，供应军需，我不如萧何；率领千军将士，百战百胜，我不如韩信。但是，这三个杰出人才，我能任用他们，就得了天下；项羽仅有一个范增，却不能任用，最终败在我手下。"项羽的部将季布及其同母弟丁公，在楚汉之争中都曾追杀过刘邦。刘邦称帝之后，季布得到赦免，还做了郎中，丁公却被斩杀。原因是，在当初，季布忠于项羽，对刘邦毫不留情，而丁公却曾放过刘邦一马。从中可见刘邦的用人之道和对忠臣的理解。

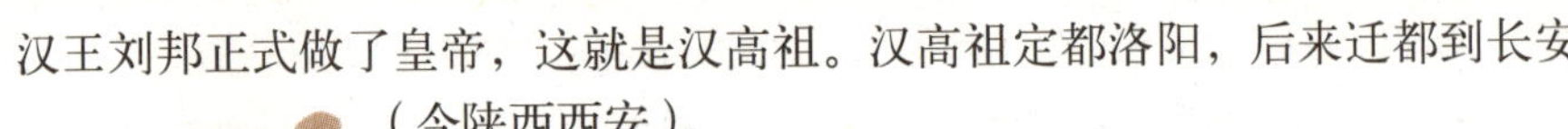

汉王刘邦正式做了皇帝，这就是汉高祖。汉高祖定都洛阳，后来迁都到长安（今陕西西安）。

西汉初年，刘邦大封功臣，异姓王有 7 人，史称“异姓诸王”。这些王侯据有关东广大区域，势力强大，朝廷奈何不得。异姓王的存在为汉朝的长久稳定留下无穷隐患。

韩信像

淮阴人，我国历史上著名的军事家。在整个楚汉战争中韩信发挥了卓越的军事才能，为汉王朝的建立做出了重要贡献，他的用兵之道也为后世兵家所推崇。

汉高帝五年（公元前 202 年）七月，距离刘邦称帝不到半年，燕王臧荼首先叛乱，刘邦亲自率兵征讨。两个月以后，臧荼成为阶下囚，刘邦又立长安侯卢绾为燕王。九月，颍川的原项羽部将利几谋反，没多久即被刘邦平定。一时举国上下，谈兵色变，有人告发楚王韩信意图谋反，刘邦决定采纳陈平的建议，采取智取的办法。他假装巡游云梦（古大泽，在今湖北南部和湖南北部），命令各路诸侯于十二月在陈县会集。韩信见到诏令后，虽然有点儿疑惧，但自认为没有什么过失，便前往会见刘邦。武士当即将韩信逮捕押往洛阳，刘邦废其王号，改封他为淮阴侯。韩信因此非常忧郁。他经常称病不上朝，还常常发牢骚：“果真像别人所说的那样，‘狡兔死，走狗烹；飞鸟尽，良弓藏；敌国破，谋臣亡’。天下已经安定，我固当亡。”

高帝十年（公元前 198 年），有人说韩信与陈豨谋反。陈是刘邦子代王如意的部下，如意年幼，长期留居长安，代王相陈豨独自掌握王国大权。据说，陈豨与韩信商定反汉，以韩信为内应，陈豨带将守边，内外呼应。高帝十年的秋天，刘邦借“太上祖驾崩”的名义召见陈豨，陈豨称身体不适，不应召见，并与王黄、曼丘臣一同造反，自立为代王。刘邦亲自赴邯郸坐镇，派周勃等率军北征。当时陈豨部将侯敞、王黄、张春四处招兵买马，号召反叛，叛乱几乎波及华北全境。而刘邦则处于劣势，他多次以羽檄征集彭越、英布等人，但无人应召。最后刘邦采用重金收买陈豨手下部将的计谋，方得以将陈豨打败。到了高帝十二年（公元前 195 年），周勃斩陈豨于当城（今河北蔚县）。

刘邦亲自征讨陈豨时，要求韩信随军出征，韩信以身体有病为借口，没有一同前往。后来有人检举韩信想利用刘邦出征的机会，策划在长安动手，与陈豨里应外合。高帝皇后吕后与丞相萧何设计将韩信骗入宫中处死，并诛灭了其亲人家属。至此，在楚汉战争中立下赫赫战功的韩信不复存在了。

高帝十一年（公元前 196 年）三月，梁王彭越的部下告发他谋反，刘邦不动声色地遣使前往梁王王都定陶，乘其不备，一举将彭越逮捕，押往洛阳。刘邦念其战功，没有将其处死，只是将其贬职为民，发放蜀地。恰巧在去流放地的途中，彭越偶遇从长安去洛阳的吕后。彭越自以为遇见了大救星，恳求吕后向刘邦求情，殊不

知吕后为人刚毅，心肠狠毒。她假装答应了彭越的要求，将彭越带回了洛阳。她不但没有践约为彭越求情，反而对刘邦说让彭越这种有才能、有威望的人去蜀地是自留祸患，不如斩草除根。刘邦认为其妻言之有理，改判彭越死刑，并灭其全族。

韩信与彭越的死对英布震动很大，同病相怜的处境使得他不得不首先防范。他暗中部署兵力，小心刺探周围各郡的动静。后来有人将英布的活动报告给刘邦，刘邦派遣使者到淮南国查明情况。英布得知此事，如惊弓之鸟，只好于高帝十二年（公元前 195 年）七月宣布反叛。叛乱之初，英布气焰很高，他认为刘邦已 61 岁高龄，又身患疾病，无法也不会再带兵出征了，他信心十足地东进击杀了荆王刘贾，占据了大片的土地。刘邦深知年老体衰，意图让太子刘盈率兵出征。但太子宾客认为英布是善于用兵的猛将，诸将曾经与高祖一同打江山，平起平坐，威望较高，恐怕未必肯听太子的调遣，因此太子的出征，前景令人担忧。于是他们策划让吕后去请求皇帝亲自出征。刘邦思前想后，觉得别无选择，只好不顾年老体衰，于十月亲率大军东征，连连打败英布的队伍。高帝十二年十月，刘邦与英布在蕲西（今安徽宿县北）短兵相接，英布不敌，逃往江南鄱阳（今江西鄱阳东），被当地人杀死于乡民田舍。英布所发动的叛乱是刘邦在位期间最大的一次叛乱，这次叛乱的平定，对汉王朝的长治久安起了重要的作用。

刘邦平定了英布叛乱后，在凯旋的路上，回故乡沛县住了几天。他邀集了故乡的父老子弟和以前的熟人，举行了一次宴会。他在与父老乡亲团聚畅饮当中，想起过去自己战胜项羽的经历，又想到以后要治理好国家，可真不容易。想到这里，他感慨万千，情不自禁地唱道：

大风起兮云飞扬，
威加海内兮归故乡，
安得猛士兮守四方。

“休养生息”

公元前 202 年 5 月，刘邦采取了一系列旨在恢复经济的“休养生息”的政策和措施，以谋求解决政权建立之初濒临崩溃的经济问题。

秦朝末年，由于统治阶级大肆挥霍，社会经济已到了面临崩溃的地步，又经陈胜、吴广起义和历经数年的楚汉战争与诸侯混战的影响，汉朝初年，社会经济形势更加严峻，人口锐减，生产凋敝，物资匮乏，物价飞涨，百姓缺食少衣。有鉴于此，刘邦乃采取了一系列的政策和措施，力求社会的稳定和经济的恢复与发展，如：下令解散大量军队，让士兵回乡务农；入关灭秦的关东人愿留关中的免徭役 12 年，回关东的免徭役 6 年；军中卒吏无爵位或爵位在大夫以下的，一律晋爵为大夫；大夫以上的皆晋爵一等，并免除本人及全家徭赋；爵在士大夫以上的，首先给予田地和住宅，并给予若干户租税的封赏，称“食邑”；让在战乱中流亡的百姓各自返回故乡，恢复原来的爵号和田地住宅；因饥饿而自卖身为奴婢的一律免为“庶人”即普通老百姓；商人不得穿丝、携带兵器、乘车骑马，不允许做官，并加倍征收其租税；减轻徭役，把田租从原来的“十税一”减到“十五

税一"，即征收总收成的十五分之一；令萧何制定《九章律》以代替临时颁行的约法三章；对匈奴采取"和亲"政策，力求边境地区暂时的缓和与安宁等。

刘邦封赏王侯

公元前 201 年十二月，刘邦封曹参（平阳侯）、陈平（户牖侯）、夏侯婴（汝阴侯）等十人为彻侯。正月时，又续封张良（留侯）、萧何（酂侯）、樊哙（舞阳侯）、周勃（绛侯）、灌婴（颍阴侯）、郦商（初封涿侯，后改封曲周侯）、周昌（汾阴侯）等十七人为彻侯。刘邦封同姓王，以从兄刘贾为荆王，弟刘交为楚王，兄刘喜为代王，子刘肥为齐王。改太原郡为韩国，迁韩王成去管辖，定都马邑（在山西朔州）。刘邦下令确定十八位首要功臣，关内侯鄂千秋认为，萧何第一，曹参第二。刘邦从议，赐萧何带剑走步上殿，入朝不必趋跑。

"白登之围"与汉匈和亲

汉朝初年，匈奴冒顿单于不断攻扰汉朝北方郡县。公元前 200 年 9 月，匈奴冒顿大军将汉韩王信包围在马邑（今山西朔州西北），韩王信派人向冒顿求和遭刘邦疑忌。韩王信担心被杀，于是以马邑向匈奴投降。匈奴冒顿得到韩王信帮助，率军向南越过句注（今山西代县北），围攻晋阳（今山西太原）。刘邦亲率大军北伐韩王信，击破其军，韩王信逃到匈奴。当时，刘邦听说冒顿在代谷（今山西繁峙西北）驻扎，想攻击他。于是先派人侦察冒顿虚实。而冒顿将其精锐士兵、肥牛马等隐藏起来，仅以老弱之人和瘦弱牧畜引诱汉朝军队。刘邦不知是计，将汉兵 32 万全部派出北击匈奴，并不听刘敬的有关敌情报告，亲率先头部队前进到平城（今山西大同东），被冒顿 40 万精锐骑兵围困在白登山（今山西大同东北）达 7 天之久，汉军里外不能相救。后刘邦听从陈平计策，用重金贿赂冒顿的阏氏（相当于汉皇后），才得以突围，到平城与汉朝大军相会合。此后，冒顿率军离去，刘邦也罢兵退回长安。

经此一役，刘邦认识到仅以武力手段解决与匈奴的争端的条件还不成熟。他询问刘敬，刘敬提出采取"和亲"政策，建议刘邦以嫡长公主嫁于匈奴，作为单于的阏氏（相当汉朝的皇后），认为如生子必为太子，以后可以代立为单于。现在冒顿在世，是汉家的子婿，他死后儿子做单于，是汉家的外孙，外孙自然不会与外祖分庭抗礼。这样用不着征战就可使匈奴称臣，刘邦深以为然。

公元前 198 年冬，刘邦派刘敬前往匈奴，以"家人子"（汉宫人名号）充当公主嫁给冒顿单于，并约定每年进奉匈奴絮缯酒食各若干，约为兄弟，缔结和亲之约。这是汉匈之间第一次和亲。双方又开放汉与匈奴之间的关市，从此汉北部边境逐渐安宁。此后，汉惠、文、景诸帝时又各遣宗室女或公主与匈奴单于联姻。

吕后专权

汉高祖晚年时宠爱戚夫人。戚夫人生了个孩子，名叫如意，被封为赵王。汉高祖觉得吕后所生的太子刘盈性格软弱，担心他成不了大事，倒是如意说话做事很合自己的心意。因此，想废掉太子刘盈，立如意为太子。

他为这件事召集大臣们商量，但大臣们都反对，连他一向敬重的张良也不同

意。大臣们还把当时很有名望的四个隐士——“商山四皓”（就是白发老人的意思）请了来，帮助辅佐太子刘盈。这样一来汉高祖就没法废掉太子了。

吕后像

汉高祖知道自己快不行了，便把大臣召集在他跟前，吩咐侍从宰了一匹白马，要大臣们歃血为盟。大臣们当着高祖的面，歃了血，发誓说：“从今以后，不是姓刘的不可以封王，不是功臣不可以封侯。谁违背这个盟约，大家就共同讨伐他。”汉高祖病情越来越重了，便叫吕后进去，嘱咐后事。

公元前 195 年，汉高祖驾崩。吕后封锁了消息，秘密地跟她的一个心腹大臣审食其说：“大将们和先帝都是一起起兵的，这些人很难控制。如今先帝去世，他们就更靠不住了，不如把他们都杀了。”

审食其觉得这事不好办，就约吕后的哥哥吕释之做帮手。吕释之的儿子吕禄偷偷地把这个秘密消息泄露给他的好朋友郦寄，郦寄又把这件事告诉他父亲郦商。

郦商听到这消息，马上去找审食其，对他说：“听说皇上去世 4 天了。皇后不发丧，反倒打算杀害大臣。这样做，一定会激起大臣和将军们的反抗，不仅天下会大乱，只怕您的性命也难保。”

审食其害怕了，忙去找吕后。吕后也觉得杀大臣这件事没有十足的把握，就下了发丧的命令。

大臣们安葬了汉高祖，太子刘盈即位，就是汉惠帝。吕后做上了太后。

汉惠帝仁弱孝顺，高祖死后，国家大权落入吕后手中。吕后怨恨戚姬和赵王如意，高祖一死，吕太后命永巷令将戚姬囚禁在宫内幽禁犯罪嫔妃的永巷之中，同时派使者召赵王如意入京。赵王的相国周昌认为这次召见是凶多吉少，便让赵王声称有病而不前往。为敦促赵王来京，使者往返再三，周昌仍是坚持不让赵王入京，并对派来的使者说：“高祖把赵王嘱托给我，赵王又年少，私下听说太后怨恨戚夫人，想要征召赵王入京，一起杀害，我因此不敢放赵王前往。况且赵王也真是有病在身，不能奉诏前往。”

使者返京后，把周昌说过的话如实向太后汇报，太后大怒，认为只要有周昌在赵王身边，就难以把赵王召到京来。她决定首先征召周昌，周昌不得不奉诏入京。到达长安后，周昌拜见吕太后，太后骂周昌：“你不知道我最怨恨戚氏吗？你不放赵王来京，是何道理？”周昌沉默不言，从此便推托有病而不肯入朝，3 年后悲愤而死。

周昌到达长安后，吕太后又再次派使者召赵王来京，赵王动身离开赵都邯郸。

汉惠帝知道太后要加害弟弟如意，便亲自把如意接到宫里，他俩吃饭睡觉都在一起，使吕太后没法下手。

有一天早晨，汉惠帝起床出外练射箭。他想叫如意一起去，一看如意睡得很香，不忍叫醒他，便自己出去了。等惠帝回宫，看到如意已经死在床上了。惠帝知道弟弟是被毒死的，抱着尸首大哭了一场。

吕太后杀了如意，还残酷地把戚夫人的手脚都砍去，挖出她的两眼，给她吃了哑药，把她扔在厕所里。

后来，汉惠帝看见戚夫人被太后折磨成这个样子，不禁放声大哭，然后生了一场大病。他派人对太后说："这种事不是人能干得出来的。我是太后生的，但没有治理天下的能力。"从那以后，汉惠帝很少过问朝廷的事务。

萧规曹随

汉惠帝即位第二年，相国萧何年纪大了，身患重病。汉惠帝亲自去慰问他，就将来谁来接替相位的人选一事，向萧何请教。

萧何不愿意直接说出自己的意见，只说："陛下是最了解臣下的。"

汉惠帝问他："你看曹参这个人怎么样？"

萧何说："陛下的主意太好了。有曹参接替，我可以放心地走了。"

曹参文武全才，先做了将军，后做了丞相。在灭秦、击楚以及平定叛军的诸多战役中，他披荆斩棘，立下赫赫战功，总计攻占两个诸侯国、一百二十二县，俘二诸侯王、三个诸侯相、六个将军，另大莫敖、郡守、司马、军侯、御史各一人。刘邦论功行赏，他功居第二。韩信被诛杀后，刘邦封长子刘肥为齐王，曹参出任齐国相国。

萧何死后，汉惠帝马上命令曹参进长安，继任相国。萧何在世时制定的规章、制度主要有：《九章律》，这是以秦朝《六律》为蓝本，增加《户律》《兴律》《厩律》，合为九章；田赋、口赋、献费三种构成赋役；徭役制度，有正卒、戍卒、更卒三种。还有许多其他制度。曹参对这些规章制度不做任何变动，而是全盘执行。在他出任相国的3年内，没提出任何建议和措施。

一些大臣见曹参这种无所作为的样子，有点着急，也有人去找他，想帮他出点主意。但是他们一到曹参家里，曹参就请他们一起喝酒。有些人想借机向他说起朝廷政务，他总是岔开话头，让人开不了口。

汉惠帝看到曹相国这种做法，认为他瞧不起自己，心里挺不舒服。于是，他把在皇宫里侍候他的曹参之子曹窋叫来，对他说："你回家的时候，找个机会问问你父亲，高祖归了天，皇上年轻没有经验，国家大事全靠相国来处理。可他天天喝酒，不管政事，这么下去，能治理好天下吗？看你父亲怎么说。"

曹窋回去的时候，就照惠帝的话对曹参说了。

曹参一听，马上火了，他骂道："你这个毛孩

萧何像

子懂得什么，国家大事也轮到你来啰唆。”说着，竟叫仆人拿板子打了曹窋一顿。

曹窋莫名其妙地挨了一顿打，非常委屈，回宫的时候就一五一十地向汉惠帝说了。汉惠帝听了很不高兴。

第二天，在朝堂上，惠帝就对曹参说：“曹窋跟你说的话，是我让他说的，你打他干什么？”

曹参向惠帝谢过罪，接着说：“请问陛下，您跟高祖比，哪一个更英明？”

汉惠帝说：“我比不上高皇帝。”

曹参说：“我跟萧相国比较，哪一个能力强？”

汉惠帝禁不住微微一笑，说：“好像萧相国强一些。”

曹参说：“陛下说得对。陛下比不上高皇帝，我又比不上萧相国。高皇帝和萧相国平定了天下，又给我们制定了一套规章。我们只要照着他们的规定办，不要失职就行了。”

汉惠帝这才明白了过来。

曹参采用黄老无为而治的学说，做了3年相国。从社会经济的发展来看，战国时期，到处是万户大邑，汉初万户大邑存留不过二三千户。汉惠帝两次筑长安城，征发京畿附近600里内男女夫役，每次都只有十来万人。偏远地区更是一片荒凉景象。从经济和人口的恢复来看，中国的确需要休养生息的政策来修补战争创伤。曹参那套办法没有加重百姓的负担，国家也得以休养生息。

平定诸吕

汉惠帝一直没有儿子，吕太后做主从外面找来一个婴儿，对外说是惠帝生的，立为太子。公元前188年，惠帝一死，这个婴儿接替了皇位。小皇帝不能处理朝政，吕太后便名正言顺地临朝执政。

吕太后为了巩固自己的权力，要立吕家人为王，向大臣们征求意见。右丞相王陵提起汉高祖临终前与大臣们立下白马盟约的事，不赞成吕太后的想法。吕太后大为不满。

陈平、周勃说：“高祖平定天下，分封刘家的子弟为王，这当然是对的。现在太后临朝，封自己的子弟为王，也没有什么不可以。”散朝以后，王陵批评陈平和周勃违背了誓言。

陈平、周勃说：“您别着急。当面在朝廷上和太后争论，我们比不上您，将来保全刘家天下，可就要靠我们了。”

从这以后，吕太后就陆续把她的娘家人，像吕台、吕产、吕禄等一个个都封了王，还让他们掌握了军权。朝廷大权几乎控制在吕家的手里了。

吕太后临朝的第八个年头，患了重病。临死前封吕产为相国掌管南军，赵王吕禄为上将军，掌管北军，并且叮嘱他们说：“现在吕氏掌权，朝廷里有很多大臣不服。我死了以后，你们要带领军队保卫宫廷，不要出去送殡，提防被人暗算。”

吕太后死后，兵权都在吕产、吕禄手里，他们便策划发动叛乱。

朱虚侯刘章得知了吕家的阴谋，就派人去通知哥哥齐王刘襄，约他出兵攻打长安。

汉代铁兵器

西汉末期之前，兵器以青铜为主。由于冶铁技术和锻钢工艺的进步，钢铁兵器逐步增多，到西汉末基本取代青铜兵器。格斗兵器主要有长柄的戟、铍、矛和短柄的刀、剑。东汉时期铁制兵器占据了军事舞台，骑兵以弓箭为主，使用臂张弩。步兵使用蹶张弩，缚以弓箭。步骑兵的格斗兵器以矛、戟、刀、剑为主，常与盾配合使用。

齐王刘襄起兵，吕产得到了这个消息，立刻派将军灌婴带领兵马去征讨。灌婴一到荥阳，就跟部将们商量说："吕氏想夺取刘家天下。如果我们向齐王进攻，这不等于帮助吕氏叛乱吗？"

大家商量了一下，决定按兵不动，暗地里通知齐王，要他联络诸侯，等时机成熟，一起起兵讨伐吕氏。齐王接到通知，马上就地安营扎寨，停止前进。

周勃、陈平知道吕氏要发动叛乱，便想先发制人，但是兵权掌握在吕氏手里，必须想办法夺回兵权。他们想出个主意，派人鼓动郦寄去劝说吕禄道："太后死了，皇帝年纪又小，您身为赵王，却留在长安带兵，大臣诸侯都怀疑您。如果您能把兵权交给太尉，回到自己的封地，齐国的兵就会撤退，叛乱也就会平息。"吕禄相信了郦寄的话，把北军交给太尉周勃掌管。

周勃拿到了将军的大印，马上赶到北军军营中去，向将士下了一道命令："现在吕氏想夺刘家的天下，你们看怎么办？支持吕家的把右臂袒露出来，帮助刘家的把左臂袒露出来。"

北军中的将士本来都是向着刘家的。命令一传下去，军中士卒纷纷袒露左肩，呼声震天。周勃很顺利地控制了北军，成为反吕的一支主要部队。接着，周勃命令朱虚侯刘章率兵千人以进宫护卫皇帝为名，伺机捕杀了统率南军的相国吕产，后又捕杀吕禄，并分派人手去捕杀诸吕，不论老少全部处死。至此，吕氏集团被剿灭，统治大权又回到刘氏集团手中。

诸吕之乱平定后，周勃、陈平等大臣密商选立皇帝。大臣们一致认为，代王刘恒适合即帝位。因为现即帝位的少帝和各位王子都不是惠帝亲生，代王却是汉高祖的儿子，而且为人宽厚，待人仁慈，其母薄氏也很善良，不会出现拥尊自立的现象。最为关键的一点是代王年龄最大，全国上下无可争议。于是，周勃、陈平等人亲迎代王入长安而即帝位。闰九月，代王刘恒一行由代到长安，在群臣拥戴下即皇帝位，是为太宗孝文皇帝。文帝即位后，大赦天下，积极推行休养生息政策，开创了汉朝盛世。

将门虎子

汉文帝即位之后，匈奴单于中断了与汉朝的交往。

公元前 158 年，匈奴的军臣单于带领 6 万士兵，侵犯上郡（治所在今陕西榆林东南）和云中（治所在今内蒙古托克托东北），烧杀抢掠，一时间战火又起。

汉文帝连忙派三位将军兵分三路去抵抗。为了保卫长安，另外派三位将军带兵守卫在长安近郊，将军刘礼驻扎在灞上，徐厉驻扎在棘门（今陕西咸阳东北），周亚夫驻扎在细柳（今陕西咸阳西南）。

周亚夫是绛侯周勃的儿子。几年前，周亚夫的哥哥犯了罪，废除侯位。汉文帝要选拔周勃儿子中最贤能的人，大家都推举周亚夫。于是文帝封周亚夫为条侯，继承绛侯周勃的爵位。

周亚夫带兵驻守细柳后，有一天，汉文帝亲自到长安附近三个军营去慰劳并视察。

他先到灞上，刘礼和他的部下将士接到皇帝来视察的消息，都纷纷骑着马来迎接。汉文帝的车马驶进军营，如入无人之境。汉文帝走时，将士们列队欢送。接着，他们又来到棘门，受到的迎送仪式同样隆重。

最后，汉文帝来到细柳。周亚夫军营的前哨看见远远有一队人马过来，立刻向周亚夫报告。将士们披盔戴甲，弓上弦，刀出鞘，做好了战斗准备。

汉文帝的先遣队到达了营门，守营的岗哨立刻拦住。先遣的官员吆喝道："皇上马上驾到，打开营门！"营门的守将镇定地回答说："军中只听将军的军令，将军没有命令，不能开营门放你们进去。"官员正要同守将争执，文帝的军驾已经到了。守营的将士照样挡住不让进。汉文帝只好命令侍从拿出皇帝的符节，派人给周亚夫传话说："皇帝来军营劳军。"周亚夫下令打开营门，让汉文帝的车马进来。

护送文帝的人马一进营门，守营的官员又郑重地告诉他们："军中有规定：军营内不允许车马奔驰。"汉文帝马上吩咐侍从放松缰绳，缓缓地前进。

到了中军大营，只见周亚夫披盔戴甲，拿着武器，威风凛凛地站在汉文帝面前，拱手施礼道："臣盔甲在身，不能下拜，请允许按照军中的礼节朝见。"汉文帝听了，很受震动，也扶着车前的横木欠身答礼。接着，又派人向全军将士传达了他的慰问。

慰问结束后，汉文帝离开细柳。在回长安的路上，汉文帝的侍从人员都心怀不满，认为周亚夫对皇帝太无礼了。但是，汉文帝却赞叹地说："周亚夫是真正的将军啊！灞上和棘门两个地方的军队，防备松懈，如果敌人来偷袭，一定会失败。如果将军们都能像周亚夫这样治军，敌人就不敢侵犯了。"

通过这次视察，汉文帝认定周亚夫是个军事人才，就把他提升为中尉。第二年，汉文帝一病不起。临死之前，他对太子说："如果将来国家发生动乱，叫周亚夫率军队去平乱，准错不了。"文帝死后，景帝刘启即位，任命周亚夫为车骑将军。

文景之治

西汉为稳定政治与社会经济，发展农业生产，汉高祖、惠帝及吕后都采取休养生息政策。

文帝即位后，更倡导以农为本。在位期间，进一步推行轻徭薄赋、约法省禁政策。先是减轻田租，由十五税一改为三十税一，甚至曾免收田租 12 年。又减算赋，将过去百姓年 15 至 56 岁每人每年须交 120 钱之规定，减为交 40 钱；徭役也有所减轻，将原来 1 年一更改为 3 年一更。文帝还一再下令列侯回到自己的封国，以减免戍卒保障供给运输的辛劳。同时，减轻刑罚，废除收孥连坐法和肉刑法。此外对于汉朝边远地区少数民族采取和睦相处政策，与匈奴和亲，柔抚南

越。诏举贤良方正、能直言极谏人士，任人唯贤。

公元前 157 年 6 月，文帝去世。太子启即位，称景帝。景帝时继续实行“休养生息”政策，一方面，公元前 156 年 5 月诏令进一步减轻农民负担，重新收取田租之半，三十而税一，自此成为汉朝定制，从而使农业生产得到恢复和发展，人口逐渐增多。另一方面，景帝时又继续推行剪除严刑苛法的措施，受笞者能够得以保全肢体，缓和了社会矛盾和阶级矛盾。此外，景帝为加强对臣属的约束，下诏命令廷尉和丞相重新讨论官吏贪赃的律令，在一定程度上使官吏贪赃枉法行为有所收敛。景帝还进行“削藩”，平定吴楚七国之乱，把诸侯王任免官吏的权力收归中央，巩固了中央集权。而对于北部边郡的匈奴，继续采取和亲政策，历史学家将景帝统治时期与文帝时期并举，誉称为“文景之治”。

晁错削藩

汉景帝即位后，也采用休养生息的政策，治理国家。景帝当太子的时候，晁错为太子家令，挺有才能，大家都称他“智囊”。后来，汉景帝把他提升为御史大夫。

秦朝实行的是郡县制，但是汉高祖打下天下后，实行郡县制与分封制并行的制度，分封了 22 个诸侯国，这些诸侯都是汉高祖的子孙。到了汉景帝时，诸侯的势力变得强大起来，土地又多，如齐国就有 70 多座城。有些诸侯不受朝廷的约束，简直成了独立王国。

晁错见各诸侯国的发展态势很有可能造成国家分裂的危险，就对汉景帝说：“吴王私自开铜山铸钱，煮海水取盐，招兵买马，动机不纯，不如趁早削减诸侯国的封地。”

汉景帝有点犹豫，说：“削地只怕会引起他们造反。”

晁错说：“诸侯想造反的话，削地会反，不削地将来也会反。现在造反，祸患小；将来他们势力大了，再反起来，祸患就大了。”

汉景帝觉得晁错的话很有道理，便下定决心，削减诸侯的封地。过了不久，朝廷找了些理由，削减了诸侯的封地。有的被削去一个郡，有的被削掉几个县。

正当晁错与汉景帝商议要削吴王濞的封地时，吴王濞先造起反来了。他打着“诛晁错，清君侧”的旗号，煽动其他诸侯一同起兵造反。

公元前 154 年，吴、楚、赵、胶西、胶东、菑川、济南 7 个诸侯王发动叛乱。历史上称为“七国之乱”。

叛军声势很大，汉景帝惊恐之余，想起汉文帝临终时的嘱咐：国家有动乱，就让周亚夫带兵出征。于是，他拜善于治军的周亚夫为太尉，统率 36 名将军去讨伐叛军。

那时候，朝廷中有人与晁错有宿怨，因此借机说七国发兵完全是晁错的过错，如果杀了他，七国就会退兵。接着，有一批大臣上奏章弹劾晁

晁错像

错，说他大逆不道，应该杀头。汉景帝看了这个奏章，为平定叛乱，只得批准了。

这样，一心想维护汉家天下的晁错成了牺牲品。

汉景帝杀了晁错，下诏书要七国退兵。这时候，吴王濞已经打了几个胜仗，夺得了几座城池。他听说要他拜受汉景帝的诏书，冷笑说："现在我也是个皇帝，为什么要拜受别人的诏书？"

这时，汉军营里有个叫邓公的官员，到长安向景帝报告军情。汉景帝问他："你从军营里来，知不知道晁错已经死了？吴楚答应退兵了吗？"

邓公说："吴王一直有造反的野心。这次借削地的借口发兵，哪里是为了晁错呢？陛下把晁错杀了，恐怕以后没人敢替朝廷出主意了。"

汉景帝意识到自己错杀了晁错，悔恨之余，决定以武力平叛，于是派遣太尉周亚夫率兵征讨。周亚夫以坚壁固守的战术，多次挫败吴楚联军的进攻。吴楚联军的士卒饿死、投降、失散的很多，只得败退。三月，吴王刘濞残部数千人退守丹徒（今江苏丹徒），被东越人所杀。其他诸王也战败或自杀，或被杀，历经3个月的七国之乱遂被平定。

七国之乱的平定，在很大程度上解决了汉高祖分封同姓王所引起的矛盾，巩固了汉王朝中央的统治，并为日后汉武帝以推恩令进一步解决诸侯王国问题创造了必要的条件。

汉景帝平定了叛乱，仍旧封七国的后代继承王位。但是从那以后，诸侯王只能在自己的封国里征收租税，取消了他们干预地方行政的资格，大大削弱了他们的权力，汉朝的中央集权进一步巩固。

武帝初登

公元前156年的一天深夜，汉景帝的第十子诞生，取名彻，他就是开创了大汉盛世的汉武帝。

刘彻自幼聪明，三岁能背典籍，无遗漏，汉景帝大为惊异，于是大为宠爱。一天，景帝把刘彻抱在膝头上，问道："我儿愿意当皇帝吗？"刘彻用稚嫩的声音答道："做皇帝不由儿臣，我愿天天在父皇膝前嬉戏，不失为子之道。"景帝暗暗惊叹："三岁小儿竟如此口齿伶俐，真是天资聪颖啊！"

汉武帝的童年和少年的宫廷生活，决定了他一生的命运，并给他54年的皇帝生涯打上了深深的烙印。

刘彻虽然也是汉景帝的儿子，但是按照当时的继承顺序，皇帝的位子根本轮不到他。汉景帝在公元前153年就立皇子刘荣为太子，与此同时封刘彻为"胶东王"。刘荣的母亲栗姬和刘彻的母亲王美人都不是皇后，和栗姬相比，王美人并不怎么得宠。公元前151年，汉景帝废薄皇后，眼看皇后之位就要落到栗姬手中。但是，栗姬自从亲生儿子被立为太子后，就目空一切，专横跋扈，脾气越来越乖戾。汉景帝终于忍无可忍，景帝七年（公元前150年）正月，他不顾朝臣反对，下诏废皇太子刘荣为临江王，将栗姬打入冷宫。

皇太子之位暂时空缺，诸子为争夺皇位继承权展开了激烈斗争。刘彻被立

为太子，他的姑母长公主刘嫖起了关键的作用。刘嫖是窦太后的女儿，汉景帝的姐姐，她不仅受到窦太后的宠爱，与汉景帝的关系也非常密切。长公主生有一个女儿，名阿娇。长公主一心想让阿娇当皇后，她本来想把阿娇许配给太子刘荣，可遭到栗姬的回绝，长公主由此和栗姬结仇。王美人抓住这一机会，极力讨好长公主。碰巧一天年仅五六岁的刘彻到长公主家玩耍，长公主见他聪明可爱，于是抱在膝上问道："我儿想要娶个媳妇吗？"刘彻答道："想。"长公主指着左右侍女问刘彻："她们之中你喜欢哪一个呀？"刘彻摇摇头，表示一个也不喜欢，最后长公主指着自己的女儿问他："阿娇好不好？"刘彻这才高兴地说："好！我要是能娶阿娇做媳妇，一定要给她盖一座金屋，让她住在里面。"长公主听了非常高兴，后来在征得汉景帝同意后，便把阿娇许配给了刘彻。这样，长公主和刘彻的关系更近了一层，看到刘荣的太子之位被废，长公主和王美人乘机活动，终于说服汉景帝。景帝七年四月，汉景帝立王美人为皇后，接着立 7 岁的胶东王刘彻为皇太子。

汉武帝刘彻像

汉武帝作李夫人歌，曰：是耶非耶，立而望之，翩何姗姗其来迟！斯蒂芬·乔治·西斯罗普评论：武帝意即"军事皇帝"，是中国最有成就的统治者之一，他是个神秘主义者，并热衷于皇家排场。

刘彻从公元前 150 年被立为太子，到公元前 141 年汉景帝驾崩，继承皇位，其间做了 9 年太子。在这 9 年中，聪颖过人的皇太子深得汉景帝的宠爱。他一方面协助汉景帝处理政务；另一方面博览群书，广泛涉猎琴棋书画、诗歌辞赋，这为他以后五十余年的政治生涯奠定了基础。景帝后元三年（公元前 141 年），汉景帝为已年满 16 岁的皇太子举行了隆重的冠礼。不料冠礼大典之后，汉景帝突然患病，医治无效，正月二十七日驾崩于未央宫。国不可一日无君，皇太子当日在汉景帝灵前继承皇帝大位，君临天下，一代名君汉武帝登上了皇帝的宝座。

汉武帝统治时期是中国历史上的一次转变期。他统治下的西汉王朝进入了中国历史上的第一个黄金时代。处于鼎盛之中的大帝国无论是文治还是武功都达到中国封建社会的高峰。在政治上，武帝颁行推恩令，制定左官律、附益法，实施"酎金夺爵"，基本上改变了汉初以来诸侯王强大难治的局面；实行一系列打击地方豪强的有效措施；创立刺史制度，加强对地方的控制和监督；同时，汉武帝削弱了丞相权力，任用酷吏，严格刑法，设立太学、建立察举制度，加强中央集权的统治力量。在经济上，将冶铁、铸钱、煮盐收归官营；设立均输、平准官，调剂运输，平衡物价；实行算缗告缗，打击富商大贾，增加政府的财政收入；治理黄河，大力兴修水利，广开灌溉；实行代田法，改进农具，推动农业生产的发展。在思想上，采纳董仲舒建议，"罢黜百家，独尊儒术"，巩固君主集权，使大一统

的儒家思想成为封建统治思想。在民族关系上，多次派兵攻打匈奴，解除了匈奴对北部边郡的威胁；前后两次派遣张骞出使西域，实现和发展了与西域地区的交流，促进了经济文化的繁荣；又遣使至夜郎、邛、笮等地宣慰，加强对西南地区的控制和开发；还统一了南越地区，设立南海、苍梧等9郡。

汉武帝在位54年，为以汉族为主体的统一的、多民族的封建国家的巩固和发展做出了重要贡献。武帝时期，西汉成为亚洲最富强繁荣的多民族国家，也是中国历代封建王朝中的盛世之一。

罢黜百家，独尊儒术

“罢黜百家，独尊儒术”是公元前140年，汉武帝尊崇儒术，将百家学说排斥于官学之外的思想措施。“罢黜百家，独尊儒术”确立了儒家思想在中国社会和文化中的主导地位，不仅巩固了汉朝政权，而且对整个中国历史的发展和传统文化的凝聚产生了极其深远的影响。

西汉初年，汉高祖继续实行秦代的挟书律，禁止私人收藏《诗经》《尚书》等，儒家学术活动几乎灭绝，清净无为的道家思想被统治者大力提倡。这些政策短期内适应了长期战争后恢复生产、稳定社会秩序的要求。无为而治、休养生息的政策造就了文景时期的社会安定、政治开明、文化复兴的繁荣局面。

但随着时代的发展，黄老学说已经不适应时代潮流。汉武帝时期，王国势力强大并凌驾于朝廷之上，商人豪强大力兼并土地，匈奴不断骚扰边界，强化专制主义中央集权制度已经成了统治者的迫切需要。而新儒学的大一统思想、神化皇权的观念以及仁义学说，恰好适应了这种要求。年轻力壮的汉武帝要大有作为，建立千秋帝业，也需要这种新的思想武器。

汉武帝即位后，首先举行的一件大事是召集天下文士，亲自出题考试。大儒董仲舒提出，诸子学说使国家不能保持一贯的政策，法令制度常常改变不利于封建的专制统治，建议政府只用讲儒学的人为官。武帝采纳了董仲舒的建议，把各地举荐来的非儒学的诸子百家一概罢斥，同时任用考试优秀的儒家学者。这样一来，只有学习儒家学术思想才有做官的机会。武帝又改组领导班子，起用了一大批好儒学的人，如用好儒术的田蚡做丞相等，以此来褒扬儒学，贬斥道家等诸子学说。

汉武帝的改革激怒了倡导黄老学说的首要代表窦太后。窦太后大力打击儒家，并找借口把鼓吹儒学的人投入监狱。窦太后去世后，武帝重用儒生，把官府里非儒家的博士一律免职，排斥黄老刑名等百家学术于官学之外，这就是有名的“罢黜百家，独尊儒术”。武帝提倡的儒学，是在原来孔子仁义学说的基础上吸收了阴阳五行家神化皇权、鼓吹王权神授的思想，又接受法家君王独尊、严刑酷罚的学说，成为一种儒家王道与法家霸道杂合的新儒学。

汉武帝的独尊儒术与秦始皇的焚书坑儒目的都是为了统一思想，巩固封建统治，只是他们采用的手段不一样。秦始皇烧掉诸子百家书籍，企图用暴力手段来达到目的，结果失败了。汉武帝则采用引导的办法，提倡儒家学说，确立儒学为

官学，从而开创了两千多年来儒家学说独盛的局面，儒家由此成了中国封建社会的主流思想。

推恩令

公元前 127 年正月，汉武帝采纳中大夫主父偃的建议，颁行“推恩令”。

此令规定，诸侯王除了让自己的嫡长子（正妻所生的大儿子）继承王位外，其余诸子在原封国内封侯，新封侯国不再受王国管辖，直接由中央统辖的郡来管理。这样，原来的封国被分割成许多小侯国，实力大大削弱，无力和中央抗衡。

为限制诸侯王国网罗人才，结党私营，培植政治势力，汉武帝又规定，凡给诸侯做官的，绝不能再给王朝效力，严禁封国官吏与诸侯王结党营私，相互串通，致使诸侯王失去了因分封而存在的独立性。

公元前 112 年，汉武帝举行宗庙大祭，他以诸侯王向汉王朝交纳献费或祭祀宗庙的酎金成色不好、斤两不足为借口，一次即剥夺诸侯爵位 106 人，废其封国，改设郡县。汉初因功封侯者 140 余人，至汉武帝太初年间只剩下 5 人，他们只能得到丰厚的衣食租税，却没有参与政事的权力，汉代的分封制名存实亡。

汉朝柱石霍光

汉武帝晚年时，误信谗言逼死了太子刘据，后来十分后悔，准备立钩弋夫人生的刘弗陵为新太子。当时，弗陵才 7 岁，而其母却正年轻，武帝恐怕弗陵即帝位后重演前朝吕后专权的故事，于是就想托付大臣辅佐少子弗陵。

武帝通过仔细考察，认为已故奉车都尉、光禄大夫霍去病的同父异母弟弟霍光忠厚可靠，可当此重任，就命黄门画一幅周公负成王朝诸侯图，赐予霍光。当感觉自己去日无多时，武帝又赐弗陵的母亲（即钩弋夫人）一死，以绝后患。后元二年（公元前 87 年）二月，武帝于五柞宫病危。霍光前往询问后事。武帝说：“立少子，君行周公之事。”就是让霍光学习西周时周公旦辅佐年幼的周成王一样，辅佐少子弗陵执政。同时，又诏立弗陵为太子，封霍光为大司马、大将军，金日磾为车骑将军，上官桀为左将军，共同受遗诏辅佐少主。御史大夫桑弘羊也一起受命。很快，武帝死于五柞宫，年 71 岁。

汉武帝死后，即位的汉昭帝刘弗陵年仅 8 岁，朝中政事都由霍光决断。

当时，上官桀与霍光同为汉武帝托孤的辅政大臣，现在看到霍光独揽大权，不留情面，就与汉昭帝的大姐盖长公主密谋排挤霍光，并勾结燕王刘旦，想方设法要陷害霍光。

公元前 81 年，霍光出去检阅羽林军，检阅之后，把一个校尉调到他的府里来。上官桀等人趁机冒充燕王刘旦上书，告发霍光阴谋造反。

汉昭帝接信后看了又看，然后就搁在一边。第二天，霍光等人上朝。霍光事前听说了这件事，不敢进金銮殿。汉昭帝临朝，见了霍光，就问：“大将军在哪儿？”上官桀暗自得意，嘴上说道：“大将军听说燕王告发他的罪行，躲在偏殿里不敢来。”

汉昭帝吩咐内侍传霍光进殿，霍光摘掉官帽，伏在地上请罪。昭帝说：“大将军请起！”一边指着信笺道：“这封信是假造的，我知道有人成心要害你。”霍

光高兴地问："皇上怎么知道的？"汉昭帝说："大将军检阅羽林军是在临近地方，调用校尉也是最近的事，一共不到10天的时间。燕王远在燕京，离长安这么远，他怎么知道这件事？即便知道了，马上派人送信来，也来不及赶到这儿。再说，大将军如果真的要叛乱，也用不着靠一个校尉。这明明是有人谋害大将军，燕王的信是假造的。我虽然年轻，也不见得这么容易受人愚弄。"

上官桀见一计不成，就准备铤而走险。他们偷偷商量好由盖长公主出面邀请霍光赴宴，然后布置下刀斧手，准备趁酒酣耳热之际，行刺霍光。

谏议大夫杜延年得到这个消息，连忙告诉了霍光。霍光立即向昭帝报告，于是昭帝通知丞相田千秋火速带兵，把上官桀一伙统统抓起来处死。

聪慧的昭帝在公元前74年病死，年仅21岁。昭帝没有儿子，霍光等大臣与皇后议定立汉武帝的孙子昌邑王刘贺为帝。使者到达昌邑已经是深夜，刘贺已睡下，赶紧起身接诏书。他得知是让自己去当皇帝，就高兴得手舞足蹈。

刘贺被拥立为天子后，日益骄横，荒淫无道，失帝王礼仪，我行我素，对大臣进谏不闻不问。于是霍光与大司马田延年、车骑将军张安世密谋，废黜刘贺。后又召集丞相、御史、将军、列侯、大夫、博士在未央宫会合，商议废黜事。大臣们见霍光主意已定，纷纷附和。霍光立即与群臣上报太后。太后下诏送刘贺回昌邑，而刘贺带入朝的昌邑群臣200余人被诛杀，罪名是不能辅佐君王，将皇帝引向歧途。刘贺仅当天子27天。

元平元年（公元前74年）七月，前廷尉监邴吉上书霍光说：武帝有曾孙名刘询，年纪18岁，聪明贤德，通晓经书，可立为皇帝。刘询，字次卿，是戾太子刘据的孙子。出生数月时，适逢征和二年（公元前91年）七月戾太子巫蛊事件，被关押于狱中，后遇大赦，得以恢复皇族身份。霍光以为可立为帝，于是召集丞相以下百官商议此事，共同上奏皇太后，请求立刘询为皇帝，皇太后表示同意。刘询便在霍光的引导下，入未央宫见太后，并被立为皇帝。这就是汉宣帝。

地节二年（公元前68年）春，霍光病逝。其霍氏子弟因骄奢无度，终于引起宣帝的不满。地节四年（公元前66年）七月，霍氏密议谋反，结果阴谋败露，被宣帝灭三族。至此富贵至极的霍氏家族覆灭了。

王莽摄位篡汉

汉成帝刘骜是个荒淫的皇帝，他即位后，朝廷的大权逐渐被外戚掌握了。成帝的母亲、皇太后王政君有8个兄弟，除了一个死去的以外，其他人都封了侯。其中要数王凤的地位最显赫，他被封为大司马、大将军。

王凤掌了大权，他的几个兄弟、侄儿都十分骄横。只有一个侄儿王莽与众不同，他像平常的读书人一样，做事谨慎小心，生活也比较节俭。人们都说王家子弟中，王莽是最好的一个。

王凤死后，他的两个兄弟先后接替他的职位，后来又让王莽做了大司马。王莽很注意招揽人才，有些读书人慕名前来投奔他。

汉成帝死后，在10年之内，换了两个皇帝——哀帝和平帝。汉平帝登基时

才9岁，国家大事都由大司马王莽做主。很多大臣都吹捧王莽，说他是安定汉朝的大功臣，请太皇太后封王莽为安汉公。王莽说什么也不肯接受封号和封地。

王莽越是不肯受封，越是有人要求太皇太后封他。据说，朝廷里的大臣和地方上的官吏、平民上书请求加封王莽的人多达48万人。有人还收集了各种各样歌颂王莽的文字，使王莽的威望越来越高。

渐渐长大的汉平帝越来越觉得王莽的行为可怕、可恨，免不了背地里说些抱怨的话，这些话被传到了王莽的耳中。

有一天，大臣们给汉平帝过生日，王莽借机献上一杯椒酒。

没过几天，汉平帝就得了重病，死去了。王莽假惺惺地哭了一场。汉平帝死的时候才14岁，没有儿子，于是由王莽摄政，称为“摄皇帝”。第二年，王莽改年号为居摄元年。三月，王莽立只有两岁的刘婴（宣帝玄孙）为皇太子，号称“孺子婴”，以效仿周公摄政旧事，为篡汉自立做准备。居摄三年（8年），梓潼（今属四川）人哀章制作铜匮，内藏“天帝行玺金匮图”与“赤帝行玺某传于黄帝金策书”，假说是高祖遗命令王莽称帝。于是，王莽便到高帝祠庙接受铜匮，即天子位，定国号为“新”。

王莽自立为帝后，为了巩固政权，在全国实行改革，推行新制。

从居摄二年(7年)到天凤元年(14年)，王莽先后进行了四次币制改革。居摄二年，他下令铸造大钱、契刀、错刀，与汉五铢钱共为四品，一齐流通于市。两年后，又改币制，将错刀、契刀、五铢钱废除，另铸一铢小钱和十二铢大钱并行。始建国二年（10年），三改币制，把货币总称“宝货”，分为钱货、金货、银货、龟货、贝货、布货，总称“五物、六名、二十八品”。天凤元年，四改币制，又实行金、银、龟、贝等货币，废除大、小钱，改行货布、货泉二品。

始建国元年(9年)，王莽下令将全国土地改为王田，奴婢改名为私属，都不能自由买卖。还规定一家男子不超过8人而种田数额超过一井（九百亩）的，应把多出来的田分给九族乡邻中没有田或少田的人，本身无土地的亦按一夫一妇授田百亩的制度授予田地。

同年，王莽下令制造标准的度量衡器，颁行天下，作为统一全国的度量衡标准。

始建国二年(10年)，王莽诏令在全国实行五均、赊贷和六筦法。政府在长安、洛阳等大城市设立五均官，负责管理工商业经营和市场物价，收取工商税。赊贷规定由政府办理，百姓急需生活用钱借贷可免利息、兴办产业，年利息不超过十分之一。五均赊贷和政府经营的盐、铁、酒、铸钱及收山泽税，合称为“六筦”。

除此以外，王莽对中央和地方的官名、官制、郡县地名、行政区划，也多次变更。

王莽像

王莽大规模的改革，并没有起到维护新莽政

权的作用，相反，改制后的结果触及到大地主商人的利益，加剧了统治阶级的内部矛盾。制度本身的弊病，也给人民带来了更大的灾难，因此很快导致了王莽政权的覆灭。

新莽“大泉五十”陶范

“大泉五十”是王莽第一次货币改革的新铸币之一，是王莽统治时期流行时间较长的一种币型。

绿林赤眉起义

17年，荆州（今湖南湖北大部分地区）发生饥荒，老百姓到沼泽地区挖野荸荠充饥，野荸荠越挖越少，便引起了争斗。新市（今湖北京山东北）有两个有名望的人，一个叫王匡，一个叫王凤，出来调解，受到农民的拥护。王匡、王凤就把这批饥民组织起来举行起义。南阳人马武、颍川人王常、成丹等率众参加。他们的根据地在绿林山（今湖北大洪山）中，故称为“绿林军”。

地皇二年(21年)，绿林军在云杜（今湖北河沔）击败荆州两万官军，乘胜占取竟陵（今湖北钟祥）、安陆（今湖北安陆）等地，起义队伍日益增大。

王莽派了两万官兵去围剿绿林军，被绿林军打得溃不成军。投奔绿林山的穷人越来越多，起义军很快就发展到5万多人。

这时候，另一个起义领袖樊崇带领几百个人占领了泰山。不到一年工夫，就发展到1万多人，在青州（今山东大部分地区）和徐州（今江苏淮河以北地区及山东、安徽部分地区）之间来往打击官府、地主。

樊崇的起义军纪律严明，规定谁杀死老百姓就处死谁，谁伤害老百姓就要受惩罚。这样一来，得到了老百姓的拥护。

22年，王莽派太师王匡（和绿林军中的王匡是两个人）和将军廉丹率领10万大军去镇压樊崇起义军。樊崇为了避免起义兵士跟王莽的兵士混杂，叫他的部下把自己的眉毛涂成红色，作为识别的记号。这样，人们都称樊崇的起义军为“赤眉军”。

赤眉军于成昌与王莽10万军队展开激战。少不更事的王匡根本没有作战能力，两军刚一交锋就败下阵来。见太师夺路而逃，部下也纷纷掉转马头，紧随其后的廉丹部队也被冲散了。廉丹眼看败局已定，无力回天，便将帅印交予王匡，最后战死。

成昌一役，是赤眉军与王莽军队的第一次大交锋，也是最后一次。因为南阳一带的反莽运动已经兴起，王莽只能龟缩在洛阳一带防守、再也无力出重兵与赤眉军决战了。

成昌大捷后，赤眉军乘胜向西发展，人数已多达10万人。

绿林、赤眉两支起义大军分别在南方和东方打败王莽军的消息一传开，其他地方的农民也纷纷起义。另外，还有一批没落的贵族和地主、豪强也乘机起兵造反。

南阳郡春陵乡（今湖北枣阳县西）的汉宗室刘縯、刘秀两人，怨恨王莽废除汉朝宗室的封号、不许刘姓人做官的做法，发动族人和宾客七八千人在春陵乡起兵。

他们和绿林军三路人马联合起来，接连打败了王莽的几名大将，声势越来越强大。

绿林军将士们认为人马多了，必须推选出一个负责统一指挥的首领，这样才能统一号令。一些贵族地主出身的将军，利用当时有些人的正统观念，主张找一个姓刘的人当首领，这样才能符合人心。

于是，舂陵兵推举刘縯，可是其他各路的将领都不同意。经过商议，众人立了破落的贵族刘玄做皇帝。

23 年，刘玄正式做了皇帝，恢复汉朝国号，年号“更始”，所以刘玄又称更始帝。更始帝拜王匡、王凤为上公，刘縯为大司徒，刘秀为太常、偏将军，又封了其他的将领。从此，绿林军又称为汉军。

昆阳大战

王莽听到起义军立刘玄为皇帝，顿时感到坐立不安。后来又听说起义军打下了昆阳（今河南叶县），更是急得像热锅上的蚂蚁，他立即派大将王寻、王邑率领 43 万兵马，从洛阳出发，直奔昆阳。

驻守在昆阳的起义军只有八九千人。有些汉军看见王莽的军队人马众多，担心抵抗不住，主张放弃昆阳，退到原来的据点去。刘秀对大家说：“现在我们兵马和粮草都很缺乏，在这种情况下，全靠大家同心协力，才能战胜敌人。如果放弃昆阳，起义军各部也会被敌军各个击破，那就什么都完了。”

大家认为刘秀说得有道理，可是王莽军兵力实在太强大，死守在昆阳终究不是个办法。于是派刘秀带一支人马突围出去，到定陵（今河南舞阳）和郾城（今河南郾城）去调救兵。当天晚上，刘秀带着 12 个勇士，骑着快马，趁黑夜偷偷出了昆阳城。王莽军没有防备，刘秀等人就冲出了重围。

莽军不久将昆阳围得水泄不通。大将严尤向王邑进言：“昆阳虽小，但易守难攻。敌人主力在宛城（今河南南阳），我们不如绕过昆阳赶往宛城寻歼其主力，到那时昆阳敌人受震动，城可不战而下。”但王邑拒绝说：“非也非也！我军百万之师，所过当灭，今屠此城，喋血而进，前歌后舞，岂不快哉？”于是陈营百余座，挖地道，造云车，猛攻昆阳不已。王凤、王常率全城军民顽强抵挡，多次挫败敌人的进攻，敌军消耗很大。

严尤见昆阳久攻不下，再次向王邑进言：“围城应该网开一面，使城中一部分守军逃出至宛城，散布兵危消息，以使敌人情绪消沉，军心动摇，其士气低落下来后，城必可破！”但又为刚愎自用的王邑拒绝，他认为不久昆阳就会告破。

刘秀到了定陵，把定陵和郾城的人马全部带到昆阳去解围。但是有些起义军将领舍不得丢掉得到的财产，不愿去昆阳。后来，刘秀说服了众人，带着全部人马赶赴昆阳。到了昆阳，刘秀见昆阳仍未失守，而莽军队形不整，显得士气低落、疲惫不堪，心下大喜。他立即投入战斗，亲率 1000 轻骑为前锋，冲到王邑军阵前挑战。王邑以其人少不足畏惧，就派了 3000 人迎战。刘秀急忙挥军疾冲猛杀，转眼间莽军百余人被砍死，剩下的败退回去了。初战告捷，城内城外的起义军士气都为之一振，斗志立时高涨了许多。

刘秀为了更进一步振奋士气，同时动摇敌人军心，便假造宛城已为起义军攻克的战报，用箭射入昆阳城中；又故意遗失战报，让莽军拾去传播。这一消息顿时一传十，十传百，城内军民守城意志更加昂扬，而城外莽军情绪则更加沮丧。胜利的天平已开始向起义军这边倾斜了。刘秀见效果已经达到，便精选勇士 3000 人迂回到敌军侧后偷渡昆水，而后猛攻王邑大本营。

铜车　汉

西汉时期，国家十分重视人才的征辟和任用，对各郡推荐的人才，政府派车接到都城考察任用，史称“公车”。

此时，王邑仍不把刘秀放在眼里，他担心州郡兵主动出击会失去控制，就令他们守营勿动，自己和王寻率万人迎战刘秀的三千义勇。然而王邑的轻敌应战怎奈得住刘秀部署严密的进攻？万余兵马很快被冲得阵势大乱，而州郡兵诸将却因王邑有令不得擅自出兵，谁也不敢去救援。于是王邑所部大溃，王寻也被杀死。莽军余部见主帅都溃退了，也纷纷逃命。刘秀乘势掩杀，城中王凤、王常见莽军崩溃，即从城内杀出，与刘秀部内外夹攻王邑。王邑军互相践踏，死伤无数，狼狈向洛阳方向逃去。昆阳大战消灭了王莽主力的消息传到各地，百姓纷纷起来响应起义军。

更始帝派大将申屠建、李松率领起义军乘胜向长安进攻。王莽集团内部一片混乱。王莽的心腹刘歆、王涉和董忠等准备发动政变，清除王莽。事情败露后，刘歆自杀，董忠被诛。大臣内叛，军事外破，王莽开始陷入完全被动的局面。起义军则趁机大举进攻：王匡率兵直捣洛阳；李松、申屠建等进逼武关。各地也都纷纷响应，杀掉他们的牧守，自称将军，用汉年号，以待诏命。王莽仍在负隅顽抗，召集囚徒为兵，企图阻挡起义军。但囚徒兵很快背叛王莽，掘王莽祖坟，烧王莽祖庙。析县人邓晔、于匡也支持起义军，迫使析县宰和武关都尉投降，攻杀莽军右队大夫。王莽走投无路，便带领群臣到南郊哭天，祈求苍天保佑。但王莽越哭，起义军越近，长安很快便被起义军包围得严严实实。九月，起义军占据长安，长安人张鱼、朱弟率众起义响应，冲入宫廷，将宫室焚毁。王莽抱头鼠窜，逃到未央宫中的渐台，妄图借台周围的池水将起义军阻挡，但起义军已经把宫室团团围住，一时乱箭四射，不久就攻占了渐台。王莽已毫无退路，被商人杜吴所杀。起义军将王莽的头传到南阳，挂在南阳市示众，“百姓共提击之，或切食其舌”。

王莽新朝共历经 15 年，在礼仪、职官、货币、土地、税贷等方面多次进行改制，导致了经济混乱，社会矛盾激化，最后终于葬送在农民起义的熊熊烈火中。

光武中兴

昆阳一战，使刘縯和刘秀名扬天下。有人劝更始帝把刘縯除掉。更始帝便找了个借口，杀了刘縯。

刘秀听说他哥哥被杀，知道自己的力量打不过更始帝，就立刻赶到宛城（今河南南阳），向更始帝赔礼。

更始帝见刘秀不记他的仇，很有点过意不去，就封刘秀为破虏大将军，但没有重用他。后来，攻下了长安，更始帝才给刘秀少数兵马，让他到河北去招抚各郡县。

这时候，各地的豪强大族有自称将军的，有自称为王的，还有的自称皇帝，各据一方。更始帝派刘秀到河北去招抚，正好让刘秀得到一个扩大势力的好机会。他到了河北，废除王莽时期的一些严酷的法令，释放了一些囚犯。同时，不断消灭割据势力，镇压河北各路农民起义军。整个河北几乎全被刘秀占领了。

刘秀留寇恂、冯异等据守河内，与更始政权留守洛阳的朱鲔相持，自己亲率大军北征，击败尤来、大枪、五幡等部农民军。四月，回军南下，于温县大败新市、平林两军，于河南击溃赤眉、青犊两军，大体解除了对河北的严重威胁。此时，刘秀手下的将领开始商议为刘秀上尊号，称帝位，并使人造《赤伏符》以传“天命”。刘秀假意“三推”之后，便“恭承天命”，自立为皇帝，这就是汉光武帝。

更始帝先建都洛阳，后来又迁到长安。他到了长安以后，认为自己的江山已经坐稳，便开始腐化起来。原来的一些绿林军将领，看到更始帝整天花天酒地，不问政事，都十分不满。

赤眉军的首领樊崇看更始帝腐败无能，就立15岁的放牛娃刘盆子为皇帝，率领20万大军进攻长安，不久就攻占了函谷关。更始帝眼看赤眉军就要攻到长安了，便率领文武百官逃到城外。樊崇进入长安后，派使者限令更始帝在20天内投降。更始帝没办法，只好带着玉玺向赤眉军投降。

赤眉军声势浩大地进了长安，可是几十万将士的口粮发生了困难，长安天天有人饿死。这样一来，长安的混乱局面就无法收拾了。无奈之下，樊崇带着军队离开长安，向西流亡。但是别的地方粮食也一样困难，到了天水（在今甘肃）一带，又遭到那里的地主豪强的拦击。樊崇没辙，又带着大军往东走。

汉光武帝刘秀像

汉光武帝这时已占领了洛阳，他一听到赤眉军向东转移，就带领20万大军分两路设下了埋伏。他派大将冯异到华阴，把赤眉军往东边引。赤眉军被诱引到崤山下，冯异让伏兵打扮得和赤眉军一模一样，双方混战在一起，分不出谁是赤眉兵，谁是汉兵。赤眉军正在为难的时候，打扮成赤眉军模样的汉兵高声叫嚷“投降!”“投降!”，赤眉军兵士一看有那么多人喊投降，没了主意，一乱就被缴了武器。

27年一月，樊崇带着赤眉军向宜阳

（今河南宜阳县）方向转移。汉光武帝得到消息，亲自率领预先布置好的两路人马截击，把赤眉军围困起来。赤眉军无路可走，樊崇只好派人向汉光武帝请降。汉光武帝把刘盆子、樊崇等人带回洛阳，给他们房屋田地，让他们在洛阳住下来。但是不到几个月，就加上谋反的罪名，把樊崇杀了。

全国平定后，光武帝于建武十三年（37 年）开始安置有功之臣。他采取了两条措施：一是不让拥有重兵的功臣接近京师；二是对功臣封赏而不用。邓禹、贾复等开国元勋明白光武帝的意思后，率先解去军职，倡导儒学。刘秀对功臣只赏不用的政策是东汉政权重建过程中重要的一步，也是较为成功的一项治国安邦的措施。

刘秀深切地认识到，要使国家真正地长治久安，必须安民，与民休息，才能保持社会稳定，才能发展社会生产。他采取了如下措施：

首先，是给老百姓一个安定的社会环境。刘秀生长在民间，经历过王莽的残暴统治，知道耕作的艰难及百姓的痛苦。因此建立东汉后，通过废除王莽的繁苛法令，恢复汉初的简政轻刑，给百姓创造一个宽松的社会环境。此后，他多次下诏裁减各地的监狱，不断地告诫各级官吏尤其是地方官吏要体恤百姓、宽松执法。光武帝年初，派卫飒担任桂阳（今湖南郴州）太守。卫飒到任后，了解到桂阳地处边远、礼俗落后，便从教育入手，设立学校，端正风俗，不长时间便使境内风气大为改观。桂阳郡的含洭、浈阳、曲江原来是越族居住的地方，沿着河岸靠山居住的，多是一些在战乱中逃进深山的百姓，他们因为地处偏僻，也不向官府交纳田租。卫飒组织人凿山开道五百多里，一路设置亭传、邮驿，不仅方便了那里的交通，也减轻了人民的负担，百姓逐渐搬到道路两边居住，使当地经济迅速发展起来，也开始向官府交纳田赋了。

其次，是有效减轻人民的负担。光武帝认为官吏的奢侈、官僚机构设置无度以致冗官无数，是百姓的最大负担。因此他在位期间，始终提倡节俭。37 年，一国使者向光武帝献上一匹可日行千里的名马和一柄宝剑，光武帝接受后便下诏把这匹千里马送去驾鼓车，把宝剑赐给骑士。在光武帝的垂范下，节俭在东汉初年形成风气。在提倡节俭的同时，光武帝对冗官进行裁汰。30 年，光武帝在河北、江淮、关中刚刚平定的情况下，下诏归并了郡、国 10 个，县、邑、道、侯国 400 多个。并官省职，直接减少了行政开支。

再次，是提高奴婢的社会地位。西汉中期以来，大量的平民沦为奴婢，成为严重的社会问题。为此，光武帝曾连续 6 次下诏释放奴婢。同时，他还在一年之内连续下诏 3 次，禁止杀、伤和虐待奴婢，使奴婢的地位有所提高。

最后，就是要设法解决土地问题，使百姓和土地结合在一起，便于发展社会生产。西汉中期以来，大规模的土地兼并使土地急剧集中。但那些占有土地的豪强们却不如实地向国家申报土地、交纳田赋。为准确地掌握全国的垦田数目和户口名籍，打击豪强，保证赋税收入和徭役征发，光武帝于公元 39 年下令在全国“度田”即丈量土地，同时也核定人口。但在度田过程中，官吏们和豪强相互勾结，

或抵制清查，或隐瞒不量，而对百姓土地却是多量，连墙头地角、房前屋后也不放过。光武帝了解到这种情况后，曾经先后诛杀了大司徒、河南尹及郡守十多人，引起了一场大规模的地方骚乱。地方上的豪族大姓纷纷起来叛乱，光武帝用镇压和分化相结合的手段，好不容易才平息了叛乱。

光武帝刘秀通过集权加强了中央的统治，通过休养生息使人民安心从事生产，经济得到发展，社会比较稳定，这一历史时期被称为“光武中兴”。

梁冀专权

从汉和帝起，东汉王朝大多是由小孩子继承皇位，最小的皇帝是只生下 100 多天的婴儿。皇帝年幼，太后便临朝执政，太后又把政权交给她的娘家人执掌，这样就形成了外戚专权的局面。

但是，到了皇帝长大懂事后，就不甘心长期当傀儡，受人控制。他想摆脱这种局面，可是里里外外都是外戚培植的亲信，跟谁去商量呢？每天在皇帝身边伺候的，只有一些宦官，结果皇帝只好依靠宦官的力量，消除外戚的势力。这样，外戚的权力又转到宦官手里。

外戚和宦官两大集团互相争夺，轮流把持着朝政，使得东汉的政治越来越腐败。

125 年，东汉第 7 个皇帝汉顺帝即位，外戚梁家控制了朝政大权。梁冀是顺帝皇后之兄，跋扈专权，骄横无理，鱼肉百姓，欺压群臣。士大夫如张纲等人为了躲避牢狱之灾和杀身之祸，被迫归乡务农。顺帝死后，梁太后抱着他 2 岁的儿子即皇帝位，是为冲帝。冲帝在位一年便夭折。为了专制东汉王政，梁太后与梁冀密谋，又从皇族中选定一个 8 岁的孩子，作为政权的象征，是为质帝。

汉质帝虽然年纪小，但聪明伶俐。他对梁冀的刁专蛮横看不惯。有一次，他在朝堂上当着大臣们的面，指着梁冀说：“真是个跋扈将军！”

梁冀听了，气得七窍生烟，当面又不好发作。暗想：这孩子这么小的年纪就那么厉害，将来必是心腹大患，就暗暗把毒药放在煎饼里，送给质帝吃了。

梁冀害死了质帝，又从皇族里挑选了 15 岁的刘志继承皇位，即桓帝。

桓帝即位后，封梁冀 3 万户，增加梁冀所领大将军府的官属，位至三公；又封梁冀的兄弟和儿子都为万户侯。并封梁冀妻孙寿为襄城君，兼食阳翟租，岁入 5000 万，加赐赤绂，和长公主同样待遇。梁冀可以“入朝不趋，剑履上殿，谒赞不名”。朝会时，不与三公站在同一席子上，10 天到尚书台办公一次。从此以后，不论事情的大小，都要经过梁冀决定，才可执行。不但文武百官的升迁要先到梁府去谢恩，就是皇帝的近侍也是由梁冀派遣，皇帝的起居行止都要报告梁冀。又隔了两年，总计梁冀一门，前后有 7 个封侯，3 个皇后，6 个贵人，2 个大将军，夫人、女食邑称君者 7 人，尚公主 3 人，其余卿将尹校 57 人。梁冀在位 20 余年，威行内外，百僚侧目，没有任何人敢违其命。

梁冀擅权近 20 年，最后跟汉桓帝也闹起矛盾来。汉桓帝忍无可忍，就秘密联络了单超等 5 个跟梁冀有怨仇的宦官，趁梁冀没有防备，带领羽林军 1000 多人，突然包围了梁冀的住宅。

梁冀得知情况后，惊慌失措，知道自己活不了了，只好服毒自杀。

汉桓帝论功行赏，把单超等 5 个宦官封了侯，称作“五侯”。从那时起，东汉政权又从外戚手里转到宦官手里了。

桓帝依靠宦官的力量击败外戚专权，视宦官为心腹，而宦官的力量剧增，其威风亦不亚于外戚。汉末，士人批评时政。太学生则在太学中进行反宦官政治的组织和宣传，清议之风顿时盛行。再加上中下级官吏的声援，遂掀起了一个不小的反对宦官政治的浪潮。宦官见势不好，进行了凶猛的反攻，于是形成党锢之祸。

党锢之祸

党锢之祸是桓帝、灵帝时期，统治集团的内部权势之争。东汉政权自桓帝后长期被宦官外戚轮流把持，到桓、灵时期，社会矛盾日益突出，政治腐败黑暗，宦官专权也到达了顶峰。宦官集团把持朝政，谋取私利，排斥异己，陷害忠良，先后制造了两次党锢惨祸。反对宦官的官僚士大夫和太学生受到惩罚，本人以及亲属、门生等或被逮捕，或被流放，或者禁锢终身不得做官。

东汉后期，官吏的任免权被宦官控制，正直的官僚士大夫在朝中不断遭受排挤和打击，而作为官吏后备军的太学生们更是感到仕途无望，于是官僚士大夫和太学生联合起来，形成反对宦官集团的社会政治力量。他们抨击时弊，品评人物，被称为“清议”。有识之士力图通过清议，反对宦官专权，挽救危机四伏的东汉统治。清议之风的盛行，造成很大的舆论影响。

153 年，宦官赵忠的父亲去世，安葬时葬礼隆重超出常规，刚正严明的朱穆令手下挖掘坟墓，亲自检查，发现有玉匣、木偶等违规葬品。朱穆下令逮捕赵忠家属，赵忠反而向桓帝告状，诬陷朱穆。太学生刘陶等人愤愤不平，联名上书请愿，桓帝迫于舆论压力赦免了朱穆。162 年，宦官徐璜等向平定羌人叛乱有功的皇甫规敲诈勒索，遭到拒绝。徐璜等反诬告皇甫规私吞军饷。皇甫规被桓帝罚服苦役，太学生张风等人和一些官员联合起来共同上书，使皇甫规获得赦免。这两次以太学生主体的反对宦官的斗争取得了胜利，他们的活动对当权的宦官形成巨大的压力。

165 年，陈蕃做了太尉，名士李膺做了司隶校尉。他们都是读书做官、操行廉正又看不惯宦官弄权的人，因而太学生都拥护他们。

李膺做司隶校尉的职责是纠察京师百官及附近各郡县官吏。有人向他告发大宦官张让的弟弟张朔做县令时，横行不法，虐杀孕妇，事后逃到张让家躲避罪责。李膺打听到张朔藏在张让家空心柱子中，亲率部下直入张让家中，“破柱取朔”，拉出去正法了。张让马上向汉桓帝哭诉。桓帝知道张朔的确有罪，也没有责备李膺。

李膺像

李膺执法公正，刚直不阿，轰动了京师，

受到士人和百姓的推崇。

过了一年，有一个和宦官来往密切的方士张成，从宦官侯览那里得知朝廷即将颁布大赦令，就纵容自己的儿子杀人。杀人凶手被逮起来，准备法办。就在这时，大赦令下来了。张成得意地对众人说："有大赦诏书，司隶校尉也不能把我儿子怎么样。"这话传到李膺的耳朵里，李膺怒不可遏。他说："张成预先知道大赦，故意叫儿子杀人，这是藐视王法，大赦轮不到他儿子。"就下令把张成的儿子处决了。

张成哪肯罢休，他与宦官侯览、张让一起商量了一个鬼主意，叫张成的弟子牢修向桓帝诬告李膺和太学生，罪状是"结成一党，诽谤朝廷"。

汉桓帝接到牢修的控告，便下令逮捕党人。除了李膺之外，还有杜密、陈寔和范滂等200多人，均在党人之列。朝廷通令各地抓捕这些人。李膺和杜密都被关进了监狱。

捉拿人的诏书到达了各郡，各郡的官员都把与党人有牵连的人申报上去，有的多达几百个。

第二年，有个叫贾彪的颍川人，自告奋勇到洛阳替党人申冤叫屈，汉桓帝的岳父窦武也上书要求释放党人。李膺在牢里采取以守为攻的办法，故意招出了好些宦官的子弟，说他们也是党人。宦官害怕，就对汉桓帝说："现在天时不正常，应当施行大赦。"汉桓帝对宦官言听计从，马上宣布大赦，把200多名党人全部释放了。

党人被释放后，宦官不许他们在京城居留，打发他们一律回家，并把他们的名字向各地通报，罚他们一辈子不得做官。这就是第一次党锢事件。桓帝袒护宦官集团，使社会更加黑暗，而正直的党人们却受到社会各阶层的称赞。党人范滂出狱回家，家乡人迎接他的车多达数千辆。

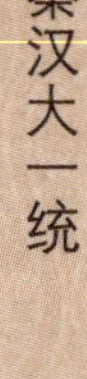

桓帝死后，灵帝即位，窦太后临朝，大将军窦武和太傅陈蕃辅政。他们起用李膺等被禁锢的党人，企图一举消灭宦官势力。宦官曹节等发动宫廷政变，劫持窦太后、挟制灵帝，窦武兵败自杀，陈蕃也被捕死于狱中。公卿百官中受陈、窦举荐的全部免官禁锢。169年，张俭揭发宦官的爪牙为非作歹，反被宦官倒打一耙，并乘机把上次禁锢过的党人牵连进去，李膺等100多人被捕死于狱中。又过几年，曹鸾上书为党人诉冤。灵帝反而重申党禁，命令抓捕一切与党人有关的人，凡是党人门生、故吏、父子兄弟和亲属，皆免官禁锢，这是第二次党锢事件。直到黄巾起义爆发，灵帝被迫赦免了党人，党锢才结束。

黄巾起义

东汉末年，土地兼并严重，豪强地主势力日益扩张；宦官专权，吏治腐败，统治集团日趋腐朽，社会矛盾日趋激化；而天灾人祸不断，流民颠沛流离。走投无路的农民被迫奋起反抗，终于酿成了东汉中平元年（184年）中国历史上第一次以宗教组织为号召进行的有组织、有准备、全国性的农民起义——黄巾起义。

东汉外戚和宦官两大集团的争权夺利，使朝政混乱，吏制腐败。水旱、虫蝗、风雹、地震、牛疫等自然灾害频繁。灵帝时河内、河南地区大饥荒，出现了河内的老婆吃丈夫，河南的丈夫吃老婆的事情。农民起义此起彼伏。安帝时，毕豪率

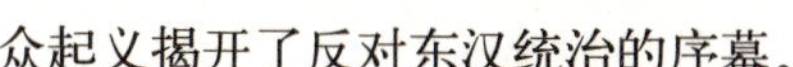

众起义揭开了反对东汉统治的序幕。

巨鹿郡（今河北平乡西南）有弟兄 3 个，老大名叫张角，老二名叫张宝，老三名叫张梁。3 个人不仅有本领，还常常帮助老百姓排忧解难。

张角通晓医术，给穷人治病，从来不要钱，深得穷人的拥护。他知道农民只求安安稳稳地过日子，可眼下受地主豪强的压迫和天灾的折磨，多么盼望有一个太平世界啊！于是，他决定利用宗教把群众组织起来，便创立了一个教门叫太平道。

随着他和弟子们的传教广泛深入民间，相信太平道的人越来越多。大约花了 10 年的时间，太平道传遍了全国。各地的教徒发展到几十万人。

张角和其他组织者商议后，把全国 8 个州几十万教徒都组织起来，分为 36 方，大方有一万多人，小方六七千人，每方选出一个首领，由张角统一指挥。

他们秘密约定 36 方在"甲子"年（184 年）三月初五那天，京城和全国同时举行起义，口号是："苍天已死，黄天当立；岁在甲子，天下大吉。""苍天"，指的是受命赤德的东汉王朝；"黄天"，指的是以黄为服色的起义军。张角还派人在洛阳的寺庙和各州郡的官府大门上，用白粉写上"甲子"两字，作为起义的暗号。

可是，在离起义的时间还有一个多月的紧要关头，情况发生了变化，起义军内部出了叛徒，向东汉朝廷告了密。

面对突然变化的形势，张角当机立断，决定提前一个月举事。36 方的起义农民接到张角的命令后，同时起义。因为起义的农民头上全都裹着黄巾作为标志，所以称作"黄巾军"。

汉灵帝得到消息后，惊慌失措，忙拜外戚何进为大将军，派出大批军队，由皇甫嵩、朱儁、卢植率领，兵分两路，前去镇压黄巾军。

然而，各地起义军声势浩大，把官府的军队打得望风而逃。起义之初，起义军进展顺利：河北黄巾军生擒皇族安平王刘续、甘陵王刘忠；南阳（今河南南阳）黄巾军斩杀太守褚贡，围攻宛城；汝南黄巾军在召陵（今河南漯河东北）打败太守赵谦军；广阳（今北京西南）黄巾军攻破蓟县（今北京密云县），杀幽州刺史郭勋。

起义军发展壮大后，张角自称天公将军，其弟张宝称地公将军，张梁称人公将军。张角、张梁驻广宗（今河北威县东），张宝驻下曲阳（今河北晋州西），作为农民军中央基地，率部在冀州一带攻城略地，同时节制各路义军；南阳黄巾军由张曼成率领，在南方扩张势力；汝南黄巾军由波才、彭脱率领，活动于颍川（今河南禹州）、陈国（今河南淮阳）一线，成为黄巾第三大主力。黄巾军从北、东、南三个方向对京师洛阳形成包围之势。

黄巾农民军的"遍地开花"引起了东汉朝廷的恐慌。汉灵帝从温柔乡中醒来，匆忙组织武装镇压。他下令大赦党人，以缓和统治阶级内部矛盾；又下诏令各地严防起义军势力渗透，并积极集中兵力进剿。灵帝命国舅兼大将军何进统率左、右羽林军，加强洛阳防御，拱卫京师；左中郎将皇甫嵩、右中郎将朱儁率 4 万步骑进攻颍川黄巾军；北中郎将卢植率北军和地方军队进攻河北黄巾军。

长信宫灯

长信宫灯高48厘米，通体鎏金；灯体是一位宫女，设计极其精巧，灯座、灯罩、屏板及宫女头部和右臂都可拆卸，罩下屏板又能转动开合，用以调整烛光照度；灯盘有一柄，便于转动和调整照射方向。宫女左手握灯盘的柄，右手握灯，十分巧妙地将右手袖设计成烟道，烟灰可以通过右臂纳入体内，减少了油烟污染。造型及装饰风格轻巧华丽，一改以往青铜器皿的神秘厚重，显得舒展自如，更接近人世生活。

长信宫灯的出现，表明了秦汉以后的青铜工艺，因铁器、漆器的出现和使用，而转向更加轻便、精巧、实用的生活器用及观赏艺术品方向发展。

张曼成率南阳黄巾军进攻中原战略要地宛城，遭南阳太守秦颉顽抗，张曼成战死。赵弘继为指挥，攻克宛城，部众发展至10余万人。六月，刚刚剿灭颍川起义军的朱儁，把屠刀挥向南阳黄巾军，与荆州刺史徐璆、南阳太守秦颉合兵两万余人围攻宛城。黄巾军拼死抵御，坚守两个多月。

朱儁见城坚难攻，遂退兵以诱敌，暗中设伏。赵弘不明虚实，出城追击，遭朱儁伏兵重创，被迫退回城中。但元气大伤的黄巾军已无力守城，余部于十一月向精山（今河南南阳西北）转移，被官军追上，大部战死。

河南黄巾军被镇压后，东汉朝廷将重点转向河北。因卢植久攻广宗不下，何进改派东中郎将董卓接替卢植。但董卓恃勇轻敌，被张角大败于下曲阳。十月，朝廷再调皇甫嵩进攻广宗，适值张角病死，黄巾军失其主帅，士气受挫。皇甫嵩趁机在夜间发动突袭，起义军仓促应战，张梁等3万余人战死。十一月，皇甫嵩移师转攻下曲阳，张宝等10余万人被杀。至此，黄河南北的黄巾军主力先后被官军及地方豪强武装消灭。

185年农历四月，波才率部击败朱儁，进围皇甫嵩于长社（今河南长葛东北）。但因缺乏作战经验，依草结营，时值大风，皇甫嵩乘夜顺风纵火，起义军大溃。皇甫嵩随即联合朱儁、曹操三军合击黄巾军，斩杀起义军数万。官军乘胜进击汝南、陈国黄巾军，阳翟（今河南禹州）一战，波才战死；彭脱的黄巾军也在西华被击溃。八月，东郡（今河南濮阳西南）黄巾军与官军大战于苍亭，7000余人被屠杀，主将卜己身死。颍川、汝南、东郡三郡黄巾军主力悉数被歼。

黄巾起义虽仅9个月便失败了，但起义的余波却持续了20多年。黄巾起义瓦解了东汉王朝的统治，外戚、宦官的黑暗统治也因此结束了。

二、汉代军事与外交

军队改革

公元前139年，为了巩固封建统治，西汉建立了比秦朝更为完备的武装力量。京师诸军在西汉中期以前根据任务不同而分为三部分：郎中令统领的皇帝侍卫部队；卫尉指挥的皇宫卫队，称南军；中尉统御的京师卫戍部队，称北军。汉武帝在南北军制度的基础上，缩小南军编制，扩大近身侍卫部队。设立期门和建章营

骑（后称羽林骑），期门、羽林两支部队的人员都是经过严格选拔、技艺高超的职业军人。武帝还解除中尉兼管三辅地区地方军事的权力，派遣了监北军使者，控制了北军调发权。最后，设置七校尉军，加强京师驻军力量。两支军队来源不同，相互掣肘，共同组成威慑地方的中央军队，进一步加强了中央集权的统治。

军队屯田

西汉时期，汉军在边境或少数民族地区作战，军队动辄数十万，于是军粮供应成了棘手的问题。为此，西汉政府在边郡实行军队屯田，以解决粮食问题。

据《汉书·食货志》记载，汉武帝元鼎六年（公元前 111 年），“初置张掖、酒泉郡，而上郡、朔方、西河、河西开田官，斥塞卒六十万人戍田之。”军队屯田与移民不同，屯田的是士兵而不是农民；归田官管理而不归郡县管理；生产的粮食供给军队，不缴纳赋税。

西汉前期的屯田主要是为了应对汉匈战争的需要，汉匈战争结束后逐渐停止。后期的屯田主要是在西域。西汉击败匈奴后，派军队驻扎在西域以防止其南下。西域远离中原，驻军的粮食问题只能就地屯田来解决。西域驻军先在轮台、渠犁一带，后又在罗布泊南河米兰河畔等地屯田。

此外，汉将赵充国在兰州屯田，并平定了羌人的叛乱。

骑兵战术

汉朝骑兵时代的来临，始于汉武帝反击匈奴的战争。汉匈双方以强大的骑兵团互相拼搏，骑兵的战术因而得以充分发挥，尤其卫青、霍去病两位杰出将领创立的骑兵军团战术，更是完全突破先秦兵法中适应农耕民族作战的模式，以快速和冲击力强的特点，为骑战开创新天地。汉匈战争主要在荒原大漠和高山密林地带进行，先秦兵书把这些地形称为骑兵的“死亡地带”，强调骑兵在这里难辨方向，粮食和马匹供应困难，应该远远避开。但卫青、霍去病则以熟悉地形的边民和降汉的匈奴人做向导，又有汉武帝提供的充足粮草，马匹也随军供给，基本保障了后勤补给，使数十万骑兵跨越沙漠作战的梦想得以实现。

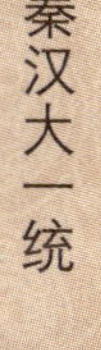

出访夜郎

公元前 130 年，汉武帝派唐蒙出访夜郎国（在贵州西部），置犍为郡（治所在四川宜宾）；派司马相如出访邛、笮（在四川西昌），设置一都尉，属蜀郡。后来，武帝又令张骞派使者四处通使。张骞派出的使者寻求身毒国（在今印度），始终未得。于是汉使到达西南部的滇国（在云南昆明）。滇王当面问汉使者：“汉孰与我大?”即问谁的疆域更大。到夜郎国，也有这样的问题。这就是成语“夜郎自大”的出处。在北方与匈奴展开大战的同时，汉武帝又向南方图谋发展，足见他的雄心。

张骞出使西域

汉武帝为了争取联合力量，准备反击匈奴，于公元前 138 年，派张骞出使大月氏（原生活于近祁连山、敦煌一带，后被匈奴逼迫西迁），旨在约大月氏与汉联合，东西两面夹击匈奴，以收回河西失地。张骞在路上被匈奴所虏，匈奴以女

嫁张骞。张骞忠贞不屈，在匈奴10年后西逃到大月氏。但大月氏王因西迁已久，不愿再回故地，亦不愿共击匈奴。张骞没有完成使命，就东归回汉，但路上又被匈奴扣留。公元前126年，张骞才逃回长安。

张骞出使西域13年，历尽千辛万苦，原来携随从百余人，等到长安时，身边只剩下匈奴妻子和助手堂邑父。张骞在西域时，曾到过大宛、康居、大月氏、大夏（今阿富汗北部至印度河流域）等国，还了解到旁边有五六个大国，比如大宛的东北有乌孙（巴尔喀什湖东南、伊犁河流域），大月氏之西有安息（今伊朗），再西有条枝（今伊拉克），康居的西北有奄蔡（约在里海东北）等。他对这些国家的政治、社会、地理、物产、风俗等情况做了较详细的了解，回国后，报告了武帝。这是中国对今新疆和中亚、西亚等地有具体了解的开始。

张骞的西域之行，开阔了2000年前中国人的世界视野，促进了东西方的经济、文化交流。

公元前119年，汉武帝第二次派张骞出使西域，约乌孙（原与大月氏为邻，后被大月氏攻破，西迁）共击匈奴，收回失地。张骞与同行的持节副使和随行人员共300余人，他们给乌孙带去了价值千万的金币帛和数以万头的牛羊。但乌孙王因其国临近匈奴，受匈奴的威胁严重，不敢与汉联合。乌孙遂派使者数十人陪张骞回长安，并回赠良马数十匹。张骞的副使们分别到大宛、康居、大月氏、大夏、安息、身毒（今印度、巴基斯坦）等国，后来亦由各国使臣陪同，回到长安。张骞出使西域后，汉朝和西域的经济文化交流频繁。西域的葡萄、核桃和良马、地毯等传入内地，丰富了汉族的经济生活。汉族的铸铁、开渠、凿井等技术和丝织品、金属工具等，传到了西域，促进了西域的经济发展。

公元前60年，西汉政府设置了西域都护府，总管西域事务，保护往来商旅。新疆地区正式成为西汉中央的管辖区。

丝绸之路

西汉王朝在西域设置西域都护以后，促进了中国与中亚、西亚的经济、文化联系。当时，自长安经河西走廊通向中亚、西亚直到欧洲共有两条道路：一条出阳关，经鄯善（今罗布淖尔附近），沿昆仑山北麓西行，过莎车，西逾葱岭，出大月氏，至安息，西通犁轩（罗马共和国）；或由大月氏南入身毒。另一条出玉门关，经车师前国（高昌，今吐鲁番附近），沿天山南麓西行，出疏勒（今新疆喀什一带），西逾葱岭，过大宛，至康居、奄蔡。这就是世界著名的“丝绸之路”。

汉朝遣使者至安息、奄蔡、犁轩、条支、身毒等国，在一年中，多时十余批，少时五六批。一批多则数百人，少则百余人，都携带金币帛等。近的要两三年，远的要八九年，才能返回长安。

当时运往中亚、欧洲的商品，有蚕丝、丝织品、铁器、漆器等，铸铁和凿井技术也在这时西传。西方经“丝绸之路”输入中国的商品，有良马、橐驼、香料、葡萄、石榴、苜蓿、胡麻、胡瓜、胡豆、胡桃等。中国丝织品早就享有国际盛誉，特别是欧洲的大秦（古罗马帝国），把中国丝织品当作珍贵物品，

称中国为“丝国”。

河南、漠南之战

武帝元朔二年（公元前 127 年），匈奴进犯上谷（今河北怀来东南）、渔阳（今北京密云西南）等地。汉武帝避实击虚，派大将卫青率大军进攻匈奴所盘踞的河南地。卫青引兵北上，突袭占据河套及其以南地区的匈奴楼烦王和白羊王，全部收复了河南地。汉武帝迁内地民众 10 多万到该地屯田戍边。此战拔掉了匈奴进犯中原的据点，解除了匈奴对长安的威胁。

匈奴不甘心失去河南地，数次出兵袭扰边郡，企图夺回河南地。元朔五年（公元前 124 年），汉武帝派遣卫青率军 10 万进入漠南，进攻匈奴右贤王；李息等出兵右北平（今内蒙古宁城西南），牵制单于、左贤王部。卫青出塞六七百里，长途奔袭，乘夜突袭右贤王，右贤王仅带数百人逃走。汉军俘敌 1.5 万人，牲畜 100 万头，凯旋回师。这次胜利，进一步巩固了河南要地，迫使匈奴主力退到漠北，彻底消除了匈奴对长安的威胁。

苏武牧羊

卫青、霍去病打败匈奴以后，双方停战了几年。这时，匈奴已经失去大规模进犯中原的实力，于是表示要和汉朝和好，实际上还是想借机进犯中原。

公元前 100 年，匈奴觉察出汉朝又有出兵的迹象，便派使者来求和，还把汉朝的使者都放回来了。汉武帝为了答复匈奴显示的善意，派中郎将苏武持旄节，带着副手张胜和随员常惠，出使匈奴。

苏武到了匈奴，送回汉朝以前扣留的匈奴使者，献上礼物。在等单于写个回信让他回去的时候，发生了一件意外的事儿。

原来，以前有个汉人使者叫卫律，在出使匈奴后投降了匈奴。单于特别器重他，封他为王。卫律有一个部下叫虞常，对卫律很不满，他跟苏武的副手张胜是故友。虞常和张胜见了面，就暗地跟张胜商量，想杀了卫律，再劫持单于的母亲，逃回中原去。由于虞常办事不够严密，泄露了计划，被单于抓起来，交给卫律去审问。

事情发生后，张胜害怕了，才把虞常跟他密谋的经过告诉了苏武。卫律审问虞常，用尽了各种酷刑。虞常经受不住折磨，把和张胜密谋的事供了出来。因为张胜是苏武的副使，单于命令卫律去叫苏武来受审。苏武对常惠等人说：“我们这次出使匈奴，是为了汉朝与匈奴和好。如今我出庭去受审，使汉朝受到侮辱，我还有什么脸面回到汉朝去呢？”说着，拔出佩刀向自己身上砍去。卫律急忙把他抱住，可是苏武已经把自己砍成了重伤，血流如注，晕过去了。

单于暗暗佩服苏武是个有骨气的人，他希望苏武能够投降，像卫律一样为他效劳。他每天都派人来问候苏武，想要软化苏武，劝他投降。

后来，卫律奉单于之命，用尽了威胁利诱的手段，都不能使苏武投降，就只好回报单于。单于听说苏武这样坚定，便更希望苏武投降。他下令把苏武关在一个大地窖里，不给饭吃，不给水喝，想用饥饿来迫使苏武投降。但是，意志坚强

的苏武却毫不动摇。

匈奴单于实在拿苏武没有办法，就只好命令把苏武送到北海边上（前苏联西伯利亚贝加尔湖一带）去牧羊。单于对苏武说："等公羊生了小羊，就送你回汉朝去！"公羊怎么能生小羊呢？单于的意思很明白，他是决意不放苏武回汉朝了。

北海这个地方，终年白雪皑皑，荒无人烟，连鸟兽也很稀少。苏武饿了，就掘取野鼠洞里的草籽来充饥。过了不久，单于又派人来劝苏武投降，苏武依旧坚决地予以拒绝。每天，苏武一面牧羊，一面抚摸着出使时汉武帝亲手交给他的旌节。日子长了，旌节上的毛都脱落了，苏武还是紧紧地抱着那根光秃秃的旌节，艰苦地度过了漫长的岁月。

一直到了公元前 85 年，匈奴单于死了，匈奴发生了内乱，分成三个国家。这时候，汉武帝已经死了，他的儿子汉昭帝即位。汉昭帝派使者到匈奴打听苏武的消息，匈奴谎称苏武死了，汉朝使者也就相信了。

后来，汉使者又去匈奴，苏武的随从常惠当时还在匈奴。他买通匈奴人，私下和汉使者见了面，把苏武在北海牧羊的情况告诉了使者。使者又惊又喜，他想出一个主意，见了单于，他严厉地责备说："匈奴既然有心同汉朝和好，就不应该欺骗汉朝。我们皇上在御花园里射下一只大雁，雁脚上拴着一条绸子，上面写着苏武还活着，而且在北海牧羊，你怎么说死了呢？"

单于听了，大吃一惊，只得向使者边道歉边说："苏武确实还活着，我们马上就放他回去。"

苏武到匈奴的时候才 40 岁，在匈奴遭受了 19 年的摧残折磨，胡须、头发全白了。回到长安的那天，长安的百姓都出来迎接他。他们看见白胡须、白头发的苏武，手里还拿着光秃秃的旌节，没有一个不受感动的，说他真是个有气节的大丈夫。

昭君出塞

武帝时期，国力强盛，便改变了对匈奴的政策，展开了对匈奴的反击战争。匈奴在汉朝的重击下，希望停止战争，重新建立和亲关系，武帝同意和亲，但条件是匈奴必须嫁女、称臣、纳贡。匈奴无法接受，汉匈关系没有什么进展。

汉宣帝在位的时候，由于有霍光等大臣辅助，国家渐渐强大起来。那时候，匈奴由于贵族内部争权夺利，国势渐渐衰落。后来，匈奴发生分裂，五个单于分立自治，互相攻打不休。其中一个单于名叫呼韩邪，被他的哥哥郅支单于打败了，丢掉不少人马。呼韩邪和大臣商量后，决心跟汉朝和好。呼韩邪还亲自带着部下来见汉宣帝。

呼韩邪是第一个来中原朝见的单于，汉宣帝像招待贵宾一样招待他，亲自到长安郊外去迎接他，为他举行了盛大的欢迎仪式。呼韩邪临行时，与汉朝使者订立了此后"汉朝与匈奴合为一家，世世代代不相侵犯"的友好盟约。

公元前 33 年，汉宣帝驾崩，汉元帝即位。呼韩邪第三次到长安，提出愿意做汉家的女婿，结为亲戚，加强汉匈友好。汉朝经历了近百年的战火侵扰，也希望内外和平安宁。汉元帝答应了呼韩邪的要求，决定从后宫的宫女中挑选出合适的人选，

嫁给单于。

昭君墓

位于今内蒙古自治区境内，因其墓上青草至冬不枯，人称“青冢”。

后宫中有个叫王昭君的宫女，是我国四大美女之一，有空谷幽兰般的姿色和才情。元帝时，昭君正值青春年华，因容貌秀丽、聪慧可人、琴棋书画俱精而被选入宫。汉宫中宫女众多，元帝便让画工为宫女画像，自己凭像选人。宫女于是无不巴结、贿赂画工。昭君拒绝贿赂画工，她不相信自己的美丽会因为画工的笔而被埋没，但贪婪的画工把她画得平平庸庸，致使艳如桃李的她在后宫待了十年之久。而匈奴单于向汉朝求婚给了昭君一个机会，她自愿前往匈奴。在临别大会上，昭君服饰华丽、容貌丰美，呼韩邪无限喜欢。元帝则惊叹后宫藏有如此惊艳绝伦的美女，想挽留住昭君，可是君无戏言，只有眼睁睁地忍痛割爱。

呼韩邪单于得到这样一个年轻貌美的妻子，又是高兴又是感激。在汉朝和匈奴官员的护送下，王昭君离开了长安，千里迢迢地来到了匈奴单于的领地。

到了匈奴后，呼韩邪单于封王昭君为“宁胡阏氏”（王后），意思是说王昭君嫁给匈奴，会带来和平安宁。他上书向汉元帝表示愿意为汉朝守卫边疆，让汉天子和百姓永享和平、幸福。

王昭君出塞的时候带去很多礼物，她在塞外同匈奴人民和睦相处，爱护百姓，教给当地妇女织布、缝衣和农业生产技术，受到人民的爱戴。

王昭君在匈奴生一子，取名伊屠智牙师，长大后被封为右日逐王。成帝建始二年（公元前 31 年），呼韩邪单于去世。依匈奴风俗，昭君下嫁复株累单于（呼韩邪单于与大阏氏之子），又生二女。

昭君出塞后，匈奴与汉朝得以长期和睦相处，汉匈民族间政治、经济、文化有所沟通并相互发展，边境安宁，百姓免遭战争之苦。为了让人们记住王昭君的功勋，元帝下诏将昭君出塞这一年改元竟宁。

班超出使西域

班超是历史学家班彪的次子、班固的弟弟，是东汉杰出的外交家。他经营西域 30 年，对巩固我国的西部疆域，促进多民族国家的发展，做出了卓越的贡献。

明帝初年，北匈奴一再胁迫西域各国出兵，劫掠东汉的河西等地。73 年，明帝派将军窦固、耿忠率士卒进入伊吾庐（今新疆哈密），进行屯田驻兵。第二年，又进军车师（今吐鲁番、吉木萨尔一带），设置西域都护府，驻扎在乌磊城（今轮台县东北小野云沟）。这时，西域多数国家向汉，少数从匈奴。窦固派假司马班超率 36 人与南道诸国联系。班超得到鄯善、于阗（今新疆和田一带）、疏勒的支持，杀掉了匈奴使者，控制了南道。87 年，班超又联合于阗击败莎车（位于塔里木盆地西端）。90 年，大月氏趁汉、匈主力正在塞外角逐之机，派 70000 军队

由谢率领向班超进攻。班超坚定沉着、坚壁清野、以逸待劳，使爬越帕米尔高原远道而来的大月氏军队攻城不下，又无所劫掠，同时，班超又派一军埋伏于去龟兹的东界路上，大月氏粮尽，谢果然派兵持金银珠玉去龟兹（今库车一带）求救，结果被班超所埋伏的军队击杀，谢得知后大惊，只好向班超请罪，求得生还。从此，大月氏岁岁向汉朝进贡。

北匈奴及大月氏的失败，使西域反汉势力失去靠山。91 年，龟兹、姑墨（今新疆阿克苏一带）、温宿都向班超投降。东汉政府委任班超为西域都护。94 年，焉耆、危须、尉梨等地臣服于汉。至此，西域 50 余国尽纳入东汉版图。

97 年，班超派甘英出使大秦（罗马帝国）。甘英西经条支（今伊拉克）、安息（今伊朗）诸国，至安息西界（波斯湾），没能继续前进。但甘英为打通欧、亚交通做出了重要贡献。

罗马直通中国

100 年，红海彼岸的莫恰（今也门木哈）和阿杜利（今埃塞俄比亚附近）派使者到东汉首都洛阳，向汉和帝进献礼物。汉和帝厚待两国使者，赐给两国国王代表最高荣誉的紫绶金印，表示了邦交上的极大诚意。此举激励了罗马。半个世纪之后，罗马正式派使者出访中国，两大国正式建交。166 年，罗马安东尼朝皇帝马可 · 奥理略（161 年—180 年）派遣使者自埃及出发经由印度洋到达汉朝统辖下的日南郡（今越南中部地区）登陆，然后北赴洛阳，开创了中国、罗马两大国直接通使的纪录。从此，罗马货物通过海路直运中国的越来越多，这就是海上的丝绸之路。

三、秦汉科技与文化的发展

王充著《论衡》

王充（27 年—97 年），字仲任，浙江上虞人，是东汉前期杰出的唯物主义思想家和文学理论家。王充的祖籍本是魏郡元城（今河北大名）人，先祖因立军功受封于会稽阳亭，但只过了一年就失去了爵位。随后就在当地安家，以农桑为业。王充的家庭非常重义气，好行侠。他的祖先因为要避开仇敌，迁到了钱塘，后来就弃农经商。王充的父亲与伯父因为与豪族结怨，最后迁居到上虞。王充 6 岁开始学习读书写字，8 岁到书馆学习，从小品学兼优。

15 岁的时候，他到京师洛阳的太学深造，并拜当时著名的儒学大师班彪为师。在求学的过程中，他饱读经书，并以怀疑、批判的态度对待已有的规则，在这一点上，他站到了同时代读书人的前列。

王充离开洛阳后，做过州郡佐吏，但因为人刚直不阿、得罪权贵，被罢职回家。回到故乡，王充一边教书，一边著书立说。他一生共写过 4 部书：痛恨俗情而写《讥俗节义》；忧心朝政而写《政务》；反谶纬而写《论衡》；晚年写《养性》。除了《论衡》，其他 3 本均已失传。

《论衡》历时30年而成，今存85篇，其中《招致》一卷，有录无书，所以实存84篇，共计20多万字。它是我国古代思想史上一部具有划时代意义的著作，也是我国古代科学史上极其重要的典籍。

《论衡》的主要思想就是“疾虚妄”。王充曾说过：“伤伪书俗文，多不诚实，故为《论衡》之书”，“是故《论衡》之造也，起众书并失实，虚妄之言胜真美也。”他反对“虚妄”的东西，利用广博的科学知识和逻辑推理，大胆指出典籍中非科学的谬误。为此，他敢于向儒家权威和经典发难。他坚持科学的立场，对盛行的谶纬之学和天人感应说进行了猛烈的批判。

王充的《论衡》书影

《论衡》的主要观念：1.以自然元气说，否定神学、天命。2.以自然元道观为基础，批判谶纬之学、天人感应等。3.以命定说讨论人性和社会哲学。《论衡》的主要内容：1.揭穿荒诞的迷信，排斥鬼神和禁忌。2.反对盲目地崇拜，批评夸张的记载。3.开厚古薄今之风，宣汉朝之德。

《论衡》旗帜鲜明地反对神学，坚持唯物主义的科学立场，主张元气自然说，强调了物是自然发生，而非天意，否定了天有意志的正统观点。

《论衡》在具体分析客观现象时，运用科学的分析和逻辑论述，把无神论思想和朴素辩证法提升到了新的高度。王充对鬼神之说进行了有力的反驳。他指出：“人之所以生，精气也，死而精气灭。能为精气者，血脉也，人死血脉竭，竭而精气灭”，“形体朽，朽而成灰，何用为鬼？”这简直就是对人们迷信鬼神的彻底否定。这种唯物主义见解，在当时是石破天惊的。

《论衡》对云雨的产生机制、雷电以及潮汐等自然界的客观现象都做了合乎科学的可贵见解，否定了自然现象与神力迷信的联系。王充以科学知识为重要武器，坚持唯物主义思想，矛头直指谶纬之学、天人感应等传统迷信，同当时盛行的正统思想进行了不屈不挠的较量，影响十分深远。

《论衡》是唯物主义思想同谶纬之学、天人感应等神学思想坚决斗争的产物，它的诞生反映出人们坚持科学、探索自然的强大呼声，在中国哲学史上占有重要地位。该书的基本精神是追求真知，反对迷信。它对先秦各家的思想，如儒、墨、道、法，进行了批判的继承，把中国古代唯物主义哲学推进到一个新的高度。《论衡》极具战斗性的唯物主义无神论思想，成为后来中国无神论的重要理论营养。并为后世科技的健康发展提供了有力的思想武器。

蔡伦改进造纸术

谈到中国的造纸术，就不能不说到蔡伦。他在造纸技术的发明和发展上的卓越贡献将彪炳史册，万古流芳。

蔡伦，字敬仲，桂阳人，是东汉时期杰出的科学家。蔡伦从东汉明帝刘庄末年开始在宫禁做事。汉和帝刘肇登基之后，他很快成了和帝最宠信的太监之一，负责传达诏令，掌管文书，并参与军政机密大事。

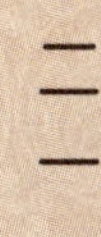

造纸流程示意图

史载蔡伦非常有才学，为人敦厚正直，曾多次直谏皇帝。因为其杰出才干，他被授尚方令之职，负责皇宫用刀、剑等器械的制造。在他的监督之下，这些器械都制造得十分精良，后世纷纷仿效。

在做尚方令期间，蔡伦系统总结了西汉以来造纸方面的经验，并进行了卓有成效的试验和革新。在原料的利用方面，他不仅变废为宝，大胆取用麻头及敝布、渔网等废品为原料，而且独辟蹊径，开创利用树皮的新途径。此举使造纸技术从偏狭之处挣脱出来，大大拓宽了原料来源，降低了造纸的成本，使纸的普及应用成为可能。更值得一提的是，他用草木灰或石灰水对原料进行浸沤和蒸煮的方法，既加快了麻纤维的离解速度，又使其离解得更细更散，大大提高了生产效率和纸张的质量。这也是造纸术的一项重大技术革新。

元兴元年（105 年），蔡伦将自造的纸呈给汉和帝，受到大力赞赏，朝野震动。人们纷纷仿制，“天下咸称‘蔡侯纸’”。安帝元初元年（114 年），和帝的皇后邓太后因蔡伦久侍宫中，做事勤恳且颇有成绩，封他为龙亭侯。

后来蔡伦被卷入一起宫廷事件，起因是窦后（汉章帝的皇后）让他诬陷安帝祖母宋贵人。等到安帝亲政，着手调查这件事情，让蔡伦自己到廷尉处接受惩罚。蔡伦觉得很受屈辱，就自杀了。

蔡伦虽然死了，但是他对造纸技术的贡献将永存史册。蔡侯纸的出现，标志着纸张取代竹帛成为文字主要载体时代的到来。廉价高质量的纸张，有力地促进了知识、思想的大范围传播，使古代大量文字信息得以保存，促进了人类文明的进步。

蔡伦造纸的方法

1. 把树皮、麻头、破布等原料用水浸，切碎。
2. 用草木灰水蒸煮，再经清水洗涤，去掉杂质。
3. 用石臼将原料舂碎，配成浆液，放在槽里。
4. 用抄纸器将纸浆捞起，漏去水分，晾干压平。

上述造纸方法已具备了原料处理、制浆、澄浆、抄纸、烘干等主要工序，为我国造纸业的发展奠定了基础。

在造纸术没有发明以前，我国古代使用龟甲、兽骨、金石、竹简、木牍、缣帛作为书写材料。龟甲、兽骨、金石对书写工具要求很高，需要刻。简牍笨重不便，而且翻阅时中间串的绳很容易断裂，造成顺序混乱。缣帛虽轻便，可是价格十分昂贵，一般人消费不起。纸的发明，满足了人们对轻便廉价书写材料的迫切需求，引发了书写材料的一场空前的革命。

造纸术一经发明，就被人们广泛使用。在以后的朝代里，人们对造纸术进行不断的改良和提高，工艺越来越先进，纸的质量也越来越高，品种也越来越丰富。造纸的主要原料也从破布和树皮发展到麻、柯皮、桑皮、藤纤维、稻草、竹以及蔗渣等。

我国发明的造纸术，对世界文明影响深远。造纸术大约在 7 世纪初传入朝鲜，隋时传入日本。8 世纪，唐朝工匠将造纸术传入阿拉伯，在撒马尔罕办起造纸厂，此后又传入巴格达。10 世纪传入大马士革、开罗，11 世纪传入摩洛哥，13 世纪传入印度，14 世纪传入意大利，然后传到德国和英国，16 世纪传入俄国和荷兰，17 世纪传入美国，19 世纪传入加拿大。

潘吉星在《造纸术的发明和发展》一文中这样总结道："我国古代在造纸技术、设备、加工等方面为世界各国提供了一套完整的工艺体系。现代机器造纸工业的各个主要技术环节，都能从我国古代造纸术中找到最初的发展形式。世界各国沿用我国传统方法造纸有 1000 年以上的历史。"从上述论述中，我们不难看出，我国的造纸术在公元前 2 世纪到 18 世纪的 2000 多年里，一直处于世界领先水平。

制造地动仪

在世界自然科学史上，中国有一位国际上公认的能与哥白尼和伽利略齐名的科学家，他的名字叫张衡。

张衡是世界十大文化名人之一，他多才多艺，是我国古代伟大的科学家、发明家、文学家、史学家和画家。他的才能世所公认。

张衡 (78 年—139 年)，字平子，河南省南阳县石桥镇人，出生于一个官僚家庭。他的祖父张堪曾做过多年的太守，但为官清廉，没有什么财产留下，再加上他父亲早死，所以家境比较清贫。

张衡从小就天资聪敏，好学深思。他不仅熟读儒家经典，而且还花了很多时间去读司马相如和扬雄等人的赋，表现出对文学的强烈兴趣。

青年时代的张衡，已经不再满足于闭门读书，他渴望游历，多接触实际，从而开阔眼界，增长见识。94 年，16 岁的张衡远游三辅。他在游览名山大川的时候，不忘考察古迹，采访民情，调查市井交通等。此行不仅大大增长了见识，而且为他后来创作《二京赋》积累了大量的素材。

离开三辅，张衡来到京都洛阳。在洛阳求学的五六年里，张衡结识了一批青年才俊，如经学大师马融、政论家王符以及科学家崔瑗等。在此期间，张衡写了《定情赋》《七辩》等文学作品，名噪一时。随后，他接受南阳太守鲍德的邀请，

担任掌管文书的主簿官。

在工作闲暇之余，张衡创作了著名的《二京赋》，轰动一时。任职9年后，张衡回到家中，开始研读扬雄的《太玄经》。这是一部研究宇宙现象的哲学著作。通过研究《太玄经》，张衡的兴趣从文学创作转向宇宙哲学的探索，经过不懈努力，他最终在天文历算方面取得了巨大的成就。

111年，张衡被征召做了郎中，后来又做过太史令。张衡为人耿直，曾两次出任太史令，先后长达14年之久。太史令的工作，让张衡在天文历算方面做出了杰出的贡献。

经过观察研究，他断定地球是圆的，月亮的光源是借太阳的照射而反射出来的。他还认为天好像鸡蛋壳，包在地的外面；地好像鸡蛋黄，在天的中心。这种学说虽然不完全准确，但在1800多年以前，能得出这种科学结论，不得不使后来的天文学家感到钦佩。

张衡还用铜制作了一种测量天文的仪器，叫作“浑天仪”，上面刻着日月星辰等天文现象。

那个时期，地震发生频繁，有时候一年发生一两次。发生一次大地震，就波及到好几十个郡，城墙、房屋倾斜塌，造成人畜伤亡。张衡记录了地震的现象，经过细心的考察和试验，发明了一个预测地震的仪器，叫作“地动仪”。

地动仪是用青铜制造的，形状类似酒坛，四周刻铸了8条龙，龙头朝着8个方向。每条龙的嘴里含了一颗小铜球；龙头下面，蹲着一个铜制的蛤蟆，蛤蟆的嘴大张着，对准龙嘴。哪个方向发生了地震，朝着那个方向的龙嘴就会自动张开来，把铜球吐进蛤蟆的嘴里，发出响亮的声音，作为地震的警报。

138年二月的一天，地动仪对准西方的龙嘴突然张开，吐出了铜球。按照其设计原理，这就是报告西部发生了地震。

过了几天，有人骑着快马来向朝廷报告，离洛阳1000多里的金城、陇西一带发生了大地震，还出现了山体崩塌。

张衡还制造了许多奇巧的器物，如候风仪、指南车和能在空中飞的木鸟等，可惜都已经失传了。他还计算出圆周率是3.1622，虽然现在看来不准确，但在当时还是有巨大的进步的。

后来，张衡因弹劾奸佞不成，被迫到河间（今河北献县）任太守。在职期间，他打击豪强，颇有作为。138年，张衡被调回京师，出任尚书。此时东汉政权已越来越腐败，张衡感觉回天乏力，于139年在悲愤与绝望中死去。

张衡以及他的天文学成就，谱写了东汉科学史绚烂的华章，也构筑了我国古代天文学史上一座熠熠生辉的丰碑。

张仲景

张仲景，名机，约生于150年，卒于219年，东汉南郡涅阳（今河南南阳）人，是东汉末年著名的医学家，被后人尊称为“医圣”。

史载张仲景自幼聪颖好学，喜欢研究岐黄之学，对名医扁鹊很是推崇，并以

其为榜样。他拜同乡著名中医张伯祖为师，因其刻苦，很快便尽得真传。

汉灵帝时，张仲景被举为孝廉，继而出任长沙太守。他虽居要职，却淡泊名利，不屑于追逐权势，他心里所关心的是百姓的疾苦。传说他为太守之时，每逢初一、十五停办公事，亲自到大堂之上为百姓诊病，号称为“坐堂”。至今药店仍称作“堂”，应诊医生被称为“坐堂医生”。

东汉末年，战乱频繁，瘟疫横行，民不聊生。张仲景虽然也在居官之暇行医，但是所救治之人毕竟有限。他在做官与行医的利弊权衡之间犹豫不决。这时，南阳病疫流行，他的家族在 10 日之内，竟死去 2/3。面对这种打击，张仲景决定辞官行医，悬壶济世。

张仲景在行医过程中，不仅潜心学习汉代以前的医学精华，而且虚心向同时代的名医学习，博采众家之长。他向“王神仙”求医的传说在民间广为流传。

张仲景听说当时襄阳有个很有名的王姓外科医生，治疗疮痈很有一套，人称“王神仙”。于是就整装出发，为了学到本领，他隐姓化名，自愿给“王神仙”做药店伙计。他的勤奋聪明很快就取得了“王神仙”的欣赏和信任。有一次,“王神仙”给一个患急病的病人看病，所配的药方里有一味药剂量不够。张仲景觉得有问题，但还是照方抓药。结果，病人病情加重，“王神仙”束手无策。张仲景挺身而出，自告奋勇一展身手，果然手到病除。“王神仙”很吃惊地看着眼前这位年轻人，知道他大有来历，一问才知他是河南名医。“王神仙”深受感动，遂将其技艺倾囊相授。

张仲景“勤求古训，博采众方”，凝聚毕生心血，于 3 世纪初著成《伤寒杂病论》16 卷。原本在民间流传中佚失，后人搜集和整理成《伤寒论》和《金匮要略》两部书。

《伤寒杂病论》是中医四大经典之一，它系统总结了汉朝及其以前的医学理论和临床经验，是我国第一部临床治疗学的专著。

《伤寒论》是一部阐述多种外感疾病的著作，共有 12 卷，著论 22 篇，记述 397 条治法，载方 113 个，总计 5 万余字。《伤寒论》论述了人体感受风寒之邪而引起的一系列病理变化，并把病症分为太阳、阳明、少阳、太阴、厥阴、少阴等“六经”，进行辨证施治。

《金匮要略》是一部诊断和治疗各种疾病的书，共计 25 篇，载方 262 个。《金匮要略》以脏腑脉络为纲，对各类杂病进行辨证施治。全书包括了 40 多种疾病的诊治。

在《伤寒杂病论》中，张仲景还创造了世界医学史上的三个第一，即：首次记载了人工呼吸、药物灌肠和胆道蛔虫治疗方法。

《伤寒杂病论》成书之后，成为中国历代医家研究中医理论和临床治疗的重要典籍。隋唐以后，更是远播海外，在世界医学界享有盛誉。从晋朝开始到现在，中外学者整理研究该书的专著超过 1700 余家，可见其影响之深远。

医圣张仲景以及他所创立的学术思想，已成为全人类的共同财富，他当之无愧受到万世千秋的景仰！

华佗与五禽戏

华佗行医，并无师传。他主要是通过精研前代的医学典籍，在继承前人的基础之上，结合自己的实践总结，加以归纳，从而创立新的学说，自成一派。由于他天资聪颖，加上学习得法，理论联系实际，他的医术迅速提高，成为远近闻名的医学家。

中年的华佗，因中原动乱而“游学徐土”。他坚持深入民间，为百姓治病，足迹遍及当时的徐州、豫州、青州、兖州各地。根据他行医地名查考，大抵是以彭城（今江苏徐州）为中心，东起甘陵（今山东临清）、盐渎（今江苏盐城），西达朝歌（今河南淇县），南至广陵（今江苏扬州），西南则到谯县（今安徽亳州），也就是在今天的江苏、河南、山东、安徽等广大地区。华佗学识渊博，医术高超，创造了许多医学奇迹，其中最突出的就是用麻沸散进行外科手术。

华佗的医术仁心，受到了广大人民的热爱和尊崇，他高超的医术常为人们所津津乐道。民间关于他的传说故事不胜枚举。像《三国演义》里关公刮骨疗伤，就是华佗做的手术。传说有一位郡守患病，百医无效。郡守的儿子找到华佗，对他详述病情，恳求施治。华佗到后看过，问病的时候，语气很不好，说话也很狂傲，索要的诊费非常高。这还不算，华佗压根就没有治病，临走的时候还留信大骂郡守白痴。郡守大怒，吐黑血，老毛病一下就好了。

经过数十年的医疗实践，华佗的医术已到了炉火纯青的地步。在临床诊治方面，他灵活运用养生、针灸、方药和手术等手段，辨证施治，疗效极好，被誉为“神医”。他精通内科、外科、妇科、小儿科和针灸科等，尤擅外科。

华佗的医名远播，使得曹操闻而相召。原来曹操患有头风病，找了很多医生都不见效。华佗只给他扎了一针，曹操头痛立止。曹操为了自己看病，强把华佗留在自己府里。但是华佗立志为民看病，不肯专门侍奉权贵，于是就请假回家。曹操催了几次，华佗都以妻病为由不去。曹操大怒，专门派人将他抓到许昌，仍请他治自己的头风病。华佗直言要剖开头颅，实施手术。曹操以为华佗要谋害自己，就把他关进牢中准备杀掉。有谋士进谏相劝，曹操不听，还是处死了华佗。

五禽戏

一套使全身肌肉和关节都能够得到舒展的医疗保健体操。模仿虎、鹿、熊、猿、鸟的动作姿态创作而成。华佗的学生吴普循此锻炼，活到90余岁，还“耳目聪明，齿牙完整”。

华佗临死，将所著医书交给狱吏，希望可以救济百姓。狱吏胆小，怕担责任，不敢要。华佗无奈之下，一把火烧了医书。后来曹操爱子曹冲患病，百医无效，曹操才后悔杀了华佗。

华佗晚年著有《青囊经》《枕中灸刺经》等多部著作，可惜都已失传。他发明了一套“五禽戏”来强身健体，还培养了许多弟子，其中广陵吴普、西安李当之和彭城樊阿都是有名的良医。

五禽戏，也叫五禽气功、五禽操、百步汗戏，是华佗在运动实践中创编的成套导引健身术。因模仿虎、鹿、熊、猿、鸟 5 种禽兽的神态和动作而得名。华佗将前人的理论和实践加以总结，创编了这套保健医疗体操，并提出了预防疾病为主的理论，在中国运动史、气功史上有极重要的意义。

五禽戏五种类型动作的作用各不相同，一般说，虎势能使身体强健，加强肌腱、骨骼、腰髋关节功能；鹿势能引伸筋脉，益腰肾，增进行走能力；猿势能使脑筋灵活，记忆增强，培养灵敏性，开阔心胸；熊势能增强脾胃功能，增强力量；鹤势能加强肺呼吸功能，提高平衡能力。练五禽戏不仅要求形似，而且要求神似，要做到心静体松，动静相兼，刚柔并济，以意引气，气贯全身，以气养神，精足气通，气足生精。五禽戏以中医理论为基础，以人的生理特征为依据，运用五行、脏象、气血、经络等学说来解释它的作用。练五禽戏时要求守住意，运好气，集中精力，尽快入静，呼吸缓慢柔和、深长均匀、轻松自然，运动时劲蓄不露，做到“气行则血行”，每次练习应力求出汗，以促进新陈代谢，活血化瘀，祛邪扶正。全过程要贯穿单腿负重、步分虚实、躬身前进，还要注意神态模仿逼真，如模仿虎的威猛、鹿的回首、猿的灵敏、熊的浑厚、鹤的翘立等。五禽戏的出现，很大程度上推动了后世导引养生术的发展，对中国的运动史、气功史产生了极深远的影响。

汉乐府

乐府始创于秦，与掌管庙堂音乐的“太乐”并立。汉初沿袭下来，有“乐府令”掌管音乐，汉武帝时大规模扩建乐府机构，对郊庙礼乐进行了重大改革，乐府的性质发生了变化。

汉武帝建立乐府，目的是改革传统的郊庙音乐，即用新声改编雅乐，以创作的歌诗取代传统的古辞。所以，乐府的任务就是采集各地的民歌来创设新声曲调；选用新创颂诗作歌词；训练乐工、女乐进行新作的排练。

乐府设在帝王游幸的上林苑，乐工组织庞大，有上千人，演奏南北乐等。乐府还拥有李延年、张仲春和司马相如等一批优秀的音乐家和文学家。乐府大规模地采集、整理和改编了大量民歌。采集的民歌几乎来自全国各地。现今留存的乐府民歌，多是东汉作品，共有三四十首。由于乐府专事搜集、整理民歌俗曲，因此后人就用“乐府”代称入乐的民歌俗曲和歌词。六朝时人们已将乐府唱的“歌诗”也称为“乐府”，与“古诗”相对并举，把入乐的歌词和讽诵吟咏的徒诗两种诗歌体裁区别开来；宋、元以后，“乐府”又被借作词、曲的一种雅称。所以，作为文学体裁的“乐府”却流传了下来。

汉乐府民歌今存不足百篇，大部分保存在宋代郭茂倩的《乐府诗集》中，分《鼓吹曲辞》《相和曲辞》和《杂曲歌辞》三类。《孔雀东南飞》成为古代汉民族最长、最优秀的叙事诗。汉乐府或为杂言诗，或为五言，标志着诗歌形式得到了更充分的发展，为后代杂言歌行及五言诗的繁荣奠定了基础。

汉赋

汉朝最典型的文学形式是“赋”，它既像诗，又像散文，或者说是诗与散文的结合体。赋实际上跟楚辞有内在的联系。赋讲究宏大场面的描写，语言华丽而夸张。西汉的赋起初以表达作者的思想感情为主。西汉中期后，成为最高统治者歌功颂德的工具，这样的赋篇幅很长，叫作大赋；东汉时期的赋篇幅短小，向反映现实的方向发展，叫作小赋。在汉朝诸多赋作家中，司马相如（公元前 179 年—公元前 118 年）无疑是最具天才的一个。据说汉武帝非常喜欢阅读司马相如的赋，并因此提拔他当官。

司马迁与《史记》

司马迁，字子长，汉朝左冯翊夏阳（今陕西韩城）人。司马迁约生于汉景帝中元五年（公元前 145 年），卒于汉武帝征和三年（公元前 90 年），是西汉著名历史学家和散文家，自幼深受父亲司马谈的学术思想熏陶。司马谈，是汉武帝时的太史令，崇尚道家，曾以黄老学说为主，著有《论六家要旨》，对儒、墨、名、法、阴阳、道等各家学说，进行过批判和总结。这种家学传统，对司马迁影响很大。

司马迁自幼好学，博闻强记，10 岁的时候便通读《左传》《国语》等史籍。青少年时，曾师从古文学家孔安国学习《古文尚书》，向今文学家董仲舒学过《春秋》《公羊》。他涉猎的范围很广，使他积累了丰富的文化知识，精通天文历法、史学、儒学等各家学说。20 岁时，到各地游历，足迹遍及名山大川。此次远游，使他开阔了眼界，认识了社会，累积了知识，并对其进步历史观的形成产生了巨大的影响。回长安以后，入仕郎中，其间随武帝巡游了很多地方。元鼎六年（公元前 111 年）奉命“西征巴蜀”，到达邛、笮、昆明一带，从而进行了第二次大游历。元封元年（公元前 110 年），其父司马谈病逝。元封三年（公元前 108 年），即继任父职做了太史令，时年 38 岁。这样，使他有机会阅读宫廷收藏的大量文献典籍。此时，在他的主持下，太初元年（公元前 104 年）冬制成新历——《太初历》。同年，司马迁开始撰写巨著《史记》。

《史记》书影

苏武被匈奴扣押的第二年，汉武帝派贰师将军李广利带领 3 万人进攻匈奴，打了败仗，几乎全军覆没。天汉二年（公元前 99 年），在汉朝对匈奴的战争中，李广的孙子李陵当时担任骑都尉，带着 5000 名步兵跟匈奴作战。后来，寡不敌众，又没救兵，李陵被匈奴俘虏，投降了。

消息传来，大臣们都谴责李陵贪生

怕死。汉武帝也收押了李陵的妻儿老母，但司马迁却为李陵辩护。他说："李陵带领5000步兵，深入敌人的腹地，打击了几万敌人。他虽然打了败仗，可是杀了很多敌人，也可以向天下人交代了。李陵不想马上死，自有他的打算。他一定还想将功赎罪来报答皇上。"

汉武帝认为司马迁这样为李陵开脱罪责，是有意贬低李广利（李广利是汉武帝宠妃的哥哥），不禁勃然大怒，说："你这样替投降敌人的人辩解，我看是存心反对朝廷。"他命令侍从把司马迁送进监狱，交给廷尉审问，最后被判为宫刑（一种阉割性器官的肉刑）。

司马迁在身心上受到极大摧残，痛苦之中，数欲"引决自裁"，但恨《史记》未能成稿，遂以坚韧不拔的精神，忍辱发愤地过了8年。出狱之后，任中书令，继续笔耕。征和二年（公元前91年），历经14年终于完成《史记》的写作。这部巨著问世之后，当时称为《太史公书》或称《太史公记》，也叫《太史公》。

全书130篇，由本纪12篇、表10篇、书8篇、世家30篇、列传70篇组成，计52.65万字。它记载了上起黄帝轩辕氏，下迄汉武帝太初四年（公元前101年），近3000年的历史。

"本纪"是全书的提纲，专取历代帝王为纲，以编年的形式，提纲挈领地记载了上起轩辕、下迄汉武这一历史阶段的国家大事。

"表"以年表形式，按年月先后的顺序，以清晰的表格，概括地排列各个历史时期的人事，或年经国纬，或年纬国经，旁行斜上，纵横有致。分世表、年表、月表三类，以汉代年表为详。

"书"记载了各种典章制度的演变，以及天文历法等，以叙述社会制度和自然现象为主体，对礼乐、天文、历法、经济、水利等制度的发展状况进行了系统记述，具有文化史性质。

"世家"记载了自周以来开国传世的诸侯，以及有特殊地位的人物事迹，其中主要包括春秋战国以来的诸侯国君、汉代被封的刘姓诸侯子侄以及汉朝所封的开国功臣。此外，还有《孔子世家》《陈涉世家》和《外戚世家》。

"列传"记载了社会各阶层代表人物的事迹，其中有著名的思想家、政治家、军事家、文学家等，另外还包含了儒林、酷吏、游侠、刺客、名医、日者、龟策、商人的传记。该部分以"扶义俶傥，不令己失时，立功名于天下"为标准。一部《史记》，就是一条五光十色的历史人物画廊。天才画家司马迁，以其天纵之才，把3000年风起云涌的历史中的风流人物，活灵活现地驱于笔端，魅力无穷，常读常新，千百年来，一直受到人们的喜爱。

一部血泪凝成的《史记》，不仅是历代正史的开山之作，而且也成为了以后2000多年中国叙事文学的渊源。它是古代散文的典范，其写作技巧、文章风格、语言特点，对唐宋八大家、明代的前后七子、清代的桐城派都有着巨大而深刻的影响。它情节曲折、人物形象栩栩如生的特点，也对后代小说的创作积累了丰富的经验。至于那些活跃在历史浪花里的人物，则成为明清戏曲里的鲜活的舞台形象。

《史记》具有诗的意蕴和魅力。虽然在形式上是历史，但它也许是中国文学史上最伟大的浪漫主义的抒情篇章。在司马迁的身后，有着无数的异代知音，有着无数的风云人物，他们在追随着那一个浪漫的时代，在追随着浪漫时代里的那位为着渺茫命运奋斗不息的悲剧英雄司马迁。

《战国策》

《战国策》是一部记载了战国时代谋臣策士言行和事迹的著作，由西汉的刘向编校整理而成。全书33卷，主要记载了东周、西周、秦、齐、楚、赵、魏、韩、燕、宋、卫、中山诸国军政大事。时间上接春秋，下迄秦并六国，以策士们的游说活动为中心，全面反映了战国时期各国的政治、外交情况。与儒家传统的经典不同，这部作品反映的是纵横家的思想，他们大都崇尚谋略，审时度势，追求功名富贵，反映了"士"这一特殊阶层的思想与行为。《战国策》具有很高的文学价值，首先塑造了一系列栩栩如生的人物，如苏秦、张仪、荆轲等。其次是文章非常富有文采，铺张扬厉，气势纵横；情节波澜起伏，摹神描态细腻传神。此外，还运用很多寓言故事来说理论辩，非常具有说服力。《战国策》既是一部史学著作，又是一部文学名著，它的内容与风格影响了一代又一代的学人，在我国的文学史上占有非常重要的地位。

班固与《汉书》

班固（32年—92年），字孟坚，东汉扶风安陵（今陕西省咸阳东）人。班固的父亲班彪是东汉光武帝时的望都长。班彪博学多才，专攻史籍，是著名的儒学大师。他不满当时许多《史记》的续作，便作《后传》65篇，以续《史记》。班固从小就非常聪明，9岁便能作诗文。长大之后，班固熟读百家书，并深入研究。渊博的学识以及很强的写作能力，为他以后的作史奠定了深厚的基础。在他23岁那年即建武三十年（54年），班彪去世，班固私自修改国史，因此被捕入狱。他的弟弟班超赶到洛阳，为班固申辩。当明帝审阅地方官送来的班固书稿时，十分欣赏班固的才华，并任他为兰台令史，负责掌管图籍，校订文书。他与陈宗、尹敏、孟异等共同撰成《世祖本纪》。随后迁任为典校秘书，又写了功臣、平林、公孙述的列传、载记28篇。后来明帝命令班固继续完成他原来所欲著述的西汉史书。班固通过一再的思索之后，经过潜精积思20余年，终于在建初七年（82年）完成了《汉书》的大部分著述任务。和帝永元初年（89年），班固以中护军随大将军窦宪出征北匈奴。永元四年（92年），窦宪以外戚谋反而畏罪自杀，班固因此受到牵连。先被免官，后有人因曾受班固家奴侮辱便借机搜捕班固入狱。不久，班固死于狱中，时年61岁。班固死后，《汉书》尚未完成的八表和《天文志》分别由他的妹妹班昭和马续奉诏继续完成。书成后即产生巨大影响，所谓"当

班固像

世甚重其书，学者莫不讽诵焉。”

《汉书》书影

《汉书》是我国第一部纪传体断代史，体制全袭《史记》而略有变更。《史记》包括本纪、表、书、世家、列传 5 种体裁，《汉书》有纪、表、志、传，改“书”为“志”，没有世家。凡《史记》列入世家的汉代人物，《汉书》均写入“传”。《汉书》这种体裁上的改动是符合历史时势变化的，是合理的。同时，《汉书》的体例较《史记》有了一些创新。在纪部分，《汉书》不称“本纪”，而改称为“纪”。在《史记》的基础上，《汉书》增立《惠帝纪》，以补《史记》的缺略；在《武帝纪》之后，又续写了昭、宣、元、成、哀、平等 6 篇帝纪。在表的部分，《汉书》立 38 种表，其中 6 种王侯表是根据《史记》有关各表制成的，主要记载汉代的人物事迹。只有《古今人表》和《百官公卿表》，是《汉书》新增设的两种表。《古今人表》专议汉代以前的古代人物，表现了班固评论人物的论事标准，暗示出他对汉代人物褒贬的立意，且网罗甚富，亦不无裨益。而《百官公卿表》记述了秦汉官制和西汉将相大臣的升迁罢免死亡，是研究古代官制史、政治制度史的重要资料，有重要的学术价值。在志部分，《汉书》改《史记》的“书”为“志”，而又予以丰富和发展，形成我国史学上的书志体。

《汉书》将《史记》的《律书》《历书》并为《律历志》，《礼书》《乐书》并为《礼乐志》，增写《史记·平准书》为《食货志》，改《史记·封禅书》为《郊祀志》《天文志》，《河渠书》为《沟洫志》，还创设了刑法、五行、地理、艺文四志。《汉书》十志比较《史记》八书在先后次序上也有所不同，《汉书》的志包括律历、礼乐、刑法、食货、郊祀、天文、五行、地理、沟洫、艺文等 10 种。其中，改变或者并八书名称的有律历、礼乐、食货、郊祀、天文、沟洫等 6 种，但它们的内容或者不同，或者有所增损。如《食货志》在继承了《平准书》部分材料的同时，又增加新的内容，分为上、下两卷。上卷记“食”，叙述农业经济情况；下卷载“货”，介绍工商及货币情况。《史记》列传篇题的定名，或以姓，或以名，或以官，或以爵，多不齐一，且排列顺序难为论析。《汉书》则一律以姓名题篇，排列顺序是先专传，次类传，后四夷和域外传，最后是外戚和王莽传，整齐划一。《汉书》将《史记·大宛传》扩充为《西域传》，详细记述了西域几十个地区和邻国的历史，是研究古代中国各兄弟民族和亚洲有关各国历史的珍贵资料。

《汉书》主要的特点体现在：

第一，《汉书》较真实地记述和评论了西汉一代的政绩及其盛衰变化，从一统功业的角度，对于各时期所取得的成就进行了热情的称颂。在评述西汉政治时，用“时”“势”或“天时”变异来表达历史是发展的看法。

第二，广泛地评价了各种人物在西汉政治中的作用。书中记述到汉代的兴盛，是由于有众多的文臣武将和智谋极谏之士，在中央和地方的各方事务中竭其忠诚，做出贡献。

第三，以很多笔墨记录了王室及大臣聚敛财富，奢侈淫逸，皇权的争夺、外戚的专横，以及封建统治阶级的淫奢，反映了人民的痛苦生活和反抗斗争。

第四，详细记述了古代尤其是汉代的政治典制，表现了西汉文化的发展规模及其重要价值。其中《刑法志》记述了古代的兵学简史，叙述刑法典核详明，首尾备举，论其变化正本清源。《食货志》系统地记述了自西周以至王莽时期的农政和钱法，反映了1000多年以来社会经济发展的重要规律。《地理志》先叙古之九州说而进至秦的郡县变迁，是中国地理最为详尽的记载。

《汉书》是史书体例上的一个重大飞跃，继《汉书》之后，断代史为后来历代正史所效仿，因此《汉书》在我国史书体例的发展上具有重要意义。

道教的兴起

道教是以道为最高信仰的宗教，是在中国古代宗教基础上，沿用了神仙方术、黄老思想等一些宗教观念和修持方法而逐渐形成的。道教大致产生于东汉中叶，太平道和五斗米道是早期道教的两大派。

五斗米道是天师道的前身，其创建者是张陵。张陵，字辅汉，东汉时沛国（今江苏丰县人）人，本来是太学生，精通五经。后来张陵归隐，于141年，作了道书，自称“太清玄元”，以“符水”“咒法”为人治病，创立了“五斗米道”。因为入道者必须缴纳五斗米以作酬谢，所以称作“五斗米道”。

张陵于143年到达青城山，在这里建立了二十四教区，并在各区设治头，张陵自称天师，掌管全教事务。张陵的五斗米道，其活动主要在巴蜀地区。张陵死后，由其子张衡承其业。张衡死后，五斗米道的领导权为张修所有，一时五斗米道声势甚大。黄巾起义失败后，张角被杀，张修也躲藏起来，最后被张陵之孙张鲁杀害。在张鲁的领导下，五斗米道的势力在汉中达到鼎盛。

几乎就在张陵父子忙于创立五斗米道的同时，在河北一带也有一个人在民间传道，同时着手组织道教教团的工作，他就是张角。两人一南一北，一文一武，不过结局却不尽相同。

东汉灵帝时期，由于外戚、宦官把持朝政，压制清议，豪强地主兼并土地，农民流离失所，加之灾疫流行，社会危机十分严重。信奉黄老道的巨鹿（今河北平乡西南）人张角利用《太平经》中某些宗教观念和社会政治思想，创立起一支庞大的宗教组织，并以此组织为基础，发动了中国历史上规模最大的一次以宗教形式组织起来的农民起义——黄巾起义。

黄巾起义是利用道教组织发动的第一次大规模农民起义，也是标志道教开始登上历史舞台的一件大事。

佛教东来

佛教发源于古印度。两汉之际，佛教主要经由西域传入中国内地。东汉初，汉明帝曾派秦景等使臣出使天竺（印度）求佛法。他们从大月氏（在今阿富汗、巴基斯坦北部）取回佛教的《四十二章经》，并译成汉语。他们还请来了两位天竺高僧，并用白马驮回了大量经书，促进了佛教在我国的传播。汉明帝还专门为在

洛阳西门外两位高僧建造了我国第一座佛教寺院即白马寺。

东汉末年，佛教在民间流传开来。这时期，安息国僧安世高于桓帝年间来洛阳开始译经，在20多年中共译经34部40卷。印度僧人支娄迦谶于桓帝末年至洛阳，灵帝年间译出佛经14部27卷，如《般若道行品经》《首楞严经》《般舟三昧经》等，都是大乘佛教经典，首次向中国人介绍了印度大乘般若学的理论。

魏晋南北朝时期，佛教在中国广泛传播，它不仅得到贵族阶层和知识分子阶层的高度重视，而且受到下层老百姓的普遍欢迎。佛教寺院遍布大江南北，以佛教为主题的石窟艺术也在民间兴起。因为在这个时期，社会大动乱，人们感到人生的苦难和希望的渺茫，极力想寻求解脱与精神安慰。佛教宣扬生死轮回、因果报应思想，认为任何人和事物都是有内在的起因和后果的，善有善报，恶有恶报。佛教还认为，人生是痛苦的，但信奉佛教，努力修行，总可以达到幸福的彼岸。这种教义有利于维护现存的社会统治秩序，而且对于承受苦难的人来说有极大的吸引力。佛教还认为万事万物都是“空”，只不过因为有“缘”才产生出来。佛教这些观点与当时盛行的玄学有诸多相似处，因此佛教思想作为一种高深的哲学受到当时知识分子的喜爱。

佛教在南北朝时期得到空前的发展，寺院和僧尼数量激增。与此同时，佛教与政治关系更为密切。上流社会多信奉佛教，尊重僧人。梁武帝还曾四次舍身到寺庙中“为奴”。大批擅长儒学和玄学的人与僧人来往密切，共同探讨研究佛学，加快了佛教中国化的进程。佛教传入后，与中国传统伦理道德结合，逐渐中国化，对中国古代思想文化、文学艺术产生了深刻的影响。

汉代纺织业

中国的纺织业历史悠久，技术先进。两汉时期是纺织技术发展的一个高峰期，丝、麻、毛纺织技术都已达到较高水平，边远地区的棉纺织业也有所发展，缫车、纺车、络丝工具，以及脚踏斜织机都已广泛使用，提花机已经产生，染色技术进一步发展，发明了多色套版印花和蜡印工艺。“薄如蝉翼”的素纱可与今天的尼龙纱相媲美。精练后的蚕丝重量能减轻25%，质地柔软，雪亮光泽，竟与现代用科学方法计算出的丝胶占总量的1/4的数量相吻合。平纹的绢，其经线密度达每厘米164根。满城中山靖王墓出土的绢，经纬密度达200×90根/平方厘米。还有精美的锦、瑰丽的刺绣，都名冠天下。

西汉时原料加工技术发展迅速。当时的原料主要有蚕丝、葛、麻、毛、棉等。蚕丝主要产自黄河中下游的山东、河南、四川等地，出现了临淄、襄邑（今河南睢县）、任城（今山东济宁）等著名的蚕业中心。汉代制毯和纺织用的毛纤维主要是羊毛，精密稀疏程度几乎与丝织罗相仿。产棉区从边境地区拓展到东南、南部沿海、新疆和云南一带。

缫纺技术进一步推广，手摇纺车早已普及，并发明了脚踏纺车。纺车的发明和推广使丝麻产品的产量和质量大大增加。织造技术得到提高。西汉初年，巨鹿人陈宝光的妻子创制了一种新的提花机，用120蹑60天能织成一匹散花绫，“匹

值万钱”。此后又有人把它简化，使片综提花机发展为束综提花，是一次大的飞跃。

此时的罗织机已能织出四经绞素罗和以四经绞罗为地、两经绞起花的菱纹罗；主要用于织造地毯、绒毯等类毛织物的立织机能织出新疆民丰尼雅东汉遗址出土的那种毛织彩色地毯，其表面用橙黄、朱红、翠绿等色起绒，花纹历历在目。梭和筘分别是引纬和打纬的重要工具，它们的普遍使用，使得织造过程形成脚踏提综开口，一手投梭、一手持筘打纬的完整体系，这种织机一直沿用到近现代。西汉时期，练、染、印工艺都有了进一步发展，染印技术广泛使用。

秦兵马俑

秦始皇为了向后人炫耀他的剪灭六国、天下归一的盖世武功，在动工修建规模浩大的皇陵工程时，还修建了举世闻名的皇陵兵马俑坑。

兵马俑坑有 1、2、3、4 号坑，均为规模巨大的土木结构建筑。其中 4 号坑内有坑无俑。最大的是 1 号坑，平面长方形，面宽 9 间，四周绕以回廊，总面积约 12600 平方米，6000 个兵马俑以及战车、步卒相间排列，呈长方形军阵；2 号坑总面积约 6000 平方米，内容为战车和骑、步兵混合编组的大型军阵；3 号坑面积最小，总面积约 520 平方米，有驷马漆绘的木质战车和执殳的仪仗，象征军阵的指挥部。

兵马俑塑造了各种各样的秦军形象，有指挥的将军，也有一般武士的步兵、骑兵、车兵、弓弩手等。形体高大魁梧，一般均在 1.75 米左右，指挥官身高在 1.95 米以上。很多将士手中握着真正的青铜兵器。其面相多数表情刚毅，昂扬奋发。五官位置准确，富于质感。陶俑细部的雕塑颇费匠心。

兵马俑的制作，是先用泥做好内胎，再上一层细泥，然后在细泥上雕塑出俑的五官、衣纹等细微部分。俑的头、手、躯干都是分别制作然后组合的。细部加工完以后，送入窑烧制，最后进行彩绘。彩绘的颜色有朱红、粉红、绿、粉绿、紫、蓝、中黄、橘黄、灰、褐、黑、白等。眉目、须发呈黑色，面目、手足涂朱红色。

而陶马和真马一般大，用于骑兵的战马高约 1.72 米，体长 2.03 米，剪鬃，备鞍，一看便知处于临战状态。驷马体形略小，筋骨起伏变化似真马一般。马头抬起，耳前倾、双目大睁、鼻孔翕张，体现出战马静中有动的状态。

秦兵马俑一号坑

战车多为木质结构，因年久而朽毁，但从残存的遗迹中也可以看出其大概来。

秦皇陵兵马俑群，是昔日秦王朝强大国力和军威的象征。它集中体现了我国古代劳动人民高超的烧陶技巧和智慧，为后人研究秦史提供了丰富的原始资料。

第五章

三国、两晋、南北朝的离析与交融

三国 (220 年—280 年) 东汉末年，统一帝国名存实亡，而最终形成的魏、蜀、吴三大政治势力就此拉开了争霸天下的序幕。此后是西晋 (265 年—316 年)、东晋 (317 年—420 年) 以及南北朝 (420 年—589 年)。589 年，隋灭陈，南北朝至此结束。

一、三国两晋南北朝

三国的建立

东汉末年，黄巾起义，酿成群雄争霸，最后形成魏、蜀、吴三国鼎立的局面。这是中国历史上一个动荡不安又有许多发展的时期。北方民族入主中原之后，与南方汉族政权长期对峙。南方经济有了一定发展。北方各族政权不同程度地接受汉族制度和文化，开始了与汉族融合的过程。中国与外国有了更多交流，特别是西域佛教文化的大量进入，对中国文化产生了深远的影响。科学技术在这一时期有较高成就。文化艺术则处在承前启后的重要阶段。曹操集团以拥护汉朝皇帝为由，击败吕布、袁绍、刘表、韩遂、马超集团，据有黄淮。220 年曹操之子曹丕废汉建魏，定都洛阳，史称魏；221 年，刘备在成都称帝并重张汉朝名号，史称蜀；229 年，吴王孙权称帝，迁都建业（今江苏南京），史称吴。三国政权努力恢复经济，建立了官府直接经营的屯田系统，有民屯和军屯。221 年、227 年，魏国诏令恢复使用五铢钱。刘备、孙权政权也发行了大面额货币，以解决财政问题。产于吴国的青瓷器和铜镜是三国手工业的两类代表产品。青瓷器造型极见个性。铜镜的主要产品是神兽纹镜和画纹带镜，纹饰繁缛，充满细致的刻画。

袁绍拥兵自重

汉灵帝在黄巾起义的风潮中，一命呜呼了。他死后，年仅 14 岁的皇子刘辩继承皇位，这就是汉少帝。由于少帝年幼，何太后便按惯例临朝。这样一来，朝政大权又落入了外戚、大将军何进的手里。

袁绍，字本初，汝南汝阳（今河南商水西北）人。他出生于一个世代为官的地主家庭，从祖上袁安起，一直到袁绍的父亲袁逢，四代人中出了五个“三公”，人称“四世三公”。

由于何太后不同意消灭宦官，袁绍就劝何进密召驻扎河东的董卓带兵进京，用武力胁迫何太后。不料董卓还没有到达洛阳，宦官已得到消息，提前下手把何进杀死了。袁绍得知消息后，就和他的兄弟袁术带兵进宫，将搜捕到的宦官全部杀死了。

这时，董卓已率关西军进入洛阳。为了控制住局面，董卓假造声势，收编了何进的部下，独掌了朝政大权。此后，他便想废掉少帝刘辩，但又害怕众人不服，便找袁绍来商量，希望能借重袁绍的影响来控制朝野内外。谁知袁绍表示坚决反对，两人话不投机，拔刀相向。袁绍待在京师，总担心董卓对他下手，便匆忙离开了京师。

袁绍走后，董卓立即废掉少帝刘辩，另立陈留王刘协为帝，这就是汉献帝。袁、董虽然反目成仇，但袁绍世代为官，是当时声名显赫的世家大族，董卓顾及袁绍势力太大，为了缓和同袁绍的矛盾，就听从一些官员的劝告，任命袁绍为渤海太守。

袁绍号召各地豪强贵族势力反对董卓废立皇帝，董卓因此而杀死袁氏一族在

洛阳和长安的 50 多人。董卓残忍地对待袁氏家族，反而使袁绍更具有号召力。在反对董卓的队伍中，有一支不太引人注目的队伍，带领这支队伍的首领名叫曹操。

枭雄曹孟德

曹操，字孟德，小名阿瞒，沛国谯县（今安徽亳县）人。他父亲夏侯嵩是汉桓帝时大宦官曹腾的养子，随曹腾改姓了曹。

曹操从小就很聪明机警，善于随机应变。当时汝南名士许劭以善于评论人物著称，曹操特地登门拜访，请他品评自己。许劭起初不肯评说，经曹操再三追问，他才说："你在治世时，会成为能干的大臣；在乱世里，会成为奸雄。"

魏武帝曹操像

受《三国演义》的影响，在许多人的心目中，曹操是个反面人物。实际上，曹操是一位具有雄才大略的政治家和军事家，他统一北方，使混乱的社会经济得到恢复，对于结束东汉末年的战乱功不可没。同时，曹操在文学上也卓有建树。

曹操在 20 岁的时候，当了一个叫洛阳北部尉的小官。洛阳是一座大城，皇亲国戚、达官显贵很多，他们经常胡作非为，没人敢管。曹操到任后，命令手下人做了十几根五色棒，高高挂起，表明无论是什么人，只要触犯法规、禁令，就要挨棒子。大宦官蹇硕的叔叔依仗权势，违法乱纪。一天，他违反禁令，深更半夜提刀乱闯，被巡夜的当场捉住，挨了一顿五色棒的痛打。从此以后，谁也不敢违反禁令，洛阳的治安有了好转，曹操的威名一下子传开了。

190 年，曹操和各路讨伐董卓的大军，在陈留附近的酸枣（今河南延津西南）集合，组成一支"反董"联军，大家共同推举袁绍作为联军的盟主。

董卓听说各地起兵的消息，心惊胆战。他不顾大臣们的反对，决定迁都长安。汉献帝被迫离开洛阳后，董卓下令放火焚城。一时间，洛阳成了一片火海，致使洛阳的百姓流离失所，尸骨弃野。

这时，在酸枣附近集结的各路讨董大军都按兵不动，彼此观望。曹操看到这种情形，义愤填膺，带领手下 5000 人马，向成皋进兵。曹操的人马刚刚到了汴水，便遭到了董卓部将徐荣的攻击。双方力量对比悬殊，一交手，曹操便败下阵来。

曹操损兵折将，回到酸枣。他看到起义讨伐董卓的同盟军不能与他一起成就大事，就单独去了扬州（今安徽淮水和江苏长江以南），在那里招兵买马，养精蓄锐。

王允除董卓

董卓到了长安后，就自称太师，要汉献帝尊称他是"尚父"。

他看到朝廷里的大臣们人心涣散，对他没有什么威胁，也就寻欢作乐起来了。他在离长安 200 多里的地方，建筑了一个城堡，称作郿坞。郿坞的城墙修得又高又厚，他把从百姓那里搜刮得来的金银财宝和粮食都贮藏在那里，单说粮食一项，30 年也吃不完。

郿坞筑成以后，董卓得意地对人说："如果大事能成，天下就是我的；如果大

事不成，我就在这里安安稳稳度晚年，谁也打不进来。”

董卓有一个心腹，名叫吕布，勇力过人。董卓把吕布收作干儿子，叫吕布随身保护他。他走到哪里，吕布就跟到哪里。吕布的力气特别大，射箭骑马的武艺十分高强。那些想刺杀董卓的人，因为害怕吕布的勇猛，就不敢动手了。

司徒王允想除掉董卓，他知道要除掉董卓，必须先打吕布的主意。于是，他就常常请吕布到他家里，一起喝酒聊天。日子久了，吕布觉得王允待他好，也就把他跟董卓的事情向王允透露一些。

原来，董卓性格暴躁，稍不如他的意，就不顾父子关系，向吕布发火。有一次，吕布无意中冲撞了他，董卓竟将身边的戟朝吕布掷去。幸亏吕布眼疾手快，侧身躲过了飞来的戟，没有被刺着。为此，吕布心里很不痛快。

王允听了吕布的话，心里挺高兴，就把自己想杀董卓的打算也告诉了吕布。吕布答应跟王允一起干。

192 年，汉献帝生了一场病，身体痊愈后，在未央宫接见大臣。董卓得到通报从郿坞到长安去。为了提防有人刺杀他，他在朝服里面穿上铁甲，在乘车进宫的大路两旁，派卫兵密密麻麻地排成一条夹道护卫。他还叫吕布带着长矛在身后保卫他。他认为经过这样安排，就万无一失了。

殊不知，王允和吕布早已设好计策。吕布安插了几个心腹勇士扮作卫士混在队伍里，专门在宫门口等候。董卓的坐车刚一进宫门，就有人拿起戟向董卓的胸口刺去。但是戟扎在董卓胸前铁甲上，刺不进去。

吕布见此情景，立即举起长矛，一下子戳穿了董卓的喉头。随即，吕布从怀里拿出诏书向大家宣布：“皇上有令，只杀董卓，别的人一概不追究。”董卓的将士们听了，都高兴地呼喊万岁。

长安的百姓听到奸贼董卓死了，欢声雷动，举杯相庆。可是，过了不久，董卓的部将李傕、郭汜攻入长安，杀死了王允，赶走了吕布，长安又陷入混乱动荡之中。

董卓在历史上被视为罪恶滔天的残暴之徒，人们习惯将造成东汉末年国家分崩离析的社会状况记在他的头上。其实，董卓只是一个勇猛而有谋略的边将，如果不是外戚、朝官的无能，他也不会拥帝自立，他的历史作用，只是打开了军阀混战的大门。

迁都许城

东汉王朝经历了董卓之乱后，已经名存实亡，各地州郡割据一方，官僚、豪强趁机争城夺地，形成了大大小小的割据势力。

经过几年的苦心经营，曹操的势力渐渐壮大。他打败了攻进兖州（今山东西南部和河南东部）的黄巾军，在兖州建立了一个据点。他还将黄巾军的降兵补充到自己的军队中，扩大了武装。后来，他又打败了陶谦和吕布，成为一个强大的割据势力。

195 年，长安的李傕和郭汜发生火并，互相攻伐。在这种情况下，外戚董承和一批大臣带着献帝逃出长安，回到洛阳。这时的洛阳宫殿，早已被烧光了，到

处是瓦砾碎石、残垣断壁、荆棘野草。汉献帝到了洛阳，没有宫殿，就住在一个官员的破旧住房里。一些文武官员，没有地方住，只好搭个简陋的草棚，遮风避雨。这些还不算，最大的难处是没有足够的粮食充饥。

这时候，曹操正驻兵在许城（今河南许昌），听到这个消息，就和手下的谋士商量，把汉献帝迎过去。随后，他派出曹洪带领一支人马到洛阳去迎接汉献帝。

董承等大臣怀疑曹操另有图谋，发兵阻拦曹洪的人马。后来，曹操亲自到了洛阳，向他们说明：许城有粮食，但是不便运输到洛阳来，只好请皇上和大臣们暂时迁到那里，免得在洛阳受冻挨饿。

汉献帝和大臣一听许城有粮食，都赞同了迁都的建议。196 年，曹操把汉献帝迎到了许城。从那时起，许城成了东汉临时的都城，因此改称为许都。

曹操在许都给汉献帝修建了宫殿，献帝便正式上朝了。曹操自封为大将军，从此以后，曹操以汉献帝的名义向各地州郡豪强发号施令。

但是日子一久，由于要支付大批官员和军队的粮食供应，许都的粮食供应也发生困难了。经过十年混乱，到处都在闹饥荒。如果粮食问题不解决，大家也无法在许都待下去了。

有个叫枣祗的官员向曹操提出一个办法，叫作“屯田”。他请曹操把流亡的农民召集到许都郊外开垦荒地，农具和牲口由官府提供。每年收割下来的粮食，官府和农民平分。

曹操接受了枣祗的建议，下令实行屯田。不久，许都附近的荒地就开垦出来了。一年下来，原来已经荒芜的土地获得了丰收。

曹操用皇帝的名义号令天下诸侯，又采用屯田的办法，解决了军粮供应问题，还吸收了荀攸、郭嘉等一批有才能的谋士，也就奠定了成就霸业的基础。

煮酒论英雄

曹操把汉献帝迎到许都的这一年，徐州牧刘备前来投奔他。那时，刘备驻守的徐州被袁术和吕布联军夺了去。

刘备是河北涿郡（今河北涿州）人，是西汉皇室的宗亲。他从小死了父亲，家境败落，跟他母亲一起靠贩鞋织席过日子。他对读书不太感兴趣，却喜欢结交豪杰。有两个贩马的大商人经过涿郡，很赏识刘备的气度，就出钱帮助他招兵买马。

当时，到涿郡应募的有两个壮士，一个名叫关羽，一个名叫张飞。这两人武艺高强，又跟刘备志同道合，日子一久，3 个人的感情真比亲兄弟还密切。

刘备投奔曹操以后，曹操和刘备一起去攻打吕布。吕布兵败被杀。回到许都后，曹操请汉献帝封刘备为左将军，并且非常尊重刘备，走到哪儿，都要刘备陪在他身边。

这时候，汉献帝觉得曹操的权力太大了，又很专横，便要外戚董承设法除掉曹操。他写了一道密诏缝在衣带里，又把这条衣带送给董承。

董承接到密诏，就秘密地找来几个亲信，商量如何除掉曹操。他们觉得自己力量不够，认为刘备是皇室的后代，一定会帮助他们，就秘密与刘备联络。刘备

果然同意了。

此后过了不久，曹操邀请刘备去喝酒。两个人一面喝酒，一面说笑，谈得很投机。他们谈着谈着，很自然地谈到天下大事上来了。曹操拿起酒杯，说："您看当今天下，有几个人能算得上英雄呢？"

刘备谦虚地说："我说不清楚。"

曹操笑着对刘备说："我看啊，当今的天下英雄，只有将军和我曹操两个人。"

刘备心里想着跟董承同谋的事，正感觉不安，听到曹操这句话，大吃一惊，身子打了一个寒战，手里的筷子掉在了地上。正巧在这时，天边闪过一道电光，接着就响起一声惊雷。刘备一面俯下身捡筷子，一面说："这个响雷真厉害，把人吓成这个样子。"

刘备从曹操府中出来，总觉得曹操这样评价自己，将来会丢了性命，便等待机会离开许都。

事也凑巧，袁绍派他儿子到青州（今山东泰山以东至渤海的地区）去接应袁术，要路过徐州（今江苏长江以北及山东南部地区）。曹操认为刘备熟悉那一带的情况，就派他去截击袁术。刘备一接到曹操命令，就赶紧和关羽、张飞带着人马走了。

刘备打败了袁术，夺取了徐州，决定不回许都去了。

到了第二年春天，董承和刘备在许都合谋反对曹操的事败露了。曹操把董承和他的3个心腹都杀了，并且亲自发兵征讨刘备。

刘备听说曹操亲自带领大军进攻徐州，慌忙派人向袁绍求救。袁绍手下的谋士田丰劝袁绍乘许都兵力空虚的时候偷袭曹操，袁绍没有听从。

曹操大军进攻徐州，刘备兵少将寡，很快就抵挡不住，最后只好放弃徐州，投奔冀州（今河北中部、南部地区）的袁绍。

官渡之战

曹操、袁绍是当时北方势力中最大的两个政治集团的领袖，二人决战势在必行。袁绍有军队数十万，后方巩固，兵精粮足。而曹操能用以抵抗袁绍的军队仅一二万人，且所居之地久经战乱，物资供应远不丰富。200年二月，袁绍遣谋士郭图、大将颜良进军白马（今河南滑县东北），围攻曹操的东郡太守刘延，自己亲率大军进至黎阳（今河南浚县东），准备渡河直捣许都。决战中，曹操充分表现了自己的军事才能。他先是采用声东击西之计，斩大将颜良，解白马之围。然后诱敌深入，又于延津（今河南延津县北）之战中大败袁军，斩大将文丑。

初战胜利后，曹操主动撤兵，退屯官渡（今河南中牟县东北），深沟高垒，坚壁不出，等待战机，如此阻扼袁绍十万大军达半年之久。十月，袁绍谋士许攸投奔曹操，透露了袁绍新近在乌巢（今河南延津东南）囤积万余车粮草辎重的情况，并建议曹操出奇兵偷袭乌巢。半夜时分，曹军赶至乌巢，四面点火，围攻袁军大营，守将淳于琼出战不利，退守粮囤，等待援军。乌巢离袁绍大营仅20千米，但袁绍得知曹操亲自率兵偷袭乌巢，认为这正是攻破曹操大营的好机会，便派大

将军张郃、高览等进攻官渡曹军大营，只派少数轻骑往救乌巢。在乌巢，曹操督军继续猛攻，曹军将士殊死奋战，终于大破淳于琼军，阵斩淳于琼，烧其粮草辎重万余车。

乌巢一仗，决定了官渡之战的胜负，袁绍攻曹操官渡大营未下，乌巢败讯已经传来。袁军将领张郃、高览等见大势已去，投降曹操，曹操乘势出击，消灭袁军七八万人，袁绍与其子袁谭仅带800余名亲兵逃过黄河。官渡之战，曹操以弱胜强，为他统一北方奠定了基础。

孙策入主江东

正当曹操经营北方的统一大业时，南方有一支割据势力渐渐壮大起来，这支队伍的首领就是入主江东（今长江下游的江南地区）的孙策、孙权两兄弟。

孙策，字伯符，吴郡富春（今浙江富阳）人，出生于当地一个名家大族。他的父亲孙坚因镇压农民起义有功，朝廷封他为长沙太守。

孙坚后来又参加了讨伐董卓的联军。他到鲁阳（今河南鲁山县）时遇上袁术，被袁术封为破虏将军。在袁术和刘表争夺荆州的战斗中，孙坚打先锋，击败了刘表的大将黄祖。孙坚乘胜追击，不料，在追击途中被黄祖手下一名躲藏在树丛中的士兵用暗箭射死。

孙坚死后，长子孙策接替他的职务，统领部队，继续在袁术手下供职。孙策打起仗来勇猛异常，总是一马当先，当时人们都称他为“孙郎”。

孙策想继承父志，干一番大事业，但总感到在袁术手下难以施展自己的抱负。于是千方百计寻找机会脱离袁术，另寻出路。正巧孙策的舅舅、江东太守吴景这时被扬州刺史刘繇赶出丹阳，孙策便向袁术请求，去平定江东，替舅舅报仇。

孙策带领袁术拨给他的1000人马到江东去，以此来开辟自己的地盘。他一路上招募兵士，从寿春到达历阳（今安徽和县）时，已招募了五六千人。这时，孙策少年时的好朋友周瑜正在丹阳探亲，听说孙策出兵，就带领一队人马前来接应，帮助他补充了粮食和其他物资。这样，孙策进一步充实了自己的力量，而且增加了一个得力助手。

孙策带领军队，渡过长江，先后几次打败刘繇的军队，最后把刘繇从丹阳赶走，还攻下了吴郡和会稽郡，同时控制了江东大部分地区。

孙策到江东后，军纪严明，不许士兵抢掠百姓财物、侵害百姓利益，深得江东百姓的欢迎。

孙策平时爱好打猎。有一天，他追赶一头鹿，一直追到江边，他的马快，跟从他的人都被远远地甩在后面。这时，原吴郡太守许贡的三个门客正好守在江边。孙策在攻下吴郡时，杀了太守许贡，因此，许贡的门客一直在寻找机会替许贡报仇。他们见机会来了，便一齐向孙策突发冷箭。孙策的面颊中了一箭。

孙策的病情很快恶化，他自知好不了了，便把张昭等谋士请来，对他们说：“我们现在依靠吴、越地区的人力资源，长江的险固，可以干一番事业，请你们好好辅佐我的弟弟。”

他又把孙权叫到面前，把自己的官印和系印丝带交给他，说："带领江东的人马，在战场上一决胜负，和天下人争英雄，你不如我；推举和任用贤能的人，使他们尽心竭力，保住现在的江东，我不如你。"当晚，这位纵横江东的"孙郎"便死去了。

孙策死后，弟弟孙权接替他的职务，掌管大权。在张昭和周瑜的帮助下，年仅 19 岁的孙权继承父兄业绩，担负起巩固发展江东的重任。

孙权

孙权（182 年—252 年），吴国建立者，即吴大帝。在位 23 年。字仲谋，吴郡富春（今浙江富阳）人。孙坚子，孙策弟。孙权 15 岁为阳羡长，相继察孝廉、举茂才。建安五年（200 年）孙策亡，孙权代统部众，任讨虏将军、会稽太守，拥有江东六郡。建安十三年（208 年）与刘备联军大败曹操于赤壁。十五年（210 年）又派步骘进兵岭南。后在猇亭（今湖北宜都北长江北岸）击破刘备军。黄龙元年（229 年）孙权称帝于武昌（今湖北鄂城），国号吴，旋迁都建业（今江苏南京）。次年，遣卫温等至夷洲（今台湾）。赤乌五年（242 年）又派聂友等赴珠崖、儋耳（今海南岛）。在位期间，孙权设置农官，大力推行屯田，注意兴修水利。

刘备

刘备（161 年—223 年），蜀汉政权的建立者，即昭烈帝。在位 3 年。字玄德，涿郡（今河北涿州）人。东汉末起兵，镇压黄巾起义军，与袁术相攻。后被吕布击败，归曹操，任左将军。建安五年（200 年），为操所败，投奔袁绍。不久曹操在官渡（今河南中牟东北）大破袁绍，备改依刘表，屯于新野（今属河南）。此后，长驻荆州达 8 年之久。建安十二年（207 年），在隆中（今湖北襄阳西）三顾草庐，得诸葛亮为谋士，采其策联合孙权，对抗曹操，占领荆州。建安二十四年（219 年）进兵汉中，次年杀曹操大将夏侯渊，取得汉中，自称汉中王。221 年称帝，都成都，国号汉，年号章武。次年亲率大军东征攻吴，被吴将陆逊击败，退至白帝城（重庆奉节东北），第二年病死。

诸葛亮

诸葛亮（181 年—234 年），蜀汉政治家。字孔明。琅玡阳都（今山东沂南南）人。建安十二年（207 年），刘备因徐庶推荐，三顾草庐向诸葛亮求教。他建议占据荆（今湖南、湖北）、益两州，西和诸戎，南抚夷越，结好孙权，对抗曹操，复兴汉室，即所谓"隆中对"。从此深得刘备信任。建安十三年（208 年），曹操率军 20 余万大举南下，他奉命东结孙权，联军 5 万人，在赤壁大败曹操，刘备乘胜占有荆州大部地区。建安十六年（211 年）从刘备入益州，3 年后破成都。刘备称帝后，诸葛亮任丞相。章武三年（223 年）受刘备托孤。刘禅继位后，被封为武乡侯，当政期间，励精图治，赏罚严明，务农植谷，推行屯田，发展生产，改善和西南各族关系。著作有《诸葛亮集》。

三顾茅庐

三顾茅庐图　明　佚名

当曹操扫除北方残余势力的时候，在荆州依附刘表门下的刘备，也正寻找机会实现自己的政治抱负。他四处招请人才，为自己出谋划策。在投奔他的人当中，有个名士叫徐庶，刘备非常赏识他的才智，便拜他为军师。

有一天，徐庶对刘备说道："在襄阳城外20里的隆中，有一位奇士，您为什么不去请他来辅助呢？这位奇士复姓诸葛，名亮，字孔明，此人有经天纬地之才，人称'卧龙'。"

刘备听到有这样的贤才，非常高兴，便决定亲自去拜访诸葛亮。第二天，刘备带着关羽、张飞启程前往隆中。

刘备一行三人来到隆中卧龙岗（在今湖北襄樊），找到了诸葛亮居住的几间茅草房。刘备下马亲自去叩柴门，一位小童出来开门，刘备自报姓名，说明了来意。小童告诉他们："先生不在家，一早就出门了。"

几天以后，刘备听说诸葛亮已经回来了，忙让备马，再次前往。时值隆冬，寒风刺骨。他们三人顶风冒雪，非常艰难地走到卧龙岗。当他们来到诸葛亮家，才知道诸葛亮又和朋友们出门了。刘备只好给诸葛亮留下一封信，表达了自己求贤若渴的心情。

刘备回到新野（今河南新野）之后，一心想着诸葛亮的事，时常派人去隆中打听消息，准备再去拜谒孔明。三个人第三次去隆中时，为了表示尊敬，刘备离诸葛亮的草房还有半里地就下马步行。到了诸葛亮的家时，碰巧诸葛亮在草堂中酣睡未醒。刘备不愿打扰他，就让关张两人在柴门外等着，自己轻轻入内，恭恭敬敬地站在草堂阶下等候。

诸葛亮被刘备的诚心所打动，他根据自己多年来研究时势政治的心得体会，向刘备详细讲述了自己的政治见解，提出了实现统一的战略方针。他说："现在曹操打败了袁绍，拥有百万兵马，又借天子的名义号令天下，很难用武力与他争胜负了。孙权占据江东，那里地势险要，民心顺服，还有一批有才能的人为他效劳，也不可以与他争胜负，但可以与他结成联盟。"

接着，诸葛亮分析了荆州（今湖南湖北）和益州（今四川）的形势，认为如果能占据这两州之地，对外联合孙权，对内整顿内政，一旦机会成熟，就可以从荆州、益州两路进军，攻击曹操。到那时，功业可成，汉室可兴。

刘备听完诸葛亮的讲述，茅塞顿开。他赶忙站起来，拱手谢道："先生的一席话，让我如拨开云雾而后见青天。"刘备从诸葛亮的分析中看到了自己广阔的政治前景，于是再三拜请诸葛亮出山。诸葛亮见刘备这样真诚地恳求，也就高高兴

兴地跟刘备到新野去了。

从那时起，年仅 27 岁的诸葛亮用他的全部智慧和才能帮助刘备实现政治抱负，建立大业。从此，刘备才真正拉开了称霸一方的序幕。

赤壁之战

曹操统一北方后，于 208 年秋天率兵 30 万，号称 80 万，南下攻打荆州。当曹操的军队还没有到达时，刘表就病死了。他的两个儿子——长子刘琦、次子刘琮向来就不和睦，在刘表临终前几个月，刘琦出任江夏太守，刘琮被部下拥戴，继任荆州牧。刘琮是个贪生怕死的人，听说曹操来攻荆州，暗地派人投降，曹操兵不血刃地占领了襄阳，当时刘备和诸葛亮正在与襄阳一水之隔的樊城（今湖北襄樊）操练兵马，他还不知道刘琮已经投降。曹操大军逼近时，单凭自己的力量抵抗曹操已不可能，便与诸葛亮率军向江陵（今湖北江陵）退去。

刘备在荆州很有影响，当他撤退时，有 10 多万百姓纷纷随他南下，辎重数千辆，男女老幼互相搀扶，所以每天走得很慢。曹操看出刘备想退守江陵的意图，亲自率 5000 骑兵，昼夜急行 300 多里，直奔江陵。曹军在当阳长坂（今湖北当阳东北）追上刘备，大败刘备。曹操顺利占据江陵，而刘备却逃到刘琦驻守的夏口（今湖北武汉市）。此时刘备的军队除关羽的 1 万水军和刘琦的 1 万多步兵外，其余损失殆尽。

曹操席卷荆州的消息传到江东，孙权部下的文武官员都异常震动，有些人主张投降，孙权犹豫不决。在曹操进兵荆州以前，孙权就曾派鲁肃到荆州去探听虚实，鲁肃在当阳劝刘备把军队移驻到长江南岸的樊口（今湖北鄂城），以便和东吴互通声气。刘备乘机派诸葛亮和鲁肃一同前往柴桑（今江西九江）去见孙权，商议联合抗曹的策略。

这时候，孙权接到曹操的恐吓信，声称孙权若不投降，他将率 80 万大军直捣江东。曹操的威势使一些人吓破了胆，长史张昭就是其中之一。他认为只有投降才是上策。针对这种观点，周瑜批驳说："曹操挥师南下，后边有关西马超、韩遂的威胁，后方一定不稳定。再说曹军习于陆战，不习水战，他们与我们较量是舍长就短。另外，现在是寒冬十月，曹操军马粮草不足，北方士兵远涉江湖之间，水土不服，必生疾病。这些都是曹操致命的弱点。曹操号称 80 万大军，据我观察，曹操带来的军队不过十五六万，已疲惫不堪；从刘表那里所得军队，最多不过七八万，且人心不稳。这二十二三万军队人数虽多，但不堪一击。将军只要给我 5 万精兵，就足以打败曹操，请将军放心。"一番话说得孙权非常激动，他拔出宝剑，砍掉奏案的一角，厉声说道："诸将吏谁再敢说投降二字，就和这奏案一样！"

于是，孙权以周瑜为左督（总指挥），程普为右督（副总指挥），鲁肃为赞军校尉（参谋长），率精兵 3 万，与刘备大军一齐进驻长江南岸的赤壁（今湖北蒲圻西北），与江北曹操的军队隔江对峙。

曹操的士兵因来自北方，初到南方个个水土不服，很不习惯南方潮湿的气

候，再加上不习惯乘船，没多久就病倒了许多人。曹操见士兵们身体虚弱，只好召集谋士们商量对策。这时，有人献上连环计：将水军的大小战船分别用铁环锁住，十几条船一排，每排船上再铺上宽阔的木板，不仅人可以在上面行走自如，就是马也可以在上面跑起来。曹操听了非常高兴，立即下令：连夜打造连环大钉，锁住大小战船。这样做后，效果果然不错，人在船上走，如履平地，一点也不觉得摇晃。

诸葛亮舌战群儒
凭着雄辩之才和满腹智慧，诸葛亮轻易达到了联吴抗曹的目的。

驻防在长江南岸的孙刘联军看见曹操的战船连在一起，便想用火攻。正在发愁无法将火种靠近敌船时，周瑜手下的大将黄盖主动要求自己假装投降，以便靠近敌船。

周瑜很赞成黄盖的主意，两人经过商量，派人给曹操送去一封信，表示投降曹操。曹操以为东吴的人看清了形势，害怕兵败身亡，便没怀疑黄盖的诈降。

周瑜在江东将各路人马布置停当，只等东南风起，火攻曹营。

208年冬至那天半夜，果然刮起了东南风，而且风势越来越猛。黄盖又给曹操去了一封信，约定当晚带着几十只粮船到北营投降。

当天晚上，黄盖率领20只战船，船上装满干草、芦苇，浇了膏油，上面蒙上油布，严严实实地把船遮盖住。每只船后又拴着3只划动灵活的小船，小船里都埋伏着弓箭手。降船扯满风帆，直向北岸驶去。曹军水寨的官员听说东吴的大将前来投降，都跑到船舷来观看。

黄盖的大船离北岸约2里左右时，只见黄盖大刀一挥，20只大船一齐着起火来，火焰腾空而起，20只战船像狂舞的火龙，一起撞入曹操的水军中。火趁风势，风助火威，一眨眼的工夫，曹军的水寨成了一片火海。水寨外围都是用铁钉和木板连起来的首尾相接的连环船，一时间拆也无法拆，逃也逃不走，只好眼巴巴地看着大火烧尽战船。黄盖他们则早已跳上小船，不慌不忙地接近北营，向岸上发射火箭。这样一来，不但水寨里的战船被烧，连岸上的营寨也着了火。一时间，江面上火逐风飞，一片通红，漫天彻地。

刘备、周瑜一看北岸火起，马上率水陆两军同时进兵，杀得曹军死伤了一大半，曹操败走华容道（今湖北监利县西北）。刘备、周瑜水陆并进，乘胜追击，一直追到南郡。曹操在战斗中损兵折将。恰在这时，又传来孙权围攻合肥的消息，必须派兵驰援。曹操只得留下曹仁、徐晃驻守江陵，乐进驻守襄阳，自己率领其余的队伍踏上北归的路途。

赤壁之战，以孙刘联军胜利、曹操大败而告结束。这是三国时期以少胜多，以弱制强的著名军事战役，为三国鼎立奠定了基础。赤壁之战结束后，曹操再也无力南下，统一全国的愿望化成了泡影。孙权稳定江东，并且向岭南地区发展。刘备占据荆州，向益州发展。

刘备入川

赤壁之战以后，周瑜把曹操的人马从荆州赶了出去。在荆州的归属问题上，孙、刘两家发生了分歧。刘备认为，荆州本来是刘表的地盘，他和刘表是本家，刘表不在了，荆州理应由他接管；孙权则认为，荆州是靠东吴的力量打下来的，应该归东吴。后来，周瑜只把长江南岸的土地交给了刘备。刘备认为分给他的土地太少了，很不满意。不久，周瑜病死，鲁肃从战略的角度考虑，认为把荆州借给刘备，可以让他抵挡北方的曹操，东吴便可以借机整顿兵马，图谋大业。为此，他劝说孙权把荆州借给刘备。

借人家地方总不是长远之计，刘备按照诸葛亮的计划，打算向益州发展。正好在这个时候，益州的刘璋派人请刘备入川。

原来，益州牧刘璋手下有两个谋士，一个叫法正，另一个叫张松。两人私交很深，都是很有才能的人。他们认为刘璋是无能之辈，在他手下做事没有出息，想谋个出路。

法正来到荆州后，刘备殷勤地接待了他，同他一起谈论天下形势，谈得十分投机。

法正回到益州后，就和张松秘密商议，想把刘备接到益州，让他做益州的主人。

过了不久，曹操打算夺取汉中（今陕西汉中东）。这样一来，益州就受到了威胁。张松趁机劝刘璋请刘备来守汉中。刘璋便派法正带了 4000 人马到荆州去迎接刘备。

刘备见到法正后，对于是否入川还有点犹豫。那时候，庞统已经当了刘备的军师，他坚决主张刘备到益州去。刘备听从了法正、庞统的劝说，让诸葛亮、关羽留守荆州，自己亲率人马到益州去。

后来，张松做内应的事泄露了。刘璋杀了张松，布置人马准备抵抗刘备。

刘备带领人马攻打到雒城（今四川广汉北）时，受到雒城守军的顽强抵抗，足足打了一年才攻下来，庞统也在战斗中中箭而亡。随后，刘备向成都进攻，诸葛亮也带兵从荆州赶来会师。刘璋无力抵抗，只好投降了。

214 年，刘备进入成都，自称益州牧。他认为法正对这次攻进益州立了大功，便把他封为蜀郡太守，整个成都都归法正管辖。

诸葛亮帮助刘备治理益州，执法严明，不讲私情，当地有些豪门大族都在背地里吐露怨气。

法正劝告诸葛亮说："从前汉高祖进关，约法三章，废除了秦朝的许多刑罚，百姓都拥护他。您现在刚来到这里，似乎也应该宽容些，这样才合大家心意。"

诸葛亮说："您知道的并不全面。秦朝刑法严酷，百姓怨声载道，高祖废除秦法，约法三章，正是顺了民心。现在的情况与那时完全不同。刘璋平时软弱平庸，法令松弛，蜀地的官吏横行不法。现在我要是不注重法令，地方上是很难安定下来的啊。"

法正听了这番话，对诸葛亮十分佩服。

水淹七军

刘备巩固了在益州的地位后，自立为汉中王。他封关羽为前将军，派益州前部司马犍手下人费诗到荆州，把前将军的印绶送给关羽。关羽把他趁着曹操在汉中失败和士气低落之机准备进攻襄阳和樊城的打算告诉了费诗，请他回去向刘备报告。关羽在南郡后方布置好防务后，就准备发兵去攻打襄阳和樊城。

关羽叫南郡太守麋芳守江陵、将军傅士仁守公安（今湖北公安西北油江口），嘱咐他们随时供应粮草，必要的时候补充兵源，自己带着关平、周仓等率领一支人马去打樊城。樊城的守将曹仁听说关羽发兵，就向曹操报告求援。曹操派左将军于禁、立义将军庞德带领7队人马赶到樊城去帮助曹仁。

曹仁叫于禁、庞德屯兵樊北，互相支援。关羽的军队很快地渡过襄江，围住樊城，每天在城下叫战。虽然樊城内的兵马只有几千，可是驻扎在城北的却有7队兵马，声势浩大。曹仁就跟于禁商议好，一起夹攻关羽。于禁派两个部将董超和董衡带领两队人马先去试探一下，没有一顿饭的工夫，就被打得落花流水，死伤了1/3，吓得曹仁不敢出来了。

曹兵坚守不战，汉军也没法攻破城池。关羽便在白天带着十几个军士，登上高处观察地形。他看见樊城上曹军的旗号杂乱，士兵慌乱；又看到于禁营寨建在山谷里，四处一望，不禁喜上眉梢。

关羽回到营寨，马上吩咐将士们赶紧准备大小船只和木筏子。关平不解地问："我们在陆地打仗，为什么准备水具？"关羽说："现时是八月雨季，过不了几天就会有暴雨降临。我预料这场大雨，足以使江水泛涨，我们事先堵住各处水口，等到大水发来，就放水淹于禁营寨和樊城，战船可就有用了。"关平听了，连连表示赞同。

果然，开始下大雨了，雨势连绵未绝。

一天夜里，庞德坐在帐中，只听帐外水声怒吼，战鼓震地。他急忙出了营帐观看，只见四面八方，全是白茫茫的大水，士兵们随波逐流，漂走的不计其数。于禁、庞德急忙攀上小山避水。好不容易等到天亮，狂风暴雨好像发了疯一般，樊北地势低，平地积水高达3丈，把七军都淹没了，就是樊城，大水也涨到城墙的半腰，曹仁、满宠他们早已爬到城门楼上去了。

关羽、关平、周仓等人坐着大船，别的将士们划着小船，摇旗呐喊着，冲了过来。于禁见无路可逃，便举手投降了。关羽命人脱下于禁的衣甲，把他押在大船里，又去捉拿庞德。

这时，庞德夺了蜀兵的一只小船，正往樊城划去。关羽身边的周仓见了，跳

入水中，掀翻小船，活捉了庞德。

关羽杀了不肯归降的庞德，率军兵趁水势未退，上战船直奔樊城。

关羽水淹曹仁大军，震动了整个中原。曹操得到消息，有些惊慌，打算暂时放弃许都，避开关羽的锋芒。这时，谋士司马懿献计说，关羽虽然智勇过人，但他与孙权不合。不如派人去游说孙权，约他从背后攻击关羽，这样，樊城之围会解除，中原也自然没有危险了。曹操听从了司马懿的计策。

吕蒙袭荆州

赤壁之战后，刘备和孙权瓜分了荆州，刘备又以抵抗曹操为名借了孙权占领的荆州的南郡。后来，刘备又占据了益州和汉中，孙权向刘备索要南郡，遭到拒绝。

219 年，镇守荆州的关羽留下南郡太守糜芳守公安，将军傅士仁守江陵，自己亲率大军进攻曹魏的襄阳、樊城。

驻守陆口（今湖北嘉鱼西南）的吴将吕蒙向孙权建议趁机夺回荆州。219 年，孙权任命吕蒙为大都督，进攻江陵。吕蒙将战船伪装成商船，将精兵藏在船舱内，摇橹的士兵身穿白衣，扮成商人模样，日夜兼程。吴军抵达公安后，蜀将傅士仁投降，傅士仁又劝糜芳投降。吴军兵不血刃就占领了荆州的两个重镇。

关羽得知荆州失守后，急忙撤军回援。关羽将士得知公安、江陵已经失守，吕蒙又善待他们的家属后，纷纷逃散。关羽势单力薄，败走麦城（今湖北当阳东南），后被吴军俘杀于彰乡（今湖北当阳东北）。孙权占据了荆州。

七步成诗

建安二十五年 (220 年)，66 岁的曹操病死在洛阳。曹操死后，太子曹丕继袭他的魏王和丞相位，掌握朝廷大权。这时，有人告发他的弟弟、临淄侯曹植经常喝酒骂人，还扣押了他派去的使者。曹丕便立即派人到临淄把曹植押回邺城审问。

曹丕和曹植都是曹操的妻子卞后生的。曹植是曹操的四子，从小聪明过人，十几岁的时候，就读了不少书，写的文章很出色。

曹操在征战之余，很喜欢文学，也赏识文士。他见曹植文章出众，开始怀疑是别人代写的，试了曹植几次，果然觉得他才华出众，品格质朴，因此对他特别宠爱，多次想把他封为王太子，但很多大臣坚决反对，才未决定下来。

山东东阿鱼山曹植墓　三国

位于山东省东阿县鱼山。魏太和三年（229 年），曹植被徙封东阿；六年（232 年），封为陈王，抑郁而逝，谥曰思，世称“陈思王”。

曹丕怕自己地位不稳，也想方设法讨曹操喜欢。有一次，曹操出兵打仗，曹丕、曹植一同去送行。临别的时候，曹植当场念了一段颂扬曹操功德的文章，得到大家的赞

赏。有人悄悄对曹丕说："大王要离开了，你只要表示伤心就是了。"曹丕果然在与曹操告别时抹起了眼泪。曹操很受感动，也掉下泪来。

曹操在世时，曹丕曾利用弟弟好酒贪杯的弱点，几次设计让弟弟出丑，损害父亲对弟弟的信任。曹丕做魏王后，对曹植依旧嫉恨在心。这一回，就抓住了机会，要处曹植死罪。

卞太后得知消息，急得不得了，赶忙在曹丕面前给曹植求情，要他看在同胞兄弟分儿上，对曹植从宽处理。

曹丕不能不依从母亲的话。再说，为了一点小事杀了兄弟，也不是体面的事，就把曹植的临淄侯爵位撤了，降为一个比较低的爵位。然后，曹丕把曹植召来，要他在走完七步的时间里作出一首诗。如果作得出，就免他的死罪。

曹植略微思索一下后，就迈开步子，边走边念出一首诗：

煮豆持作羹，漉豉以为汁。
其在釜下燃，豆在釜中泣。
本是同根生，相煎何太急。

曹丕听后，也觉得自己对弟弟逼得太狠，感到有些惭愧，就免去了曹植的死罪，把他遣回封地。最后，曹植在一个远离京城的小郡忧郁而死。

就在曹丕做了魏王的这一年秋天，他的亲信联名上书，劝汉献帝让位给魏王。

汉献帝做了 30 多年的挂名皇帝，接到大臣上书后，就让了位，曹丕封他为山阳公。曹丕的亲信大臣还隆重举行了一个"推位让国"的禅让仪式。

220 年，曹丕称帝，建立魏国，就是魏文帝。东汉王朝到此也正式结束了。

火烧连营

蜀汉得知曹丕称帝的消息后，大臣们便拥立刘备承继汉家帝位。221 年，汉中王刘备正式在成都即皇位，这就是汉昭烈帝。

由于孙权重用吕蒙，用计袭取了荆州，杀了关羽，使得蜀汉和东吴的矛盾越来越激化。刘备即位之后，便调集 75 万大军，以替关羽复仇为名，进攻东吴。刘备出兵前，张飞的部将叛变，杀了张飞投奔东吴。刘备旧恨未报又添新仇，报仇心切的他命令大军急进。蜀军先锋吴班、冯习很快攻占巫县（今重庆巫山）、秭归（今湖北秭归）。

东吴君臣吓得要命，赶紧派使者向刘备求和，但都没有效果。孙权正在着急的时候，大臣阚泽以全家担保举荐陆逊为统帅。于是孙权封镇西将军陆逊为大都督，赐给他宝剑印绶，带领 5 万人马抵御蜀军。

第二年正月，刘备到了秭归（今湖北秭归）。蜀军水陆并进，直抵夷陵（今湖北宜昌东南）。刘备率领主力，进驻猇亭（今湖北宜都北）。他在长江南岸沿路扎下营寨，水军也弃舟登陆。从巫峡到夷陵的六七百里山地上，蜀军一连设置了几十处兵营，声势非常浩大。

陆逊看到蜀军士气旺盛，又占据了有利地形，很难攻打，就坚守不出。这时，东吴的安东中郎将孙桓被蜀军包围在夷道（今湖北宜都西北），派人向陆逊求救。

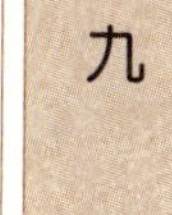

陆逊手下的将领，也纷纷要求派兵救援。陆逊对大家说："孙桓很得军心，夷道城池牢固，粮草也很充足，不必忧虑，等我的计谋实现以后，孙桓就自然解围了。"

东吴众将见陆逊既不肯攻击蜀军，又不肯救援孙桓，认为他胆小怕打仗，都在背地里愤愤不平。

刘备在夷陵受阻，从这年（222 年）一月到六月，一直找不到决战的机会。他为了引诱吴军出战，命令吴班带领几千人马，到平地上扎营，摆出挑战的架势。事先在附近山谷里埋伏了 8000 精兵，等候吴军。东吴众将以为机会来了，都想出击。陆逊阻止说："蜀兵在平地里扎营的兵士虽然少，可是周围山谷里一定有伏兵。我们不能上这个当，看看再说。"刘备见陆逊不上当，便把埋伏在山谷中的伏兵撤出。这一来，东吴诸将都佩服陆逊了。

陆逊通过观察，对局势了然于胸，于是决定进行反击。陆逊先派一支军队试攻蜀军一处兵营。这一仗，吴军虽然打败了，但陆逊却找到了进攻蜀军的办法。

接着，陆逊命士兵每人拿着一把茅草冲入蜀营，顺风点火，发动火攻。那天晚上，风刮得很大，蜀军的营寨都是连在一起的，一个营起火，便延烧到另一个营。顿时，蜀军的营寨陷入了一片火海之中。陆逊率领大军，乘机反攻，一连攻破蜀军 40 余座营寨，杀死蜀将张南、冯习等人。蜀军纷纷逃命，包围夷道的蜀军也都溃逃了。

刘备逃到夷陵西北的马鞍山。陆逊督促大军四面围攻，又杀死蜀军 1 万多人。刘备乘夜冲出重围，逃归白帝城（今四川奉节东）。

这一场大战，蜀军几乎全军覆没，军用物资也全被吴军缴获。历史上把这场战争称之为"夷陵之战"，又称"猇亭之战"。

七擒孟获

三国时期，在蜀汉的南部，就是今天云南、贵州和四川的南部，当时称为"南中"，散居着许多少数民族，总称为"西南夷"。但蜀在南中的统治并不巩固。建兴元年（223 年）刘备死后，牂牁郡（今贵州凯里西北）太守朱褒、益州郡（今云南晋宁东）的大姓雍闿、越嶲郡（今四川西昌）豪族首领高定纷纷反叛。

因与孙权交战，蜀国实力大为削弱，经过一年多时间的内部整顿，"闭关息民"后，蜀建兴三年（225 年）诸葛亮亲自率兵南征。出师前，他采纳部将马谡的建议，确定了以抚为主的攻心战术。七月，诸葛亮由越嶲入南中，派马忠率东路军进攻牂牁，消灭朱褒的势力；又派李恢率中路军自平夷（今贵州毕节）直趋益州郡。自己亲率主力进入益州。这时雍闿已被高定的部下杀死，孟获代之为统帅，收集雍闿余部与诸葛亮对抗。孟获在当地少数民族中很有威望，所以诸葛亮根据自己的既定方针，决定生擒孟获，令其心服归降。

孟获听说蜀兵南下就带兵迎战，远远看见蜀兵队伍交错、旗帜杂乱，心里就想："人们都说诸葛丞相用兵如神，看来言过其实了。"孟获冲出阵去，蜀将王平迎战。没有几个回合，王平回头就跑，孟获放胆追杀，一口气就追赶了 20 多里。忽然四下里杀声震天，蜀军冲杀了出来，左有张嶷，右有张翼，截断了退路。南

兵大败，孟获死命冲出重围。然而前边路狭山陡，后边追兵渐近，孟获只得丢下马匹爬山；紧跟着又是一阵鼓声，埋伏在这里的魏延带领 500 人冲杀了出来，结果毫不费劲儿就活捉了孟获。

孟获被押到大帐里，诸葛亮问："现在你被活捉了，有何话说？"孟获说："我是因为山路狭陡才被捉住的。"诸葛亮道："你要是不服气，我放你回去如何？"孟获答得倒也干脆："你要是放了我，我重整兵马，和你决一雌雄，那时再当了俘虏，我就服了。"诸葛亮立即让人给孟获解开绑绳，放他回去。

诸葛亮像

孟获回寨以后，派他手下的两个曾被俘虏后又放回的洞主出战，但他们又打了败仗。孟获说他俩是故意用败阵来报答诸葛亮，把他们痛打了 100 军棍。这两人一怒之下，带了 100 多个放回的南兵，冲进孟获的营帐，把喝醉了的孟获绑了起来，献给了诸葛亮。

诸葛亮笑着对孟获说："你曾经说过，再当俘虏就服了，现在还有什么话说？"孟获振振有词地说："这不是你的能耐，是我手下人自相残杀，这怎么能让我心服呢？"诸葛亮见他不服，就又放了他。就这样捉了放，放了捉，前后捉了孟获七次。

到了第七次擒住孟获时，诸葛亮也不和孟获说话，只是给他解了绑，送到邻帐饮酒压惊，然后派人对孟获说："丞相不好意思见你了，让我放你回去，准备再战。"孟获听了这话，流下了眼泪，他对左右说："丞相七擒七纵，从古至今没有发生过这样的事情。可以说，丞相待我仁至义尽了，我要是再不感谢丞相的恩德，可就太不知羞耻了。"说完来到诸葛亮面前，跪倒在地上说："丞相天威，南人永远不再造反了。"诸葛亮当场封孟获永远为南人洞主，蜀兵占领之地，全部退还。孟获及家人感恩不尽，欢天喜地地回去了，诸葛亮便率领大军回师成都。

诸葛亮七擒孟获平定南中，不但解除了蜀汉的南顾之忧，稳定了后方，而且从南方调发了大量人力物力，充实了蜀汉的财政力量，从而可以专心于北方，挥兵北进汉中了。

马谡失街亭

诸葛亮平定南中之后，又做了两年的准备工作，在 227 年冬天，带领大军到汉中驻守。汉中接近魏、蜀的边界，在那里可以随时找机会向魏国进攻。

蜀军经过诸葛亮的严格训练，士气旺盛，阵容整齐。而且自从刘备死后，蜀汉多年没有出兵，魏国毫无防备。这次蜀军突然袭击祁山，守在祁山的魏军一下子就败退下来。蜀军乘胜进军，祁山的北面天水（今甘肃天水）、南安（今甘肃陇西县一带）、安定（今甘肃镇原县一带）3 个郡的守将都投降了蜀汉。

那时候，魏文帝曹丕已经病死。刚刚即位的魏明帝曹叡面对蜀汉的大举进攻，

非常镇静，他派张郃带领 5 万人马赶到祁山去抵抗，还亲自到长安去督战。

诸葛亮到了祁山，准备派出一支人马去守街亭（今甘肃庄浪东南）。参军马谡主动请战，并立下了军令状。

马谡平时读了不少兵书，也很喜欢谈论军事。诸葛亮和他商量起打仗的事来，他就口若悬河，讲个没完。他也曾出过一些好主意，所以诸葛亮很信任他。但是刘备在世的时候，却看出马谡华而不实。他在生前特意对诸葛亮叮嘱说："马谡这个人言过其实，不可重用。"这次，诸葛亮派马谡去守街亭，想起刘备对马谡的评价，有所顾虑，便让王平做副将来帮助他。

马谡和王平带领人马刚到街亭，张郃也率领魏军从东面开过来。马谡看了地形，对王平说："这一带地形险要，街亭旁边的山上可以安营扎寨，布置埋伏。"

王平提醒他说："我们来这里之前，丞相嘱咐过，让我们坚守城池，稳扎营垒。在山上扎营是很危险的。"

马谡自以为熟读兵书，根本不听王平的劝告，坚持要把营寨扎在山上。王平一再劝说，马谡就是不听，只好央求马谡拨给他 1000 人马，驻扎在山下临近的地方。

张郃到了街亭后，看到马谡放弃现成的城池不守，却把人马驻扎在山上，暗暗高兴。他吩咐手下将士，在山下筑好营垒，把马谡扎营的那座山围困起来。马谡几次命令兵士冲击山下的魏军，但是由于张郃坚守营垒，蜀军不仅没法攻破，反而被魏军乱箭射死了许多士兵。

魏军又切断了山上的水源。蜀军在山上断了水，连饭都做不成，时间一长，军心动摇起来。张郃看准时机，发起总攻。蜀军兵士纷纷逃散，马谡阻止不住，只好自己杀出重围。

街亭的失守，影响了蜀军的战略局势。诸葛亮为了避免遭受更大损失，决定蜀军全部撤回汉中。

诸葛亮经过详细查问，知道街亭失守完全是由于马谡违反了他的作战部署。马谡也承认是自己的过错造成了失败。诸葛亮按照军法，斩杀了马谡。

诸葛亮虽然杀了马谡，但一想起他和马谡平时的情谊，心里就十分难过。

诸葛亮革新八阵图

八阵是在诸葛亮以前就有的阵法，孙子的八阵记载于《汉书 · 艺文志》中，《孙膑兵法》中也有《八阵》篇。阵图就是把阵法画在帛、纸上或用砂石堆砌在地上。

诸葛亮主政以后，蜀军的主要对手由以水、步兵为主的东吴，变为以步、骑兵为主的曹魏。蜀军步兵多、弩兵强，为了有效地对付魏军的骑兵，诸葛亮改革了八阵，充分发挥了蜀军步兵，尤其是弩兵的优势。

诸葛亮把蜀军的步、弩、骑、车诸兵种和刀、枪、剑、戟、弓、弩等兵器融入八阵。在蜀魏战争中，八阵发挥了重要作用。连诸葛亮的对手、魏国大将司马懿，在巡视了蜀军退兵后留下的营垒时也称其为"天下奇才也"。

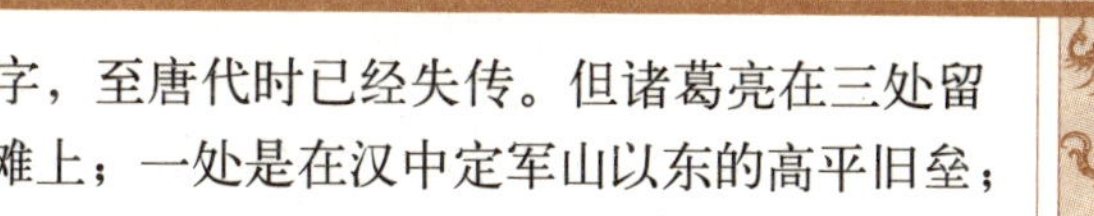

诸葛亮的八阵没有留下记录的文字，至唐代时已经失传。但诸葛亮在三处留下了八阵图：一处是在鱼腹江边沙石滩上；一处是在汉中定军山以东的高平旧垒；一处是在成都弥牟镇。

秋风五丈原

吴王孙权在曹丕、刘备先后称帝后，于 229 年农历四月，正式称帝。蜀汉的一些大臣认为孙权称帝是僭位，要求马上同东吴断绝往来。诸葛亮力排众议，认为蜀汉目前的主要敌人是魏国，应继续保持和东吴的联盟，攻伐魏国。

231 年，诸葛亮第 4 次北伐魏国，出兵祁山。魏国派大将司马懿和张郃等一起率领人马开赴祁山。诸葛亮把一部分将士留在祁山，自己率领主力进攻司马懿。

司马懿知道诸葛亮孤军深入，带的军粮也不多，就在险要的地方筑好营垒，坚守不出。后来，魏军将领一再请求出战，并用话来讥刺司马懿。司马懿只好与诸葛亮打了一仗，结果被蜀军打得溃不成军。

诸葛亮几次出兵，往往因为粮食供应不上而退兵，这次又是如此。他接受了这个教训，设计了两种运输工具，叫作“木牛”“流马”（两种经过改革的小车），用它们把粮食运到斜谷口（在今陕西眉县西南）囤积起来。

234 年，诸葛亮做好充分准备后，带领 10 万大军北伐魏国。他派使者到东吴，约孙权同时对魏国发起进攻，两面夹击魏国。

诸葛亮大军出了斜谷口，在渭水南岸的五丈原（今陕西岐山县南）构筑营垒，准备长期作战；另派一部分兵士在五丈原屯田，跟当地老百姓一起耕种。魏明帝派司马懿率领魏军渡过渭水，也筑起营垒防守，和蜀军对峙起来。

孙权接到诸葛亮的信，马上派出三路大军进攻魏国。魏明帝一面亲自率领大军开赴南面抵挡东吴的进攻；一面命令司马懿只许在五丈原坚守，不准出战。

诸葛亮焦急地等待东吴进兵的战况，但是结果令他很失望：孙权的进攻以失败而告终。他想跟魏军决战，但是司马懿始终固守营垒，任凭诸葛亮怎样骂阵，就是坚守不出。双方在那里相持了 100 多天。

诸葛亮在猜测司马懿的心理，司马懿也在探听诸葛亮的情况。有一回，诸葛亮派使者去魏营挑战，司马懿为了了解情况，假意殷勤地接待使者，跟使者聊天，问道：“你们丞相公事一定很忙吧，近来身体还好吧！”使者觉得司马懿问的都是些无关大局的话，也就老实回答说：“丞相的确很忙，军营里大小事情都亲自过问。他每天早早起来，很晚才睡。只是近来胃口不好，吃得很少。”

使者走了以后，司马懿就跟左右将士说：“你们看，诸葛孔明吃得少，又要处理繁重的事务，能支撑得长久吗？”

不出司马懿所料，诸葛亮由于过度操劳，终于病倒在军营里。后主刘禅得知诸葛亮生了病，赶快派大臣李福到五丈原来慰问。诸葛亮对李福说：“我明白您的意思，您想知道谁来接替我，我看就是蒋琬吧。”

过了几天，年仅 54 岁的诸葛亮病死在军营里。按照诸葛亮生前的嘱咐，蜀军将领封锁了他去世的消息。他们把尸体裹着放在车里，布置各路人马有秩序地

撤退。

司马懿探听到诸葛亮病死的消息，立刻带领魏军去追蜀军。刚过五丈原，忽然蜀军的旗帜转了方向，一阵战鼓响起，兵士们转身掩杀过来。司马懿大吃一惊，赶快掉转马头，下命令撤退。等魏军离得远了，蜀军将领才不慌不忙地把全部人马撤出五丈原。

诸葛亮虽然没有实现统一中原的愿望，但是他的智慧和品格，一直被后世所称颂。

司马懿篡权

诸葛亮死后的一段时期内，蜀国再也没有足够的力量进攻魏国。魏国虽然外部的压力减弱了，但内部却乱了起来。

239 年，司马懿奉命去关中镇守。在前往关中的路上，魏明帝曹叡给司马懿连续下了 5 道诏书，催他火速赶到洛阳。司马懿赶回洛阳宫中的时候，曹叡已经病势沉重，他握着司马懿的手，看着 8 岁的太子曹芳，说："我等你来，是要把后事托付给你。你要和曹爽辅佐好太子曹芳。"

司马懿说："陛下放心吧，先帝（曹丕）不也是把陛下托付给我的吗？"

曹叡死后，太子曹芳即位，这就是魏少帝。司马懿和大将军曹爽奉曹叡遗诏，共同执掌朝政。司马懿本人才智出众，文武双全。他在曹操执政时期，曾经帮助曹操推行屯田制。曹操儿子曹丕废掉汉献帝，自立为帝，司马懿也帮助出过许多主意，立了大功。因此，他得到曹丕的信任，掌握了军政大权。曹爽这个人没有什么才能，却依仗自己是皇帝宗室，总想排挤司马懿，独揽大权。

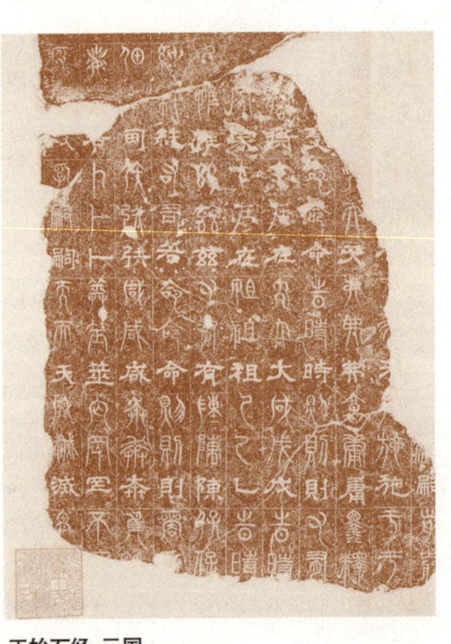

正始石经 三国

魏正始二年（241 年）立，又名《三体石经》，用古文、篆书和隶书字体书刻，建于洛阳太学门前（今河南洛阳偃师县）。石经共 27 块，后佚失，自宋以来屡有残石出土。

曹爽因司马懿年高望重，起初还不敢独断专行，有事总听听司马懿的意见。不久，他任用心腹何晏、邓飏等人掌管枢要，并奏请魏少帝提升司马懿为太傅。司马懿表面上升了官，实际上却被削了权。曹爽又安排自己的弟弟曹羲担任中领军，率领禁兵；曹训任武卫将军，掌管了一些军权。司马懿对曹爽专擅朝政，很是不满。他索性称风痹病复发，不参与政事，但是暗中却自有打算。

曹爽担心司马懿不是真的有病，正巧自己的心腹李胜调任荆州刺史，于是就命李胜到司马懿那里进行探察。李胜到了太傅府，求见司马懿。司马懿装出重病的样子。李胜回去后，把这次相见的情况告诉了曹爽，并说："司马懿已经形神离散，只剩下一口气，活不了多久了。"曹爽满心欢喜，从此就不

再防备司马懿了。

一转眼就是新年。少帝曹芳按规矩要到高平陵去祭祀。曹爽和他的兄弟曹羲等人也一道前往。曹爽他们出了南门，浩浩荡荡地直奔高平陵。

等他们走远了，司马懿立刻带着他的两个儿子司马师和司马昭，率领自己的兵马，借着皇太后的命令，关上城门，占据武库，接收了曹爽、曹羲的军营。同时假传皇太后的诏令，把曹爽兄弟的职务给撤了。

曹爽接到了司马懿的奏章，不敢交给曹芳，又想不出主意。司马懿又派侍中许允、尚书陈泰来传达命令，让曹爽早些回去，承认自己的过错，交出兵权，那样就不会为难他们。

曹爽乖乖地交出兵权，回到洛阳侯府家中。司马懿把少帝曹芳接到宫里去，当天晚上就派兵包围了曹爽府第，在四角搭上高楼，叫人在楼上察看曹爽兄弟的举动。没过几天，又让人诬告曹爽谋反，派人把曹爽一伙人全部处死了。

曹爽死后，司马懿担任丞相，掌握了魏国的军政大权。

司马昭之心

司马懿杀了曹爽之后，又过了两年，他也死去了，他的儿子司马师接替了他的职位。魏国大权落在司马师和司马昭兄弟两人手里。大臣中有谁敢反对他们，司马师就把他除掉。魏少帝曹芳早就对司马师兄弟的霸道行径极为不满，一直想撤掉司马氏兄弟的兵权。但还没等曹芳动手，司马师已经逼着皇太后，把曹芳废了，另立魏文帝曹丕的一个孙子曹髦即了皇位。

魏国有些地方将领本来就看不惯司马氏的专权行为，司马师废去曹芳后，扬州刺史文钦和镇东将军毋丘俭（毋丘，姓）起兵讨伐司马师。司马师亲自出兵，打败了文钦和毋丘俭。但是在回到许都之后，司马师也得病死了。

司马师一死，司马昭便做了大将军。司马昭比司马师更为专横霸道。

魏帝曹髦实在忍无可忍了。有一天，他把尚书王经等 3 个大臣召进宫里，气愤地说："司马昭之心，路人皆知，我不能坐着等死。今天，我要同你们一起去诛杀他。"

年轻的曹髦，根本不懂得怎样对付司马昭。他带领了宫内的禁卫军和侍从太监，乱哄哄地从宫里杀了出来。曹髦自己拿了一口宝剑，站在车上指挥。

司马昭的心腹贾充领了一队兵士赶来，与禁卫军打了起来。曹髦上前大喝一声，挥剑杀过去。贾充的手下兵士见到皇帝亲自动手，都有点害怕，有的准备逃跑了。

贾充的手下有个叫成济的，问贾充怎么办？

贾充厉声说："司马公平时养着你们是干什么的！还用问吗？"

经贾充这么一说，成济胆壮起来了，拿起长矛就往曹髦身上刺去。曹髦来不及躲闪，被成济刺穿了胸膛，当即毙命。

司马昭听说他手下人把皇帝杀了，也有点害怕了，连忙赶到朝堂上，召集大臣们商量。

老臣陈泰说："只有杀了成济，才勉强可以向天下人交代。"

司马昭见没法拖下去，就把杀害皇帝的罪责全都推在成济身上，给成济定了一个大逆不道的罪，把他的一家老少全杀了。

之后，司马昭从曹操的后代中找了一个15岁的曹奂即了皇位，这就是魏元帝。

智出阴平道

魏帝曹髦死后，司马昭的地位更加稳固了。于是，他决定进攻蜀国。

263年，司马昭调集了十几万大军，准备一举消灭蜀国。他派邓艾和诸葛绪各自统率3万人马，派钟会带领10万人马，兵分三路进攻蜀国。钟会的军队很快攻取汉中。邓艾的军队也到达沓中（今甘肃舟曲西、岷县南），向姜维进攻。姜维得知汉中失守，就将蜀兵集中到剑阁据守，抵御魏军。

钟会兵力虽强，但姜维把剑阁守得牢牢的，一时攻不进去，军粮的供应也发生了困难。钟会正想退兵时，邓艾赶到了。邓艾让钟会在这里与蜀军对峙，自己领兵从阴平小道（起于今甘肃文县鸪衣坝至平武县江油关）穿插到蜀国的后方，这样就会攻破蜀国。钟会觉得邓艾的想法根本行不通，但一看邓艾很坚决，也就不置可否。

邓艾派自己的儿子邓忠做先锋，每人拿着斧头、凿子，走在最前面，打开小路通道，自己则率领大军紧跟在后。

最后，邓艾他们到了一条绝路上，山高谷深，没法走了。大家一看悬崖深不见底，禁不住抽了一口冷气，好多人打了退堂鼓。邓艾当机立断亲自带头，用毡毯裹住身子先滚下去。将士们不敢落后，照着样子滚下去。士兵们没有毡毯，就用绳子拴住身子，攀着树木，一个一个慢慢地下了山。

邓艾集中了队伍，对将士们说："我们到了这儿，已经没有退路了，前面就是江油。打下江油，不但有了活路，而且能立大功。"镇守江油的将军马邈没料想到邓艾会从背后像天兵一样出现在眼前，吓得他晕头转向，只好竖起白旗，向邓艾投降了。

邓艾占领了江油城，又朝绵竹方向前进。蜀军驻守绵竹的将军是诸葛亮的儿子诸葛瞻。魏军人数太少，双方一交战，就吃了个败仗。

魏军第二次出去跟蜀军交战时都铁了心，反正打了败仗也不能活着回去。这一仗真非同小可，打得天摇地动。两军杀到天黑，蜀军死伤惨重，诸葛瞻和他的儿子诸葛尚都战死在疆场上。魏军胜利地占领了绵竹。

邓艾攻下绵竹，向成都进军。蜀人做梦也没有想到魏军来得这么快，再要调回姜维的人马也已经来不及了。后主刘禅慌忙召集大臣们商议对策，大臣们你一言我一语，都找不出好的办法，最后大臣谯周提议投降。于是后主刘禅就派侍中张绍等捧着玉玺到邓艾军营里去请求投降。

蜀国就这样灭亡了。这时候，姜维还在剑阁据守，听到蜀国投降的消息后，前思后想，决定向钟会投降。钟会赏识姜维是个好汉，把他当作自己人一样看待。后来，姜维利用钟会和邓艾之间的矛盾，劝钟会告发邓艾谋反，杀掉了邓艾。

邓艾死后，兵权就全都掌握在钟会的手里。于是，钟会就想谋反自立。姜维一心想着复国兴汉，觉着有机可乘，便假意赞同钟会的想法。

后来，有人传言钟会和姜维要杀光北方来的将士，一下引起了兵变。钟会和姜维控制不住局面，被乱军杀死了。

蜀国灭亡的第二年，吴景帝孙休病逝，孙皓即帝位，改年号为元兴。吴国朝政从此日益败坏，东吴亦一步一步走向灭亡。

乐不思蜀

蜀汉灭亡以后，后主刘禅还留在成都。到了钟会、姜维发动兵变，司马昭觉得让刘禅留在成都，说不定还会引起麻烦，就派人把刘禅接到洛阳来。

刘禅是一个昏庸无能的人。当年诸葛亮为他掌管着军政大事时，他还挺谨慎，遇事不敢自作主张。诸葛亮死后，虽然还有蒋琬、费祎、姜维一些文武大臣辅佐他，但是他已经有点不像话了。后来，宦官黄皓得了势，蜀汉的政治就越来越糟了。

到了蜀汉灭亡，姜维被乱军所杀，大臣们死的死，走的走。随他一起到洛阳去的只有地位比较低的官员郤正和刘通两个人。刘禅不懂事理，不知道怎样跟人打交道，一举一动全靠郤正指点。

刘禅到了洛阳，司马昭用魏元帝的名义，把他封为安乐公，还把他的子孙和原来蜀汉的大臣共有50多人封了侯。司马昭之所以这么做，无非是为了笼络人心，稳住对蜀汉地区的统治罢了。但在刘禅看来，却是恩重如山了。

有一回，司马昭请刘禅和原来蜀汉的大臣参加宴会。宴会中，叫一班歌女为他们演出蜀地的歌舞。

一些蜀汉的大臣看了这些歌舞，想起了亡国的痛苦，伤心得几乎落下眼泪。只有刘禅咧开嘴，美滋滋地看着，就像在他自己的宫里观赏歌舞一样。

司马昭暗暗观察着刘禅的神情，宴会后，他对心腹贾充说：“刘禅这个人没有心肝到了这个地步，即使诸葛亮活到现在，恐怕也没法使蜀汉维持下去了！”

过了几天，司马昭在接见刘禅的时候，问刘禅：“您现在还想念蜀地吗？”

刘禅乐呵呵地回答说：“这里挺快活，我不想念蜀地了。”

站在一旁的郤正听了，觉得太不像话。等刘禅回到府里后，郤正说：“您不该这样回答晋王（指司马昭）。”

刘禅说：“你看我该怎么说呢？”

郤正说：“如果晋王以后再问起您，您应该流着眼泪说：‘我祖上坟墓都在蜀地，我没有一天不想那边。’这样说，也许我们还有回去的希望。”

刘禅点点头说：“你说得很对，我记住了。”

后来，司马昭果然又问起刘禅，说：“我们这儿招待您挺周到，您还想念蜀地吗？”

刘禅想起郤正的话，便把郤正教他的话原原本本地背了一遍。他竭力装出悲伤的样子，可就是挤不出眼泪，只好把眼睛闭上。

司马昭看了他这副模样，心里猜出是怎么回事，笑着说：“这话好像是郤正说的啊！”

刘禅吃惊地睁开眼睛，傻里傻气地望着司马昭说："没错，没错，正是郤正教我的。"司马昭忍不住笑了，左右侍从也笑出声来。

司马昭这才看清楚刘禅的确是个糊涂透顶的人，不会对自己造成威胁，就没有想杀害他。

刘禅的昏庸无能是出了名的。因刘禅小名"阿斗"，所以后来人们常把那种懦弱无能、没法使他振作的人，称为"扶不起的阿斗"。

司马炎建西晋

263年，魏灭蜀。265年，司马炎取代魏政权，建立晋朝，建都洛阳，史称西晋。司马炎即为晋武帝。280年，晋灭吴，南北统一。西晋政权为稳固皇权，授给皇室王公中央、地方的行政及军事大权，但却造成变乱。皇室王公在诛杀了专权的外戚杨姓、贾氏集团后，为争夺最高统治权，相继攻杀取代，由宫廷政变演化成大规模战争，史称"八王之乱"。中原地区再次受到严重破坏，西晋政权的凝聚力和军力被削损。北部地区的匈奴族趁势而强，308年，匈奴贵族刘渊称汉帝，匈奴汉军先后攻陷洛阳、长安，317年西晋灭亡。

蓄志灭东吴

司马昭灭了蜀汉，又准备进攻东吴。正在这时，他得了重病死了。他的儿子司马炎废掉魏元帝曹奂，自己做了皇帝，建立了晋朝，这就是晋武帝。从265年至316年，晋朝都以洛阳为国都，史称西晋。

西晋政权初步稳定以后，晋武帝司马炎接受羊祜的建议，积极准备攻灭东吴，统一中国。

羊祜是蔡邕的外孙，司马师的小舅子，从小喜欢读书，知识渊博，有辩才，文章写得好。有人把他比作孔子的弟子颜回。

从269年起，羊祜出任荆州都督，镇守襄阳，很受老百姓的爱戴。他到襄阳的时候，军营里的粮食还不够一百天用的，后来推行屯田政策，让士兵开垦荒地，粮仓里储满了粮食。他还对东吴军民讲究信用，投降过来的士兵想回去的随他们自愿。有些投降的人，回去后都说羊祜的好话。这样，投降的人就越来越多了。

晋武帝司马炎非常赞赏羊祜在襄阳的政绩，提升他为车骑将军。

羊祜决心采取一套攻心策略，用道义去争取民心。他每回跟东吴交战，一定按照约定的日子，决不偷袭，决不布置埋伏。将士当中有谁向他献计，只要听到话里有欺诈的苗头，他就拿出上等的好酒，请献计的人喝，让他喝得醉醺醺的，开不得口。羊祜行军的时候，经过东吴的地界，士兵割了稻谷，也必须报告吃了多少粮食，按价赔偿人家。他出外打猎，每次都郑重叮嘱手下将士只准在自己的地界内。碰巧，东吴的将士也在对面打猎，双方各不侵犯。如果有一只飞鸟或者一只野兽，先给吴兵打伤，飞到这边被晋兵抓住，必须送给对方。因此，吴人对他很是敬重，称他为羊公。

羊祜见时机慢慢成熟起来，积极筹备伐吴。276年，羊祜上书，请示晋武帝征伐东吴。不料秦、凉二州的少数民族发生了动乱，朝廷大臣纷纷反对出兵东吴，

只有杜预和张华赞成，于是建议被搁置下来。

又过了一年多，羊祜病了，他要求回到洛阳来。晋武帝请他坐车进宫，不必叩拜。后来又让他回家养病，不必上朝。接着，就派张华去向羊祜请教征伐东吴的计策。羊祜说："孙皓暴虐昏庸，今天去征伐，一定能够胜他。要是孙皓一死，吴人另立一个有能耐、爱护老百姓的新君，咱们即使有百万大军，恐怕也打不过长江去了。"

过了几天，张华向晋武帝详细报告了羊祜灭吴的谋略。晋武帝接受了羊祜的建议，拜杜预为平安东将军，统率荆州所有的军队。杜预受命后，召集兵马，储备粮草，准备伐吴。正在这个时候，羊祜病故了。

羊祜死后的第二年，杜预攻灭了东吴，统一了中国。在庆祝宴上，晋武帝拿起酒杯对大臣说："讨平东吴，统一天下，是羊太傅的功劳啊！"接着，他带领文武大臣到羊祜的墓前去祭奠，告慰已经安眠于地下的羊祜。

八王之乱

晋武帝统一全国以后，为了保住司马氏的天下，吸取了曹魏皇权太弱的教训，大封自己的子侄兄弟做王，让他们像众星拱月一样来护卫皇室。然而，晋武帝没有想到，握有兵权的诸王野心越来越大，最终酿成了大祸。

晋惠帝司马衷即位后，军政大权落到杨太后的父亲杨骏手中。杨骏用阴谋权术，排除异己，引起皇后贾南风与晋宗室的强烈不满。

贾后不甘心让杨骏掌权，就暗中联系宗室诸王，让他们进京除掉杨骏。诸王早已心怀鬼胎，楚王司马玮一接到诏书，马上进了京城。贾后即以惠帝名义下诏，宣布杨骏谋反，在皇宫卫队的配合下，司马玮杀死了杨骏，并灭了他的三族，其他凡是依附杨家的官员也都掉了脑袋。

贾后除掉杨家势力后，为稳定大局，召汝南王司马亮入朝辅政。司马亮也是喜欢抓权的人，暗中谋划着夺取司马玮的兵权。贾后感到诸王难以控制，便生出了除掉诸王的想法。她先让惠帝下诏，派司马玮杀了司马亮全家。接着，贾后以司马玮擅杀朝廷重臣的罪名，将司马玮处死。这样，贾后夺得了西晋的全部大权。

可是，贾后没有儿子，她怕大权将来会落到别人手里，就假装怀孕，暗地里把妹夫韩寿的儿子抱来，说是自己生的。有了这个儿子，贾后就决定废掉太子，并且派人把他毒死，立抱来的孩子做太子。这个消息传出去以后，宗室群情激愤，以贾后篡夺司马氏天下为名，起兵讨伐贾后。赵王司马伦当即领兵入宫，派齐王司马冏废掉贾后，接着又将她毒死，之后司马伦废掉晋惠帝，自己称了帝。

在许昌镇守的齐王司马冏，听说赵王司马伦当了皇帝，非常不满，他向各处发出讨伐司马伦的檄文，号召大家共同起兵。成都王司马颖、河间王司马颙也有夺取政权的野心，他们和齐王司马冏联合起来，攻杀了司马伦。

齐王司马冏进入洛阳后，独揽大权，沉湎酒色。长沙王司马乂乘机起兵发难，司马颖、司马颙互相声援。司马冏与司马乂打了几年，兵败被杀。司马乂乘机入朝辅政，控制了朝政大权。司马颙见司马乂又独揽了朝政大权，恼羞成怒，随即

发兵讨伐司马乂，与司马颖联合，大举进攻洛阳。正当他们打得昏天暗地的时候，在洛阳城里的东海王司马越乘机偷袭了司马乂，并把他用火烧死了。司马颖也就乘机进入洛阳，做了丞相，控制了政权。

东海王司马越认为自己杀司马乂有功，却没捞到半点好处，很不甘心，就假借惠帝的名义，起兵讨伐司马颖。司马颖挟持着惠帝，到了长安。长安是在河间王司马颙的掌握之中，他看到司马颖兵败势穷，就乘机排挤司马颖，把惠帝控制在自己手里，独揽了朝政大权。

被司马颖打败逃走的东海王司马越见王浚的势力大，就和王浚联合起来，攻打关中。他打败了司马颙，进入长安。后来，司马越又把惠帝和司马颖、司马颙全都带回洛阳，把他们全都杀死，然后，立司马炽做皇帝，这就是晋怀帝。晋怀帝把即位的这一年改年号为永嘉元年（307 年）。至此，8 个王围绕皇权的血腥争夺告一段落。

八王之乱时间长达 16 年，8 个王中死了 7 个，西晋的力量大大削弱了。此后，北方和西部的少数民族乘乱进攻中原，西晋王朝处在了风雨飘摇之中。

李特起义

八王之乱给百姓带来了无穷无尽的灾难，天灾人祸造成许多地方的农民没有饭吃，被迫离开自己的家乡，成群结队地外出逃荒。这些逃荒的农民叫作“流民”。

298 年，关中地区闹了一场大饥荒，庄稼颗粒无收。略阳（治所在今甘肃天水东北）、天水等六郡十几万流民逃往蜀地。有个氐族人李特和他兄弟李庠、李流也夹杂在流民队伍中。一路上，李特兄弟常常接济那些挨饿、生病的流民。流民都很感激、敬重李特兄弟。

蜀地的百姓生活比较安定。流民进了蜀地后，就分散在各地，靠给富户人家打长工过活，流民的生活总算稳定了下来。

可是过了不久，益州刺史罗尚要把这批流民赶回关中去。流民们听到消息，想到家乡正在闹饥荒，回去没有活路，人人都发愁叫苦。李特得知情况后，几次向官府请求放宽遣送流民的限期。并在绵竹设了一个大营，收容流民。不到一个月，流民越聚越多，约莫有 2 万人。

随后，李特又派使者阎彧去见罗尚，再次请求延期遣送流民。阎彧来到罗尚的刺史府，看到那里正在修筑营寨，调动人马，便立即返回绵竹把罗尚那里的情况一五一十地告诉了李特。李特立刻把流民组织起来，准备好武器，布置阵势，防备晋军的偷袭。

到了晚上，罗尚果然派部将带了步兵、骑兵 3 万人，向绵竹大营进攻。

3 万晋军刚进了营地，只听得四面八方响起了一阵震耳的锣鼓声。大营里预先埋伏好的流民手拿长矛大刀，一起杀了出来。这批流民勇猛无比，把晋军杀得丢盔弃甲，四散逃窜。

流民们杀散晋军，知道晋朝统治者不会罢休。大家一商量，一致推举李特为镇北大将军，李流为镇东将军，几个流民首领都被推举为将领。他们整顿兵马，

向附近的广汉进攻，赶走了那里的太守。

李特进了广汉，打开了官府的粮仓，救济当地的贫苦百姓。流民组成的军队在李特领导下，纪律严明，军威大振。蜀地的百姓平时受尽晋朝官府的压迫，现在来了李特，生活倒安定起来，都非常高兴。

过了不久，罗尚勾结当地豪强势力，围攻李特。李特在战斗中不幸牺牲，他的儿子李雄继续率领流民与晋军战斗。304 年，李雄自立为成都王。两年后，又自称皇帝，国号大成。李雄死后，他的侄子李寿即位，改国号为汉。历史上称之为“成汉”。

刘渊反晋

李雄在成都称王的那一年，北方的匈奴贵族刘渊也自称汉王，反晋独立。

从西汉末年起，有一些匈奴人分散居住在北方边远郡县，他们和汉族人在一起生活久了，接受了汉族的文化。匈奴贵族以前多次跟汉朝和亲，可以说是汉朝皇室的亲戚，后来就改用汉皇帝的刘姓。曹操统一北方后，为了便于管理，把匈奴 3 万个部落集中起来，分为 5 个部，每个部都设一个部帅，匈奴贵族刘豹就是其中一个部的部帅。

刘豹死后，他的儿子刘渊继承了他的职位。刘渊自幼读了许多汉族人的书，文才很好，同时武艺也很高强。后来，刘渊在西晋的成都王司马颖（八王之一）部下当将军，留在邺城，专管五部匈奴军队。

304 年，刘渊回到左国城，匈奴人想借八王混战之机，复国兴邦，便拥戴他做大单于。他集中了 5 万人马，亲自率军南下，帮助晋军攻打鲜卑兵。有人不解地问他：“为什么不趁这个机会灭掉晋朝，反倒去打鲜卑呢？”

刘渊说：“晋朝现在已经腐朽透顶了，灭掉它非常容易，但是晋朝的百姓未必会归顺我们。我看汉朝立国的年代最长，在百姓中还很有影响，我们的上代又与汉朝皇室有血缘关系，不如借用汉朝的名义，也许可以得到汉族百姓的支持。”

于是，建国号为汉，刘渊即汉王，尊蜀汉刘禅为孝怀皇帝，建元元熙。刘渊称王建汉后，势力不断增长。石勒造反兵败，率领胡人部众几千人、乌桓部落 2000 人归顺刘渊，上郡（今陕西北部）四部鲜卑陆逐延、氐酋大单于徵、东莱王弥等也都投奔刘渊，这样形成了一支由匈奴、鲜卑、氐、羌等各族组成的反晋力量，刘渊称帝的意图也渐明显。为给建立帝业做准备，刘渊四处出兵，频繁侵略晋地。永嘉二年（308 年）冬十月，刘渊正式称帝。309 年正月，刘渊又根据太史令宣于修建议，正式迁都平阳（今山西临汾西）。因从汾河水中获得治国玉玺，其上面写有“有新保之”，刘渊认为这对自己非常吉祥。

永嘉三年（309 年）三月，晋将军朱诞归降刘渊，刘渊于是任命朱诞为前锋都督，刘景为大都督，起大军攻晋。洛阳的老百姓虽然恨透了腐朽的西晋王朝，但是更不愿受匈奴族人统治。所以刘渊两次进攻，都遭到洛阳军民的顽强抵抗，没有占到一点便宜。

永嘉四年（310 年），刘渊死，刘聪杀刘和而自立为皇帝后，开始攻打西晋怀

南各州郡。永嘉五年（311 年）六月，各路汉军先后攻陷洛阳，俘司马炽，杀王公士民 3 万余人，纵兵大掠宫内珍宝、财物和宫女，又烧宫庙、官府和民房，史称“永嘉之乱”。同年，晋怀帝被汉兵俘虏到平阳，刘聪封他为会稽郡公，享受三司的礼仪，而且还将小刘贵人嫁给他为妻。

永嘉七年（313 年）年初，刘聪在光极殿大宴群臣，饭饱酒酣时，命令晋怀帝穿上青衣行酒令取乐。这一情景让晋朝的故臣庾珉、王隽悲愤不已，大声痛哭。刘聪十分生气。二月，刘聪就将晋怀帝和晋朝的旧臣 10 多个人全都杀害。

晋怀帝被害的消息传到长安之后，太子司马邺举哀服丧，并且于四月即皇帝位，即孝愍皇帝，改元建兴。这时他只有 14 岁。当时的长安城里住户不超过一百，公私加起来也只有车 4 辆，文武百官既没有官服，也没有印绶，只有桑版刻上官号罢了，皇帝即位的仪式显得十分凄凉。建兴四年（316 年），汉军在大司马刘曜的统领下，向长安发起强烈攻势。九月，长安的外城被攻陷。在内无粮草、外无援兵之际，愍帝决定向汉军投降。索琳派自己的儿子去见刘曜，想靠请降来表功，没想到儿子被刘曜杀了。晋愍帝只得自己亲自光着上身，乘着羊车出城向汉军请降。汉帝刘聪降愍帝为光禄大夫，封怀安侯。刘曜被封为大都督，并且大赦天下，改元麟嘉。

至此，西晋共经历司马炎、司马衷、司马炽、司马邺四帝，历时 42 年（265—316 年）而灭亡。

西晋灭亡之后，北方的各族人民（主要是匈奴、鲜卑、羯、氐、羌五个少数民族）纷纷起义，许多人像李雄、刘渊一样建立政权，前前后后一共出现 16 个割据政权，历史上称为“十六国”（旧称五胡十六国，胡是古时候对少数民族的泛称）。

王马共天下

永嘉元年（307 年）七月，朝廷命镇守下邳（今江苏睢宁西北）的琅玡王司马睿移镇建邺（今江苏南京），又任命王衍弟王澄为荆州都督，族弟王敦为扬州刺史。建兴四年（316 年）十一月，愍帝向刘聪投降，西晋灭亡。

建兴五年（317 年）三月，晋愍帝被杀的消息传到建邺，琅玡王的僚属全都上表劝司马睿即皇帝位。司马睿（276 年—322 年），字景文，司马懿的长孙。十日，司马睿于建康即位称帝，是为晋元帝。东晋王朝正式建立。建邺为了避愍帝司马邺的讳，改称建康。司马睿宣布大赦天下，改元大兴，文武百官都官升二级。

司马睿在西晋皇族中，地位和名望都不太高。晋怀帝的时候，派他去镇守江南。他还带了一批北方的士族官员，其中最有名望的是王导。司马睿把王导看作知心朋友，对他言听计从。

王导像

司马睿刚到建康的时候，江南的一些大士族地主嫌他地位低，看不起他，都不来拜见。司马睿为此常常不安，便让王导想想办法。

王导把在扬州做刺史的王敦找来，两人商定了一个主意。

这年三月初三，按照当地的风俗是禊节，百姓和官员都要去江边“求福消灾”。这一天，王导让司马睿坐上华丽的轿子到江边去，前面有仪仗队鸣锣开道，王导、王敦和从北方来的大官、名士，一个个骑着高头大马跟在后面，这个大排场一下轰动了建康城。

晋元帝司马睿像

江南有名的士族地主顾荣等听到消息，都跑来观看。他们一见王导、王敦这些有声望的人都这样尊敬司马睿，不禁大吃一惊，怕自己怠慢了司马睿，一个接一个地出来排在路旁，拜见司马睿。

从那以后，江南大族纷纷拥护司马睿，司马睿在建康便稳固了地位。

后来，北方战乱不止，一些士族地主便纷纷逃到江南避难。王导劝说司马睿把他们中间有名望的人都吸收到王府来。司马睿听从王导的意见，前后吸收了一百多人在王府里做官。

司马睿在王导的辅助下，拉拢了江南的士族，又吸收了北方的人才，他的地位就日渐巩固了。

317年，司马睿在建康即位，这就是晋元帝。在这之后，晋朝的国都一直在建康。为了和司马炎建立的晋朝（西晋）区别开来，历史上把这个朝代称为东晋。

晋元帝总认为他能够得到这个皇位，都是凭借王导、王敦兄弟的帮助，所以，对他们特别尊重。他封王导担任尚书，掌管朝内的大权，又让王敦总管军事，又把王家的子弟封了重要官职。

当时，民间流传着这样一句话：“王与马，共天下。”意思是：东晋的大权，由王氏同皇族司马氏共同掌握。

王敦掌握军权后，便不把晋元帝放在眼里。晋元帝也看出了王敦的骄横，于是渐渐疏远了王氏兄弟，另外重用了大臣刘隗和刁协。这样，刚刚建立的东晋王朝内部，又出现了裂痕。

石勒读《汉书》

晋元帝即位不久，汉国国主刘聪就病死了。汉国内部也闹起了分裂，刘聪的侄儿刘曜做了国主。他觉得再用汉朝的名义已失去了意义，便在319年改国号为赵。汉国大将石勒在与晋朝的征战中，扩大了势力，不愿再受刘曜的管束，也自称赵王。

石勒是羯族人，祖辈都是羯族部落的小头目。石勒年轻的时候居住在并州，后来并州闹饥荒，他和部落失散了。为了生存，他先后给人家做奴隶、佣人。

石勒受尽苦难的折磨，没有出路，就召集一群流亡的农民，组成了一支强悍的队伍。刘渊起兵以后，石勒前去投奔他，并在刘渊部下当了一员大将。

石勒从小没有受过汉族文化教育，不识字。他担任大将以后，渐渐懂得要成大事业，光靠武力不行，必须要用脑子，用谋略。后来，他把汉族士人张宾请来为他出谋划策。他还收留了一批北方汉族中家境贫寒的读书人，组织了一个“君子营”。

晋大兴二年(319 年)，石勒于襄国(今河北邢台)称王，下令禁止酿酒，郊祀宗庙时用醴代酒。随之，又实行了一系列安民政策，鼓励农民耕田种地，取得成效。中原农业生产得以逐步恢复，石勒势力逐渐强大，国境也不断扩大。光初十二年（329 年）九月，他的侄子石虎将前赵兵击溃。立国 26 年的前赵因此灭亡，秦陇的土地全部属于后赵。建平元年（330 年）二月，后赵群臣请石勒即皇帝位。于是，石勒自称大赵天王，行皇帝事，立世子石弘为太子，立妃刘氏为王后，任命石虎为太尉、尚书令，封为中山王。这一年九月，石勒正式称皇帝，改元建平，以石弘为皇太子，对所有文武大臣都封赏。

石勒即位后，下诏命令公卿以下官员每年举选贤良方正，以广求人才。石勒自己没有文化，但是对读书人却十分重视。他命令部下，如果捉到读书人，不许杀害，一定要送到襄国来，让他自己处理。

在张宾的建议下，他又设立了学校，让他部下将领的子弟进学校读书。他还建立了保举和考试的制度，凡是各地保举上来的人经过考核评定，都可以做官。

石勒喜欢书，但自己不识字，就找一些文化人给他读书。他一边听，一边还随时发表自己的见解。

有一次，石勒让人给他读《汉书》，听到有人劝汉高祖封旧六国贵族后代的那段历史时，他说：“唉！刘邦采取这种做法是错误的，这样做还能够得天下吗？”讲书的人马上给他解释说，后来由于张良的劝阻，汉高祖才没有这样做。石勒点头说：“这就对啦。”

由于石勒重视文化教育，起用人才，施行开明的政治，后赵初期出现了兴盛的景象。鼎盛时期，其管辖境地南逾淮河，东濒大海，西至河西，北接燕、代。除辽东慕容氏、河西张氏外，后赵尽占北方，隔淮河与东晋对峙。

建平四年（333 年）石勒病逝，他的侄子石虎杀其子而自立为帝，迁都于邺城（今河北临漳）。石虎穷奢极欲，残虐无道。他在长安、邺城大兴土木，建造宫宇无数，奢华无比。为了满足自己荒淫的宫廷生活，他竟征发民间 13 到 20 岁的美女 3 万多人。

此外，石虎穷兵黩武，四处征伐，搞得民生凋敝，百姓痛苦不堪。

后赵太宁元年（349 年）四月，石虎病亡，后赵乱。永宁二年（351 年），后赵灭亡。后赵自石勒称赵王，历 7 主，共 32 年。

祖逖中流击楫

东晋在江南建国的时候，北方的黄河流域成为匈奴、羯、鲜卑、氐、羌等 5 个主要游牧民族争杀的战场。这 5 个少数民族分别建立了自己的国家，相互争霸，

不断有国家成立和灭亡。

自从匈奴兵攻占了长安，结束了西晋统治，中国开始进入了历史上所称的"五胡十六国"时期，即永嘉之乱后的民族大迁徙与大融合时期。

在这长达130多年的时间里，先后有前赵（匈奴）、后赵（羯）、前燕（鲜卑）、前凉（汉）、前秦（氐）、后秦（羌）、后燕（鲜卑）、西秦（鲜卑）、后凉（氐）、南凉（鲜卑）、西凉（汉）、北凉（匈奴）、南燕（鲜卑）、北燕（汉）、夏（匈奴）等15个政权，连同西南地区氐族建立的成汉，一共16个国家，历史上称之为"五胡十六国"。这十六国与东晋政权处于长期的对峙状态。

那时，祖逖也夹在汹涌如潮的南逃人群中。在他经过淮泗的路上，他让老人和病人坐在自己家的马车上，自己的粮食、衣物与大家一起享用。遇有劫匪，他总是亲率家丁打退他们。南逃路上的祖逖获得了极好的口碑。

313年，琅琊王司马睿听说祖逖的声名，又得知他已经到达泗口，便任命他为徐州刺史。后又调任军谘祭酒，驻防京口（今江苏镇江）要隘。祖逖向司马睿进言说："中原大乱，百姓陷入水深火热之中，人人都想起来反抗。只要下令出兵，派一个大将去讨伐乱贼，一定会收复失地。"

司马睿只想偏安东南半壁江山，对于北伐并不抱太大希望，但是听祖逖说得很有道理、就任命祖逖为奋威将军、豫州刺史，发给他1000人吃的粮食、3000匹布，所有甲胄、武器、兵勇，都由祖逖自己解决。

祖逖带着招募的队伍，横渡长江。船到江心的时候，他拿起船桨敲打船舷（文言是"中流击楫"），向大家发誓说："我祖逖如果不能把中原的敌人扫平，就决不返回江南。"

祖逖渡江以后，将队伍驻扎在淮阴，又命人打造兵器，招兵买马，很快聚集了数千人。祖逖见士气旺盛，亲自率领人马进攻谯城（今属安徽亳州），又连续攻破石勒的各地割据武装。至此，祖逖名噪大江南北，他又乘胜出击，派部下韩潜分兵进驻河南封丘，自己则进驻雍丘（今河南杞县），成为掎角之势，黄河以南的土地都回归东晋了。

祖逖北伐得到了中原人民的响应和支持，北伐队伍迅速扩大。祖逖身先士卒，不蓄私产，与将士同甘苦。北伐战争取得一定的成就，迫使石勒不敢窥兵河南。

就在祖逖积谷屯粮、厉兵秣马准备继续北伐、收复黄河以北的土地时，司马睿却任命了戴渊为豫州都督，叫祖逖听他指挥。

祖逖受到了主张偏安、不思进取的朝人牵制，很难施展北伐的抱负了。他心里又是忧虑，又是气愤，终于身染重病，郁郁而亡。

祖逖的北伐事业虽然没有完成，但他中流击楫的气概被后人所称颂。

桓温北伐

桓温是东晋时谯国龙亢人（今安徽怀远）。桓温的父亲叫桓彝，在苏峻之乱中，被苏峻将领韩晃杀了。那一年桓温刚满15岁，他得知父亲被人杀害的消息后，悲痛欲绝，发誓要为父报仇。桓温长到18岁时，曾参与策划杀他父亲的江播死了，

于是他怀揣刀剑大闹灵堂，杀了江播儿子江彪等 6 人。

生长在永嘉乱世中的桓温，青年时代就崭露头角。晋穆帝永和三年（347 年），任职安西将军的桓温奉命率兵讨伐蜀地李势。

两军刚交兵时，形势对晋军极为不利，桓温的部下参军龚护战死，桓温的马也中了箭，桓温慌忙命令撤退。但击鼓士兵误解了桓温的意思，反而擂起了前进的战鼓，三军将士奋勇向前。李势完全没有料到桓温攻势这样猛烈，抵挡不住，连夜逃到葭萌关，后来，又派人求降。桓温大军浩浩荡荡进入成都，成汉王朝就这样灭亡了。桓温因此被提升为征西大将军，封临贺郡公，一时间声震朝野。

桓温灭掉成汉王朝，给东晋立了大功。但是东晋王朝内部矛盾很大，晋穆帝表面上提升了桓温的职位，暗地里却猜忌他。桓温要求北伐，晋穆帝没有同意，另派了殷浩带兵北伐。

殷浩出兵到洛阳，被羌族人打得大败，死伤了 1 万多人马。桓温再次上奏章要求朝廷将殷浩撤职办罪，并再次提出北伐。晋穆帝没办法，只好撤了殷浩的职，同意桓温带兵北伐。

永和十年（354 年）二月，桓温率 4 万大军从江陵出发，经襄阳，出武关，越秦岭，大军直指关中，讨伐由氐族人苻氏建立的前秦政权。这是桓温第一次北伐。

前秦王苻坚派太子率 5 万大军与晋军对抗。这年四月，晋、秦两军大战于蓝田，秦军大败。桓温率军占领灞上（今陕西西安市东南，蓝田西），抵达前秦都城长安的郊区。当地老百姓纷纷牵牛担酒前来犒劳晋军。老人流涕道：“不图今日复见官军！”六月，因军中缺粮，桓温被迫从潼关退兵。秦军跟踪追击，晋军损失 1 万多人。

永和十二年（356 年）六月，桓温进行第二次北伐，从江陵发兵，向北挺进。八月，桓温挥军渡过伊水，与羌族首领姚襄军二次战于伊水之北，大败姚襄，收复洛阳。桓温在洛阳修复西晋历代皇帝的陵墓，又多次建议东晋迁都洛阳。东晋朝廷对桓温的北伐抱消极态度，只求苟安东南，无意北还，桓温只得退兵南归。到升平三年（359 年），中原地区被慕容氏的前燕政权所占领。隆和二年（363 年），桓温被任命为大司马，都督中外诸军事，录尚书事，第二年又兼扬州刺史。桓温身为宰相，又兼荆扬二州刺史，尽揽东晋大权。

太和四年（369 年），桓温利用执政之机，发动了第三次北伐，讨伐前燕政权。这年四月出发，六月到金乡（今山东金乡）。桓温率水军经运河、清水河进入黄河，一直进军至枋头（今河南浚县西南，黄河重要渡口）。前燕王任命慕容垂为大都督，率 5 万军队前往抵御。这时，桓温犯了一个错误，他下令由水路运粮，结果燕军占领石门渡口，切断了水运粮道，桓温军队面临断粮的威胁。无奈之下，桓温只好命令全军撤退。退兵时，遭到了慕容垂的拦截，等桓温逃到山阳（今江苏淮安）时，手下已经没有多少人马了。

这次北伐的失利，使桓温已如日中天的威信大大降低了。然而，由于桓温长期掌握东晋的军事大权，他的野心却越来越大。他曾经说：“男子汉如果不能流芳

百世，也应当遗臭万年。”属下知道他的野心，向他献计，说要提高自己的威信，就先得学西汉霍光的办法，把现在的皇帝废了，自己另立一个皇帝。当时在位的皇帝是晋废帝司马奕。桓温带兵到建康，把司马奕废了，另立一个司马昱当皇帝，这就是晋简文帝。桓温当了宰相。

桓温改立新帝后，开始陷害一些政见与他不合的皇族和大臣，将殷、庾两大强族的势力削除殆尽。咸安二年（372 年）六月，简文帝去世。桓温原本指望简文帝司马昱禅位于他，或自己摄理朝政，但大失所望。桓温于是拒绝入朝，直至宁康元年（373 年）二月才到建康朝见孝武帝，并带兵入朝。群臣惊慌失措。由于侍中王坦之、吏部尚书谢安应付自如，桓温才没有发难，晋朝得以安宁。三月，桓温退兵。七月，桓温在姑孰（今安徽马鞍山当涂县城）病死，终年 61 岁。

扪虱谈天下

桓温第一次北伐时，将军队驻扎在灞上。有一天，有个穿着破旧短衣的读书人来军营求见桓温。桓温很想招揽人才，一听来了个读书人，便马上请他进来相见。

这个读书人叫王猛，从小家里很贫穷，靠卖畚箕谋生。但是他喜欢读书，很有学问。当时关中士族嫌他出身低微，瞧不起他，但他毫不介意。有人曾经请他到前秦的官府里做小官吏，他不愿意去，后来索性在华阴山隐居了下来。这回他听说桓温来到关中，特地到灞上求见桓温。桓温很想知道王猛的学识才能究竟如何，便请王猛谈谈当今的天下形势。

王猛把南北双方的政治军事形势分析得清晰明了，见解也很精辟，桓温听了暗暗佩服。王猛一边谈，一边把手伸进衣襟里摸虱子（文言是“扪虱”）。桓温左右的侍从见了，都忍不住想笑。但是王猛却旁若无人，照样谈笑自若。

桓温看出王猛是一个难得的人才，从关中退兵的时候，他再三邀请王猛跟他一起走，还封他一个比较高的官职。王猛知道东晋王朝的内部不稳定，就拒绝了桓温的邀请，又回华阴山去了。如此一来，王猛却出了名。

后来，前秦的皇帝苻健死了，他的儿子苻生昏庸残暴，很快就被他的堂兄弟苻坚推翻。

苻坚是前秦王朝中一个有作为的皇帝。他在即位以前，有人向他推荐王猛。苻坚派人把王猛请来相见，两个人一见如故，谈起时事来，见解完全一致。苻坚非常高兴，像刘备得到了诸葛亮一样。

苻坚即位后，自称大秦天王。王猛在他的朝

王猛像

王猛出身布衣，为人不拘小节。与当时东晋安西将军桓温畅谈天下局势时，把手伸进衣襟里摸虱子，桓温左右随从窃笑，王猛谈笑自若，旁若无人。后来襄助苻坚治理前秦，使前秦国势强盛一时。

廷里做官，一年里被提升五次，成为他最亲信的大臣。官至吏部尚书、京兆尹等职，主持前秦的政务长达 16 年。他为政期间对内整顿吏治，压制不法贵族，重视农业生产，增加财政收入，对外加强战备，使得前秦的国力迅速强大，为统一北方奠定了基础。

有了王猛的帮助，苻坚镇压豪强，整顿内政，前秦国力日渐增强。王猛兼任京兆尹的时候，太后的弟弟、光禄大夫强德强抢人家的财物和妇女。王猛一面逮捕了强德，一面派人报告苻坚。等到苻坚派人来宣布赦免强德时，王猛早已把强德杀了。以后几十天里，长安的权门豪强、皇亲国戚有 20 多人被处死、判刑、免官。从此以后，谁也不敢胡作非为了。苻坚赞叹说："我现在才知道国家要有法制啊。"

前秦在苻坚和王猛的治理下，国力越来越强大。在十几年内，前秦先后灭掉了前燕、代国和前凉 3 个小国，黄河流域地区全成了前秦的地盘了。

375 年，王猛得了重病。王猛对前来探望他的苻坚说："东晋远在江南，又继承了晋朝的正统，现在内部和睦。我死之后，陛下千万不要去进攻晋朝。我们的敌人是鲜卑和羌族人，留着他们终归是后患。要保证秦国的安全，就一定要先把他们除掉。"

苻坚一意孤行

王猛活着的时候，苻坚对他言听计从。苻坚励精图治，整饬军政、提倡儒学、广兴学校、鼓励农耕、兴修水利，使得前秦获得了长足的发展。经过多年经营，前秦国力日渐强盛，为统一北方准备了条件。从 370 年开始，苻坚先后攻灭前燕、仇池氐族、前凉和代，统一了北方，并进军西域。其疆域东极沧海，西并龟兹，南包襄阳，北尽沙漠，成为十六国中最强大的政权。但是王猛临死留下的忠告，苻坚却没有听。

王猛把鲜卑族人和羌族人看成前秦的敌手，但是苻坚却信任从前燕投降来的鲜卑贵族慕容垂和羌族贵族姚苌。王猛劝他不要进攻东晋，但苻坚却一定要进攻东晋，非把它消灭不可。

382 年，苻坚认为时机成熟，就下决心大举进攻东晋。苻坚把大臣们都召集来，在皇宫的太极殿里商量出兵的事。苻坚说："我继承王位将近 30 年了，各地的势力差不多都平定了，只有东南的晋朝，还不肯降服。我们现在有 97 万精兵，我打算亲征晋朝，你们认为怎么样？"

大臣们纷纷表示反对。到后来，苻坚不耐烦了，他说："你们都走吧。还是让我来决断这件事。"大臣们见苻坚发火，谁都不再说话，一个个退出宫殿。最后，只剩下苻坚的弟弟苻融没走。

苻坚把苻融拉到身边，说："自古以来，国家大计总是靠一两个人决定的。今天，大家议论纷纷，没有得出个结论。这件事还是由咱们两人来决定吧。"

苻融面露难色地说："我看攻打晋朝不是很有把握。再说，我军连年打仗，兵士们疲惫不堪，不想再打了。今天这些反对出兵的，都是忠于陛下的大臣。希望

陛下采纳他们的意见。”

苻坚没料到苻融也反对出兵，马上沉下脸来，说：“连你也说这种丧气的话，太叫人失望了。我有百万精兵，兵器、粮草堆积如山，要打下晋国这样的残余敌人，还怕打不赢吗？”

面对一意孤行的苻坚，苻融苦苦劝告说：“现在要打晋朝，不但没有必胜的把握，而且京城里还有许许多多鲜卑族人、羌族人、羯族人，他们都是潜在的隐患。如果他们趁陛下远征的机会起来叛乱，后悔都来不及了。陛下还记得王猛临终前的遗言吗！”

此后，还有不少大臣劝苻坚不要进攻晋国。苻坚一概不理睬。有一次，京兆尹慕容垂进宫求见。苻坚让慕容垂谈谈对这件事的看法。慕容垂说：“强国灭掉弱国，大国兼并小国，这是自然的道理。像陛下这样英明的君王，手下又有百万雄师，满朝都是良将谋士，要灭掉小小晋朝，没有问题。陛下只要自己拿定主意就是，何必去征求别人的意见呢。”

苻坚听了慕容垂的话，喜笑颜开，说：“看来，能和我一起平定天下的，只有你啦！”

苻坚不听大臣们的劝说，决心孤注一掷，进攻东晋。他派苻融、慕容垂当先锋，又封姚苌为龙骧将军，指挥益州、梁州的人马，准备出兵攻晋。

谢安东山再起

383 年八月，苻坚亲自统率 97 万大军从长安出发。一时间，大路上烟尘滚滚，步兵、骑兵再加上车辆、马匹、辎重，队伍浩浩荡荡，绵延千里。

一个月后，苻坚主力到达项城（今河南沈丘南）。与此同时，益州的水军也沿江顺流东下，黄河北边来的人马也到了彭城（今江苏徐州）。前秦的军队从东到西拉开一万多里长的战线，水陆并进，直扑江南。

消息传到建康，晋孝武帝和京城的文武百官都乱了手脚。晋朝军民都不愿让江南陷落在前秦手里，大家都盼望宰相谢安拿出对敌策略。

谢安是陈郡阳夏（今河南太康）人，士族出身。年轻的时候，与王羲之十分要好，经常在会稽东山游山玩水，吟诗作赋。他在当时的士大夫阶层中很有名望，大家都认为他是个非常有才干的人。但是他宁愿在东山隐居，不愿出来做官。

谢安到了 40 多岁的时候，才重新出来做官。因为谢安长期在东山隐居，所以后来把他重新出仕称为“东山再起”。

前秦强大起来以后，经常骚扰东晋北

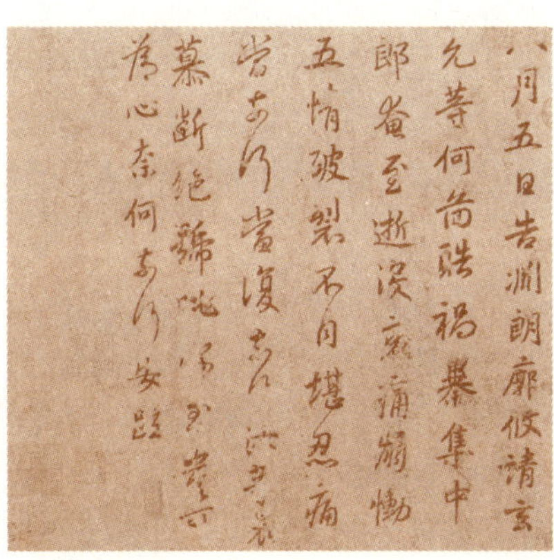

行书中郎帖

谢安史传善书，唐代李嗣真《书后品》赞之曰：“纵任自在，有螭盘虎踞之势”。根据此帖玺印及纸、墨，当属南宋绍兴御书院所临摹的古帖。米芾有《谢帖赞》云：“山林妙寄，岩廓英举。不繇不羲，自发淡古。”

面的边境。为此，谢安把自己的侄儿谢玄推荐给孝武帝。孝武帝封谢玄为将军，镇守广陵（今江苏扬州），掌管江北的各路人马，防守边境。

谢玄是个文武全才的人。他到了广陵以后，就招兵买马，整顿军队。当时有一批从北方逃难到东晋来的人，纷纷投到谢玄的麾下。他们中间有个彭城人叫刘牢之，武艺高强，打仗也特别勇猛。谢玄派他担任参军，叫他带领一支精锐的部队。后来这支经过谢玄和刘牢之严格训练的人马，成为百战百胜的军队。由于这支军队经常驻扎在京口（今江苏镇江），京口又叫“北府”，所以人们把它称为“北府兵”。

这次，面对苻坚的百万大军，谢安决定自己在建康坐镇，派弟弟谢石担任征讨总指挥，谢玄担任前锋都督，带领 8 万军队前往江北抗击秦兵，又派将军胡彬带领 5000 水军到寿阳（今安徽寿县）去配合作战。

谢玄手下虽然有勇猛的北府兵，但是前秦的兵力比东晋大 10 倍，敌我兵力对比悬殊，谢玄心里到底有点紧张。出发之前，谢玄特地到谢安家去告别，想让谢安给他出出主意。哪知道谢安像没事一样连句嘱咐的话都没有，等了老半天，谢安还是不开腔。

谢玄回到家里，心里总有些忐忑不安。隔了一天，又请他的朋友张玄到谢安家去，托他向谢安探问一下。谢安一见张玄，也不跟他谈什么军事，马上邀请他到自己建在山里的一座别墅去下棋。整整玩了一天，张玄什么也没探听到。

到了晚上，谢安把谢石、谢玄等将领召集到家里来，把每个人的任务一件件、一桩桩都清清楚楚地交代一遍。大家看到谢安这样镇定自若，也增强了信心，都神情振奋地回军营去了。

那时候，在荆州镇守的桓冲听到形势危急，专门派出 3000 名精兵到建康来保卫京城。谢安对派来的将士说：“这里已经安排好了，你们都回去加强西面的防守吧！”回到荆州的将士向桓冲复命，桓冲忧心忡忡地对将士说：“谢公的气度确实令人钦佩，但是不懂得打仗。眼下大敌当前，他还那样悠闲自在，兵力那么少，又派一些没经验的年轻人去指挥。我看我们要大难临头了。”

淝水之战

前秦建元十二年（376 年），前秦统一北方。建元十九年（383 年）七月，苻坚不顾群臣反对，举大军攻东晋。八月，苻坚发动近百万大军南下，水陆并进。九月，苻坚的弟弟苻融率 30 万大军到达淮河前线，进攻寿阳。东晋宰相谢安遣尚书仆射谢石为大都督，以徐、兖二州刺史谢玄为前锋，率军 8 万前往迎敌。又命龙骧将军胡彬率水军 5000 援救寿阳。十月，苻坚求胜心切，他等不及各路人马聚齐，便命令苻融进攻寿阳（今安徽寿县）。

寿阳是军事重镇，它的得失对于整个战局的胜负，具有举足轻重的作用。奉命增援寿阳的晋将胡彬，在半路上就接到寿阳失守的消息，只好退守硖石（今安徽寿县西北）。苻融马上命令部将梁成率众 5 万进攻洛涧（今安徽淮南东），切断了胡彬与谢石大军的联系。

苻坚到了寿阳，派尚书朱序到晋军大营去劝降。朱序本来是东晋的将领，4年前在襄阳和前秦军队作战时兵败被俘，留在前秦。现在他见晋秦交战，知道自己为东晋出力赎罪的机会到了。他到晋营后，不但没有劝降，反而向谢石提出打败秦军的建议。他说："这次苻坚发动了百万人马攻打晋国，如果全部人马都到了，恐怕晋军无法抵挡。所以，应乘秦军还没集结的时候，赶快进攻秦军前锋。打败了它的前锋，便可挫伤秦军的士气，这样就可以战胜他们了。"

谢石听从了朱序的建议，派战斗力较强的北府兵将领刘牢之带领一支兵马，在夜晚神不知鬼不觉地来到洛涧，向秦军阵地发起突然袭击。正在睡梦中的秦将梁成听到喊杀声，吓出了一身冷汗，慌慌张张地从床上爬起来，上马迎战，结果被刘牢之一刀砍翻，送了性命。

秦军失去主将，四散奔逃，晋军乘胜追击。谢石带领晋军主力渡过洛涧，在离寿阳城只有4里地的八公山下，扎下营寨，与秦军主力隔淝水对峙。苻坚在寿阳城里接到洛涧秦军失利的消息，有些沉不住气了。

过了几天，谢石派人到寿阳城里，送给苻融一份战书，要求定期决战，条件是秦军把阵地向后撤出一些，腾出一块空地作为战场，让晋军渡过淝水决战。秦诸将都反对晋军的建议，苻坚和苻融却同意晋军的条件，说："让我们的士兵稍稍向后退一点，等他们正在渡过的时候，让我们的骑兵冲上去，一定能把他们消灭。"

谢石、谢玄得到前秦答应后撤的回音后，迅速整顿兵马，指挥渡河。

晋军渡过淝水，勇猛地冲向秦军阵地。朱序见状，就在秦军阵后大声高喊："秦军败了，秦军败了！"正在后退的秦军，听到喊声，一时也分辨不清是真是假，逃的逃、躲的躲，整个队伍溃不成军。

苻融赶快跑到队伍后面，去拦阻队伍，不料连人带马被挤倒在地。他还没来得及从地上爬起来，就被赶上来的晋军一刀砍死。苻坚见形势不妙，吓得丢下士兵，只顾自己逃命。到洛阳（今河南洛阳）时，苻坚收拾残兵，只剩下十几万人了。

晋军乘胜追击，一口气追赶了30多里才收兵。谢石、谢玄连夜派人去建康报捷。当报捷的军士赶回建康的时候，谢安正在与客人下棋，他看过告捷的书信，悄悄地把它搁在床上，不露声色，照常下棋。等到客人问时，才漫不经心地说："孩子们已经打败贼军了。"

人口南迁

秦汉时期的经济重心在北方，西汉时期，全国大部分人口分布在黄河流域。东汉末年，北方战乱纷扰，社会动荡不安，南方比较安定。北方人民纷纷扶老携幼，带着家当，迁往南方居住。西晋后期，匈奴等北方少数民族乘汉族内乱之机起兵攻占北方疆土。西北少数民族不断向中原推进迫使北方民众纷纷渡江南下。据史书记载，从西晋末年至南朝初期的170年间，北方南迁人口达90万以上，约占当时全国在编人口的1/6。许多大贵族带着几十家甚至上百家一起南下。立志北伐的东晋将领祖逖就带着亲族数百家从洛阳南迁到京口。北方移民历尽艰辛与磨难才到达江南。他们中的大部分定居于长江中下游地区，少数移民到岭南一带。

东晋十六国

淝水之战后，前秦灭亡，北方重新陷入分裂。慕容垂摆脱苻坚称王，慕容权贵相继建立起后燕、西燕、南燕和北燕。在关中，姚氏叛前秦建立后秦，匈奴铁弗氏建立大夏。在陇右出现了吕氏建立的后凉、乞伏部建立的西秦、秃发部建立的南凉、李暠建立的西凉和胡沮渠部建立的北凉。直到北魏挺进中原，才结束了这一混战割据的局面。在南方，谢安功高遭忌，被迫让权司马道子，东晋政权重新陷入党争混乱，先后有王恭、殷仲堪之乱，又有孙恩、卢循的农民起义。403年桓玄自立，又很快覆亡。到420年，刘裕废晋帝登基，东晋灭亡。匈奴、鲜卑、羌、氐、羯等少数民族从304年（晋永兴元年）至439年（南朝宋元嘉十六年）这136年中，陆续先后在北方建立了十几个国家。史学家常把这段时间内，在中国境内汉族传统政权版图上建立的国家，统称为“十六国”。十六国指的是：匈奴族人建立的前赵（刘氏）、北凉（沮渠氏）、夏（赫连氏），羯族人建立的后赵（石氏），鲜卑族人建立的前燕、后燕、南燕（以上三国为慕容氏所建）、西秦（乞伏氏）、南凉（秃发氏），羌族人所建立的后秦（姚氏），氐族人所建立的前秦（苻氏）、后凉（吕氏）、成汉（李氏），以及汉族人所建立的前凉（张氏）、西凉（段氏）、北燕（冯氏）。这一期间，少数民族及汉族人建立的还有其他政权：如鲜卑族人所建的西燕（慕容氏）、辽西（段氏）、代（拓跋氏，为北魏的前身），氐族人所建立的仇池（清水氏），汉族人所建立的冉魏。

刘裕成帝业

刘裕是丹徒县京口里（今江苏镇江）人，小名寄奴儿，出身贫苦，生逢乱世。刘裕的远祖是汉高祖刘邦的弟弟刘交。汉王朝覆灭后，刘氏家族也渐渐没落了。他的祖父刘靖，曾做过东安太守，父亲刘翘却只是个小小的郡功曹。

刘裕一出生，母亲便死了，他也差一点被扔掉。后来，他父亲给他取名裕，即多余的意思。婶母给他取了小名叫寄奴儿，即从小寄养他家的意思。刘裕15岁时，刘翘病死了，他的继母带着他和他的两个异母弟弟艰难度日。刘裕便做草鞋换粮食。生活虽然清贫，但他对继母却是十分孝敬，宁可自己饿肚子，也不让继母没有饭吃。

生活在贫困之中的刘裕，一直怀有建功立业的志向，于是他加入了东晋北府兵的行列，成为了一名士兵。后来，东晋北府兵将领孙元终让刘裕在他身边做了一名亲兵，不久又提拔他做司马。

刘裕后来做了参军，更加勤勉卖力。他三次带兵打败了孙恩，迫使孙恩逃到海上，从而被刘牢之当作心腹爱将，逐渐掌握了北府兵权。

后来，桓玄自立为帝，刘裕起兵讨伐。他联络各方豪杰，于404年秋正式开始了他的讨桓行动。刘裕的军队只有2000人，但个个英勇无比，在覆舟山一战，把桓玄的军队打得大败。

405年，晋安帝司马德宗回到建康，大封平叛有功之臣，刘裕被任命为都督扬、荆、徐等16州军事，成为了一个封疆大吏。

409 年初，南燕慕容超几次派兵侵犯淮北，杀东晋朝廷命官，抢劫财物，掳掠百姓。刘裕正想找机会立功，便上表请求北伐南燕。刘裕从建康出发，先出兵包围了南燕的国都广固（今山东益都西北）。南燕的国主慕容超着急了，向后秦讨救兵。

后秦国主姚兴派使者到晋军大营去见刘裕，说：“燕国和我们秦国是友好邻国。如果你们一定要逼燕国，我们不会坐视不救。”

刘裕听了使者的话，冷笑着说：“你回去告诉姚兴，我本来想灭掉燕国之后，休整 3 年再消灭你们。没想到你们愿意送上门来，那就来吧！”

刘裕像

刘裕（363—422 年），南朝宋开国君主，字德舆，小字寄奴。为政崇尚简约，实行“庚戌土断”，集权中央。谥武，庙号高祖。

使者走后，有人问刘裕：“您这样做，只怕会激怒姚兴，如果秦兵真的来攻怎么办？”刘裕泰然地说：“俗话说：‘兵贵神速’，他们如果真想出兵，就会偷偷出兵，为什么先派人来通知呢？这不过是姚兴虚张声势罢了。他连自己都顾不过来，哪有心思救人呢？”

不出刘裕所料，当时后秦正跟夏国互相攻打，根本无暇出兵救南燕。没过多久，刘裕就把南燕消灭了。朝廷命他兼任青、冀二州刺史，并允许他相机行事。也就是说，他可以自作主张，不必请示朝廷了。

不久，卢循在广州起义反晋，刘裕又率兵南征广州。东晋官兵在刘裕的严令督促下，积极奋战，刘裕带着年仅 4 岁的儿子刘义隆亲自到前线布防，鼓舞士气。士气高昂的东晋士兵，一举打败了卢循的军队。东晋朝廷又加封刘裕为太尉中书监，加黄钺，从此刘裕正式执掌了朝政大权。

刘裕掌握了大权后，便起了取代晋安帝的念头。晋安帝虽然是个白痴，但生命力却很旺盛。刘裕一心想做皇帝，但苦于安帝不死，便命王韶之入宫，将安帝活活勒死。刘裕见时机还没成熟，就立晋安帝的弟弟司马德文继位，这就是晋恭帝。晋恭帝在刘裕的控制下得过且过，成为了一名傀儡皇帝。

此后，刘裕便培植亲信，铲除政敌。刘毅、诸葛长民、司马休之等与刘裕政见不同的大臣纷纷被罢除。然后，他第二次北伐，克复关中，于义熙十四年（418 年）受封为相国、宋公。这个时候，刘裕取代东晋的条件已经成熟。

这样勉强过了一年，已经 57 岁的刘裕觉得自己时日不多了，更加急于当皇帝了。晋元熙二年（420 年），手下之人拟好禅位诏，献于刘裕，他拿到晋恭帝处让其抄录，恭帝欣然操笔，书赤纸为“诏”。刘裕筑坛于南部，登上皇位，国号宋，是为宋武帝。刘裕改元永初，定都建康（今江苏南京），改《秦始历》为《永初历》，废晋恭帝为零陵王。第二年六月，刘裕派人将他毒死，开了杀“禅让”退位者的先例。至此，历时 104 年、共 11 帝的东晋王朝结束，南北朝时期开始。

刘裕执政时较开明，减轻赋税，赦免奴客士兵。当了两年皇帝后，刘裕于

422 年病死，终年 59 岁。

南北朝

东晋以后的一个半世纪中，江南相继出现了以建康为都城的四个政权，宋(420 年—479 年)、齐(479 年—502 年)、梁(502 年—557 年)、陈(557 年—589 年)，历史上将这四个政权称为南朝。北魏太武帝拓跋焘于 439 年统一了北方。历史上将北魏与魏末分裂的东魏、西魏，以及继起的北齐、北周合称北朝，是上承两汉、下启隋唐两个大一统时期中间的一个分裂、战争的时代。南北朝共存在 170 年。刘裕创宋，奠定了南朝各代政治的基本格局。之后的王朝一直是频繁更迭，到 557 年陈霸先称帝建陈时已呈衰势，难以实现对整个江南地区的统治。鲜卑拓跋氏建立的北魏政权经过长期的战争，统一北方，入主中原，有力地促进了民族之间的大融合，尤其是孝文帝于 494 年迁都洛阳并实施改革，更将融合大势推向高潮。北魏后有过东魏、西魏的并存与北齐、北周的对立，最后北周再次统一北方。581 年，隋王杨坚废黜北周末代皇帝宇文衍，另建隋政权。589 年，隋灭陈，南北朝至此结束。

拓跋珪建北魏

前秦淝水之战被东晋打败后，刚统一不久的北方又陷入分裂局面，拓跋珪趁机复国，他创造出“越过坚城，纵深攻击”的战法，以较小代价换取最大收获。在其子拓跋嗣、孙拓跋焘在位时更得到完善，使北魏逐渐发展壮大。

拓跋珪死后，拓跋嗣取得皇位，当时南朝的宋和西疆的大夏赫连氏是北魏的两大威胁。特别是宋在刘裕时曾攻占长安、洛阳，灭后秦，势力扩展到中原心脏，引起了北方诸政权的不安。拓跋嗣政权巩固后，便决心对抗防御宋了。

拓跋嗣调集军队欲攻打南朝宋的洛阳、虎牢、滑台三处要塞。他以奚斤带两万军队渡过黄河，在滑台东面屯营，准备强攻滑台。名臣崔浩谏道：“南人擅长守城，从前秦主苻坚攻襄阳，一年都没打下来，损失惨重。如今大军团受阻于小城市，一旦敌人增援保卫，我军处境就危险了。不如遣铁骑四面分兵出击，直至淮河以北，掠夺粮食钱帛，把洛阳、滑台、虎牢三地分割在后方，成为孤城，隔断它们与宋都建康的联系，那么守军久无支援，必然会沿黄河撤退，三城即唾手可得。”

拓跋嗣认为很在理，于是命奚斤依计而行。刚开始，奚斤军占领了滑台周围仓桓等小城，使滑台成为孤城。但这时奚斤没有纵深攻击，而是存侥幸心理，率魏军围攻滑台，结果强攻数日未克，奚斤向平城求援。拓跋嗣见奚斤未按计划作战，以致损兵折将，收效甚微，怒不可遏，即命太子拓跋焘留守平城（今山西大同），自率 5 万大军去增援奚斤。崔浩又谏言：滑台已被围困多日，既已强攻开了，

北魏重臣崔浩像

崔浩处理政务主张先修人事，次尽地利，后观天时。

不如继续攻打，指日可待。于是拓跋嗣令奚斤5日内攻下滑台，将功抵罪，再拿不下，二罪归一，决不宽恕。

奚斤率军冒着飞石流矢猛攻滑台，攻势一浪高过一浪。东晋滑台太守久守孤城，早已力不从心，为了活命，欲举城投降，但手下将士不从，太守只好只身逃跑。城中剩余士兵拒不降魏，奋死抵抗，魏军攻入城内，宋军和敌人展开激烈的巷战，力竭城陷。奚斤乘胜追击，前锋直抵虎牢关。拥有绝对优势的北魏军队相继攻占了虎牢、金墉城、洛阳，当年刘裕打下的河南诸地再次被五胡占去。

拓跋嗣之后，太武帝拓跋焘用此战法攻占大片土地，并于439年统一北方。

北魏孝文帝改革

淝水之战后，前秦崩溃，北方再次分裂。鲜卑族拓跋氏得到发展的机会，势力日渐强盛。386年，拓跋珪自立为王，同年改称魏王，建立了北魏政权。拓跋珪首先兼并了附近的部落，接着又战胜十六国中的后燕。398年，他定都平城（今山西大同），自称皇帝。到439年太武帝拓跋焘在位时，北魏统一了北方，与南朝的宋形成南北对峙局面。到了北魏的第五代皇帝孝文帝拓跋宏统治期间，国内各种矛盾和问题日渐暴露。魏孝文帝吸收了汉族统治者的一些经济策略，实行了一系列的改革措施。

485年，魏孝文帝颁布实行均田制，规定15岁以上的男子可以向政府领受露田（只种谷物）40亩，桑田20亩，女子领受露田20亩，受田农民年老或死亡时，露田要交还政府，桑田不归还，可以传给子孙。均田户一夫一妇每年纳租粟二石，纳调帛一匹。这项措施使一般农民的负担有所减轻。魏孝文帝还废除了宗主督护制，颁行三长法。魏孝文帝为了进一步吸收汉族的先进文化和加强对中原地区的统治，于494年把北魏的国都从平城迁到洛阳。迁都以后，他命令鲜卑人必须改穿汉人的服装，学说汉语，还把鲜卑姓改为汉姓，并提倡鲜卑人同汉人通婚，促进了北方各族人民的进一步融合。

梁武帝出家

梁朝趁北魏内乱之机，曾几次出兵北伐。但梁武帝出师不利，不但没能占到便宜，还死伤了不少军民。此后，双方都无力征伐，彼此相安无事。

梁武帝没有当上皇帝之前，对百姓和士兵都挺关心，但登上皇位后，就换了一副面孔。他对皇亲国戚格外宽容，对百姓却极尽搜刮掠夺之能事。他的臣下更是贪

五胡的族属与分布

五胡指当时主要的少数民族。匈奴原居于今蒙古草原，被汉朝打败后，南匈奴降附，南迁进入今山西等地；鲜卑及乌桓居于今内蒙古东部，鲜卑趁匈奴退出蒙古草原，占有其地，分支很多，东部鲜卑和西部鲜卑各有发展，后来统一北方、建立北魏的拓跋鲜卑属于西部鲜卑；氐、羌居于黄河中上游以及今云南一带，羌族是长期生活在黄河中上游及河西地方的古老民族，氐族可能和西南夷有关。“五胡”中的羯族的族源不太清楚，据研究，羯为匈奴别部，有可能是昭武九姓中的康国，居于今山西一带。由于时代变化及迁徙移动，“五胡”的血统问题十分复杂。战乱使汉人迁徙到边疆一带，和少数民族杂居，但大趋势是少数民族因中原内乱，不断南下，到中原定居。

梁武帝像

得无厌。有人告发他的弟弟萧宏谋反，库里藏有兵器。他亲自带人去萧宏家搜查，结果看到萧宏家的库房里堆满了布、绢、丝、棉，还有数以亿计的钱财。梁武帝看到没有谋反的迹象，就对萧宏说："阿六呀，你的家当还真不少啊！"

其他的王公侯爷看到梁武帝对此一点也不在意，就更加肆无忌惮地搜刮民脂民膏了。

梁武帝到了晚年，开始崇信佛教，借佛教名义愚弄百姓，搜刮钱财。他修建了一座规模宏大、富丽堂皇的同泰寺为自己诵经拜佛之用，自己装成一副苦行僧的样子，早晚到寺中朝拜。有一次，他到同泰寺"舍身"，表示要出家做和尚。他这一出家做和尚，国中无主，大臣们急得像热锅上的蚂蚁，最后只得去寺中劝他回来。他做了 4 天和尚，大臣们出钱把他从同泰寺中赎了出来。这样的滑稽剧总共演了 4 次，大臣们一共花了 4 亿赎身钱。这笔钱，都转嫁到老百姓身上去了。而且在他最后赎身回宫的那个晚上，竟派人把同泰寺的塔烧了，却说是魔鬼干的。为了压住魔鬼，又下诏要造一座几丈高的高塔来压住，继续叫百官捐钱。

梁朝在如此荒唐的皇帝的统治下一天天地衰弱了，看似金玉其外，实已败絮其中。

宇文泰战高欢

北魏末年大起义后不久，分裂为东魏和西魏，双方势不两立，征战不休。

东魏的大权掌握在丞相高欢手里。高欢，字贺六浑，渤海蓨（今河北景县）人，是鲜卑化的汉人。西魏的大权掌握在丞相宇文泰手里。宇文泰，字黑獭，代郡武川（今内蒙古武川）人，鲜卑族。

536 年，高欢派兵进攻西魏，占领夏州（今陕西横山县西），接着兵分三路进攻长安，结果无功而返。537 年，高欢率 20 万大军进攻西魏，双方战于沙苑（今陕西大荔县南），宇文泰将军队推进十里，背水分东、西列阵，都埋伏在芦苇丛中。东魏大军知道西魏兵少，毫不在意，往西边方阵闯去，宇文泰见敌军已至，率兵迎敌，一时伏兵四起，西魏铁骑横击东魏主力，将高欢大军截为两段，不能照应，结果东魏大败，几乎全军覆没，高欢逃走。

此后双方又大战数次，互有胜败。战争一直延续到北周、北齐，最后由北周重新统一了北方。

周武帝统一北方

575 年，北周武帝宇文邕见北齐政治腐败，决定乘机攻灭北齐，统一北方。

北周武帝北联突厥，南和陈朝，形成了对北齐的夹击之势，而自己则亲率 18 万大军伐北齐，数路并进，连克 30 余城，后周武帝染病班师。

576年，周武帝再次伐齐，率军进攻北齐重镇平阳（今山西临汾），旋即攻克。北齐后主高纬率10万大军救援平阳，周武帝为了避敌锋锐，率军后撤，留下1万精兵守平阳。北齐军至，包围平阳，昼夜猛攻，又挖堑壕以阻挡周军救援。周武帝亲率8万大军救援，两军对峙于堑壕两侧。北齐后主下令填平堑壕，全军进攻，周军奋勇还击，双方激战。齐军左翼稍向后退却，北齐后主以为齐军战败，临阵脱逃，顿时齐军人心涣散。最终北齐军主力被歼。

北齐后主先逃到晋阳，后又逃到邺城，周军穷追不舍，围攻邺城，北齐后主被俘，北齐亡，北周统一了北方。

二、三国两晋南北朝的科技与文化艺术

马钧发明翻车

马钧，三国曹魏时扶风（今陕西兴平东南）人，字德衡，是我国古代著名的机械制造专家。他简化了当时织绫机复杂的构造，创造出一种只有十二个踏板的新型织机，不但提高了生产效率，而且大大地提升了生产工艺水平。他改革旧的灌溉工具，发明了新的灌溉工具——翻车，不但使用操作方便、快捷，而且能够连续提水，使得引水灌溉的效率大大提高。这是我国古代最先进的排灌工具，也是当时世界上最先进的生产工具之一。

翻车，在当时叫龙骨水车。东汉时期，有个叫毕岚的人做过翻车，但是它的用途只是用作道路洒水，跟后来的翻车不同。马钧制造的翻车，就是专门用于农业排灌的翻车。它的结构很精巧，而且运转轻快省力，连儿童都可以操作。

由于马钧发明的翻车具有巨大优点，故一问世就受到普遍欢迎，并迅速推广普及，成为农业生产的主要工具之一，并沿用了1000多年。

马钧是这一时期伟大的机械发明家，他的发明革新对后世产生了深远的影响，后人称颂他“巧思绝世”。

马钧曾任魏国博士，他非常喜欢研究机械，并刻苦钻研，取得了机械制造方面的杰出成就。但是因为当时的统治集团对机械发明非常不重视，所以他一生都受到权贵们的歧视，郁郁不得志。欣赏马钧的傅玄感慨地评价，马钧：“天下之名巧也”，认为他可与公输般、墨子以及张衡相比，但是公输般和墨子见用于时，张衡和马钧一生未能发挥特长。

此外，马钧在手工业、农业、军事等诸多方面都有革新和创造。他改进了古代旧式织绫机，重新设计了织绫机。三国时的织绫机虽经简化，仍然是“五十综者五十蹑，六十综者六十蹑”，用脚踏动，非常笨拙，生产效率极其低下。马钧设计的新织绫机简化了踏具（蹑），改造了桄运动机件，将“五十蹑”“六十蹑”都改成十二蹑，这样使新绫机操作简易方便，大大提高了生产效率，大大促进了纺织业的发展。

在军事方面，马钧改进了连弩和发石车。当时，诸葛亮改进的连弩一次可发

数十箭，威力已很大。马钧在此基础上进行了再改进，威力又增加了5倍以上。马钧还在原来发石车的基础上，设计出了新式的攻城器械——轮转式发石车。它利用一个木轮，把石头挂在上面，通过轮子转动，连续不断地将石头发射出去，威力相当大。

马钧还制成了失传已久的指南车。指南车是一种辨别方向的工具。传说黄帝大战蚩尤之时，在雾气中迷失方向，于是制造指南车，辨明方向，打败了蚩尤。东汉时张衡制造过指南车，可惜失传了。马钧想把指南车重造出来，遭到了许多人的嘲笑，但他苦心钻研，反复试验，终于运用差动齿轮的构造原理，制造出了指南车，“天下皆服其巧”。

马钧还致力于研究传动机械，发明了变化多端的“水转百戏”。他用木头制成原动轮，用水力来推动，使上层陈设的木人都动起来。木人能做各种动作，十分巧妙。

祖冲之和圆周率

宋孝武帝期间，出了一个杰出的科学家祖冲之。祖冲之的祖上于西晋末年，为了逃避战乱而迁到江南。他家是科学世家，世代掌管国家的历法。祖冲之在这样的家庭里，从小就读了不少书。他特别喜爱天文学、数学和机械制造，并且常常显示出不凡的才华。到了青年时期，他已经享有博学的名声，受到宋孝武帝的器重，被朝廷聘到学术机关从事研究工作。

在数学上，祖冲之把圆周率数值准确推进到小数点后7位，成为世界上最早把圆周率数值推算到7位数字的科学家。在圆周率的计算上，我国最早采用周三径一的方法，但祖冲之认为这样得出的数字不准确。所以，在前人的基础上，他进一步算出更精确的圆周率数据。祖冲之得出的圆周率，其盈数为3.1415927，不足数为3.1415926，也是 π 的数字小于盈数而大于不足数。同时，祖冲之还确定了 π 的两个分数值，其约率为：$\pi = 22/7$，密率为：$\pi = 335/113$。

祖冲之计算圆周率准确到小数点后第六位，这是当时世界上最先进的成就。从分子分母不超过百位数的分数来说，密率335/113是圆周率值的最佳近分数。为了纪念他这一对数学方面的贡献，人们把圆周率称为“祖率”。直到15、16世纪，外国数学家才打破这个纪录。

中国当时是以农业立国，有着重视和研究天文历法的传统。祖冲之关心国计民生，极为注重天文历法的研究。当时朝廷采用的是《元嘉历》，它是天文学家何承天编订的。祖冲之对这本《元嘉历》作了深入研究和推算后，发现《元嘉历》仍然不够精密。经过长期的实际观测和仔细的验算，并吸取了历代各家历本的成就，他终于重新制定了一部新的历法——《大明历》。

祖冲之经过长期观察，证实存在岁差，并计算出冬至点每45年要回向移动一度，测算出一个太阳年是365.24281481日，与近代科学测得的日数只相差50秒，误差只有60万分之一。

462年，年方33岁的祖冲之把《大明历》送给朝廷，要求颁布实行。宋孝武

帝命令懂历法的官员对它进行讨论。随即，爆发了一场革新派和保守派的尖锐斗争。

在这场论战中，祖冲之那精辟透彻、理实交融的分析，折服了许多大臣。于是宋孝武帝决定在更元时改用新历。可是，还没多久，宋孝武帝就死了。直到祖冲之死去10年之后，他创制的《大明历》才得以推行。

郦道元与《水经注》

在北魏时期，有一本地理学巨著叫《水经注》，他的著者郦道元是我国古代最卓越的地理学家之一。

郦道元（?—527年），字善长，北魏范阳郡涿县（今河北涿州）人。郦道元出生在官僚世家，青少年时代随父亲在山东生活。对当地的风土人情深入了解后，逐渐对地理考察产生兴趣。父亲去世后，道元袭爵永宁侯，在孝文帝身边做官。后来外调，做颍川（治长社，今河南许昌市）太守、鲁阳（今河南鲁山县）太守和东荆州（治比阳县，今河南泌阳县）刺史等职。在辗转各地做官的过程中，他博览群书，并进行实地考察，对当地的地理和历史有了深入的了解和研究。

神龟元年（518年），郦道元被免职回到洛阳。在这期间，他感觉以往的地理著作如《山海经》《禹贡》《汉书·地理志》都太过简略，《水经》只有纲领而不详尽。于是，他花费大量心血，广泛参考各类书籍，结合多年的实地考察经验，历时七八年，终于完成地理学名著《水经注》。

郦道元做官时得罪了小人，被他们设下陷阱，派去视察反状已露的雍州刺史萧宝夤的辖区。孝昌三年（527年）十月，郦道元在阴盘驿（今陕西临潼东）时，遭到萧宝夤部队袭击，被残忍杀害。

《水经注》共40卷，约30万字，文字30倍于原书《水经》，共记有1252条河流。《水经注》这部在当时世界地理文献中无与伦比的著作，成就巨大，主要表现在以下四个方面。

其一，在水文地理方面。《水经注》共记载了1252条大小河流，按一定次序对水文进行了详细的描述。如河流的发源、流程、流向、分布、水量的季节变化以及河水的含沙量和河流的冰期等。在河源的描述上，有陂池、泉水、小溪以及瀑布急流。全书共记载峡谷近300个，瀑布64处，类型名称15个。《水经注》记载了伏流22处，其中有石灰岩地区的地下河和松散沉积孔隙水；记载的湖泊总数超过500个，类型名称13个，其中有淡水湖也有咸水湖；记载了泉水几百处，其中温泉31处。这些为后世研究古今水文变迁提供了重要的参考文献。《水经注》还记载了无水旧河道24条，为寻找地下水提供了线索；记载了井泉的深度，为该地区地下水位变化规律提供了依据和参照。

其二，在生物地理方面。《水经注》记载了大约50种动物种类。不仅明确记载了动物的分布区域，而且记载了各地所特有的动物资料。特别是黄河淡水鱼类的洄游，是世界上该方面现存最早的文献记载。《水经注》还记载了约140种植物种类，描述了各地不同类型的植物群落，尤其注重植被状况。

其三，在地质地貌方面。《水经注》记载了31种地貌类型名称，山近800座；记载了洞穴46个，按不同性状结构取不同名称。《水经注》还记载了许多化石，包括古生物残骸化石和遗迹化石；记载了矿物约20余种，岩石19种；记载了山崩地震约10余处。其中关于流水侵蚀、搬运和沉积作用的解释，成为古代最早的流水地貌成因理论。

郦道元像

其四，在人文地理方面。《水经注》中记载的农业地理，包括农田水利、种植业、林业、渔业、畜牧业和狩猎业等；工业地理，包括造纸、纺织、采矿、冶金和食品等；运输地理，包括水上运输和陆上运输以及水陆相连的桥梁、津渡等。《水经注》还记载了地名17000多个，有全面阐释的2134个。

《水经注》是一部杰出的地理学巨著，它是对北魏以前的地理学的一次全面总结，为后世地理研究提供了非常详尽的参考文献。

范缜著《神灭论》

范缜（450年—515年），字子真，南阳舞阳（今河南泌阳县西北）人。他曾任县主簿、太守，后来累官至尚书殿中郎。他性格刚直，反对迷信，在任宜都太守时，下令禁止当地人民祭祀神庙。489年和丞相肖子良论证“因果报应”问题后，开始著述《神灭论》。

《神灭论》以朴素唯物主义的形神一元论作为自己“神灭”论的出发点，提出“形神相即”的思想理论，说明了肉体和精神的关系是统一而不可分的，精神的“生”和“灭”取决于肉体的生存和死亡，即“形存则神存，形谢则神灭”。范缜从形神一元论出发，进一步指出精神现象只是人体的感觉器官和思维器官的作用，驳斥了佛教宣扬的“神不灭”论以及佛教所说的人的内心有神秘先验的认识能力的唯心主义观点。

陶渊明

陶渊明又叫陶潜，浔阳柴桑（今江西九江）人。他祖上世代为官，曾祖父是陶侃，在东晋前期立过大功，曾掌管过八个州的军事。不过到了陶渊明的时候，家道已经衰落了。陶渊明小的时候喜欢读书，有“济世救民”的志向，又很仰慕曾祖父陶侃，也想干一番事业。

陶渊明到了29岁后，才在别人的推荐下，陆陆续续做了几任参军之类的小官。他看不惯官场逢迎拍马那一套，所以在仕途中辗转了13年之后，一腔热情便冷了，决心弃官隐居。

几年后，东晋的一代名将檀道济到江州做刺史。他上任不久，就亲自登门拜访陶渊明，劝说陶渊明出去做官，并要送给他酒食，都被陶渊明回绝了。当时在

那一带隐居的还有刘遗民、周续之两人。他们同陶渊明合称“浔阳三隐”。事实上，这两个人和陶渊明一点也不一样，他们很有钱，同当官的交往密切。这些人只不过想借“隐居”来找个终南捷径罢了。

在陶渊明看来，真淳的上古之世邈远难求，而现实又如此让人无可奈何，理想的人生社会，只能寄托在文学之中。“一语天然万古新，豪华落尽见真淳。”元好问的评语，精当地点出了陶渊明文学创作的特点。

陶渊明在诗歌、散文、辞赋诸方面都有很高的成就，但对后代影响最大的是诗歌。陶诗现存 126 首，其中四言诗 9 首，五言诗 117 首。他的五言诗沿着汉魏以来文人五言诗的发展方向，进一步向着抒情化、个性化的道路发展。尤其值得指出的是，他把平凡的乡村田园劳动生活引入诗歌的艺术园地，开创了田园诗一派。

陶渊明依恋山水，旷达任真，他说自己“少学琴书，偶爱闲静，开卷有得，便欣然忘食，见树木交荫，时鸟变声，亦复欢然有喜。尝言五六月中，北窗下卧，遇凉风暂至，自谓是羲皇上人”。这样一种贴近自然的天性，赋予他的田园诗以物我浑融的意象和平淡醇美的风格。

他的田园诗主要是组诗《饮酒》《归园田居》《和郭主簿》等。诗人笔下的田园景物，既与其现实生活息息相关，又是诗人寄托情感的对象。且让我们听听在《归园田居》一诗中的夫子自道：“少无适俗韵，性本爱丘山。误落尘网中，一去三十年。”这是一个天性热爱自然的人，置身于名利场中，无异于锁向金笼的那只渴望自在啼鸣的鸟。归隐之后又是怎样的呢？同一首诗里他这样描写他的田园：

方宅十余亩，草屋八九间。
榆柳荫后檐，桃李罗堂前。
暧暧远人村，依依墟里烟。
狗吠深巷中，鸡鸣桑树巅。
户庭无尘杂，虚室有余闲。

地几亩，屋几间，远处青山隐隐，清溪环绕着村郭。房前屋后桃李春花淡淡地开放，榆柳疏疏落落地挂着新枝。暮霭和着炊烟袅袅升起，村落里东一声西一声的狗吠，透过薄雾传来栖息在树上的鸡的鸣叫。这里，人们日出而作，日入而息，一派宁静安乐的小康景象。在陶渊明的田园诗里，“自然”这一哲学概念，以美好的形象表现了出来。请看著名的《饮酒》之五：

结庐在人境，而无车马喧。
问君何能尔？心远地自偏。
采菊东篱下，悠然见南山。
山气日夕佳，飞鸟相与还。
此中有真意，欲辨已忘言。

由于陶渊明在这首诗里的吟咏，酒和菊已经成了他的精神和人格的象征。古人爱酒的不少，但是能够像陶渊明那样识得酒中三昧并且从中体悟人生真谛的却

陶渊明像

并不多。他写菊的诗也并不多，但就因“采菊东篱下，悠然见南山”这两句诗太出名了，菊便成了陶渊明的化身，也成为了中国诗歌里孤标傲世的高洁意象。

不过，陶渊明毕竟是有高远的人生理想的。当这种理想遭遇现实的棒喝而只能流于空想时，心中的幽愤难平是不可能完全被美酒和秋菊消解的。于是，在田园诗以外，他还写有大量的咏怀咏史的诗。《杂诗》十二首、《读山海经》十三首都属于这一类。在这些诗里，我们分明能够感受到静穆悠远的隐士对现实的憎恶与不安，对人生短促的无限焦虑，和那种强烈压抑的建功立业的渴望。正因如此，荆轲这位敢为知己者死的勇士的失败结局，才在陶渊明的心中激起如此强烈的感慨：“惜哉剑术疏，奇功遂不成。其人虽已没，千载有余情！”《山海经》里的刑天和精卫，也让他激动不已：

精卫衔微木，将以填沧海。
刑天舞干戚，猛志故常在。
同物既无虑，化去不复悔。
徒设在昔心，良晨讵可待！

精卫仅是一只小鸟，而有填海之志；刑天被砍了头，却能以乳为目反抗不止，这种不屈服于命运的精神，表明陶渊明虽身在田园，却仍然渴望着有所作为的壮丽人生。

“千秋万岁名，寂寞身后事”用在陶渊明的身上，再恰当不过了。在他生活的当世，他仅仅是作为一位高雅的隐士被人称道的。当时的社会普遍推崇华丽绮靡的文学风格，他的诗歌朴素冲淡，并不合于当时人的口味。所以在他死后的两百年里，他的文学创作没有引起多大的重视。到了唐代，李白、杜甫也并没有对陶渊明表现出特别的尊崇。但是盛唐的山水田园诗派，明显受到了他的巨大影响。600年后的赵宋王朝，终于出现了一位陶渊明的异代知音，他就是苏轼。在苏轼的心目中，陶渊明在文学史上的地位毫无疑问应该在李杜之上。由于苏轼的极力推重，人们终于发现了陶渊明其人其诗的价值。从此，陶渊明走出了寂寞的田园。

北朝民歌

北朝的乐府民歌大约有60首。由于北方民族的气质比较粗犷豪放，因此，北朝民歌具有刚健、豪放的特点，语言质朴无华，不避俗俚，这和南朝乐府民歌的委婉轻艳迥然异趣。

北朝民歌主要包括以下方面：其一是反映北方民族特有的气质和风俗。如《琅玡五歌》《折杨柳歌》这两首诗表现了北方健儿好勇尚武、爱刀爱马的性格。北朝民歌中的情歌也充分地体现出北方妇女豪爽刚健的个性，如《地驱乐歌》。其

二是反映战争以及与战争相关的内容。如有名的《敕勒歌》则描绘了北方民族的游牧生活和北国风光："敕勒川，阴山下……风吹草低见牛羊。"此诗充分反映出北方游牧民族对自己家乡的热爱之情。

《木兰辞》是北朝长篇叙事民歌，是北朝民歌中最杰出的作品。《木兰辞》记述了木兰女扮男装、代父从军的故事。

书圣王羲之

在东晋时期，王氏是门第高贵的士族，当时有"王与马共天下"的说法。在王氏家族中，出了一个大书法家，他就是王羲之。

王羲之从小酷爱书法，七岁时就开始练习写字。传说他在走路、休息的时候，也用手指比画着练字，仔细揣摩字体的结构和笔法，心里想着，手指在自己身上一横一竖、一笔一画地比画着。日子长了，衣服都被他划破了。他每天写完了字，总是要到自己门前的池塘里去洗刷毛笔和砚台，久而久之，池塘里的水都变成黑色的了。

由于王羲之长期勤学苦练，他的书法达到了炉火纯青的境界。谁能得到他的字，就像获得珍宝一样。据说，山阴地方有个道士很喜欢王羲之的书法，想请王羲之给写一本《道德经》。可是，他知道王羲之不肯轻易替人抄写经书。后来，他听说王羲之最喜欢白鹅，常常模仿鹅掌划水的动作来锻炼手腕，以便运起笔来更加强劲而灵活。于是他就买了几只小白鹅，精心喂养。几个月以后，鹅长大了，全身羽毛丰满，非常可爱。道士故意把鹅放在王羲之时常经过的地方。一天，王羲之经过那里，看见这些羽毛洁白，姿态美丽的白鹅后，心里有说不出的喜欢，就向道士提出要买下这一群鹅。道士说："鹅是不卖的，不过，如果你能给我写一本《道德经》，我就把这群鹅赠送给你。"王羲之毫不犹豫地答应了，当场写好了一本《道德经》，交给了道士，带走了这群鹅。

王羲之出生在东晋大族士家，本来可以平步青云，做很大的官，可他喜欢逍遥自在，不愿做官。后来，扬州刺史殷浩与他关系很好，写信劝他出来，他才任职会稽内史。到那里做官，主要还是因为会稽的风景秀丽，可以娱人性情。王羲之曾经与谢安、孙绰等著名文人到会稽山阴（今浙江绍兴）的兰亭举行宴会。这些文人在兰亭会上乘兴作诗，共得诗 37 首，编成《兰亭集》。王羲之也在酒酣耳热之时，当场挥笔，为诗集作序，写成《兰亭集序》。这篇作品共有 28 行、324 字，它的章法浑然一体，笔法粗细多变，字形疏密相掺，全篇"遒媚劲健，绝代所无"，连墨气也忽浓忽淡，最能体现王羲之书法的最高境界。全篇二十几个"之"字，字字不同，每个字有每个字的写法，笔法千变万化，令后人叹为观止。

王羲之的作品虽然都遗失了，但他的书法对后世有着深远影响，唐代欧阳询、虞世南、褚遂良、薛稷、颜真卿、柳公权，五代杨凝式，宋代苏轼、黄庭坚、米芾、蔡襄，元代赵孟頫，明代董其昌等历代书学名家无不学习他。清代虽以碑学打破帖学的范围，但王羲之的书圣地位仍未动摇。他的行书艺术成为后世无法攀越的高峰，历代名家巨子通过比较、揣摩，无不心悦诚服，推崇备至。

云冈石窟

云冈石窟位于平城（今山西大同）西面，开凿于北魏文成帝时，整个工程历经数十年，共计开窟53个，大小石像有5.1万多尊，成为中国规模最大的石窟群之一。云冈石窟的艺术风格来自三个源头：中国原有的雕刻传统；外国僧人带来的狮子国（即斯里兰卡）的影响；西域传来的犍陀罗（今巴基斯坦和阿富汗西部一带）艺术的影响。早期石窟表现出一种挺拔劲健、浑厚粗朴的造像风格，尤其第二十窟的大佛，其博大、恢宏的气魄和力度，动人至深。第五窟正中的释迦坐像高达17米，是云冈石窟最大的佛像；第六窟被誉为云冈石窟第一伟观，整个塔柱和窟壁，雕凿满了大小佛龛和多种炫目的装饰，令人叹为观止。云冈石窟内容丰富，除了大小佛像外，还有许多描绘佛教故事的浮雕，不少穹顶和龛楣还雕有飞天、乐伎和动物。画面生动形象，充满生活气息。

本尊如来坐像 云冈石窟 南北朝

龙门石窟

龙门石窟，中原地区的大型石窟群，是北魏孝文帝迁都洛阳后开凿的。它位于洛阳市郊伊水两岸，因这里古时地处隋唐都城之南，又称龙门。龙门石窟共有大小窟龛2100多处，造像约10万尊。其中北魏时期开凿的有：古阳洞、宾阳三洞、莲花洞，洞中窟前壁刻着佛经故事和礼佛图。佛像面容庄严、肃穆，但突出了北魏“秀骨清像”的特点。衣服较为宽松，衣纹飘动流畅，栩栩如生。龙门石窟的1/3是在北魏开凿的，2/3在隋唐完成。

敦煌莫高窟

莫高窟位于甘肃敦煌东南25千米的鸣沙山下。敦煌与酒泉、张掖、武威并称河西四镇，扼守“丝绸之路”咽喉，也是中西文化交流与佛教兴盛的要地。敦煌的画师和雕塑匠们受到印度、伊朗、希腊的宗教与艺术的启迪和刺激，从而使早期的莫高窟艺术虎虎而有生气。这一切都在敦煌早期洞窟壁画中得到反映。这时期的壁画在土红底色上，用简练而质朴的笔触与强烈对比的色彩描绘出菩萨、飞天和本生故事画，其浑厚雄健的气魄跃然于画壁之上。在现存约500个洞窟中，十六国晚期至北朝的有40多个。这一时期的各种洞窟形制融入了中国建筑的特色，又与古代印度有不同程度的联系，如中心塔柱窟即源于印度用作佛教徒礼堂的“支提窟”窟形。北魏孝文帝汉化运动以后，莫高窟中塑像的造型也发生了变化：由健壮伟岸的气貌，变为身长颈细、面貌清瘦的“秀骨清像”；由轻纱透体的衣着，变为南朝大夫模样的褒衣博带的装束。外来的文化与民族的传统，在敦煌这个中西交流的咽喉地区上发生碰撞、交融，这一切都显现在莫高窟佛教艺术上。

第六章 隋唐盛世

隋朝 (581 年—618 年) 581 年，北周大丞相、都督内外诸军事隋王杨坚废掉静帝自立，改国号隋。唐朝 (618 年—907 年) 618 年，隋大都督内外诸军事、大丞相、相国、唐王李渊逼隋恭帝退位，在长安即皇帝位，国号唐，年号武德，是为唐高祖。唐朝是历史上国力最强、历时最长的王朝之一。

一、隋唐的大气象

杨坚建隋

北魏崛起后统一了五胡十六国，北周又进一步扩大了北朝的地域，成为南北对峙中北方的最后一个政权。581 年，北周相国杨坚迫使自己的外孙、9 岁的周静帝退位，自立为帝，改国号为隋，在北周政权的基础上建立了隋朝。杨坚积极改革，增强实力，灭掉了南方陈朝政权，结束了东晋以来数百年分裂的局面，统一了南北。

杨坚生于贵族之家。父亲杨忠是西魏、北周的军事贵族，西魏时因辅佐宇文泰建立政权，受封为十二大将军之一；北周时官至柱国大将军，封为随国公。杨坚后来袭父职，他的妻子独孤氏是鲜卑大贵族独孤信的爱女，他的女儿杨丽华是北周宣帝的皇后。宣帝好酒色，常在后宫酗酒，并实施严刑酷法，统治无道，北周政权日趋衰落。宣帝死后，宦官郑译、刘昉假传遗诏，召杨坚进宫，并极力主张让他入宫辅政，杨坚因此总揽军政大权，并逼迫颜之仪交出天子玉玺和兵符。

为防止各地的诸侯王发动兵变，杨坚借口赵王要嫁女儿给突厥，把北周皇室成员召进京都，又让静帝下诏书把威望极高的元老重臣尉迟迥召回京师。尉迟迥统兵数十万，北联突厥，南结陈朝，在相州（治所在今河北临漳西南）举兵反杨，同杨坚对抗。杨坚以韦孝宽为行军元帅发兵讨伐，尉迟迥兵败自杀。杨坚在重臣李穆、韦孝宽的支持下，不到半年时间，就平定了各方叛乱。581 年，杨坚自称随王，后经“禅让”代周称帝，因随字不吉利，便改国号为隋，杨坚即是隋文帝。隋朝建立后，文帝采取加强中央集权和发展社会经济的改革措施，国力渐渐强盛，为统一全国奠定了基础。

隋文帝像

隋初，北方突厥的势力强盛，与隋朝对抗。突厥可汗曾率军南下大举侵隋，隋军损失惨重。后突厥内部发生叛乱，隋才得到短暂安宁。不久突厥内部矛盾更加激化，并分裂为东、西两汗国。文帝利用突厥的分裂进攻突厥，突厥大败，东突厥归附隋朝。隋文帝完成了北方的统一，转而集中兵力于南方。

文帝积极做伐陈的准备工作，令大将军贺若弼和韩擒虎镇守离陈朝较近的广陵和庐江；大将杨素调集水工大造战船，做渡江的准备。587 年，文帝灭掉后梁的割

据势力，扫除了向陈进军的障碍。588 年，隋文帝诏告天下，历数陈后主的罪状，以瓦解陈军斗志，为战争做好舆论准备。之后，文帝令儿子杨广率兵 50 多万兵分 8 路，南下攻陈。

陈后主从小生活在宫廷中，根本不知创业和守业的艰难，沉湎于酒色，不理政事。朝中大臣有劝他以国事为重的就被他杀掉。当后主得知隋朝进攻后还不以为意，宣称有王气在陈朝。隋朝首先在长江沿岸对陈军发起全面进攻，陈军毫无抵抗力，隋军乘胜包围建康。

589 年初，隋将韩擒虎、贺若弼率军渡江，分两路攻入建康。后主和张贵妃、孔贵妃躲到景阳殿的枯井中，最终还是当了俘虏，陈朝灭亡。自西晋以来的分裂局面结束了，南北又归于统一，全国进入稳定时期。

隋文帝颁布均田令

582 年，隋文帝杨坚颁布均田令。隋文帝建国之初，在北齐、北周均田的基础上，继续实行均田制。本年，隋文帝颁布均田令，规定：成年男丁每人受露田 80 亩，种植五谷，再受永业田 20 亩；妇女每人受露田 40 亩，不给永业田；奴婢受田同于常人。永业田不需归还，露田在受田者死后要归还国家。此外，亲王以下至都督，都给永业田，由 100 顷到 40 亩依身份高下多寡不同。开皇十四年（594 年）又规定：京官、外官均给职分田，收入作为俸禄，以减轻国家的负担。一品至五品，每品以 50 亩为差，多者 5 顷，少者 3 顷；六品至九品，以 50 亩为差，到九品为 1 顷。各级行政机构可耕种一定数额土地，称为公廨田，收入可作为办公费用，这也可节省国家的行政开支。

开凿大运河

举世闻名的京杭大运河，与万里长城并称为中国古代最伟大的工程，是世界上开凿最早、最长的一条人工河道。它始凿于春秋末期（公元前 5 世纪），后经隋朝（7 世纪）和元朝（13 世纪）两次大规模扩展，成为北起北京、南至杭州的南北交通大动脉。它跨北京、天津以及河北、山东、江苏、浙江四省，沟通海河、黄河、淮河、长江、钱塘江五大水系。

经隋朝数次开凿形成的南北大运河，是世界上最长的运河。它全长 1794 千米，水面宽 50 多米，最窄的地方也有 30 ～ 40 米。运河修通后，隋炀帝杨广率领数达几千艘、绵延 200 里的船队，从洛阳出发，一路浩浩荡荡前往扬州游玩。杨广乘坐的龙舟，高 15 米，宽 17 米，长达 67 米。由此不难看出大运河的规模和通航能力。

南北大运河是由广通渠、通济渠、山阳渎和永济渠以及江南运河连接而成。其开凿的时间前后不一，计有 20 多年之久。

开皇四年（584 年），隋文帝杨坚为了改善漕运，命宇文恺率水工凿渠，“引水自大兴城（即长安）东至潼关三百余里，名曰广通渠”，历时 3 个月。

开皇七年（587 年），隋文帝出于军事上的需要，下令调集民工，开挖江淮河段，“于扬州开山阳渎”。山阳渎长约 300 里，疏导了春秋时吴王夫差所开的

扬州古运河

扬州古称江都，为隋代大运河的重要一站，隋炀帝未登皇位之前，曾为江都总管。隋代大运河西通关中，北连华北，南连太湖，对于以后隋唐经济的发展以及南北文化交流发挥了重大作用。

邗沟，引淮河水入长江。

大业元年(605年)，隋炀帝杨广调集河南诸郡民工100余万人，开挖通济渠。自洛阳西苑引榖、洛水入黄河，又从洛阳东面的板渚引黄河水与汴水合流，然后又分流，折入淮水，直达淮河南岸的山阳。通济渠、山阳渎连接后，淮河南北漕运畅通。

大业四年(608年)春，隋炀帝又调集河北诸郡民工100余万人开挖永济渠。这个工程先引沁水入黄河，又自沁水东北开渠，到达临清合屯氏河。主要用途是通舟北巡，所以称之为御河。

大业六年(610年)冬，隋炀帝下令修江南运河。工程从京口(今江苏镇江)开始到余杭入钱塘江，全长800余里，河宽10余丈。

隋朝修筑的南北大运河，以洛阳为中心，北通涿郡（治所在今北京)，南达余杭（今浙江杭州)，西至长安，把钱塘江、长江、淮河、黄河、海河5条大水系联系起来，形成了一个四通八达的水运网络。这是一项举世闻名的水利工程。

南北大运河开凿的原因，演义小说都归结为隋炀帝醉心游乐。事实上，主要原因是当时社会经济发展和政治方面的客观需要。从经济方面来说，当时政治中心长安和洛阳人口激增，粮食供应严重不足；而江浙一带“有海陆之饶，珍异所聚，故商贾并凑”，资源丰富，十分繁华。南北的经济需要交流，水运方面的状况尤其需要改善，漕运南方的粟米丝帛到中原地区来，促进了南北之间的贸易往来。从政治军事方面来说，南方广大地区大小起义始终不断，隋王朝鞭长莫及。为了进一步控制南方，隋王朝也需要修建一条运河来及时运兵，以镇压当地的反隋活动。开凿南北大运河是经济、政治和军事的需要，也是时代的需要和历史发展的必然，当朝统治者的个人好恶并不是最主要的原因。

隋朝南北大运河的开凿，功在当时，利在千秋。大运河自从凿通以后，就成为我国南北交通的大动脉，运河中“商旅往返，船乘不绝”。唐代诗人皮日休在《汴河铭》说:“今自九河外，复有淇汴（即运河)，北通涿郡之渔商，南运江都之转输，其为利也博哉！”在运河两岸，商业都市日益繁荣。自隋唐以后，沿运河两岸如杭州、镇江、扬州、淮安、淮阴、开封等地，都逐渐成为新兴商业都会，这些城市

历经宋、元、明、清而不衰，成为繁盛一方的大都市。

开挖大运河，要穿越复杂的地理环境，从设计施工到管理，都需要解决一系列科学技术上的难题。工程涉及到测量、计算、机械、流体力学等多方面的科技知识。这一工程的完成，反映了我国古代劳动人民的聪明才智和创造精神。

隋炀帝三下江都

隋文帝吸取了陈后主亡国的教训，比较注意节俭，对那些有贪污奢侈行为的官吏，一律严办，连他的儿子也不例外。他发现太子杨勇讲究排场，生活奢侈，很不高兴，渐渐疏远了杨勇。

皇子晋王杨广很狡猾，他摸到父亲脾气，平时装得特别朴素老实，骗得了隋文帝和独孤皇后的信任，再加上杨素经常在隋文帝面前夸赞他，结果，隋文帝把杨勇废了，改立杨广为太子。直到他病重的时候，才发现杨广是个品质很坏的人。后来，杨广害死了父亲，夺取了皇位，这就是历史上出名的暴君隋炀帝。

隋炀帝当上了皇帝，就开始追求享乐起来。他生性好玩，享乐游玩的兴趣要经常更换，因此频繁出巡。

隋炀帝一生中曾经 8 次巡游，其中 4 次北游，1 次西巡，3 次游江都。他在位时，待在京城长安的日子加起来还不到一年。他每次出行都劳民伤财，挥霍无度，天下百姓怨声载道，苦不堪言。

隋炀帝曾镇守过江都，所以对江都一直情有独钟。江都虽然经济并不发达，但地域辽阔，风景秀丽，物产丰富，是个令隋炀帝流连忘返的地方。

第一次巡游江都时，隋炀帝下令建造了龙舟、楼船等大小船只数千艘。龙舟高 15 米，宽 17 米，长 70 米。龙舟上有 4 层建筑，最上层是正殿、内殿和东西朝堂；中间两层是用金玉装饰得金碧辉煌的房间，有 120 间；最下层是内侍宦官居住的地方。还有比隋炀帝乘坐的龙舟规模略小的翔螭舟，专供皇后乘坐。此外，还有各式各样的船只，数不胜数。

这些船动用拉船的民夫共计 8 万多人，其中拉漾彩级以上的有 9000 多人，而仅龙舟就需要 1080 个身穿华丽服饰的民夫拖曳着前进。其规模之大，前所未有。船队绵延 200 余里，当第一艘船已出发 50 多天之后，最后一艘船才从洛阳驶出。隋炀帝船队浩浩荡荡、壮观无比，当然花费也很大，仅每天所需食物的数量就极其庞大。隋炀帝要求船队所经过的地方，500 里内都必须进献食物。进献食物多的州郡甚至用 100 辆车来运送。所供食物中，空中飞的、水里游的、陆上走的，无所不有，吃不完的在出发时就扔掉。他还下令营建离宫，从长安到洛阳营建了 40 多处。605 年仲夏，隋炀帝从显仁宫出发前往江都游玩，这是他第一次巡游江都。

如果隋炀帝第一次巡游江都还有出于巩固其政权、加强对南方豪强士族的控制的考虑，那么隋炀帝第二次巡游江都则完全是为了玩乐。俗话说得好，“人逢喜事精神爽”。自从隋炀帝西巡河右归来后，他一直处于极度兴奋之中。611 年，隋朝各郡总共增加了 24.3 万名男丁，新归附的也有 64.15 万人，人口的增加说明他政策英明、治国有方，这当然是喜事之一。第二件喜事是隋炀帝对全国各地

隋炀帝龙舟出行图　清

驻军的军械武器进行了一番考察，他看到的都是精美锐利的枪械武器。第三件事是这一年各藩部落酋长都聚集到洛阳，与隋炀帝同乐，显示出当时各民族之间关系和谐，亲如一家。第四件喜事是曾在武力威逼下拒不归顺的琉球也在这一年俯首称臣。这四件喜事令隋炀帝高兴不已，他认为自己这几年励精图治，辛苦劳累了几年没有白费。看到自己的治理成就，他飘飘然了，想好好放松一下，于是便打算第二次巡游江都。为了尽情享乐，他令人在江都营建江都宫等许多宫殿，最有名的当数位于城西北旧观音寺蜀冈东峰的迷楼了。此楼修建得气势恢宏、富丽堂皇，隋炀帝的奢侈腐化由此可见一斑。

611 年，隋炀帝第二次巡游江都。这次游幸，又是大肆挥霍。不仅如此，隋炀帝一行到了江都，还大摆酒席，宴请江淮以南的名士，炫耀豪华，向百姓摆威风。

617 年，隋炀帝第三次出游江都时，农民起义的烽火已燃遍大河上下、长江南北，隋王朝的统治已是岌岌可危了。可是隋炀帝只顾个人享乐，根本不顾百姓死活。在游江都之前，停泊在江都的几千艘龙舟全被起义军烧毁了。隋炀帝马上下令重新建造，规格比原来的还要豪华富丽，耗费了大量的钱财，百姓也已穷困到了极点。

隋炀帝的船队从宁陵向睢阳开进时，常常搁浅，拉纤的民夫用尽力气，一天也走不了几里路。炀帝十分恼火，下令追查这一段河道是哪个官员负责开凿的。经查问，原来这个河段的负责人是麻叔谋。这时，督造副使令狐达乘机上书告发麻叔谋蒸食婴儿、收受贿金等事。于是，炀帝下令查办麻叔谋，并将当时挖这一段河道的 5 万名民工统统活埋在河岸两旁。

隋炀帝到达江都后，更加荒淫无度，每天都与嫔妃美女一起饮酒作乐。此时，他见天下大乱，心中也常常烦躁不安。一天，他照镜子时对萧后说："我这颗头颅将会葬送谁手呢？"他还准备了毒药带在身边，准备在危急时吃。

隋炀帝一人出游，几乎是全天下的人民都在为他准备行装、供奉食物。他的游幸，给人民带来了深重的灾难，以致百姓没有饭吃，只能剥树皮、挖草根，或者煮土而食，有的地方还出现了人吃人的现象。至此，隋朝江山已处于风雨飘摇之中了。

隋王朝土崩瓦解

隋炀帝穷兵黩武，612 年—614 年三次出兵征伐高句丽都是无功而返，每次动用几百万人，致使田地荒芜，民不聊生。

河北和山东是隋炀帝进攻高句丽的主要军事基地。这里人民受害最深，加以水旱灾荒的发生，起义首先在这里爆发。王薄在长白山起义，揭开了隋末农民大起义的序幕。王薄号召农民不要为打高句丽而到辽东送死，各地起义者纷纷响应。613 年，礼部尚书杨玄感乘炀帝二征高句丽之机起兵反隋。他是隋代两朝重臣杨素的儿子，东征时在黎阳督运粮食，十多万人跟随他攻围东都。隋炀帝极为惊恐，立刻让进攻高句丽的隋军回朝，并派遣隋将率军抗击。王薄、杨玄感相继败死，但反隋局面已经形成。隋炀帝被农民起义吓得坐卧不安，每天晚上心惊肉跳，常在睡梦中大叫有贼，需要人像哄小孩那样摇抚才能入睡。

大业十二年 (616 年)，由于各地起义队伍迅速发展，隋炀帝意识到隋王朝危在旦夕，便将注意力放到镇压农民起义上来。隋王朝逐渐加强了对起义军的镇压，但各路起义军经过持久的战斗，壮大了力量，也开始与它对抗，攻陷了很多郡县，消灭了大量的郡兵和府兵。

在隋王朝集中力量进行镇压的情况下，少数早期的起义军受到挫折。起义军吸取分散作战易于被各个击破的教训，在大业十三年 (617 年) 初，形成了杜伏威领导的江淮起义军、窦建德领导的河北起义军与李密、翟让领导的瓦岗军三大义军。

瓦岗军的首领翟让原来在东郡衙门里当差，因为得罪了上司，被关进了监牢，还被判了死罪。有个狱吏很同情他，在一天夜里，偷偷地给翟让解下镣铐，把他放了。

翟让出了监牢，逃到东郡附近的瓦岗寨（今河南滑县东南），召集了一些贫苦农民，组织了一支队伍。当地一些青年人听到消息后，都来投奔他。这些人中有一个 17 岁的青年叫徐世勣，不但武艺高强，而且很有谋略。

翟让听从徐世勣的意见，带领农民军到荥阳一带，打击官府和富商，夺了大批钱粮。附近农民来投奔翟让的越来越多，队伍很快壮大到 1 万多人。

这时，有一个叫李密的青年前来投奔翟让，并且帮助他整顿人马。李密对翟让说：“从前刘邦、项羽，也不过是普通老百姓，后来推翻了秦朝。现在皇上昏庸残暴，民怨沸腾，官军大部分又远在辽东。您手下兵精粮足，要拿下东都和长安，打倒暴君，是很容易办到的事！”

接着，两人商量了一番，决定先攻打荥阳。荥阳太守见势不妙，慌忙向隋炀帝告急。隋炀帝派大将张须陀带大军前来镇压起义军。

李密请翟让在正面迎击敌人，他自己带了一千人马埋伏在荥阳大海寺北面的密林里。

张须陀根本没把翟让放在眼里，莽莽撞撞地指挥人马杀奔过来。翟让抵挡了一阵，假装败退。张须陀紧紧在后面追赶，追了 10 多里，路越来越窄，树林越来越密，进入了李密布置的埋伏圈。李密见敌军到了，一声令下，埋伏着的瓦岗军将士奋勇杀出，把张须陀的人马团团围住。张须陀左冲右突，没法突围，最后全军覆没。张须陀也被起义军杀死了。

经过这次战斗，李密在瓦岗军里声望提高了。李密不但号令严明，而且生活

俭朴，对起义将士也十分关心。日子一久，将士们就渐渐倾向他了。

后来，翟让觉得自己的才能不如李密，就把首领的位子让给了李密。大家推李密为魏公，兼任起义军元帅。

瓦岗军在洛口（今河南巩义东南）建立了自己的政权。不久，又乘胜攻下许多郡县，隋朝官吏士兵都纷纷前来投降。瓦岗军一面继续围攻东都，一面发出讨伐隋炀帝的檄文，历数炀帝的罪恶，号召百姓起来推翻隋王朝的统治。这样一来，震动了整个中原。

正当瓦岗军不断发展壮大的时候，它的内部却发生了严重分裂。翟让让位给李密后，翟让手下有些将领很不满意。有人劝翟让把权夺回来，翟让却总是一笑了之。这些话传到李密耳朵里，李密就心生疑虑了，李密的部下也撺掇他把翟让除掉。李密为了保住自己的地位，终于起了杀心。

有一天，李密请翟让喝酒。在宴会中，李密把翟让的兵士支开后，假意拿出一把好弓给翟让，请他试射。翟让刚拉开弓，李密便暗示埋伏好的刀斧手动手，把翟让杀了。

从此，瓦岗军开始走向衰弱了。这时，北方由李渊带领的一支反隋军却日益强大起来。

李渊建唐

在反隋的割据势力中，李渊父子集团最终扫灭群雄，统一中国。

李渊出生于关陇一个贵族家庭。其祖父原是西魏八柱国之一，北周刚建国时被追封为唐国公。其父原任北周柱国大将军。李渊生于北周天和元年(566 年)，幼年丧父，7 岁袭唐国公爵。隋灭北周后，李渊先后任卫尉少卿，荥阳、楼烦（今山西静乐）太守等职。

616 年，突厥侵入北部边境，隋炀帝命李渊和马邑太守王仁恭合力抵抗。结果战事不利，隋炀帝于是派使者押李渊和王仁恭至江都治罪。李渊一方面托词不赴江都，故意纵情声色；另一方面加紧策划。

617 年，隋炀帝派李渊到太原去当留守(官名)，镇压农民起义。但是隋炀帝不信任他，还任命王威和高君雅为太原副留守，以监视李渊。

李渊有四个儿子，其中第二个儿子李世民是个很有胆识的青年，他很喜欢结交朋友。晋阳(今山西太原)县令刘文静就是李世民非常赏识的一个朋友，他跟李密有亲戚关系。李密参加起义军以后，刘文静受到株连，被革了职，关在晋阳的监牢里。

隋征高句丽

598 年二月，高句丽王高元率众万余侵扰辽西，被营州(今辽宁朝阳)总管韦冲击败而走。隋文帝以汉王杨谅、王世积并为行军元帅，发水陆兵 30 万攻击高句丽。又以尚书左仆射高颎为汉王长史，周罗睺为水军总管，协调行动。九月，两条线路均无功而还，死者十之八九，隋军损失惨重，元气大伤。高元也害怕隋朝强大的国力，遣使谢罪。隋文帝才罢兵。

李世民得知刘文静坐了牢，急忙赶到监牢里去探望。李世民拉着刘文静的手，一面叙友情，一面请刘文静谈谈对时局的看法。

刘文静早就知道李世民的心思，他说："现在杨广远在江都，李密正进攻东都，到处都有人造反，这正是打天下的好时机。我可以帮您召集十万人马，您父亲手下还有几万人。如果用这支力量起兵，不出半年就可以打进长安、取得天下。"

李世民回到家里，反复想着刘文静的话，觉得很有道理。但是要说服他父亲，却不是一件容易的事。正好在这个时候，太原北面的突厥（我国古代北方游牧民族之一）可汗向马邑（今山西朔州）进攻。李渊派兵抵抗，连连打败仗。李渊怕这件事传到隋炀帝那里，要追究他的责任，急得不知怎么办才好。

李世民抓住这个机会，就找李渊劝他起兵反隋。李世民对李渊说："皇上委派父亲到这里来讨伐反叛的人。可是眼下造反的人越来越多，您能讨伐得了吗？再说，皇上猜忌心很重，就算您立了功，您的处境也将更加危险。唯一的出路，只有起来造反。"

李渊犹豫了许久，才长叹一声，说："我思考你说的话，也有些道理，我只是有些拿不定主意。好吧！从现在起，是家破人亡，还是夺取天下，就凭你啦！"

李渊把刘文静从晋阳监牢里放了出来。刘文静帮助李世民，分头招兵买马。李渊又派人召回正在河东打仗的另外两个儿子李建成和李元吉。

要起兵必须扩大兵力，李渊为太原留守，虽握有重兵，但是仍须招募一支自己的队伍。可是公开招募会引起高君雅、王威的注意。恰在此时，马邑人刘武周杀死了马邑太守王仁恭，占据马邑郡，起兵反隋，且自称皇帝，还诱使突厥直驱太原。于是，这为李渊公开募兵提供了借口。

李渊以讨伐刘武周为托词，召集各位将领商议，提出自己招募兵丁。高君雅和王威迫于当时的形势，只好同意说："公地兼亲贵，同国休戚，若俟奏报，岂及事机；要在平贼，专之可也。"于是，李渊命李世民与刘文静、长孙顺德、刘弘基、窦琮等人去招募士兵。不多久，便募兵近万人。这支队伍由李渊、李世民父子私自控制和直接指挥，是晋阳起兵的主力。

李渊父子大量募兵，毕竟无法完全掩盖其真实的意图，况且其所用将领长孙顺德、刘弘基是为了逃避征辽诏令而逃到太原的，而窦琮也是逃犯。高君雅、王威见此，怀疑李渊有谋反之心，于是就暗中策划利用晋祠祈雨的机会，将李渊父子诱骗来并全部杀死。不料此事被经常出入王、高家的刘文龙得知，于是刘文龙立刻将此事报告给李渊。因此，李渊决定先发制人。

617 年初夏的一天夜里，李渊命令长孙顺德、赵文恪等人带领 500 壮士，和李世民的精兵一起埋伏于晋阳宫城外，严密封锁。第二天清晨，李渊与高君雅、王威在留守府大厅议事。按照计划，刘文静召鹰扬府司马刘政会入厅，说："有密状，知人欲反。"李渊故意让王威先看，但是刘政会不给，并说："所告乃副留守事，唯唐公得视之！"李渊接过密状一看，是控告王、高暗引突厥入侵。王、高正待辩解，刘文静与长孙顺德、刘弘基等将王威、高君雅逮捕入狱。事也凑巧，第二

天果然有突厥数万人进攻晋阳，民众以为是王、高所致，于是李渊趁机杀掉高君雅、王威。这标志着李渊父子正式开始晋阳起兵。

晋阳起兵后，李渊父子的目标就是乘虚入关，直取长安，以号令天下，建立新的王朝。在长安（今陕西西安）的统治者听说李渊带兵进攻，忙派大将宋老生和屈突通分别领兵数万，在霍邑与河东抵抗李渊大军。

大业十三年（617 年）七月，李渊率军进攻宋老生驻守的霍邑（今山西霍州西南），却逢秋雨连绵，无法开战，而且道路泥泞，军粮运输困难。相持数日，眼看军粮将尽，李渊准备退兵，李世民劝阻道："今兵以义动，进战则克，退还则散；众散于前，敌乘于后，死之无日。"听了李世民的意见，李渊决定不撤兵。

八月，连日的阴天终于放晴，李渊遂下令攻城，并由李世民率兵诱敌出城，双方展开决战。李世民身先士卒，奋勇冲锋，"砍杀数十人，两刀皆缺，流血满袖"。霍邑一战，李渊大获全胜，斩杀了隋将宋老生，攻下了霍邑。随后，李渊率兵进攻河东郡，虽取得初战的胜利，但是隋将屈突通固守河东郡，李渊久攻不下。后根据李世民的建议，李渊留下部分兵力包围和牵制屈突通，自己率主力部队渡过黄河，直取长安。

同时，李渊在关中地区的家属和亲族也纷纷起兵响应，其中有李世民的胞妹平阳公主、李渊的从弟李神通，李渊的女婿段纶也在蓝田县聚众万余人。

在这种有利形势下，李渊父子一路上采取收揽人心的办法，废除了隋朝的严刑酷法，还开仓济贫。一面收编关中各地的起义军，一面争取关中地主阶级的支持。数月中，李渊、李世民的军队已达 20 万人，并于十月开始围攻长安。

十一月，长安城破，李渊率军进入长安宫，立年仅 13 岁的代王杨侑为帝，是为隋恭帝，并改元义宁，遥尊江都的隋炀帝为太上皇。李渊总揽军政大权，晋封为唐王。李建成为唐王世子，李世民为京兆尹、秦公，李元吉为齐公。

义宁二年（618 年）三月，隋炀帝在江都被部下杀死，隋朝灭亡。五月，李渊在长安称帝，定国号唐，李渊就是唐高祖，年号为武德。然后立世子李建成为皇太子，李世民为秦王，李元吉为齐王。

统一全国

从 618 年李渊称帝建国到 624 年统一全国，共历时 7 年之久。从晋阳起兵到长安建国，李渊是起了决定作用的，但是对于建国、镇压各地农民军、消灭地主武装割据，这些任务大部分是由李世民领导完成的。

李渊建都长安后，面临的形势十分严峻，四周强敌遍布：薛举集团占据兰州、天水一带，并时常进攻关中；李轨集团占据武威一带，亦虎视关中；刘武周则占据马邑，并时常勾结突厥南下威胁晋阳；梁师都占据夏州朔方，在北面威胁着关中地区。因此，消灭四周强敌，完全控制关中、陇西地区（今甘肃地区），以关中为根据地，再消灭关东群雄，从而建立统一的中央政权，就成为唐朝统治集团的必然选择。

统一战争的第一步，就是消灭实力较强且经常进攻关中的薛举父子。薛举是

河东汾阴（今山西万荣西南宝鼎）人，家私巨万，交结豪强，雄于边朔。617年，薛举自称秦王，封儿子仁杲为齐公。从617年底到618年春，唐军曾与薛举进行了两次大战。618年11月，薛举再次进攻长安，不料在出兵前暴病而死，遂由其长子薛仁杲率军出征，李世民率兵迎敌。

李世民见敌军来势凶猛，便下令坚守，避其锋芒，伺机出战。两军相持60余日，秦军粮食耗尽，军心浮动；况且薛仁杲有勇无谋、残暴成性，其部下已有多人投降李世民。至此，李世民认为战机成熟，便以少数部队引开秦军，然后亲领主力从秦军背后袭击。秦军溃败，逃往折墌。于是世民率大军乘胜追击，渡过泾水，围攻折墌城。至半夜，守城秦军纷纷投降唐军，薛仁杲走投无路，只好于第二天出城投降。

619年，占据河西五郡的大凉皇帝李轨，因内部矛盾重重而使政权分崩离析。户部尚书安修仁与其兄安修贵发动兵变，并俘获李轨，将其押至长安，后处死。

同年，割据马邑的刘武周勾结突厥，向山西发起进攻。数支唐军先后迎战，均被其打败，镇守太原的李元吉闻风趁黑夜逃回长安。刘武周的先锋宋金刚则乘势打到了河东，“关中大骇”。在这种不利形势下，高祖李渊准备放弃河西，固守关西。此时，秦王李世民审时度势，向李渊说道：“太原，王业所基，国之根本；河东富实，京邑所盗，若而弃之，臣窃愤恨。愿假臣精兵3万，必冀平殄武周，克复汾、晋。”

于是李渊征调关中全部兵力，由李世民率领由龙门渡过黄河迎战敌军。过黄河后，李世民将大军驻扎在柏壁（今山西新绛西南）坚守，与刘武周先锋宋金刚之军队相持。期间，李世民时常离开营阵侦察地形。有一次，世民带领很少的轻骑兵外出侦察敌情。骑兵四散而去，李世民与一名士兵登上一小山丘休息。忽然，敌军从四周包围了山丘，李世民与上兵都没有发觉。恰巧在这个时候，有一条蛇追逐一只田鼠，碰到了士兵的脸。士兵惊醒，发现敌军正在包抄上来，于是赶紧叫李世民上马，眼看就要被敌兵追上。李世民十分镇静，他手取大羽箭，张弓便射，一发就将敌兵的将领射死。敌兵见此，慌忙撤退。

在相持中，李世民派出精兵切断了宋金刚的粮道。两个月后，宋金刚面对强敌无粮草供应，只好撤退。

李世民则率领大军趁机追杀，“一昼夜行二百余里，战数回合”。一直追击到雀鼠谷（今山西介休西南），终于追上宋金刚部队，“一日八战，皆破之，俘斩数万人。夜，宿于雀鼠谷西南，世民不食二日、不解甲三日矣，军中只有一羊，世民与将士分而食之”。刘武周、宋金刚失败后逃往突厥，均被突厥杀死。620年，李世民收复了太原。

620年夏，关东地区原有的李密、王世充、宇文化及、窦建德四支强大的军事力量，只剩下王世充、窦建德两大集团。在消除了来自于背后和侧面的威胁后，唐高祖李渊诏令李世民东征，直指河南一带的王世充集团。

王世充本姓支，字行满，西域胡人。王世充集团本来是隋炀帝派来镇压瓦岗军的军事力量。打败瓦岗军李密后，王世充于618年在洛阳自立为帝，国号郑。

秦王破阵乐图　唐

在唐军的猛烈攻击下，王世充原先所属州县的一些官员纷纷降唐。至620年底，洛阳城外的王世充所属州县大部分已落入唐军之手，洛阳城处在李世民大军的包围之中。

洛阳城坚壕深、军备充实，但在唐军的长期围困下，王世充在洛阳孤城中危在旦夕。为了解围，王世充向河北的窦建德求援。

窦建德是河北、山东一带势力最强的一支起义军的领袖，他出身农民，于618年称帝，定国号夏。他的部下认为，唐朝在消灭了王世充以后，必将会进攻窦建德。因此，窦建德率领10万大军前来救援王世充。

这样，唐军的处境变得极为危险，内部出现了不同的主张：一种是主张退守新安，寻机再战；另一种是进占虎牢关（河南荥阳西北），挡住窦建德前进的道路，然后趁机消灭他，如此一来，洛阳不攻自破。

李世民采用后一种主张，命屈突通等协助齐王李元吉围困洛阳，自己率精骑3500余人急奔虎牢关，挡住窦建德的前进道路。

两军相持3个月。五月一日，李世民渡河，并假装粮草已尽，让士兵牧马于河北以迷惑窦建德，他本人则于当晚返回虎牢关。窦建德果然中计，第二天早晨全军出击，陈兵汜水，长达20里，鸣鼓大喊而进，要与唐军决战。

李世民胸有成竹，决定按兵不动，以逸待劳，等到敌军疲乏后再出击。

果然，到了中午，窦建德的军队饥饿困乏，互争饮水，席地而坐，已无斗志。李世民看准战机，下令攻击，唐军铁骑直冲向窦建德军队的阵地。窦建德仓促应战，不久其阵势大乱，全线崩溃。唐军追杀30多里，俘获敌军5万多人，窦建德本人中枪，退至牛口渚（今河南荥阳西旧汜水东北）时被俘。

虎牢之战后，王世充惊惶不已，准备突围南走襄阳，但是部下一致反对，王世充不得不自缚投降。河南、河北尽归唐朝所有。

同时，割据江淮一带的杜伏威归顺了唐朝。大将李靖平定了长江中游的萧铣。后来窦建德的部将刘黑闼、杜伏威的旧部辅公祐分别再次起兵作乱，都被李世民迅速扑灭。624年，江南也被唐朝平定。至此，唐朝完全统一了中国。

初立租庸调

租庸调是在均田制的基础上以受田丁民为对象而制定的，619年二月，唐朝初定租、庸、调法，实行“有田则租，有家则有调，有身则有庸”的赋役办法，故简称租庸调制。该制是直接从隋代的租调力役制度沿袭而来，并做了改进，对于遭受自然灾害的丁民有减课办法，百姓的租调负担比前代稍有减轻，有一定的变通性，客观上有利于农业生产和货币经济的进一步发展，符合当时社会政治经

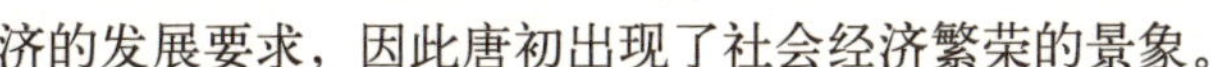

济的发展要求，因此唐初出现了社会经济繁荣的景象。

玄武门之变

621 年，李世民平定王世充、窦建德后大胜而归。高祖李渊认为前代官职皆不足以称之，因此特设天策上将一职，位在王公之上。十月，李世民以天策上将领司徒、陕东道大行台尚书令。

李世民的声望、地位和权势日增，令太子李建成受到威胁。于是在王珪和魏徵的建议下，李建成向高祖请求领兵征战。高祖以李建成为陕东道大行台及山东道行军之帅，于 623 年率军讨伐刘黑闼、徐圆朗。这是李建成在统一大业中立下的唯一重大战功。

李建成与李世民的矛盾，由于统一战争的结束而迅速激化，形成明争暗斗之势。

在朝廷中，最受高祖宠幸的裴寂支持李建成，支持李世民的大臣有萧瑀、陈叔达等。在后宫中，秦王李世民曾得罪过高祖的宠妃张婕妤、尹德妃，于是这些人便常常在高祖面前说太子李建成的好话，说李世民的坏话。如此一来，朝廷和宫中都有人支持李建成，形势对李建成颇为有利。他们之间的斗争终于因为突厥的进攻而演变成流血事件。

626 年夏，突厥南下犯边。太子李建成为进一步拉拢李元吉，于是向高祖建议，让齐王李元吉代替李世民出征，被高祖采纳。这样，李元吉当上了主帅。出发前，李元吉请求高祖调秦王府中的大将尉迟敬德、程知节、段志宏、秦叔宝同他一起出征，并从秦王府挑选精锐士兵以补充李元吉的军队，此举目的在于为杀害秦王做准备。李建成与李元吉密谋，在李建成和李世民为李元吉宴别时，安排伏兵，先杀李世民，然后再杀尉迟敬德。李建成对李元吉许诺，即位后立即封他为太弟。有人将李建成与李元吉的密谋报告给李世民，李世民忙与长孙无忌和尉迟敬德商量对策，决定先动手除掉李建成和李元吉。

六月三日，太史令傅奕向唐高祖秘密奏报，说太白星再次出现在秦地，“秦王当有天下”。于是唐高祖询问李世民，李世民趁机向唐高祖告状，指控太子李建成和齐王李元吉淫乱后宫，并且设计谋害自己。高祖听后极为惊讶，决定第二天早朝时进行查问。

六月四日天还没亮，李世民命长孙无忌、尉迟敬德、侯君集、张公瑾等人率领精兵提前埋伏在宫城北面的玄武门，这是李建成和李元吉上朝时的必经之地。六月四日清晨，唐高祖上朝，裴寂、萧瑀、陈叔达、宇文化及等均已入朝，只等李建成兄弟二人到来。此时，李建成、李元吉已进入玄武门，当二人行至临湖殿时，发觉情况有些异常，于是立即掉转马头，准备回府。不料此时李世民突然出现，并且在后面呼喊二人，李元吉回身张弓搭箭，射杀李世民，但是连发三箭，都没能射中。李世民的目标是李建成，他一箭就将李建成射死。就在此时，尉迟敬德带着 70 多名骑兵赶到，朝李建成、李元吉射箭，李元吉坠马后逃入树林中，李世民策马追赶，结果衣服被树枝挂住，也坠马落地。李元吉力气很

大，这时跑过来夺取了弓箭要射杀李世民，恰巧尉迟敬德驱马赶到，李元吉慌忙放弃李世民向成德殿逃跑，结果被尉迟敬德一箭射死。东宫和齐王府的将士听说出事了，于是派兵猛攻玄武门。这时，尉迟敬德提着李建成、李元吉的人头赶到，东宫与齐王府的将士见主人已死，立即溃散而逃。

唐高祖对玄武门之事已有所耳闻，于是李世民派尉迟敬德进宫担任宿卫。唐高祖见尉迟敬德头戴铁盔，身穿铠甲，手持长矛，大吃一惊，便问："今日乱者谁邪？卿来此何为？"尉迟敬德回答说："秦王以太子、齐王作乱，起兵诛之，恐惊动陛下，遣臣宿卫。"唐高祖这才明白刚才发生的一切，于是派人将敕令向众将士宣读，交战双方才放下兵器。玄武门之变以秦王李世民的胜利而结束。

六月七日，高祖立李世民为太子，诏书说："自今军国庶事，无论大小悉委太子处决，然后闻奏。"实际上，唐高祖已把国家的全部权力交给了李世民。两个月后，唐高祖下达诏书，让位给太子，自己当太上皇。于是李世民在东宫显德殿即位，改元贞观，即中国历史上著名的唐太宗。

贞观之治

李世民登基后，推行"偃武修文"、使百姓安乐的方针，采取轻徭薄赋、整饬吏治、健全法制等政策，努力做到虚怀纳谏、知人善任、以古为镜，取得显著效果，社会上出现兴旺景象。

唐太宗借鉴了隋灭亡的历史教训，制定了基本顺应当时历史发展要求的政治措施。唐初经济凋敝，人民生活十分困苦，国家财政也严重拮据。因此唐太宗首先实行了轻徭薄赋、与民休息的政策，尽量避免和减少战争，以减少军费支出，此举有力地保障了农民安居垄亩，发展了农业生产。

亲疏并举、德才兼备的人才政策是唐太宗政治统治的重要保证和基础。当时房玄龄、杜如晦被任用为丞相，二人各自发挥所长，被人称为"房谋杜断"。为了集思广益、纠偏补过，唐太宗建立了一套比较完整的监察和谏官制度：谏官直接参与政事，五品以上的京官在中书内省轮流值夜，以便随时召见，询访外事，讨论政教得失。从而朝廷上下形成了一种敬贤纳谏的政治风气。魏徵就是当时最有名的"诤臣"，他性情耿直，敢于谏诤，据理力争，凡有所谏，多被唐太宗采纳。贞观年间的许多政策的制定都是魏徵参与和策划的。

科举制度也得到了恢复和完善，并且最终定型下来，成为贯穿整个封建社会中后期的官吏选拔制度，各阶层的优秀人才得以进入政治统治集团，知识分子有了仕进的方便之门。在政治统治中，唐太宗李世民特别重视伦理教化，将其作为巩固统治的精神支柱。他以儒家思想为基础，在推行礼治的同时也十分重视法律的建设，制定和实施了一系列法律、法令，中国古代最完备的法典《唐律》就是他授意房玄龄、长孙无忌修订的。

通过这一系列的政治、经济和军事政策的制定和推行，唐初政治空气开明而清明，生产力得以迅速发展，经济空前繁荣，社会安定。人民获得了一个较为安定的政治环境，能够安心地从事劳动生产，从而创建了文化灿烂、国力鼎盛富强

的景况，被后人誉为“贞观之治”。

三省六部

隋文帝即位后，大力革新朝政，废除了北周实行的“六官制”，确立了“三省六部制”。三省为内史省（唐朝称为中书省）、门下省和尚书省。内史省是决策机构，负责草拟、颁发皇帝的诏令，其长官为内史令。门下省是审议机构，负责审核政令，驳正违失，其长官为纳言。尚书省是执行机构，负责贯彻执行重要政令，其长官为尚书令，副长官为左、右仆射。三省为中央最高统治机构，三省长官（包括仆射）同为宰相，共同负责中枢政务。六部即尚书省下属的吏、民（唐朝称为户部）、礼、兵、刑、工等六部。吏部主管官吏的考核任免，民部主管户口、赋税等，礼部主管礼仪制度，兵部主管军政，刑部主管法律、刑狱，工部主管水陆工程。各部长官为尚书，副长官为侍郎。三省分权的制度削弱了相权，加强了皇权。三省六部职司划分明确，提高了行政效能，加强了中央的统治力量。唐朝的制度，基本上沿袭了隋代的“三省六部制”。宰相们平时在政事堂讨论军国大事。政事堂会议是协助皇帝统治全国的最高决策机构。宰相的权力分于三省，又由品级较低的官吏担任宰相，进一步削弱了相权，加强了皇权，因而比隋制更完善、更严格，进一步加强了中央集权。

户籍法

唐初进行了一系列改革，户籍法为其中之一。624年，唐新户籍法规定，民户均以100户为里、5里为乡、4家为邻、5家为保的方法组织起来。男女始生为黄，4岁为小，16岁为中，21岁为丁，60岁为老。国家3年一造户籍，包括人口、年龄、土地、身份、户等、课税等项。户籍法列有皇族、奴婢、僧道等特别身份籍，还规定，士农工商各司其业，良贱禁婚，贱民世袭，民户不许擅自迁徙等。

隋唐科举制

科举制始创于隋朝。隋文帝在位时改革选官制度，废除九品中正制，令各州每年向中央选送三人，参加秀才、明经等科的考试，合格者录用为官。隋炀帝即位后，创立进士科，这标志着科举制的产生。“科举”即分科取士之意。这一制度把读书、应考和做官三者联系起来，成为以后士人仕进的必由之路。科举制的产生，打破了数百年来世族门阀垄断仕途的局面，一般地主子弟甚至贫寒子弟也可以由科举走上仕途。从此，选拔官吏之权从世家大族手中收归中央政府，从制度方面限制了世家大族把持政治大权，为庶族地主参与政权开辟了道路。

科举制至唐朝进一步发展、完善，成为选拔官僚的主要方法。随着科举制的推行，学校教育也日益发展。中央设国子监，下辖国子学、太学、四门学、律学、书学、算学共六学。地方上设有州学、县学。学生称生徒，成绩优异者由学校保送参加科举考试。科举一般分为常举和制举两种。

常举每年举行考试，科目主要是明经、进士、明法、明书、明算、秀才等。常举的应考者有两个来源：一为生徒，即由各级各类学校保送者；二为乡贡，即经州县考试选拔的自学者。应考者主要集中在明经和进士两科。明经科主要考试

儒家经义，比较容易；进士科主要考诗赋和政论，难度很大，却又是做高官的主要途径，因此很受重视。当时人们还有“三十老明经，五十少进士”的说法。常举初由吏部主持，后改由礼部主持。常举考中以后，只是取得做官的资格，必须再经吏部考试合格，方能授官。吏部的这种考试称为“释褐试”。释褐即脱掉民服、改换官服的意思。

制举是为了搜罗非常人才而临时设置的考试，不常举行。所设科目有贤良方正直言极谏、才识兼茂明于体用等 100 多种。一般士人和官吏都可以应考，录取者优先授予官职或提升。

科举制有利于庶族地主参政，进一步扩大了封建统治的阶级基础。

平定东突厥之乱

唐太宗刚即位的时候，中原战事基本结束，但边境还经常受到少数民族的侵扰。特别是东突厥，当时还很强大，常常威胁唐朝的边境。当初，唐高祖一心对付隋朝，只好靠妥协的办法，维持和东突厥的友好关系，但东突厥贵族仍旧不断侵扰唐朝边境，使得北方很不安宁。

唐太宗即位不到 20 天，东突厥的颉利可汗便率领 10 多万人马，一直打到离长安只有 40 里的渭水边。颉利以为唐太宗刚即位，内部不稳，一定无力抵抗，便先派使者进长安城见唐太宗，扬言 100 万突厥兵马上就到。

唐太宗亲自带了房玄龄等 6 名将领，骑马来到渭水边的桥上，指名要颉利出来对话。

唐太宗隔着渭水对颉利说：“我们两家已经订立了盟约，几年来还给你们许多金帛，为什么要背信弃义，带兵进犯？”

颉利觉得理亏，表示愿意讲和。过了两天，双方在便桥上重新订立盟约。接着，颉利就退兵了。从这以后，唐太宗加紧训练将士，每天召集几百名将士在殿前练习弓箭。

第二年，一场大雪覆盖了北方。东突厥死了不少牲畜，大漠以北发生饥荒。颉利可汗加紧压迫其他部族，引起各部族的反抗。颉利派他的堂兄弟突利去镇压，反被打得大败。

唐太宗利用这个机会，派出李靖、徐世勣等 4 名大将和大军 10 多万，由李靖统率，分路向突厥攻击。

李靖很快便攻下定襄，得胜还朝。唐太宗十分高兴，说：“从前汉朝李陵带领 5000 兵卒，结果被匈奴所俘虏；现在你以 3000 轻骑深入敌人后方，攻下定襄，威震北方，这是自古以来少有的成功战例啊！”

颉利逃到阴山以北，担心唐军继续追赶，便派使者到长安求和，还说要亲自前来朝见。唐太宗一面派唐俭到突厥安抚，另一方面又命令李靖带兵前去察看颉利动静。

李靖领兵来到白道（今内蒙古呼和浩特西北），与在那里的徐世勣会师。两个人商量对付颉利的办法。李靖说：“颉利虽然打了败仗，但是手下还有很多人马。

如果让他逃跑，以后再要追他，就很困难了。我们只要选 1 万精兵，带 20 天的粮，跟踪袭击，把颉利捉住，就可以大获全胜了。”徐世勣表示赞成，两支军队便向阴山进发了。

颉利得知唐军骑兵来到，慌忙上马逃走。李靖指挥唐军追杀，突厥兵没有主帅，全军溃败。唐军歼灭突厥兵 1 万多，俘获了大批俘虏和牲畜。颉利东奔西逃，最后被他的部下抓住交给唐军，随后被押送到长安。

一度很强大的东突厥就这样灭亡了。唐太宗并没有杀死俘虏，同时，在东突厥原址设立了都督府，让突厥贵族担任都督，并由他们管理各部突厥。

这次胜利，使唐太宗在西北各族中的威信大大提高。这一年，回纥等各族首领一起来到长安，朝见唐太宗，拥护唐太宗为他们的共同首领，尊称他是“天可汗”。

根据温彦博的提议，唐太宗把投降的突厥人安置在幽州至灵州一带，并设 6 个都督府进行统治。

吐谷浑是鲜卑的一支，生活在青海一带，经常入侵唐朝的兰州、凉州。635 年春天，唐太宗派李靖、侯君集进攻吐谷浑。李靖率唐军深入吐谷浑腹地，连续击败其精锐部队，首领伏允兵败自杀，伏允的儿子慕容顺向唐军投降。唐太宗封慕容顺为西平郡王。

随后，唐太宗又派兵征服高昌、西突厥，天山南路各小国纷纷归附唐朝。唐朝将安西都护府迁至龟兹，统领龟兹、焉耆、于阗、疏勒四镇，称“安西四镇”。

对于处理唐与各民族的关系，除了必要的战争手段外，唐太宗更多的是实行开明的民族政策，他曾说：“自古毕贵中华，贱夷、狄，朕独爱之如一。”对于各少数民族，不管是主动归附的，还是被征服的，唐太宗都尊重他们的生活方式和风俗习惯，并且任命他们原来的首领担任各级官职以进行管理。西域各族人和亚洲许多国家的人，不断来到长安拜见和观光。在这一时期，我国高僧玄奘也通过西域各国去天竺求取佛经。

安西都护府

早在西汉时，中央政府就在西域设置西域都护府。隋末，汉族麹氏乘乱在高昌建割据政府。贞观以来，高昌王麹文泰有意对抗唐廷。唐太宗曾遣使和谈，但不肯归顺。639 年 12 月，唐太宗令吏部尚书侯君集、副总管左屯卫大将军薛万彻，率兵讨伐。唐军至碛口，高昌王麹文泰忧惧死，子智盛立。大军直抵其交河城（今新疆吐鲁番）下，围城猛攻，智盛出降。640 年 9 月，置安西都护府于交河城。

交河故城

吐鲁番地区现在保存有两座高昌时期的古城，一是高昌城，另一是交河城。交河城位于吐鲁番城西 10 公里，最早是车师前王廷。从魏晋南北朝到高昌王国，这地区经历了高昌壁、高昌郡和高昌王国三个时期。高昌壁的中心在交河城，而高昌王国的中心则转移到高昌故城，交河被设为郡。唐朝平服高昌后，在高昌城设立西州，在交河城设置安西都护府。由于交河城具有丝绸之路的地理优势，是东西往来的必经之地，所以一直都是西域经济文化发达的著名城市。

松赞干布迎接文成公主处，在今拉萨北部。

唐蕃和亲

吐蕃人是藏族的先祖，唐初在青藏高原上生活，并日益壮大起来。大约在620年，吐蕃赞普（吐蕃人的首领）松赞干布的父亲统一了西藏各个部落。后来，松赞干布做了赞普，把都城迁到逻些（今拉萨），制定了官制和法律，建立了强大的奴隶制政权。松赞干布渴慕唐风，希望能和大唐和亲。

贞观八年（634年），松赞干布遣使入唐进贡并请婚。唐太宗没答应，派冯德遐前去抚慰。松赞干布又遣使随冯德遐入朝，"多赍金宝，以奉表求婚"，也未获准。贞观十四年（640年），松赞干布再遣大相禄东赞带着5000两黄金，数百件珍宝，去长安求婚。唐太宗向禄东赞仔细询问了吐蕃的情况，答应把美丽多才的文成公主嫁给松赞干布。

传说当时到长安求婚的有五个国家的使臣，唐太宗决定出几道难题，考一考这些使臣，谁回答得正确，就把公主许配给谁的国王。

唐太宗叫侍从拿出一颗珍珠和一束丝线，对使臣们说："谁能把丝线穿过珍珠的小孔，就把公主嫁给谁的国王。"这是一颗中间有一个弯弯曲曲小孔的珍珠，叫九曲珍珠。一根软软的丝线怎能从弯弯曲曲的小孔中穿过呢？几位使臣拿着丝线不知怎么办。禄东赞灵机一动，他捉来一只蚂蚁，把丝线拴在蚂蚁的身上，再把蚂蚁放进小孔的一端，然后向小孔内吹气。一会儿，蚂蚁爬出了小孔的另一端，丝线也就在蚂蚁的带动下，穿了过去。

接着，唐太宗又出了第二道难题。他命令马夫赶来100匹母马和100匹马驹，要求辨认一百对马的母子关系。其他使臣束手无策，只有禄东赞想出了办法。禄东赞把母马和马驹分别圈起来，只喂马驹草料，不喂水。过了一天，再把马驹放出来，小马驹渴得厉害，纷纷找自己的妈妈吃奶，就这样，禄东赞辨认出它们的母子关系。

于是，到了641年，唐太宗就派礼部尚书、江夏王李道宗护送文成公主，动身进入吐蕃。据《吐蕃王朝世袭明鉴》等书记载，文成公主出嫁队伍非常庞大，唐太宗给的嫁妆非常丰厚。有释迦佛像、珍宝、金玉书橱、360卷经典、各种金玉饰物，又有很多烹饪食物，各类饮料，各种花纹图案的锦缎垫被，卜筮经典300种，用以分别善与恶的明鉴，营造与工技著作60种，治404种病的医方100种，医学论著4种，诊断法5种，医疗器械6种。还带了大量谷物和芜菁种子等入藏。松赞干布于河源迎亲，对唐行子婿之礼，还在逻些专门建筑了一座华丽的王宫，就是现在的布达拉宫。在这座王宫里，松赞干布和文成公主举行了隆重的婚礼。

文成公主进藏，在吐蕃历史上是一件重大事件。文成公主到达吐蕃，不仅带去各种谷物、蔬菜种子，而且带去了工艺品、药材、茶叶及各种书籍。吐蕃过去没有文字，无论什么事都用绳打结，或在木头上刻符号表示。文成公主劝松赞干布设法造字。于是，松赞干布指令吞弥·桑布扎去研究，后来创制出了30个字母及拼音造句的文法。从此吐蕃有了自己的文字。所有这些，都极大地促进了经济文化的发展。

650年，松赞干布不幸英年早逝，只活了33岁。松赞干布死后，文成公主又活了30年。文成公主受到吐蕃人世世代代的热爱，留下了许多美丽的传说。

设置龟兹都督府

显庆三年（658年）正月，龟兹内部纷争，高宗召龟兹王布失毕与其相那利进京，既至，囚那利，遣布失毕回国，龟兹大将拒其王，高宗遣将大破之。布失毕病卒，以其地为龟兹都督，立布失毕子素稽为龟兹王兼龟兹都督。五月，徙安西都护府于龟兹，复以旧安西为西州都督，镇高昌故地。

设置北庭都护府

702年（长安二年）十二月，唐设置北庭都护府，治所庭州（今新疆昌吉州），管辖天山以北的西域地区。贞观十四年（640年），唐灭高昌，以其地为西州，西突厥屯兵可汗浮图城，援助高昌，后以城降，唐以此城为庭州。龙朔二年(662年)，昆陵都护府废弃。不久，唐为加强天山以南地区的安全，在西州置金山都护府，但很快徙治庭州。垂拱元年（685年），武后复置昆陵都护府后，撤销金山都护府，但新任都护统御无方，都护府形同虚设。设北庭都护府，治设庭州，初辖盐、治等16番州。与当时安西大都护府分掌天山南北两路，镇抚天山以北、巴尔喀什湖以南地区。

平定高句丽

666年，高句丽泉盖苏文死，长子男生代为莫离支，男生与弟男建、男产互相攻打，男生兵败，派人向唐政府请求援兵。高宗派李勣率兵前往救援，同时又命将军庞同善、薛仁贵等共同征讨高句丽。9月，庞同善大破男建的高句丽军，解男生之围。高宗诏授男生为特进、辽东大都督兼平壤道安抚大使，封玄菟郡公。后李勣又领军攻克高句丽新城，乘胜领兵追击，一连攻克高句丽16座城池。668年攻克高句丽扶余城，扶余川等40余城陆续投降。军队乘胜攻克大行城（今辽宁丹东）、辱夷城(今朝鲜永柔境内)、平壤城，男建与高句丽王藏同时被俘。12月，高宗下诏，设安东都护府统辖高句丽之地。

封渤海郡王

668年，唐灭高句丽后，在平壤城内设置安东都护府，附属于高句丽的大祚荣聚众迁居营州（治所在今辽宁朝阳）。后大祚荣又与乞四比羽聚众东迁，唐军将领李楷固率军讨伐，杀死乞四比羽，却被大祚荣击败。此后，大祚荣率众在东牟山筑城自守，自称为振国王，又依附于突厥，势力日益强大。玄宗即位后，对

大祚荣继续招抚，封大祚荣为左骁卫大将军、渤海郡王。从此，大祚荣专称其国为渤海。渤海按唐建制，使用汉文字，并经常到唐朝贡，请封号，还派学生到京师太学学习。大祚荣于719年三月去世，玄宗命其子大武艺袭位。后来，渤海为契丹所灭。

女皇武则天

唐高宗是个懦弱平庸的人，他即位以后，把朝政大事交给他的舅父、宰相长孙无忌处理。后来，他又立武则天为皇后，武则天权力欲很强，逐渐掌握了朝政大权，成为了中国历史上唯一的女皇帝。

武则天(624年—705年)，名曌，并州文水(今山西文水)人。她的父亲武士彟原来是一个很有钱的木材商人，隋末时弃商从戎，成了一名府兵制下的鹰扬府队正。李渊起兵反隋，武士彟转而参加了李渊的军队，后来在唐朝廷为官，官至工部尚书，封应国公。武则天9岁时，父亲死去。14岁时，已经近40岁的唐太宗听说她长得很美，便选她入宫，赐号武媚，人称媚娘，后来又封为才人。

唐太宗死了以后，她和一些宫女依旧制被送到感业寺去做尼姑。唐高宗李治当太子时曾与她有暧昧关系，于是让她蓄发入宫侍寝，封为昭仪。但武则天心里还不满足，想进一步夺取皇后的位子，于是武则天千方百计想陷害王皇后。

武则天生了一个女儿，有一天，王皇后来探望，爱抚地摸了摸，逗了逗。王皇后走后，武则天竟狠心地把女儿掐死，用被子盖好。当高宗来看时，她便诬陷是王皇后杀了她的女儿，使王皇后有口难辩。唐高宗因此大怒，从此动了废王立武的念头。

到了655年九月，唐高宗不顾褚遂良、长孙无忌等人的反对，正式提出废王皇后，立武则天为后。

有一天，唐高宗问李勣："我打算立武昭仪做皇后，褚遂良他们坚决反对，你看这事该怎么办呢？"李勣看见高宗废立决心已下，便为武则天说好话，他说："废立皇后，这是陛下的家事，何必一定要得到外人同意呢？"许敬宗也说："乡民多割10斛麦子，尚且想换个新媳妇，何况天子富有四海，立新皇后没有什么不可以的！"于是高宗决定，废王皇后为庶人，册封武氏为皇后。

武则天当皇后以后，很快形成了自己的势力集团，参与朝政。她利用高宗与元老重臣之间的矛盾，在短短几年内，就杀了长孙无忌，罢免了20多个反对她的重臣。武则天对拥护她的人全都重用，李义府、许敬宗因而青云直上，当了宰相。到了后来，武则天甚至同高宗一起垂帘听政，当时朝臣并称他们为"二圣"，即称高宗为天皇，武后为天后。甚至高宗一举一动都受她约束。唐高宗很不满，就秘密把大臣上官仪找来，让他起草废武后的诏书。消息传到武则天那里，武则天怒气冲冲地去见唐高宗。她厉声问高宗说："这是怎么回事？"唐高宗十分害怕，没了主意，就结结巴巴地说："我本来没有这个意思，都是上官仪教我这么干的。"武则天立刻命人杀掉上官仪等人。从此大小政事，都由武则天一人定夺。

唐高宗感到武氏一派的威胁越来越大，担心李家的天下难保，就想趁自己还在世，传位给太子李弘（武则天的长子）。但是，武则天竟用毒酒害死了李弘，立次子李贤做太子。不久，又把李贤废为平民，改立三儿子李显为太子，弄得唐高宗束手无策。

武后步辇图　唐　张萱

到 683 年十二月，唐高宗病死，太子李显即位，就是唐中宗。武则天以皇太后的身份临朝执政。后来，她容忍不了唐中宗重用韦氏家族的人，又废了唐中宗，立她的四儿子李旦为帝，就是唐睿宗。同时，她不许睿宗干预朝政，一切事务由她自己做主。

载初元年（690 年）七月，武后的亲信法明、怀义和尚等 10 人献呈《大云经》，内有女主之文，陈符命，说武则天是弥勒下界，应该做人间主。这一切都是为武则天称帝制造理论根据。九月三日，侍御史傅游艺猜中了武则天的心思，率关中百姓 900 人上表，请改国号为周，赐皇帝武姓。武则天假装不许，但升傅游艺为给事中。百官及帝室宗戚、百姓、四夷酋长、沙门、道士 6 万余人又请改唐为周，睿宗皇帝亦不得不上表请改武姓。于是武则天在九月九日宣布改唐为周，改元天授。十二日，武则天受尊号为圣神皇帝，将睿宗皇帝立为皇嗣，赐姓武，以皇太子为皇太孙。十三日，立武氏七庙于神都洛阳，追尊其父王为始祖父皇帝，平王少子武为睿祖康皇帝，又立武承嗣为魏王，武三思为梁王，武氏诸姑姊为长公主。十月，制天下武氏悉免课役。

武则天掌理朝政期间，上承贞观之治，下启开元盛世，经济发展，社会稳定，为唐帝国的全面繁荣奠定了坚实的基础。她重视发展农业，继续推行轻徭薄赋、与民休息的政策；又广开言路，善于纳谏，对符合她意愿的建议她乐意采纳，反对她的意见她在一定程度上也能听取，甚至能容忍对她的人身攻击。

武则天最大的贡献在于改革官制，削弱三省六部制的相权，加强御史台的监督作用；同时打击旧门阀士族，扶植庶族地主出身的官僚，使更多的寒族参与政治。她完善了科举制，为表示对选拔人才的重视，她亲自过问，开创了殿试的先例，并且开设武举，由此培养和选拔了一批文臣武将，如狄仁杰、张柬之等。但武则天任用酷吏、制造冤狱并广开告密之风，形成政治上的恐怖。她生活奢侈，支持佛教，大修宫殿、佛寺，并宠信张易之等小人，朝政日益败坏。

705 年，武则天病重，宰相张柬之等人发动政变，迫使武则天退位，唐中宗复位。同年，82 岁的武则天病死，她生前曾留下“祔庙、归陵，令去帝号，称则天大圣皇后”的遗言，并令人在陵前高高竖起一座无字碑。

开元盛世

李隆基（685 年—762 年），为唐睿宗李旦第三子，唐第 7 代皇帝。他性格果断，

仪容英武，且多才多艺，尤其擅长音律。他初被封为楚王，后改封为临淄王。

李隆基于景云二年（711 年）和姑母太平公主发动政变，将韦后之余党消灭，拥其父睿宗即位。因李隆基除韦后有功，唐睿宗李旦立其为太子。延和元年（712 年）七月，西方出现彗星，经轩辕入太微至大角，于是，太平公主遣方士向睿宗进言：“彗星是预示当除旧布新之星；彗星一出，帝座也随之变位，这表明太子要为天子了。”他们向睿宗进此言的意思是李隆基将要弑君篡位，让睿宗赶快将其除掉。睿宗故意不理解他们的意图，说：“传位于太子就可避灾，我已经下了决心，传位于他。”

李隆基知道后，急忙入宫，叩头道：“我功劳微薄，越诸位兄弟成为太子，已经觉得日夜不安了，如父皇让位于我，会使我更加不安。”睿宗说：“我之所以得天下，都是因为你的缘故。现在帝座有灾，传位于你，为的是转祸为福，你怀疑什么？”李隆基仍再三推辞，睿宗说：“你是孝子，为什么非要等我死后在柩前即位呢？”李隆基只好流泪应之。太平公主和其同党也力谏皇帝，认为不可让位，但是睿宗主意已决。于是唐睿宗在七月二十五日诏令正式传位于李隆基。

八月三日，李隆基（玄宗）即位，尊睿宗为太上皇帝。八月七日，唐玄宗李隆基改元为先天，大赦天下。

玄宗即位之初就重用贤相姚崇和宋璟励精图治。姚崇讲究实际，宋璟坚持原则，守法则正，二人鼎力辅佐朝政，使赋役宽平、刑罚清省、百姓富庶。玄宗不仅重视人才的选拔与任用，而且广开言路，虚心纳谏。姚崇提出的抑制权贵、不接受礼品贡献、接受谏诤、不贪边功等建议，玄宗不仅采纳而且严格执行。宋璟敢于犯颜直谏，玄宗对他又敬又怕。

为改变当时的奢侈之风，玄宗下诏将皇帝服御和金银器玩销毁，重新造成有用的物品，交给国家使用；把珠玉锦绣在殿前焚毁，并规定后妃以下，不准穿锦绣珠玉。在玄宗的倡导下，节俭成了时尚。对日益扩大的佛教势力，玄宗下令严禁建造佛寺道观、铸造佛像、抄写佛经，禁止百官和僧尼、道士往来，并精简僧尼人数，从而扼制了寺院势力。

开元年间，玄宗采取了一系列措施力行改革。

为安定皇位，稳定政局，玄宗采取出刺诸王、严禁朝臣交结诸王和抑制功臣等措施。出刺诸王即玄宗解除诸王皇亲国戚的兵权，让他们做外州的刺史并严格限制他们，使他们不能掌握一地的军政大权，从而无法叛乱。而且规定诸王不能同时留居京城，减少他们和京官接触的机会。对那些功臣权势，玄宗或罢免他们的官职或让他们出任地方官。这就消除了动乱的隐患。

为强化皇权，玄宗裁减冗官，加强吏治，革新政治。针对武后以来官吏冗滥的现象，玄宗下令免去员外官、试官、检校官数千人，撤销、合并闲散司、监十余所，从而精简了官僚机构，节约了开支。同时健全监察机构，严格选拔官吏制度，赏罚严明。玄宗对官员实行严格的考核，在开元四年（716 年）组织的县令考试中，不及格的 45 人立即被罢免。另外他还鼓励官员外任。

玄宗比较注意发展经济。开元初年，流民人数巨大，玄宗采取检田括户、抑制兼并的措施，下令在全国清查户口和土地，安置逃亡人口，将籍外土地重新分给农民耕种。这样就打击了豪强地主的兼并活动，增加了国库收入。其次大力兴修水利，发展农业。玄宗当政期间，全国共兴建了 56 项农田水利工程，相当于全唐水利工程总数的 20% 以上。

玄宗即位后的一系列改革，使政治清明、百姓富庶、国力强盛、社会繁荣昌盛，唐朝达到了全盛时期。开元二十年（732 年），天下人口 786 万户、4543 万人；开元二十八年（740 年），天下人口 841 万户，4814 万人。唐都长安有人口百万，是著名的国际文化中心，也是当时世界上最大的城市。唐代不仅商业发达，而且对外贸易兴旺，往来于唐和波斯、天竺、大食等地的商船络绎不绝。数以万计的外国使节、商人、僧侣和留学生居住在长安。开元五年（717 年）、二十一年（733 年），日本派出的遣唐使均在 550 人以上。气象万千的长安就是开元盛世的最好写照。

口蜜腹剑

唐玄宗执政二十多年，见天下太平，便渐渐滋长了骄傲怠惰的情绪。他觉得，天下太平无事，宰相管政事，将帅守边防，自己何必那么为国事操心。于是，他就追求起奢侈享乐来了。

宰相张九龄看在眼里、急在心上，常常给唐玄宗提意见。唐玄宗本来对张九龄很尊重，但是到了后来，再也听不进张九龄的意见了。

李林甫原是吏部侍郎，奸诈狡猾。他善于拉拢宦官和妃嫔，故而对皇帝的一举一动了如指掌。因此，他每次都能揣测到皇帝的心思而去奏旨，深得唐玄宗的赏识。当时唐玄宗对武惠妃最为宠爱，其子寿王瑁也最受玄宗喜欢。李林甫谄附武惠妃，由此得以擢升为黄门侍郎。开元二十二年（734 年）五月二十八日，李林甫、张九龄、裴耀卿三人分别被唐玄宗任命为礼部尚书、中书令、侍中，同为中书门下三品。

唐玄宗想提升李林甫为宰相，跟张九龄商量。张九龄看出李林甫是个心术不正的人，就直截了当地说：“宰相的职位，关系到国家的安危。陛下如果拜李林甫为相，只怕将来国家就要遭难了。”李林甫听到这些话，把张九龄恨得咬牙切齿。

朔方（治所在今宁夏灵武）将领牛仙客没读过书，但是很会理财。唐玄宗想提拔牛仙客，张九龄不赞同。李林甫在唐玄宗面前说：“像牛仙客这样的人，是宰相的合适人选；张九龄是个书呆子，没有大局观念。”

有一次，唐玄宗又找张九龄商量任用牛仙客的事。张九龄还是不同意。唐玄宗生气地说：“难道什么事都得由你做主吗！”

经过几件事，唐玄宗越来越讨厌张九龄，加

唐玄宗像

上李林甫的挑拨，终于找了个借口撤了张九龄的职，让李林甫当了宰相。

李林甫当上宰相后，第一件事就是要把唐玄宗和百官隔绝，不许大家在玄宗面前提意见。

有一个谏官不肯依附李林甫，上奏本向唐玄宗提建议。第二天他就接到命令，被降职去外地做县令了。大家知道这是李林甫的意思，以后谁也不再向玄宗提意见了。

李林甫自知在朝廷中的名声不好。凡是大臣中能力比他强的，他就千方百计地把他们排挤出朝廷。他要排挤一个人，表面上不动声色，笑脸逢迎，却在背地里暗箭伤人。

有一个官员叫严挺之，被李林甫排挤去外地做刺史。后来，唐玄宗想起他，跟李林甫说："严挺之在什么地方？这个人很有才能，可以任用。"李林甫说："陛下既然想念他，我去打听一下。"

退朝后，李林甫忙把严挺之的弟弟找来，说："你哥哥不是一直很想回京城见皇上吗，我有一个办法能让他如愿。"

严挺之的弟弟见李林甫对他哥哥很关心，当然很感激，连忙请教怎么办才好。李林甫说："只要叫你哥哥上一道奏章，就说自己得了病，请求回京城来治病就行了。"

严挺之接到他弟弟的信，果然上了一道奏章，请求回京城看病。这时，李林甫就拿着奏章去见唐玄宗，说："实在太可惜了，严挺之现在已经得了重病，干不了大事了。"

唐玄宗惋惜地叹了口气，也就作罢了。像严挺之这样上当受骗的还有很多。但是，不管李林甫装扮得多么巧妙，他的阴谋诡计还是被人们识破了。人们就说李林甫这个人是"嘴上像蜜甜，肚里藏着剑"（成语"口蜜腹剑"就是这样来的）。

747年，玄宗欲广招贤士，下令凡有一技之长者，都可到长安参加考试。李林甫下令郡县官吏先行挑选，然后送到尚书省，由尚书复试、御史中丞监试，然后再挑选几人送至皇上。考试结果，李林甫未录取一人，却向玄宗贺喜说："这些人才能平庸，可见野无遗贤。"

李林甫在宰相的职位上，一干就是19年，一个个有才能的正直的大臣全都遭到排挤，一批批阿谀奉承的小人都受到重用提拔。就在这个时期，唐朝的政治从兴旺走向衰败，"开元之治"的繁荣景象也消失了，接着就发生了"天宝之乱"（天宝是唐玄宗后期的年号）。

安禄山叛乱

唐玄宗在位期间，为加强边境的防御，在重要的边境地区设立了10个军镇（也就是藩镇），这些军镇的长官叫节度使。节度使的权力很大，不仅带领军队，还兼管行政和财政。按照当时的惯例，节度使立了功，就有被调到朝廷当宰相的可能。

李林甫掌握朝政大权后，不但排挤打击朝廷的文官，还猜忌边境的节度使。担任朔方等4个镇节度使的王忠嗣立了很多战功，他手下就有著名的将领哥舒翰、

安禄山画像

李光弼等人。李林甫见王忠嗣的功劳大，威望高，怕他被唐玄宗调回京城当宰相，就派人向唐玄宗诬告王忠嗣想拥戴太子谋反，王忠嗣为此险些丢掉了性命。

当时，边境将领中有一些胡人。李林甫认为胡人文化低，不会威胁到自己的地位，就在唐玄宗面前竭力主张重用胡人。在这些胡人节度使中，唐玄宗、李林甫特别欣赏平卢（治所在今辽宁朝阳）节度使安禄山。

安禄山经常搜罗奇禽异兽、珍珠宝贝，送到宫廷讨好唐玄宗。他知道唐玄宗喜欢边境将领报战功，就采取许多卑劣的手段，诱骗平卢附近的少数民族首领和将士到军营来赴宴。在酒席上，用药酒灌醉他们，把兵士杀了，又割下他们首领的头，献给朝廷报功。

唐玄宗常常召安禄山到长安朝见。安禄山抓住这个机会，使出他的手段，逢迎拍马讨唐玄宗的喜欢。安禄山长得特别肥胖，又装出一副傻乎乎的样子，以此甚得唐玄宗的欢心。

安禄山得到了唐玄宗和李林甫的信任，做了范阳（治所在今北京境内）、平卢两镇及河东（治所在今山西太原）节度使，控制了北方边境的大部分地区。他秘密扩充兵马，提拔了史思明、蔡希德等一批猛将，又任用汉族士人高尚、严庄帮他出谋划策，囤积粮草，磨砺武器。只等唐玄宗一死，他就准备造反。

没过多久，李林甫病死了，杨贵妃的同族哥哥杨国忠借着他的外戚身份，继任了宰相。杨国忠与安禄山互有嫌隙，杨国忠几次三番在唐玄宗面前说安禄山一定要谋反，但是唐玄宗正在宠信安禄山，自然不相信他的话。

755 年农历十月，安禄山做了周密准备以后，决定发动叛乱。这时，正巧有个官员从长安到范阳来。安禄山便假造了一份唐玄宗从长安发来的诏书，向将士们宣布说："接到皇上密令，要我立即带兵进京讨伐杨国忠。"将士们都觉得事出突然，但是谁也不敢对圣旨表示怀疑。第二天一早，安禄山就带领叛军出兵南下。15 万步兵、骑兵在河北平原上进发，一时间，道路上烟尘滚滚，鼓声震天。中原一带已经有一百年左右没有发生过战争，老百姓好几代没有看到过打仗。沿路的官员逃的逃，降的降。安禄山叛军一路南下，几乎没有遭到什么抵抗。

范阳叛乱的消息传到长安，唐玄宗开始还不相信，认为是有人造谣，到后来警报一个个传来，他才慌了起来，召集大臣商议对策。满朝官员没有经历过这样的大变乱，个个吓得目瞪口呆，不知所措。只有杨国忠反而得意扬扬地说："我早说安禄山要反，我没说错吧。不过，陛下尽管放心，他的将士不会跟他一起叛乱。10 天之内，一定会有人把安禄山的头献上。"

唐玄宗听了这番话，心情才安稳下来。可是，谁知道叛军在短短的时间内便长驱直入，一直渡过黄河，占领了洛阳。

青羊宫

唐玄宗避“安史之乱”而入蜀，这是位于蜀地成都的道观。

马嵬驿兵变

潼关形势险要，道路狭窄，是京城长安的门户。封常清与驻屯陕州的大将高仙芝一起退守潼关（今陕西潼关东北）。玄宗听信监军宦官的诬告，杀死高、封两人，起用病重在家的大将哥舒翰统兵赴潼关。叛将崔乾祐在潼关外屯兵半年，没法攻打进去。

叛军攻不进潼关，但是关里的唐王朝内部却生起事端。哥舒翰主张在潼关坚守，等待时机；郭子仪、李光弼也从河北前线给唐玄宗上奏章，请求引兵攻打安禄山的老巢范阳，让潼关守军千万不要出关。但是，宰相杨国忠却反对这样做。他在唐玄宗面前说潼关外的叛军已经不堪一击，哥舒翰守在潼关按兵不动，歼灭叛军的时机会丧失掉。年老昏聩的唐玄宗听信杨国忠的话，接二连三派使者到潼关，逼哥舒翰带兵出潼关。

哥舒翰明知出关凶多吉少，但是又不敢违抗皇帝的圣旨，只好痛哭一场，带兵出关。关外的叛将崔乾祐早已做好准备，只等唐军出关。崔乾祐派精兵埋伏在灵宝（在今河南西部）西面的山谷里。哥舒翰的 20 万大军一出关，就中了埋伏，20 万大军几乎被叛军打得全军覆没。哥舒翰也被俘虏了。

潼关失守后，关内已无险可守。从潼关到长安之间的一些地方官员和守兵，都纷纷弃城而逃。到了此时，唐玄宗才感到形势危急，他让杨国忠赶紧想办法。杨国忠召集文武百官商量，大家都失魂落魄，谁也想不出一个好主意来。杨国忠知道留在长安已经没有了生路，就劝玄宗逃到蜀地去。当天晚上，唐玄宗、杨国忠带着杨贵妃和一群皇子皇孙，在将军陈玄礼和禁卫军的护卫下，悄悄地打开宫门，逃出了长安。他们事先派了宦官到沿路各地，让官员准备接待。

谁知，派出的宦官早已经自顾逃命了。唐玄宗一伙人走了半天也没有人给他们送饭。他们走走停停，第三天到了马嵬驿（在今陕西兴平市西）。随行的将士疲惫不堪，饥渴难忍。他们认为，这全都是受了奸相杨国忠的拖累，这笔账应该向杨国忠算。

这个时候，有二十几个忍饥受饿的吐蕃使者拦住杨国忠的马，向杨国忠要粮。杨国忠正忙着应付，周围的兵士便嚷起来：“杨国忠要造反了！”一面嚷，一面向他射起箭来。

兵士们杀了杨国忠，情绪更加激昂起来，把唐玄宗住的驿馆也包围了。唐玄宗听到外面的吵闹声，问是怎么回事，左右太监告诉他，兵士们已把杨国忠杀了。

唐玄宗大惊失色，不得不扶着拐杖，走出驿门，慰劳兵士，要将士们回营休息。

兵士们哪里肯听唐玄宗的话，照样吵吵嚷嚷。玄宗派高力士找到将军陈玄礼，问兵士们不肯散的原因。陈玄礼回答说："杨国忠谋反，贵妃也不能留下来了。"

玄宗说："贵妃常居深宫中，怎知国忠谋反之事呢？"高力士回答说："贵妃实是无罪，但禁军将士已杀其兄国忠，贵妃伴陪陛下左右，将士心中不安。愿陛下三思，禁军将士安则陛下安。"无奈，唐玄宗只好下了狠心，叫高力士把杨贵妃带出去，用带子勒死了。将士们听到杨贵妃已经被处死，总算出了一口恶气，撤回了军营。

唐玄宗经过这场兵变打算继续西行，老百姓将他拦住，让他留下来还击安禄山。玄宗便分 3000 人给太子李亨，令太子击破逆贼，收复长安。

天宝十五载（756 年）七月，太子李亨于宁夏灵武即皇帝位，是为肃宗，尊玄宗为太上皇帝，改元至德。

李泌归山

唐肃宗在灵武即位不久，身边的文武官员只有 30 人。这个临时建立的朝廷，什么事都没有秩序，一些武将也不太听指挥。肃宗想平定叛乱，非常需要有个能人来帮助他。这时，他想起他当太子时的一个好朋友李泌，就派人从颍阳（今河南境内）把李泌接到灵武来。

李泌原是长安人，从小就很聪明，读了不少书。当时的宰相张九龄看到他写的诗文，对他十分器重，称赞他是个"神童"。肃宗当太子的时候，曾向玄宗上奏章，想给李泌一个官职。李泌推说自己年轻，不愿做官，玄宗就让他和太子交上了朋友。后来，他看到政局混乱，索性跑到颍阳隐居了起来。

这一回，唐肃宗来请他，他想到朝廷遭到困难，就到了灵武。唐肃宗看见李泌，高兴得像得到宝贝一样。那时候的临时朝廷，不太讲究礼节。唐肃宗跟李泌就像年轻时候一样，进进出出总在一起，大小事情，全都跟他商量。李泌出的主意，唐肃宗全都听从。

唐肃宗想封他当宰相，李泌坚辞不受。后来肃宗只好任命李泌为元帅府行军长史（相当于军师）。

那时候，郭子仪也到了灵武。朝廷要指挥全国的战事，军务十分繁忙。四面八方送来的文书，从早到晚没有一刻的间歇。唐肃宗命令把收到的文书一律要先送给李泌拆看，除非特别紧要的，才直接送给肃宗。宫门的钥匙，由太子李俶和李泌两人掌管。李泌有时忙得连饭也顾不上吃，觉也不能睡安稳。

第二年春天，叛军发生内讧，安禄山的儿子安庆绪杀了安禄山，自己称帝。这本来是个消灭叛军的好机会，但是肃宗急于回长安，不听李泌的计划，让郭子仪的人马从河东回攻长安，结果打了败仗。后来，郭子仪向回纥（我国古代北方民族之一）借精兵，集中了 15 万人马，才把长安攻了下来。接着，又收复了洛阳。叛军头目安庆绪逃到了河北，不久，史思明也被迫投降。

唐军收复了长安和洛阳，唐肃宗用骏马把李泌接到了长安。

一天晚上，唐肃宗请李泌喝酒，并且留他在宫里安睡。李泌趁机对肃宗说："我已经报答了陛下，请让我回家做个闲人吧！"

唐肃宗说："我和先生几年来患难与共，现在正想跟您一起享受安乐，怎么您倒要走了呢？"

无奈李泌一再请求，唐肃宗虽然不愿让李泌离开，最终也只好同意。李泌到了衡山（在今湖南境内），在山上造了间屋子，重新过起了隐居生活。

中兴名将李光弼

李光弼是契丹人，原籍营州柳城（今辽宁朝阳）。父亲李楷洛原本是契丹首领，武则天年间归顺唐朝，被封为左羽林大将军。李光弼从小擅长骑马射箭，为人严肃坚毅，沉着果断，具有雄才大略。早年担任左卫亲府左郎将，后来逐渐晋升为河西节度使王忠嗣的府兵马使，王忠嗣非常赏识他，对他十分优待。

安禄山发动叛乱后，大将军郭子仪知道李光弼是一位了不起的将才，就推荐他为河东节度副使，知节度事、兼云中太守。

李光弼执法严明，言行一致。唐肃宗即位后，李光弼奉命来到灵武，做了户部尚书。当时太原节度使王承业政务松弛，侍御史崔众掌握兵权，号令不行，唐肃宗便命李光弼带兵五千至太原，接过了崔众的兵权。

757 年，叛将史思明、蔡希德以 10 万大军围攻太原。当时留守的李光弼军队不足 1 万人，双方力量相差很大。将士们都主张加固城墙，全力坚守。李光弼认为这是消极防守，应该在防守中积极主动地出击。李光弼动员百姓拆掉房屋做擂石车，叛军靠近则发石攻打。史思明则命令部下建造飞楼，围上帐幕，筑土山接近城墙。李光弼便组织人力挖地道直到土山下，这样，土山便自然倒塌了，然后出其不意派精兵出击。史思明害怕了，留下蔡希德继续攻城，自己先逃走了。李光弼看出叛军力量削弱，军心动摇，便抓住这一时机，组织主力军奋勇出击，史思明军队迅速溃败。

760 年，史思明杀了安庆绪，改范阳（今北京西南）为燕京，自称为大燕皇帝。不久，史思明整顿人马准备重新攻打洛阳，唐肃宗加封李光弼为太尉、中书令，命令他去攻打叛军。李光弼到了洛阳，当地官员听说叛军势力强大，都很害怕，主张退守潼关。李光弼权衡了一下，认为这个时候官兵决不能退，但可以转移到河阳（今河南孟州）。史思明率兵进入洛阳后，发现是一座空城，只得率军到河阳南面与唐军对峙。

史思明为了显耀自己兵强马壮，每天把一批批战马牵到河边洗澡。李光弼见状，想出一计。他命令将军中 500 多匹马集中起来，把小马关在厩里，待史思明放马洗澡之时，把母马赶到城外。母马思念小马，便嘶叫起来，而史思明的马听到马群叫声，立即挣脱缰绳，浮水泅过河来。史思明一下子失去了上千匹好马，气得咬牙切齿，立即纠集几百条战船，前面用一条火船开路，准备把唐军浮桥烧掉。李光弼得到消息，命令士兵准备几百根粗长竹竿，用铁甲裹扎竿头。待叛军的船靠近后，唐军几百根竹竿一齐顶住火船，火船无法靠近，很快便烧沉了。唐

军又在浮桥上发射擂石机关炮攻击叛军，叛军死伤无数，仓皇逃窜。不久，李光弼打败了史思明。

李光弼多次扫平叛乱，战功卓著，后来被晋封为临淮郡王。不久，图像悬挂于凌烟阁，赐铁券、予一子以三品衔。后因受宦官牵制，在洛阳北邙山战败。宦官鱼朝恩和程元振屡次在皇帝面前进谗言，蓄意加害李光弼，李光弼也一度被撤了帅职。

后来，史思明被他的儿子史朝义杀死。763 年，史朝义兵败自杀。从安禄山发动叛乱，到史朝义失败，中原地区经历了 8 年的战火浩劫，史称“安史之乱”。

永贞革新

唐德宗宠信宦官，贪得无厌的宦官便想尽办法来盘剥百姓，不择手段地掠夺财物。他们设立了“宫市”，派太监专门到宫外采购宫里需要的东西。这些太监看到他们需要的货物，只付给百姓 1/10 的价钱，强行购买。后来，索性派了几百个太监在街上瞭望，看中了就抢走，叫作“白望”。

还有一些宦官在长安开设“五坊”。五坊是专门替皇帝调养雕、鹘、鹞、鹰、狗的地方。五坊里当差的太监，叫作五坊小儿。这批人饱食终日，无所事事，专门向百姓敲诈勒索。

那时候，太子李诵住在东宫，由两位官员——王叔文、王伾陪伴读书。太子读书之余，喜欢下棋写字。而王叔文和王伾，一个是个好棋手，一个写得一笔好字，于是他们俩就经常在东宫陪太子读书下棋。

王叔文是下级官员出身，多少了解一些百姓疾苦。他趁跟太子下棋的机会，向太子反映外面的情况。太子听到宦官借宫市为名在外面胡作非为，大为不满。有一次，几个侍读的官员在东宫议论起这件事，太子气愤地说：“我见到父皇，一定要告知这件事。”

王叔文说：“我看殿下眼下还是不宜管这些事。如果坏人在皇上面前挑拨离间，说殿下想收买人心，皇上怀疑起来，殿下很难辩白。”

太子猛然醒悟说：“没有先生提醒，我很难想到这一点。”

从此，太子对王叔文更加信任。王叔文认为德宗已是暮年，太子接替皇位是迟早的事，就私下替他物色朝廷中有才能的官员，跟他们结交。

没想到过了一年，太子得了中风病，说不出话来。年老的唐德宗为此事急出病来，贞元二十一年（805 年）正月二十三日，德宗去世，时年 64 岁。二十六日，太子李诵于太极殿即皇帝位，是为顺宗。

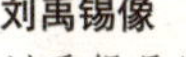

刘禹锡像

刘禹锡是唐代文学家、哲学家。其诗与白居易齐名，世称“刘白”，题材多样，意境雄浑，韵律自然，富于音乐美。

顺宗即位前，已因中风而不能说话，所以不上朝堂处理国事。

唐顺宗不能说话，只得靠原来在东宫伴他读书的

官员王叔文、王伾来帮他处理朝政。王叔文明白自己力量不够，不便公开掌握朝政大权，只好请一个老资格的官员韦执谊出来做宰相，自己当一名翰林学士，为顺宗起草诏书。他和韦执谊、王伾相互配合，又起用了刘禹锡、柳宗元等一些有才能的官员，这才把朝政大权揽了过来。

王叔文掌权后，第一件要做的就是整顿宦官欺压百姓的坏风气。他替唐顺宗下了一道诏书，免了一些苛捐杂税，统统取缔了宫市、五坊小儿一类欺负百姓的事。这个措施一实行，长安百姓个个拍手称快，一些作恶多端的宦官却气歪了脸。

王叔文又对财政制度进行了改革，历史上称为“永贞革新”（“永贞”是唐顺宗的年号）。

王叔文大力度的改革，自然触犯了掌权的宦官。宦官头子俱文珍认为王叔文的权力过大，便以顺宗的名义解除了王叔文翰林学士的职务。

不出一个月，俱文珍又勾结一批拥护他们的老臣，以顺宗病重不能执政为由，由太子李纯监国。又过了一个月，太子正式即位，这就是唐宪宗。

顺宗一退位，俱文珍等一批宦官立刻把王叔文、王伾革职，贬谪到外地去。第二年，又处死了王叔文。“永贞革新”不到一年就全盘失败，那些支持王叔文一起改革的官员也受到了牵连。

李愬夜袭蔡州

安史之乱使唐王朝由盛转衰，朝廷权威下降，地方藩镇势力强大。节度使父死子继，不服从中央委派，控制财、政、军权，形成藩镇割据局面。代宗、德宗朝都实行削藩以加强中央集权，但成效甚微。宪宗即位时，长安毗邻的淮西镇已割据 50 余年，严重威胁朝廷，宪宗决定征讨。

814 年农历闰八月，淮西节度使吴少阳死，其子吴元济自领军务，并发兵四处侵略。对淮西早有戒心的唐宪宗，遂于十月以严绶为招抚使，督诸道兵进讨。但严绶无能，被吴元济打败。宪宗以韩弘为将代之，但韩弘出于私心，想以贼自重，不愿淮西速平，以至损兵折将，让淮西军气焰更加嚣张。正当宪宗为淮西战事毫无进展犯愁之际，身为太子詹事的李愬挺身而出。宪宗龙颜大悦，让宰相裴度领军，李愬为先锋，进征淮西。

817 年农历一月李愬任唐、随、邓三州节度使后，着手制订奇袭吴元济老巢蔡州（治所在今河南汝南县）的战略方案。他至唐州抚恤伤卒，假装自己懦弱以使淮西军松懈轻敌。在与叛军的几次交锋中，他对俘捉的敌方兵将，皆以礼相待，不加侮辱，让他们感恩而愿死心塌地归顺，敌兵遂详尽地把淮西的战备情况告诉他，使他知己知彼。有一次，唐军俘获了吴元济手下骁将丁士良，士兵们请求把他的心挖出以解众恨，但李愬见丁面无惧色，暗自叹服，令为其松绑，免其死罪。丁士良本以为必死，没想到李愬放了他，泪水顿时倾眶而出，给李愬跪下感谢并言愿以死报李之厚爱。李愬扶起他，任他为“捉生将”，又用其计擒住淮西又一骁将吴秀琳，并以礼相待，吴秀琳也感激不尽，愿报效朝廷。李愬发现吴秀琳部下有个叫李宪的，智勇双全，很是喜欢，便为其改名“忠义”，帐下留用。

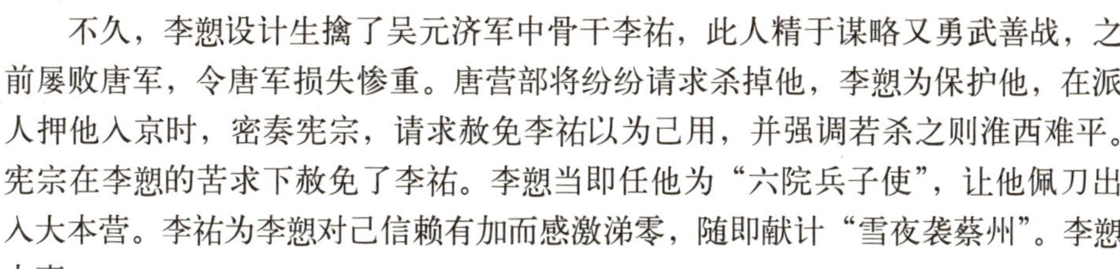

不久，李愬设计生擒了吴元济军中骨干李祐，此人精于谋略又勇武善战，之前屡败唐军，令唐军损失惨重。唐营部将纷纷请求杀掉他，李愬为保护他，在派人押他入京时，密奏宪宗，请求赦免李祐以为己用，并强调若杀之则淮西难平。宪宗在李愬的苦求下赦免了李祐。李愬当即任他为“六院兵子使”，让他佩刀出入大本营。李祐为李愬对己信赖有加而感激涕零，随即献计“雪夜袭蔡州”。李愬大喜。

817 年农历十月十日，大雪纷飞，寒风凛冽，这天下午，李愬突然号令三军紧急集合，以李祐、李忠义为先锋率 3000 人马东进，自己率主力跟进，唐州刺史田进诚引 3000 人殿后。部队东急行 60 里，袭占沿途要点，抵汝南张柴村后，李愬令丁士良领 500 人留守以断诸道桥梁，又遣兵 500 警戒朗山，然后向全军宣布此行目的是去蔡州捉拿吴元济。全军将士大惊失色，监军大哭：“果堕李祐奸计！”李愬不作理会，令三军继续前进。士兵们以为此行有去无还，但将令不敢违抗，只得前进。时“大风雪，旌旗裂，人马冻死者相望”，夜半，风雨更加肆虐，唐军在四点钟抵达了蔡州城下。蔡州自李希烈反唐以来，经吴少诚、吴少阳到吴元济，官军不至此地已 30 多年了，因此，吴元济毫无防备。李祐、李忠义首当其冲，率兵在城墙上掘坎而上，杀掉熟睡的门卒，只留更夫继续打更，城中像什么也没发生一样平静如常，唐军神不知鬼不觉地已进至内城。

鸡鸣时分，风雪稍停，李愬军已占据吴元济的外衙，这时守卫才发现情况异常，忙告于吴元济。吴元济此时还未睡醒，听到报告，不以为然，说：“慌什么？这是俘虏抢东西罢了，等天亮时把他们全杀了就是。”稍后又有士兵报城已失守，吴元济仍不在意，说这一定是驻洄曲的士兵索取寒衣来了。及至听到李愬军中号令之声，吴元济才大惊，忙组织军队登牙城抵抗，但此时唐军已全部蜂拥入城，他哪能挡得住？无奈之下吴元济出城投降，李愬把他解送长安，淮西遂平。

朋党之争

宦官专权时期，朝廷官员中凡是有反对宦官的，大都受到打击排挤。一些依附宦官的朝官，又分成两个不同的派别。牛党是以牛僧孺、李宗闵为首的官僚集团，李党是以李德裕为首的官僚集团。唐宪宗时，两党政争开始，穆宗时朋党正式形成，历经敬宗朝、文宗朝、武宗朝、宣宗朝，两党此起彼伏，反复较量，持续达半个世纪之久。两党斗争的形式是交替掌权，一党掌权，就积极排挤另一党，把朋党利益置于国家利益之上。两派官员互相攻击，争吵不休，这样闹了 40 年，历史上把这场政治争斗叫作“朋党之争”。

这场争吵开始于唐宪宗在位之时。有一年，长安举行考试，选拔能够直言敢谏之人。在参加考试的人中有两个下级官员，一个叫李宗闵，另一个叫牛僧孺。两个人在考卷里都批评了朝政。考官看了卷子后，认为这两个人都符合选拔的条件，就把他们向唐宪宗推荐了。

宰相李吉甫知道了这件事。李吉甫是个士族出身的官员，他本来就对科举出身的官员有想法，现在出身低微的李宗闵、牛僧孺居然对朝政大加指责，揭了他

的短处，更加令他生气。于是他在唐宪宗面前说，这两人被推荐，完全是因为跟考官有私人关系。唐宪宗对李吉甫的话深信不疑，就把几个考官降了职，李宗闵和牛僧孺也没有得到提拔。

李吉甫死后，他的儿子李德裕凭借他父亲的地位，做了翰林学士。那时候，李宗闵也在朝做官。李德裕对李宗闵批评他父亲这事件，仍旧记忆犹新。

唐穆宗即位后，又举行了进士考试。有两个大臣因为有熟人应考，就在私下里与考官沟通，但是考官钱徽没卖他们人情。正好李宗闵有个亲戚应考，结果被选中了。这些大臣就向唐穆宗告发钱徽徇私舞弊。唐穆宗问翰林学士，李德裕便谎称有这样的事。唐穆宗于是降了钱徽的职，李宗闵也受到牵连，被贬谪到外地去做官。

李宗闵认为李德裕存心排挤他，恨透了李德裕，而牛僧孺当然同情李宗闵。从这以后，李宗闵、牛僧孺就跟一些科举出身的官员结成一派，李德裕也与士族出身的官员拉帮结派，双方明争暗斗得很厉害。

唐文宗即位之后，李宗闵利用宦官的门路，当上了宰相。李宗闵向文宗推荐牛僧孺，把牛僧孺也提为宰相。这两人一掌权，就合力对李德裕进行打击，把李德裕调出京城，派往四川（治所在今四川成都）做节度使。

唐文宗本人因为受到宦官控制，没有固定的主见。一会儿用李德裕，一会儿用牛僧孺。一派掌了权，另一派日子就不好过。两派势力就像走马灯似的轮流转换，把朝政搞得十分混乱。

朋党之争图

唐代党争既有传统士族与庶族斗争的一面，又混杂了大官僚地主阶级内部的斗争。争斗中两派又援引宦官做靠山，得势后便大力排挤政敌，从而演变成为掌权而进行的互相倾轧，结果进一步加深了统治危机。

牛、李两派为了争权夺利，都向宦官讨好。李德裕做淮南节度使的时候，监军的宦官杨钦义被召回京城，人们传说杨钦义回去必定掌权。临走的时候，李德裕就办酒席请杨钦义，还给他送上一份厚礼。杨钦义回去以后，就在当时为太子的唐武宗面前竭力推荐李德裕。到了唐武宗即位以后，李德裕果然当了宰相。他竭力排斥牛僧孺、李宗闵，把他们都贬谪到南方去。

846年，唐武宗病死，宦官们立武宗的叔父李忱即位，就是唐宣宗。唐宣宗对武宗时期的大臣全都排斥，即位的第一天，就把李德裕的宰相职务撤了。

李德裕一贬再贬，于848年死于贬所，从此李党瓦解，牛李党争以牛党的胜利告终。宣宗以后，牛李两派的领袖人物相继去世，朋党之争终于停息。

历经六朝近 40 年的牛李党争，使官僚集团陷于严重的内耗之中，他们为争夺自身的政治权力而不惜一切，乃至损害国家人民的利益，但两党官员有些还是做出一些政绩的。如李党首领李德裕曾经辅佐朝廷北破回纥，安定边陲；又平定昭义镇叛乱；抑制宦官权力，并裁减冗官、禁断佛教。但他却又不择手段维护自己的同党，陷害敌党，可惜一代名相身陷朋党倾轧中而“功成北阙，骨葬南溟”。

黄巢起义

唐朝末年统治集团日趋腐败，社会矛盾空前激化，加之连年灾荒，农民纷纷起义。

王仙芝、黄巢领导的农民起义历时 9 年之久，转战大半个中国，沉重打击了唐朝的统治基础。881 年，黄巢率起义军攻入长安并在长安称帝，建立了大齐政权。黄巢政权没有提出明确的经济纲领，也没有乘胜追击唐朝的残余军队，给唐军以喘息的机会，加上黄巢手下大将朱温叛变，导致在陈州等几次战役中黄巢军连连失利。882 年，黄巢自杀，起义以失败告终。

二、隋唐的对外关系

日本遣唐使

中国与日本在经济和文化上的关系自古就十分密切。隋大业三年（607 年），日本就派使者来朝。唐朝时，两国的文化使者一直互相往来。这一时期，日本派出的“遣唐使”和迎送唐使的使团至少有 19 次，有时一次多达 500 多人。遣唐使团中有大使、副使、判官、录事、翻译、医师、阴阳师、学问僧、留学生以及各种文化技术人员。他们横渡茫茫大海，历尽千辛万苦来到中国，广泛接触各个方面的人士，与他们结下了深厚的友谊，如留学生阿倍仲麻吕（汉名晁衡）在当时文化界十分出名，并和李白、王维交情至深。遣唐使学习大唐帝国的先进文化，把中国的典章制度、天文、历法、建筑、雕刻、音乐、美术和各种生产技术输入日本，对于日本社会各个方面的变革起到了巨大的促进作用。

玄奘取经

玄奘的原名叫陈祎，洛州缑氏（今河南偃师缑氏镇）人，是长安大慈恩寺的和尚。他从 13 岁出家做和尚起，就认真研究佛学。后来他到处拜师学习，很快就精通了佛教经典，被尊称为三藏法师（三藏是佛教经典的总称）。玄奘发现原来翻译过来的佛经有很多错误，就决定到天竺去学习佛经。

629 年（一说 627 年），当时因突厥经常侵扰中原，边塞局势不稳，唐朝政府禁止出国。玄奘上书朝廷要求出国取经被拒绝。这年秋天，长安闹饥荒，朝廷同意僧侣外出就食，玄奘乘机离开长安，来到边塞重镇凉州（今甘肃武威）。凉州都督执行朝廷命令，逼令玄奘返回长安，幸得当地高僧的帮助得以逃避禁令。他昼伏夜行，风餐露宿，到瓜州时朝廷的通缉令也到了，瓜州州吏为他这种立志求经、

勇往直前的精神打动，毅然放他西行。途中他结识了一个西域人，并请他做向导。玄奘越过玉门关不久向导就跑了。他独自一人继续赶路，进入大戈壁。800 里的沙漠上无飞鸟，下无走兽，他迷路了，慌乱中又弄翻了水袋。但他曾经发誓，宁可西行而死，决不东归而生，便继续西行。几天后，他昏倒在沙漠里，幸而离绿洲不远，他被凉风吹醒，又找到水源，才摆脱困境。出了大沙漠，玄奘经伊吾国来到高昌国（今吐鲁番）。

高昌王麹文泰也笃信佛教，听说玄奘是大唐来的高僧，十分敬重，请他讲经，还恳切地要他留在高昌。玄奘坚决不肯。麹文泰没法挽留，就给玄奘备好行装，派了 25 人，带着 30 匹马护送，还写信给沿路 24 国的国王，请他们保护玄奘安全过境。

玄奘带着一行人马，越过雪山冰河，经历了千辛万苦，到达碎叶城（今吉尔吉斯北部托克马克附近），西突厥可汗接待了他们。从那以后，玄奘一路上十分顺利，通过西域各国进入到天竺。

天竺摩揭陀国有一座古老的叫作那烂陀的大寺院。寺里有个戒贤法师，是天竺有名的大学者。玄奘来到那烂陀寺，跟着戒贤法师学习。5 年后，他把那里的经全部学会了。

摩揭陀国的戒日王是个笃信佛教的国王，他听到玄奘的名声后，便在他的国都曲女城（今印度北方邦境内卡瑙季）为玄奘开了一个隆重的讲学聚会。天竺 18 个国的国王和 3000 多高僧都参加了。戒日王请玄奘在会上讲经说法，还让大家讨论。会议开了 18 天，大家十分佩服玄奘的精彩演讲，没有一个人提出不同的意见。最后，戒日王派人举起玄奘的袈裟，宣布讲学圆满成功。

玄奘的游历，不仅在佛学上取得了巨大成功，还促进了东西方的文化交流。645 年，他带着 600 多部佛经，回到阔别 10 多年的长安。他的取经事迹，轰动了长安人民。在长安西郊，他受到朝野僧侣“空城出观”的热烈欢迎。不久，唐太宗又召见了他，随后下令组织规模宏大的译场，调集高僧协助玄奘翻译佛经。19 年中他共译经论 74 部，1335 卷。他的另一贡献是完成了由他口述、门徒辩机记录而成的世界名著《大唐西域记》。玄奘历时 19 年，跋涉 25000 公里的西游取经，直接沟通了唐朝与中亚、西亚、南亚的联系，特别是中国与印度的友好关系，至今人们仍认为玄奘是中印友好的象征。

贸易往来

唐代的商业经济非常繁荣，对外贸易也非常发达。714 年，在广州设市舶司，管理海外贸易，促进了对外贸易的不断发展。

唐代与南海国家的海外贸易尤为频繁。当时由海上来与唐开展贸易的有日本、新罗、天竺、狮子国、波斯、大食等许多国家和地区。这些国家都是航海到中国进行贸易，大多由波斯湾经印度，绕马来群岛，抵达现今的广州，然后再从广州分散到岭南的交州、江南的扬州、福建的泉州以及福州、明州、温州等通商口岸。海上贸易发展很快，贸易额很高。同时，唐对陆上贸易也极为重视，对周边各少

数民族的互市非常关注。通过互市，唐不断加强与西域各国之间的往来贸易，曾专设“互市监”来管理互市贸易。内地和西域的富商大贾东来西往非常频繁，丝绸之路也逐渐繁华兴旺。虽然当时唐与突厥、吐谷浑、回纥、党项、吐蕃等各沿边少数民族的关系时战时和，但贸易活动始终非常频繁。

 三、隋唐的科技与文化

隋唐三教并用

隋、唐时期，大一统政治迫切地需要宗教政策与之相适应，三教并用的宗教政策逐渐形成。随着隋唐政权的建立，统治集团的内部矛盾得以缓解，制定普遍适用于全国的宗教政策的政治条件基本具备，学术上表现出调和儒、道、佛的倾向。对于佛、道二教，隋唐统治者也采取开放的政策，既尊重和利用佛教，又有效地加以抑制，并有意提高道教地位，以平衡佛教与道教势力，同时也借道教始祖老子李耳以提高李姓的地位。朝廷对能辅助王政的佛、道加以奖励，使得儒、佛、道三教并立的局面最终形成，但儒学仍被看作与国家兴亡攸切相关的大事而受重视。在这种兼容并包的文化及宗教政策影响下，各种宗教都得到了较充分的发展，佛教在这时达到了极盛并形成了若干中国化的佛教宗派，教义哲理也有重大创新和飞跃发展，出现了一大批高僧大儒。求法、译经和佛典著述以及传教活动空前活跃。除了儒、佛、道三教并重外，唐朝统治者对其他各种宗教也采取相当宽容的态度，以尊重外国商人、使者、侨民的不同宗教信仰。多教共存的局面一直保持到唐中期以后。

赵州桥

古老的赵州桥，像一条美丽的彩虹横卧在赵州（今河北赵县）城南洨河之上。唐朝文人赞美它如同“初云出月，长虹饮涧”。它结构坚固，雄伟壮观，历经 1400 多年的风霜，依然屹立不倒，可以称得上是我国桥梁建筑史的奇迹。

赵州桥又名安济桥，也叫大石拱桥，是我国现存最早的大型石拱桥，也是世界上现存最古老的跨度最长的敞肩圆弧拱桥。它全长 50.83 米，宽 9 米，主孔净跨度为 37.02 米。赵州桥全部用石块建成，共用石块 1000 多块，每块的重量达 1 吨，整个桥梁自重约为 2800 吨。大桥自建成到现在，期间经历了 10 次水灾、8 次战乱和多次地震，承受了无数次人畜车辆的重压，都没有被破坏，让人不能不佩服其施工的精巧和科学。

赵州桥建于隋代开皇中期（605 年—618 年），是由隋代著名的桥梁工匠李春设计和主持建造的。隋时的赵县是南北交通的必经之路，由此北上可到重镇涿郡（今河北涿州），南下可抵东都洛阳，交通十分繁忙。可是这一要道却被洨河所阻断，严重影响了南北交通。到了洪水季节，甚至不能通行。在洨河上建造一座大型石桥成为人们的迫切需要，朝廷授命李春负责大桥的设计和施工。

李春是隋代的无数普通工匠中一位杰出代表，身份的普通使他在史书中没有记载，有关他的文字记载仅见于唐代中书令张嘉贞为赵州桥所写的“铭文”中：“赵郡洨河石桥，隋匠李春之迹也，制造奇特，人不知其所为。”

李春率领工匠来到赵县，对洨河及两岸地质等情况进行了实地的综合考察，在认真总结了前人建桥经验的基础上，提出了独具匠心的设计方案。然后再按照设计方案组织施工，出色地完成了赵州桥的建造。

赵州桥不仅设计独特，而且建造技术也非常出色，在我国桥梁技术史上有许多创新和贡献，表现在以下几个方面：

采用坦拱式结构，改变了我国早期拱桥半圆形拱的传统。赵州桥的主孔净跨度为37.02米，而拱高只有7.23米，矢跨比（拱高和跨度之比）为1:5左右，这样就实现了低桥面和大跨度的双重目的。这种结构不仅使桥面平坦，易于车马通行，而且还有节省用料和施工方便的优点。

开敞肩之先河。李春把以往桥梁建筑中采用的实肩拱改为敞肩拱，即在大拱两端各设两个小拱。其中一小拱净跨为3.8米，另一拱净跨为2.8米。这种设计的好处有三：一是可节省材料，二是减少桥身自重，三是能增加桥下河水的泄流量。这种大拱加小拱的敞肩拱设计不仅造型优美，而且符合结构力学理论，提高了桥梁的承载力和稳定性。

单孔设计。建造比较长的桥梁，我国古代一般采用多孔形式。李春采取了单孔长跨的形式，河心不设立桥墩，石拱跨径长达37米之多。这在我国桥梁史上是一项空前的创举。

合理选择桥基址，设计了独具特色的桥台。李春选择洨河两岸较为平直的地方建桥，地层都是由河水冲积而成，表面是粗砂层，以下是细石、粗石、细砂和黏土层。

基址特别牢固。赵州桥的桥台的特点是低拱脚、短桥台、浅桥基。李春在桥台边打入许多木桩，目的是为了减少桥台的垂直位移（即由大桥主体的垂直压力造成的下沉）；采用延伸桥台后座的办法，目的是为了减少桥台的水平移动（即由大桥主体的水平推力造成的桥台后移）。另外，为了保护桥台和桥基，李春还

赵州桥

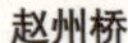

在沿河一侧设置了一道金刚墙。这种设计不仅可以防止水流的冲蚀作用，而且使金刚墙和桥基以及桥台连成一体，增加了桥台的稳定性。

赵州桥的敞肩圆弧拱形式是我国劳动人民的一个伟大的创造，西方直到14世纪才出现敞肩圆弧石拱桥，比我国晚了600多年。赵州桥建筑结构奇特，融科学性和民族特色为一体，是我国古代建筑的精品。1991年，赵州桥被美国土木工程师学会选定为世界第12处“国际土木工程历史古迹”。

药王孙思邈

孙思邈（581年—682年），京兆华原（今陕西耀州区孙家塬村）人，是我国隋唐时期伟大的医药学家，后世尊之为“药王”。孙思邈的医学造诣很高，是隋唐时期医药界的佼佼者。宋代林亿称道：“唐世孙思邈出，诚一代之良医也。”

孙思邈出生于一个普通的农民家庭。他自幼聪颖好学，敏慧强记，7岁时每天能背诵1000多字，人称神童。他幼年多病，家中为他治病几乎倾家荡产。他经常见到老百姓生病没有钱医治而死去，加上自己的切身体会，他10岁时已决心要当一名医生。他花了整整10年的时间来刻苦攻读医书，钻研医学，20岁时已能给亲朋邻里治病，他本人所患的疾病最后也由自己治愈。

30岁时，孙思邈离开家乡，长途跋涉到太白山隐居，边行医采药，边研究炼丹术。这期间他成功地炼成了太一神精丹（即氧化砷）。孙思邈用它来治疗疟疾，疗效非常好。后来这种方法经阿拉伯人传入欧洲，引起较大反响。40岁时，孙思邈在切脉诊候和采药制丹等方面已经卓然成家，医术也日臻成熟。

在民间治病救人的同时，晚年孙思邈主要从事著书立说。70岁时，孙思邈积50年医疗实践之经验，编写了《千金要方》，30年后，又写成《千金翼方》。《千金要方》和《千金翼方》相辅相济，成为中医学史上极有实用价值的医学手册。除此以外，孙思邈还著有《枕中素书》《福禄论》《会三教论》《老子注》《庄子注》《明堂图注》《孙真人丹经》《龟经》《玄女房中经》《摄生真录》《千金食治》《禁经》等。

孙思邈一生淡泊名利，隋文帝、唐太宗、唐高宗多次请他出来做官，他都托病辞而不受。他一生大部分时间生活在农村，为百姓治病。病人来向他求医，不论其贫富贵贱，亲近生疏，他都能做到一视同仁。遇到患传染病的危险病人，他也不顾个人的安危，及时为病人诊治。他高尚的医德颇受世人敬重，当时的大学士宋含文、名士孟诜和初唐四杰之一的卢照邻等均以“师资之礼”待他。擅长针灸的太医令谢季卿，以医方针灸著名的甄权、甄立言兄弟，长于药性的韦慈藏，唐初名臣魏徵，都是他的好友。

《千金方》是孙思邈的代表著作，书名取自“人命至贵，有贵千金；一方济之，德逾于此”之义。《千金方》是《千金要方》和《千金翼方》的合称。《千金要方》又称《备急千金要方》，共30卷，分医学总论、妇人、小儿、七窍、诸风、脚气、伤寒、内脏、痈疽、痔漏、解毒、备急诸方、食治、养性、平脉、针灸等法，总计232门，收方5300个。《千金翼方》是对《千金要方》的补编，也是30卷，其中收录了唐代以前本草书中所未有的药物，补充了很多方剂和治疗方法。这两部书，收集了大量的医药资料，是唐代以前医药成就的系统总结，对学习和研究我国传统医学有重要的参考价值。后人称《千金方》为“方书之祖”。

《千金方》首创“复方”形式，是医学史上的重大革新。孙思邈在《千金要方》中发展为一病多方，灵活变通了张仲景《伤寒论》中一病一方的体例。有时两三个经方合成一个“复方”，以增强治疗效果；有时一个经方分成几个单方，以分别治疗某种疾病。

《千金方》把妇科列为临床各科之首，为中医妇科和儿科的发展做出了重要的贡献。

《千金方》在食疗、养生、养老方面也做出了巨大贡献。《千金方》还谈到了系统的养生问题，提出去“五难”（名利、喜怒、声色、滋味、神虑）和“十二少”（思、念、欲、事、语、笑、愁、荣、喜、怒、好、恶），以及按摩、调气、适时饮食等。《千金方》是我国现存最早的一部医学百科全书，在中药学上有很高的价值。

一行测子午线

唐代高僧一行（683 年—727 年），俗名张遂，魏州昌乐（今河南南乐）人，是唐代著名的佛学家和数学家，也是我国古代最杰出的天文学家之一。

一行的曾祖父张公谨是唐太宗李世民的开国功臣，他的父亲张檀曾做过县令，但是张氏家族在武则天时期已经衰微。

一行自幼聪颖过人，读书过目不忘，稍长，博读经史书籍，对于历象和阴阳五行尤其感兴趣。那时的京城长安玄都观藏书丰富，观中的主持道长尹崇是远近闻名的玄学大师。一行前往拜谒，尹崇对于他的虚心求学极为嘉许，耐心地给予指导。

有一次尹崇借给一行一部汉代扬雄所作的玄学名著《太玄经》。可是没过几天，一行就把这部书还给了尹崇。尹崇很不高兴，严肃地对他说：“这本书道理深奥，我虽已读了几遍，论时间也有几年了，可还是没有完全弄通弄懂，年轻人，你还是拿回去再仔细读读吧！”一行十分郑重地回答说：“这本书我的确已经读完了。”然后，取出自己读此书的心得体会《大衍玄图》和《义诀》等交给尹崇，尹崇看后赞叹不已，称赞他是博学多识的“神童”。从此一行就以学识渊博闻名于长安。

武则天执政时，梁王武三思图谋不轨，四处网罗人才。一行为逃避武三思的拉拢，跑到嵩山，拜高僧普寂为师，剃度出家，改名敬贤，法号一行。普寂为了造就他，让他四处游学。从此，他走遍了大江南北的名山古寺，到处访求名师，一边研究佛学经义，一边学习天文历法、阴阳五行以及地理和数学等。唐代郑处诲的《明皇杂录》中记载了一则故事，说一行不辞千里，访师求学，受到在天台山国清寺驻锡的一位精通数学的无名高僧的指导，为他以后编制《大衍历》打下了良好的数学基础。

唐玄宗李隆基即位后，多次征召一行，他均以身体欠佳为由婉辞。717 年，唐玄宗特地派他族叔张洽去接，他才回到长安。一行一到京城就被召见，唐玄宗问他特长，他说只是记忆力好些。唐玄宗当即让太监取宫人名册。一行看过一遍，

就将宫里所有人的姓名、年龄、职务依次背出。唐玄宗大为叹服，恭称“圣人”，并让他做了自己的顾问。在长安期间，一行住在华严寺，有机会和许多精通天文和历法的印度僧侣交往，获得了许多印度天文学方面的知识。他与印度高僧一起研讨密宗佛法，翻译了很多佛教经典。

为了观测天象，一行在机械制造家梁令瓒的援助之下，创制出了黄道游仪和水运浑象等天文仪器。通过实际的观测，一行重新测定了 150 多颗恒星的位置，发现与古代典籍所载的位置有若干改变，现代天文学称之为“恒星本动”。

724—725 年，一行主持了规模宏大的天文大地测量，测得了子午线 1° 的长，这是世界上首次实测子午线。

从 725 年起，一行历经两年时间编制成了《大衍历》（初稿）20 卷，纠正了过去历法中把全年平均分为二十四节气的错误，是我国历法的一次重大改革。

开元十五年（727 年）十一月二十五日，一行陪同唐玄宗前往新丰（今陕西临潼东北新丰镇）时病倒，当晚即与世长辞，时年 44 岁。玄宗敕令将他的遗体运回长安安葬，并为他建筑了一座纪念塔。

实测子午线时，一行基本上按照隋朝刘焯的设计方案，派太史监南宫说在黄河南北选定四个地点（今河南的滑县、开封、扶沟、上蔡）进行实地测量，推翻了过去一直沿用的“日影千里差一寸”的谬论。一行根据测量的结果，经过精确计算，得出了“大率五百二十六里二百七十步而北极差一度半，三百五十一里八十步，而差一度”的结果。就是说，子午线每 1° 为 131.11 千米（近代测得子午线 1° 长 110.94 千米）。这实际上是世界上第一次实测子午线长度的活动，英国著名的科学家李约瑟一再称：“这是科学史上划时代的创举。”

雕版印刷《金刚经》

雕版印刷术在唐初已经发明。唐太宗时，高僧玄奘取经归来后曾印制大量普贤菩萨像广为散发。民间还大量印制佛经、日历、占卜书等。武宗时曾烧毁大量印本佛经，因此几乎没有印本流传下来。现在人们所能见到的世界上最早有确切纪年的印刷品就是王珍雕于咸通九年（868 年）为父母雕印的《金刚经》，它长 5.3 米，呈卷子形，由 7 个印张粘接而成。扉页印有释迦牟尼佛向长老菩提说法图，整卷经文雕刻精美、刀法纯熟，印刷墨色均匀，清晰鲜明，可见当时雕印术已达到很高水平。此卷 20 世纪初在敦煌发现，是现存最早有纪年的木版印刷品。现保存在伦敦大英博物馆。

火药的发明

唐宪宗元和三年（808 年），炼丹家清虚子在其所著的《太上圣祖金丹秘诀》中记载有将硫黄伏火之法。这类伏火之法，原本是为了使硫黄改性，避免燃烧爆炸。从中他们也认识到，上述丹方中含有硝石、硫黄和“烧令存性”（即碳化）的皂角子或马兜铃粉，三者混合具有燃烧爆炸的性能，从而发明了原始火药。由此可见，至少在 808 年以前，含硝、硫、炭三种成分的火药已经在中国诞生。原始火药也由此而逐渐进入军事应用的新阶段。

饮茶风尚

我国是茶的故乡，茶文化到唐代已发展成熟。茶叶产地增加，遍及今四川、云南、贵州、广东、广西、福建、浙江、江苏等15个省区，其地理位置多为气候温湿的秦岭、淮河以南，种植规模不断扩大。当时的茶叶分为粗茶、散茶、末茶和饼茶四类，名茶也已有20多种。南北统一后，饮茶风气也普及北方。中唐以后，茶已成为人们日常生活的必需品。在边疆少数民族居住地，饮茶风气也进一步传开。在唐朝茶业兴盛的基础上，陆羽编著了世界第一部关于茶的专著《茶经》。正是这个时期，茶树种子和栽培技术，也从中国传到了日本和朝鲜。

“诗仙”李白

李白是继屈原后我国古代最伟大的浪漫主义诗人，他与杜甫等人共同推进并完成了陈子昂所开创的诗歌革新运动，影响深远。现存诗900余首、散文60多篇，均收入宋代宋敏求所编的《李太白全集》(30卷)中。李白的诗“清水出芙蓉，天然去雕饰”，感情真挚热情奔放，想象力丰富，语言朴素优美，形式变幻多样。他被人们称为“诗仙”。

“诗圣”杜甫

安史之乱的结束，对于饱受战乱之苦的百姓来说，真是一件大喜事。当时在樟州（今四川三台）过着流亡生活的诗人杜甫得知消息，更是与妻儿老小一起欣喜若狂。

杜甫字子美，出身于官僚地主家庭，祖父杜审言是武则天时的著名诗人。他幼年就失去母亲，父亲外出做官，他被寄养在洛阳的姑母家中。杜甫自幼聪明过人，7岁便开始作诗，10多岁就同当时的文人名士交游，受到广泛的称赞，他们把他的文章和汉代著名文学家班固、扬雄相比拟。杜甫年轻时代正是我国历史上著名的开元盛世，也是他一生中最快意的时期。

735年，杜甫回洛阳应试，没有考中。两年后，他又北游齐、赵，与朋友一起呼鹰逐兽，饮酒赋诗，流连于山水之间，这一时期杜甫的诗具有浓厚的浪漫主义色彩。

天宝五年（746年），杜甫来到京城长安。他先是参加考试，结果奸相李林甫妒贤嫉能，竟然让所有的考生全部落榜，并给皇帝上表称贺，说“野无遗贤”。正规渠道走不通，杜甫只有和众人一样，到处去拜访达官贵人，期望得到他们的帮助。这种生活太伤自尊了，杜甫想起来就觉得屈辱：

朝扣富儿门，暮随肥马尘。

残杯与冷炙，到处潜悲辛！（《奉赠韦左丞丈二十二韵》）

但是生活仍然是那样无可奈何。整整十年的时间，杜甫困守长安，到头来，总算弄到了正八品下的官职——右卫率府兵曹参军，负责管理兵器和仓库门的钥匙。

然而杜甫“走马上任”的官定之日——天宝十四年（755年）十一月，也就是安禄山造反之时。国家残破，生灵涂炭，杜甫连这个比芝麻还小的官也做不成了。他先是带着一家老小流亡，途中他得知太子李亨即位，便把家人安置下来，

自己去投奔皇帝效力，不料却被叛军捉住并押解到长安。

过了几个月，杜甫冒险从长安逃出，到肃宗那里，很快被任命为“左拾遗”，就在御前当值。就任不久，他因上疏营救被罢相的房琯，触怒肃宗，下狱问罪。幸亏有人相救，才保住性命。但是皇帝再也不想用他，于是让他回家探亲。这个打击很沉重，但它给诗人带来了创作的巨大丰收。他的所有反映国运民瘼的代表性作品，都在这时出现了。

杜甫像

《北征》是一首长篇叙事诗。全诗分为五大段，依次叙述了蒙圣恩放归探亲，辞别朝廷登程时的忧虑情怀，归途所见的破败景象和引起的感慨，到家后与妻子儿女团聚的悲喜交集的情景，以及在家中对朝廷局势的关心，最后表达了对国家前途的信心和对肃宗中兴的期望。

这一时期，个人的遭遇也就是整个社会的苦难。杜甫在飘零的旅途上，忠实地描绘出时代的面貌和自己内心的悲哀。《北征》《羌村》三首、“三吏”“三别”、《春望》《月夜》《自京赴奉先咏怀五百字》等，每一篇都是那个时代的忠实的记录。

在这个兵荒马乱的年月，杜甫实在找不到养家糊口的活路了，他想到了此时正在蜀中做官的朋友高适。乾元二年（759 年），杜甫到了成都。第二年春天，在朋友的帮助之下，他在成都西郊的浣花溪畔盖了一所草堂。这下总算有了一个安定的家，虽然简陋，但环境清幽：

去郭轩楹敞，无村眺望赊。
澄江平少岸，幽树晚多花。
细雨鱼儿出，微风燕子斜。
城中十万户，此地两三家。

（《水槛遣心》）

但是这种宁静美妙的日子只有两三年的时间，由于他所倚重的朋友几度离开成都，他的生活时时发生危机。草堂经常被大雨淋得屋漏床湿，家里也经常吃了上顿没下顿。在这样的艰难困苦中，杜甫表现出了圣人的淑世情怀。他并不单单地为自己的一己之困而烦心，而是想到了普天之下和自己一样身在困境的人们，祈愿他们能够过得比自己好：

安得广厦千万间，大庇天下寒士俱欢颜，风雨不动安如山。呜呼！何时眼前突兀见此屋？吾庐独破受冻死亦足！

（《茅屋为秋风所破歌》）

然而，就是这样的生活也难以为继。杜甫不得不带着家人告别草堂，告别成都。他经过将近一年的漂泊，到达了奉节白帝城。依靠地方长官的照顾，他在这里住了下来。又是一段安定的生活，杜甫得以大力地写诗。在大约两年的时间里，杜甫写了 430 多首诗，诗歌艺术达到了炉火纯青的境地。尤其是他的律诗创作，

登上了一个前人没有达到的、后人也无法企及的艺术高峰。后人把他的律诗专称为“杜律”，成为写作律诗的最高准则。《咏怀古迹》5 首、《秋兴》8 首，以律诗写组诗，是他的律诗里登峰造极的代表之作。其他如《登高》《登楼》《春夜喜雨》《蜀相》《野老》《白帝城最高楼》《旅夜书怀》等，莫不是传诵千古、堪为典则的名篇。

三峡的楼台淹留日月，但是诗人开始想念家乡了。大历三年 (768 年)，杜甫携家人乘舟东出三峡，开始了人生最后一次漂泊。江陵、公安、岳阳、衡阳……但就是回不了他魂牵梦萦的河南巩县。两年时间，江流上的一叶孤舟就是他的家。大历五年 (770 年) 的冬天，经受一生流离之苦的诗圣，终于停下了浪迹天涯的脚步，静静与天地造化相融为一。“千秋万岁名，寂寞身后事。”这是杜甫写给李白的句子，正好也应在了他自己的身上。他把自己的苦难，化作了彪炳千秋的壮美诗篇，铸成了一部沾溉后世的诗史。

边塞诗派

唐代诗歌流派。边塞诗派是在盛唐形成的，它的代表作家是高适和岑参，此外还有李颀、王昌龄等。通常所说的边塞诗，是一个比较宽泛的概念，凡是以边塞为题材的诗歌，都可称为边塞诗。边塞诗的内容非常丰富，有戍边将士的军旅生活，有边塞自然和人文景观，以及边塞和中土的交往。边塞诗可以作于边塞，也可以作于京华内地，前者的创作主体有边塞生活的经历，后者则是写身居中土的体验感受，并没有亲临边塞。边塞诗在唐代极为繁荣，主要是因为盛唐时期国力强盛，诗人都渴望建功立业，故而边塞对他们很有吸引力。由于当时交通很发达，这给诗人出游边塞提供了有利条件。此派诗歌多意境开阔，风格豪迈，取得了极高的艺术成就，促进了唐诗的繁荣。

山水田园诗派

唐代诗歌流派，形成于开元、天宝年间，代表作家有王维、孟浩然、储光羲、常建、祖咏、裴迪等人。盛唐山水田园诗人的出现主要是因为，老庄自然主义思想与外来佛教思想相混合，使得士大夫轻视世务，寄意于人事之外，虽不能出家，而往往自命为超出尘世，于是出现山水田园派；其次，当时社会重视隐逸，于是许多人不去应科举，却隐居山林，做隐士以博声名，于是隐逸文学自然产生。这派诗歌多歌颂山水田园生活以及自然风光，赞美山水的可爱，鼓吹乐天知命、适性自然的人生观，表现了他们寄情山水的闲情逸致，反映了他们不同流俗的清高，不同程度地存在消极避世思想。但是这派诗人在艺术上取得了较高的成就，描写细致，刻画逼真，状物传神，寓情于景，含蓄蕴藉。

新乐府运动

中唐时期由白居易、元稹倡导的诗歌革新运动。“新乐府”一名是由白居易提出的。所谓新乐府，就是一种用新题写时事的乐府式的诗。从建安时代起，便有少数用乐府写时事的文人诗，但是多用古题，反映现实既受限制，题目和内容

也不协调。建安后也有一些新题乐府诗，但又往往不反映现实。既用新题，又写时事的，始于杜甫，但不是所有新题都写时事。白居易等提倡的新乐府，不以入乐与否为衡量标准。这个运动强调诗歌的社会功能和讽喻作用，注重反映现实，关心人民疾苦，即白居易说的“文章合为时而著，歌诗合为事而作”。这一诗歌运动具有较大进步意义，对后来诗歌创作影响较大。清人赵翼在《瓯北诗话》中称这类诗“多触景生情，因事起意。眼前景、口头谚，自能沁人心脾，耐人咀嚼”。新乐府运动持续的时间虽不太长，但成绩卓著，标志着唐诗发展进入了一个由衰而复兴的新阶段。

白居易

中唐时期的白居易是一位为世人所熟悉、所敬慕的诗人，在整个古代文学史上，他也是堪称一流的大诗人。

白居易字乐天，号香山居士，出生在河南郑州新郑一个官僚士族家庭里。幼时的白居易聪明过人，五六岁起就开始写诗，八九岁时已能按照复杂的音韵写格律诗。

16 岁时，白居易初次进京应举，当时的苏州太守韦应物把他引见给大诗人顾况。他送上新诗作《赋得古原草送别》，顾况看着诗卷，轻轻吟诵起来：

离离原上草，一岁一枯荣。
野火烧不尽，春风吹又生。
远芳侵古道，晴翠接荒城。
又送王孙去，萋萋满别情。

顾况读完后不禁拍案叫绝。从此，白居易的声名大振。

白居易 20 岁时回到安徽宿县家中，废寝忘食，发奋攻读。从 28 岁起，他完全靠自己的力量，“十年之间，三登科第”。

白居易在中央和地方总共做了 40 多年官，中间也曾辞职和被贬过，但他为官清正廉洁，从来不向恶势力低头。

白居易在陕西周至县当县尉时，结识了陈鸿、王质夫，三人同游仙游寺，聊天中时常谈及唐玄宗和杨贵妃的故事。白居易感慨兴叹，于是大家鼓励他写一首叙事诗，后来终于写成名篇《长恨歌》。《长恨歌》以刚刚成为历史的唐明皇和杨贵妃的爱情故事为题材，诗人意在写出这一桩历史上莫大的悲剧，以为将来之鉴。全诗可以分为前后两大部分。前半部分对唐明皇的纵情误国和杨贵妃的恃宠致乱作了讽刺和批评，这是符合诗人的创作意图的。但是写到后半部分，诗人几乎把所有的才气和情感都倾注在这两位爱情悲剧的主角上，对他们的不幸寄寓了深深的同情。以现在的作文标准来看，这几乎可以算作“偏题”，一定是不合格的了，但多亏诗人是受情感的驱使而不是受理智的约束，才有了这传诵不衰的爱情名篇。

白居易为官期间也很关心百姓的疾苦，如诗歌《新丰折臂翁》就和杜甫的名作《兵车行》有些类似。诗中借一位 88 岁的老人追述他当年“夜深不敢使人知，

偷得大石槌折臂”的惨痛故事，说明了百姓不愿参加不义之战的真实心态。《卖炭翁》则对下层劳动人民寄予了无限的同情，而对倚势凌人的官宦充满了憎恨。

807 年，白居易被授翰林学士，3 年后，被任为左拾遗。因屡次直言进谏和写了不少讽喻诗，白居易为权贵们所嫉恨。在一连串的恶毒攻击下，唐宪宗不分青红皂白，把白居易贬为江州（今江西九江）司马。这一打击，使白居易郁郁不乐，在悲哀和愤恨中，写下了“似诉平生不得志”的传世名篇《琵琶行》。在一个深秋的夜晚，诗人去浔阳江头为友人送行。在醉不成欢、满目凄凉的分别时刻，忽然听到了阵阵动人心弦的琵琶声。原来是一位独守空船的女子正用琵琶抒发自己的哀怨。她本是京城长安的一位色美艺高的名妓，在年长色衰之后，不得不委身于一个重利轻情的商人，就这样飘零于江湖间，一天天地打发自己的寂寞时光。琵琶女的一席倾诉和凄凄切切的琵琶曲，让诗人想起了自己的遭遇。20 年前自己也曾心怀壮志走进长安，但几番坎坷，几番磨难之后，也和这位可怜的歌妓一样被抛出了京城，过着屈辱的生活。于是诗人发出了“同是天涯沦落人，相逢何必曾相识”的深沉感叹。这首诗不仅内涵饱满，而且在艺术上也达到了极高的成就，是中国诗歌史上的典范。

后来，白居易又被召回长安。在长安城，他看到昔日的朋友们个个为了权势明争暗斗，意识到此地不可久留，于是上奏本，力求外放，得到了批准。

白居易晚年目睹朝政黑暗，对政治斗争深感厌倦，便辞官隐居洛阳。在那里，他十分喜爱清幽的香山寺，便携书童移居那里，并和寺僧结社，经常唱酬，自号“香山居士”。

此后，白居易便把全部精力都投入到诗歌创作中去了。他一生共写了 2800 多首诗，后人对他的为人和文学成就有着高度的评价。

古文运动

唐代古文运动主要是对文风、文体和文学语言进行改革的一次文学运动。古文是唐朝人对先秦两汉通行的散文体文言文的称呼，其特征是散行单句，不拘格式，不同于骈文的讲究排偶、辞藻、音律、典故。唐中叶，一些文人反对六朝以来的浮艳文风，大力提倡古文，逐渐形成社会风尚，这就是古文运动。古文文风的倡导者是韩愈和柳宗元。韩愈主张重视文章的思想内容，其散文气势雄健，奔放流畅。柳宗元也主张“文者以明道”，他的散文峭拔俊秀，含蓄精深，对散文的发展也有很大的影响。

唐传奇

唐人小说，此名称始于晚唐裴铏《传奇》一书，宋以后人们概称唐人小说。历代正统文人对小说总采取鄙视的态度，而晚唐时期，许多人参加到传奇小说创作队伍中来，包括著名历史学家、古文家和诗人。他们的参加充实了小说的思想内容，提高了小说的艺术水平，逐渐改变了人们对小说的传统看法，标志着中国小说发展趋于成熟。唐传奇主要有以下题材：神怪类，以《枕中记》《南柯太守传》等为代表，它们虽然谈神说鬼，但作品中也可以看到现实的影子，曲折地反映了

现实；爱情类，以《任氏传》《柳毅传》《霍小玉传》《李娃传》《莺莺传》等为代表，它们在唐传奇中成就最高；剑侠类，以《虬髯客传》《昆仑奴》《聂隐娘》《红线传》等为代表。

初唐三大书法家

欧阳询（557年—641年），字信本，潭州临湘（今湖南长沙）人。他的书法远承魏晋，在六朝朴茂峻整的基础上创造了自己的风格。他初学王羲之，后来书体渐变，笔力险劲，成为一时之绝，并创立“欧体”字。其子欧阳通，继承家学，欧阳父子均声著书坛，被称为“大小欧”。虞世南（558年—638年），字伯施，越州余姚（今属浙江）人，唐初文学家、书法家。他博学擅长文辞，尤工书法，继承了二王（王羲之、王献之）书法传统，笔致外柔内刚，圆融遒丽，与欧阳询、褚遂良并称初唐三大书法家。褚遂良（596年—658年），字登善，钱塘人，唐代著名书法家，在欧、虞之后独树一帜，自成一家。他的书法前期古朴方整、结体宽博，带有浓厚的六朝遗风，且受隶书影响，以《伊阙佛龛碑》和《孟法师碑》为代表。后期则发生较大变化，创造了绰约婀娜、遒逸婉媚的风格，代表作是《雁塔圣教序碑》。

草圣张旭

张旭字伯高，吴（今江苏苏州附近）人，唐代著名书法家。张旭官至金吾长史，因此人们也称他“张长史”。他为人洒脱不羁，豁达大度，卓尔不群，才华横溢，学识渊博。与李白、贺知章相友善，杜甫将他三人列入“饮中八仙”。张旭是一位极有个性的草书大家，据说他每次饮酒后就写草书，写时号呼狂走，索笔挥洒，书法变化无穷，若有神助，时人号为“张颠”。他有时甚至把头浸在墨汁里，用头发书写。他的“发书”飘逸奇妙，异趣横生，连他自己酒醒之后也大为惊奇。后来怀素继承和发展了他的笔法，也以草书得名，并称“颠张醉素”。唐文宗曾下诏，以吴道子的绘画、裴旻的剑舞、张旭的草书为“三绝”。张旭又擅长诗歌，与贺知章、张若虚、包融号称“吴中四士”。

张旭的书法，得之于“二王”而又能独创新意。他的楷书端正严谨，规矩至极，黄庭坚誉之为“唐人正书无能出其右者”。他的草书成就最高。若说他的楷书是继承多于创造，那么他的草书则是书法上了不起的创新与发展。他效法张芝草书，创造出潇洒磊落、变幻莫测的狂草来，其状惊世骇俗。他把书法艺术升华到用抽象的点线去表现书法家思想情感的艺术境界。他的字似怪而不怪，点画用笔完全符合传统规矩。可以说，他是用传统技法表现自己的个性，成了有创造力的、无愧于时代的书法家。其书法博大清新、纵逸豪放之处，远远超过了前代书法家，具有强烈的盛唐气象。他的传世书迹有楷书《郎官石柱记》，草书《肚痛帖》《古诗四帖》等。

当时人们只要得到他的片纸只字，都视若珍品，世袭珍藏。据说张旭有个邻居，家境贫困，听说张旭性情慷慨，就写信给张旭，希望得到他的资助。张旭非常同情邻人，便在信中说道：您只要说这信是张旭写的，要价可上百金。邻人将

信将疑，照着他的话上街售卖，果然不到半日就被抢购一空。邻人高兴地回到家，向张旭致以万分的感谢。可见当时人们对张旭的书法的高度认可。

张旭死后，大家都很怀念他。杜甫入蜀后，见张旭的遗墨，万分伤感，写了一首《殿中杨监见示张旭草书图》，诗中曰："斯人已云亡，草圣秘难得。及兹烦见示，满目一凄恻。"高适在《醉后赠张旭》一诗中说："兴来书自圣，醉后语犹颠。"李颀在《赠张旭》一诗中说："露顶据胡床，长叫三五声。兴来洒素壁，挥笔如流星。"可见大家对张旭的敬爱之深。

张旭是一位纯粹的艺术家，他把满腔情感倾注在点画之间，旁若无人，如醉如痴，如癫如狂。唐韩愈《送高闲上人序》中赞之："喜怒、窘穷、忧悲、愉快、怨恨、思慕、酣醉、无聊、不平，有动于心，必于草书焉发之。观于物，见山水崖谷、鸟兽虫鱼、草木之花实、日月列星、风雨水火、雷霆霹雳、歌舞战斗、天地事物之变，可喜可愕，一一寓于书，故旭之书，变动犹鬼神，不可端倪，以此终其身而名后世。"这是一位真正的艺术家对艺术的执着的真实写照。难怪后人论及唐人书法，对欧、虞、褚、颜、柳、素等均有褒贬，唯对张旭无不赞叹不已，这是艺术史上绝无仅有的。

"颜筋柳骨"

颜真卿（709年—785年），字清臣，琅玡临沂（今属山东）人，开元进士，任殿中侍御史，人称"颜鲁公"，唐代杰出的书法家。范文澜称其为"唐朝新书体的创造者"，《祭侄文稿》被称为"天下第二行书"。他广学博引，创造了雄伟刚劲、气势磅礴的独特字体风格，自成一体，被称为"颜体"。他的楷书端庄雄伟、气势开张，用笔横轻竖重，笔力雄劲而有厚度；竖笔向中略有弧度，刚中有柔，富有弹性，力足中锋；结构方正茂密，方中有圆。其行书遒劲郁勃、凝练浑厚、纵横跌宕，用笔气势充沛、巧妙自然，使古法为之一变，开创了新风气。颜氏书法堪称登峰造极。他与稍后的柳公权并称"颜柳"。柳公权（778年—865年），字诚悬，京兆华原人，唐宪宗元和初年，金榜题名考中进士。柳公权擅长行草，同时对楷书的研究功力也非常深厚。他早年的楷书已经取得卓著成就。后来，他进一步揣摩、研究颜体的笔法，融会成体势劲媚、法度谨严、方圆兼施、富有变化而自成一体的柳体。柳体字注重骨力，在转折、顿接处显出锋棱，结构紧密，在雄浑厚实中见锋利，在严谨中见开阔，刚劲挺拔。因柳公权的书法劲力丰满，气派雍容堂正，又曾受颜氏影响，偏重骨力刚健，故又有"颜筋柳骨"之称。

阎立本

阎立本是初唐杰出的工艺家与人物画家。他的人物画将秦汉的淳朴豪放与魏晋的含蓄隽永融合在一起，线条圆转流畅，舒畅坚实，色彩渲染浓重凉净，富有韵律感，构图比例和谐，技法纯熟，刻画入微，使我国人物画进入一个精湛瑰丽的新时期。他常常配合当时政治上的重大事件来进行创作，以其敏锐的目光、纯熟的技法，留下了具有深远历史意义的一瞬间。他的作品以《步辇图》和《历代帝王图》最为典型。阎立本的丹青对后世影响颇大，体现了他的艺术风格，后人

称赞他“兼能书画，朝廷号为丹青神化”。

“画圣”吴道子

在中国艺术史上，有三位艺术家被戴上“圣”的桂冠：一位是晋代王羲之，被誉为“书圣”；一位是唐代杜甫，被誉为“诗圣”；还有一位被誉为“画圣”，那就是唐代的吴道子。

吴道子，画史尊称他为吴生，又名道玄。他的生卒年代已不可考，只知道他一生主要活动在唐朝开元、天宝年间（713 年—755 年）。吴道子出生在阳翟（今河南禹州），幼年失去双亲，生活贫困。他曾跟从张旭、贺知章学习书法，后跟随张僧繇学习。迫于生计，他曾向民间画工和雕匠学习。由于他刻苦好学，才华出众，20 岁时就已经很有名气。

唐玄宗把吴道子召入宫中担任宫廷画师，为他改名道玄。他成为御用画家，没有皇帝的命令，不能擅自作画。这一方面对他这样一个平民意识很强的艺术家来说是一种约束和限制，另一方面又使他获得了最优厚的条件，不再浪迹江湖，而且利用这种条件，他可以施展自己的艺术才华。吴道子性情豪爽，不拘小节，画画时必须喝酒，因此，他经常是醉中作画。传说他描绘壁画中佛头顶上的圆光时，不用尺规，挥笔而就。在龙兴寺作画的时候，观者水泄不通。他画画速度很快，像一阵旋风，一气呵成。

当时的都城长安是全国文化中心，汇集了许多著名的文人和书画家。吴道子经常和这些人在一起，这使他的技艺不断提高。有一次，在洛阳，他同书法老师张旭和善于舞剑的裴将军相遇。吴道子观看裴旻持剑起舞，左旋右转，神出鬼没，变化万端，很受启发，即兴在天宫寺墙壁上画了一幅壁画，画时笔走如飞，飒飒有声，顷刻而成。随后张旭又在墙壁上作书。这一次使在场数千观众大饱眼福，高兴地赞叹：“一日之中，获观三绝！”还有一次，唐玄宗要看嘉陵江的景象，派吴道子去写生。吴道子回来后，让人准备了一匹素绢，用了一天时间，在大同殿上画出嘉陵江 300 余里风光。唐玄宗赞叹不已，认为和李思训用几个月工夫画成的嘉陵山水一样美妙。

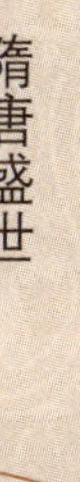

吴道子是一个多产的画家，他作品的数量很多。吴道子兼擅人物、佛道、神鬼、鸟兽、草木、殿阁、山水等，尤其精于佛道、人物画，长于壁画创作。据记载，他曾在长安、洛阳两地寺观中绘制壁画多达 300 余幅，奇踪怪状，无有雷同，其中尤以《地狱变相》闻名于时。

吴道子的绘画对后世影响极大，他被人们尊为“画圣”，被民间画工尊为“祖师”。苏轼曾称赞他的艺术“出新意于法度之中，寄妙理于豪放之外”。吴道子的绘画无真迹传世，传至今日的《送子天王图》可能为宋代摹本，它所表现的是释迦牟尼降生为净饭王子以后，其父净饭王抱他拜谢天神的佛经故事。从中可见吴道子的基本画风。另外还流传有《宝积宾伽罗佛像》《道子墨宝》等摹本，莫高窟第 103 窟的《维摩经变图》也被认为是他的画作。

唐三彩

唐三彩在陶瓷领域中以其绚烂多彩的颜色、富丽堂皇的视觉效果充分体现了盛唐艺术的风格。唐代陶瓷艺人通过对多种金属氧化物的呈色原理的进一步认识，在原有的铅釉陶中加入铁、铜、钴、锰等不同金属氧化物，烧制出集黄、赭、绿、白、蓝等色中的一色或诸色于一器的彩陶，其中以白、绿、黄三色为主，这就是唐三彩。由于铅釉极易流动，烧制时施釉用量不同，更是参差变幻、效果奇妙，在交相辉映中显示出斑驳离奇的独特艺术魅力。

唐三彩的烧制始于初唐，盛唐时达到顶峰，唐三彩窑址只有河南巩县窑一处。唐三彩对中国乃至东方的陶瓷发展影响很大，中国的辽三彩、宋三彩以及外国的波斯三彩、新罗三彩、奈良三彩等，都深受其风格影响。

三彩卧驼

唐三彩俑常见的有人俑、马俑、骆驼俑，之所以出现大量的骆驼俑，是因为唐代与西域、中亚等地区有频繁的文化、经济、政治联系。其中，丝绸之路的主要交通工具是骆驼。

乐山大佛

凌云寺位于今四川乐山岷江东岸的凌云山栖鸾峰上。因寺旁有弥勒大佛坐像，即乐山大佛，所以又名大佛寺。乐山大佛开凿于唐玄宗开元年间，到唐德宗贞元年间才告竣工。大佛的开凿工程浩大，技艺高超，防洪排水系统完善。大佛通高 71 米，头高 14.7 米，赤脚上可以围坐 100 多人，是中国现存最大最完整的摩崖造像。

第七章

群雄并立及两宋

五代十国 (907 年—960 年) 唐末藩镇彼此攻伐，中原地区相继出现五个朝代，西蜀、江南、河东地区有 10 个割据政权，合称五代十国。北宋 (960 年—1127 年) 960 年，宋太祖赵匡胤代后周，建立宋朝，都开封。南宋 (1127 年—1279 年) 北宋灭亡之后一个月，赵构在南京 (今河南商丘) 即皇帝位，南宋由此开始。

一、五代十国、两宋、辽、西夏、金朝的建立与争战

五代十国 （907 年—960 年）

唐末民众暴动后，朝廷对藩镇也完全失控，中原地区相继出现五个朝代，西蜀、江南、河东地区有 10 个割据政权，合称五代十国。五代是梁、唐、晋、汉、周，为了与以前相同名称的王朝区别，历史上把它们称作后梁、后唐、后晋、后汉、后周。十国是前蜀、吴、闽、吴越、楚、南汉、南平（荆南）、后蜀、南唐和北汉。960 年，赵匡胤发动了陈桥兵变，夺取了后周政权，建立了北宋，实现了再度统一国家的宏愿。

五代十国时期，北方战乱频繁，南方则相对稳定，全国的经济重心从黄河流域转移到了长江流域，农业、手工业、商业比较发达，海上贸易也相当繁荣。文化走上兴盛阶段，继“唐诗”的盛况之后，又萌发了“宋词”的种子，书法、绘画也绽出奇葩，为后世留下了珍贵的文化遗产。

海龙王钱镠

开平元年(907 年)四月，梁王朱温即帝位，国号大梁，建元开平，是为梁太祖。大梁的建立，标志着中国重新分裂，五代十国的混战从此开始。

朱温又名朱全忠，全忠之名为唐王朝所赐。他原本是黄巢部将，后见起义军大势已去，便举兵降唐。唐朝廷授朱温任宣武军节度使、右金吾大将军、河中行营招讨副使，赐名全忠，后授为梁王。朱温拥兵自重，权欲熏心，企图篡唐以代之。他先后杀昭宗、立幼主、屠诸王、灭朝士，摧残唐王朝的统治。当时，他兵力强盛，诸藩如李克用、李茂贞、王建、杨渥、钱镠、刘仁恭等皆不能与之抗衡。唐哀帝困居洛阳，在朱温掌握之中。

907 年农历正月，朱温强迫哀帝下诏，定于二月禅位。三月，哀帝正式降下御札，禅位于朱温。四月，梁王朱温更名朱晃，服衮冕，登上皇帝宝座，史称后梁太祖。改元开平，国号大梁，以汴州为开封府，称东都。以唐东都洛阳为西都，废唐西京长安，改称大安府，置佑国军。将哀帝降为济阴王，迁于曹州（今山东曹县西北），派兵防守，次年将哀帝杀死。将枢密院撤废，另设崇政院，任命首辅敬翔为使。

钱镠像

至此，自武德以来经 21 帝、289 年的李唐

王朝为梁王朱温所亡。

朱温刚一即位，镇海（治所在今浙江杭州）节度使钱镠第一个派人到汴京祝贺，表示愿意臣服于梁。朱温很高兴，立即把他封为吴越王。

吴越王钱镠为唐代镇海、镇东节度使。后梁灭唐后，于后梁龙德三年（923 年）二月，梁末帝朱友贞派兵部侍郎崔协等为使，拉拢钱镠并册封其为吴越国王。从此，吴越开始建国，都城设在杭州。

吴越国王钱镠为杭州临安人，出身寒门。年轻时以贩私盐为生，后应募参军，慢慢掌握军权而占据两浙之地。唐末时被封为越王和吴王。后梁初立，吴越为提高自身地位及加强国力，一改别国的做法而和后梁建立良好的关系往来，被封为吴越王兼淮南节度使。他虽受封却不对梁称臣而称吴越国，次年改元天宝，是一个表面臣属而实际独立的政权。吴越国的版图在十国之中较为狭小，包括杭、越、湖、苏等 13 州。因其国小力弱，孤处东南，所以一直对北方朝廷示好纳贡，以联络中原抗衡周边政权为国策，自身注意兴修水利，发展商业及海上交通，但国内赋役繁重，民众苦不堪言。

钱镠当了上节度使后，开始追求奢华的生活享受。他在临安盖了豪华的住宅，出门时坐车骑马，兴师动众。他的父亲对他这样的做法，很看不过去。他对钱镠说："我家祖祖辈辈都是靠打鱼种庄稼过日子，没有出过做官的人。你处在今天的位置，周围都是敌对势力，还要跟人家争城夺地。我怕我们钱家今后要遭难了。"

钱镠听了很有感触，从那以后，他做事谨小慎微，力求保住这块割据地区。当时，吴越是个小国，人少势弱，比北方的吴国弱小得多，吴越国常常受他们的威胁。

由于钱镠长期在混乱动荡的环境里生活，使他养成了一种保持警惕的习惯。他给自己做了个"警枕"，就是用一段滚圆的木头做枕头，倦了就斜靠着它休息，如果睡熟了，头从枕上滑下，人也惊醒过来了。

他除了自己保持警惕外，还严格要求他的将士。每天夜里，都有兵士在他住所周围值更巡逻。有一天晚上，值更的兵士坐在墙脚边打瞌睡，隔墙飞来几颗铜弹子，正好掉在兵士身边，惊醒了兵士。兵士们后来才知道这些铜弹子是钱镠打过来的，就不敢在值更的时候打盹了。

钱镠就是靠小心翼翼地做事才保持住他在吴越的统治地位的。吴越国虽然不大，但是因为长期没有遭到战争的侵扰，经济渐渐繁荣起来。

后来，钱镠征发民工修筑钱塘江的石堤和沿江的水闸，这样就有效地防止了海水倒灌；又叫人把江里的大礁石凿平，方便船只来往。民间因他在兴修水利方面的贡献，给他起了个"海龙王"的外号。

吴越自后梁开平元年（907 年）受封吴越王，至宋太平兴国三年（978 年）降宋，共历 5 主，计 71 年。

伶人做官

朱温在建立梁朝的时候，北方还存在着两个较大的割据势力：一个是刘仁恭，据守在幽州（今北京）；一个是晋王李克用，在河东割据。与此同时，北方的契

丹族异军突起，契丹族首领耶律阿保机统一了契丹各部。907 年，李克用想利用契丹兵力与朱温抗衡，就跟耶律阿保机联络，双方见了面，结为兄弟，还约定了一起攻梁的日子。但是耶律阿保机一回到契丹，看到朱温势力很大就后悔了，又偷偷地跟朱温结成了同盟。

李克用得知消息，气得一病不起。他自己知道好不了了，就把儿子李存勖叫到跟前，叮嘱说："朱温是咱家的冤家，这你早就知道；刘仁恭是我举荐上去的，后来他反复无常，投靠朱温；契丹曾经跟我结为兄弟，结果不守信用违背盟约。这几口气没出，我死不瞑目。"说着，他吩咐侍从拿来三支箭，亲手交给李存勖，说："给你留下三支箭，你要记住三个仇人，给咱家报仇。"

李存勖含着眼泪跪在床边，接过箭，表示一定牢记父亲的嘱咐。李克用听了，点点头，闭上眼睛死了。李克用死后，李存勖即了晋王位。他专心训练兵士，整顿军纪，训练出一支勇猛善战的队伍。

李存勖出兵跟梁兵进行了几次大战，大败朱温率领的 50 万大军。朱温一气之下，发病死了。接着，李存勖又攻取了幽州，活捉了刘仁恭和他的儿子刘守光。

916 年，耶律阿保机称帝。过了 5 年，发兵南下。李存勖亲自出兵，大败契丹，把耶律阿保机赶回北边去了。

朱温死后，李存勖又跟朱温的儿子梁末帝打了十多年仗。最后，李存勖于 923 年，在魏州（今河北大名东北）称帝，建国号大唐，史称后唐，同年灭了梁朝，统一了北方。

后唐灭梁后迁都洛阳，基业初成，便开始尽全力治理内政。因其号称"大唐"，自认为唐朝嫡系，故一切法律均从唐旧制，并于农历十二月迁都洛阳。第二年，又灭掉蜀国，使国力大增。这时，唐庄宗开始沉醉于胜利之中，贪图享受，不仅大兴宫室，充实后宫，沉溺声色，而且疏远群臣，听信谗言，残害正直之士，引起了朝臣和藩镇的强烈不满，后唐政权陷入激烈的内部纷争之中。唐庄宗从小喜欢看戏演戏，做了皇帝后，他便整天跟伶人在一起，穿着戏装，登台表演，不问国事，还给自己起了个"李天下"的艺名。

后来，唐庄宗要封伶人当刺史。有人劝谏说："新朝刚刚建立，跟陛下一起出生入死的将士还没得到封赏，如果让伶人当刺史，恐怕大家不服。"

唐庄宗对劝告不理不睬，让伶人当了官。一些将士见了，果然愤愤不平。没过几年，后唐朝廷内部就乱了起来，大将郭崇韬被人暗害；另一个大将李嗣源（李克用的养子）也遭到猜忌，差点把命丢了。

不久，将士们拥戴李嗣源，打进汴京，唐庄宗被乱箭射死。李嗣源做了后唐皇帝，这就是唐明宗。

其后后唐虽又经过三朝皇帝，但内忧外患最后导致了后唐的灭亡，在立国 14 年后被后晋所灭。

儿皇帝石敬瑭

后唐河东节度使石敬瑭是后唐明宗的女婿，早年与李从珂一齐追随明宗，都以能征善战著称。后来，石敬瑭与李从珂发生了矛盾，上奏弹劾李从珂，唐明宗大怒，将石敬瑭免职。

石敬瑭本是勇将，唐朝沙陀部人，辅佐李克用和李存勖，屡立战功，升至刺史。他从小沉默寡言，喜欢读兵法书，而且非常崇拜战国时期赵将李牧和汉朝名将周亚夫。唐明宗对他很器重，还将自己的女儿嫁给了他，让他统领自己的亲军精锐骑兵“左射军”，将他视为心腹之将。

石敬瑭不仅在战场上救岳父唐明宗，在遇到政治难题时又是他为唐明宗分析局势，指点迷津，体现出了过人的政治谋略。这方面最突出的就是劝唐明宗顺应时势，在兵乱时取得帝位。石敬瑭后来去河东任节度使，并兼云州、大同军等地藩汉马步军总管，掌握了河东这块后唐起源地区的军政大权。

石敬瑭不仅在军事和政治方面有勇有谋，有韬略，在地方事务的治理方面也表现出色。在陕州（今河南三门峡西）、魏博（治所在今河北大名东北）、河东等地，他都很有政绩。石敬瑭在任时异常节俭，不贪声色，很多事都亲自处理。到陕州时不到一年就将当地治理得井井有条，再加上他自己很清廉，施政很得人心。

唐明宗死后，他的养子李从珂做了后唐皇帝，这就是唐末帝。唐明宗在位时，唐末帝已与石敬瑭不和，等到他登基后，两人终于闹到公开决裂的地步。

唐末帝派兵讨伐石敬瑭，石敬瑭眼看要抵挡不住了，这时，有个叫桑维翰的谋士给他出个主意，让他向契丹人求救兵。

那时候，耶律阿保机已经死了，他的儿子耶律德光做了契丹国主。桑维翰帮石敬瑭起草了一封求救信，对耶律德光表示愿意拜契丹国主做父亲，并且答应在打退唐军之后，将雁门关以北的燕云十六州（又称幽云十六州，指幽州、云州等十六个州，都在今河北、山西两省北部）土地献给契丹。

耶律德光正打算向南扩张土地，听到石敬瑭给他优厚的条件，真是喜出望外，立刻出五万精锐骑兵援救晋阳。这样，内外出兵夹击，把唐军打得大败。

后来，耶律德光来到晋阳（今山西太原西南），石敬瑭亲自出城迎接，卑躬屈膝地把比他小十岁的耶律德光称作父亲。

经过一番观察，耶律德光觉得石敬瑭的确是死心塌地投靠他，便正式宣布石敬瑭为皇帝。石敬瑭称帝后，立刻按照原来答应的条件，把燕云十六州送给了契丹。

石敬瑭在契丹的支持下，带兵南下攻打洛阳，接连打了几个胜仗。唐末帝被契丹的声势吓破了胆，在宫里烧起一把火，带着一家老少投火自杀了。

石敬瑭攻下洛阳，灭了后唐，在汴京（今河南开封）正式做了中原的皇帝，国号叫晋，这就是后晋高祖。石敬瑭为获取契丹的支持以打击不归服的藩镇，并通过与之交好来安定后晋的北部边界，于是向契丹上奏章，把契丹国主称作“父

石敬瑭像

皇帝”，自己称“儿皇帝”。朝廷上下都觉得丢脸，只有石敬瑭毫不在乎。

石敬瑭做了7年的儿皇帝，病死了。他的侄儿石重贵即位，这就是晋出帝。晋出帝向契丹国主上奏章的时候，自称孙儿，不称臣。耶律德光借机说晋出帝对他不敬，带兵进犯。

契丹两次进犯中原，都被晋朝军民打败了。但是后来，由于汉奸的出卖，契丹兵攻进了汴京，俘虏了晋出帝，把他押送到契丹。后晋便灭亡了。

947年，耶律德光进了汴京，自称大辽皇帝（这一年契丹改国号为辽）。

后来，中原的百姓受不了辽兵的残酷压迫，纷纷起义，反抗辽兵。东方的起义军声势浩大，攻占了三个州。

取律德光害怕了，被迫退出中原。但是，被石敬瑭出卖的燕云十六州仍在契丹贵族的控制之中，这些地方后来成为他们进攻中原的基地。

周世宗斥冯道

辽兵被迫退出中原的时候，后晋大将刘知远在太原称帝。随后，率领大军向南进兵。刘知远的军队纪律严明，受到中原百姓的欢迎。刘知远很快收复了洛阳、汴京等地。同年六月，刘知远在汴京建都，改国号为汉。这就是后汉高祖。

刘知远只做了10个月皇帝就得病死了，他的儿子后汉隐帝刘承祐即位。乾祐三年（950年）十一月，辽军攻打后汉辖地，后汉隐帝任郭威为天雄节度使，前去抗击。郭威率军离去不久，隐帝忽又派使者去杀郭威。郭威大怒，带兵攻入汴京，隐帝为郭威部队所杀。另议立刘赟，郭威又率大军前去抗辽，行到澶州（今河南濮阳）时，数千名将士鼓噪起来，将黄旗披在郭威身上，要拥戴郭威为皇帝。郭威接受了他们的建议，废刘阴公，自任监国。第二年正月，后汉太后无奈下诰书，授予郭威皇帝玉符，郭威即位（是为后周太祖），国号周，改元为广顺。后汉从此灭亡。

郭威（904—954年），字文仲，邢州尧山（今河北隆尧）人，18岁从军。后晋末，曾协助后汉高祖刘知远建国，任枢密副使。汉隐帝时任枢密使，负责征伐之事，并平定汉中、永兴、凤翔三镇叛乱。称帝后于显德七年（954年）正月病逝，在位3年，庙号太祖。

后周太祖出身贫苦，很能体谅民间疾苦，同时他也有些文化，注意重用人才，改革政治。在他的治理下，五代时期的混乱局面开始好转。

954年，后周太祖死了。他没有儿子，生前把柴皇后的侄儿柴荣收作自己的儿子。柴荣从小聪明能干，练得一身武艺。周太祖死后，柴荣继承皇位，这就是周世宗。

即位后，周世宗继承周太祖重农恤民的政策和统一中国的大志，重用王朴等贤能之士，浚通漕运，发展文教，虽然在位仅6年，在39岁病逝，但却是一位有作为的皇帝。

周世宗重用王朴，王朴献“平边策”，提出先攻南唐，取江北以控制南方诸国，再取后蜀和幽州，最后解决契丹边患的战略思想；又提出争取民心和避实击虚等

建议，周世宗都加以采纳，成功地发动了一系列统一兼并战争。

周世宗刚即位时，北汉国主刘崇认为周朝局势不稳，正是进占中原的大好时机。他集中了 3 万人马，又请求辽主派出 1 万骑兵，向潞州（治所在今山西长治）进攻。

消息传到东京，周世宗立即召集大臣商议对策。他提出要亲自出征。大臣们看周世宗态度挺坚决，也不好说什么了。这时，有一个老臣站出来反对，他就是太师冯道。

冯道从后唐明宗那时候起，就当了宰相。后来，换了 4 个朝代，他都能随机应变，一些新王朝的皇帝也乐得任用他。所以，他一直位居宰相、太师、太傅等职。

周世宗对冯道说 ：“过去唐太宗都是自己带兵最终平定了天下。”

冯道说：“陛下与唐太宗相比，谁更英明呢 ？”

周世宗看出冯道瞧不起他，激动地说：“我们有强大的军队，要消灭刘崇，还不是像大山压鸡蛋一样容易。”

冯道说：“陛下能像一座山吗 ？”

周世宗听罢一甩袖子，怒气冲冲地离开了朝堂。后来，由于有其他大臣的支持，周世宗把亲征的事决定了下来。

周世宗率领大军到了高平（今属山西），与北汉军相遇，双方摆开了阵势。

刘崇指挥北汉军猛攻周军，情况十分危急。周世宗见状亲自上阵，指挥他的两名将领赵匡胤和张永德各带领两千亲兵冲进敌阵。周军兵士看到周世宗沉着应战，也奋勇冲杀。最后，北汉军抵挡不住，大败而逃。

高平一战，大大提高了周世宗的声望。过了两年，他又亲自征讨南唐。后周显德二年（955 年）、显德三年（956 年）、显德四年（957 年）三次征伐南唐，周世宗每次都胜，后南唐自去帝号，割地请和。后周平定长江以北，得州 14、县 60。后周又谋取蜀领地，显德二年大败后蜀，取秦（今甘肃天水）、成（今甘肃成县）、阶（今甘肃武都）、凤（今陕西凤县东）4 州。显德六年（959 年），周世宗以契丹没有彻底离开中原为由，决意北伐。后周多次将辽师击败，取燕南之地，周世宗于此役染病班师，很快就病逝，未能完成统一大业。

周世宗在位 6 年，多施仁政惠民，不只是减免苛政，还在大兵过后、淮南大饥时，命发放米粮与淮南饥民。其未竟之志，在他死后由赵匡胤继续完成。他死后，由年仅 7 岁的儿子柴宗训接替皇位，就是周恭帝。

北宋 （960 年—1127 年）

宋太祖赵匡胤代后周，建立宋朝，都开封。宋以 1127 年金人俘徽、钦二帝及宗室妃嫔北去为界，分为前后两个时期，此前为北宋时期，此后为南宋时期。北宋王朝把军权、政权、财权和司法权都最大限度地集中在皇帝手中，中央集权得以加强，防止了唐末五代藩镇割据的出现。北宋时期社会经济取得了显著的进步，农业、手工业、纺织、冶金、煤炭、陶瓷业都有很大的发展。国内外贸易也很发达。

北宋文化极盛，由于“理学”的诞生使儒家学说真正哲学化。文学及戏剧

说唱艺术发展迅速；科技进步明显，印刷术、火药、指南针三大发明的完成是其显著标志。北宋后期，王安石变法图强未竟。1127 年，“靖康之耻”使宋在灭亡的道路上一步步滑落。

陈桥驿兵变

赵匡胤出生于河南洛阳将门之家，胆识过人，武艺超群。21 岁时投奔郭威，成为郭威帐下的一名士兵。郭威建立后周，赵匡胤也逐步升为滑州副指挥。

不久，郭威病逝，其养子柴荣即位，就是周世宗。世宗有雄才大略，他南征北战，同时励精图治，革新政治。即位之初，北汉勾结辽国大举攻周，世宗率军亲征。双方在高平大战，世宗亲冒矢石督战，当后周军队形势危急时，禁军将领赵匡胤和张永德拼死保护世宗。高平大捷后，赵匡胤被提拔为禁军高级将领，负责整编禁卫军。他精心挑选武艺超群的壮士，组成勇敢精锐的殿前诸班，这以后成了后周战斗力最强的队伍。世宗也由此开始了他“十年平定天下”的战略行动。几乎每次征战，赵匡胤都立下汗马功劳，成为世宗的得力虎将。世宗正当开拓疆土、北征辽国时，不幸英年早逝。

据史书记载，世宗在征辽途中捡到一块木牌，上写“点检做天子”，心中就产生几分猜忌。当时张永德任禁军最高统帅殿前都点检，他又是周太祖郭威的女婿。世宗担心禁军将帅权势过重会发动政变，就匆匆撤掉了张永德，换上了赵匡胤。但这却使赵匡胤的实力更加雄厚，他做了禁军的最高统帅，掌握了后周军权。

世宗死后，他年幼的儿子登基做了皇帝。960 年，后周接到边境送来的紧急战报：北汉国主和辽国联合出兵，攻打后周边境。

赵匡胤得令后，立刻调兵遣将，带了大军从东京出发。军校苗训自称知天文，找到主帅的门吏楚昭辅说：“我看见太阳下边还有一个太阳，而且有一道黑光来回荡漾了好长时间。一日克一日，这是天命啊！”快到夜晚时，部队还没有走出很远，只好在陈桥驿（在今河南封丘南）安营扎寨，这时离京城不过 20 里路。当天晚上，将领们反复商议，说现在皇帝还小，即使战死他也不知道，不如推赵匡胤为天子，大家可以荣华富贵。他们到军营四处游说，煽风点火，一时军士大哗，都聚集在赵匡胤营前喊着：“点检当天子！”

赵匡胤的弟弟赵光义和归德军掌书记赵普知道时机已经成熟，于是连夜派人骑快马回京城，将殿前都指挥使石守信和都虞侯王审琦这两个赵匡胤的心腹叫来，商量办法。天快亮的时候，叫喊着的军士们已经逼近赵匡胤休息的房舍，赵光义和赵普进去，叫起了赵匡胤，走出房门。只见许多军校站在庭院中，手里还拿着武器，一齐叫喊：“愿奉点检当天子！”这时早有人从背后给赵匡胤披上黄龙袍，所有在场的都跪倒在地上，高喊着“万岁”，向赵匡胤叩拜。其实这不过是赵匡胤在背后导演的一出闹剧而已。

随即，赵匡胤率大军进入东京城。文武百官齐集崇元殿，为赵匡胤举行受禅大典。但是到了黄昏时分，还没等到小皇帝的禅位诏书，众人都不知如何是好，幸好翰林学士陶谷早有准备，已经拟好了诏书。于是，就用陶谷起草的禅位诏书

举行仪式。宣徽使领着赵匡胤来到龙墀的南面，朝北跪拜，接着，宰相们上前搀扶起赵匡胤登上崇元殿，穿上皇帝行大礼的珐服和冠冕，端坐到龙椅上，接受群臣的拜贺，这就算正式登上了皇位。

赵匡胤因为原来做过归德军节度使，并驻扎在宋州（今河南商丘），所以，他把国号改为宋，并以东京（今河南开封）为京城。后来，他让周朝小皇帝和符太后迁到西宫，并封小皇帝为郑王。

赵匡胤登基后，赐给内外百官军士爵位，实行大赦，凡被贬官的都恢复原职，被流放发配的放回原籍。他派官员祭祀天地，报告改朝换代的事，还派出宦官带了诏书向天下人宣告宋朝的建立。

“杯酒释兵权”

赵普，字则平，幽州蓟县（在今北京）人，是陈桥兵变的关键人物。他多谋善策，读书虽然不多，但对政事有独到的见解。曾经担任赵弘殷的军事判官，对赵弘殷很忠心。据说有一次赵弘殷生病，幸亏赵普日夜伺候，方转危为安。赵弘殷感动之余，便认他作同宗。赵弘殷的儿子赵匡胤发现赵普是个人才，见识高远，很想收为己用，便向父亲借调赵普任自己的推官。陈桥兵变时，赵普任掌书记，是赵匡胤的心腹谋士。

赵匡胤的母亲杜太后视赵普为自己亲人，平日里总是以“赵书记”称呼他。陈桥兵变中的关键人物就是赵普，所以赵匡胤建宋后论功行赏，授予赵普右谏议大夫、充枢密直学士。962年，赵普任掌管全国军事的枢密使、检校太保，后任宰相。赵匡胤与赵普相交甚久，互相了解，关系非同一般，赵匡胤视赵普为智囊和军师，事无巨细都要与他商量，再作最后的决定。

赵匡胤提倡大臣读书，赵普就精熟于《论语》，并以其中所讲用于政事上。他曾经对赵匡胤说：“我有一本《论语》，用半部佐助您平定天下，用半部佐助您治理天下。”以致留下了“半部《论语》治天下”的美谈。赵普的脾气很倔强，他曾经上奏推荐一个人任职，赵匡胤不用。第二天，赵普还推荐这个人，赵匡胤还是不用。第三天，赵普又推荐这个人，赵匡胤大发脾气，将奏折撕碎扔在地上。赵普也不害怕，不慌不忙地跪下把破碎的奏折粘贴起来。第四天又到朝廷上向赵匡胤上奏举荐。赵匡胤没办法，只好下诏重用这个人。

雪夜访赵普图　明　刘俊

此画描绘的是宋太祖赵匡胤雪夜访宰相赵普商议统一大计的故事。

从一建立宋朝起，如何结束和防止唐末五代军阀割据政局不稳的局面一直是赵匡胤的心结，他经常跟赵普谈起这个话题。陈桥兵变后论功行赏，以石守信为归德军节度使，

以王审琦为泰宁军节度使、殿前都指挥使，掌握着国家最精锐和数量近全国总兵额一半的禁军，负责出征和保卫皇帝与都城的任务。又让手握重兵的慕容延钊任殿前都点检，韩令坤担任侍卫亲军都指挥使。赵普对此感到很担心，多次向赵匡胤提出警示。赵匡胤说："他们都像我的亲兄弟一样，是靠得住的，不会背叛我。你可能多虑了。"赵普深思后回答赵匡胤："现在他们一定不会反，但是有朝一日，他们被手下有野心的人黄袍加身，到时他们就身不由己了。"他又把赵匡胤与柴荣的关系做了比较，当年柴荣待赵匡胤恩重如山，但赵匡胤还是在部下的鼓动下夺取了后周的政权。生动的事例使赵匡胤如梦初醒。

有一天，他主动找来赵普，说："从唐末以来，几十年时间，出了 8 姓 12 个君王，僭称皇帝和篡夺政权的事比比皆是，战乱不断。我想要结束天下的战争，开创长治久安的局面，应该用什么方法呢？"赵普说："陛下考虑到这个问题，是天地神人的福气。我看，关键是节度使权力太大，造成尾大不掉的后果，而危及皇权，只要削弱他们的行政权，剥夺他们的兵权与财权，那些节度使就不敢有什么想法了"。赵匡胤恍然大悟，决心依照赵普说的办。

961 年，为了保证自己地位不受威胁，赵匡胤首先把讨伐李重进回来的大将慕容延钊的殿前都点检职务免去，改任山南东道节度使，免去韩令坤侍卫亲军都指挥使的职务，改任成德节度使。此后不再设殿前都点检一职。接下来，赵匡胤又谋算起他最亲信的老朋友的军权。有一天晚朝以后，赵匡胤将石守信等大将留下来喝酒叙旧，

赵匡胤趁酒酣耳热之际，命令身边的太监退出。他拿起一杯酒，请大家喝干之后说："我要不是有你们帮助，也不会有今天这个样子，但是你们哪儿知道，做皇帝也有很多难心事，还不如做个节度使自在。不瞒你们说，这一年来，我就没有睡过一夜安稳觉。"

石守信等人听了很吃惊，连忙问这是什么原因。

赵匡胤说："这不是明摆着吗？皇帝这个位子，谁不眼红呀？"

石守信等人听赵匡胤这么一说，都惊慌失措地跪在地上说："陛下为什么这样说呢？现在天下已经太平无事了，谁还敢对陛下不忠呢？"

赵匡胤摆摆手说："你们几位我是信得过的，只怕你们的部下当中，有人贪图富贵，往你们身上披黄袍，你们想不干，恐怕也不行吧？"

石守信等听赵匡胤这么说，顿时感到大祸临头，连连磕头，流着泪说："我们都是粗心人，想得不周到，请陛下给我们指引一条出路。"

赵匡胤说："我替你们着想，你们不如把兵权交给朝廷，去地方做个闲官，置些田产房屋，给子孙留点家业，平平安安地度个晚年。我和你们结为亲家，彼此毫无猜疑，这样不是很好吗？"

石守信等一齐说："陛下为我们想得太周到啦！"

第二天，石守信等大臣一上朝，每人都递上一份奏章，说自己年老多病，请求辞职。赵匡胤马上准许，收回他们的兵权，赏给每人一大笔财物，打发他们到

各地去做节度使。历史上把这件事称为“杯酒释兵权”。

在解除了石守信等重臣元老的军权后，赵匡胤又采取措施加强禁军，并用各种手段牢牢控制住禁军，使其成为巩固统治最重要的力量，以对抗实力强大的各地方节度使。

同时，赵匡胤一反五代重武轻文的陋习，重用文人，让文官取得了武官的许多权力，使各地武官的权力大幅缩小，建立起了以皇帝为中心的封建中央集权政治制度，成功解决了军阀割据问题，有利于社会的安定和经济的发展。

开宝九年(976年)十月，赵匡胤因病逝世，终年50岁，谥号英武圣文神德皇帝，庙号太祖。

李后主亡国

宋太祖稳定了内政，将国家的权力集于一身后，便开始做统一中国的打算。当时，五代时期的“十国”，留下来在北方割据的有北汉，在南方割据的还有南唐、南平、南汉、吴越、后蜀等。要统一全国，该先从哪里下手呢？宋太祖越想思绪越乱。

一个风雪交加的夜里，赵普正在家里烤火取暖，宋太祖找上门来。赵普连忙请宋太祖进屋，拨红了炭火，在炭火上炖上肉，叫仆人拿出酒来招待。宋太祖此行，正是为了与赵普商量如何一统全国。

这一夜，宋太祖和赵普决定了先攻灭南方，后平定北方的计划。在随后的10年里，宋王朝先后出兵灭了南平、后蜀、南汉。这样，南方只剩下南唐和吴越两个割据的政权了。

南唐偏安江南，社会相对稳定，城市经济繁荣。中主李璟、后主李煜、宰相冯延巳都十分爱好填词，他们不仅写艳情而且抒真情，既有对好景不长、人生易逝的喟叹，也有深沉的故国之恋和亡国之痛。其中，李煜(937年—978年)的创作独步当时，成为文学史上卓尔不群的杰出词人。

李后主是一位九五之尊的帝王，也是一位天才的艺术家，书法、绘画、音乐无所不精。当他即位称帝的时候，国家已岌岌可危，他在对北宋的委曲求全中过了十几年的生活，这期间他依然是纵情声色，侈陈游宴。

974年农历九月，宋太祖派大将曹彬、潘美带领10万大军分水陆两路攻打南唐。

宋军到了长江边，马上用竹筏和大船赶造浮桥。这个消息传到南唐的国都金陵(今江苏南京)，南唐君臣正在歌舞饮宴。李后主问周围大臣该怎么办，大臣说：“从古至今，没听说搭浮桥过江的，不必理会！”

后主边笑边说：“我早说过这不过是小孩子的把戏罢了。”

李煜像

3天后，宋军搭好浮桥，潘美的步兵在浮桥上如履平地，跨过长江。南唐的守将抵挡不住，败的败，降的降。10万宋军转瞬间就打到金陵城边。

那时候，李后主正在宫里跟一批和尚道士诵经讲道，宋军到了城外，他还一无所知呢。等他到城头上巡视，才发现城外到处飘扬着宋军旗帜。

李后主连忙调动驻守上江的15万大军来救。救兵刚到了皖口，便遭到宋军的两路夹攻，南唐军全军覆没。李后主叫人在宫里堆了柴草，准备放火自焚，但是最终胆怯了，后来带着大臣出宫门，向曹彬投降。

李后主被押到东京，过着囚徒的生活。两年以后，在七月七日他的生日那天，他在寓所让旧日宫妓作乐，唱他新作的《虞美人》一词：

春花秋月何时了，往事知多少？小楼昨夜又东风，故国不堪回首月明中。

雕栏玉砌应犹在，只是朱颜改。问君能有几多愁，恰似一江春水向东流。

这是一首饱含亡国之泪的绝望悲歌，词人的一腔悲慨之情，如出峡奔海的滔滔江水，永无止息。凄婉的乐声传到外面，宋太宗赵光义听到后大怒，就派人把他毒死了。

李煜从南唐国主降为囚徒的巨大变化，明显地影响了他的创作，使他前后期的词作呈现出不同的风貌。前期的词写对于宫廷生活的迷恋，不外是红香绿玉的格调，在国家危急存亡之秋，这些词读起来让人满不是滋味。他的第一首真正好词，应该是作于亡国北去、辞别庙堂之际的《破阵子》：

四十年来家国，三千里地山河。凤阁龙楼连霄汉，玉树琼枝作烟萝，几曾识干戈。

一旦归为臣虏，沈腰潘鬓消磨。最是仓皇辞庙日，教坊犹奏别离歌，垂泪对宫娥。

先极言昔日的太平景象，家国一统，河山广阔，宫阙巍峨，花草艳美。而一旦国破家亡，只有凄凉悲苦。在告别祖庙的那一天，宫中的乐工还吹奏起离别的曲子。此时的笙歌再没有欢乐，却加深了别离的悲凉。全词明白如话，而真挚的感情深曲郁结，动人心弦。

身为囚徒的岁月，度日如年。他从往日豪奢的帝王生活中醒过来，却发现自己与往昔相比有着天渊之别，没有尊严和富贵，也没有自由。面对残酷的现实，他只有把“日夕以眼泪洗面”的深哀剧痛，尽情地倾泻在他的词里。除了那首给他带来死亡的《虞美人》之外，他还写有《子夜歌·人生愁恨何能免》《清平乐·别来春半》《浪淘沙·往事只堪哀》《望江南·多少恨》《浪淘沙令·帘外雨潺潺》等许多名作。他在这些作品中，念念不忘的是往日雕栏玉砌的生活，同时沉浸在绵绵长愁里。请看《相见欢》一词：

无言独上西楼，月如钩。寂寞梧桐深院锁清秋。

剪不断，理还乱，是离愁。别是一般滋味在心头。

一个被幽禁的人有着常人难以体会的孤独与寂寞。身处西楼，举头望月。如钩的残月，淡淡的清光，照着梧桐的疏影。如此凄清的景象，人何以堪？过去的欢乐永远过去了，如今只剩下千丝万缕的离愁，紧紧地缠绕着孤苦伶仃的一个人。这种愁，是回忆？是伤感？是忧虑？言语已经无法说清，唯有自己慢慢地咀嚼。

宋太宗征辽

后晋高祖石敬瑭为感谢契丹助其灭后唐，入主中原，把幽云十六州割给契丹并自称"儿皇帝"。燕云十六州是中原的天然屏障，直接关系着中原的安危。中原王朝从后周柴荣开始，就开始与辽争夺燕云。赵匡胤建立北宋后，国力无法与辽抗衡，就采取了先南后北的方针。他曾积极储存钱帛，准备或以赎回的方式收回，或用这笔钱作军费，以武力攻取燕云。979年宋灭北汉，以幽云十六州为基地屡扰宋边的辽国成了宋王朝北面最大的边患。宋太宗积极部署，欲收回幽云十六州。

979年农历六月，灭掉北汉的宋太宗踌躇满志，欲北上一举收复幽云十六州。宋太宗亲率大军10万出镇州（今河北正定）北进，突破了辽军在拒马河的阻截，进围幽州，击败城北辽军1万余。二十六日，太宗命宋渥、崔彦进等四将率军分四面攻城。辽将韩德让和耶律学古一面安抚军民，一面据城固守待援。屯驻清沙河（今北京昌平境内）北的辽将耶律斜轸因宋军势大而不敢冒进，只声援城内辽军。六月二十九日，以耶律沙和耶律休哥为统帅的辽援军赶到，尽管宋军一度登上城垣，但终未能攻入城内，被迫撤退。

七月六日，宋辽两军在高粱河（今北京西直门外）大战。辽军初战不利，稍却。耶律斜轸和耶律休哥及时赶到，分左右横击宋军，城内辽军也杀出参战，宋军大败，宋太宗中箭受伤。辽军乘胜反攻，追至涿州，宋军大量军械资粮落入辽军之手，宋朝第一次幽州会战宣告失败。

高粱河落败后，宋辽平静了几年，但宋太宗积极筹划二度北伐，以雪前耻。982年辽景宗去世，耶律隆绪继位，是为圣宗，因年幼，其母萧太后摄政。宋雄州（今河北雄县）守将贺令图以辽帝年幼、内部不稳，建议太宗再攻幽州，太宗心动。参知政事李至以粮草、军械缺乏，准备不充分而反对，但太宗不听，于986年三月发兵3路攻辽。东路曹彬10万人出雄州，中路田重进出飞狐（今河北涞源），西路潘美、杨业出雁门（今山西代县），三路合围幽州。

宋西路军很快攻下寰（今山西朔州东）、朔（今山西朔州）、云（今山西大同）、应（今山西应县）等州，中路攻占灵丘（今属山西）、蔚州（今河北蔚县）等战略要地，东路夺占固安、涿州。辽国获悉宋军北伐，即派耶律抹只率军为先锋，驰援幽州，萧太后偕辽圣宗随后亲往督战。辽军意图是以南京（幽州，治所在今北京西城区）留守耶律休哥抵御宋东路军，耶律斜轸抵制宋西路和中路军，而圣宗、太后率大军进驻幽州，以重兵击溃宋东路，再击退西、中路。由于辽军主攻点不在西、中路，故宋中、西两路捷报频传，东路宋军将士纷纷主动请战，促主帅曹彬北上。曹彬难抑众愿，遂率军北进，一路不断遭到辽军袭扰。时值夏季，天气酷热，宋军体力消耗很大，抵达涿州时，东路军上下均已疲惫不堪。

此时辽圣宗和萧太后所部辽军已从幽州北郊进至涿州东50里的驼罗口，攻占固安，而与曹彬对峙的是辽悍将耶律休哥，他正虎视眈眈，欲伺机攻击宋军。曹彬鉴于敌主力当前，难以固守拒战，而己军又面临粮草将尽的形势，令军队

向西南撤退。辽耶律抹只和耶律休哥见时机已到，即令辽军追击宋军。五月三日，宋军在歧沟关（今河北涿州西南）被辽军赶上，困乏的宋军抵挡不住锐气正盛的辽军，大败。辽军追至拒马河（今河北涿州西南），宋军四散奔逃，溃不成军，死伤数万，所遗弃的兵甲不计其数。

宋太宗得知东路军惨败，遂令中路军回驻定州（今河北定县），西路军退回代州（今山西忻州市代县），并以田重进、张永德等沉稳持重的将领知诸州，以御辽可能发起的进攻。东路宋军已遭重创，而西路战事仍在进行。八月宋西路主帅潘美、监军王侁拒绝副帅杨业的合理建议，迫令其往朔州接应南撤的居民，杨业要求在陈家谷设伏以防御辽军追击。杨业与辽西路主帅耶律斜轸在朔州南激战，因遭辽萧挞凛军伏击而败退。杨业按预定计划退到陈家谷，本以为此地有宋军埋伏将截击辽军，哪料潘美、王侁违约，早已率军逃走。杨业愤慨自己被出卖，但仍率孤军力战，终因势单力薄全军覆没。杨业身负重伤后被俘，绝食而死。

北宋朝廷发起的旨在收回幽云十六州的幽州之战，因自身的种种原因以惨败结束。

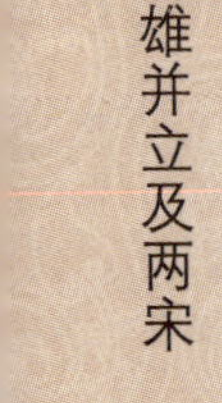

寇准谋国

宋太宗两次伐辽失败，朝廷内外谈辽色变，宋政府采取妥协退让政策，在河北沿边的平原上广修河渠池塘，广植水稻和柳、榆林，阻挡辽国的铁骑。宋真宗即位后对辽更是以和为贵。辽军见宋朝软弱可欺，就不断遣兵南下，威胁宋廷。只是由于大将杨延昭等人奋起抵抗，辽军才无法长驱直入。

1004 年，辽国再次南侵。辽圣宗及萧太后亲披甲胄，督军 30 万，大规模南下，深入宋境内地，直抵澶州北城，离北宋首都东京只有一河之隔。

告急的消息不断地传到已经当了宰相的寇准那里，一个晚上竟来了 5 次。寇准不慌不忙，只说声“知道了”，照样喝酒下棋。宋真宗慌忙把寇准叫来，问：“大兵压境，怎么办？”

寇准说：“这好办，只要 5 天时间就够了。”没等真宗再发问，寇准接着说：“现在只有陛下亲自出征，才能长我军士气，灭敌人威风，我们就一定能打败强敌！”站在旁边的一些大臣听后都慌了，怕寇准也让自己上前线，都想赶快走开。

宋真宗也是个胆小鬼，听了寇准的话，脸都吓白了，就想回皇宫躲起来。寇准郑重地说：“您这一走，国家的事没人决断，不是坏了大事了吗？请您三思！”在寇准的坚持下，宋真宗才平静下来，商量起亲征的事。

过了几天，辽军的前锋已经打到了澶州（今河南濮阳），情况万分紧急。同平章事王钦若趁机劝真宗迁都避敌，寇准据理力争，真宗才答应亲征。

宋真宗和寇准带领人马离开东京往北，来到韦城（今河南滑县东南）时，听说辽国兵马十分凶猛，宋真宗又害怕了。有的大臣趁机再向他提出到南方去的事。

宋真宗派人把寇准找来，问他：“有人劝我到南方去避风险，你看怎么样？”寇准心中生气，可还是耐心地说：“您千万别听那些懦弱无知的人的话。前方的将士日夜盼您呢！他们知道您亲征，就会勇气百倍，您要是先走了，军心就会动摇，

就要打败仗。敌人在后面紧紧追赶，就是想逃到南方也是不可能的了！”宋真宗听了，还是下不了决心，皱着眉头，一声不吭，停了一会儿，他让寇准出去。

寇准刚出来，遇到将军高琼，连忙对他说：“将军这次打算如何为国出力呢？”

高琼说：“我是一个武人，愿意为国战死！”

“好，你跟我来！”寇准带着高琼又来到宋真宗面前，说，“我对您说的，您要是不信，就再问高琼好了！”接着，他又把反对迁都和主张亲征的事说了一遍。

寇准像

高琼听了，连声对宋真宗说：“宰相说得非常对，您应该听他的。只要您到澶州去，将士们就会拼死杀敌，一定会打败辽军！”

寇准激动地接过话，“陛下，机不可失，眼下正是打败辽军的好机会，您应该立即出征！”宋真宗让寇准说得也露出笑容，抬头看了看站在旁边的卫官王应昌。王应昌紧紧握住挂在腰上的宝剑，说：“陛下亲征，一定成功，假如停止前进，敌人更加猖狂！”寇准和两员武将抗敌的坚定态度感染了宋真宗，他这才下了决心去澶州亲征。

宋真宗亲征的消息传到前线，宋军将士士气大振。当辽军攻打澶州城的时候，宋军拼死抵抗，威虎军头张瑰眼疾手快，一箭射死了辽军统帅萧挞凛。辽军见统帅未战而死，顿时士气低落。辽军见形势不利便主动提出和谈，而真宗本无抵抗之心，急忙答应与辽议和。他不顾寇准等人的反对，派使臣曹利用前往和谈，告诉曹利用哪怕赔百万白银也行。寇准不得已，告诉曹利用超过30万就杀了他。经过几次讨价还价，双方达成协议：宋辽约为兄弟之国，宋帝尊辽萧太后为叔母，辽主称宋帝为兄；宋朝每年交给辽朝绢20万匹、银10万两等。因议和地点在澶州城下，故称“澶渊之盟”。

澶渊之盟是在宋朝军事有利的条件下订立的屈辱性条约。它开了赔款的先例，成了宋朝财政的重负和民众的重压。但澶渊之盟结束了宋辽之间的战争，使边境相对稳定，宋辽两国由此保持了上百年的和平局面。

辽朝 （916 年—1125 年）

辽朝契丹族在中国北方迅速崛起。916年，耶律阿保机称帝建国，称契丹国(947年，改国号为辽)。它使北部中国大部分地区得到统一，982年至1031年耶律隆绪在位期间，发展到顶峰，号称辽的盛世。但辽末，贵族阶级腐朽衰落，对女真族政治上的压迫和经济上的剥削都极为残酷，激起了女真人的强烈怨恨和不满。1125年宋金联兵大举进攻辽朝，俘虏了辽末代皇帝天祚帝，至此辽国宣布灭亡。后耶律大石虽然建立了西辽政权，但很快又被蒙古所灭。

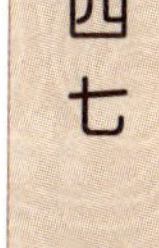

耶律阿保机

契丹原为胡服骑射之族，部落众多，争夺不断。阿保机以良策治军，部落日益昌盛，终于统并契丹八部，遏止了纷争。塞外物资的匮乏使得契丹族开始南下侵扰。于是中原河北的地方势力，便利用契丹为外援支持实现个人的野心，契丹则从中取得实惠。随着契丹族与中原频繁的接触，中原先进的文化和政治制度给阿保机以巨大的震撼。于是他仿效汉制，以妻述律氏为后，备置百官，又在城南别建汉城。阿保机的革新为辽的建立奠定了坚实的基础。

元昊建西夏

宋真宗一味地妥协求和，这种做法虽然安下了辽国那一头，但西北边境的党项族（古代少数民族之一）贵族却趁机侵犯宋朝边境，提出无理要求。宋真宗疲于应付，只好妥协退让，封党项族首领李继迁为夏州（今陕西靖边境）刺史、定难军节度使。1004 年，李继迁死后，又封他的儿李德明为西平王，每年送去大批银绢，以示安抚。

李德明的儿子李元昊是个雄心勃勃的人。他精通汉文和佛学，多次打败吐蕃、回鹘等部落，势力范围不断扩大。他劝说李德明不要再向宋朝称臣。

李德明不肯接受他的意见。直到李德明死后，李元昊继承了西平王的爵位，才按照自己的主张，设置官职，整顿军队，准备脱离宋朝的控制，自立门户。

1038 年，李元昊正式宣布即位称帝，国号大夏，建都兴庆（今宁夏银川）。因为它在宋朝的西北，历史上叫作西夏。

元昊称帝以后，派使者要求宋朝承认。那时候，宋真宗已经死去，在位的是他的儿子赵祯，即宋仁宗。宋朝君臣讨论的结果，认为这是元昊反宋的表示，就下令削去元昊西平王爵位，断绝贸易往来，还在边境关卡上张榜悬赏捉拿元昊。元昊被激怒了，就决定大举进攻。

那时，在西北驻防的宋军兵士有三四十万，但是这些兵士分散在 24 个州的几百个堡垒里，而且各州人马都直接由朝廷指挥，彼此之间没有作战配合。西夏的骑兵却是统一指挥，机动灵活，所以常常打败宋军。

一年后，西夏军向延州（今陕西延安东北）进攻，宋军又打了一个大败仗。宋仁宗十分生气，把延州知州范雍革了职，另派大臣韩琦和范仲淹到陕西指挥抗击西夏。

范仲淹到了延州，改革边境上的军事制度。他把延州 1.6 万人马分为 6 路，由 6 名将领率领，日夜操练，宋军的战斗力显著提高。西夏将士看到宋军防守严密，不敢进犯延州。

1041 年二月，西夏军由元昊亲自率领，向渭州（今甘肃平凉）进犯，韩琦集中所有人马布防，还选了 1.8 万名勇士，由任福率领出击。

任福带了几千骑兵迎击西夏兵，两军相遇，双方打了一阵，西夏军丢下战马、骆驼就逃。任福派人侦察，听说前面只有少量的敌兵，就在后面紧紧追赶。

任福带着宋军向西进兵，到了六盘山下，连西夏军的影子都没看见。只见路

契丹文字

神册五年（970年），辽太祖耶律阿保机在文臣耶律突吕不和耶律鲁不古的参与下，依仿汉字创造了契丹文字，即契丹大字。契丹大字数量少，笔画简单。据统计契丹大字仅有1000余字，而10画以上的字仅占10%。不久，契丹辽太祖弟耶律迭剌又创制了契丹小字。契丹小字是参照汉字和契丹大字的字形，在汉字反切法的启发下创制的一种拼音文字。一般并无字义，只有拼成单词之后才有意义。契丹小字即契丹语单词，分别由1至7个不等的原字拼成，按一定规律堆在一起，单词之间有间隔，极易辨认。据现有资料统计，原字共有450多个，但“数少而该贯”则是其一大特点。契丹文字是古代契丹族人民为多民族的中国贡献出的一份珍贵历史文化遗产。

边有几只银泥盒子，封得很严实，兵士们走上前去，端起银泥盒子听了一下，有一种跳动的声音从里面发出。兵士报告任福，任福吩咐兵士打开盒子。只见里面接连飞出了100多只带哨的鸽子，在宋军的头上飞翔盘旋。

原来，西夏军采取了诱敌战术。在六盘山下，元昊带了10万精兵，早已布置好埋伏，只等那鸽子飞起，四面的西夏军就一齐杀出，将宋军紧紧围在中央，宋军奋力突围。从早晨一直打到中午，大批的西夏军不断从两边杀出。宋兵边打边退，伤亡不断增加。

任福身上中了10多支箭，兵士劝任福逃脱。任福说：“我身为大将，兵败至此，只有以死报国。”他又冲了上去，死在西夏军刀下。

这一仗，宋军死伤惨重，元昊获得大胜。韩琦听到这消息，非常难过，上书朝廷自请处分。宋仁宗撤了韩琦的职。范仲淹虽然没直接指挥这场战争，但是被人诬告，也降了职。

从这以后，宋夏多次交兵，宋军连连损兵折将，宋仁宗不得不重新起用韩琦、范仲淹指挥边境的防守。两人同心协力，爱抚士卒，军纪严明，西夏才不敢再进犯。

宋夏间的战与和

康定元年（1040年）至庆历二年（1042年）间，西夏对宋连续发动了三次大规模的战事，宋朝损失严重，希望言和。元昊派李文贵与宋朝议和。庆历四年（1044年），宋朝与西夏最后达成协议。和约规定：夏取消帝号，名义上向宋称臣；宋夏战争中双方所掳掠的将校、士兵、民户不再归还对方；从此以后，如双方边境之民逃往对方领土，都不能派兵追击，双方互相归还逃人；宋夏战争中西夏所占领的宋朝领土栲栳、镰刀、南安、承平等地以及其他边境蕃汉居住区一律从中间划界，双方在本国领土上可以自由建立城堡；宋朝每年赐给西夏银5万两，绢13万匹，茶1万千克；每

西夏王陵

西夏王陵是西夏历代帝王和达官贵戚的埋葬地。陵园内有九座西夏帝王陵墓，近二百座陪葬墓似众星拱月布列其周围。西夏王陵糅合了汉族传统风格与本族特色，气势宏伟，号称塞外戈壁的“金字塔”。

西夏文字

西夏文字是西夏王朝开国皇帝李元昊命大臣野利仁荣仿照汉文主持创制并推广使用的词符文字。共创制6000余字，编纂成书，分12卷，称作“国书”。西夏文字从文字结构上可分解成单纯字和合体字两大类。西夏文字的形体结构基本上脱胎于汉字，从形体上看与汉文方块字十分相像，但也独具其鲜明的民族特色。西夏文字是党项族的宝贵财富，它的创立推行，对西夏政治、经济、文化的发展起了很大的作用，它增强了西夏人的民族意识，对西夏向汉族先进文化学习提供了条件。西夏文字至今为研究西夏的历史与文化，发挥了重要的作用。

年还在各种节日赐给夏银2.2万两，绢2.3万匹，茶0.5万千克。于是宋夏正式达成和议。此后，西夏多次请求宋朝开放边境地区的互市。庆万五年（1045年），宋朝政府决定在保安军（今陕西志安县）和镇戎军（今宁夏固原）的安平皆设置两处榷场，恢复了双方贸易往来。

金朝 （1115年—1234年）

女真部完颜阿骨打在今黑龙江阿什河流域建国称帝，建立起奴隶制的金朝。他仿辽汉创制女真文字，实行勃极烈制度，改革军事制度，使全国迅速强大起来。并于1120年与宋缔结“海上之盟”，宋金联合灭辽，使之在北方统治的道路上扫清了最大的障碍。1127年，金将战火引向南方，灭北宋，并迫使南宋于1141年签订了屈辱的“绍兴和议”，由此金夺得了在中原的统治权力，疆域扩至极大。在经济上重农桑之种，广开榷场，规定商税法，铸铜钱，取消部分赋税，形成了多民族的统治核心，为王朝建立以来的鼎盛繁荣阶段。1234年，蒙古大军攻金，在中原建起了强大的蒙古帝国。

金灭辽与西辽的建立

金天辅六年（1122年），金太祖阿骨打领兵亲征，连取辽上京（今内蒙古巴林左旗南）、中京（今内蒙古宁城西大名城）、西京（今山西大同）、燕京，攻占了辽极大部分地区后，天祚帝逃出燕京（今北京市）城，向西逃去，金太祖率军一路追赶，一直把天祚帝赶到荒漠之地的夹山，辽已濒临灭亡。金太宗完颜晟于宣和七年（1125年）派兵西进，擒获天祚帝，辽灭亡了。

辽朝末年，贵族耶律大石因得不到重用，便率契丹一部西走中亚。1174年，大石称帝，重建以契丹人为主的国家，以虎思斡耳朵（中亚托克马克附近）为都，史称西辽，也称哈喇契丹。西辽在传播中国文化，开发中亚，促进中国和中、西亚

女真文字

随着金代社会发展的需要和民族意识的觉醒，阿骨打命完颜希尹创制女真文字，记录本民族的语言，“希尹乃依仿汉人楷字，因契丹字制度，合本国语，制女真字”。天辅三年（1119年）八月，完颜希尹所创的女真文字颁行，从此结束了女真族无文字的历史。后在原有女真文字基础上又创造了一种女真文字。先创的被称为女真大字，后创的被称为女真小字，二者自颁布日起便在金国境内通行，并且直到明代早期，女真族聚居的我国东北地区仍通行该种文字。女真文字的使用标志着女真文明的进步，在中华文明的长廊中增添了异彩，为民族进一步融合做出了不可磨灭的贡献。

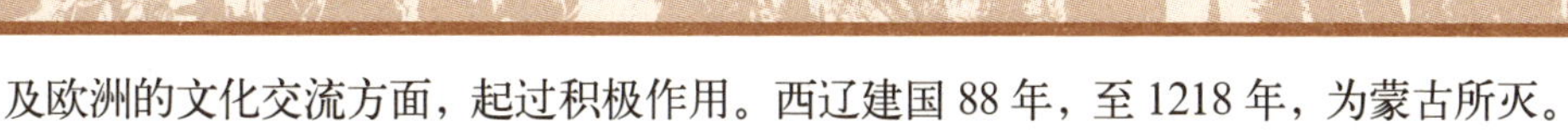

及欧洲的文化交流方面，起过积极作用。西辽建国 88 年，至 1218 年，为蒙古所灭。

金迁都中都大兴府

天德三年（1151 年）三月，海陵王因为上京地处极北，偏僻而且不便统治，于是决定将都城迁往地点居中的燕京（今北京市）。

他授命精通汉文化的尚书右丞张浩与蔡松年一起主持营建中都。张浩调集各地民工、匠人扩建燕京城，建造宫室。四月，正式下诏宣布将迁都燕京。天德五年（1153 年），燕京城修建完毕。扩建后的中都城周围九里三十步，仿照汉人的都城宫室制度。城正门叫宣阳门，门内分别设有来宁馆、会馆，用来接待使臣。皇帝宫城在内城，有九重宫殿，总共三十六殿，以皇帝宫殿为中心。内城的南面，向东有太庙，向西有尚书省。内城西面有同乐园、瑶池等游乐场所。天德五年（1153 年）三月，海陵王举行盛大的仪式，浩浩荡荡南迁，进入中都燕京。第二年即称为中都大兴府。从此，金朝的统治中心南移到了中都。

范仲淹推行新政

范仲淹（989 年—1052 年），宋苏州吴县（今江苏苏州）人。父亲在他很小的时候就死去了，因为家里贫穷，母亲不得不带着他改嫁了人家。范仲淹在十分艰苦的环境中成长，他在一座庙里居住、读书，穷得连三餐饭都吃不上，每天只得熬点薄粥充饥，但是他仍旧苦学不辍。有时候，读书到深更半夜，实在倦得睁不开眼，就用冷水泼在头上，去除倦意，继续攻读。这样苦读了五六年，终于成为一个学识渊博的人。

大中祥符年间，范仲淹中进士。入仕后，他关心民众疾苦，政绩显著。天圣初他任泰州兴化令，主持修筑捍海堰，世称“范公堤”。

范仲淹最初在朝廷当谏官，因为看到宰相吕夷简滥用职权，谋求私利，就向仁宗大胆揭发。这件事触犯了吕夷简，吕夷简怀恨在心，诬陷范仲淹结交朋党，挑拨君臣关系。宋仁宗听信了吕夷简的话，贬谪范仲淹去了南方。直到西夏战争发生以后，才把他调到陕西去防守边境。

范仲淹在宋夏战争中屡立战功，宋仁宗觉得他确实是个难得的人才。这时候，宋王朝因为内政腐败，加上在跟辽国和西夏战争中军费和赔款支出浩大，财政极为紧张。宋仁宗就把范仲淹从陕西调回京城，任命他为副宰相。

范仲淹回到京城后，宋仁宗马上召见了他，要他提出治国的方案。范仲淹知道朝廷弊病太多，不可能一下子都改掉，准备一步一步来。但是，禁不住宋仁宗一再催促，就提出了 10 条改革措施。

有励精图治之志的宋仁宗看了范仲淹的方案，立刻批准在全国推行。历史上把这次改革称为“庆历新政”（“庆历”是宋仁宗的年号）。

范仲淹的新政刚一推行，就在朝中引发了巨大的波澜。一些皇亲国戚、权贵大臣、贪官污吏见自己的利益受到威胁，纷纷抵制，散布谣言，攻击新政。那些原来就对范仲淹不满的大臣天天在宋仁宗面前毁谤他，又诬陷他与一些人结党营私，滥用职权。

宋仁宗看到有那么多的人反对新政，就动摇起来。范仲淹被逼得无法在京城立足，便主动要求回到陕西防守边境，宋仁宗批准了。范仲淹刚走，宋仁宗就下令废止新政。

在文学创作上，他亦提出不少新颖的观点，主张“应于风化”。他传下来的诗词仅有6首，其中《渔家傲》突破了当时词限于男女、风月的界线而开创了新的词风，这首词是他在西北负责抵抗西夏入侵时所作。词中表达了作者决心捍卫边疆的英雄气概，同时也反映了作者思念家乡的情绪和战士们生活的艰苦，格调苍凉悲壮，慷慨激昂，与那些靡丽的闺怨词形成鲜明对比。

范仲淹的文学主张和他政治革新的要求相同，认为“国之文章，应于风化，风化厚薄，见于文章”，反对那种“专事藻饰，破碎大雅，反谓古道不适于用”的浮华文风。他擅长辞赋文章，所作政论趋向古文，著名的《岳阳楼记》就是其中的代表。

范仲淹因改革政治一事，受了很大打击，但是他并不因为个人的遭遇感到懊恼。一年之后，他的一位在岳州（治所在今湖南岳阳）做官的老朋友滕宗谅，重新修建当地的名胜岳阳楼，请范仲淹写篇纪念文章。范仲淹挥笔写下了《岳阳楼记》。在这篇著名的文章里，范仲淹提到：一个有远大政治抱负的人，他的思想感情应该是“先天下之忧而忧，后天下之乐而乐”。这两句名言一直被后人传诵，而岳阳楼也因范仲淹的文章而名扬四海。

王安石变法

宋神宗于熙宁二年（1069年）任王安石为参知政事，开始变法。不久，又设立了制置三司条例司这个专门机构来实行变法，此机构负责制定新的财政经济政策，变革旧法规，颁行新制度。

同年七月，国家财政出现了危机。制置三司条例司建议实行均输法，即增设发运使一职，总计六路赋税收入情况，并详细了解六路各地区财货的有无、多少而互相协调。均输法的实行，在“便转输，省劳费，去重敛，宽农民”等方面，收到一定的成效。九月，王安石根据早年的经验，并参照李参在陕西地区推行青苗钱的例子，改革常平仓制度，实施青苗法：将过去负责调节谷价的常平仓及负责赈济贫疾老幼的广惠仓所积粮谷兑换成现钱，每年青黄不接时，于夏秋两次向城乡居民借贷，届时随两税归还，或缴纳现钱，或按价折为粮米。青苗法的实行，在限制高利贷盘剥等方面，收到成效，朝廷也获得大量利息。到十一月又颁布实施农田水利法，此法规定：凡农田如荒闲可事垦辟，瘦瘠可变肥沃，旱地可为水田等，皆由州县斟酌统一实施。行之有效者，予以奖励。此法实行7年后，全国共兴修水利10793处，受益民田36万多顷、公田1915顷，收到了显著的成效。

宋徽宗让位

宣和七年（1125年），金灭辽后，分东西两路侵宋，西路军很快向太原进逼，东路军以郭药师为先锋继续南侵。不久，东路金兵已绕过中山府（今河北定县）南下，离开封只有十天路程。因此，吴敏要求徽宗在三天内禅位，以便让新皇帝

能组织军民抗金。徽宗为了能逃命，只好同意退位。

宣和七年（1125 年）十二月二十三日，宋徽宗假装得病，跌倒在地，昏迷不醒，大臣们急忙灌药后，又装着苏醒过来，伸手索纸，用左手写了“皇太子可即皇帝位”诏书，正式宣布退位。由皇太子赵桓即皇帝位，是为钦宗。钦宗即位后，根据徽宗的旨意，尊徽宗为教主道君皇帝，尊为太上皇，居龙德宫。

东京保卫战

就在宋朝国力日渐衰弱的同时，我国东北地区的女真族却逐渐强大起来。1115年，完颜阿骨打建立了金国。金灭辽之后，强大的金军屡次南侵，宋朝只有抵抗的能力。

宋宣和七年（1125 年），金军大举南下，消息传到东京，北宋君臣慌作一团，群臣请求徽宗禅位于皇太子赵桓，以便号召各地官兵和百姓起兵勤王。宋徽宗赵佶一听，直吓得魂飞魄散，急忙写下了“皇太子可即皇帝位”的诏书宣布退位，并且连夜带着亲兵逃出了京城。太子赵桓即位，这就是宋钦宗。他在宫中也六神无主，宰相白时中、李邦彦乘机劝他弃城逃往襄阳。兵部侍郎李纲听说后，立刻求见宋钦宗。

李纲在殿上责问宋钦宗，说：“太上皇把固守京城的千斤重担托付给陛下，现在金兵还没到，陛下就把京城抛弃了，将来怎么向太上皇交代，怎么向全国的百姓交代？”

宋钦宗哑口无言。白时中却怒气冲冲地说：“金军来势汹汹，锐不可当，京城哪里能守得住？”

李纲怒视白时中，反问道：“天下的城池，还有比京城更坚固的吗？如果京城守不住，那么天下就没有守得住的城了。况且宗庙社稷、百官万民都在这里，丢开不顾，还去守卫什么？如果我们鼓励将士，安慰民心，就一定能守住京城！”

李纲的一片忠心打动了宋钦宗，他马上让李纲负责守京城。李纲随即去城楼上调兵遣将，布置好守城的人马准备迎击金军。

几天后，宗望率领 10 万铁骑，来到东京城下。这一天，天刚亮，金兵就疯狂地攻城了。他们沿着汴河出动了几十只火船，企图顺流而下，烧掉城楼。李纲早有准备，在汴河里布置了一排排的木桩，又从蔡京府中搬来了大量的假山石，垒塞在门道间，使金军火船无法前进。这时，布置在城下的 2000 多名敢死队员一齐上前，手执长竿铙钩，牢牢地钩住那些火船，使它进退不得，不久那些火船便化为灰烬。

宋徽宗封大理王

政和六年（1116 年），大理派遣使臣李紫琮、副使李伯祥至宋朝贡。宋徽宗诏令广州观察使黄毡、广东转运副使徐惕陪同赴京。大理使臣由广州北上，到鼎州（今湖南常德市），参观了当地学校，瞻拜了孔子像，会见了学校学生。政和七年（1117年）二月，到达京城开封，献上马 380 匹，以及麝香、牛黄、细毡、碧轩山等贡物。宋徽宗在紫宸殿接见大理使臣，封大理国主段和誉为大理国王。

宗望一计不成又生一计，把他的王牌铁骑搬了出来。他们身穿铁甲，头戴兜鍪，全身只露出两只眼睛，刀箭不入，十分凶悍。但因为是骑兵，在城下施展不开，只能坐在大船里顺流而来。李纲便把城下的兵撤到城头上，也不放箭，只是让那些船只驶近水门前。紧接着一声令下，巨大的石块如暴雨般向下投掷。任凭你的兜鍪怎样坚韧，百十斤重的石块落在头上，也只有脑浆迸裂，一命呜呼。船只也被砸碎，跌入汴河的铁甲兵上不了岸，只有活活被淹死。

宋军将士斗志高昂，个个奋勇杀敌。李纲脱去官服，亲自擂鼓激励将士，打退了敌人一次又一次的进攻。

金军统帅宗望孤军深入，千里奔袭宋朝都城，原打算速战速决，却不料东京的防守那样坚固、严密。不仅城池久攻不下，而且损兵折将、伤亡惨重，只好派人议和。

靖康之变

在金将宗望被迫退兵的时候，种师道向宋钦宗建议，趁金军渡黄河之际，发动一次袭击，把金军消灭掉。宋钦宗不但不同意这个好主意，反而把种师道撤了职。

金军退走以后，宋钦宗和一批大臣以为从此可以安稳度日了，哪料到东路的宗望虽然退了兵，西路的宗翰率领的金军却不肯罢休。靖康元年（1126 年）十月，金军又开始对北宋发动进攻，太原、真定很快失守。十一月中旬，西、东两路金军相继渡过黄河。钦宗君臣知道金军渡河向东京进军的消息后，吓得惊慌失措，不知该怎么退敌。宋钦宗派大将种师中带兵前去援救，半路上被金军包围，种师中兵败牺牲。投降派的一些大臣正嫌李纲在京城碍事，就撺掇宋钦宗把李纲派到河北指挥作战。

李纲明知道自己遭到排挤，但是要他上前线抗金，他也不愿推辞。李纲到了河北，招兵买马，准备抗金。但是朝廷却命令他解散招来的新兵，立刻前往太原。李纲调兵遣将，分 3 路进兵，但是，那里的将领都受朝廷的直接指挥，根本不听李纲的命令。由于 3 路人马缺少统一领导，结果打了一个大败仗。

李纲名义上是统帅，却没有实际指挥权，只好向朝廷提出辞职。宋钦宗撤了李纲的职，把他贬谪到南方去了。金国君臣最怕李纲，现在李纲罢了官，他们就再没有顾忌了。金太宗又命令宗翰、宗望向东京进犯。

这时候，太原城被宗翰的西路军围困了 8 个月后，终于陷落在金兵手里。

太原失守之后，两路金军同时南下。各路宋军将领听到东京吃紧，主动带兵前来援救。宋钦宗和一些投降派大臣忙着准备割地求和，竟命令各路援军退回原地。

面对两路金军不断逼近东京，宋钦宗被吓昏了。一些投降派大臣又极力劝宋钦宗向金求和。宋钦宗只好派他弟弟康王赵构到宗望那里去求和。

赵构经过磁州（今河北磁县），州官宗泽对赵构说："金国要殿下去议和，不过是骗人的把戏而已。他们已经兵临城下，是求和的态度吗？"

磁州的百姓也拦住赵构的马，不让他去金营求和。赵构也害怕被金国扣留，就留在了相州（今河南安阳）。

没过多久，两路金军已经赶到东京城下，继而猛烈攻城。城里只剩下 3 万禁

卫军，不久就差不多逃跑了一大半。各路将领因为朝廷下过命令，也不来援救东京。这时候，宋钦宗已是叫天天不应，叫地地不灵了。

眼看末日来到，没有办法，宋钦宗痛哭了一场，亲自带着几个大臣去金营送降书。宗翰勒令钦宗把河东、河北土地全部割让给金国，并且向金国献金 1000 万锭，银 2000 万锭，绢帛 1000 万匹。宋钦宗一一答应，金将才把他放回了城。

宋钦宗派了 24 名官吏帮金军在皇亲国戚、各级官吏、和尚道士等人家里彻底查抄，前后抄了 20 多天，除了搜去大量金银财宝之外，还把珍贵的古玩文物、全国州府地图档案等也抢劫一空。

靖康二年（1127 年）三月七日，金人扶植张邦昌建立傀儡政权。四月一日，金将宗望、宗翰押着被俘而扣留在金营的宋徽宗、宋钦宗和皇子、皇孙、后妃、宫女等 400 余人回归金国，同时满载掠夺的大量金银财宝。金军退兵时，还将宋宫中所有的法驾、卤簿等仪仗法物和宫中用品，以及秘阁、太清楼、三馆所藏图书连同内侍、内人、伎艺工匠、倡优、府库蓄积席卷一空。

南宋　（1127 年—1279 年）

北宋灭亡之后一个月，赵构在南京（今河南商丘）即皇帝位，南宋由此开始。南宋始终处于金、辽的军事压力之下，过着屈辱的日子，虽有李纲、宗泽、韩世忠、岳飞等为首的一批将领进行了英勇的抗金斗争。南宋于 1141 年与金签订了妥协的“绍兴和议”，向金称臣奉表，割地纳贡，形成了相对稳定的对峙局面。1271 年，忽必烈改蒙古国号为大元，其后发动大规模地对宋战争。南宋军队节节败退，皇帝一再南逃。1279 年，败走无路的陆秀夫抱幼帝投海自尽而宣告南宋灭亡。南宋在政治、社会诸方面承袭了北宋许多特点，军事对峙下的南方经济得到发展，造船业异常发达，制瓷、造纸、印刷业等也超过前期。在文学方面，“宋词”与“唐诗”一样，登上了中国文化的又一高峰。

宗泽卫京

靖康二年（1127 年），金废宋徽、钦二帝，册立张邦昌为楚帝，后撤兵北归。金退兵后，东京军民和朝廷旧臣就不再拥戴张邦昌，各路“勤王”兵马也纷纷开往开封，声讨张邦昌。张邦昌无奈，迎宋元祐皇后入宫垂帘听政。四月，元祐皇后手书至济州（今山东巨野县），让康王即帝位。五月初一，赵构于应天府（今河南商丘）登皇帝位，即宋高宗，改元建炎，重建了宋王朝，历史上称为南宋。

宋高宗即位以后，迫于舆论的压力，不得不把李纲召回朝廷，担任宰相。而实际上他信任的却是亲信黄潜善和汪伯彦。

李纲担任宰相后，提出许多抗金的主张，还极力在宋高宗面前推荐宗泽。宗泽，字汝霖，婺州义乌（今属浙江）人，元祐六年（1091 年）进士。曾被召任为宗正少卿，充议和使，因他反对议和而改任磁州知州。他在磁州时曾击退金兵。宗泽是一位坚决抗金的将领。金兵第二次攻打东京的时候，宗泽领兵抗击金兵，一连打了 13 次胜仗。有一次，他率领的宋军被金军包围，金军的兵力比宋军多 10 倍。宗泽对将士们说：“今天进也是死，退也是死，我们一定要从死里杀出一

条生路来。”将士们受到他的激励，以一当百，英勇冲杀，果然打退了金军。

宗泽像

宋高宗对宗泽的勇敢早有耳闻，这次听了李纲的推荐，就派宗泽去东京府做知府。

这时候，金军虽然已经从东京撤出，但是东京城经过两次大战，城墙已经全部损坏了。金兵又经常在北面活动，东京城里人心惶惶，秩序混乱。

宗泽在军民中很有威望。他一到东京，就杀了几个抢劫犯，东京的秩序便渐渐安定了下来。

宗泽到了东京之后，积极联络各地民众组织起来的义军。河北各地义军听到宗泽的威名，都自愿接受他的指挥。这样一来，东京城的外围防御巩固了，城里人心安定，存粮充足，物价稳定，重新恢复了大战前的局面。

但是，就在宗泽准备北上恢复中原时，宋高宗和黄潜善、汪伯彦却嫌南京不安全，做好了继续南逃的准备。李纲因反对南逃，被宋高宗撤了职。

不久，金军又分路大举进攻。金太宗派大将兀术（又叫宗弼）向东京进攻，宗泽事先派部将分别驻守洛阳和郑州。兀术带兵接近东京的时候，宗泽派出几千精兵绕到敌人后方，把敌人退路截断，又和伏兵前后夹击，把兀术打得狼狈逃窜。

金军将士对宗泽又害怕，又钦佩，提到宗泽，都称他为宗爷爷。宗泽依靠河北义军积蓄兵马，认为完全有力量收复中原，便接连向高宗上了二十几道奏章，要求朝廷派大军北伐、收复失地，并请求高宗速还东京。但高宗一直没有批准他的出兵计划，他多次奏请高宗还京，都被黄潜善、汪伯彦所阻。

这时候，宗泽已经是 70 岁的年迈老人了，他见朝廷没有收复中原的想法，一气之下，背上发毒疮病倒了。一些将领去问候他，宗泽已经病得很重，他睁开眼睛激动地说：“我因为不能报国仇，心里忧愤，才得了这个病。只要你们努力杀敌，我就死而无憾了。”

将领们听了，个个感动得流下了泪水。宗泽临死之前，用足了全身的力气，呼喊：“过河！过河！过河！”然后才闭上眼睛。东京军民听到宗泽去世的消息，没有一个不伤心流泪的。

宗泽去世后，朝廷派杜充接替宗泽的职位。杜充是个昏庸无能的人，他一到东京，就把宗泽的一切防守措施都废除了。没多久，中原地区又全部落在金军手里。

岳飞大败兀术

南宋初年，金军几次南下，威胁南宋政权。南宋军民奋起抗金，金军一举灭亡南宋的计划失败，高宗才得以苟安江南。金国扶植刘豫为大齐皇帝，建立大齐傀儡政权，与南宋对峙。接着，又放宋旧臣秦桧南归，利用他破坏南宋的抗金力量。秦桧到南宋后，千方百计取得高宗的信任，被任命为宰相。尽管南宋处于极为不利的地位，但是当时的抗金战场上依然活跃着数支抗金力量，岳飞领导的岳

家军就是其中著名的一支。

岳飞是相州汤阴（今河南汤阴）人，从小刻苦读书，尤其爱读兵法。他还力大过人，十几岁的时候就能拉开 300 斤的大弓。他听说同乡老人周同武艺高强，就拜周同为师，学得一手百发百中的好箭法。

后来，岳飞从了军。金兵南下的时候，他在东京当一个小军官。有一次，他带领 100 多名骑兵，在黄河边练兵，忽然对面来了大股金兵。兵士们都吓得不知所措，岳飞却不慌不忙地说："敌人虽然多，但他们不知道我们有多少兵力。我们可以趁他们没准备的时候击败他们。"说着，就带头冲向敌阵，斩了金军一名将领。兵士们受到岳飞的鼓舞，也冲杀上去，果然把金军杀得落花流水。

从这以后，岳飞的勇猛便出了名。过了几年，他在宗泽部下当了将领。岳飞跟宗泽一样，把抗金作为自己的职责。

岳家军军纪严明。一次，有个士兵擅自用百姓的一束麻来缚柴草，被岳飞发现，当即就按军法处置了。岳家军行军经过村子，夜里都在路旁露宿，老百姓请他们进屋，没有人肯进去。岳家军中有一个口号，叫作"冻死不拆屋，饿死不掳掠"。

岳飞在作战之前，总是先把将领们召集起来，一起商量作战方案，然后才出战。所以打起仗来，每战必胜。金军将士见到岳家军，没有一个不害怕的，他们中间流传着一句话："撼山易，撼岳家军难。"

宗泽死后，岳飞的队伍仍旧坚持在建康附近战斗。这回趁兀术北撤的时候，他跟韩世忠配合，打得兀术一败涂地。

绍兴四年（1134 年），岳飞奉命挥师北伐。仅用 3 个月，就收复了襄汉地区六州之地，这是南宋建立以来第一次大规模收复失地。年仅 32 岁的岳飞被封为开国侯和节度使，成为与韩世忠等享有此殊荣的大将中最年轻的一个。之后，岳飞率军收复了河南许多地方。金国见形势不好，就决定与南宋议和。高宗听到和议，喜不自胜，遂复用秦桧为相，同金国订立和议，向金称臣纳贡。岳飞强烈反对议和，并向高宗指出秦桧误国心怀不忠。从此，秦桧对岳飞怀恨在心。

1139 年，金国内部发生政变，兀术掌握大权。第二年（1140 年），兀术撕毁和约，兵分四路向南宋大举进攻，宋金间展开了规模空前的激战。在东线，宋将刘琦指挥原八字军取得顺昌（今安徽阜阳）大捷，击败兀术的部队 10 万多人。在中原战场上，岳飞不顾秦桧阻挠，率岳家军进行反攻，收复了河南中部的一些地区，并派军袭击金军后方。兀术趁岳家军兵力分散之机，率精锐骑兵直逼岳家军指挥中心郾城（今属河南）。岳飞命其子岳云率轻骑攻入敌阵，往来冲杀，直杀得金军尸横遍野。勇将杨再兴单骑冲入敌阵，杀死金兵数百人。金军队中突然冲出 15000 铁骑，中间的金兵"铁浮图"三骑并连，头戴双层铁盔，身披

岳王庙内秦桧夫妇铁铸跪像

重甲，两翼是轻疾如飞的骑兵“拐子马”，向岳家军平推过来。岳飞派步兵手持麻扎刀、大斧，上砍敌兵，下砍马足。一匹马摔倒，其他的两匹也不能动了，行动不便的重骑兵完全失去了威力。岳飞则率领精骑与拐子马激战，金军大败。郾城大捷是宋金双方精锐部队之间的大决战，宋军以少胜多，给金军以沉重打击。

岳家军节节胜利，一直打到距离东京只有 45 里的朱仙镇。河北的义军得知岳家军打到朱仙镇的消息，都欢欣鼓舞，渡过黄河来同岳家军会合。老百姓用牛车拉着粮食慰劳岳家军，有的还顶着香盆来欢迎，个个兴奋不已。

岳飞眼看形势大好，胜利在望，也止不住内心的兴奋。他鼓励部下说：“大家共同努力杀敌吧。等我们直捣黄龙府的时候，再跟各路弟兄痛饮庆功酒！”

宋金“绍兴和议”

宋金淮西之役后，完颜宗弼（兀术）渐生和意。此时，宋高宗赵构和秦桧也加紧对金乞和。

绍兴十一年（1141 年），宋廷派魏良臣赴金议和。同年十一月，宋金双方原则上达成了协议，其和约的主要内容为：宋向金称臣，“世世子孙，谨守臣节”，金册封宋康王赵构为皇帝；划定疆界，东以淮河中流为界，西以大散关为界，以南属宋，以北属金。宋割让唐（今河南南唐）、邓（今河南邓州）二州及商（今陕西商县）、秦（今甘肃天水）二州之大半予金；宋每年向金贡银 25 万两、绢 25 万匹，自绍兴十二年（1142 年）开始，每年春季搬运至泗州（今安徽）交纳；金归还宋徽宗棺木与高宗生母韦氏。次年二月，宋派使节进誓表于金，表示要世代向金称臣，和约正式生效。三月，金遣左宣徽使至宋，对宋高宗行册封礼，并划分了国界。“绍兴和议”因最后完成于绍兴十二年（1142 年，壬戌年），故又称为“壬戌之盟”。这次和议，金人得到了从战场上得不到的大片土地和金帛，宋金之间确定了政治上的不平等关系，形成了较稳定的、南北长期对峙的局面。

二、五代十国、两宋、辽、西夏、金的经济与科技文化发展

农业的发展

宋代人口迅速增长，人口数量突破了 1 亿，为农业发展提供了大量的劳动力。北宋农民推广使用了一些新农具，如秧马的发明使用，使农业生产发展到了一个新的水平，粮食产量有所提高。

北宋的统一使南北各地的农作物品种得到了交流。政府还提倡江南以及福建、广东等地种植原北方主要粮食品种粟、麦、黍、豆等。著名的品种“占城稻”也从越南引进福建，并推广到江淮和北方。甘蔗、棉花、茶叶、桑麻等经济作物的种植范围也较以前有所扩大。两宋时期南方地区长期处于相对和平的环境，南方

经济迅速发展起来。全国的经济重心开始从黄河流域转移到长江流域。南宋时水稻已成为第一位粮食作物，占城稻的继续推广，使其产量大大提高。江浙地区发展为主要的稻米产区。有“苏湖熟，天下足”的谚语，表明太湖流域已成为全国最重要的粮仓。其他粮食作物和经济作物的种植面积也迅速增加。尤其是小麦、棉花、茶叶，已成为南宋农业经济的重要组成部分。辽、夏、金少数民族国家也对农业相当重视，农业开发效果显著。

“五大名窑”

南宋的众多瓷窑中，定窑、钧窑、哥窑、汝窑、官窑，被后人称为“五大名窑”。

定窑以烧制白瓷而著称。装饰技法主要有刻花、划花、印花、绘金花等，既突出了纹饰的立体感，也强调了主题。定窑的纹饰布局严谨，层次分明，线条清晰，密而不乱，这使定窑一开始就呈现出完美的布局形式。器形以日用器皿为主，胎体坚细轻薄，釉色较为丰富，花饰内容富有生活气息。后来定窑成为官窑，其饰花工艺更趋精巧细致，纹样既清晰明快，又典雅富丽，达到鼎盛。

钧窑坐落于河南禹县，它是首先在釉中引进了铜金属的瓷窑，是宋代众多瓷窑中独树一帜的窑系。钧窑青瓷釉色丰富，其中钧红釉、铜红釉是钧窑彩釉的重要类型，另外有天蓝釉和月白釉两种。钧窑釉色多不透明，为乳浊釉，这正是钧窑不同于其他瓷窑之处。

汝窑位于今河南宝丰清凉店，属于官窑，烧造仅有20年左右。传世器物属于稀世珍品，因而汝窑有“天下第一窑”的美称。汝窑青瓷釉色呈浅青淡蓝，或如湖水晴空，或如鸭蛋青色，灰而不暗，蓝而不浓，绿而不翠。釉质莹厚滋润，有玉石之感，釉面有不很明显的细小开片，器形仿古，天青色的主色调稳定且变化小，而且釉面多无光泽，体现了汝窑青瓷整体浑厚蕴润的特点。采用支钉支烧也是它的一大特色。汝窑瓷器的胎都很薄，底足多数向外卷，这也是它的独特之处。

官窑在今杭州一带，官窑注重器形、釉色，不重纹饰，素面无纹，浅青色中没有明显的开片面，器形端庄大方，富于贵族气派。

“瓷都”景德镇

景德镇是宋代江南地区著名瓷器产地，主要以生产青白瓷而闻名于世。青白瓷，是一种仿玉产品，它是一种釉色介于青与白之间的薄胎瓷器，釉色明澈丽洁，白中泛出一种青绿色或青蓝色；其胎质洁白而坚，轻薄透明。青白瓷在宋以后相继有“隐青”“影青”“映青”“印青”等别称。

景德镇青白瓷以日用器皿为主，器形也有自己的特点，还辅之以刻花、篦点、篦划和印花装饰，增强了青白瓷的艺术感染力，使青白瓷更加盛行。

景德镇具有优越的自然条件，它具有优质高岭瓷土、便利的水路交通等，是江南其他瓷窑无法比拟的。因而青白瓷对江南地区影响很大，江西、福建、广东、广西、浙江、湖北、湖南、安徽等八省近四十个县都出现了模仿瓷窑，它们之间形成了一个以景德镇为中心的青白瓷体系。青白瓷是江南地区两大瓷系之一，影响面之大居宋代六大瓷系的首位。

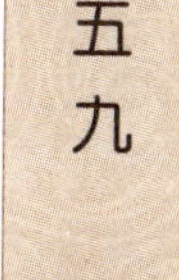

造船业

宋朝每年都要建造大批的船只，通过运河运输物资到东京，供应皇室、官吏和驻军，所以造船业十分兴旺。

北宋在许多地方设有官办造船场，其中虔州（今江西赣州）、吉州（治所在今江西吉安吉州区）、温州、明州是著名的造船基地。到了南宋时期，主要统治区域都属于水乡，交通运输多用船只，所以造船业仍继续发展。船只有海船和内河船，主要的造船基地有临安、建康、平江、扬州、湖州、温州、明州、泉州、广州等。这些地方都设有官办造船场，能造大型船只。

宋代在造船技术上的创新，最值得一提的是水密舱技术与车船技术的普遍推广和发展。尖底船的发明制造也是当时的一重大成就。熙宁年间（1068—1077年）在金明池（北宋皇家园林，位于今河南开封城外）北普大澳修成了世界上最早的船坞。宋朝造船的工艺过程由设计到施工都较为严密科学，在建造形式新颖或结构较为复杂的船舶时，都先制作模型，后依比例放大、施工。而西方直到16世纪才出现类似的简单船图。可见宋朝的造船业在当时世界上居于领先地位。

重商思想的产生

秦汉以来，抑商思想一直占统治地位。儒家学说中惯常把民分为士、农、工、商四种，“商”被排在最后，商业不仅得不到统治者鼓励，反而受种种政策法令的抑制。随着生产力的发展，经济愈趋繁荣，宋代商人的经济实力大大增强，商业发展十分迅速。国家通过禁榷和商税所得的收入在财政总收入中占有举足轻重的高比例。因此国家必须与商贾合作，充分发挥其积极性，把垄断利润的一部分让给商人，把某些不适合官僚机构直接经营的环节交给商人经营，这样既可以适应多变的社会环境，又能使禁榷机构、人员得到精简，禁榷实际收入也将成倍增加。宋朝在制定新的盐、酒、茶立法时，往往召集商人讨论，注意照顾商人利益，就是贯彻了“官商分利”的原则。随着商业的发展，作为国家财政支柱的禁榷收入愈来愈依赖于商人的合作。作为一个有较大贡献的社会阶层，官方对他们的态度有所改变。朝廷颁布了一系列的法令以保护商人合法经营与获利，并允许商人子弟品行才能出众者参加科举考试，这是前所未有的。宋代的这种重商思想的产生，是生产力发展的必然结果，同时又对生产力的发展及社会的全面进步起着很大的推动作用。

指南针、罗盘

大约在10世纪，中国人已掌握磁针导航技术。元符年间（1098—1100年），出入于各大洲的中国海外贸易船便开始使用指南针，在阴晦的日子里导航。中国用于航海的指南针，最初是用水浮法，到了北宋中期使用的是缕悬法指南针。中国的这种先进的导航技术，迅速被阿拉伯、波斯等国家学习、传播。使用磁针导航，航海者可以根据针的变化轨迹，绘制实用的航海地图，大大提高了远洋航行中的安全系数和船只的续航能力。因此，航海罗盘的出现，便具有了重大的经济价值，它能使船只不分昼夜阴晴，遵循一定的线路，如期到达目的地。中国发明

的航海罗盘指引着欧洲的船只去环航全球，从而迎来了地理大发现的时代。

活字印刷术

庆历年间（1041 年—1048 年），毕昇发明了活字印刷术，这是世界上第一套活字印刷系统。据《梦溪笔谈》记载：毕昇用胶泥刻字，字的厚度薄如铁钱，每字一印，用火焙烧使之坚硬而成活字。排版时，先在铁板上放置松脂、蜡和纸灰，铁框排满活字后，用竹条楔入塞紧，放在火上加热至药熔掉，用一块平板按压字的表面，使整版字平如砥，最后在字表上面压一张纸，即可印刷。

活字印刷的优点主要是减少反复雕刻字模的过程。用泥活字印刷可印刷许多书籍而不会磨损字模，从而大大提高印刷效益。后代的木活字、铜活字、铅活字均由泥活字发展而来。

毕昇发明泥活字比德国谷登堡发明铅活字早了 400 多年。活字印刷术的发明是一次印刷史上的技术革命，在人类文明史上起着里程碑式的作用。

《资治通鉴》

王安石虽然罢了相，宋神宗还是把他定下的新法推行了将近 10 年。1085 年，宋神宗病死，年仅 10 岁的太子赵煦即位，这就是宋哲宗。哲宗年幼，他祖母高太后临朝听政。高太后一向反对新法，她临朝后，便把反对新法最激烈的司马光召到京城担任宰相。

司马光（1019 年—1086 年），字君实，北宋陕州夏县（今山西夏县）人。他父亲司马池，官任天章阁（皇帝藏书阁）待制（皇帝顾问）。司马池为人正直、清廉，这对司马光有深刻的影响，时人赞誉司马光是“脚踏实地的人”。司马光自幼酷爱史学，“嗜之不厌”。仁宗宝元元年（1038 年）司马光中进士，历仕仁宗、英宗、神宗三朝，任天章阁待制兼侍讲、龙图阁直学士、翰林学士、御史中丞等职。

司马光在当时的大臣中，名望最高。他的名声，从他幼小的时候就已经开始传开了。他 7 岁那年，就开始专心读书。不论是酷暑，还是严寒，他总捧着书不放，有时候连吃饭喝水都忘了。他不但用功读书，而且很机灵。有一次，他和小伙伴们在后院子里玩耍。院子里有一口大水缸，有个小孩爬到缸沿上，一不小心，掉进缸里。缸大水深，眼看孩子快要没顶了。别的孩子们一见出了事，吓得一面哭喊，一面往外跑，找大人来救。司马光不慌不忙，从地上搬起一块大石头，使尽力气朝水缸砸去。缸被砸破了，水从缸里流了出来，被淹在水里的小孩也脱险了。

宋神宗在位的时候，司马光担任翰林学士。司马光和王安石本来是交往密切的好朋友，后来王安石主张改革，司马光不赞同，两个人就分道扬镳了。

司马光很喜欢研究历史，他认为治理国家的人，一定要通晓从古以来的历史，从历史中吸取兴盛、衰亡的经验教训。他又觉得，从上古到五代，历史书实在繁杂无序，做皇帝的人没有那么多精力去看。于是，他很早就动手编写一本从战国到五代的史书。宋英宗在位之时，他把一部分稿子献给朝廷。宋英宗觉得这是本对巩固王朝很有好处的书，十分赞赏这项工作，就专门为他设立了一个编写机构，

叫他继续编下去。

宋神宗即位以后，司马光又把编好的一部分稿子献给宋神宗。宋神宗不欣赏司马光的政治主张，但是对司马光编书却十分支持。他把自己年轻时收藏的 2400 卷书都送给了司马光，让他好好完成这部著作，还亲自为这本书起了个书名，叫《资治通鉴》（“资治”就是能帮助皇帝治天下的意思）。

司马光一共花了 19 年时间，才完成了这部著作。《资治通鉴》是中国最著名的编年体通史，上起周威烈王二十三年（公元前 403 年），下迄后周显德六年(959 年)，记载了包括周、秦、汉、魏、晋、宋、齐、梁、陈、隋、唐、后梁、后唐、后晋、后汉、后周在内的 16 个朝代的 1362 年历史。分为 294 卷，共计 300 多万字，另外《目录》30 卷,《考异》30 卷，其中《周纪》5 卷,《秦纪》3 卷,《汉纪》60 卷,《魏纪》10 卷,《晋纪》40 卷,《宋纪》16 卷,《齐纪》10 卷,《梁纪》22 卷,《陈纪》10 卷,《隋纪》8 卷,《唐纪》81 卷,《后梁纪》6 卷,《后唐纪》8 卷,《后晋纪》6 卷,《后汉纪》4 卷,《后周纪》5 卷。

司马光是为了巩固当时的封建政权才编写《资治通鉴》的，这就决定了此书的内容主要是政治史。他把历史上的君主依据他们的才能分为五类：第一类是创业之君，比如汉高祖、汉光武帝、隋文帝、唐太宗等；第二类是守成之君，如汉文帝和汉景帝；第三类是中兴之帝，如汉宣帝；第四类是陵夷之君，如西汉的元帝、成帝，东汉的桓帝、灵帝；第五类是乱亡之君，如陈后主、隋炀帝。在司马光看来，最坏的是那些乱亡之君，他们“心不入德义，性不受法则，舍道以趋恶，弃礼以纵欲，谗谄者用，正直者诛，荒淫无厌，刑杀无度，神怒不顾，民怨不知”，像陈后主、隋炀帝等就是最典型的例证。对于乱亡之君，《通鉴》都做了一定程度的揭露和谴责，以为后世君主鉴戒。

高太后临朝听政后，把司马光召回朝廷。这时的司马光已经是又老又病了，但是他反对王安石新法的思想却毫不放松。他一当上宰相，第一件大事就是把新法的举措废除掉。王安石听到废除新法的消息，十分生气，不久就郁郁而终。而司马光的病也越来越重，在同年九月也死去了。

理学的形成

理学作为一种伦理道德，是反映统治阶级利益的官方思想，是维护封建统治的思想武器；它作为一种学术思想和哲学体系，又是我国古代哲学思想发展到较完备阶段的产物。

宋代的理学，又称道学、新儒学，它以儒学为中心，融会佛道而形成。这种思想以“理”或“天理”为宇宙万物的本体，作为人们思想、行为的根本原则，所以称为理学。它又以三纲五常的伦理道德为基本内容，以明道为目标，继承古代的道统，所以称道学。宋代理学以程颢、程颐和朱熹为代表，即所谓程朱理学。

程朱理学是从周敦颐开始的。周敦颐提出了“太极”的概念，认为“太极”是宇宙的本体。他引用了道家思想阐释儒学，建立了理学的宇宙论。程颢和程颐是北宋理学的代表人物，是理学的奠基人，他们都是周敦颐的学生。二程的思想直接继

承了理学的开创者周敦颐，吸收了他的《太极图说》中的宇宙生成图式，并发展了他的“太极”说，提出“理”作为宇宙的本体，从而为理学建立了体系。后经朱熹进一步完善，遂成了封建社会官方的正统哲学，并统治元、明、清思想界长达数百年之久。

二程理学体系的核心是理或天理，并把它作为宇宙的本源，说它是先于一切事物而存在的，一切都是理产生的。二程用理来解释一切，认为封建伦理道德如君臣之道、父子之道、夫妇之道都是天理的体现。二程进一步要求去掉欲求。有人曾问程颐，家贫的寡妇是否可以再嫁。他认为饿死是小事，失节可就是大事了。这就是“去人欲，明天理”的主张。

南宋的朱熹是程朱理学的集大成者。朱熹字元晦，号晦庵，别称紫阳。他是二程的四传弟子，一生精力用于著书讲学，是中国封建社会后期影响最大的哲学家。他完成了儒学的复兴，形成了与汉唐经学不同的新儒学体系。他进一步把“气”引入了理学，并从理与气的关系上探讨天地万物的哲学意义。他认为理是万物的本体，而气则是金、木、水、火等构成万物的材料。理和气两者相依相存，但理先于气，气依理而存在。万物有万理，万理的总和就是太极。万物的形成依赖于气，气又是理的表现。

朱熹把儒学的伦理纲常加以新的解释，赋予了新的内容，他使三纲五常理论化，又在二程的基础上提出了“存天理，去人欲”的道德观，这成为禁锢人性的封建伦理规范。他创建的一套体系严整的新儒学思想，成为宋以后历代封建王朝的官方思想。他是著名教育家，一生讲学不辍，先后在白鹿洞书院、岳麓书院等地讲学，培养出了大批儒学弟子。他编著的《四书集注》，后来成了科举考试的必读书。理学对中国的社会政治、传统文化和思想意识形态产生了巨大的影响。

宋杂剧

宋代的杂剧，是一种独立的戏剧表演艺术，在散乐中占有首要的地位。北宋的杂剧演出在宫廷、军队、民间勾栏里都很活跃。民间勾栏里的杂剧演出活动尤其频繁，勾栏伎艺人将勾栏杂剧与世俗民情相结合作营业性演出。杂剧与民俗活动结合在一起，对戏曲的形成与发展具有重要的影响。北宋时期，教坊演出杂剧，即在队舞演出节次中表演“一场两段”。到南宋时发生了变化，杂剧演出是以两段或者三段的方式进行的。第一段，称艳段，表演寻常熟事；第二段，称正杂剧，表演故事内容比较复杂的事；第三段，称散段，也称“杂扮”。宋杂剧的角色行当，有末泥、副净、副末、旦、贴等。杂剧作为一种独立的舞台表演艺术在宋代已经发展成熟，它吸收并融合说唱、歌舞的艺术成就，为南戏的产生奠定了基础。

文豪苏轼

1037 年农历一月八日，四川眉山一个清寒的人家里，传出了几声清脆的啼哭声，又一个崭新的生命诞生了。已经 28 岁的苏洵大喜过望，更让他高兴的是这个孩子生得眉清目秀，体格不凡。苏洵以“夫子登轼而望之”之义为儿子取名为

“轼”。苏轼的母亲程氏精通文史，十分注意对子女的早期教育。在她的悉心培育下，苏轼不负众望，少年时期即通经史，习字作文，下笔千言，一挥而就。22岁时，他和弟弟苏辙高中同榜进士，深得欧阳修赏识。

3年后，父子3人再上京城。此时，他父亲因自27岁后发愤读书，刻苦励志，为当时名流所重，免试任编纂礼书。“三苏”之名，震动京师。3年后，苏洵在任上病故，苏轼兄弟扶榇南归，守制3年。这时苏轼已经年近30，然而，他仍然胸怀壮志，“达则兼济天下”的理想依然在心里激荡澎湃。但这3年中，朝政发生了变化，以王安石为代表的改革派在宋神宗的支持下推行新法。由于新法实施过程中的确存在若干问题，苏轼对新法本来就不十分赞成，所以他上书指出新法中的一些弊病，不料触犯了一些人的利益。知道自己的政见不被采纳后，按照中国官场的惯例，苏轼只得请求出调为地方官。据记载，这段时间，苏轼历任杭州、密州（今山东诸城）、徐州等地知州。苏轼每到一处，都能励精图治，兴利除弊，为当地百姓做出贡献，自然赢得了人民的爱戴和景仰，和改革派也暂时相安无事。可是时局变幻莫测，苏轼又耿直敢言，所以无论是变法的新党还是守旧的老党，都不把他当作自己人。他们吹毛求疵，在苏轼诗集中找一些稍露棱角的句子作为借口，一次又一次地将苏轼逼到悬崖的边缘。

经过“乌台诗案”和其他几次陷害后，苏轼对政治清明的信心已经丧失殆尽。绍圣四年（1097年），因为又一次无中生有的中伤，当权者余恨未解，将刚在惠州安顿好的苏轼转谪到海南。

因为这时苏轼已年近60，他自己也说：“垂老投荒，无复生还之望。”伤心之余，他只得把安顿下来的家属留在惠州，独自带着幼子苏过漂洋过海。全家人都预感这次是生死之别，他们静静地听苏轼吩咐后事，默默地看着那一叶小舟消失在巨浪滔天的茫茫海天之际。“生人作死别，恨恨哪可论！”

命运并不因为苏轼的天纵文才和勤政为民而对他青睐有加，流放到海南7年后，苏轼才得到一纸赦令，踏上了北归旅程。然而，他没有李白“千里江陵一日还”的幸运。多年的磨难和旅途的劳累，消磨了苏轼全部的生命和精力，他艰难地走到了生命的尽头，1101年7月28日，他在友人代为借租的一所房子里溘然长逝。苏轼与世长辞，朝野俱痛，几百太学生自发到佛舍祭奠他，为这样一代文人之厄叹惋哀悼。苏轼的词飘飘欲仙，不惹红尘，自有一种出世脱俗的飘逸，如他的《水调歌头》就是这样：

明月几时有，把酒问青天。不知天上宫阙，今夕是何年？我欲乘风归去，又恐琼楼玉宇，高处不胜寒。起舞弄清影，何似在人间？

转朱阁，低绮户，照无眠。不应有恨，何事长向别时圆？人有悲欢离合，月有阴晴圆缺，此事古难全。但愿人长久，千里共婵娟。

这是苏轼在密州任职时所写，是一首在文学史上负有盛誉的词。苏轼当时和弟弟苏辙已7年没有见面，这种血肉相连的感情在美酒和月华的催化下，终于凝成了一首千古绝唱。在诗人笔下的月华也通了人意，她转过朱红大门，绕过雕花

琐窗，照着天下相思的人们。苏轼不禁又问道："月儿你远离尘嚣，不应该再有什么遗憾的，可为什么偏偏在人间相思难聚的时候圆得如此难堪呢？看来，人间有悲欢离合，就和月亮有阴晴圆缺一样是难免的啊。"想到这里，诗人对远在千里之外的弟弟说："即使我们相隔千里，无法相见，但只要我们能共同沐浴着这一片月亮的清辉，也就该满足了。"这样，本来沉重的思亲之情，在作者几经转折之后，就从抑郁翻转为超脱。

一般都将苏轼看作是豪放派词人，其实问题并不这么简单。苏轼的词包罗万象，风格多变，有豪放旷达如《念奴娇·赤壁怀古》者，有婉约凄恻如《江城子·十年生死两茫茫》者，也有活泼真切如《浣溪沙》5首者。人们之所以用"豪放词人"来评价苏轼，是因为自从苏轼之后，词开始走出了"花间派"专咏风花雪月的路子，转而写生活中积极向上的事物和感情。从根本上看，苏轼真正称得上豪放的，只有《江城子·密州出猎》等几首，像前面所说的《念奴娇·赤壁怀古》都不是。词写到最后时，苏轼追古思今，想想自己已经年过四旬，却壮志成空。忍不住悲从中来，说："故国神游，多情应笑我，早生华发。人生如梦，一樽还酹江月。"

苏轼对词的贡献是多方面的，他扩大了词的内容，提高了词的境界。胡寅的《酒边词序》说苏词"一洗绮罗香泽之态，摆脱绸缪婉转之度，使人登高望远，举首高歌，而逸怀浩气超乎尘埃之外矣"。的确如此，从苏轼之后，词不但可以写花前月下的卿卿我我，也可以写政治情怀和民生疾苦，甚至连农村的生活生产也被他纳入词中，这在词史上是一次重大突破。

苏轼还有几首小词写得清新流畅，饶有情趣。如《蝶恋花》：

花褪残红青杏小，燕子飞时，流水人家绕。枝上柳绵吹又少，天涯何处无芳草？

墙里秋千墙外道，墙外行人，墙里佳人笑。笑渐不闻声渐消，多情却被无情恼。

这首词写于作者贬谪途中，苏轼此时仕途不顺，心中极为不适，外出散步时走到一家人的院墙外，听见里面有清脆的笑声传来，他知道这肯定是富人家的女孩在园内赏春。她们青春年少，无忧无虑，正是人生最幸福的时候。而自己空怀壮志，只为一封奏书，就拖家带口一路南奔。这样的日子何时才能结束？相传苏轼的爱妾朝云在唱到这首词时泣涕满襟，说："妾所不能歌者，'枝上柳绵吹又少，天涯何处无芳草'也。"这也许正是苏轼感触最深的一联吧。对苏轼个人而言，本来应该大有作为的一生竟会因为一言不慎而付诸东流。这是怎样一种深沉而无奈的悲哀！历史的轻烟已经散去，知道这些隐曲的，可能只有随风而去的古人了。

李清照

南宋女词人，号易安居士，济南（今属山东）人，父李格非为当时著名学者，夫赵明诚为金石考据家。早期生活优裕，与赵明诚共同致力于书画金石的搜集整理。金兵入侵中原，流离南方，明诚病死，境遇孤苦。所作词，前期多写少女少妇的闲适生活，格调明快，语言清新婉丽；后期多悲叹身世，情调感伤，有的也流露出对中原的怀念。用白描，刻画深刻。论词强调协律，崇尚典雅、情致，提出词"别是一家"之说，反对以作诗文之法作词。代表作有《如梦令·昨夜雨疏

风骤》《一剪梅·红藕香残玉簟秋》《武陵春·风住尘香花已尽》。并能诗，留存不多，部分篇章感时咏史，情辞慷慨，与其词风不同。“生当作人杰，死亦为鬼雄”是为人传诵的名句。著有《易安居士文集》《易安词》，已散佚。后人有《漱玉词》辑本。今人有《李清照集校注》。

唐宋八大家

指唐宋两代8位散文作家，即唐代韩愈、柳宗元，宋代欧阳修、苏洵、苏轼、苏辙、王安石、曾巩。明初朱右把这8大家的作品编为《八先生文集》。明中叶唐顺之纂《文编》，只取这八位散文家的文章。后来茅坤选辑他们的作品，取名为《唐宋八大家文钞》，唐宋八大家名称由此流传至今。唐宋八大家是主持古文运动的核心人物，提倡散文，反对骈文。韩愈（768年—824年），字退之，唐代重要的文学家、思想家，古文运动的领袖，“唐宋八大家”之首，被苏东坡誉为“文起八代之衰”，其文章针砭时弊、逻辑严整、气势宏大、豪逸奔放。柳宗元（773年—819年），字子厚，唐代杰出的思想家和文学家，也是唐代古文运动倡导者，反对六朝以来绮靡浮艳的文风，提倡质朴流畅的散文。欧阳修（1007年—1072年），字永叔，号醉翁、“六一居士”，宋代散文革新运动的领导者，反对浮靡雕琢、怪僻晦涩的“时文”，提倡简而有法、流畅自然的风格，其名篇《醉翁亭记》《秋声赋》等传诵千古。苏洵，字明允，号老泉，眉州人。苏洵和其子苏轼、苏辙并称“三苏”。三苏散文各有特色，以苏轼成就最高。王安石（1021年—1086年），字介甫，后人称之王荆公，抚州临川（今江西抚州）人，北宋著名政治家、思想家、文学家，其文说理透辟、论证严谨且气势逼人、词锋犀利。曾巩（1019年—1083年），字子固，建昌郡南丰县人。曾文长于议论，语言质朴，说理曲折尽意，文风以“古雅、平正、冲和”见称，如《上欧阳舍人书》《上蔡学士书》等。

道教的发展

道教，在中国源远流长，根深蒂固。北宋后期，多元融合成为社会的一种新趋势，三教合流成为文化思潮的主流，吸收佛道的新儒学（宋代道学）和容纳儒道的新佛学（宋代禅学）相继出现。

王喆（1113年—1169年），字知明，道号重阳子，故称王重阳。他上承北宋内丹道教传统，下应时代潮流，以“三教圆融”为号召，创立了一个贯通三教并具有完整教义教创的新道派全真教，它是宋元道教鼎革浪潮中涌现出来的一个最大、最重要的新道派。王重阳为其新道派起名“全真”，正是为了提倡保全真性，以清净为宗，以识心见性为本，成就一个最完美、最真实的人生。王重阳历经三年东行传教，成绩卓著，在理论和组织方面都为全真教的兴盛奠定了基础。王重阳继承内丹派道禅融合的思想，高唱三教合一，宣扬“三教从来一祖风”，“太上（老子）为祖，释迦为宗，夫子（孔子）为科牌”，全真教还力倡三教平等，不断抬高道家地位，与儒佛平起平坐。此后，他的门下弟子“全真七子”继续将道教发扬光大。两宋是道教的重要发展时期，新的道教从民间应运而生，迅速流行，并受到统治者的支持利用。

第八章

元朝的征服

1206 年春，铁木真建立了大蒙古国，被尊称为成吉思汗，标志着蒙古政权统治中原的开始。1271 年，忽必烈改国号为元，次年迁都大都，并南下攻灭南宋，结束了从五代以来多政权并立的局面，统一了全国。红巾军起义严重动摇了政权统治，取而代之的是 1368 年建立的明王朝。

一、元朝

元朝（1206 年—1368 年）

1206 年春，铁木真建立了大蒙古国，不断向外进行军事征服，势力范围延伸至中亚和欧洲部分的广大地区。1271 年，忽必烈改国号为元，次年迁都大都（今北京），并南下攻灭南宋，结束了从五代以来多政权并立的局面，统一了全国。忽必烈仿效前朝之规，略加变更，定官制，修都城，兴礼乐，制定了一代典章制度。元朝在水陆要道修建驿站得到重点开发，农业与手工业逐渐得到恢复，某些边疆地区注意兴修水利，科学文化继续发展，海外贸易与中外文化交流有所扩大。元朝实行民族歧视政策，推行不平等的四等人制度，使阶级矛盾与民族矛盾非常尖锐。红巾军起义严重动摇了政权统治，取而代之的是 1368 年建立的明王朝。

行政方面，元建立了一套中央集权的统治机构，元改三省制为单省制，中央设中书省，总理全国政务，枢密院掌军事，御史台司监察。另外，设通政院管驿站，将作院管工匠，集贤、宣政二院管宗教事务等。

元朝在地方设行中书省（简称行省），除河北、山西、山东直属中书省（称为“腹里”），吐蕃（西藏）地区属宣政院外，全国分为岭北、辽阳、河南、陕西、四川、甘肃、云南、江浙、江西、湖广 10 个行省，分辖路府（州）、县。各级军民官署除主官外，均设“达鲁花赤”，掌实权。岭北（漠北蒙古）、辽阳（东北）、甘肃、云南四个行省的建立，是元朝的创举，它大大加强了中央对边疆的统治。澎湖、台湾则设巡检司，属浙江行省泉州路同安县管辖。行省制度的确立，是我国历史上政权机构的一项重大变革，它从政治制度上巩固了国家的统一，使中央集权在行政体制上得到了保证。

一代天骄

南宋北伐屡屡失败的同时，金国也因内部腐败而渐渐走向衰落。这时，北方的蒙古族却日渐强盛起来。

铁木真出生于蒙古孛儿只斤氏族。曾祖合不勒统一了蒙古尼伦各部。后来，叔祖忽图剌和父亲也速该也相继做了尼伦的乞颜部首领。

也速该英勇善战。在成吉思汗出生的那一天，也速该征讨塔塔儿部凯旋。为了纪念出征的武功，他给这刚出生的儿子取名铁木真。“铁木真”蒙古语的意思是“精钢”。青少年时的铁木真武艺超群，才智过人，远近闻名。为了重振家业，铁木真去找父亲的安答（结义兄弟）克烈部首领王罕。在王罕的庇护下，铁木真开始积聚力量，势力迅速壮大。后来，铁木真迁居到怯绿连河上游的桑沽儿小河，建立了自己的营地，铁木真被推举为部族的汗。

1196 年，铁木真联合王罕，配合金国军队，在斡里札河围歼了反叛金国的塔塔儿部，杀死了他们的首领。战后，金国封王罕为王，任命铁木真为招讨使，铁

木真名声大振。此后，他又战胜了篾儿乞等部，攻取呼伦贝尔草原。1202 年，铁木真彻底歼灭塔塔儿部，占领了西起斡难河，东到兴安岭的广大地区。1203 年，王罕与铁木真反目，大战于合兰真沙陀(今内蒙古乌珠沁旗北境)，铁木真大败。随后，铁木真重整旗鼓，发动突然袭击，大败蒙古族最强大的克烈部，王罕父子逃亡后被杀。

成吉思汗像

1204 年，铁木真征服蒙古草原上唯一能和自己对抗的乃蛮部的首领太阳罕。1206 年，统一了西起阿尔泰山，东到兴安岭的整个蒙古草原。各部贵族在斡难河源头举行盛大集会，推举铁木真为大汗，建立了强大的蒙古汗国。随后，成吉思汗开始建立蒙古汗国的国家制度。

成吉思汗的黄金家族是蒙古汗国的最高统治集团，拥有全部的土地和百姓。他按照分配家产的方式，将百姓和土地分给自己的子弟亲族。成吉思汗推广了千户制度，将全蒙古的百姓划分为 95 千户，任命蒙古的开国功臣以及原来的各部贵族担任那颜（意为千户长)，世袭管领。为了维护自己的至高无上的统治地位，成吉思汗还建立了一支由大汗直接控制的人数达 1 万人的常备护卫军。这支强大的护卫军成为巩固蒙古汗国、进行对外战争的有力工具。

成吉思汗还根据畏兀儿文字创造了蒙古文字，用它发布命令、登记户口、编订法律，大大加强了统治，推进了蒙古文化的发展。

成吉思汗又任命自己的养子失吉忽秃忽为大断事官，负责分配民户，后来又让他掌管审讯刑狱等司法事务。成吉思汗还制定了蒙古法律“大札撒”，作为全部蒙古人民都要遵守的准则。法律的制定，对于安定社会，加强蒙古政权的统治起到了积极的作用。

蒙古汗国建立之后，成吉思汗开始向外扩张。他先后三次入侵西夏，迫使西夏称臣纳贡，并随同蒙古一同进攻金国。1211 年，成吉思汗南下进攻金国，1215 年，攻占了中都燕京（今北京)。

1219 年，成吉思汗踏上征讨花剌子模的万里西征之路。1221 年，成吉思汗占领花剌子模全境以及中亚的许多地区。1220 年，成吉思汗连破花剌子模的要塞不花剌、撒麻耳干等城，花剌子模国王逃往里海一带，成吉思汗穷追不舍。1222 年，血洗花剌子模中心城市玉龙杰赤（今土库曼斯坦库尔尼亚乌尔根奇）后，派军深入巴基斯坦、印度追击逃敌。之后，大军继续西进，征服了阿塞拜疆，横扫伊拉克，并于 1223 年跨过高加索山，在阿里吉河打败俄罗斯与钦察联军，随后长驱直入俄罗斯境内，一直打到克里米亚半岛、伏尔加河流域、多瑙河流域。1224 年，成吉思汗决定东归，1225 年，回到蒙古，这场持续 7 年的西征终于结束。成吉思汗的西征，创造了世界历史上的奇迹。

成吉思汗放鹰捕猎图

这是一幅中国丝绸上的绘画，狩猎是蒙古人重要的生活内容。在狩猎时，鹰是猎人的向导，它负责搜寻猎物，引导方向，所以蒙古人出猎时往往将鹰带在身边。

蒙古灭金

蒙古各部在金初一直受女真族建立的金国统治，金国统治者经常向蒙古部族勒索各种贡物，激起了蒙古族人民的不满和反抗。蒙古汗国确立奴隶制以后，奴隶主贵族掠夺财富的欲望不断膨胀，成吉思汗建国以后，开始发动南侵金国的战争。

1211年农历二月，成吉思汗率众南下，开始了对金的侵略战争。蒙古军首先突袭金军要隘，金军士气低落，无力抵抗，金军守将仓皇撤兵。蒙古军顺利占领抚州(今内蒙古集宁区东)后，成吉思汗率众继续追击，经过3天鏖战，金军损失惨重。十月，蒙古军过紫荆关、居庸关，前锋部队直逼中都（今北京）。1212年春，蒙古军攻打中都时，遭到金守将完颜天骥的埋伏和夜袭，蒙军被迫撤军。

1212年秋，成吉思汗再次南侵，攻打金的西京府（今山西大同市）。蒙古军队与金援兵元帅左都监奥屯襄部发生激战，金军全军覆没。蒙古军在围攻西京时，遇到金左副元帅兼西京留守赛里的顽强抵抗。成吉思汗在作战中身中流矢，再加上一时也攻不下西京，只好撤回阴山。

1213年秋，成吉思汗又从阴山南下，一直打到怀来，与金尚书左丞完颜纲10万军队展开激战，金军精锐全部溃散，损失极其惨重。成吉思汗率军乘胜进攻，相继占领河北、河东广大地区，直抵黄河北岸。然后又向东攻占山东诸地，直到海滨，对中都形成包围之势。金国无奈，只好提出议和的要求，蒙古大军携带掠夺来的人口和财富得胜而归。

1214年农历五月，金宣宗不愿再受蒙古军队的骚扰，迁都南京(今河南开封)。成吉思汗又立即派兵南下，进占中都。同时，蒙古军木华黎部攻占金东京（今辽宁辽阳市）和北京（今内蒙古宁城县西），金国实力大减。

1217年8月，被封为太师兼国王的木华黎，率兵出征，接连攻克太原、汾州（今山西汾阳）、绛州（今山西新绛县）、潞州（今山西长治）、平阳（今山西临汾）。1221年，木华黎大军直指陕西，进攻延安，金延安知府固守城池，蒙古军只好撤退。1222年8月，木华黎转攻被金国收复的太原府，太原再次失守。不久，蒙古军攻占河中府（今山西永济）。

1223年春，木华黎决定亲率大兵10万，先攻打凤翔府（今陕西凤翔县），再取京兆（今陕西西安），但是在进攻的过程中遭到沉重打击，只好撤兵。

1227 年 7 月，成吉思汗病死。1229 年 8 月，成吉思汗第三子窝阔台继承汗位。窝阔台继位后，大举侵金。此次用兵，窝阔台旨在消灭金国。

庆阳之战、卫州（今属河南境，治所在辉县）之战、潼关凤翔之战后，1231 年 5 月，窝阔台分兵三路合围汴京（今河南开封），中路窝阔台率兵攻陷河中府，左路斡陈那颜进兵济南，右路拖雷出凤翔，攻破宝鸡，直指汴京。经过钧州（今河南禹州市）三峰山之战，金国军队主力损失殆尽，主要将领大多战死，元气大伤，灭亡已成定局。1232 年 1 月，蒙古军队围攻汴京，虽然金国军民奋力保卫汴京，但金哀宗却逃到了蔡州（今属河南境），汴京、中京（今河南洛阳）相继陷落。

1233 年，蒙古与南宋达成协定，协力围困蔡州。蔡州被困 3 个月后城破，金哀宗自杀，金国灭亡。

蒙哥即汗位

1246 年，太宗长子贵由即位，1248 年初，他率大军离开和林（今蒙古人民共和国后杭爱省境内），向西征伐拔都。3 月，贵由突然暴死于行军途中，其妻斡兀立海迷失摄政。1251 年，忽里勒台大会，诸王按拔都的提议，共奉拖雷之子蒙哥为大汗。引起窝阔台系诸王愤恨。蒙哥将失烈门、脑忽、也孙脱等准备发动政变的三王下狱，溺死了斡兀立海迷失，巩固了权位。从此窝阔台和察合台两系力量受到打击。

旭烈兀西征

旭烈兀第三次西征，渡阿姆河，进入波斯境内。11 月平木剌夷。接着，于 1258 年 2 月，终破报达城，哈里发及其长子被处死，阿拔斯朝第三十七代至此国亡。其时由于蒙哥去世后，忽必烈与阿里不哥争位，旭烈兀决意不回蒙古，在所征服地经营，建立起一个新的蒙古汗国——伊儿汗国。这次西征也随之结束。

四大汗国

蒙古汗国建立后，成吉思汗及其继承者发动了一系列的大规模战争，在几乎整个 13 世纪，蒙古铁骑踏遍了东自黄河、西至多瑙河的欧亚大陆，使各国人民蒙受严重的战争灾难。这些战争，大致可分为西征和南下两个方面。成吉思汗在 1219—1225 年亲自西征，在占领整个中亚细亚和南俄罗斯草原后，把这些地区分封给他的儿子术赤、察合台和窝阔台成立独立的汗国。术赤的儿子拨都在封地上建立了金帐汗国，后来，在蒙哥汗统治时期，其弟旭烈兀出兵伊朗、巴格达、阿拉伯等地，在他征服的地区又建立了伊儿汗国，这四大汗国逐渐走上独立发展的道路。

贾似道误国

蒙古、南宋联合灭了金国以后，南宋出兵想收复开封、河南一带土地。窝阔台借口南宋破坏协议，向南宋发起进攻。从这以后，蒙古、南宋双方不断发生战争。

到窝阔台的侄儿蒙哥即位后，蒙哥汗派他弟弟忽必烈和大将兀良合台进军云

南，占领了西南地区。1258 年，蒙哥分 3 路进兵攻打南宋。他自己亲率主力进攻合州（今四川合川），忽必烈攻打鄂州（今湖北武昌），另一路由兀良合台率领，从云南向北攻打潭州（今湖南长沙），3 路的进军路线，都直指临安。

警报一个接一个送到临安，南宋朝廷震动了。宋理宗（赵昀）命令各路宋军援救被忽必烈围困的鄂州，又任命贾似道担任右丞相兼枢密使，去汉阳督战。贾似道，字师宪，台州天台（今属浙江）人，嘉定六年（1213 年）生于官宦之家。他少年时整天游荡赌博，不思上进，后来靠父亲的关系，荫补为嘉兴司仓。他的姐姐做了宋理宗的贵妃后，贾似道开始官运亨通，一两年内便由正九品籍田令升为正六品军器监，并于嘉熙二年（1238 年）中进士。理宗还特别召见了贾似道，予以勉励，后又升任宰相。这一回，宋理宗派他上汉阳前线督战，他只好硬着头皮去了。

忽必烈攻城越来越猛。贾似道眼看形势紧张，就瞒着朝廷，偷偷地派了一个亲信到蒙古大营去求和，表示只要蒙古退兵，宋朝就愿意称臣，进贡银绢。正巧这时候，忽必烈接到他妻子从北方派人送来的密信，说蒙古一些贵族正准备立他弟弟阿里不哥做大汗。忽必烈见汗位要被弟弟占了，就答应了贾似道的请求，订下了秘密协定，赶着回去争夺汗位去了。

贾似道回到临安，隐瞒了私自订立和约的事，还抓了一些蒙古兵俘虏，吹嘘各路宋军大获全胜，不但打跑了鄂州的蒙古兵，还把长江一带的敌人也全部肃清了。

宋理宗听信了贾似道的谎言，认为贾似道立了大功，特意下了一道诏书，赞赏贾似道指挥有方，给他加官晋爵。贾似道由此进一步掌握了大权。他随即派人编造左相吴潜罪状上奏理宗，吴潜被罢相。贾似道进而清除朝中异己，一手把持了政权。从此，贾似道在理宗、度宗两朝独专朝政长达 15 年。

贾似道隐瞒求和真相，骗取权位，陆续对抗蒙有功的将士给予打击。贾似道又实行所谓“打算法”，只要在抗战中支取官物作军需的人，一律治罪。贾似道控制御史台，反对贾似道的官员都被御史台以各种罪名予以免官。

景定五年（1264 年），理宗赵昀养子赵祺即皇帝位，即宋度宗。次年，度宗加封贾似道为太师。赵祺认为贾似道有“定策”之功，每逢他朝拜，也定回拜，称贾似道为“师臣”，而不呼其名。朝廷百官都称贾似道为“周公”。

忽必烈打败了阿里不哥，稳定了内部以后，在 1271 年称帝，改国号叫元，他就是元世祖。元世祖借“南宋不履行和约”的名义，派大将刘整、阿术出兵进攻襄阳，把襄阳城整整围了 5 年。贾似道把前线来的消息一一封锁起来，不让宋度宗知道。有个官员向宋度宗上奏章告急，奏章落在贾似道手里，那个官员马上被革职了。最终，襄阳还是被元兵攻破了。消息传来，南宋朝廷大为震惊。这个时候，贾似道再想瞒也瞒不住了，就把责任推给襄阳守将，免了守将的职了事。

元世祖见南宋这样腐败，便决定一鼓作气消灭南宋。他派左丞相伯颜率领元军 20 万，分兵两路，一路从西面攻鄂州，另一路从东面攻扬州。这时，宋度宗病死了，贾似道拥立度宗 4 岁的幼儿赵㬎做皇帝。伯颜攻下鄂州后，沿江东下，直

指临安。贾似道一面带领 7 万宋军驻守芜湖，一面派使臣到元营求和。伯颜拒绝议和，命令元军在长江两岸同时发起进攻，宋军全线溃败，贾似道逃回扬州。到了这个时候，南宋灭亡的局势已经无法挽回了。

襄樊之战

1268 年，忽必烈纳宋降将刘整，下决心拿下襄阳，而后浮汉入江，直趋临安。九月，忽必烈派都元帅阿术、刘整率军进围襄樊。针对宋军长于守城和水战的特点，蒙古军依据襄樊宋军设防在城西，便南筑堡连城，切断城中宋军与外界的联系，完成了对襄樊的战略包围。阿术还建立水师以防备宋水军援襄——刘整造船 5000 艘，并日夜操练，以改变战术上的劣势。

蒙古军修筑的鹿门堡、白河城使襄阳处于孤立无援的境地，宋军几次反包围，都归于失败，伤亡惨重。1269 年农历七月，宋将张世杰率军自临安来援，与蒙古军大战于樊城外围，被阿术打败。八月，宋将夏贵率军救援襄阳，遭蒙古军和被改编的汉军夹击，兵败虎尾洲，损失 2000 人及 50 艘战船。1270 年春，襄阳守将吕文焕率军出城攻万山堡，阿术诱敌深入，而后令部将张弘范、李庭反击，宋军大败，退回襄阳。九月，宋援军范文虎水军又为蒙古水陆两军击走。翌年初，元气恢复的范文虎卷土重来，阿术亲率大军迎击，宋军大败，损失战舰 100 余艘。3 年中，双方在襄樊外围反复争夺，宋军终未能突破包围圈。

1271 年，忽必烈改国号为元，随即采取措施加紧对襄樊的围攻。1272 年初，元军对樊城发起总攻，三月，阿术率军攻破城郭，增筑重军，并进一步缩小了包围圈，宋军退至内城坚守。四月，宋名将李庭芝招募荆楚等地民兵 3000 人，派张顺、张贵兄弟率领驰援襄阳。临行前张顺激励士卒说："此次援襄任务艰巨，人人都要有必死的决心和斗志。你们当中若有人贪生怕死，就请趁早离开，免得影响大家。"3000 士卒群情振奋，皆表示愿拼死报国。五月，张顺、张贵在高头港集结船队，每只船都安装火枪火炮，结成方阵，备好强弩利箭，张贵突前，张顺殿后，驰入元军重围。在磨洪滩，三千勇士强攻密布江面的元军舰只，将士先用强弩射向敌舰，靠近后再用大斧猛砍敌人，元军被杀溺而死者不计其数，张顺、张贵军冲破层层封锁，如愿进入襄阳城中。这一行动的胜利极大地鼓舞了襄阳军民抗敌的信心。张顺在这次战斗中战死，几天后，襄阳军民在水中找到他的尸体，只见他依然披甲执弓，怒目圆睁。军民怀着沉痛和敬佩的心情安葬了他，并为之立庙祭祀。

张顺、张贵带来的大批军用物资缓解了襄阳危机，但在元军重重封锁下，形势仍很严峻。张贵与郢州殿帅范文虎相约南北夹击，打通襄阳外围交通线。范文虎率五千精兵驰龙尾洲接应，张贵率所部出城会合范文虎。张贵按约定日期辞别吕文焕，率部顺汉水东下，临行检点人数，发现少了一名因犯军令而遭鞭笞的士卒，他知道计划已泄露，决定迅速行动，在元军采取措施前实现与范文虎会师。张贵军乘夜放炮开船，突出重围。阿术忙遣数万人阻截，封死江面。张贵军接近龙尾洲时，遥见龙尾洲方向旌旗招展，战舰无数，张贵以为是范文虎之接应部队，遂举火晓示，对方即迎火光驶来。等至近前，张贵才发现：哪里是什么范文虎，

尽是元军，他们接宋军叛卒告密，早占领了龙尾洲，专等张贵。于是两军在此处展开激战，由于元军是以逸待劳，宋军是长途跋涉，极度疲惫，结果宋军失败，张贵被俘，不屈就义。元军令四名宋降卒抬着张贵尸体到襄阳城下昭示宋军开城出降，吕文焕杀掉四个降卒，将张贵与张顺合葬，立双庙祭祀。

1272 年秋，元军为了尽快拿下襄樊，决定先攻樊城，襄、樊唇亡齿寒，樊城一失，襄阳即指日可下。1273 年初，元军从三个方向进攻樊城，忽必烈又遣炮匠至前线，造炮攻城。元军烧毁了樊城与襄阳间的江上浮桥，使襄阳宋军眼见樊城危急却只能望江兴叹。刘整率元军战舰抵达樊城城下，炮击塌城西南角，元军弃岸鼓噪而入城内。宋将牛富率军与元军展开巷战，终因势孤力单，牛富投火殉国。另一宋将天福见城告破，痛不欲生，拒降元军，也入火自焚，樊城失陷。

樊城沦落，襄阳更加危急。城中军民拆屋作柴烧，苦苦支撑。吕文焕数次遣人突围而出向朝廷告急，但宋朝奸相贾似道当权，对告急置之不理，却在皇帝耳边大言“天下太平”。1273 年农历二月，元骁将阿里海牙炮轰襄阳城。由于孤立无援，敌人攻势猛烈，城中人心动摇，城中将领纷纷出城投降。吕文焕自感大势已去，遂开城投降。

文天祥抗元

元军乘胜南下，眼看就要打到临安了。4 岁的皇帝赵㬎自然无法处理朝政，他祖母谢太后和大臣们一商量，赶紧下诏书，要各地将领带兵到临安救驾。诏书发到各地，响应的人寥寥无几，只有赣州的州官文天祥和郢州（今湖北钟祥）守将张世杰两人立刻起兵救援。

文天祥接到朝廷诏书，立刻招募了 3 万人马，排除种种干扰，领兵到了临安。右丞相陈宜中派他到平江（今江苏苏州）防守。这时候，元朝统帅伯颜已经渡过长江，3 路进兵攻取临安。其中一路从建康出发，越过平江，直取独松关（今浙江余杭）。陈宜中得到消息，马上命令文天祥退守独松关。文天祥刚离开平江，独松关已经被元军占领，想再回平江，平江也在这时陷落了。

谢太后和陈宜中惊慌失措，赶紧派了一名官员带着国玺和求降表到伯颜大营求和。伯颜却指定要南宋丞相亲自去谈判。陈宜中害怕被扣留，不敢到元营去，偷偷地逃往了南方。张世杰不愿投降，一气之下，带兵出海去了。谢太后无可奈何，只好宣布文天祥接替陈宜中做右丞相，让他到伯颜大营去谈判投降。

文天祥答应到元营去，但是他心里却另有打算。他带着大臣吴坚、贾余庆等到了元营，根本不提求和的事，反而义正词严地责问伯颜说：“你们究竟是想跟我朝友好呢，还是想存心消灭我朝？”

伯颜说：“我们皇上（指元世祖）的意思很清楚，没有消灭宋朝的打算。”

文天祥说：“既然是这样，那么请你们立刻把军队撤回。如果你们硬要消灭我朝，南方军民一定会跟你们打到底，那样对你们也不会有好处的。”

伯颜把脸一沉，用威胁的口气说：“你们再不老实投降，就饶不了你们。”

文天祥也气愤地说：“我是堂堂南宋宰相。现在国家危急，我已经准备拼死报答国家，哪怕刀山火海，我也毫不畏惧。”

文天祥像

文天祥的气势把伯颜的威胁顶了回去，周围的元将个个都惊呆了。之后，伯颜让别的使者先回临安去跟谢太后商量，却把文天祥扣留了下来。

随同文天祥到元营的吴坚、贾余庆回到临安，把文天祥拒绝投降的事向谢太后奏报了一番。谢太后一心想投降，便改任贾余庆做右丞相，到元营去求降。伯颜接受降表后，把文天祥请进营帐，告诉他宋朝廷已另外派人来请降。文天祥气得痛骂了贾余庆一顿，但是投降的事已无法挽回了。

1276年，伯颜带兵进入了临安，谢太后和赵㬎出宫投降。元军把赵㬎当作俘虏押往大都（今北京），文天祥也被一同押走。一路上，他一直在考虑怎样逃脱。路过镇江时，他和几个随从人员商量好，趁元军没防备之机，逃出了元营。

后来，扬州的宋军主帅李庭芝听信谣言，以为文天祥已经投降，便悬赏缉拿他。不得已，文天祥等人夜行日宿，历尽千难万险，从海口乘船到了温州。在那里，他听说张世杰和陈宜中在福州拥立新皇帝即位，就决定去福州。

文天祥复任右丞相兼枢密使。景炎二年（1277年），他进兵江西，收复州县多处，后因寡不敌众，败退广东，依旧坚持抵抗元兵。景炎三年（1278年）十二月，他在五坡岭（今广东海丰北）被俘。

投降元朝的张弘范劝说文天祥招降张世杰，他写了《过零丁洋》诗作为答复。元朝专横跋扈的宰相阿合马来威逼利诱，文天祥不为所动。后来，大臣陆秀夫背着南宋皇帝赵昺投了海，张世杰也以身殉职，南宋灭亡。

南宋灭亡以后，张弘范又劝文天祥投降，文天祥嗤之以鼻。到了元朝的大都以后，南宋的前丞相留梦炎、受封为瀛国公的宋恭帝赵㬎前来劝降，都碰了一鼻子灰回去了。文天祥的慷慨陈词、义薄云天让所有的人都无计可施。从这以后三年当中，他一直被关在阴暗潮湿的监狱中。在此期间，他读到投降元朝的弟弟和在监狱中的妻子儿女的来信。但他没有被百般的折磨吓倒，没有被千般的利诱迷惑，甚至没有被万般的亲情感动，始终没有投降，表现了自己的气节。1283年农历一月初八，元世祖忽必烈召见文天祥，进行最后一次劝降。文天祥回答说：“我是大宋的状元宰相，宋朝灭亡，我只能是死，不能活。”第二天就慷慨就义。

文天祥著有《文山先生全集》。他前期的诗文大多是应酬之作，赣州起兵以后，风格迥然不同，诗词散文都悲壮刚劲，被人传诵至今。

张世杰死守崖山

在临安被元兵占领、小皇帝赵㬎被俘虏去大都以后，南宋皇族和大臣陆秀夫护送赵昰的两个哥哥——9岁的赵㬎和6岁的赵昰逃到福州。陆秀夫派人找到张

世杰、陈宜中，把他们请到福州。3 个大臣一商量，便拥立赵昰即位，继续反抗元朝。

文天祥得到消息，感到有了兴国的希望，马上也赶到福州，在新的朝廷里担任枢密使。

十一月，元大将董文炳率兵攻进福建，赵昰被张世杰和陆秀夫等人护送到海上，到达惠州。十二月，赵昰又坐船下海，途中被元军袭击，因惊吓过度而患病，第二年四月在碙州（今湛江东南硇州岛）病逝，时年 11 岁。

赵昰死后，张世杰又拥立赵昺即位，改元祥兴。至元十五年（1278 年）六月，雷州（今海康）被元军攻破，张世杰带着赵昺撤到崖山（在今广东新会），开始建筑工事，企图凭借险要地形久守。

元世祖担心，如果不迅速扑灭南方的小朝廷，会有更多的宋人响应，就派张弘范为元帅，李恒为副帅，带领 2 万精兵，分水陆两路南下。

张弘范先派兵攻打驻守在潮州的文天祥。不久，文天祥便因兵少势孤，兵败被俘了。

崖山地处我国南面海湾里，背山面海，地势十分险要。张世杰在海上把 1000 多条战船一字排开，用绳索连接起来，船的四周还筑起城楼，决心跟元军决一死战。

张弘范先用火攻，失败后，就用船队封锁海口，断绝了张世杰通往陆地的交通。宋军忍饥挨饿，誓死抵抗，双方相持不下。

这时候，元军副统帅李恒也从广州赶到崖山跟张弘范会师。张弘范增加了兵力，重新组织力量进攻。他把元军分为 4 路，围攻宋军。张世杰知道大势已去，急忙把精兵集中在中军，又派人驾驶小船去接赵昺，准备组织突围。

赵昺的坐船由陆秀夫保护着，他对张世杰派出来接赵昺的小船弄不清是真是假，担心小皇帝落在元军手中，就拒绝了使者的要求。他对赵昺说："国家到了这步田地，陛下也只好以身殉国了。"说着，就背着赵昺跳进了大海，淹没在滚滚波涛里了。

张世杰没有接到赵昺，便指挥战船，趁着夜色朦胧，突围撤退到海陵山。这时候，海岸又刮起了飓风，把张世杰的船打沉了，这位誓死抵抗的宋将落水牺牲。南宋的最后一支军队覆没，至此宋朝彻底灭亡。

1279 年农历二月，元朝统一了中国。

管理西藏

西藏在元朝称为吐蕃，1260 年忽必烈封八思巴为帝师，统领全国佛教，兼管吐蕃军民世俗事务，成为西藏地区最高的宗教领袖和行政首领。

至元二十年（1283 年）元廷设总制院，1288 年更名为宣政院，协助帝师管理全国佛教及吐蕃事务，属一品官的高级官署。由于它享有自选官吏的特权而成为一个相对中书省、枢密院、御史台之外的任官系统，具有政教合一制的特点。自此，西藏开始作为有效的中央管辖区，成为中国领土不可分割的一部分。

马可·波罗来华

元世祖在位时期，中国是世界上最强大最富庶的国家，西方各国的使者、商人、旅行家纷纷慕名来中国观光，其中最有名的要数马可·波罗。

马可·波罗的父亲尼古拉·波罗和叔父玛飞·波罗是威尼斯的商人，兄弟俩常常到国外去做生意。有一次，忽必烈的使者在布哈拉经过，见到这两个欧洲商人，感到很新奇，便邀请他们一起来到上都（今内蒙古自治区多伦县西北）。忽必烈听说来了两个欧洲客人十分高兴，把他们召进行宫，进行亲切交谈。

忽必烈从他们那儿听说了一些欧洲的情况，要他们回欧洲给罗马教皇捎个消息，请教皇派人来传教。两人就告别了忽必烈，离开了中国。他们在路上走了 3 年多，才回到威尼斯。那时候，尼古拉的妻子已经死去，留下了已经 15 岁的孩子马可·波罗。

马可·波罗听父亲和叔父说起中国的繁荣景象，心驰神往，央求父亲带他一块儿去中国。

尼古拉兄弟拜见了教皇，随后带着马可·波罗到中国来。路上又花了 3 年多时间，在 1275 年到了中国。那时候，忽必烈已经即位称帝，听说尼古拉兄弟来了，便派人到很远的地方迎接，一直把他们接到上都。

尼古拉兄弟带着马可·波罗进宫拜见元世祖。元世祖看着英俊的马可·波罗，连声说："你来得太好了。"当天晚上，元世祖特地在皇宫里举行宴会，欢迎他们。后来，又把他们留在朝廷里办事。

马可·波罗聪明伶俐，很快学会了蒙古语和汉语。元世祖见他进步这样快，十分赏识他。没有多久，就派他到云南去办事。马可·波罗每到一处，都留心观察风俗人情。回到大都，就详细向元世祖汇报，元世祖高兴地夸奖马可·波罗能干。马可·波罗在中国整整住了 17 年，被元世祖派到许多地方视察，还经常出使到国外。

马可·波罗回国后，向人们讲述了东方和中国的情况。有一个名叫鲁思梯谦的作家，把马可·波罗讲述的事记录下来，编成一本叫作《马可·波罗游记》（一名《东方闻见录》）的书。在这本游记里，马可·波罗把中国的著名城市都做了详细的介绍，称颂中国的富庶和文明。这本书一出版，便激起了欧洲人对中国文明的向往。

从那以后，中国和欧洲人、阿拉伯人之间的来往更加密切。阿拉伯的天文学、数学、医学知识开始传到中国来；中国古代的三大发明——指南针、印刷术、火药，也传到了欧洲（中国的另一个大发明造纸术传到欧洲要更早一些）。

马可·波罗像

《马可·波罗游记》书影

红巾军大起义

元朝从成宗以后，又传了 9 个皇帝，皇室斗争日趋激烈，政治也越来越腐败，人民生活在水深火热之中。最后一个皇帝元顺帝妥欢帖睦尔即位后，荒淫残暴，百姓纷纷起来造反。

河北有个叫韩山童的农民，聚集了不少受苦受难的百姓，后来慢慢发展成了白莲会（一种秘密宗教组织）。韩山童对他们说："佛祖见天下大乱，将要派弥勒佛下凡，拯救百姓。"

正巧这时黄河在白茅堤决口，两岸百姓遭受了严重的水灾。1351 年，元王朝征发了汴梁（今河南开封）、大名（今属河北）等地民工 15 万和兵士 2 万人，到黄陵冈（今山东曹县西南）开挖河道，疏通河水。

韩山童决定利用这个机会起事。他先派几百个会徒去做挑河民工，在工地上传播一支民谣："石人一只眼，挑动黄河天下反。"

民工们不懂这首歌谣是什么意思，开河开到了黄陵冈，有几个民工忽然挖出一座石人来。大家好奇地聚拢来一瞧，只见石人脸上正是一只眼，都禁不住呆住了。这件新鲜事很快地在十几万民工中传开，大家心里想，民谣说的真的应验了，既然石人出来了，天下造反的日子自然也来到了。

不用说，这个石人是韩山童事先派人偷偷地埋在那里的。百姓被鼓动起来了。韩山童便挑选了一个日子，聚集起一批会徒，杀了一匹白马、一头黑牛祭告天地。大家都推举韩山童做领袖，号称"明王"，并约定日子，在颍州颍上（今安徽阜阳、颍上）起义，起义军用红巾裹头作为标记。然而正在歃血立誓的时候，有人走漏了消息。官府派兵士抓走了韩山童，押到县衙杀了。韩山童的妻子带着他儿子韩林儿，逃脱了官府追捕，到武安（今河北武安）躲了起来。

韩山童的伙伴刘福通逃出包围，把约定起义的农民召集起来，攻占了颍州等地。在黄陵冈开河的民工得到消息，也杀死了河官，纷纷投奔刘福通。起义兵士头上裹着红巾，百姓就把他们称作"红军"，历史上称作"红巾军"。不到 10 天的工夫，红巾军已经发展到 10 多万人。

刘福通的红巾军陆续攻下了一些城池。江淮一带的农民早就受到白莲会的影响，也纷纷响应刘福通起义。

1354 年，元顺帝派丞相脱脱动用了西域、西番的兵力，号称百万，围攻占领高邮的张士诚起义军。起义军正处在危急存亡之时，元王朝突然发生内乱，脱脱被撤掉官爵。元军失去了统帅，不战自乱，全军崩溃。

第二年二月，刘福通把韩山童的儿子韩林儿接到亳州（今安徽亳县）正式称帝，国号宋，称韩林儿为小明王。

刘福通是反抗元朝统治斗争中伟大的农民起义领袖，他率领新兴的武装力量，打击了军事力量强大的元王朝。元朝把亳州大宋政权看作是心腹大患，令丞相脱脱率大军前往镇压。为了避开元军的攻击。1358 年，刘福通攻陷汴梁恢复宋的首都后，分三路向蒙古进兵，发动总攻。其中毛贵的东路军一直打到元大都城下。

刘福通亲自率领大军攻占了汴梁，然后把小明王韩林儿接来，定汴梁为都城。

元王朝不甘心失败，纠集地主武装加紧镇压红巾军，致使三路北伐军先后失利，汴梁重新落在元军手里。元王朝又用高官厚禄招降了张士诚。刘福通保着小明王逃到安丰（今安徽寿县）后，受到张士诚的袭击，1363 年，刘福通战死。北方红巾军失败后，南方红巾军还在活动。元朝在农民起义军的打击下，灭亡近在眼前。

处于南北红巾军之间的朱元璋，利用这一有利条件，按照徽州老儒朱升提出的“高筑墙，广积粮，缓称王”的建议，自 1356 年占领集庆（今江苏南京）后，先后削平了陈友谅、张士诚、明玉珍等势力，势力扩张到苏南、浙江、安徽一带。刘福通战死后，朱元璋救出皇帝韩林儿，将其迎往滁州（今属安徽）。1366 年，朱元璋命令廖永忠迎韩林儿至应天府（今江苏南京），途中韩林儿落水淹死。最后，朱元璋命令大将徐达挥师北上，推翻了元朝统治，于 1368 年建立了明朝。

二、元朝的经济贸易

农业的发展

元朝统一后，元世祖很重视农业的发展。他下令保护农田，禁止侵占农田作为牧场，并设立劝农司、司农司、营田司等管理农业的政府机构。颁行《农桑辑要》指导农业，成立村社对促进农业发展起了重要作用。在措施的实施和人民的努力下，屯田大规模地铺开，水利的兴修更使农业生产得到快速的恢复和发展。

棉纺织业的发展

棉纺织业作为新兴的行业，在元代大有发展。到元朝中后期，棉花已在全国广泛种植。棉纺织业作为一种农村的家庭副业，也在江南地区普遍发展起来。在这一技术的迅速发展中，黄道婆做出了巨大的贡献。黄道婆是松江府乌泥泾人，曾流落到崖州（今海南），因此学到那里的纺织技术。元成帝贞元年间（1295—1297 年），她随船返回故乡，将造、捍、弹、纺、织等一整套工具的制作方法及织布中使用的颜色搭配、综线挈花等技艺传授开来。织成的被、褥、带等的各种纹样、图案，色彩鲜艳，远近闻名，并在长江流域得到推广，使这一地区棉纺织技术出现了一次突飞猛进的发展。松江一度成为全国的棉纺织业中心。此后，棉织品逐渐普及为普通人民的服装材料。元代纺织业的发展，与棉纺织业技术的革新和普及是分不开的。黄道婆为中国棉纺织业的发展做出了巨大贡献。

元代大运河

元朝灭南宋后，仍依靠旧运河进行水陆运输，其路线由长江辗转入淮河，逆黄河而上达滦旱站（今河南封丘西南、黄河北岸），陆运 180 里至淇门（今河南浚县西南），入御河（今卫河），再运至大都。这条隋唐以来的运河旧道，因历经变迁，久不通畅，漕运诸多不便，所以元朝政府着手陆续修凿大运河。至元三十

年(1293年)，通州至大都的通惠河开通，至此，大运河全线贯通。它以杭州为起点，以今北京的积水潭为终点，全长超过1790千米，依次为：通惠河、通州运粮河、御河、会通河、济州河、扬州运河、江南运河。大运河经过了今北京、河北、天津、山东、江苏、浙江六省市，把海河、黄河、淮河、长江和钱塘江五大水系联系成一张统一的水运网，成为我国古代南北交通的主动脉。

海外贸易

至元十四年(1277年)，元朝先后在泉州、庆元(今浙江宁波)、上海、澉浦(今浙江海盐县南)、广州、温州、杭州设置了七个市舶司。其中泉州是对外贸易的最大商港，由此出口纺织品、陶瓷等日常生活用品，进口丁香、豆蔻、胡椒、钻石、珠宝等。

元朝的海上贸易关系十分广泛，同亚、非、欧各国的交往频繁。外国人里，最著名的是意大利旅行家马可·波罗，回国后还撰写了《马可·波罗游记》。至元二十八年(1291年)，元朝政府着手制定了市舶法则，至元三十年（1293年)，又颁布《整治市舶司勾当》22条。市舶法明确规定了市舶司的职责，包括办理船舶出入港的手续、舶货的检验和收存、舶货的抽分和纳税等。市舶司由行省管辖，每个司设提举两人。征收舶税和市舶抽分时，往往有行省高级官员在旁边监督。市舶抽分和征收舶税成为元廷的重要财源之一。

三、元朝的科技与文化

天文学家郭守敬

元世祖忽必烈非常重视吸收汉族的人才，刘秉忠便是他重用的汉族大臣之一。将国号定为元就是他的主张，刘秉忠还向忽必烈推荐了著名科学家郭守敬。

郭守敬出生在河北邢台的一个学者家庭里，他的祖父郭荣学识渊博，对数学和水利都有深入的研究。郭守敬认真读书，刻苦钻研，进步很快。十五六岁时，他曾经看到一幅从石刻上拓印的莲花漏图(古代一种计时器)，没用多少时间，他就弄清了它的制造方法和原理。

元世祖统一全国以后，下令要修改历法，郭守敬和王恂受命主持这项工作。由于原有的天文观测仪器已经陈旧不堪，难以精确地观测天象，郭守敬便决定把创制天文仪器的工作放在首位。他说：“历法的根本在于测验，而测验是否精确，首先要有精密的仪器。”于是，他自己动手创制和改造天文仪器。在3年之中，郭守敬制成了简仪、圭表、仰仪等10多种天文仪器。

首先，郭守敬大胆地改革了圭表。圭表是我国古代发明的一种测量日影的工具，根据日影变化以决定春分、秋分、夏至和冬至等二十四节气。

郭守敬又创制了简仪。简仪是一种用来测量日、月、星座位置的天文仪器，它是郭守敬对西汉落下闳发明的浑仪改造而来的。郭守敬大刀阔斧地把浑仪几

个妨碍视线的活动圆环去掉，又拆除原来作为固定支架的圆环，改用柱子托住，这样既简单又实用，故称简仪。简仪制成于 1276 年，比欧洲发明同样类型的仪器要早 300 多年。

郭守敬不仅是一个天文学家，又是一个水利专家，他在水利方面所做的最大贡献是开凿了从大都到通州的“通惠河。”

1291 年—1293 年，郭守敬设计和实施了通惠河水利工程。工程解决了通州到大都间繁忙的漕运，其科学性、合理性和实用性方面都堪称水利工程的杰作。

有一年，成宗皇帝召郭守敬到上都（今内蒙古锡林郭勒盟正蓝旗北），商议开凿铁幡竿河渠的事。郭守敬认为这个地方降雨量大，年年有山水暴发，要开凿河渠，非得有六七十步宽不可。但是，负责官员嫌水利工程费用太大，不接受郭守敬的建议，在施工的时候，将郭守敬提出的宽度缩减了三分之一。结果，第二年大雨一来，山水凶猛下泻，淹没了许多人、畜、房子，差一点把皇帝的行宫也冲毁。成宗皇帝后悔莫及地说：“郭太史（郭守敬）真是神人，当初实在不该不听他的话呀！”

郭守敬在历法方面也有卓越的成就。他主持修订了《授时历》。按照《授时历》，一年的长度是 365.2425 天，仅与真实数值相差 26 秒，也就是 3300 多年才有 1 天的误差，和我们现在使用的公历在精确度上完全一致。《授时历》还给出了每经 1 黄道度的昼夜时间变化表格，其平均误差为 0.77 分钟。《授时历》在测算方法上更加精确：它创用了三次差内插法用于对日、月、五星运动不均匀改正等的计算上；创用了类似球面三角的方法用于对太阳视纬、黄赤道宿度及白赤道宿度变换的计算。

另外值得一提的是，为了修订精确的《授时历》，郭守敬组织了规模空前的全国范围内的天文测量工作。无论是从测点的数量，还是从分布的范围上，都远远超过了唐代的僧一行。

1303 年，元成宗颁布命令：凡 72 岁的官员都去职返乡，唯独郭守敬以纯德实学和为世师法得以继续留任。郭守敬一生坚持不懈地从事于科学实践，直到 86 岁高龄还在进行着研究。

套印版画

元代雕版印刷业兴盛，雕版印刷技术进一步发展和提高。彩色套印版画开始出现。在雕版印刷的佛教经籍中，无闻和尚所注的《金刚经注》，用朱墨套印，是继辽代漏印套色版画之后最早的雕版彩色套印版画。经注中《无闻老和尚注经处产灵芝》一图，刊于元顺帝至元六年（1340 年），比欧洲第一本彩色的雕版书《梅因兹圣诗篇》早 170 年。除此之外，元代版画还有建安虞氏在至治年间（1321—1324 年）刊印的由吴俊南、黄叔安等人绘刻的 5 种“平话”，即《武王伐纣》《七国春秋后集》《秦并六国》《续前汉书》《三国志平话》等。书中图画绘刻颇有连贯性，可说是中国连环版画的前身，体现了元代版画不仅题材广泛，而且绘、刻、印技术都有显著提高，为明、清版画的大发展，创造了多方面的有利条件。

《农桑辑要》

元初的几个皇帝比较重视农业，世祖忽必烈在继位的第二年便设立了主管农业的“司农司”，并命人编写了《农桑辑要》。该书由元大司农司编纂。成书于至元十年（1273 年）。参加编写或修订补充的有孟祺、畅师文、苗好谦等。内容大多辑自《氾胜之书》《四民月令》《齐民要术》，以及北宋末至元初的多种农书。全书 7 卷，分别论述各种作物的栽培及家畜、家禽、鱼、蚕、蜂的饲养。其中栽桑、养蚕各 1 卷，约占全书 1/3。书中对棉花和苎麻尤其提倡，认为应积极创造条件栽培，不受风土说限制。

元曲

元曲是元代文学艺术的代表，为杂剧和散曲的合称。杂剧始于两宋，盛于元代，是在宋杂剧、金院本和诸宫调的基础上，融歌舞艺术和说唱伎乐发展而成的一种新的戏曲形式。它将歌曲、宾白、舞蹈结合在一起，是一种综合艺术。见于史籍、文献记载的元杂剧名目约有 600 余种，现存 200 种；杂剧作家 200 人左右。前期杂剧作家主要活动在大都（今北京），著名剧作家及代表作品主要有关汉卿的《窦娥冤》、王实甫的《西厢记》、马致远的《汉宫秋》、白朴的《墙头马上》等。后期杂剧作家的活动中心在杭州。著名作家有郑光祖、乔吉、宫天挺、秦简夫等，主要作品有郑光祖的《倩女离魂》等。关汉卿、马致远、郑光祖、白朴被誉为“元曲四大家”。杂剧的题材十分广泛，有反对封建官府、追求爱情婚姻自由的内容，也有历史故事，还反映了少数民族的生活。散曲源于民间小曲和少数民族音乐，分小令、带过曲和套曲三种基本形式。前期散曲家有关汉卿、马致远、卢挚等，后期有张养浩、刘致、张可久、乔吉等。

关汉卿与《窦娥冤》

元朝初期，元世祖采取了许多促进生产发展的措施，使社会经济出现了繁荣的景象。但是，最大的受益者是那些蒙古的王公贵族和地主官僚，处于社会底层的贫民百姓在残酷的阶级压迫和民族压迫下，依然过着悲惨的日子。正是在这样的社会背景下，诞生了一个伟大的杂剧作家关汉卿。

关汉卿是元代伟大的戏曲作家，在中国戏曲史上占有举足轻重的地位，被后人列为“元曲四大家”之首。他的《窦娥冤》为元代杂剧杰出的代表作。

关汉卿，名不详，号已斋，又号一斋，大都（今北京）人。关于他的籍贯，有祁州（今河北安国）、解州（今山西运城）等多种不同的说法。

在元代杂剧四大家中，关汉卿为四人之首，艺术成就和历史地位很高。关汉卿多与当时大都一带的著名杂剧、散曲家及艺人来往，商酌文辞，评改作品，有时候还会亲自登台演出，在创作之余，过着“射践排场、面敷粉墨”的生活。

关汉卿钟爱戏曲艺术，把毕生的精力用在这一事业上。随着年龄的增长和许多严酷现实的磨炼，关汉卿对当时的黑暗社会有了清醒而深刻的认识。他把自己所看到或听到的民间悲惨遭遇，编写成杂剧，猛烈地抨击了官府的黑暗统治和社

会不公平现象。关汉卿一生所作剧本多达 60 多种，今存 18 种。从内容看，这些剧作可分为三类：社会公案剧、爱情婚姻剧和历史故事剧。

《窦娥冤》是关汉卿公案剧中的代表作，作品中人物刻画精湛细腻，戏剧冲突扣人心弦，反抗精神强烈鲜明。《窦娥冤》的全名是《感天动地窦娥冤》，主要情节说的是：

当时楚州（今江苏淮安一带）地方，有一个贫苦的女子名叫窦娥，3 岁就失去了母亲。7 岁时，她父亲窦天章为还清借债和筹集进京赶考的盘缠，欠了蔡婆婆几十两银子，便将女儿窦娥卖给蔡家做童养媳。窦娥到蔡家没两年，丈夫又生病死了，家里只剩下老少寡妇俩相依为命。

张驴儿是个流氓地痞，他看见蔡家婆媳无依无靠，就趁机要挟，逼迫蔡婆婆嫁给他父亲张老头。张驴儿见窦娥年轻美貌，欲娶她为妻。窦娥秉性刚强，坚决拒绝，还痛骂了张驴儿一顿。

张驴儿怀恨在心，企图用毒药害死蔡婆婆，以便强娶窦娥，不料，却把自己贪嘴的父亲给毒死了。张驴儿嫁祸于人，把毒死他父亲的罪名栽到了窦娥的身上，告到了楚州衙门。

楚州的知府是一个见钱眼开的官吏，背地里被张驴儿买通了。窦娥怕连累婆婆，只好含冤招了供。

在赴刑场的路上，窦娥满腹冤屈无处去申诉，于是她喊出了“衙门自古向南开，就中无个不冤哉”的强烈抗议。临刑时，她指着天发了三桩誓愿：血溅丈二白练、六月飞雪、楚州三年大旱。她的三桩誓愿震动了天地，件件应验了。

后来，窦娥的父亲窦天章在京城做了大官，窦娥的冤案得到了昭雪，杀人凶手张驴儿被判处死罪，贪官知府也得到了惩处。

窦娥不向黑暗势力低头，坚贞不屈的顽强斗志，代表了当时人民的精神面貌，反映了在封建统治下，无数含冤受苦的百姓申冤报仇的强烈愿望。

关汉卿的爱情婚姻剧中最著名的是《救风尘》。汴梁妓女宋引章与秀才安秀实相恋，在富商周舍的引诱下她改变了意愿，嫁给了周舍。她一嫁过去就遭到了非人的折磨，她只得求助于赵盼儿。赵盼儿盛装来到周舍家，说自己要嫁给他，让他休掉宋引章。周舍信以为真，休掉了宋引章，把休书给了赵盼儿。周舍发现中计，追回宋引章，扯碎了从宋引章那里骗来的休书，还把两人拉到官府，状告赵盼儿诳骗他的妻子。可是赵盼儿拿出真正的休书，反告周舍强占民妻，官府最后判周舍有罪，并把宋引章判给安秀实，以颇富喜剧色彩的结果收场。

《单刀会》是关汉卿历史剧中的代表作。剧作描写了三国时期蜀国关羽和吴国鲁肃之间为了荆州而展开的一系列斗智斗勇的故事。曲文沉浑苍凉，意境阔大豪迈，被称为一时之秀。

关汉卿的杂剧创作丰富了中国古代文学的宝库。他的杂剧以思想性和艺术性的完美统一，得到了国内外广大人民的喜爱和推崇。

《水浒传》

在元明之际，出现了一部英雄传奇《水浒传》，它描写了北宋末年以宋江为首的农民起义的英雄故事。这支武装有首领36人，在现在的山东、河北一带所向披靡，后来被张叔夜伏击而降。宋江等人的传奇性事迹不久就在民间广为流传，并发展为话本和杂剧等艺术形式。

施耐庵，元末明初人，曾在钱塘（今浙江杭州）生活，民间传说他也曾参加过张士诚领导的农民起义。《水浒传》真实地描绘当时政治腐败、奸臣当道、民不聊生的社会全貌。而开篇即写高俅发迹，更是对“乱自上生”的绝好注脚。高俅只不过是一个流氓无赖，却因为会踢球而飞黄腾达，进而鱼肉百姓，陷害林冲等人。而他的后台就是宋徽宗。《水浒传》通过这个典型事例令人信服地写出了由昏君佞臣组成的统治集团对人民的压迫，这才是人民起义的主要原因。

《水浒传》人物基本上都是出于艺术虚构，梁山英雄里有帝王子孙、富豪将吏、书生铁匠，乃至猎户渔人、屠儿刽子，却几乎没有真正的农民。因此，梁山英雄的个性就比较多地反映了市民阶层的人生向往。用正统的眼光来衡量，梁山好汉只能算是盗贼流寇。小说要歌颂他们，并为人们喜爱，就必须为他们的行为提出一种合乎社会传统观念的解释，赋予这些英雄好汉一种为社会所普遍认可的道德品格，而这种合法性和合理性就存在于“替天行道”和“忠义”准则。

《水浒传》在标榜“忠义”的同时，也承认金钱的力量，肯定物质享受作为基础的自由生活，表现出浓厚的市井意识。晁盖、宋江、卢俊义、柴进这些人凝聚力和号召力最主要的基础就是有钱而又能“仗义疏财”。事实上，“义”要通过“财”来体现，否则宋江等人在集团中的聚合力也就无法存在。

《水浒传》人物的基础是宋元话本，用的是纯粹的白话。《水浒传》堪称是中国白话文学的一座里程碑。《水浒传》的作者驾驭流利纯熟的白话，来刻画人物性格，描述场景，生动活泼。特别是写人物对话时，更是闻其声如见其人，以致有人说《水浒传》中的人物不是看出来的，而是“听”出来的。如李逵的粗豪、鲁智深的豪爽，武松刚毅而略带几分强悍，宋江慷慨背后却又谨小慎微等，都是由语言表现出来的。

元四家

黄公望、倪瓒、王蒙和吴镇，被称为“元四家”，都是醉心于山水创作并卓有成就的文人画家。多以江南山川风物为题材，画风、技法各有特色，形成了各不相同的意境和艺术语言，都能自成一家：黄公望的画意超迈苍秀，疏松苍逸；倪瓒的画格简淡冷寂，荒寒清旷；王蒙的画韵深秀苍茫，繁茂浑厚；吴镇的画风则沉郁清俊，朴茂温润。四家中以黄公望最年长，成就最高，对后世特别是明、清文人画影响最大，被称为“元四家之冠”。

第九章

明朝的集权与裂变

从 1368 年正月初四，朱元璋在应天府 (今南京) 正式建国称帝起，到 1645 年弘光政权覆灭，共 278 年，明先后经历了 16 个皇帝。明太祖即位后，又经过 20 年征战，统一了全国。疆域东北达日本海，西达哈密，北达乌第河。崇祯十七年 (1644 年)，李自成领导的起义军攻占北京，宣告了明朝的彻底灭亡。

一、明朝恢复华夏统一

明朝的建立

元至正二十八年（1368 年）正月四日，朱元璋在应天（今南京）即皇帝位，定国号为“大明”，年号洪武，以李善长、徐达为左、右丞相，设官分职，封赏文武百官，开始了明朝的统治。同年八月二日，徐达率大军攻入大都，元顺帝北逃，至此结束了元朝 98 年的统治。明朝建立后，朱元璋一方面肃清政治，招贤纳士，积极劝课农桑，发展经济；另一方面继续完成全国的统一。他采取了先西北、再西南、后东北的作战策略。洪武元年（1368 年）八月西征山西，败元将扩廓帖木儿。次年二月，攻打陕西，建西安府。洪武四年（1371 年）正月，兵分两路进取四川，败夏明升。洪武十五年（1382 年）平定云南。洪武二十年（1387 年）进军东北，征服纳哈出，并且于二十一年（1388 年）四月，蓝玉袭破元嗣君脱古思帖木儿的精兵十多万人，从此，东北全境也纳入了明朝的版图。

明朝建立后，其统治者费时 20 余年，终于完成了全国的统一大业，促进了华夏文明的重建与发展。

朱元璋

朱元璋，至正十三年（1353 年）红巾起义爆发后投身郭子兴部下为兵，以战功由九夫长而做总管，逐渐成为郭部红巾军的一位中下级指挥官。至正十五年（1355 年），刘福通迎韩林儿于亳州，建立宋政权，朱元璋被任命为左副元帅。次年，郭子兴死后，朱元璋以大元帅独立掌军，一举攻下集庆，改为应天府。此后，他采纳谋士朱升“高筑墙、广积粮、缓称王”的建议，在群雄并起的环境中不断发展壮大。一方面刘福通所部红巾军被消灭，元朝的军事力量消耗殆尽；另一方面徐寿辉与张士诚互相争斗，两败俱伤。此时，积聚了相当实力的朱元璋却脱颖而出。他在军事上制定了各个击破的正确战略。1363 年，朱元璋与陈友谅在鄱阳湖进行决战，打败陈友谅。朱元璋自称吴王。1366 年，朱元璋正式与红巾军决裂，派人把韩林儿沉入江中溺死。1367 年，先后打败张士诚、方国珍、陈友定。1368 年正月，朱元璋在应天称帝，建立明朝。其后明军北伐，灭亡元朝。

和尚皇帝

在刘福通带领红巾军征战的同时，据守在濠州（安徽凤阳县临淮镇）的郭子兴领导的红巾军也在日益壮大。濠州虽处在元军的包围中，但义军将士们英勇不屈，众志成城，使元军无计可施。

一天，在凛冽的寒风中，匆匆赶来了一位衣衫褴褛的年轻和尚。城卫怀疑他是元军的奸细，一面将他捆在拴马桩上，一面派人去通报元帅郭子兴。郭元帅闻讯赶到城门，只见绳索紧缚的和尚相貌奇伟、气度非凡，心里不禁暗暗称绝。此人便是后来的大明开国皇帝朱元璋。

朱元璋祖籍江苏沛县，本名朱重八。当时布衣百姓一般都不取正式名字，只用行辈或父母年龄合计数作为称呼。

朱元璋像

朱元璋小时候一有空就跑到皇觉寺去玩耍，这寺内的长老见他聪明伶俐，讨人喜欢，便抽空教他识文认字。朱元璋天赋过人，过目不忘，天长日久，便也粗晓些古今文字了。

朱元璋17岁那年，淮北发生旱灾、蝗灾和瘟疫，他的父母、长兄在不到半个月的时间里相继死去，乡里人烟稀少，非常凄凉。朱元璋走投无路，只好剃发进了皇觉寺，当了一个小行僧，整天扫地上香，敲钟击鼓，还经常受到那些老和尚的训斥。为了混口饭吃，朱元璋只好忍气吞声。

后来，灾情越来越严重，靠收租米度日的皇觉寺再也维持不下去了。主持只好把寺里的和尚一个个打发出去云游化斋，自谋生路。进寺刚刚50天的朱元璋也只得背上小包袱，一手拿木鱼，一手托瓦钵，穿城越村，加入了云游僧人的队伍。

云游中，朱元璋目睹了混乱不堪的世事，对当时的社会有了深刻的认识，人生经验也大大丰富。他决定广泛交游，等待出人头地的时机。3年后，他回到了皇觉寺，不久，接到了已在郭子兴部队当了军官的穷伙伴汤和的来信，邀他前去投军。于是他连夜奔往濠州城。在征战过程中，朱元璋知人善任，为人豁达大度，文士冯国胜、李善长等为他出谋划策，英勇善战的常遇春、胡大海也来投奔他。攻下滁州和和州（今安徽巢湖和县）后，他整顿军纪，申明纪律，禁止军队抢掠奸淫，因此深得百姓的拥护。郭子兴死后，朱元璋被升为左副元帅，第二年，他率众占领建康，成为红巾军内部一支力量强大的武装力量。

此后，朱元璋逐渐把郭子兴的旧部全部纳入自身旗下，并以建康为根据地，不断扩充势力。当时，在他北面的刘福通、韩林儿所率红巾军正受到地主武装的袭击；西面的徐寿辉被部将陈友谅所杀，陈友谅不能服众，将士离心；南面的明玉珍因为不服陈友谅的领导，在四川自立，国号大夏；东面的张士诚和方国珍受到元政府的劝诱，接受了元的官号。元朝的主力指向刘福通等人，朱元璋便趁机在浙东发展，逐渐控制了皖南、浙东地区。

由于红巾军内部的分裂腐化和元政府的镇压，刘福通一部在1363年时兵败，刘福通牺牲，红巾军力量削弱，起义失败。朱元璋这时占据浙东，发展生产，罗致人才，巩固统治，实力渐渐壮大。

鄱阳湖大战

当朱元璋向南方发展势力的时候，遇到了一个强敌名叫陈友谅。陈友谅占据江西、湖南和湖北一带，地广兵多，自立为王，国号叫汉。1360年，他率领强大的水军，从采石沿江东下，进攻应天府，想一下子吞并朱元璋占领的地盘。

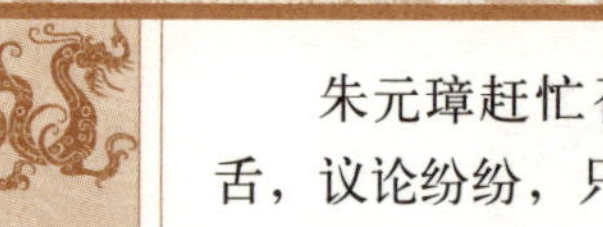

朱元璋赶忙召集部下商量对策。大家七嘴八舌，议论纷纷，只有新来的谋士刘基待在一旁，一声不吭。

朱元璋犹豫不决，散会后，把刘基单独留下来，问他有什么主意。刘基说："敌人远道而来，我们以逸待劳，还怕不能取胜？您只需用一点伏兵，抓住汉军的弱点痛击，就可以打败陈友谅了。"朱元璋听了刘基的话，非常高兴。

朱元璋有个部将康茂才，跟陈友谅是老相识。朱元璋把康茂才找来，和他定下了引陈友谅上钩的计策。

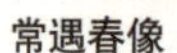

康茂才回到家里，按照朱元璋的吩咐写了封信，连夜叫老仆去采石求见陈友谅。陈友谅见了这封信，并不怀疑，问老仆说："康公现在在什么地方？"

老仆回答说："现在他带了一支人马，在江东桥驻守，专等大王去。"

常遇春像

1361 年，常遇春随同朱元璋等率舟师进入鄱阳湖，与陈友谅进行了 36 天的大恶战。在这次战役中，常遇春功勋卓著。

陈友谅连忙又问："江东桥是什么样子？"老仆说："是座木桥。"

陈友谅在老仆走后，立刻下令全体水军出发，由他亲自带领，直驶江东桥。没想到到了约定地点，竟没见木桥，只有石桥。

一霎间，战鼓齐鸣，朱元璋安排在岸上的伏兵一起杀出，水港里的水军也加入战斗。陈友谅遭到突然袭击，几万大军一下子溃败下来，被杀死的和落水淹死的不计其数。此后，朱元璋的声势越来越大。

1363 年农历四月二十三日，陈友谅趁朱元璋率军北援安丰（今安徽寿县）红巾军、江南空虚之机，挥师号称 60 万，取道水路，围攻洪都（今南昌），并占领吉安、临江、无为州。守将朱文正率军奋力固守，坚持两月，并派人向朱元璋告急。朱元璋闻讯后，令朱文正继续坚守，以疲惫消耗陈军，随即亲率水军 20 万于七月六日救援洪都。陈友谅围攻洪都 85 天不克，闻朱元璋来救，即撤围移师鄱阳湖准备决战，朱元璋十六日亦进至鄱阳湖口。

为把陈军困于湖中，朱元璋先部署一部分兵力扼守泾江口和南湖嘴，切断陈友谅归路；又调信州（今江西上饶）兵守武阳渡（今南昌东），切断陈军侧后；然后亲率水师由松门（今江西都昌南）进入鄱阳湖，形成关门打狗之势。

二十日，两军在康郎山（今江西鄱阳湖内）水域遭遇。陈军巨舰联结布阵，展开数十里，颇有气势。但睿智的朱元璋看出其首尾相接、不利进退的弱点，于是将己方舰船分为 20 队，每队都配备大小火炮、火铳、火蒺藜、神机箭和弓弩。命令各队接近敌舰时，先发火器，再射利箭，继以短兵相搏。次日，双方激战开始。朱元璋爱将徐达身先士卒，率舰队奋勇冲击，击败陈军前锋，毙敌 1500 余人，

缴获巨舰一艘。俞通海乘风发炮，焚毁20余艘陈军舰船，陈军死伤甚众，朱军伤亡也不少。战至日暮，双方鸣金收兵，战斗告一段落。

二十二日，陈友谅率全部巨舰出战。朱军因舟小，不能正面进攻，接连受挫。下午，东北风起，朱元璋纳部将郭兴的建议，改用火攻。他选择敢死士驾驶7艘渔船，船上装满火药柴薪，逼近陈军舰队，顺风放火，一时风急火烈，迅速蔓延，湖水尽赤。陈军巨舰被焚数百艘，死者过半，陈友谅弟陈友仁、陈友贵及大将陈普略均被烧死。朱元璋挥军乘势猛攻，又毙敌2000余人。二十三日，陈友谅瞅准朱元璋旗舰发起猛攻。朱元璋刚刚移往他舰，原舰便被陈军击碎。二十四日，俞通海等率领6疾舰突入陈军舰队，勇往直前，如入无人之境。朱军士气振奋，再次猛烈攻击。陈友谅不敢再战，转为防御。为控制长江水道，当晚，朱元璋进扼左蠡（今江西都昌西北），陈友谅亦退至渚矶（今江西星子南）。

相持3天，陈友谅屡战屡败；陈军左、右金吾将军见大势已去，投降朱元璋，陈军军心动摇，形势越发不利。朱元璋乘机致书陈友谅劝降，陈为泄愤，尽杀俘虏；而朱元璋却反其道而行之，放还全部俘虏，并悼死医伤，以分化瓦解敌军。为阻止陈军逃遁，朱元璋移军湖口，命常遇春率舟师横截湖面，又在长江两岸修筑木栅，并置火筏于江中。陈友谅被困湖中一个月，军粮殆尽，将士饥疲，于是孤注一掷，冒死突围。八月二十六日，陈友谅由南湖嘴突围，企图进入长江，退回武昌，却陷入朱军的包围。陈军复走泾江，又遭朱军伏兵截击，陈友谅中箭身死。残部5万余人于次日投降朱元璋，只有张定边逃回武昌。1364年农历二月，朱元璋兵抵武昌，陈友谅子陈理投降，朱元璋的势力扩大到两湖。

锦衣卫

明洪武十五年（1382年）四月，朱元璋废除仪鸾司，改立锦衣卫。锦衣卫作为皇帝侍从的军事机构，下设指挥使、指挥同知、指挥佥事、南北镇抚司镇抚、千户等职，指挥使由皇帝亲信心腹担任。

锦衣卫比以前的仪鸾司权力增大，除掌管侍卫职权外，还有巡察缉捕和审理诏狱的权力，实际上是明朝设立的特务组织。锦衣卫属下的镇抚司承办由皇帝命令查办的案件，他们用刑极为残酷，导致民情激愤、怨声载道。洪武二十年（1387年），朱元璋下令焚毁锦衣卫刑具，所缉囚犯也由刑部审理；同时下令内外狱都归三法司审理，废除了锦衣狱。但到了明成祖时期，锦衣卫又得以恢复，并由北镇抚司专门处理诏狱。

锦衣卫除拥有诸多特权外，还拥有大量田地。直到成化年间，他们的权势地位才有所削弱。

燕王进南京

明太祖杀了一些权位很高的大臣，把他的24个儿子分封到各地为王。明太祖认为这样做，可以巩固他建立的明王朝的统治，却不料后来引起了一场大乱。

明太祖60多岁的时候，太子朱标死了，朱标的儿子朱允炆被立为皇太孙。各地的藩王大都是朱允炆的叔父，眼看皇位的继承权落到侄儿的手里，心里不服气。特

别是明太祖的第4个儿子——燕王朱棣，他多次立过战功，对朱允炆更瞧不起了。

朱允炆的东宫里，有个官员叫黄子澄，是朱允炆的伴读老师。有一次，黄子澄见朱允炆一个人坐在东角门口，心事重重，便问他为什么发愁。朱允炆说："现在几个叔父手里都有兵权，将来如何管得了他们。"黄子澄跟朱允炆讲了西汉平定七国之乱的故事来安慰他。朱允炆听后，心总算放宽了一点。

1398年，明太祖死了，皇太孙朱允炆继承皇位，这就是明惠帝，历史上又叫建文帝（建文是年号）。当时京城里就听到谣传，说几位藩王正在互相串通，准备谋反。建文帝听了这个消息害怕起来，忙让黄子澄想办法。

黄子澄找建文帝另一个亲信大臣齐泰一起商量。齐泰认为诸王之中，燕王兵力最强，野心最大，应该首先把燕王的权力削除掉。黄子澄不赞成这个做法，他认为燕王已有准备，先从他下手，容易引发突变。于是，两人商量好先向燕王周围的藩王下手。建文帝便依计而行。

燕王早就暗中练兵，准备谋反。为了麻痹建文帝，他假装得了精神病，成天胡言乱语。齐泰、黄子澄不相信燕王有病，他们一面派人到北平（今北京）把燕王的家属抓起来，一面又秘密命令北平都指挥使张信去捕燕王，还约定燕王府的一些官员做内应。不料张信是站在燕王一边的，反而向燕王告了密。

燕王是个精明人，知道建文帝毕竟是法定的皇帝，公开反叛，对自己不利，就说要帮助建文帝除掉奸臣黄子澄、齐泰，起兵反叛。历史上把这场内战叫作"靖难之变"（靖难是平定内乱的意思）。

这场战乱，差不多打了3年。到了1402年，燕军在淮北遇到朝廷派出的南军的抵抗，战斗进行得十分激烈。有些燕军将领主张暂时撤兵，燕王却坚持打到底。不久，燕军截断南军运粮的通道，发起突然袭击，南军一下子垮了。燕军势如破竹，进兵到应天城下。

过了几天，守卫京城的大将李景隆打开城门投降。燕王带兵进城，只见皇宫火光冲天。燕王派兵把大火扑灭时，已经烧死了不少人。他查问建文帝的下落，有人报告说，燕兵进城之前，建文帝下令放火烧宫，建文帝和皇后都跳到大火里自焚了。

随后，燕王朱棣即了位，这就是明成祖。七月初一，朱棣于南郊大祀天地后，回到奉天殿，诏令当年六月以后，仍以洪武三十五年为纪，第二年（1403年）为永乐元年。建文帝所改易的祖宗成法，一律恢复旧制。七月初三，又诏令把建文时更定的官制改回洪武旧制。九月初四及次年五月，朱棣先后两次赐封靖难功臣。十一月十三日，朱棣册立妃徐氏为皇后。

朱棣即帝位后，为了巩固自己的皇位，又进行了大量的充满血腥的屠杀活动。他将建文帝亲信大臣50余人列为奸臣，悬赏捉拿。捉住后，不仅将其本人杀害，而且还株连九族。

明成祖削藩

明成祖即位后，继续执行巩固专制主义中央集权的政策。他在恢复诸王爵禄后，暗中开始"削藩"。他先将边塞诸王迁回内地，减少诸王的护卫，同时收回诸王、

将帅、卫所军的节制指挥权；重申不许诸王擅役军民吏士的禁令，不许过问地方事务；对犯有过失的诸王，先以书诫谕，继而示以惩罚，最后或废为庶人或加以惩治。这一策略的实施削弱了诸藩王的势力，军政大权得以掌控。明成祖于永乐十九年（1421年）正月初一正式迁都北京，既巩固了北部边防，又进一步地控制了东北地区。

迁都北京

明迁都北京是由于北京一直是燕王封守之地，朱棣即皇位后于永乐十四年（1416年）十一月，命群臣商议营建工程事务。永乐十八年（1420年），北京宫殿建成。永乐十九年（1421年）正月初一，正式迁都北京。明北京城由紫禁城、皇城、京城、外城组成，紫禁城内的宫殿有精致的木雕、石雕、彩画和金光灿烂的琉璃瓦顶，集中了当时全国的优秀匠师设计的。它是我国保存得最完整、规模最宏大的帝王宫殿群。皇城的正门名承天门，气势磅礴，门前的宫廷广场上，点缀着汉白玉石桥、华表和石狮，增添了皇城的庄严端重气氛。京城，周围20公里，有9座城门。一条中轴线贯穿南北，两边街道和重要建筑左右对称。其间店铺林立，商业繁荣。后来京城南边加筑了手工业和商业区，是最繁华的街市，称为外城。

明成祖像　明宫廷画家绘

京杭大运河开通

京杭大运河，纵贯河北、山东、江苏、浙江四省。尽管历代王朝都曾疏通，但有些地段由于地势较高，水源不足，运河全线没有真正通航过。永乐九年（1411年），明成祖采纳济宁同知潘叔正的建议，变海运为漕运，征发民工30余万人，重新疏通会通河，于永乐十年（1412年）竣工，到永乐十三年（1415年）漕粮完全代替海运。这是明初的一项重大建设，促进了当时的经济发展。

八股文

八股文是明清科举制度所规定的一种应试文体，又称八比文、时文、四书文、制艺、制义等。

八股文要求文章必须有四段对偶排比的文字，共包括八股。全文由破题、承题、起讲、入手、起股、中股、后股、束股、大结等部分组成。其中“破题”两句，说破题目要义；“承题”用四五句承破题之意引申而言；“起讲”开始阐发议论；“入手”引入本题，为议论入手处；“起股”用四五句或八九句双行文字开始发议论；“中股”是全篇重点，必须尽情发挥；“后股”或推开，或垫衬，振起全篇精神；“束股”回应、提醒全篇而加以收束；“大结”为结束语。

八股文的题目一定要用《四书》《五经》的原文，内容必须以朱熹的《四书集注》等程朱学派注释为准，不得擅自生发，独出新论，严重束缚了读书人的思想。

明成祖远征漠北

元顺帝北逃后不久，蒙古族分裂成瓦剌和鞑靼两部。瓦剌和鞑靼经常南下侵扰明朝，严重威胁明朝西部和北部的安全。于是，明成祖先后五次亲征，深入漠北，攻打瓦剌和鞑靼。

永乐八年（1410 年），成祖亲率大军北征鞑靼。在斡难河（今鄂嫩河）击败鞑靼首领木里雅失，鞑靼称臣，明军胜利还师。永乐十二年（1414 年），成祖第二次亲征，重创瓦剌军。永乐二十年（1422 年），因鞑靼首领阿鲁台扰边，成祖第三次北征。阿鲁台远逃，成祖大败阿鲁台之羽翼兀良哈部，班师而回。永乐二十一年(1423 年），阿鲁台再次扰边，成祖第四次亲征。阿鲁台部众阿失帖木儿和鞑靼王子也先土干率部众归降。永乐二十二年（1424 年），阿鲁台侵犯大同，成祖第五次亲征。阿鲁台远遁，成祖遂下令班师。班师途中病死于榆木川（今内蒙古多伦西北）。

明成祖五次亲征，有力地打击了蒙古部族对明朝的侵扰和破坏。

土木之变

明成祖从他侄儿手里夺得皇位，怕大臣不服他的管制，便特别信任身边的宦官。这样一来，宦官的权力就渐渐大起来。到了明宣宗的时候，连皇帝批阅奏章也交给宦官代笔，宦官的权力更大了。

有一年，皇宫要招收一批太监。蔚州（今河北蔚县）人王振年轻的时候读过一点书，参加几次科举考试都名落孙山，便在县里当了教官。后来因为犯罪该判充军，听说皇宫招太监，就自愿进了宫，从而充了罪罚。宫里识字的太监不多，王振粗通文字，所以大家都叫他王先生。后来，明宣宗派他教太子朱祁镇读书。朱祁镇年幼贪玩，王振就想出各种各样法子让他玩得高兴。

宣宗卒时，朱祁镇仅有 9 岁，朝臣有人欲立襄王为帝。在大学士杨士奇、杨荣等人力争下，终使朱祁镇于正月初十即皇位，是为明英宗，以第二年为正统元年（1436 年）。二月，尊皇太后为太皇太后。太皇太后主持军政大事，下令停办所有不急之务，勉励幼小的皇帝好学上进。

这一做法致使仁宣时期政治较好的状况得以延续，“海内富庶，朝野清晏”“纲纪未弛”。同时，杨士奇、杨荣、杨溥等元老重臣依然在朝中发挥重大作用。他们遵从宣宗遗嘱，在太皇太后的领导下尽心辅佐幼主，对稳定明王朝政局、保持良好的局面，起到了重要的作用。

当时，侍奉朱祁镇读书的太监便是王振，他善于迎合朱祁镇的心理，深受朱祁镇赏识。朱祁镇即位后不久，王振便当上了司礼监太监，帮助明英宗批阅奏章。明英宗年少好玩，根本不问国事，王振趁机掌握了朝廷军政大权。朝廷大员谁敢顶撞王振，不是被撤职，就是被充军发配。一些王公贵戚都讨王振的好，称呼他

"翁父"。王振的权势如日中天。

这个时候，我国北方的蒙古族瓦剌部已经强大起来。1449 年，瓦剌首领也先派 3000 名使者到北京进贡马匹，要求赏金。王振发现也先谎报人数，而且还将进贡的马匹减少了，于是就削减了赏金。也先又为他的儿子向明朝求婚，也被王振拒绝。这一来，也先被激怒了，他率领瓦剌骑兵进攻大同。守大同的明将出兵抵抗，被瓦剌军打得溃不成军。

边境的官员向朝廷告急，明英宗召集大臣商量对策。大同离王振家乡蔚州不远，王振在蔚州有大批田产，他怕家产受损失，竭力主张英宗带兵亲征。兵部尚书邝埜（埜同野）和侍郎于谦认为朝廷准备不够充分，不能亲征。明英宗是个没主见的人，对王振言听计从，因此不顾大臣劝谏，就冒冒失失决定亲征。

明英宗叫他弟弟郕王朱祁钰和于谦留守北京，自己跟王振、邝埜等官员 100 多人，带领 50 万大军从北京出发，浩浩荡荡向大同开去。

过了几天，明军的前锋在大同城边被瓦剌军打得全军覆没，各路明军也纷纷溃退下来。明军退到土木堡（在今河北怀来东）时，太阳刚刚下山，有人劝英宗趁天没黑，再赶一阵，进了怀来城（今河北怀来）再休息，即使瓦剌军来了，也可以坚守。可是王振却想着落在后面装运他家财产的几千辆车子，硬要大军在土木堡停下来。土木堡名称叫作堡，其实没有什么城堡可守。不久，明军就遭到了瓦剌军的伏击。明军毫无斗志，丢盔弃甲，狂奔乱逃。瓦剌军紧紧追赶，被杀和被乱兵踩死的明军不计其数，邝埜在混乱中被杀死，祸国殃民的奸贼王振也被禁军将领樊忠一铁锤砸死。明英宗做了俘虏。历史上把这次事件称作"土木之变"。

此一战役，明军死伤数十万，文武官员亦死伤 50 余人。英宗被俘消息传来，京城大乱。廷臣为应急，联合奏请皇太后立郕王朱祁钰即皇帝位。皇太后同意众议，但郕王却推辞不就。文武大臣及皇太后正在左右为难之时，英宗秘派使者到来，传口谕命郕王速即帝位。郕王于九月初六登基，是为景帝，以第二年为景泰元年（1450 年），奉英宗为太上皇。瓦剌自俘虏明英宗，便大举入侵中原，并以送太上皇为名，令明朝各边关开启城门，乘机攻占城池。十月，攻陷白羊口、紫荆关、居庸关，直逼北京。

于谦守京城

英宗被俘的消息传到北京后，满朝文武大臣乱作一团，没有一个人能拿出好主意。翰林侍讲官徐珵主张走为上策，向南撤退。此时，朝中你一言，我一语，吵吵嚷嚷，毫无结果。正在关键时刻，兵部侍郎于谦挺身而出，他说："京都是国家的根本，如果朝廷一撤出，大势就完了，大家难道忘了南宋的教训吗？"

于谦（1397 年—1457 年），字廷益，浙江钱塘人。为永乐十九年（1421 年）进士，曾任监察御史、兵部侍郎、大理寺少卿、山西、河南巡抚、兵部尚书等职。

于谦的主张得到许多大臣的赞同。皇太后和郕王朱祁钰眼看在这关键时刻，能站出一位力挽狂澜的忠臣，当然满心欢喜，立即委以于谦兵部尚书的重任，让他负责指挥军民守城。

景泰元年（1450 年）九月，景帝即位不久，瓦剌军进逼宣府城下。于谦面对敌我兵力悬殊的态势，一面抓防卫，一面抓备战，大力征募新兵，调运粮草，赶制兵器，不到一个月，就征集了 20 万人马，做好一切迎敌的准备。

于谦像

十月，也先挟持着被俘的皇帝英宗攻破紫荆关，兵逼北京城。于谦主张先打掉也先的嚣张气焰，鼓舞士气。他调集了 22 万军队，做好迎战准备，并做了周密布置：都督王通、副都御史杨善率部守城，其余将士分别驻扎在 9 个城门外，列阵待敌。

明军副总兵高礼首先在彰义门外告捷，歼敌数百，夺回民众千人。狡猾的也先眼看明军有于谦等将领指挥，硬攻不能取胜，便变换手法，以送还英宗为名，准备诱杀于谦等人，但被于谦识破了。

也先见此计不成，便采取强攻。于谦不在正面与敌人拼杀，他派骑兵佯攻，把敌军引入伏击圈内，便用埋伏好的火炮轰击。瓦剌军伤亡惨重，也先的弟弟勃罗也在炮火中丧生。

瓦剌军围攻京都，屡遭挫败，进攻居庸关又遭守将罗通的抵抗。也先怕归路被明军切断，忙带着英宗向良乡（北京房山区东）后撤。明军乘胜追击，大获全胜。也先带着残兵败将逃回塞外。

北京之战，瓦剌军受到重挫，引起内部不和。

于谦迫使瓦剌于景泰元年释放英宗，并说服景帝迎英宗归国。他改革亲军旧制，创立团营，整肃军纪，加强训练，毫不松懈。他本人才识过人，忧国忧民，深受景帝器重。天顺元年（1457 年）正月，英宗复辟后，于谦被陷害致死。他曾有“粉身碎骨全不怕，要留清白在人间”的著名词句，不幸竟成为他自身的写照。后人辑他的诗文为《于忠肃集》流世。

宪宗即位后，为于谦平反，恢复官衔。孝宗即位后，又追赠其为太傅，谥肃愍，为他建“旌功祠”。后神宗改谥为“忠肃”。

杨一清除内患

弘治十八年（1505 年）五月，明孝宗朱祐樘去世，其长子朱厚照即帝位，以第二年为正德元年（1506 年），大赦天下，是为武宗。

明武宗统治时期的政治状况，与弘治时期恰恰相反，非常腐朽。朱厚照即位后，重用宦官刘瑾、马永成、谷大用、魏彬、张永、邱聚、高凤、罗祥等八人，时称“八虎”。这 8 名宦官每天引诱武宗耽于声色犬马之间。武宗纵情声色，不理政事，将批复奏章之事都交由刘瑾等人处理。刘瑾把持朝政之后，欺压百官，大发淫威，仁人志士纷纷辞职归乡。明王朝统治日趋腐朽。

正德二年（1507 年）八月，明武宗在刘瑾等宦官引导蛊惑下，开始修建豹房。武宗即位初，曾让宦官依照京师店铺在宫中设店，自己穿上卖货人的衣服出售货

物，碰到争议就叫宦官充当市正调解。在酒店中又有所谓当垆妇，供武宗淫乐。此次修建的豹房也是为他享乐而用，位于西华门侧。武宗日夜居于其中，命教坊乐工陪侍左右，纵情享乐。此后，武宗连宫殿也不去了。那些教坊乐工因得皇帝宠幸，皆不可一世，刘瑾等人更为嚣张。正德三年（1508 年）正月，刘瑾于退朝时发现了揭露自己罪行的匿名书，大怒，矫旨令百官跪在奉天门下受训，从正午到日暮，暴晒于烈日之下，不得随便移动。当时，有 10 余人当场昏倒，且渴死 3 人，之后又逮捕 300 人下锦衣卫狱。刘瑾生性凶残，杀官吏、老百姓无数，致使京城之中人人自危，无安宁之日。

1510 年，安化王朱寘鐇以反对刘瑾为名，发兵反叛。明武宗派杨一清指挥宁夏、延绥一带的军士，起兵讨伐朱寘鐇，又派宦官张永做监军。

杨一清本是陕西一带的军事统帅，因为他为人正直，不与刘瑾同流合污，被刘瑾诬陷迫害，后来经大臣们在皇上面前说情，才被释放回乡。这回明武宗为了平定藩王叛乱，才又重新任用他。

杨一清到宁夏时，叛乱已经被杨一清原来的部将平定，杨一清、张永把俘获的朱寘鐇押解去北京。杨一清早就有心把刘瑾除掉，他打听到张永原是“八虎”之一，刘瑾得势以后，张永和刘瑾产生分歧，就决心拉拢张永。

回京的路上，杨一清找张永密谈，说：“这次靠您的力量，平定了叛乱，这是值得高兴的事。但是铲除一个藩王容易，要解决内患可就难了。”

张永不解地说：“您说的内患是什么？”

杨一清靠近张永，用手指在掌心里写了一个“瑾”字。

张永看后，皱起眉头说：“这个人每天在皇上身边，耳目众多，要铲除他可不容易啊！”

杨一清说：“您也是皇上亲信。这次胜利回京，皇上一定会召见您。趁这个机会您把朱寘鐇谋反的起因向皇上奏明，皇上一定会把刘瑾杀了。如果大事成功，您就能名扬后世啦！”

张永犹豫了一下，说：“万一失败，怎么办？”

杨一清说：“如果皇上不信，您可以痛哭流涕，表明忠心，大事可成。不过这件事一定要快动手，晚了怕泄露机密。”

张永一到北京就按杨一清的计策，当夜在武宗面前揭发刘瑾谋反。明武宗命令张永带领禁军把刘瑾捉拿起来。刘瑾毫无防备，正躺在家里睡觉，禁军把他逮住后，打进大牢。

明武宗派禁军抄了刘瑾的家，抄出黄金 24 万锭、银元宝 500 万锭、珠玉宝器不计其数，还抄出了龙袍玉带、盔甲武器。明武宗龙颜大怒，立即下令处死了刘瑾。

海瑞罢官

严嵩掌权时，不仅他的自家亲戚，就连他手下的同党，也都是依仗权势作威作福之辈。上至朝廷大臣，下至地方官吏，谁敢不让着他们几分！

可是在浙江淳安县里，有一个小小的县官却能够秉公办事，对严嵩的同党也不讲情面。他的名字叫海瑞。

海瑞（1514 年—1587 年），自号刚峰，生性峭直严厉，不肯阿上，又清苦自律，力摧豪强，厚抚穷弱，所以深受百姓拥护，而经常触忤当道，曾经三次丢官，一度入狱。

他 20 多岁中了举人后，被调到浙江淳安做知县。海瑞到了淳安，认真审理过去留下来的积案，不管什么疑难案件，到了海瑞手里，都一件件调查得水落石出，从不冤枉一个好人。当地百姓都称他是“海青天”。

有一次，京里派御史鄢懋卿到浙江视察。鄢懋卿是严嵩的干儿子，敲诈勒索的手段更阴险。他每到一个地方，地方官吏要是不“孝敬”他一笔大钱，他是绝不会放过的。各地官吏听到鄢懋卿要来视察的消息，都一筹莫展。可鄢懋卿却装出一副奉公守法的样子，他通知各地，说他向来喜欢简单朴素，不爱奉迎。

海瑞听说鄢懋卿要到淳安来，就给鄢懋卿送了一封信，信里说：“我们接到通知，要我们招待从简。可是据我们得知，您每到一个地方都是花天酒地，大摆筵席。这就叫我们不好办啦！要按通知办事，怕怠慢了您；要是像别的地方一样大肆铺张，又怕违背您的意思。请问该怎么办才好？”

鄢懋卿看到这封揭他老底的信，气得咬牙切齿。但是他早听说海瑞是个铁面无私的清官，心里有点害怕，就临时改变主意，绕过淳安，到别处去了。

通过这件事，鄢懋卿对海瑞怀恨在心。后来，他在明世宗面前狠狠告了海瑞一状，海瑞被撤了淳安知县的职务。

严嵩倒台后，鄢懋卿也被充军到外地，海瑞恢复了官职，后来又被调到京城做官。

那时候，明世宗已经有 20 多年没有上朝了，他崇信道教，迷信方士，沉湎于斋醮之中，一些朝臣谁也不敢说话。海瑞虽然官职不大，却大胆写一道奏章向明世宗劝谏，把明王朝的昏庸腐败现象痛痛快快地揭露出来。

海瑞这道奏章在朝廷引起了一场轰动，更触怒了明世宗。明世宗看了奏章后，又气又恨，下令把海瑞抓了起来，交给锦衣卫严刑拷打。直到明世宗死了，海瑞才被释放。

神宗即位后，他任右佥都御史巡抚应天知府，打击豪强，平反冤狱，大修水利，推行一条鞭法，为民众做了很多好事，深受百姓爱戴。但海瑞不肯迎合上官，一贯恃才傲物的宰相张居正亦不免暗怀嫉恨，终于把海瑞第三次排挤出朝。

万历十三年（1585 年），海瑞在赋闲 16 年后，以 72 岁的高龄被召为南京右都御史。他作风不改，依旧是一心为民，两袖清风。万历十五年（1587 年），海瑞病殁任上。海瑞去世后，身无分文，连为其办理丧事的钱也是大家捐集而成。发丧时，农辍耕，商罢市，号哭相送数百里不绝。后来赐谥“忠介”。

戚继光抗倭

明朝嘉靖年间，我国东南沿海一带倭患猖獗，他们滋扰抢掠，杀人放火，给当地人民带来了极大的痛苦和灾难，人民纷纷起来进行抗倭斗争。在抗倭斗争中功绩最大的就是戚继光率领的戚家军。在以戚家军为代表的抗倭行动下，倭寇之患基本被荡平，保障了东南沿海人民的生命和财产安全。

戚继光像

倭寇最早出现在元末明初，当时日本处于南北朝分裂时期。日本西南的封建割据势力除了互相争战外，还常勾结海盗、商人和浪人武士在中国沿海进行武装掠夺和骚扰，形成了最初的倭患。永乐时因为军备整饬，加强了海防，又同日本政府交涉，所以倭寇没能进行大规模骚扰。但到了正统以后，明朝政治日益腐败，海防松弛，倭寇侵扰又渐渐猖獗起来。嘉靖时，随着东南沿海一带商品经济的发展，一些经商的富豪地主与倭寇勾结，形成武装劫夺集团，气焰十分嚣张，倭患达到高潮。明政府曾派朱纨做浙江巡抚，监督抗倭。朱纨看到问题症结在于闽浙富豪通倭，便打击了一些地主奸商，并积极加强海防抗倭，但因触犯了富豪大户的利益而处处受到阻挠，被迫自杀。

后来，朝廷派熟悉沿海防务的老将俞大猷去平乱。俞大猷一到浙江，就打了几个胜仗。可是不久，江浙总督张经被严嵩的同党赵文华陷害，俞大猷也被牵连坐了牢。沿海的防务没人指挥，倭寇又猖獗起来。直到朝廷把山东的将领戚继光调到浙江，这个局面才得到扭转。

戚继光，字元敬，山东蓬莱人。戚继光的六世祖戚详原是朱元璋部将，东征西讨近 30 年，最后在云南战死。明太祖追念戚详的功绩，授他的儿子戚斌为明威将军，世袭登州卫（今山东蓬莱）指挥佥事。

1544 年，父亲戚景通病死，17 岁的戚继光承袭了登州卫指挥佥事，从此开始了他的军职生涯。两年后，戚继光分工管理屯田事务。这时，卫所的军丁大多逃亡，屯田遭到破坏，海防受到很大影响。戚继光了解了这些情形，进行清理整顿，很快收到成效。

戚继光调到浙江抗倭前线后，发现军队缺乏训练，临阵畏缩，根本不能打仗。针对明军兵惰将骄、纪律松弛、战斗力低等弱点，戚继光两上《练兵议》，并以“杀贼保民”为号召，在嘉靖三十八年（1559 年）九月亲自往义乌、金华招募素质良好的矿工和农民入伍，经过数月的精心编制与严格训练，组成了 3000 多人的新军。

新军在戚继光领导下，纪律严明，作战英勇，对百姓秋毫无犯，多次建立战功，战斗力非常强，被人们誉为“戚家军”。

1561 年四月，倭寇聚集了 1 万多人，驾数百艘战船，又一次大举侵扰浙东的台州和温州，骚扰了大片地区，声势震动了整个东南。戚家军迅速出击，先在

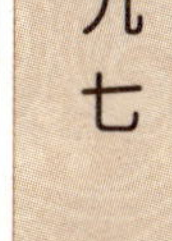

龙山和雁门岭打败倭寇，接着驰援台州，在台州外上峰岭设伏。戚家军士兵每人执松枝一束，隐蔽住身体，使倭寇以为是丛林，等倭寇过去一半，立刻发起进攻。士兵一跃而起，居高临下，猛烈冲锋，全歼了这股倭寇。台州的战斗历时一个多月，共斩杀倭寇 1400 多人，烧死溺死 4000 多人。戚继光因功升为都指挥使。

这时，福建沿海倭患严重，福建巡抚向朝廷一再告急。戚继光奉命到福建抗倭，仅仅 3 个月，就荡平了横屿、牛田、林墩（今莆田境内）3 个倭寇巢穴。戚继光升任都督同知、总兵官，镇守福建全省及浙江金华、温州二府。

不久，倭寇又聚集了 2 万多人，陆续在福建泉州、漳州、兴化（今福建莆田）等地登陆。戚家军分成数支，和倭寇展开激战，在一个月内就打了 12 次胜仗，杀死倭寇 3000 多人。1563 年十一月，2 万多倭寇围攻仙游。仙游军民昼夜在城上死守，情势十分危急。戚继光调各路明军，切断仙游倭寇与福建其他各处倭寇的联系，对围攻仙游的倭寇发起总攻，一举把这批倭寇消灭了。仙游大捷是以戚家军为主力的明军继平海卫之战后的又一重大胜利，共歼灭倭寇 2000 多人。

接着，戚继光又在同安、漳浦两地指挥戚家军大败倭寇，使福建境内倭患平定下来。1565 年以后，广东总兵俞大猷官复原职，戚继光任职副总兵配合抗击倭寇。经过戚继光、俞大猷等抗倭将领的共同努力，以及沿海军民的浴血奋战，到 1566 年时，横行几十年的倭患，终于得到基本解决。

宦官专权

明中叶以后政局混乱、军政腐败。朝廷内部正气受压，多次出现宦官擅权乱政的不正常现象。从英宗开始，皇帝多是幼年登基，宠用宦官，于是造成“内官日横”。皇权高度集中、皇帝自操权柄的局面开始动摇和削弱，权力逐步转移到宦官手里，使他们得以直接操纵军国大计，擅夺生杀之权，排斥忠良，迫害正直，祸国殃民，是明王朝的一大祸害。天启元年（1621 年）五月，魏忠贤窃得司礼秉笔太监大权，从此遍邀党羽，专制朝政，作威作福，弄得朝纲大坏、冤狱遍生、民怨沸腾。天启七年（1627 年）八月二十四日，朱由检即皇帝位，改次年为崇祯元年（1628 年）。崇祯帝即位后，便大力惩治阉党。当时嘉兴贡生钱嘉征劾魏忠贤 10 大罪，魏忠贤惧怕，于十一月一日，自缢而死。崇祯帝下诏戮其尸，悬首河间。十二月严厉惩处魏忠贤余党，“五虎”“五彪”等都被处死。崇祯帝通过这一肃逆活动，扶正祛邪，整顿朝纲，稳定了当时的局面。

冲冠一怒为红颜

1629 年陕西闹饥荒，而地方官吏仍催租逼税，于是陕西各地爆发了农民起义。在众多起义队伍中以李自成领导的起义军实力最强。明政府对起义军严厉镇压，各路队伍与官军周旋，屡次打破敌军围剿。1641 年，李自成进入河南，转而又攻克洛阳，杀死福王朱常洵。崇祯帝知道后，非常生气，只恨恨地骂各地官吏围剿不力，但自己也拿不出好办法来。李自成起义军纵横驰骋，来回奔袭，官军只能跟在起义军屁股后面团团转。1642 年，李自成率军三围开封，经过一番战斗，围剿起义军的官军不但没有把起义军剿灭，反而被起义军歼灭大部，起

义军开始转入战略进攻。1643年，李自成在襄阳建立革命政权，准备进行新的斗争。

李自成雕像

1644年，李自成在西安建立了政权，国号大顺。不久，李自成亲自率领100万起义军渡过黄河，兵分两路进攻北京。两路大军势如破竹，到了这年三月，就在北京城下会师了。北京城外驻守的明军最精锐的3大营全部投降。十七日，李自成亲率大军环攻九门。18日，大顺军将士架云梯奋力攻城，越墙而入，攻破外城。与此同时，明太监曹化淳献彰义门出降。

崇祯帝听到大兵进城的消息，立即命其3个儿子更衣出逃，逼周皇后自缢，拔剑将长女乐安公主手臂斩断，又杀妃嫔数人，然后换上便服，携太监王承恩等数十人，出东华门，企图出逃，但未成功，又返回宫内。十九日清晨，大顺军攻破内城。崇祯帝亲自响钟召集百官，竟无一人响应。他见已无力挽回败局，便与太监王承恩入内苑，于煤山（今景山）寿皇亭树下自缢。统治中国277年的明王朝，就此灭亡。

大顺政权一面出榜安民，一面惩治明王朝的皇亲国戚、贪官污吏。李自成派刘宗敏和李过，勒令那些权贵、官僚交出平时从百姓身上搜刮来的赃款，充当大顺军的军饷。有个叫吴襄的大官僚，也被刘宗敏抄了家产。有人告诉李自成说，吴襄的儿子吴三桂是明朝的山海关总兵，手下还有几十万大军。如果招降了吴三桂，就可以解除大顺政权的一个威胁。

吴三桂原来是明朝派到关外抗清的，驻扎在宁远一带防守。吴三桂收到父亲吴襄的劝降信，便打算到北京去看看情况再说。他带兵到了滦州（今河北滦县），遇到一些从北京逃出来的人，找来一问，听说他父亲被抓，家产被抄，顿时心生恨意。后来，又听说他最宠爱的歌姬陈圆圆也被大顺军抓走，不禁勃然大怒，便率兵折回山海关，发誓与大顺军誓不两立。吴三桂势单力孤，仅据山海关一隅，根本无力与大顺军对抗，便想到与清兵联手对抗大顺军，于是派信使去见多尔衮。

这时，清军在多尔衮的率领下正计划由蓟州（今天津蓟县）、密云地区破城墙而入，行军至翁后（今辽宁阜新境）遇到了吴三桂的使者，便改变行军路线，直接向山海关进发。当时，李自成已亲率大军进逼山海关，准备与吴三桂展开激战。多尔衮四月二十一日到达山海关，屯驻于欢喜岭，蓄锐不发，按兵观望。四月二十二日吴三桂亲自出关，面见多尔衮，提出条件，正式降清。吴三桂与多尔衮约定，清兵帮助吴三桂打败了李自成后，黄河以北归清，以南归明，并封吴三桂为王。当日，多尔衮就率军进入山海关，不费一兵一卒便实现了多年夙愿。

大顺军从南面开到山海关边，与吴三桂的军队展开激战。李自成骑着马登上西山指挥作战。吴三桂带兵一出城，就被大顺军的左右两翼合围包抄。明兵东窜

西突，无法冲出重围；大顺军个个奋勇，喊杀声震天动地。

这时候，多尔衮看准时机，命令埋伏在阵后的几万清兵一起杀出，向大顺军发动突然袭击。大顺军没有防备，也弄不清是哪儿来的敌人，心里一慌张，阵势乱了起来。

李自成在西山上发现清兵已经进关，想稳住阵脚，已经来不及了，只好传令撤兵。多尔衮和吴三桂的队伍里外夹击，大顺军惨败。李自成带领将士边战边退，吴三桂仗着清兵的势力，在后面紧紧追赶。大顺军退到北京时，兵力已经大大削弱了。李自成回北京后在皇宫大殿里举行了即位典礼，接受官员的朝见。第二天一清早就率领大顺军，匆匆离开北京，向西安撤退。

1644 年十月，多尔衮把顺治帝从沈阳接到北京，把北京作为清朝国都。从那时起，清王朝就开始统治中国了。

吴三桂降清改变了当时整个战局，是清入主中原的关键性转折。第二年，清军兵分两路攻打西安，一路由阿济格和吴三桂、尚可喜率领，一路由多铎和孔有德率领。李自成被迫放弃西安，向襄阳转移。几个月后，大顺军在湖北通山县遭到当地地主武装袭击，李自成战败被杀。

史可法死守扬州

崇祯帝在煤山自杀的消息传到明朝陪都南京，南京的大臣们惊慌失措。他们立福王朱由崧做了皇帝，这就是弘光帝，历史上把这个南京政权叫作南明。

弘光帝朱由崧是个昏庸透顶的人，凤阳总督马士英等人利用他的昏庸，操纵了南明政权。

南明政权的兵部尚书史可法本来不赞成让朱由崧做皇帝，为了避免引起内乱，才勉强同意，并主动要求到前方去统率军队。

那时候，长江北岸有四支明军，叫作四镇。四镇的将领都是骄横跋扈的人，他们互相争夺地盘，放纵兵士杀害百姓。史可法到了扬州，亲自去找那些将领，劝他们不要自相残杀，又把他们安排在扬州周围驻守，自己坐镇扬州指挥。由于史可法在南方将士中威信高，那些将领不得不听从他的号令，大家称呼他为史督师。

不久，多铎带领清军大举南下，史可法指挥四镇将领抵抗，打了几次胜仗。可是南明政权内部却起了内讧，驻守武昌的明军将领左良玉和马士英争权夺势，起兵进攻南京。马士英急忙将江北四镇军队撤回，对付左良玉，还以弘光帝名义要史可法带兵保卫南京。

史可法明知道在清军压境的情况下，不该离开。但是为了平息内争，不得不带兵回南京，刚过长江，便得知左良玉兵败的消息。他急忙撤回江北，此时清兵已经逼近扬州。

史可法发出紧急檄文，要各镇将领来守卫扬州。但是过了几天，竟没有一个发兵来救。史可法清楚，只有依靠扬州军民，孤军奋战了。多铎带领清军到了扬州城下，先派人到城里劝史可法投降，一连派了五个人，都遭到拒绝。多铎恼羞

成怒，下令把扬州城紧紧围困起来。

扬州万分危急，城里一些胆小的将领害怕了。第二天，就有一个总兵和一个监军带着本部人马，出城向清军投降。这一来，城里的守卫力量就更薄弱了。史可法召集全城官员，勉励他们同心协力，抵抗清兵，并且分派了守城的任务。将士们见史可法坚定沉着，都很感动，表示一定要和督师一起，誓死抵抗。

多铎命令清兵不间断地轮番攻城。扬州军民奋勇作战，把清兵的进攻一次次打退，清兵势如潮涌，形势越来越紧急。多铎志在必得，命令清兵用大炮攻城。他探听到西门由史可法亲自防守，就下令炮手专向西北角轰击。炮弹一颗颗在西门口落下来，城终于被轰开了缺口。史可法眼看城已经守不住了，拔出佩刀就要自杀。随从的将领上前抱住史可法，把他手里的刀夺了下来。史可法还不愿走，部将们连拉带劝地把他保护出了小东门。这时候，有一批清兵冲过来，看见史可法穿着明朝官员的装束，就吆喝着问他是谁。史可法怕连累别人，就高声说："我就是史督师，你们快杀我吧！"

1645 年四月，扬州城陷落。多铎因为攻城的清军遭到很大伤亡，心里恼恨，不仅杀了史可法，还灭绝人性地下令屠杀扬州百姓，大屠杀延续了 10 天。历史上把这件惨案称为"扬州十日"。

扬州失守后，清军攻破了南京。南明政权的官员降的降，逃的逃，弘光政权也被消灭了。

夏完淳怒斥洪承畴

弘光政权瓦解后，东南沿海一带还活跃着一支抗清力量。1645 年六月，明朝官员黄道周、郑芝龙在福州立唐王朱聿键即位，把他称为隆武帝。另一部分官员张国维、张煌言在绍兴拥戴鲁王朱以海监国。这样，就有两个南明政权同时出现。

为了对付抗清力量，清朝廷派了在松山战役中投降清朝的洪承畴总督军事，到江南去招抚明军。

这时候，松江（在今上海）有一批读书人也在酝酿抗清事宜，领头的是夏允彝和陈子龙。夏允彝有个年仅 15 岁的儿子叫夏完淳，又是陈子龙的学生。夏完淳自小就读了很多书，才华出众，在他父亲、老师的影响下，也参加了抗清斗争。

靠几个读书人去抗击清军是不行的。夏允彝有个学生吴志葵，在吴淞做总兵，手下还有一些兵士。他们去说服吴志葵一起抗清，吴志葵同意了，但不久就被清军打败。

清军围攻松江的时候，夏允彝父子和陈子龙冲出清军包围，到乡下隐蔽起来。清军到处搜捕他们，还想引诱夏允彝出来自首。夏允彝

夏允彝、夏完淳父子像

不愿落在清兵手里，便投河自杀了。他留下遗嘱，让夏完淳继承他的抗清遗志。

父亲的牺牲使夏完淳悲痛万分，更激起了他对清朝的仇恨。

过了一年，陈子龙秘密策动清朝的松江提督吴胜兆反清。这次兵变又失败了，吴胜兆被杀害，陈子龙也被捕自杀。

后来，夏完淳因为叛徒告密，也被捕了，清军派重兵把他押到南京。

夏完淳在监狱里被关押了 80 天。他给亲友写了许多可歌可泣的诗篇和书信，死亡的威胁并没有吓倒他，他感到伤心的是没有实现恢复中原的壮志。

对夏完淳的审讯开始了，主持审讯的正是招抚江南的洪承畴。洪承畴得知夏完淳是江南出名的"神童"，就想用软化的手段使夏完淳归服。

洪承畴露出一副温和的神态说："我看你小小年纪，未必会起兵造反，一定是受人指使。只要你肯归顺大清，我保荐你做官。"

夏完淳装作不知道上面坐的是洪承畴，厉声说："我听说我朝有个洪亨九（洪承畴的字）先生，是豪杰，当年松山一战，他以身殉国，震惊中外。我钦佩他的忠烈，我年纪虽然小，但是杀身报国，怎么能落在他的后面。"

这番话把洪承畴说得如坐针毡，满头是汗。旁边的兵士真的以为夏完淳不认识洪承畴，提醒说："别胡说，上面坐的就是洪大人。"

夏完淳"呸"了一声说："天下人谁不知道洪先生为国牺牲这件事。崇祯帝曾经亲自设祭，满朝官员都为他痛哭哀悼。你们这些叛徒，怎敢冒充先烈，污辱忠魂！"说完，他指着洪承畴骂个不停。洪承畴被骂得面无血色，不敢再审问下去，慌忙叫兵士把夏完淳拉出去。

1647 年农历九月，这位年仅 17 岁的少年英雄在南京西市被害。他的朋友把他的尸体运回松江，葬在他父亲的墓旁。

郑成功抗清斗争与收复台湾

隆武帝在福州建立政权后，他手下的大臣黄道周一心想帮助隆武帝出师北伐，抗清复明。但是掌握兵权的郑芝龙贪图富贵，抛弃了隆武帝，向清朝投降，隆武政权也就瓦解了。

郑成功（1624 年—1662 年），原名森，字大木，隆武政权重臣郑芝龙之子。南明隆武帝对他十分赏识，并封他为延平郡王，赐姓朱，改名成功，因此亦称为"国姓爷"。郑芝龙降清时，郑成功率师拒降，"不受诏，不剃头"，打出"背父救国"的旗号，单独跑到南澳岛，招募了几千人马，坚决抗清。

郑成功是个将才，在他的努力下，队伍渐渐强大起来，在厦门建立了一支水师。他跟抗清将领张煌言联合起来，乘海船率领 17 万水军，开进长江，向南京进攻，一直打到南京城下。清军见硬拼不行，就用假投降的手段欺骗他。郑成功中了清军的计，最后打了败仗，又退回厦门。

郑成功回到厦门时，清军已经占领福建大部分地方，他们采用封锁的办法，将沿海居民内迁 30 里，同时，禁止舟船出海，以切断东南人民与郑成功的联系。这给郑成功造成许多困难。为了扭转被动局面，郑成功准备收复我国被荷兰侵占

的领土台湾，用作抗清斗争的最后基地。

台湾自古以来就是我国的领土。明朝末年，明王朝腐败无能，荷兰人趁机开始侵占台湾。1624年，荷兰殖民者被明逐出澎湖后，又占领了台湾南部，并建立了许多据点，如台湾城和赤嵌城，并蚕食了大量土地。1642年，荷兰打败了西班牙独霸台湾，在台湾实行残暴的殖民统治。

郑成功少年时期曾经跟随父亲到过台湾，亲眼看到台湾人民遭受的苦难。这一回，他决心赶走殖民者，就下令让他的将士修造船只，积蓄粮草，准备渡海。

这时，有一个在荷兰军队里当过翻译的何廷斌赶到厦门见郑成功，说台湾人民受殖民者欺侮压迫，早就想反抗了，只要大军一到，一定能够把荷兰人赶走。何廷斌还送给郑成功一张台湾地图，把荷兰殖民者的军事布置都告诉了郑成功。郑成功有了这个可靠的情报，信心就更足了。

1661年三月，郑成功亲率2.5万名将士，乘坐几百艘战船，浩浩荡荡从金门出发。他们冒着风浪，越过台湾海峡，在澎湖休整几天，便直取台湾。

荷兰殖民者听说郑军攻打台湾，十分惊慌。他们把队伍集中在台湾城（在今台湾东平地区）和赤嵌城（在今台南地区）两座城堡里，还在港口沉了好多破船，想阻挡郑成功的船队登岸。

何廷斌为郑成功领航，利用海水涨潮的机会，驶进了鹿耳门，登上台湾岛。

殖民者调动一艘最大的军舰“赫克托”号，气势汹汹地开了过来，阻止郑军的船只继续登岸。郑成功沉着镇定，指挥他的60艘战船把“赫克托”号围住，随即一声令下，60多只战船一齐开炮，把“赫克托”号击沉了。还有3艘荷兰船见势不妙，吓得掉头就跑。

随后，郑成功派兵猛攻赤嵌城。赤嵌城的殖民者拼死顽抗，一时攻不下来。有个当地人为郑军出主意说，赤嵌城的水都是从城外高地流下来的，只要把水源切断，敌人就会不战自乱。郑成功采用这个办法，没出3天，赤嵌的殖民者乖乖地投降了。

盘踞台湾城的殖民者企图顽抗，等待援兵。郑成功采取长期围困的办法逼他们投降。在围困8个月之后，郑成功下令向台湾城发起猛攻。荷兰殖民者走投无路，只得扯起白旗投降了。

1662年初，殖民者头目被迫到郑成功大营，在投降书上签了字，灰溜溜地离开了台湾。收复台湾后，郑成功在台湾设置行政机构，将赤嵌城改为安平城，在台湾设承天府，下辖天兴、万年两县；将台湾城改为安平镇。建立

荷兰殖民者投降图

了与大陆一致的郡县制，大力开发台湾，发展农业生产，鼓励开荒，招徕大陆移民，积极发展海外贸易，促进了台湾社会经济发展。他还带来了先进农具和耕作技术，高山族从此以后也同大陆一样使用牛耕和铁犁种田，生活逐渐安定。

1662年五月初八，郑成功病逝。他的儿子郑经率领军队，继续驻守台湾，进行抗清活动。1683年，清军进入台湾，设置台湾府。

郑成功是我们的民族英雄，他收复了台湾，使台湾重新回到祖国的怀抱，捍卫了中国的领土和主权完整；驱逐了荷兰殖民者，结束了荷兰对台湾历时38年的殖民统治，保卫了中华民族的利益；开发了台湾，促进了当地的经济开发和社会发展，具有重大的历史意义，他的壮举将永垂史册。

二、明朝的经济与发展

休养生息政策

明朝初年，全国流民充斥，农业生产劳动力极端缺乏，为此，明太祖便采取休养生息的政策，以恢复和发展生产。他下令严禁贩良为奴，禁止人身买卖，以解放劳力，投入生产；并大力促进移民垦荒，实行屯田，包括军屯、民屯、商屯、戍罪屯、赎罪屯等。为发展农业还大力加强水利建设，整治堤岸塘堰，疏浚河道，并设置专掌水利的营田司。编造黄册与鱼鳞册以核查全国田亩。耕民按亩交赋，其赋役比前代大为减轻，极大地提高了农民的生产积极性。推行了农业立法，使全国垦田面积和人口大增，到洪武二十六年（1393年），全国垦田面积达到8507623顷，人口增至60544812人，社会生产得到了恢复和发展。明朝统一后，加强农业生产，全面调整经济，对明代社会经济的恢复与发展起到了积极作用。

张居正改革赋役

明世宗千方百计寻找长生不老的药方，不但没有得到，反而误服了有毒的“金丹”，命丧九泉。明世宗死后，他的儿子朱载即位，这就是明穆宗。

明穆宗在位期间，大学士张居正才华出众，得到穆宗的信任。隆庆六年（1572年）五月，仅仅执掌朝政6年的明穆宗病危，他诏令大学士高拱、张居正、高仪为顾命大臣，令他们辅佐幼帝。二十六日，穆宗于乾清宫病逝，享年36岁，葬于昭陵。六月初十，皇太子朱翊钧遵遗诏继承帝位，改次年为万历元年（1573年），是为明神宗。

大学士张居正（1525年—1582年），湖广江陵县（今湖北江陵）人，字叔大，号太岳。嘉靖二十六年（1547年）进士，历任编修、礼部侍郎兼翰林院学士、吏部左侍郎兼东阁大学士、礼部尚书兼武英殿大学士，加少保兼太子太保等职，是明代著名政治家。

他与宦官冯保的私交很好，且两人共同辅助幼年明神宗执掌朝政。隆庆六年七月，神宗即位只过了一个月，大学士张居正即利用宦官冯保将高拱排挤掉，

代之为首辅，并推荐礼部尚书吕调阳兼文渊阁大学士，参与机务。至此，张居正、冯保两人执掌明王朝政权。张居正根据穆宗的嘱托，像老师教学生一样，辅导年仅 10 岁的明神宗。他自编了一本图文并茂的历史故事书，叫作《帝鉴图说》，每天讲给神宗听。

张居正像

神宗把张居正当作严师看待，既尊敬又惧怕。再加上李太后和宦官冯保支持张居正，朝中大事几乎全部由他裁决。为扭转嘉靖、隆庆以来军政腐败、财政空虚、民不聊生的局面，以除旧布新、振纲除弊和富国强兵为宗旨，张居正在整顿吏治、整饬边防、整顿经济、兴修水利等众多方面进行了一系列的改革。

那个时候，沿海的倭寇已经肃清了，但北方的鞑靼族还不时入侵内地，对明王朝构成威胁。张居正把抗倭名将戚继光调到北方去镇守蓟州（今河北北部），戚继光在从山海关到居庸关的长城上修筑了 3000 多座堡垒，以防鞑靼的进攻。戚家军号令严明，武器精良，多次打败鞑靼的进攻。鞑靼首领俺答见使用武力不行，便表示愿意和好，要求通商。张居正奏明朝廷，封俺答为顺义王。以后的二三十年中，明朝和鞑靼之间没有发生战争，北方各族人民的生活也安定下来。

当时，由于朝政腐败，大地主兼并土地，巧取豪夺，地主豪绅越来越富，国库却越来越穷。张居正下令清查土地，结果查出了一批被皇亲国戚、豪强地主隐瞒的土地，这一来，使一些豪强地主受到了抑制，增加了国家的收入。

丈量土地后，张居正又把当时名目繁多的赋税和劳役合并起来，折合成银两来征收，称为“一条鞭法”。经过这种税收改革，一些官吏就不能营私舞弊了。

经过 10 年的努力，张居正的改革措施起到明显的效果，使十分腐败的明朝政治有了转机，国家的粮仓存粮也足够支用 10 年的。但是这些改革触犯了一些豪门贵族的利益，他们表面不得不服从，背地里却对张居正恨之入骨。

明神宗长大后，有一批亲近的太监在内宫用各种办法给他取乐。

后来，由张居正做主，把那些引诱神宗胡闹的太监全部赶出宫去，太后还让张居正代神宗起草了罪己诏（皇帝责备自己的诏书）。这件事发生后，使明神宗对张居正从惧怕发展到怀恨了。加之张居正的权力太集中，使其与神宗皇帝的矛盾进一步激化。

1582 年，张居正病死，明神宗亲政。那些对张居正不满的大臣纷纷攻击张居正执政时专横跋扈。第二年，明神宗把张居正的官爵全部撤掉，还派人查抄了张居正的家。张居正的改革措施也遭到极大的破坏，刚刚有一点转机的明朝政治又昏暗下去。

丝织业

明代丝织业迅速发展，苏、杭二府成为全国纺织业的中心。这时用的织机有腰机和提花机，能够织出各种繁杂而又鲜艳美观的花纹。丝织业有官营和民营两

种。官营丝织作坊设于京师的有针工局、织染厂等，归工部管辖。除京师之外，还分别设于浙江、南直隶、四川成都以及山东济南等处。东南地区是官府丝织业的中心，以南京、苏州、杭州三处为主，自永乐时期开始差遣宦官督管织造。明代官营丝织作坊的年生产量每年造解 15000 匹，南京内织染局和神帛堂造解 3369 匹，各地方织染局造解 28684 匹。

从英宗天顺四年（1460 年）开始，朝廷不断下令额外增造，尤以嘉靖、万历时期更甚，已远远超出官营丝织作坊的生产能力，各地方织染局为了完成任务，便纷纷实行“机户领织”制度，这是一种通过中间包揽人，利用民间机户进行的“加工订货”的生产形式。机户不仅存在于城市，也存在于乡村，并促使一批丝织业市镇的形成。

明代造船业

频繁的航运往来、战争等带动了航运业。明前期，官府造船业极为兴盛。技术高超的工匠生产上分工明确，加之不需计较成本，因而所造船只质量较高。郑和出使西洋前两年，明廷开始大造海船，专造下西洋所用宝船。郑和下西洋使用的宝船规制远远超过前代。空前鼎盛的造船业为郑和下西洋这一人类航海史上的壮举打下了基础，也极大地带动了经济的发展。

从 1405 年起，郑和统率船队，曾七次出使西洋，最大的海船长 44 丈 4 尺，宽 18 丈，立 9 桅，挂 12 帆，是当时世界上最大的木帆船。郑和七下西洋，识别方向主要靠的是航海罗盘、航海图和牵星图等。

资本主义萌芽出现

明朝中叶，资本主义萌芽首先出现在江南地区的手工业中。工场手工业是手工业中资本主义萌芽的主要形式。杭州丝织业发达，许多机户开始雇用纺织能手，并付以一定的工资，丝织业中雇佣关系就此出现。到明朝后期，苏州的机户发展到三万家以上，受雇织匠的数量相当可观。机户一般出机，而机工出人力，完全脱离了生产资料，成为一无所有的劳动者。明代中叶中国出现的资本主义萌芽，尽管局限于少数地区和行业，但它的出现标志着中国古老的封建社会已经走向没落。

三、明朝的对外关系

郑和下西洋

明成祖朱棣，为了要控制海内，耀威异域，抚剿逃亡海外之臣民，获取海外珍宝异货，从永乐三年（1405 年）六月起遣郑和多次下西洋。郑和（1371 年—1435 年），本姓马，小字三保，云南昆阳（今云南晋宁）人。靖难立战功，赐姓郑名和。永乐三年（1405 年）六月十五日，郑和与副使王景弘奉命第一次出使西洋。后来又于 1409 年—1411 年、1413 年—1415 年、1417 年—1419 年、1471 年—1422 年、1431 年—1433 年五次出使西洋，总计 28 年间七下“西洋”。明宣德五

年（1430 年）六月九日，郑和奉命第七次下西洋。闰十二月六日，郑和率载有 27550 人的 61 艘宝船，从南京出发，两日后驶至刘家港（今江苏太仓东浏河镇），并在此刻碑纪念。此次西航，船队曾到麦加访问，以麝香、瓷器等物换回各种珍贵异兽，并画了天堂图。宣德八年（1433 年）六月二十一日，船队驶返刘家港。而郑和已于二月病逝于归国途中经过的古里国（故地约在今印度半岛西南部喀拉拉邦的科泽科德一带）。郑和的船队除载货物商品外，还有粮食、淡水等生活必需品，船上有通书、行人、管带及医生、书算，也有技术人员。在远航过程中，他们随时记录航向、所经港湾及暗礁、浅滩的分布，绘制了《郑和航海图》。另外其随行人员马欢著有《瀛涯胜览》，费信著有《星槎胜览》，巩珍著有《西洋番图志》等记述航海见闻，史料价值颇高。郑和的船队到达东南亚及印度、非洲 30 多个国家和地区。郑和经南海马六甲海峡、印度洋、波斯湾，最远到非洲东海岸红海海口及麦加。郑和所到之处，即以丝绸、瓷器、铜铁、金银等换取麝香、珍宝及奇禽异兽等。郑和不仅是贸易代表，还是外交使节，他的出使加强了与所访国家的联系和友好往来，仅永乐二十一年（1423 年），就有来访使臣 1200 余人。郑和下西洋丰富了人们对世界的认识。他立的《通番事迹记》《天妃灵应之记》碑，也成为航海史上的重要文物。

郑和像

南洋移民潮

16 世纪在海禁与反海禁斗争中形成了南洋移民潮，大量的福建、广东移民进入南洋各地。菲律宾的吕宋，印度尼西亚的巨港、万丹、马尼拉，马来西亚的马六甲、北大年、吉兰丹，加里曼丹西部和美洛居等地，都有成批华人聚居地，出现了近代东南亚的华侨社会。马来半岛的马六甲是 16 世纪东南亚最繁荣的国际市场，华人在此开设店铺出售各色商品，中国的园艺、手工技术成为开发南洋不可或缺的宝贵财富。1593 年华人龚容在马尼拉开办了第一家印刷厂，首次将中国印刷技术引入菲律宾，印刷了菲律宾第一部书《基督教教义》，并刻过《无极天主正教真传实录》的中文书籍。华人入南洋后在那里的开发和

“改土归流”

我国的西南地区，包括四川、云南、贵州和乌斯藏（即西藏），居住着苗、瑶、彝、傣、藏等民族，是明代边疆开发与建设的重点地区之一。明王朝建立以后，在沿袭元代旧制的基础上，对土司制度进行了充实和改革。首先，专门设立土司的官署和官职；其次，对土司的控制进一步加强。中央政府除了征收土贡之外，还加征其赋税。而土司除有守御地方之责外，还要随时听从中央政府的调遣，接受地方行政长官的节制。

这些土司，大多由各族大小首领世袭，他们的割据性特别强，常常因争夺财产和土地而互相仇杀火并，反抗明朝政府。明政府在平定这些战乱后，在条件成熟的地方就裁撤土司，改设可以调任的“流官”，这种办法称为“改土归流”。

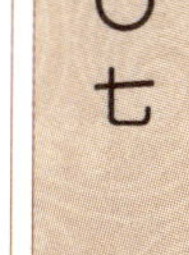

建设，促进了南洋经济和文化的发展。

利玛窦传教

利玛窦（1550 年—1610 年），出生于意大利安可纳州马切拉塔城，1571 年加入耶稣会，1577 年从意大利航海东行来到澳门学习中国文化。万历九年（1581 年）开始在中国传教，同时也开始了他向中国传播西方近代自然科学的生涯。他先后在广东肇庆、韶州、梅岭及南昌等地传教。其间，他绘制《坤舆万国全图》,1597 年，他被任命为耶稣会中国传教会会长。

利玛窦于万历二十九年（1601 年）定居北京。1606 年，利玛窦与徐光启翻译出版了数学著作《几何原本》前 6 卷、《测量法义》等。他还把中国的文化介绍给欧洲，成为明代中西文化的沟通者，并逐渐引起“西学东渐”之潮。

葡萄牙人占领澳门

嘉靖三十二年（1553 年），葡萄牙人在澳门登陆。16 世纪初，葡萄牙人侵占马六甲后，其武装商船经常到我国沿海劫夺商旅，掠卖人口，并于 1517 年 9 月炮轰广州。1523 年，明军在广东新会县的西草湾打退入寇的葡萄牙侵略者，生擒其将领别都卢、疏世利等 42 人，击毙 35 人，并缴获其佛郎机大炮。由于中国军民的抵抗，葡萄牙不能用武力在中国沿海建立侵略据点，便在 1553 年买通明朝官吏汪柏，佯言商船遭遇风暴，请求到澳门上岸，晾晒货物。此后，他们便在澳门筑室建城，自行设置官吏，窃据澳门为侵略中国的根据地。

荷兰侵占台湾

17 世纪初荷兰殖民者对中国大陆东南沿海和台湾进行侵略。明万历三十二年（1604 年）八月，荷将韦麻郎率军舰两艘偷袭澎湖，天启二年（1622 年）五月，荷兰舰队再次侵占澎湖。天启四年（1624 年）二月，巡抚南居益派总兵俞咨皋、守备王梦熊等收复澎湖，擒荷将高文律。同年八月，荷军转而侵占中国台湾岛西南部，先在大员建台湾城（荷人称热兰遮城），后又在赤嵌地区建赤嵌城（荷人称普罗文查城）等城堡，并武力镇压高山族。崇祯十五年（1642 年），荷军打败了天启六年（1626 年）侵占台湾北部基隆、淡水的西班牙殖民者，夺占了台湾的西南部和北部，对当地汉族、高山等族人民实行殖民统治，还征收各种苛捐杂税，派遣基督教传教士向台湾人民灌输宗教思想。顺治十八年（1661 年）四月，郑成功率军在台湾登陆，翌年二月一日迫使荷兰侵略者投降，结束了荷兰在台湾长达 21 年的殖民统治。

四、明朝的科技与文化

观象台建成

明永乐四年（1406 年），明成祖朱棣迁都北京后，天文仪器则仍留在南京，钦

天监人员仅凭肉眼观察天象。正统二年（1437 年），钦天监派人去南京，用木料仿制宋代浑仪和元代简仪等天文仪器，运回北京校验后浇铸成铜仪。正统七年（1442 年），修建钦天监、观星台，并安装仪器。正统十一年（1446 年），又建造晷影堂。其规模和布局与南京相同。

宋应星著《天工开物》

宋应星（1587 年—1667 年），字长庚，江西南昌府奉新县北乡人，是我国明代晚期著名的科学家。宋应星出身于书香世家，曾祖父宋景曾做过都察院左都御史，是明代中期重要阁臣。宋应星共有兄弟四人，他排行老三。

宋应星自幼聪明强记，资质特异，“数岁能韵语”，有过目不忘的才能。他幼时与兄应同在叔祖宋和庆开办的家塾中读书，一次因病卧床休息，躺在床上边看边记应背文 7 篇。等到课上馆师考问时，他能够一字不差地背诵，令馆师大为惊叹。年纪稍大，考入本县县学做庠生，熟读了经史及诸子百家，推崇张载，接受了唯物主义自然观。

万历四十三年（1615 年），宋应星与兄应升同赴江西南昌参加乙卯科乡试，两人同榜考中举人，他名列第三，应升第六。在当时江西的 1 万多名考生里面只录取 83 人，奉新只有宋应星兄弟 2 人，故称“奉新二宋”。

同年秋，兄弟二人赴京师参加次年的丙辰科会试，结果没有考中。事后得知此次考试涉嫌舞弊，状元的考卷是他人代做的。为了下次再考，他们前往江西九江府的白鹿洞书院进修。此后在万历四十七年（1619 年）和天启元年（1621 年），宋应星兄弟两次上京赶考，可惜都未能考中。45 岁以后，宋应星对功名逐渐冷淡下来，开始将主要精力用于钻研与国计民生相关的科学技术，并准备着手编纂一部科技巨著。

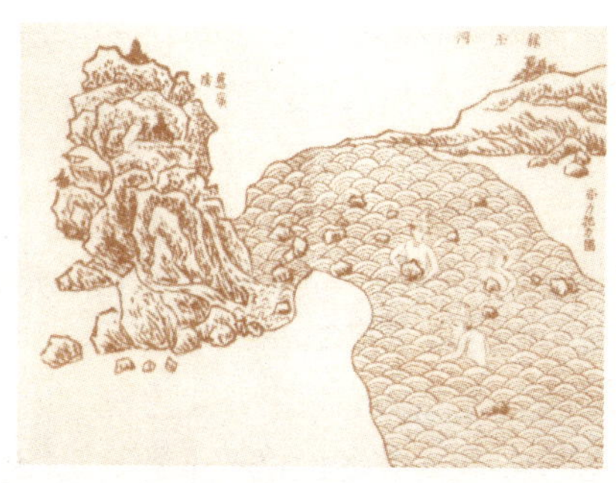
《天工开物·采玉图》

崇祯七年（1634 年），宋应星出任袁州府分宜县县学教谕。在任职 4 年时间里，他编著了大量的著作并刊行，有《野议》《画音归正》《天工开物》《论气第八种》和《卮言十种》等。

《天工开物·开采银矿图》

崇祯十一年（1638 年），改为福建汀州府推官，是地方司法官员。

崇祯十四年（1641 年），调升亳州知州，为从五品。

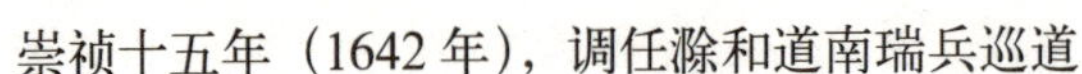

崇祯十五年（1642 年），调任滁和道南瑞兵巡道。

崇祯十七年（1644 年）夏，明朝覆灭，清兵入关，他弃官归里。

清朝建立后，宋应星一直过着隐居生活，拒不出仕，在贫困中度过晚年。

英国学者李约瑟称赞宋应星是“中国的阿格里科拉”和“中国的狄德罗”。宋应星博学多才，是一位百科全书式的学者。他著作颇丰，研究领域涉及自然科学、人文科学和文学等诸方面。

《天工开物》是宋应星的主要代表作，此书刊刻于崇祯十年（1637 年）。书名取自《易·系辞》中“天工人其代之”及“开物成务”，强调自然力（天工）与人工的配合，即通过技术从自然资源中开发产物。

《天工开物》最可贵的地方在于详尽记载了工农业生产中许多先进的科技成果，并且用技术数据给予定量解说，同时提出了一系列理论，无可置疑地成为一部科学技术的完整著作。

《天工开物》在 18 世纪先后传入日本和朝鲜，成为当时畅销的读物。19 世纪中期，《天工开物》传入法国和德国，又传入俄国和意大利。1966 年，《天工开物》被译成英文在美国出版。《天工开物》已成为世界科学经典著作，在海外广泛流传，受到高度评价。

徐霞客探险

当明王朝闹得污浊不堪之时，在江阴一带有个青年，不满朝政腐败，不愿应科举考试、谋求仕途，却立志游历祖国的名山大川，探索自然的奥秘。他就是我国历史上杰出的地理学家——徐霞客。

徐霞客（1586 年—1641 年），名宏祖，字振之，别号霞客，江阴（今江苏江阴）人。

徐霞客出生于缙绅富贵之家，从小就特别喜爱看历史、舆地志和山海图经、游记、探险记一类书籍。幼年的徐霞客深深被这些书籍所打动、吸引，下决心要做一番不平凡的事业。

由于徐霞客祖上几代为官，加上当时走仕进之路被认为是读书人的正道，所以少年的徐霞客也免不了要参加科举考试。但是通向仕途的大门并没有向徐霞客打开，失落之余，他下定决心把自己的全部精力倾注在地理研究上。

徐霞客在研读古代地理书籍时，发现其中很少有介绍各地的自然地理景观，尤其是边远地区情况的书，他觉得这是个不小的遗憾。万历三十五年（1607 年），22 岁的徐霞客背上行装，从此开始了外出游历的征程。

在此后的 30 余年里，徐霞客差不多每年都要外出旅行考察。他不辞劳苦，万里遐征，北履燕冀，南涉闽粤，西北攀太华之巅，西南抵云贵边陲。这位孤胆旅行家的足迹遍及全国，到过现在的江苏、浙江、山东、陕西、山西、河南、河北、安徽、江西、福建、广东、广西、湖北、湖南、贵州、云南、北京、天津和上海等 19 个省市、区。徐霞客外出考察得到了他家人的大力支持，特别是他母亲持续不断的鼓励。母亲在 70 岁高龄时，还满怀豪情陪徐霞客游览了荆溪、勾曲（今

江苏宜兴一带）。

徐霞客像

在考察过程中，徐霞客不仅经历了大自然的严酷考验，而且时时受到种种人为因素的挑战。他曾经3次遇盗，4次绝粮，几乎因此而毙命。但是，所有这些困难都没有让他停下脚步。

明崇祯九年（1636年），是徐霞客外出旅行考察中颇具意义的一年。51岁的徐霞客从家乡出发，途经江苏、浙江、江西、湖南、广西、贵州并到达了此次旅游和考察最远的地方——云南，历时5年。这次外出考察，是徐霞客一生中最后一次，也是为期最长的一次。

在最后一次考察中，徐霞客因“久涉瘴地，头面四肢俱发疹块”，染上重病，后来“二足俱废”，不能远行了。1641年，徐霞客病逝。

在长期游历生涯中，不论旅途多么劳累，情况如何艰险，他都坚持把当天的经历和考察情况记在日记里面。在日记里面，徐霞客以清新奇丽的文字描摹大自然的瑰丽多姿。这些日记凝聚着徐霞客大半生的心血和成果，是不可多得的原始资料。可惜的是，他生前来不及整理，日记原稿大都散佚了。后来经过数次整理成书，就是闻名于世的《徐霞客游记》。

《徐霞客游记》被誉为“古今游记之最”，全书共20卷，60多万字。《徐霞客游记》以日记体裁详细地记录了徐霞客旅行生涯中的所见所闻，真实而生动地记述了他所到之地的地质、地貌、水文、气候、动物、植物以及少数民族的经济状况和风俗习惯等，是他30多年坚持不懈地研究和探索自然奥秘的总结。游记的内容丰富多彩，记述翔实准确，具有重要的科学价值和很高的学术价值。

徐光启研究西学

面对后金的威胁，翰林院官员徐光启一连上了3道奏章，认为要挽救国家危局，只有精选人才、训练新兵，才有希望。明神宗听说徐光启精通军事，就批准他到通州训练士兵。

徐光启（1562年—1633年），字子光，号元扈，谥文定，上海徐家汇人。徐光启出生于一个商人兼小地主家庭，少时就聪敏好学。他一生担任过庶吉士、赞善等多种官职，但他终身都致力于科学研究，是我国16世纪自然科学的杰出代表。他的科学成就是多方面的。在农业上，他的《农政全书》系统地从农本、田制、水利、农器、农时、开垦、栽培、酿造等多方面阐述了农业生产理论，是我国古代农业知识的一次大的总结。他尤其重视农田水利的理论，提出的用水五法至今还具有重要的借鉴价值。

万历九年（1581年），徐光启考中秀才，而后考举人未中。因为家境的关系，他开始在家乡教书。大约在万历二十一年（1593年），徐光启受聘到韶州去教书，在那里见到了传教士郭居静（原名Lazarus Cattaneo，意大利人，1594年来华）。

通过和郭居静的交往，徐光启开始接触到西方近代的自然科学，而且还见到了来中国传教的耶稣会会长利玛窦。

万历二十五年（1597 年），徐光启入京应试，被主考官焦慧眼赏识，破例拔置为第一名。36 岁中了举人，徐光启又回到故乡，一边教书，一边考进士。

万历二十八年（1600 年），徐光启赴京赶考，途经南京，拜会了传教士利玛窦。万历三十一年（1603 年），徐光启再到南京，在传教士罗如望的指点下，加入天主教，教名"保禄"。入教之后，他能够更多地接触到西学。

万历三十四年（1606 年），徐光启考中进士，迎来了他一生中的重大转折。此时，他已经 44 岁了，为功名耗去了足足 23 年的时间。

中进士之后，徐光启被选为翰林院庶吉士，以后的时间他与教会来往密切。在万历三十四年（1606 年）秋，徐光启与利玛窦合作翻译西方数学名著《几何原本》的前 6 卷，并于 1607 年出版。译本中的许多数学专用名词，如几何、点、线、面、三角形、四边形等，都一直沿用到了今天。他还写了《勾股义》和《测量异同》，用数学方法把中西测量方法作了比较。他还翻译了《测量法义》。这些工作是西方科学著作译为中文的开始。

万历三十五年（1607 年），徐光启授翰林院检讨，不久丧父，返乡守制。3 年期满，回京复职，再次担任翰林院检讨，这是个较为闲散的工作。在这段时间里，他与传教士熊三拔合译了《泰西水法》，介绍西洋的水利技术和各种水利机械。

徐光启在向西方学习科技的过程中，对传教活动也进行了协助，引起了朝臣误解。他于是辞去工作，在天津购置土地。万历四十一年至四十六年（1613—1618 年）间，他在天津搞农事试验，写成了"粪壅规则"（施肥方法）和《农政全书》的大纲。

万历四十六年（1618 年），后金军队进攻边境，朝廷召见了病中的徐光启。万历四十七年（1619 年），徐光启担任詹事府少詹事兼河南道监察御史。

这一次，徐光启提出练兵的主张，得到明神宗的批准，他满怀希望，想尽快把新兵练好，加强国防。哪料到朝廷各个部门都腐败透顶，练兵衙门成立了一个月，徐光启要人没人，要钱没钱，闲得无事可做。后来，领到了一点军饷，可是到了通州，检阅了一下招来的 7000 多新兵，大多是老弱残兵，能够勉强充数的只有 2000 来人，他大失所望，只好请求辞职。

1620 年，明神宗死去，他的儿子明光宗朱常洛又接着病死，神宗的孙子朱由校继承皇位，这就是明熹宗。徐光启又重返京城，他看到后金的威胁越来越严重，便竭力主张要多造一些西洋大炮。为了这件事，他跟兵部尚书发生了矛盾。不久，就被排挤出朝廷。

徐光启回到上海时，已经是 60 多岁的老人了。他从前就对研究农业科学很有兴趣，回到家乡后，亲自参加劳动，在自己的田里做了一些试验。后来，他把他平日的研究成果，写成了一部著作，叫作《农政全书》。书中详细记载了我国的农具、土壤、水利、施肥、选种、嫁接等农业技术，可以称得上是我国古代的一部农业百

科全书。

在天文上，他主张改革历法，并借鉴西方历法编定了《崇祯历法》。他为我国科学技术进入中西结合的研究开辟了道路，因而在我国科学史上享有崇高的地位。

李时珍

明世宗在位期间，贪图享乐，但又担心有死掉的那一天。于是，他便挖空心思想得到长生不老的药剂，并下令让各地官吏推荐名医。正在楚王府里做医生的李时珍，便被推荐到朝廷做太医。

李时珍（1518 年—1593 年），字东璧，亦名可观，晚年号濒湖山人，湖北蕲州（今湖北蕲春蕲州镇）人。

李时珍出身于医学世家，其父李言闻是当地有名的医生，曾做过太医吏目。他从小爱好读书，14 岁考中秀才，后来参加乡试考举人，屡试不中。

20 岁那年，李时珍身患“骨蒸病”（即肺结核），幸得父亲精心诊治痊愈，于是下决心弃儒从医，潜心钻研医学。李时珍 24 岁开始学医，以后大量阅读了《内经》《本草经》《伤寒论》《脉经》等古典医学著作。

1545 年，蕲州一带洪水泛滥成灾，灾后瘟疫流行，人民贫困，无钱就医。李时珍有志学医，又体恤民众疾苦，借此机遇临床实践，治好了许多病人。由于勤奋钻研，37 岁的李时珍已成为荆楚一带的名医，“千里求药于门”者，络绎不绝。

有一次，楚王的儿子得了一种抽风的病，久治不愈。楚王慕名派人请李时珍为他儿子诊病。李时珍看了病人的气色，又按了按脉，知道这孩子的病是由肠胃引起的。他开了调理肠胃的药方，楚王的儿子吃过药后，病就全好了。楚王非常高兴，挽留他在府中任“奉祠正”兼楚王私人医生，李时珍同意了。他知道楚王一向与郝、顾两个富绅交往密切，而这两家藏书很多，借此机会可以弄到《神农百草经》《征类本草》等历代药典研究，既可以丰富自己的医学知识，又为今后撰著《本草纲目》打下基础。

不久，明世宗下令让全国名医集中太医院，楚王只好遵旨推荐李时珍赴京都太医院任职。李时珍也借此机会，更好地与名医切磋交流医术，同时，阅读了许多民间看不到的善本医学经籍。在此期间，他几次提议编撰《本草》一书，但都被拒绝。李时珍只在太医院待了一年，就告病归乡了。

回乡后，他边行医，边查阅前贤著述、药典、典故、传奇等。此外他踏遍青山，尝尽百草，足迹遍及河南、河北、江西、安徽、江苏等省，又攀登了天柱峰、茅山、武当山，采集标本，求教于药农、果农，亦冒险品尝了仙果（榔梅），熟食鼓子花（旋花）。

李时珍花了将近 30 年的时间，写成了著名的医药著作《本草纲目》一书。《本草纲目》共有 52 卷，190 万字，分为 16 部（金、玉、卤、石、草、谷、菜、果、木、服器、虫、鳞、介、禽、兽、人）62 类，载有药物 1892 种，其中载有新药 374 种，收集医方 11096 个，绘图 1111 幅。在药物分类上改变了原有上、中、下三品的简单分类法，采取了“析族区类，振纲分目”的科学分类，过渡到按自然

演化的系统上来。这种从无机到有机、从简单到复杂、从低级到高级的分类法在当时是十分先进的。其中对植物的科学分类，比瑞典的林奈早200年。《本草纲目》是一本既有总结性又有创造性的著作。

《本草纲目》除了在药物学方面有巨大的成就外，在化学、地质和天文等诸多方面也有突出贡献。譬如，在化学方面，记载了纯金属、金属、金属氯化物、硫化物等一系列的化学反应。

《本草纲目》不仅是我国的一部药物学巨著，而且也是我国古代的百科全书。正如李时珍儿子李建元在《进本草纲目疏》中说的："上自坟典、下至传奇，凡有相关，靡不收采，虽命医书，实该物理。"

《本草纲目》在万历年间就已经流传到了日本，以后又传到朝鲜和越南，并在17、18世纪传到了欧洲。

罗贯中著《三国演义》

中国文学史上第一部长篇历史演义小说《三国演义》，向我们展示了一幅描绘三国时期魏、蜀、吴三大统治集团之间的联合与战争，矛盾与冲突的历史画卷。

《三国演义》的内容十分庞杂，时间和空间的跨度极大，涉及的人物和方面也很多，读来有一种粗线条式的勒勾的感觉。正如它卷首所引用的开卷词《临江仙》所说的那样：

滚滚长江东逝水，浪花淘尽英雄。是非成败转头空：青山依旧在，几度夕阳红。

白发渔樵江渚上，惯看秋月春风。一壶浊酒喜相逢：古今多少事，都付笑谈中。

小说一开始便将整个故事置于一种苍凉而浩渺的宏大叙事结构之中："话说天下大势：分久必合，合久必分。"用简短的几句话勾勒了中国历史的规律。

三国时期是人才辈出的时代，在政治、军事、外交等方面或明或暗的斗争中，不同的人物表现了各自非凡的才能。《三国演义》刻画了许多英雄形象，而且它所描绘的英雄不是孤立的，也不是独一无二的，而是在相似乃至相近的场合或方面表现出不同特点的英雄人物，如董卓、曹操和刘备；孔明、周瑜和司马懿；张飞、关羽和吕布等。这些不同的人物，或各为一方霸主，或为沙场猛将，或为大帐谋士，在作者笔下，却显示了迥异的风格。

读《三国演义》需要注意的是它"尊刘贬曹"的思想。这种思想最迟起于宋代，此后不断加强。这一方面是历史学方面的原因，另一方面是人民对"明君"盼望的结果。由于封建思想在中国根深蒂固，人们几乎很少想过要改变这个社会，也几乎没有想过要有一种平等的政治地位和权利。受惯了欺凌和剥削的中下层人们，他们所能盼望的只是有一位"清官"或一位"明君"，稍微抑制豪强劣绅，从而从繁重的掠夺中暂时解脱出来就心满意足了。从上面对董、曹、刘三人事迹和结局的描写以及作者的取向就能看出来。

《三国演义》中还有一个重要问题就是它所宣扬的"义气"。小说第一回就极力写刘、关、张三人的桃园结义，他们杀牛宰马，祭天告地，发誓同心协力，救困扶危，上报国家，下安黎庶；不求同年同月同日生，但求同年同月同日死；谁若背信

弃义，天人共戮。这个盟誓决定了他们三人名为君臣，实同骨肉的关系。这种义气是小私有道德观念的反映，表现了他们在遇到困难时互相支援、见义勇为、自发反抗的积极品德。但另一方面，这种义气也有局限性：它可能为奸人所利用，也可能使人失去理智，因小失大。如关羽遇害后，刘备不顾诸葛亮、赵云等的劝告，誓死为他复仇，于是举兵伐吴，后来伐吴之役损兵折将，蜀国也从此国力日衰。

《三国演义》是我国长篇章回历史小说的开山之作，它的艺术结构既宏伟壮阔，又不失严密和精巧，同时在照顾历史事实的基础上，适应了艺术情节的连贯。作者以刘蜀政权为中心，抓住三国斗争的主线，井然有序地展开故事情节，形成了一个庞大有机的故事整体。

《西游记》

颇受大众喜爱的长篇神魔小说《西游记》也是经过长期的积累和演变才形成的，它源于唐朝高僧玄奘赴印度取经的史实。

《西游记》的写定者吴承恩（1500 年—1582 年），字汝忠，号射阳山人，淮安山阳（今江苏淮安）人。他把“大闹天宫”的故事放在小说的开篇，突出孙悟空的中心地位，又把许多人们熟知的神话传说有机地组织起来，用幽默、讽刺的笔调进行描写、渲染，赋予了小说崭新的艺术风格。

孙悟空的艺术形象，在两个故事结构中都占据着核心地位，通过这个神话英雄，寄托了人们的生活理想。而且，正因为这是一部幻想性的神话小说，它比现实题材的小说能够更充分地反映出人们内心深处的欲望。从开头美猴王出世到大闹天宫失败，共七回的篇幅集中描绘了孙悟空的基本形象。他天生地长，学会了高强的本领，闯龙宫夺得如意金箍棒，又闹冥司一笔勾掉生死簿上的姓名。于是他在花果山上自在称王，无拘无束，无法无天。这是人性摆脱一切束缚、彻底自由的状态，是神话中才能表现出来的人对于自由的幻想。但这种自由显然不现实，龙宫夺宝，触犯了四海龙王水族；阴司复生，违背了生死循环定律。这些情节形象地反映了人们与生俱来的渴求：在已有秩序中为自己找一个应该的位置。自由和固有的秩序再次发生碰撞，结果是作为个人的孙悟空败给了以玉皇大帝、西天如来、东海观音、太上老君为代表的天宫的整体力量。《西游记》的前七回，正是以神话形式满足了人们内在心理中这种不尽合理却根深蒂固的向往。当然，人性的实际处境使小说不可能始终在这一方向上发展，孙悟空的失败，从原型的角度宣告这种奋斗的绝望，即自由的人性不可能不受到现实力量的约制。

第八回至第十二回转到唐僧方面，交代取经缘起。自第十三回起，写孙悟空被迫皈依佛门，在八戒和沙僧的协助下，保护唐僧去西天取经。

《西游记》中的艺术形象，既以现实的人性为基础，又加上作为其原形的各种动物的特征，再加上浪漫的想象，写得生动活泼，令人喜爱。如孙悟空的热爱自由、不受拘束、勇于反抗等特点，体现着人性中较高层次的追求。八戒的形象也颇值得注意。他贪吃好睡、懒惰笨拙等特点，也是人性的一种表现。自然，八戒也有长处，如能吃苦，在妖魔面前从不屈服等。但他贪恋女色，好占小便宜，

对孙悟空心怀嫉妒，遇到困难常常动摇，老想着回高老庄当女婿，在取经的路上，还攒着私房钱。他在勇敢中带着怯懦，憨厚中带着奸猾。八戒的形象，体现了人类普遍存在的欲望和弱点。但在作者笔下，这一形象不仅不可恶，而且很有几分可爱之处。

汤显祖

明代戏曲在唱、念、做、舞以及舞台美术等方面都取得发展与提高，从而使戏曲艺术逐渐走向成熟，进入了繁荣时期。明代最负盛名的戏剧作家是汤显祖。汤显祖（1550 年—1616 年），字若士，又字义仍，别号清远道人，江西临川人。万历十一年（1583 年）中进士，万历二十七年（1599 年）开始致力于文学、戏剧的创作研究。他所著的《牡丹亭》《紫钗记》《邯郸记》《南柯记》，合称为“临川四梦”。“临川四梦”流溢着浓重的悲剧情调，透露出清代文学感伤主义的先声。

三言二拍

明代拟话本小说的代表，其中，三言指的是冯梦龙辑撰的 3 个短篇小说集《喻世明言》《警世通言》和《醒世恒言》的合称，二拍指的是凌初的两个短篇小说集《初刻拍案惊奇》《二刻拍案惊奇》的合称。三言是冯梦龙在广泛收集宋元明三代 500 年间的话本和拟话本的基础上整理编选润色加工而成的，而二拍则是作者个人的拟话本创作，二拍深受三言的影响，但就其艺术成就来说逊于三言。三言二拍的创作标志着中国古代白话短篇小说的成熟。在内容上，三言二拍主要描写的是市民的生活，反映了市民的思想感情，以及他们的道德观、价值观、爱情观等，具有鲜明的时代特色。在艺术上，它们则保留了口头文学故事性强、曲折生动、描写细腻的优点，在中国的小说史上占有重要的地位。

《封神演义》

明代中后叶神魔小说，共 100 回，一般认为其作者是钟山逸叟许仲琳。明代后期荒诞离奇的神魔小说十分流行，《封神演义》就是其中的代表。姜子牙辅佐武王伐纣的故事，流传久远，是民间说书的重要材料，元代也有《新刊全相武王伐纣平话》的话本。这部小说就是在民间传说和宋元话本的基础上改编而成的，它以商周易代作为历史背景，写了姜子牙顺应天意民心助武王伐纣的故事。天上的神仙也分为两派卷入了这场战争之中，最后纣王自焚，姜子牙将双方重要的人物一一封神。这部小说，以历史观念、政治观念作为支撑全书的思想框架，掺杂了很多荒诞无稽的想象和幻想，表现出对于仁君贤主的拥护和赞颂以及对于无道昏君的不满和反抗。

景泰蓝

景泰蓝是始于明代的特种工艺品，为珐琅器的一种，又名铜胎掐丝珐琅、烧青。因景泰年间广泛流行，制品以蓝釉最为出色，故名景泰蓝。景泰年间内府制造者有“景泰年制”“大明景泰年制”等款。明代制品多银饰鸟兽，仿古而雅，也有造型雄伟奇特者，其纹饰以云龙、花卉、吉祥图案为主。釉色除深蓝外，又

有天蓝、淡绿、珊瑚、纯黄等色，五彩缤纷，富有玻璃质感。

明代制瓷业

明代的陶瓷工艺发展到了以彩瓷为主的黄金时期，除了闻名天下的景德镇外，浙江龙泉窑青瓷、福建德化窑白瓷、山西法华器、江苏宜兴窑紫砂器等陶瓷器也独具特色。

代表明代制瓷业水平的当属全国制瓷业中心——江西景德镇。其主要成就一是景德镇瓷胎继续沿用了元代的“二元配方法”，创造了“脱胎”瓷器。二是发明了吹釉法，釉下青花术普遍发展起来，它不但是景德镇，而且成了全国瓷器生产的主流。三是各种釉上彩达到了比较成熟的阶段。成化（1465 年—1487 年）时期还开创了釉下青花和釉上斗彩相结合的新工艺。四是单色釉技术有了较大的提高，永乐、宣德时期的铜红釉，充分显示了明代窑工的高超技艺。此外，福建德化的象牙白、山西晋南的法华三彩，都是这一时期的杰作。景德镇和法华三彩采用牙硝不助熔剂，是一项重要贡献。明代的瓷器在国内外传世的数量很大，但都不影响其价值。

明画“四大家”

在明代画坛上，沈周、文徵明、唐寅、仇英被称为“四大家”。他们大体活动于明中叶，以苏州地区为中心，其画风曾左右一时，成为当时画坛的中心力量与典型代表。他们的画派被称为“吴门画派”。

沈周（1427 年—1509 年），字启南，号石田、白石翁。山水、人物、花卉、鱼禽皆超妙。早年刻苦追摹传统，对董源、巨然、李成和“元四家”皆有心印。因此有人形容其画风是从“上下千载，纵横百辈”中来。沈周作图高山巨壑，气势雄强。另外沈周也有大量的记游山水作品。其生平好游，足迹遍及大江南北，每到一处必写景作画，并赋诗纪事，因此这类作品极富美感和抒情性。沈周常作花卉、禽鸟作品，对景写生，很有生活情趣。晚年作品笔墨舒展随意，名望很高，再加上他一生不曾为官，故许多人对他十分倾慕，求画者挤破家门，他们所乘的船也堵塞了河港。拜沈周为师者很多，以文徵明、唐寅最为知名。其流风弥漫，蔚然成派，故一般以沈周为“吴派”的开创者。

文徵明（1470 年—1559 年），名璧，号衡山，是“吴派”的中坚，长洲（今江苏苏州）人。出身仕宦之家，早年工诗文、书画，师事吴宽、李应祯、沈周。中年后以岁贡生荐吏部考试，授翰林院待诏，4 年后辞归故里，以诗文书画自娱。他的诗、书、画皆超妙，其山水画初以郭熙、李唐、王蒙、赵孟为追摹对象，并参以沈周作风。早年画风细致精密，以青绿山水为多，有秀逸之气。中年后则行笔渐放，重山水气势，丘壑布陈，以水墨见长。晚年精细兼备。

文徵明山水题材以表现江南实景为多，再现了苏州一带的秀丽湖山，也有描绘劳动生活的作品。还有一些临仿古人之作，造型笔墨力追前人，但仍能表现出真切的感情。除山水外，文徵明兼擅花卉、人物。常作意笔兰、竹，也作菊、水仙。

王蜀宫妓图 明 唐寅

此图取材于五代前蜀后主王衍的宫廷生活，描绘宫中4位宫妓的形象。图中人物均盛装打扮，在设色上艳丽明洁，富于变幻和节奏感，如画面正中一正一背两女子，一着淡黄衣衫，一穿花青大褂，色彩对比强烈，产生了醒目的艺术效果。同时，作者采用“三白”法，即以白粉烘染人物额、鼻、颊，突出了宫妓们弱不禁风的情态。全图线条如春蚕吐丝，精秀细劲，流转自然，是唐寅仕女画的代表作之一。

画史云：“以风意写兰，以雨意写竹。”画兰最著名，秀丽婉润，有“文兰”之誉。文徵明绘画作品有《烟江叠嶂图》《湘君湘夫人图》《林榭煎茶图》《惠山茶会图》《江南春图》《古木寒泉图》《真赏斋图》《溪桥策杖图》《古木疏篁图》《春深高树图》等传世，书法有墨迹《上吴愈尺牍》《真赏斋铭并序》《南窗记》《诗稿五种》册、《西苑诗》等传世。

唐寅（1470年—1523年）字伯虎，号六如居士。自小聪明绝殊，学习刻苦。弘治十一年(1498年)乡试第一，次年因“鬻题受贿”案牵连。经过这次打击，唐寅放浪形骸，遍游江南湖海之胜，宣泄失意的苦闷，并且更寄情于书画，开始了他后半生的诗文书画创作活动。

唐寅早年师法周臣，继承了李成、范宽和“南宋四大家”的传统，对元代赵孟頫、黄公望、王蒙的画法皆有心印。唐寅的绘画作品取材广泛，形式技法充满变化。他不仅擅长山水人物，写意花鸟也颇具特色。更值得推崇的是唐寅在作品意境的创造上极富诗意。晚年的作品，不少表现社会生活，很有趣味。

仇英（1498年—1552年）字实父，号十洲，工匠出身。少年时师从周臣学画，继承了南宋马、夏传统。16岁时，结交文徵明、祝允明、唐寅等文人画家，对其提高文艺修养和画艺起了很大的作用。他还曾在收藏家项元汴家作画，遍观项氏所藏历代书法名画，并加以临摹，潜心钻研，终成一代名家。

仇英擅人物、山水、走兽、界画，亦精于临摹，技艺精湛。其山水师法赵伯驹、赵伯骕，作青绿山水，山石勾勒，皴染细密，色彩浓丽明雅，境界宏大繁复。人物画分细、粗两种面貌，前者取法唐宋，线条流畅、圆劲、细秀，造型准确，色彩清艳而具文雅之致；后者师承马远、杜堇、吴伟，笔法劲健，造型简洁，画风豪放洒脱。仇英以画工身份步入画坛，经过刻苦钻研，努力提高自己的文化素养，其画既有职业画家技艺精湛，造型准确的长处，又具文人画家的清逸秀雅，真正做到了雅俗共赏。他的作品有《桃源仙境图》《剑阁图》《莲溪渔隐图》《摹萧照中兴瑞应图》《人物故事图》《秋原猎骑图》《右军书扇图》《柳下眠琴图》等传世。

第十章

清朝的兴衰

清朝以马上得天下。从顺治到宣统共计 268 年，10 个皇帝。1840 年鸦片战争的炮弹引来列强瓜分中国的狂潮。洋务运动、戊戌变法，中华民族的有识之士在不断地探索着祖国生存发展的道路，然而苟延残喘的皇族势力依然在做着卖国苟安的旧梦。最终辛亥革命推翻了清王朝统治，结束了在中国延续了两千多年的君主专制政体。

一、清入主中原

努尔哈赤统一女真各部

努尔哈赤（1559 年—1626 年），姓爱新觉罗，其先祖猛哥帖木耳自明永乐十年（1412 年）受明册封为建州左卫指挥，世代是受明封爵的地方官。万历十一年（1583 年），仅 25 岁的努尔哈赤，凭其先祖所遗 13 副盔甲，起兵征讨尼堪外兰，开始了他统一女真各部的征程。万历十六年（1588 年），努尔哈赤灭完颜部，至此他正式统一了建州五部，力量迅速壮大。万历十七年（1589 年），与明通贡受封。由此开始，他率领的铁骑奔驰于北陲大漠、南疆高原，扩土万里，为清朝的建立奠定了基础。

后金的建立

当明王朝政治越来越腐败的时候，满族的前身女真族那时正居住在今松花江南北以及黑龙江一带。早在 11 世纪时，女真族的完颜部就曾建立过金政权。元时一部分女真人迁入中原，另一部分仍留在东北。明初女真各部落生产渐渐发展，出现了阶级分化。作为满族主体的建州女真定居于赫图阿拉（今辽宁新宾一带），接受明政府的有效管辖，定期交纳贡赋。建州女真不断扩大势力，渐渐强大起来，它的首领是爱新觉罗·努尔哈赤。

努尔哈赤出生在建州女真的贵族家庭里。祖父觉昌安和父亲塔克世都被明朝封为建州左卫的官员，努尔哈赤从小就学习骑马射箭，练得一身好武艺。

努尔哈赤 25 岁那年，建州女真部土伦城城主尼堪外兰，引来明军攻打古勒寨城主阿台。阿台的妻子是觉昌安的孙女，觉昌安便带着塔克世到古勒寨去，途中碰上明军攻打古勒寨，觉昌安和塔克世都死在混战中。

努尔哈赤痛哭了一场，葬了他的祖父、父亲，但是想到自己的力量太弱，不敢得罪明军，就把怨恨全集中在尼堪外兰身上。努尔哈赤满腔悲愤地回到家里，找出了他父亲留下的盔甲，分发给他手下的兵士，向土伦城进攻。尼堪外兰根本不是努尔哈赤的对手，狼狈逃走。努尔哈赤攻克了土伦城后，趁机又征服了建州女真的一些部落。

努尔哈赤灭了尼堪外兰，声名远扬。过了几年，他统一了建州女真。这样一来，引起女真族其他部落的恐慌。当时女真族有三部，除了建州女真之外，还有海西女真和“野人”女真。海西女真中数叶赫部实力最强。1593 年，叶赫部联合了女真族、蒙古族 9 个部落，合兵 3 万，分 3 路向努尔哈赤进攻。

努尔哈赤听到九部联军来攻，便在敌军来路上埋伏了精兵，在路旁山岭边，安放了滚木石块。九部联军一到古勒山下，建州兵就派出 100 骑兵挑战。叶赫部一个头目冲过来，马被木桩绊倒，建州兵上去把他杀了，另一头目当时被吓昏过去。这样一来，九部联军没有了统一指挥，四散逃窜，努尔哈赤乘胜追击，打败了叶赫部。又过了几年，努尔哈赤统一了女真族各部。

努尔哈赤统一了女真后，把女真族部众编为 8 个旗。旗既是一个行政单位，又是军事组织。为了麻痹明朝，努尔哈赤继续向明朝朝贡称臣，明朝廷认为努尔哈赤态度恭顺，便封他为“龙虎将军”。

1616 年，努尔哈赤认为时机成熟，就在八旗贵族拥护下，在赫图阿拉即位称汗，国号金。历史上为了跟过去的金国区别把它称为“后金”。

八旗制度

万历二十九年 (1601 年)，努尔哈赤开始创设八旗制度。八旗制由牛录制扩充而来，首领称“固山额真”（汉译“都统”），每一固山有特定颜色之旗帜，当时满洲军共有 4 固山，分红、黄、蓝、白 4 种颜色之旗帜。万历四十三年 (1615 年)，满洲军建制扩大，又增设镶黄、镶白、镶红、镶蓝 4 固山，共有 8 固山，6 万人。“固山”即满语“旗”之意，亦称“八旗制度”。努尔哈赤则高居八旗主之上，为八旗首领。

萨尔浒之战

1618 年，努尔哈赤召集八旗首领和将士誓师，宣布跟明朝结下七件冤仇，叫作“七大恨”。第一条就是明朝无故杀死了他的祖父和父亲。为了报仇雪恨，他决定起兵征伐明朝。

努尔哈赤亲自率领 2 万人马攻打抚顺。他先写信给抚顺明军守将李永芳，劝他投降。李永芳见后金军来势凶猛，无法抵抗，就投降了。后金军俘获人口、牲畜 30 万。明朝的辽东巡抚派兵救援抚顺，也被后金军在半路上打垮了。

明神宗得知消息后，派杨镐为辽东经略，讨伐后金。杨镐率总兵杜松、马林、刘铤、李如柏，又通知朝鲜、叶赫部出兵助攻，合 11 万人，浩浩荡荡杀奔后金。杨镐令总兵马林率 1.5 万人出开原（今属辽宁铁岭），入浑河上游，从北面进攻；总兵杜松领 3 万人担任主攻，由沈阳出抚顺关入苏子河谷，从西面进攻；总兵李如柏率 2.5 万兵由西南进攻；总兵刘铤率兵 1 万与朝鲜兵 1.5 万由南进攻；杨镐坐镇沈阳指挥，四路大军会攻赫图阿拉。

经过侦察，努尔哈赤得知山海关总兵杜松率领的中路左翼是明军主力，他们正从抚顺出发，打了过来。努尔哈赤决定集中兵力，先对付杜松。

杜松是一位身经百战的名将。从抚顺出发时，天正下着大雪，杜松立功心切，不管气候恶劣，急急忙忙冒雪行军。他先攻占了萨尔浒（今辽宁抚顺东）山口，接着，把一半兵力留在萨尔浒扎营，自己带了另一部精兵攻打后金的界藩城（今新宾西北）。

努尔哈赤一面发兵增援吉林崖，另一面亲率 4.5 万旗兵直扑驻萨尔浒的明军西路主力。两军展开激战，杀得天昏地暗。杜松军点燃火炬照明以便准确炮击，后金军利用明军的火光，以暗击明，集矢而射，杀伤甚众。时起大雾，努尔哈赤趁雾引一路军越过堑壕，拔掉栅寨，攻占明军营垒。明西路军遂溃，死伤逾万。与此同时，杜松万余军在吉林崖也遭后金军重创，杜松战死，明西路军全军覆没。

明军主力被歼，南北二路显得势弱，处境孤单。马林率北路军进至尚间崖时，得知杜松覆灭，不敢前进，就地防御。他环营挖掘三层堑壕，将火器部队列于壕

外，骑兵继后，又命潘宗颜、龚念遂各率万人屯于大营数里外以成掎角之势，并环战车以迟滞后金。努尔哈赤在击灭杜松后，已率八旗主力转锋北上，迎击明北路军。随后，后金军一部骑兵横冲龚念遂阵营，并以步兵正面冲击破明军车阵，龚军大败。主力后金军与马林部明军大战于尚间崖，刚击溃龚念遂的后金骑兵已迂回到马林军侧后，与主力前后夹击，马林大败。努尔哈赤挥军乘胜追击，八旗骑兵又冲垮潘宗颜军，北路明军大部被歼。坐镇沈阳的杨镐接到两路人马覆灭的消息，连忙派快马传令另外两路明军立刻停止进军。

中路右翼的辽东总兵李如柏胆小谨慎，行动也特别迟缓，他一接到杨镐的命令，急忙撤退。剩下的是南路军刘铤。杨镐发出停止进军命令的时候，南路军因迷路未能如期到达目的地，而又不知明北、西二路已被歼，仍向北开进，当快到萨尔浒时，努尔哈赤已击败马林，挥师南下，做好了迎战准备。努尔哈赤以主力埋伏于赫图阿拉南，另以少数士兵冒充明军，持着杜松令箭，诈称西路明军已迫近赫图阿拉，要刘速进会攻。刘铤毫不怀疑，带着人马进入了后金军的包围圈。后金军里应外合，四面夹击，明军阵势大乱。刘铤虽然英勇，但毕竟寡不敌众，战死在乱军中。

这场战争从开始到结束，只有 5 天的时间，杨镐率领的 10 万明军损失过半，文武将官死了 300 多人。这就是历史上著名的“萨尔浒之战”。

萨尔浒之战后，明朝元气大伤。两年后，努尔哈赤又率领八旗大军，接连攻占了辽东重要据点沈阳和辽阳。1625 年三月，努尔哈赤把后金都城迁到沈阳，把沈阳称为盛京。从那以后，后金就对明朝的统治构成了威胁。

袁崇焕大战宁远

萨尔浒大战之后，明王朝派老将熊廷弼出关指挥辽东军事。熊廷弼是个很有指挥才能的将领，可是担任广宁（今辽宁北镇）巡抚的王化贞却怕熊廷弼影响他的地位，百般阻挠熊廷弼的指挥。1622 年，努尔哈赤向广宁进攻，王化贞带头出逃。熊廷弼面对混乱的局事，只好保护一些百姓退到山海关内。

广宁失守后，明王朝不问事由，便把熊廷弼和王化贞一起打进大牢。熊廷弼一死，派谁去抵抗后金军呢？

这时，详细研究了关内外形势的主事袁崇焕向兵部尚书孙承宗说：“只要给我人马军饷，我能负责守住辽东。”

袁崇焕 (1584 年—1630 年)，字元素，广东东莞人，万历四十七年（1619 年）进士，历兵部主事、监军佥事、宁前兵备佥事；天启三年（1623 年）九月奉命筑宁远城（今辽宁兴城），进而升为右参政、按察使职，驻守宁远。

那些被后金的攻势吓破了胆的朝廷大臣听说袁崇焕自告奋勇，都赞成让袁崇焕去试一试。明熹宗给了他 20 万饷银，要他负责督率关外的明军。

袁崇焕到了关外，在宁远筑起三丈二尺高、两丈宽的城墙，装备了各种火器、火炮。孙承宗还派了几支人马分别驻守在宁远附近的锦州、松山等地方，与宁远互相支援。

袁崇焕号令严明，辽东的危急局面很快就扭转过来。正当孙承宗、袁崇焕守卫辽东有了进展之时，却遭到魏忠贤的猜忌。

宁远城遗址

1626年，努尔哈赤亲率13万大军（号称20万）围攻明关外要塞宁远城，遇到明将袁崇焕抗击，久攻不下，背发痈疽而死。

魏忠贤先是排挤孙承宗离了职，又派了他的同党高第指挥辽东军事。高第是个庸碌无能之辈，他一到山海关，就召集将领开会，说后金军太厉害，关外防守不了，让各路明军全部撤进山海关内。

袁崇焕坚决反对撤兵，高第见说服不了袁崇焕，只好答应袁崇焕带领一部分明军在宁远留守，但却要关外其他地区的明军，限期撤退到关内。

努尔哈赤看到明军撤退时的狼狈相，认为明朝容易对付。1626年，他亲自率领13万人马，渡过辽河，向宁远进攻。

努尔哈赤带领后金军气势汹汹地到了宁远城下，冒着明军的箭石、炮火，猛烈攻城。明军虽然英勇抵抗，但是后金兵攻势未减，情况十分危急。袁崇焕下令动用早就准备好的大炮，向后金军轰击。炮声响处，只见一团火焰，后金兵被炸得血肉横飞，纷纷后撤。

第二天，努尔哈赤亲自督战，集中优势兵力攻城。袁崇焕登上城楼瞭望台，沉着应战。等到后金军冲到逼近城墙的地方，他便命令炮手瞄准敌人密集的地方发炮。这样一来，后金军伤亡就更大了。正在后面督战的努尔哈赤也受了重伤，不得不下令全军撤退。

袁崇焕见敌人退兵，就乘胜杀出城去，一直追了30里，才得胜回城。

努尔哈赤受了重伤，回到沈阳后，伤势越来越重，没过几天，就咽了气。他的第八个儿子皇太极接替了他，做了后金大汗。

宁远大捷后，袁崇焕升任辽东巡抚。其后他积极调兵遣将，修缮城池，有力地遏制了后金的军锋。

清太宗皇太极

皇太极（1592年—1643年），清朝创建者，姓爱新觉罗氏，努尔哈赤第八子。初为正白旗旗主贝勒，与大贝勒代善、二贝勒阿敏、三贝勒莽古尔泰合称“四大贝勒”，以年齿序称“四贝勒”。皇太极曾襄理国政，屡统兵征战，颇有战功。天命十一年（1626年），太祖卒后，被诸贝勒推为后金汗，年号天聪。即位后，大力加强中央集权，削弱三大贝勒权力，控制正黄、镶黄、正蓝三旗，设六部、内三院、都察院，以完善中央统治机构。设立以女真与汉族知识分子组成的文馆，译汉文书籍，考试生员、举人，尽力笼络汉与蒙古族官员。对外断绝明朝与朝鲜盟好，曾两次进攻朝鲜，逼朝鲜国王纳贡。又出征察哈尔、蒙古，统一漠南，以扫除明朝北边屏障。屡次对明朝用兵，在辽西地区不断取胜，并4次遣兵入塞，

攻城略地，扩大统一范围。1635 年，改族名为“满洲”。天聪十年（1636 年），改国号为大清，改元崇德，受尊号为“宽温仁圣皇帝”。后又创立蒙古八旗和汉军八旗，统一女真各部，为入关灭明做好准备。崇德八年（1643 年）暴卒，葬盛京（今沈阳）昭陵。

皇太极用反间计

努尔哈赤死后的第二年，皇太极亲自率领人马，攻打明军。后金军分兵三路南下，先包围了锦州城。袁崇焕料定皇太极的目标是宁远，决定自己镇守宁远，派部将带领 4000 骑兵援救锦州。果然，援兵还没出发，皇太极已经派兵来攻打宁远。袁崇焕亲自到城头上督战，用大炮猛轰后金军，城外的明军援军也配合战斗内外夹击，把后金军打跑了。

皇太极把人马调到锦州，但是锦州的明军守得很严密，皇太极只好退兵。

袁崇焕虽然打了胜仗，可是魏忠贤阉党却把功劳记在自己的名下，还责怪袁崇焕没有亲自救锦州是失职。袁崇焕知道魏忠贤有心跟他过不去，就辞了职。

天启七年（1627 年）八月，明熹宗于乾清宫病逝，年仅 23 岁，临终遗诏：“以皇五弟信王由检嗣皇帝位。”朱由检为明光宗的第五子，万历三十八年(1610 年)生。他于明熹宗死的那天晚上进宫，第 3 天即皇帝位，诏次年为崇祯元年（1611 年），这就是庄烈帝，历史上称他为思宗、毅宗、怀宗等。

崇祯帝即位后，魏忠贤失势，畏罪自缢身亡，崇祯帝又把袁崇焕召回朝廷，提拔他为兵部尚书，负责指挥整个河北、辽东的军事。

袁崇焕重新回到宁远，选拔将才，整顿队伍，士气大振。有一次，东江总兵毛文龙作战不力，虚报军功。袁崇焕使用崇祯赐给他的尚方宝剑，把毛文龙杀了。

皇太极打了败仗，当然不肯善罢甘休，他知道宁远、锦州防守严密，决定改变进兵路线。1629 年农历十月，皇太极率领几十万后金军，从龙井关、大安口（今河北遵化北）绕道河北，直扑明朝京城北京。

这一招出乎袁崇焕的意料。袁崇焕得到情报，赶忙带着明军赶了两天两夜到了北京，没顾上休息，就和后金军展开激烈的战斗。

后金军退走后，崇祯帝亲自召见袁崇焕，慰劳了一番。但是一些魏忠贤的余党却到处散布谣言，说这次后金军绕道进京，是由袁崇焕引进来的。

崇祯帝是个疑心极重的人，听了谣言，也有些怀疑起来。正在这时，有一个被后金军俘虏去的太监从后金军营逃了回来，向崇祯帝报告，说袁崇焕和皇太极订下了密约，要出卖北京。

崇祯帝把袁崇焕召进宫拉长了脸责问说：“袁崇焕，你为什么要擅自杀死大将毛文龙？为什么金军到了北京，你的援兵还迟迟不来？”袁崇焕一时不

清太宗皇太极像

征服朝鲜

在皇太极称帝的同时，朝鲜因不堪后金的各种勒索而与后金的矛盾激化。皇太极决心在登基后便征服朝鲜。

崇德元年（1636 年）十二月，皇太极率大军进攻朝鲜。清军兵分两路：左翼由多尔衮、豪格率领，由宽甸入长山口取道昌城，南下平壤；皇太极与代善亲率右翼，从东京大路经镇江进入朝鲜。十四日清军大队抵达安州，朝鲜国王逃到汉江南岸的南汉山城。二十九日皇太极南渡汉江，包围了南汉山城。崇德二年（1637 年）正月二十二日，多尔衮率军攻破城池，朝鲜国王被迫投降。

从此，朝鲜正式成为清朝的属国，皇太极在征服朝鲜之后也解除了他对明战争的后顾之忧。

知如何回答才好。他正想答辩，崇祯帝已经喝令锦衣卫把他捆绑起来，押进大牢。崇祯帝拒绝大臣的劝告，到了第二年，下令把袁崇焕杀了。

清军入关

崇德八年（1643 年）八月，皇太极去世，幼子福临即位，年号顺治。多尔衮逐渐掌握了朝廷重权，决定领兵入关。

顺治元年（1644 年）四月七日，清廷祭祖誓师伐明。八日，顺治帝特授给多尔衮奉命大将军印，掌管军中一切赏罚大事。九日，多尔衮率群臣至堂子奏乐行礼，又陈列八纛向天行礼，然后统领满洲、蒙古、汉军兵总计约 14 万人，鸣炮起行，讨伐明朝。十一日大军到达辽河，十四日到达翁后。十五日卯时，镇守山海关的吴三桂突然派人前来洽降，这为清兵入关提供了意料不到的方便。二十二日，清兵助吴三桂击败李自成军。随后吴清联军越关西入中原，追击农民军。五月二日，进入北京。清军从誓师伐明到占领北京，尚不到一月之久。

建都北京

顺治元年（1644 年）六月，多尔衮终于统一诸王、贝勒、大臣的意见，决定建都燕京。七月八日，顺治帝宣布“迁都定鼎，作京于燕”。八月二十日，顺治帝车驾自盛京出发，九月十九日到达京师，自正阳门入宫。十月一日，顺治帝行定鼎登基礼，亲自到南都，发布告祭天地文，“兹定鼎燕京，以绥中国”，宣布继续沿用“大清”国号，纪元顺治。清政权在关内的确立，为其最终摧毁南明政权和完成统一大业提供了政治上的保障。清廷在定都的过程中以及定都之后，先改革明朝弊政，减轻人民负担，又对汉族地主阶级加以笼络，并优待和重用明朝降官，还开科进士，安抚士人。这些措施在一定程度上巩固了清入主中原后的地位。

二、清朝的发展与衰亡

清前期工商业的繁荣

清朝前期的手工业生产比明朝更加发达。顺治时，政府禁民间开矿，后来不断放宽开矿政策。乾隆时，政府鼓励商人开矿，矿冶业迅速发展。云南的铜矿数

量多、规模大，乾隆年间有500余处。

那时候，苏州仍以丝织业闻名。而南京、广州等地的丝织业也后来居上，超过了苏州。南京有织机3万多台，所产绸缎行销全国。景德镇制瓷业的规模比过去扩大了。边疆少数民族的手工业也发展起来。在农业和手工业发展的基础上，商业繁荣起来。北京是当时全国性的贸易市场。东南各省和苏州、扬州等城镇都很繁华。西北、西南各地也出现了不少商业城市。

那时的北京汇集了全国各地的特产。东北的貂皮、人参，江南的水果、绸缎，西藏的麝香、红花，新疆的毡毯，蒙古的皮货，云南和贵州的名贵中药，都出现在北京的市场上。清朝前期，北京最繁华的地区在宣武、正阳、崇文3座门外，那里的富商大贾拥有成千累万的资本。乾隆年间，正阳门外大栅栏一带，已经是店铺、酒楼林立的热闹街市。乾隆时候，扬州的商业十分繁盛，许多行业形成集中的街市，有专营绸缎的"缎子街"，专设茶肆酒楼的北门桥等。

康熙撤藩

顺治十八年(1661年)正月初七夜，顺治帝福临病逝。初九，其子玄烨即位，时年8岁，以第二年(1662年)为康熙元年。

康熙帝亲自执政后，大力整顿朝政，使新建立的清王朝渐渐强盛起来。但是，南方的三个藩王却成了康熙帝的一块心病。

三藩问题由来已久。早在顺治年间，平西王吴三桂、平南王尚可喜、靖南王耿继茂奉命南征，为清王朝一统天下立下了汗马功劳。因而顺治帝在统一中原后，并没有及时撤除三藩，而是命令他们留守其地。天长日久，三藩势力日盛，成为威胁中央的地方割据势力。三藩拥兵自重，把持地方财政，欺压百姓，甚至利用沿海交通的便利条件，置朝廷的海禁政策于不顾，大肆进行走私活动。

康熙帝即位之初，四大臣辅政。他们对三藩采取笼络、包容之策，企图借助他们的力量对付南明、农民军余部，因而对三藩的所作所为不闻不问，三藩的势力更加嚣张。康熙帝亲政后，敏锐地看出三藩已成为国家的心腹之患，把它列为自己亲政所必须解决的大事之一。

康熙帝亲政之前就采取措施，逐步削弱三藩的势力，他收缴大将军印，裁兵裕饷，严禁欺行霸市、借势扰民，解除藩王总管云贵两省事务的职务。亲政以后，康熙专心学习经史典籍，借鉴历朝历史，他清楚地认识到：三藩的性质不是同宋初的开国功臣一个类型，而是同唐末藩镇一个性质。于是他更加抓紧整顿财政，筹措军费，扩大兵力，并主动缓和满汉矛盾，以争取民心，为撤藩工作做准备。

康熙帝虽有撤藩之意，但鉴于"三藩俱握兵柄"，他也不敢贸然行动。正在他犹豫不决的时候，平南王尚可喜给他提供了一个机会。康熙十二年（1673年）三月，尚可喜上奏要求"归老辽东"，主动提出了撤藩问题。康熙帝立即抓住机会，顺水推舟，应允了尚可喜的要求，并对他的行为加以表彰。

一石激起千层浪，康熙帝的行为引起了其他二藩的恐慌。其时，吴三桂之子吴应熊正在京师，他立即派人快马加鞭送给其父书信一封，信中写道："朝廷久

疑王，今二王皆有辞职疏，而王独无，朝廷之疑愈深。速拜疏发使来，犹可及也。”吴三桂为了消除皇帝的疑心，便接受了其子的建议，立即上疏“请求撤回安插”，耿继茂之子耿精忠迫于形势，也上书一封，请求撤回安插。

两王上书到达京城，朝臣对是否撤藩的事情意见不一，大多数官员惧怕吴三桂势力，主张暂时妥协，先行撤去耿精忠的藩国。康熙帝认为与其等吴三桂蓄谋已久，养痈成患，不如痛下决心，三藩并撤。于是康熙十二年（1673 年）八月，康熙帝派礼部侍郎折尔肯、翰林院学士傅达礼带手诏前往云南；户部尚书梁清标赴广东；吏部右侍郎陈一炳往福建，会同地方官员料理三藩迁移事务。

但是吴三桂申请撤藩不过是故作姿态，没想到康熙帝竟然如此迅速地批准他撤藩。吴三桂感到愤愤不平，即与其党羽密谋起兵。九月初，康熙帝所遣办理迁移事务的大臣到达云南后，吴三桂阳奉阴违，表面上接受诏书，暗地里却一再拖延动身日期，加紧叛乱的步伐。十一月二十一日，吴三桂杀死云南巡抚朱国治，逼使云贵总督甘文焜自杀，扣留了折尔肯，自称“周王”，建元昭武，公开反叛清朝。

吴三桂反叛的消息传到北京，举朝震惊。大臣中主张向吴三桂妥协的人很多，大学士索额图竟然要求将“前议三藩当迁者，皆宜正以国法”。康熙帝也知情势严重，但他知道撤藩的决策没有错，此时向吴三桂妥协，只能长他的气焰，灭自己的威风，他下定决心要与吴三桂一比高低。吴三桂起兵前后，曾经致书平南、靖南二藩，台湾郑经以及贵州、四川、湖广、陕西等地官吏，他还发布了蛊惑人心的《反清檄文》。一时间，滇、黔、湘、蜀纷纷响应。吴三桂主力东侵黔湘，很快兵力便达到 14 万。接着河北总兵蔡禄也反于彰德，塞外又有察哈尔部布尔民的叛乱，可谓“东南西北，都在鼎沸”。

康熙帝没有退路可走，当即采取措施，布置兵力，“增派八旗精锐前往咽喉要地荆州固守”；停撤广东和福建二藩，孤立吴三桂；拘禁额驸、吴三桂之子吴应熊及家属，赦免散处各地的原属吴三桂的官员，削除吴三桂爵位，并悬赏捉拿吴三桂。

康熙十四年（1675 年），吴三桂与清王朝的对抗达到了顶峰。叛军在全国形成了三大战场：耿精忠控制的福建、浙江、江西为东线，湖南是正面战场，四川、陕西、山西、甘肃为西线。康熙帝分析形势，定下战略方针：以荆州为战略立足点，顶住湖南战场的吴军主力，只对峙而不主动出击；主攻从侧翼入手，先解决耿精忠、王辅臣两股主要叛军，然后再集中力量对抗吴三桂。康熙帝还并用剿灭、招抚两手，亲自致书王辅臣、耿精忠等人，表示只要他们“投诚自归”，即赦免前罪，仍像从前一样对待他们。康熙十五年（1676 年），王辅臣兵变降清。十月，耿精忠投降。十二月，尚可喜之子尚之信也公开反吴。康熙帝践约，一律优待他们。如此一来，那些参与反叛的将领和将官纷纷投降，吴军渐渐分化瓦解。

康熙十七年（1678 年）八月，吴三桂暴病身亡。其孙吴世璠即大周皇位，改元洪化。他见势不妙，退居贵阳。清军在解决两翼之后，开始战略反攻，进入湖南。康熙十八年（1679 年）正月，清军攻克岳州。接着势如破竹，一路收复长沙、常德、

衡州。至此，湖南、四川、贵州、广西被收复。康熙帝又下令兵分三路，进军云南。康熙二十年（1681 年）十一月，昆明城破，历时八年的内战以吴三桂的覆灭而告终。

施琅进攻台湾

平定“三藩”之乱后，统一台湾的问题被提上了日程。

台湾此时成了最后一块反清复明的活动基地。郑成功到台湾后不久，就生病去世了。他的儿子郑经率领郑氏部属，在台湾和福建沿海一带活动，仍然沿用明朝年号。1681 年，康熙帝任命施琅为福建水师提督，筹划攻台。施琅（1621—1696 年）是福建晋江人，他以擅长海战著称，曾随郑成功起兵抗清，后投降清朝。他到了福建后，就布置打造战船，操练水师。

康熙二十二年（1683 年）六月，台湾郑氏早已听到风声，派久惯海战的大将刘国轩坐镇澎湖。刘国轩修建炮城，排列战舰，准备迎战。六月十六日，清军船队集齐，两军开始交战。施琅一马当先，首先驾船冲入郑军中。郑军气势强盛，各营镇战船争先恐后，围绕清军战船猛攻，施琅被流弹击中受伤。清军船只多，挤在一起，难以发挥威力。初战受挫，施琅传令各船将士不许卸甲，严阵以待。六月二十二日清晨，清军誓师出战。施琅将船分为 8 队，每队 7 只。他自己统领一阵，居中调度。又派 80 只船为后援，50 只船在东侧截敌后路，50 只船在西侧作为疑兵进行牵制。两军相遇后，炮如雨下，烟气蔽天。在清军的奋力冲杀下，郑军渐渐不支，将士丧失了十分之七八。刘国轩知道大势已去，不敢再战，急忙率领残兵败将，退回台湾岛上。

台湾一些郑军将领听说清军来势凶猛，于是变节，纷纷派人与施琅接洽，里应外合，协助清军。清军兵不血刃，占领了台湾本岛。清军占领台湾的消息传到京师，康熙帝大喜，封施琅为靖海侯。收回台湾后，清廷内部发生了一场对台湾的弃留之争。许多大臣对台湾的历史、地理缺乏认识，竟然认为台湾地域狭小，得到了不会增加领土面积，失去了也不会有太大损失，因而他们主张弃台。对此，施琅坚决反对，上疏力争，提出台湾土地肥沃，物产丰富，是保卫东南沿海的天然屏障，一旦放弃，必然重被荷兰人占据。

康熙帝完全赞同他的主张，下令设立台湾府，下属 3 县，归福建省管辖。统一台湾，使台湾重新回到祖国统一的多民族大家庭中，这不仅对国家统一具有重大意义，对台湾经济、文化的进一步发展也具有重要意义。

雅克萨之战

康熙帝二十四年（1685 年）正月，清政府商议攻取雅克萨城。不久，康熙帝命都统彭春统兵、副都统班达尔沙偕同佟宝等参赞军务，命令建义侯林兴珠、都督何

康熙帝大阅兵之盔甲

佑等率福建藤牌军，并且调拨直隶、山东、山西、河南等省的火器兵前往协助攻城。同年四月，清都统彭春、都统郎谈、黑龙江将军萨布素率满、蒙古、汉各族官兵3000多人，分水陆两军分别从黑龙江城（今黑龙江黑河瑷珲镇）和卜魁城（今黑龙江齐齐哈尔）向俄军的重要据点雅克萨进发。六月二十二日，清军抵达雅克萨城下，康熙帝用满、蒙古、俄三种文字照会俄方，要求俄国方面撤出雅克萨，归还逃犯，以雅库茨克（今俄罗斯境内）为中俄边界，但俄方予以拒绝；二十四日，俄方援军赶到，清军将“神威无敌大将军”炮列在阵前，做好攻城准备；二十五日黎明，清军向雅克萨发动进击。哥萨克势绌兵败。这天夜里，清军水陆并进，经过一昼夜激烈战斗，俄军伤亡惨重，尸横遍野，陷入绝境，但是其所余部将仍顽强抵抗。清军副统帅郎谈于是下令在城下三面积柴，准备焚城。俄军只好出城乞降，并发誓不再回到雅克萨城，都统彭春、黑龙江将军萨布素遵照康熙帝旨意，将托尔布津及部属、妇女、儿童免去死罪，全部放回俄国，并放出被掳掠的清朝边民。这样，由满、汉、蒙古、达斡尔等民族组成的清军，在边疆各少数民族人民的支持下，攻克了被俄军侵略占据了20年之久的雅克萨城。

《尼布楚条约》

《尼布楚条约》是中俄两国缔结的第一个条约，全称《尼布楚议界条约》。康熙二十八年农历七月十四日（1689年9月7日）由清政府全权使臣索额图和沙俄全权使臣戈洛文签订于尼布楚（今俄罗斯涅尔琴斯克）。共分六款，其中有关中俄两国东段边界的规定是：两国以流入黑龙江之额尔古纳河、格尔必齐河为界，再由格尔必齐河发源处沿外兴安岭“直达于海，亦为两国之界”。惟乌第河与外兴安岭之间的地方暂行存放待议（第一款）。还规定：“俄人在亚（雅）克萨所建城障，应即尽行除毁。俄民之居此者，应悉带其物用，尽数迁入俄境”（第二款）。条约还就两国互不收纳逋逃、居民不得擅自越界、贸易互市等事宜作了具体规定。

三征噶尔丹

沙俄政府在雅克萨失败以后，并不甘心，就在《尼布楚条约》签订的第二年，又唆使准噶尔部（蒙古族的一支）的首领噶尔丹进攻漠北蒙古。蒙古族分为漠南蒙古、漠北蒙古和漠西蒙古3个部分。除了漠南蒙古早已归属清朝外，其他两部也都臣服了清朝。准噶尔部是漠西蒙古的一支，本来在伊犁一带过游牧生活。自从噶尔丹统治准噶尔部以后，他先兼并了漠西蒙古的其他部落，又向东进攻漠北蒙古。漠北蒙古人逃到漠南，请求清朝政府保护。

1690年，康熙帝亲征噶尔丹，分兵两路。右路清军先接触噶尔丹军，福全带左路清军反击，在乌兰布通（今内蒙古克什克腾旗内）将叛军杀得七零八落，叛军纷纷丢了营寨逃走。噶尔丹一看形势不利，使出缓兵之计，假意求和，带领残兵逃到漠北去了。噶尔丹回到漠北，表面向清朝政府表示屈服，暗地里重新招兵买马，并扬言将大举进攻。1696年，康熙帝第二次亲征，分三路夹击。两军遭遇在昭莫多（今蒙古人民共和国乌兰巴托东南），清军前后夹击，大败噶尔丹。噶尔丹只带了几十名骑兵脱逃。经两次大战，噶尔丹叛乱集团土崩瓦解，

但噶尔丹仍继续顽抗。隔了一年，康熙帝又带兵渡过黄河亲征。这时候，噶尔丹原来的根据地伊犁已经被他侄儿策妄阿拉布坦占领，他的左右亲信听说清军来到，也纷纷投降，愿意做清军的向导。噶尔丹走投无路，就服毒自杀了。清政府重新控制了阿尔泰山以东的漠北蒙古，赐给当地蒙古贵族各种封号和官职。清政府又在乌里雅苏台设立将军，统辖漠北蒙古。

清朝的疆域

清朝在康熙、雍正、乾隆时期，经过同外部侵略势力及内部分裂割据势力的一系列斗争，建立起一个空前统一和巩固的国家。

乾隆时期，清朝的疆域已经最后形成，计有内地18省和东北的盛京、吉林、黑龙江，以及内蒙古、外蒙古、唐努乌梁海（在萨彦岭和唐努山之间）、青海蒙古、西藏、新疆等少数民族地区，幅员辽阔。西到巴尔喀什湖和葱岭，北到唐努乌梁海，东北到外兴安岭、库页岛和鄂霍次克海，东到台湾诸岛屿，南到南沙群岛，这就基本上奠定了今天中国疆域的规模。

康熙、雍正、乾隆三帝在加强和巩固国家统一事业上做出了重大贡献。

雍正帝十二月令行乐轴　清

清世宗雍正

雍正皇帝（1678年—1735年），在位13年，圣祖第四子，初封雍亲王。康熙末年，得隆科多、年羹尧之助夺得帝位后，在政治上采取多种措施巩固皇位。消除异己，分化瓦解诸皇子集团。他创立秘密立储制度（即密写继位皇子的名字，藏于乾清宫的匾额之后）。雍正元年（1723年），施行耗羡归公和养廉银措施，以此限制、减少官员贪赃舞弊和横征暴敛。雍正二年（1724年），决定对贪官污吏即行抄家追赃，对民间拖欠，命在短期内分年带征。雍正三年（1725年），以作威作福、结党营私之名，责令抚远大将军年羹尧自尽，同时削隆科多太保衔，后圈禁致死。雍正七年（1729年），发生曾静遣其徒张熙策动川陕总督岳钟琪谋反的投书案，牵连已故理学家吕留良，世宗遂大兴文字狱，以作为钳制思想、打击政敌、树立权威的手段。同年，始设军机房，选亲重大臣协办军务。还命督抚布按等地方大员密折奏事，以加强皇帝对地方行政的控制。取消诸王对下五旗（正红、镶红、镶白、正蓝、镶蓝）军队的统率权，加强君主专制。实行摊丁入亩，保证赋税收入。在西南少数民族地区推行“改土归流”。设置驻藏大臣，加强对西藏的管辖。出兵平定青海和硕特部贵族的叛乱，镇压准噶尔部贵族骚扰。与沙俄订立《布连斯奇条约》和《恰克图条约》，划定中俄中段边界。雍正十三年（1735年）卒。

设立军机处

清初，清廷中央政府机构在明朝的建制上，又增加了自己的特点。既设立吏、户、礼、兵、刑、工六部与内阁作为中央主要行政机构，同时又设置“议政王大臣会议”，居于内阁之上，作为最高的中枢决策机构，互相牵制。议政王大臣会议是维护满族贵族特权地位的机构。后来历任皇帝为提高皇权，对其势力加以削弱，议政制度慢慢衰落下来。康熙十六年(1677 年)设立南书房，并任命亲信大臣撰拟谕旨，执行皇帝下达的各种命令，权势甚重。议政王大臣会议的权力被削弱。雍正帝即位后，首先收回了诸王的军权，接着在雍正七年(1729 年)设立军机房，雍正十年(1732 年)正式改称为军机处，秉承皇帝谕旨办理各种机要事务，完全取代了议政王大臣会议，成为清廷最高决策机构。军机处的设立，标志着清代皇权进一步的提高，封建专制已达到了登峰造极的地步。

文字狱

清朝统治者对明朝留下来的文人采取两种手段：对于服从统治的文人，采取招抚的办法；对于不服统治的，采取严厉的镇压措施。就在康熙帝即位的第二年，有官员告发，浙江湖州有个叫庄廷珑的文人，私自召集文人编辑《明史》，里面有攻击清朝统治者的语句。这时候，庄廷珑已死去。朝廷下令，开庄廷珑棺材戮尸，把他的儿子和写序言的、卖书的、刻字的、印刷的以及当地官吏，处死的处死，充军的充军。这个案查下去，一共株连了 70 多人。

由于这类案件完全是因写文章引起的，所以就叫作“文字狱”。

康熙帝死后，他的第四个儿子胤禛即位，这就是清世宗，又称为雍正帝。在雍正帝的统治下，文字狱更多更严重了。其中最出名的是吕留良事件。

吕留良也是一个著名学者。明朝灭亡以后，他参加了反清斗争，失败后，就在家里收学生教书。有人推荐他做官，他坚决拒绝了。官员劝他不听，后来他索性跑到寺院里，剃发当了和尚。吕留良当了和尚以后，就躲在寺院里著书立说，书里有反对清朝统治的内容。后来，吕留良死了，他的书也没有流传开去。

有个叫曾静的湖南人，偶然见到吕留良的文章，对吕留良的学问十分敬佩，就派学生张熙从湖南跑到吕留良的老家浙江，打听他遗留下来的文稿。

张熙到浙江后，不但打听到了文稿的下落，还找到了吕留良的两个学生。张熙跟他们谈得很投机。他向曾静汇报后，曾静就约两人见了面，4 个人议论起清朝统治，都十分愤慨。大家就秘密商量推翻清王朝的办法。

他们知道，光靠几个读书人成不了大事。后来，曾静打听到担任陕甘总督的汉族大臣岳钟琪握有重兵。他想，要是能劝说岳钟琪反清，就大有成功的希望。曾静写了一封信，派张熙去找岳钟琪。岳钟琪是位高权重的川陕总督，岂肯冒谋逆大罪，听从小民蛊惑。他迅速将这事上报雍正帝。雍正批示岳钟琪审理此案，并指示岳钟琪不要重刑逼供，要设法引诱他说出实情。岳钟琪于是会同陕西巡抚西琳、按察司顾色定下诱导之计，岳钟琪先将张熙偷偷放出，以礼相待，然后痛哭流涕，说自己早有谋反之意，只是皇帝监视严密，还没来得及付诸实施，又要

与张“盟誓”，迎聘他为老师，共举义旗，反满复汉。

张熙信以为真，将老师曾静的姓名、居地以及平常交游的人，和盘托出。岳钟琪得到了其想要的东西后，立即恢复本来的面目，将张熙重新下狱，把所得情报上报雍正帝。

雍正帝迅速采取措施，于十月间派副都统海兰，十一月初派刑部侍郎杭奕禄为钦差急赴湖南，将曾静及刘之珩、陈立安、陈达、张新华等与曾静和张熙有关的亲友扣押，又命浙江总督李卫查抄已故的吕留良家，将吕留良的儿孙以及一帮学生拿获。后来雍正又命将各犯解送京师。

雍正帝为了挽回声誉，洗刷失德的罪名，尽力寻找攻击他失德的言论制造者。曾静所列举的雍正“十大罪状”中“谋反、逼母、弑兄、屠弟”等都是不曾向民间公布的重大政治事件，乡野小民怎么会知道的？其后必有更大的阴谋者在散布谣言。于是他下令有司追问曾静何以得知这些小道消息，曾静供认是听安仁县生员何立忠和永兴县医生陈象侯说的。雍正帝顺藤摸瓜，发现根源竟然是允禩集团的人。原来允禩、允禟的奴隶、太监因受到其主人的牵连，被贬往边远的地区，心怀不满，便到处散布谣言。

雍正帝决心挽回自己的名誉，他屡发上谕，再次宣布允禩集团罪状，讲述储位斗争以前的历史，为自己辩白。为了使自己的辩白能够广传天下，家喻户晓，他又将关于曾静一案的上谕编辑在一起，附上曾静的口供，编成《大义觉迷录》。雍正帝将该书颁发到全国各府州县学，命地方官向百姓宣讲。

除了这样真是由反对朝廷的活动引起的案子之外，有不少文字狱，完全是牵强附会，或是挑剔文字过错惹出的大祸。有一次，翰林官徐骏在奏章里，把“陛下”的“陛”字错写成“狴”字，雍正帝见了，马上把徐骏革职。后来派人一查，在徐骏的诗集里找出了两句诗：“清风不识字，何事乱翻书”，便挑剔说这“清风”指的就是清朝。这样一来，徐骏犯了诽谤朝廷的罪，把性命也丢掉了。

乾隆帝禁书修书

清王朝经过康熙、雍正两朝的经营，经济发展很快。到雍正帝儿子清高宗弘历（乾隆帝）在位的时候，已经可以称得上国富民强了。清朝初期的文治武功在这个时期都达到了鼎盛。

1757年，原来已归服清朝廷的准噶尔贵族阿睦尔撒纳发动叛乱。乾隆帝派兵两路进攻，平定了叛乱。

乾隆帝跟他祖父、父亲一样，不仅注意武功，还十分重视文治。他一面继续招收文人学者做官；一面又大兴文字狱，镇压有反清嫌疑的文人。乾隆时期文字狱之多，大大超过了康熙、雍正两朝。

但是，乾隆帝明白，光靠文字狱来实行文化统治去不了根，还有成千上万的书籍贮藏在民间。如果里面有不利于他们统治的内容，那就无可奈何了。后来，他想出一个一举两得的办法，就是集中全国的藏书，来编辑一部规模空前巨大的丛书。这样做，一来可以进一步笼络大批知识分子，显示皇帝重视文化；二来借

这个机会正好可以把民间藏书统统审查一下。

1773 年，乾隆帝正式下令开设四库全书馆，派了一些皇亲国戚和大学士担任总管，那些皇亲国戚大多是挂名监督的。真正担任编纂官的都是当时一些有名的学者，像戴震、姚鼐、纪昀等人。

乾隆帝朝服像

要编这样一套规模巨大的丛书，先得收集大量的书籍。乾隆帝下了命令，叫各省官员搜集、收购各种图书，并且定出了奖励办法，私人进献图书越多，奖励越大。这道命令一下，各地图书便源源不绝送到北京。两年之中，就聚集了 2 万多种，再加上宫廷里收藏的大量图书，数量就很可观了。书收集得差不多了，乾隆帝就下令四库全书馆的编纂官员对图书进行认真检查。凡是有“违碍”（对清统治者不利）字句的，一律毁掉。经查发现在明朝后期的大臣奏章里，提到清皇族的上代不那么尊重，乾隆帝认为这是很不体面的，就下令把这类图书一概烧毁。据不完全统计，在编《四库全书》的同时，被查禁烧毁的图书也有 3000 多种。

后来，这部规模巨大的《四库全书》终于编出来了。编纂者们对大批图书进行编辑、校勘、抄写，足足花了 10 年工夫，到 1782 年正式完成。这套丛书按经、史、子、集四部 44 类编排，共收图书 3461 种，多达 7 万多卷，共计 3.6 万余册。《四库全书》始修于乾隆三十八年（1773 年），完成于乾隆五十八年（1793 年）。在乾隆四十七年（1782 年）缮写完第 1 部之后，又缮写 6 部及副本 1 部，分别藏于故宫、圆明园、沈阳、承德避暑山庄等地。后来历经战火，《四库全书》或被抢，或被烧，保存比较完整的仅有藏于承德避暑山庄的那一部，现收藏于中国国家图书馆。

乾隆帝编修《四库全书》是结合从《永乐大典》中搜辑佚书和大规模地征集民间遗书两项活动同时进行的，因而《四库全书》及《四库全书总目》两书的收书范围和质量都远远地超过了前代。不论乾隆帝当初的动机怎样，这部书对后代人研究我国古代丰富的文化遗产，毕竟是一项重大而珍贵的贡献。

慈禧太后

咸丰在位的 10 年，内忧外患不断：先是太平军起义，然后是捻军大乱淮泗而英、法等国又乘机要挟，大动干戈；沙俄更是狼子野心，鲸吞蚕食东北 100 多万平方千米的土地，甚至连清朝统治者的发祥地也不放过。这真是爱新觉罗宗室的奇耻大辱。

在这种内忧外患的交迫下，咸丰帝身染重病，一病不起。1861 年七月，咸丰帝在多次昏厥之后，知道自己将要去世，便考虑托孤一事。他知道懿贵妃（慈禧）

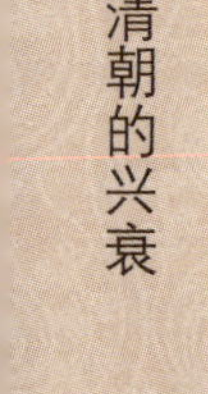

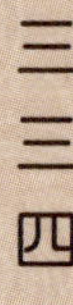

是权力欲极强的女人，而皇后钮钴禄氏（慈安皇后）没有主见。为了防止出现女后专权的局面，他把辅政的重责交给协办大学士、尚书肃顺和怡亲王载垣、郑亲王端华等八大臣。在他看来，八大臣联手足可以对付懿贵妃，即便是恭亲王站在懿贵妃一边也不怕。

但是，由于咸丰留下了“御赏”“同道堂”两枚印章，便埋下了后宫垂帘听政的祸根。原来，“御赏”是咸丰帝赐皇后钮钴禄氏的私章，“同道堂”是咸丰帝赐给独子载淳的私章。这两枚私章成为皇权的象征，咸丰帝的意思已十分明确，那就是说，用这两枚印章来制约八大臣。

不久，八大臣上了一个极有利于懿贵妃的章疏：尊皇后钮钴禄氏为慈安皇太后，尊懿贵妃叶赫那拉氏为慈禧皇太后。

幼帝的生母叶赫那拉氏原为咸丰的宫人，因生载淳而被封为懿贵妃，载淳继位后她被尊为慈禧太后。时年 26 岁的慈禧有着极强的权力欲，很想个人把持朝政大权。咸丰在位时，慈禧曾帮咸丰帝批阅奏折，这给她提供了很好的学习机会。按照清朝家法，太后可以垂询国事，此所谓“听政”。慈禧利用此规矩，在先帝驾崩后就向东宫慈安太后提出应废除“顾命体制”，而改为垂帘听政之制。慈安太后宽厚和平，不懂朝政，一切听慈禧的安排。贸然提出垂帘主张，必然会招致大臣的反对和清议的不满，慈禧于是开始拉拢恭亲王奕䜣共商计策，两人一拍即合。

1861 年十月，皇室护送咸丰灵柩回京，两宫太后偕幼帝载淳先到北京。十一月二日，慈禧发动政变，以幼帝之命发布上谕，解除载垣、端华、肃顺的职务，并处以死刑。同时宣布两太后垂帘听政，命奕䜣为议政王，入军机处，改年号为“同治”。虽然垂帘听政的是两个皇太后，但实际上实权只掌握在慈禧一人之手。由于得到多数文武大臣的支持，又采取了不予株连的明智政策，所以政局没有发生重大动荡。这次政变因发生在辛酉年，因此被称为辛酉政变。

慈禧太后像

从此，慈禧便掌握了清王朝的政权。她依靠曾国藩、李鸿章等组织的汉族地主武装，勾结外国侵略势力，先后镇压了太平天国、捻军和苗民、回民起义，使清王朝的统治得到暂时稳定。中日战争中，她一味求和，幻想列强出面干涉、调停，导致了甲午战争的失败，与日本签订了丧权辱国的《马关条约》。1898 年，光绪帝为了振兴国家而决定变法，慈禧发动政变，扼杀新政，囚禁光绪帝于瀛台，开始复出训政。1900 年，八国联

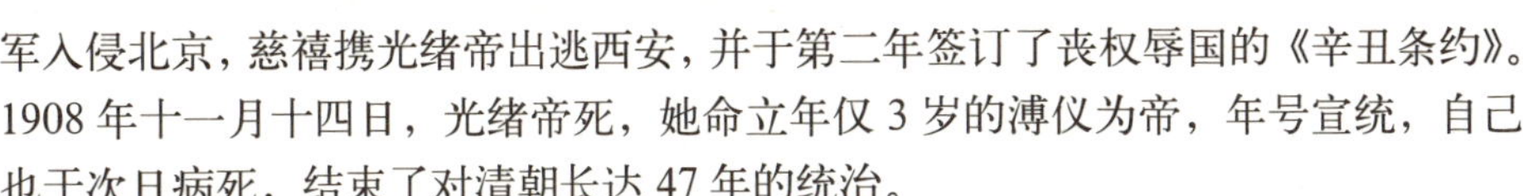

军入侵北京，慈禧携光绪帝出逃西安，并于第二年签订了丧权辱国的《辛丑条约》。1908年十一月十四日，光绪帝死，她命立年仅3岁的溥仪为帝，年号宣统，自己也于次日病死，结束了对清朝长达47年的统治。

太平天国运动

太平天国运动是清朝农民阶级为反对封建统治和外来资本主义侵略进行的全国规模的农民战争。鸦片战争后，西方资本主义国家对中国的侵略加深，清政府横征暴敛，迫使农民走上武装反抗之路，各地农民起义此伏彼起。洪秀全于1843年创立拜上帝会，秘密进行反清活动。1851年一月十一日，率众约2万人在广西桂平县金田村武装起义，建号太平天国。三月二十三日，在武宣东乡即位，称天王。九月二十五日，太平军攻占永安州（今广西蒙山），在此封王建制，颁行《天历》，清除内奸、整肃军纪，革命政权初具规模。1852年四月初，太平军从永安突围，北攻桂林不克，六月破全州，乘胜入湖南、湖北、江西、安徽，于1853年三月攻克南京，定为都城，改称天京，正式成立了农民革命政权。其后，分别出师北伐和西征；颁布《天朝田亩制度》，建立基层政权；对外则坚持独立自主，否认不平等条约，禁止贩卖鸦片，反对外来侵略。各地反清武装斗争风起云涌，江南地区的天地会，西南、西北地区各少数民族，北方的捻军等纷纷起义，支持太平天国革命战争。1855年至1856年上半年，尽管北伐失败，但西征获得巨大胜利，曾第三次攻克武昌，控制江西13府中的8府50余县，将曾国藩围困于南昌。1856年四月和六月，相继攻破清军围困天京的江北、江南两大营，太平天国在军事上进入全盛时期。但东王杨秀清居功自傲，导致太平天国领导集团发生公开决裂。天京事变发生，韦昌辉杀杨秀清及家属、部下2万余人，后韦昌辉又被洪秀全诛杀。翼王石达开因遭洪秀全猜忌，率10余万精锐出走。清军趁机反扑，武昌、九江、镇江等地相继失守，天京被清军再次围困。为挽救革命，洪秀全选拔年轻将领陈玉成、李秀成等为主将；任命由香港到天京的洪仁玕为干王，总理朝政；又颁布了洪仁玕统筹全局的政纲《资政新篇》。1858年九月，太平军于浦口一带再破江北大营，十一月在皖北三河镇大捷中歼灭湘军李续宾精锐约6000人。1860年上半年，三月克杭州，五月破江南大营，并乘胜攻取常州、苏州，建立苏福省，进逼上海。第二次鸦片战争后，中外反动势力公开勾结，联合绞杀太平天国革命。太平军东取上海和西入武昌的计划，均遭到外国侵略者的干涉、镇压而失败。1861年九月，太平天国控制9年的战略据点安庆失守，天京失去屏障。此后，外国侵略者配合李鸿章部淮军、左宗棠部湘军进攻江苏、浙江，苏州、杭州等城市先后失守。1864年六月，洪秀全病逝，其子洪天贵福继位。七月十九日，曾国荃攻陷天京，太平天国失败。

洋务运动

洋务，又称夷务，泛指包括通商、传教、外交等在内与西方资本主义有关的一切事物。洋务运动指清政府一批具有买办性质的官僚军阀在19世纪60年代到90

年代为挽救统治危机，自上而下推行的一场以引进西方的军事装备、机器生产和科学技术为主要内容，以富国强兵为目的的自救运动。

洋务派在中央以总理衙门大臣奕䜣、侍郎文祥等为代表，在地方上以曾国藩、李鸿章、左宗棠、张之洞等为代表，同治登基后他们握有实权，可以左右清朝的政局。如两江总督长期由湘系曾国藩、曾国荃、左宗棠、刘抻一交替占据，直隶总督由李鸿章独占。洋务派的指导思想是“中学为体，西学为用”，他们认为中国的政治制度比西方好得多，只是火器比不上西方列强，只要清政府掌握了西方的近代军事技术和装备，就可以强盛起来。洋务运动分为前后两个阶段，60 年代为第一阶段，洋务派打着“自强”的旗号，依照西方资本主义国家的办法制造新式枪炮和船舰，兴办了一批军事工业企业；70 年代到 90 年代是第二阶段，以“求富”为口号，洋务派开始举办民用工业企业。

在第一阶段洋务派建立的军工厂中规模较大的有江南制造总局、金陵机器局、福州船政局、天津机器局等。李鸿章在曾国藩支持下在上海创立江南制造总局，创办经费为 54 万余两白银，工人 2000 余人，主要生产枪炮、弹药和小型船舰，还附设译书馆来翻译西方书籍，这是洋务派创办的规模最大的军工企业。这些军工企业全部都是官办企业，由清政府和湘、淮系军阀控制，具有浓厚的封建性，同时对外国有着严重的依赖性，从设计施工、购置机器设备、生产技术直到原料供应完全依赖于外国，并长期受外国人控制，但这些近代企业毕竟也具备了一定的资本主义因素。

由于在创办军工企业的实践中遇到资金、原料、运输等困难，洋务派认识到必先求富才能自强，所以决定发展民用企业以积累资金，有了雄厚经济基础后才能制造洋枪炮以自强御侮。70 年代起，洋务派开始大力发展民用工业企业，到 90 年代就已创办了 20 多家民用企业，包括交通运输、采矿、纺织、冶炼等各个行业。规模较大的有上海轮船招商局、上海机器织布局、电报总局等。在这些企业中，上海轮船招商局是最成功的一个，它是 1872 年李鸿章在上海创办的，是中国第一家近代轮船航运公司，也是洋务派兴办的第一个民用企业。这个企业在经营过程中屡遭英美轮船公司的排挤，但并没有被挤垮，一直在夹缝中求生存。

洋务派在兴办军工、民用企业的同时，还进行了筹建海军、加强海防、设立外文学馆、派遣留学生等活动。1875 年，两江总督沈葆桢、直隶总督李鸿章等人奏请筹建北洋、南洋、粤洋（又称福建）三支海军。1885 年，三支海军已初具规模。1862 年，为配合洋务需要，奕䜣在北京设立京师同文馆，以教习外语为主，同时兼习天文、历史和数理化。此后，各类学堂学馆在各地纷纷建立。1872 年，中国首次派遣留学生到国外，30 名学生由上海赴美留学。此后，清政府还多次派遣留学生到国外学习。

洋务派的活动旨在维护清王朝封建统治。但他们创办了中国第一批近代工业企业，培养了近代中国第一批新型的科技、军事和翻译人才，是近代最早觉醒的先行者。洋务派向西方学习的探索，尽管带有浓重的封建性和对外国的强烈依赖

性，但其进步作用也是不容忽视的。

福建海军建成

从同治六年（1867 年）起，清政府创建近代海军的计划开始实施。沈葆桢分管的南洋包括江苏、浙江、福建和广东四省，基础较好，因而发展十分迅速。福州船政学堂和马尾港等基础设施为南洋水师的起步奠定了较好的基础。1870 年，福建水师提督李成谋被任命为“轮船统领”时，已拥有“万年青”“湄云”和“福星”三船，并于第二年制定了《轮船出洋训练章程》和《轮船营规》。近代海军终于艰难地起步了。

到 1874 年，福建海军已拥有 18 艘舰船。在 1884 年八月，福建海军作为法国远征军的重要攻击目标，在马尾海战中遭到重创。其参战的 11 艘舰船被击沉击毁 9 艘，击伤 2 艘。官兵伤亡达 700 多人。福建海军的精锐损失殆尽，从此一蹶不振。虽经努力，但再也无法恢复昔日的雄威。

福建海军的建成毕竟是我国近代海军的开端，它在与法国侵略者的英勇作战中创立的卓越功勋是不可磨灭的。

曾国藩

曾国藩（1811 年—1872 年），晚清重臣，湖南湘乡人，道光十八年（1838 年）中进士，入翰林院，为军机大臣穆彰阿门生。咸丰二年（1852 年），太平军由广西进军湖南，为镇压太平天国，曾国藩同年底在湖南帮办团练，后又编练湘军。1860 年，清军江南大营彻底败溃后，授两江总督，以钦差大臣督办江南军务。次年九月，督其弟曾国荃攻陷安庆。十一月，奉命统辖江苏、安徽、江西、浙江四省军务。旋向朝廷举荐左宗棠督办浙江军务、李鸿章出任江苏巡抚。1864 年七月，攻破天京城池，完成对太平天国起义的镇压。1861 年设立安庆军械所。1865 年至 1866 年，与李鸿章在上海创办江南制造总局等军事工业，为之积极筹措经费，派遣学童赴美留学，成为清末兴办洋务事业的首创者。1872 年三月在南京病卒。

李鸿章

李鸿章（1823 年—1901 年），清朝大臣，本名章铜，安徽合肥人，道光进士，改翰林院庶吉士。咸丰三年（1853 年），回籍办团练，对抗捻军和太平军。咸丰八年（1858 年），至江西入曾国藩幕僚，襄办营务。咸丰十一年（1861 年），奉命编练淮军。同治元年（1862 年）率淮军自安庆抵上海，同治三年（1864 年），因剿杀太平天国，封一等肃毅伯。同治四年（1865 年），署两江总督。同治五年（1866 年），继曾国藩为钦差大臣，授湖广总督。同治九年（1870 年），继曾国藩任

李鸿章像

直隶总督兼北洋大臣，参与朝廷内政外交，掌管军事、经济大权。后为洋务活动，引进西方的军事装备、机器生产和科学技术，先后兴办广方言馆、江南制造总局、上海轮船招商局、开平矿务局、上海机器织布局等军、民用企业并创建新式的北洋海军。光绪二年（1876 年），与英国签订《烟台条约》。光绪十一年（1885 年），与法国签订《中法越南条款》。中日甲午战争中，避战求和，导致战争失败和北洋海军覆灭，并于光绪二十一年（1895 年）与日本签订《马关条约》。同年卸直隶总督入阁办事，但“不得与闻朝政”。次年，奉命出使俄国，订立《中俄密约》。旋任总理各国事务衙门大臣。光绪二十五年（1899 年），调署两广总督，次年实授。时义和团运动和八国联军侵华战争爆发，参与“东南互保”，力主与列强妥协，镇压义和团。不久调充议和全权大臣，兼督直隶。光绪二十七年（1901 年），与列强签订《辛丑条约》。同年病卒。

强学会的成立

1895 年，由康有为发起，帝党成员、翰林院侍读学士文廷式出面，在北京成立强学会。强学会是戊戌变法运动期间维新派的重要政治团体，户部主事陈炽为提调，梁启超为书记员。强学会有会员数十人，除维新人士外，徐世昌、袁世凯、张之洞、聂士成以及外国传教士李提摩太、李佳白、林乐知等都曾入会。李鸿章也表示要捐 2000 两银子入会，由于甲午战败后他的名声不好，没有被接受。强学会每 10 天集会一次，每次都有人讲“中国自强之学”。康有为写《强学会叙》，痛陈列强侵略下的危急形势以及成立学会挽救时局的紧迫性。上海强学会在张之洞的支持下，于光绪二十一年（1895 年）十月成立。宣言由康有为起草，以张之洞的名义发表；章程由张之洞的幕僚梁鼎芬会同康有为共同拟定；经费主要由张之洞资助。章程标明“本会专为中国自强而立”，并规定该会任务是译印图书、出版报刊、设图书馆及开博物院。江浙维新名士纷纷入会。北京的强学会发行《中外纪闻》；上海的强学会则创《强学报》，宣传变法维新。1896 年，两地的强学会均被清政府查封。

光绪帝支持变法维新

光绪二十三年（1897 年）十月，德国强占胶州湾，激起全国人民的爱国义愤。康有为第五次上书光绪皇帝，陈述了民族危机的严重性，强调变法维新、救亡图存已刻不容缓。

光绪二十四年（1898 年）正月，康有为被召到总理衙门，再次申说了变法的主张。康有为上《应诏统筹全局折》呼吁光绪皇帝坚定变法的决心，指出只有变法才能救国。他提出了变法的具体办法。《应诏统筹全局折》是资产阶级维新派政治改革的全部要求，也是戊戌变法的施政纲领。光绪帝看了这个奏折，非常满意，更加坚定了变法的决心。

同年三月，康有为等发起成立保国会，保国会是戊戌变法期间维新派的重要政治团体，以“保国、保种、保教”为宗旨。康有为、梁启超等人在集会上发表的演说，在天津、上海、广东各地报刊登载，影响很大。

光绪二十四年（1898 年）四月，光绪帝颁布“明定国是”诏书，决定变法。四月二十八日，光绪帝召见康有为，商讨和确定变法的步骤和措施。不久准许康有为专折奏事，并任命他为总理衙门章京上行走。康有为利用专折奏事的特殊待遇，不断地上奏折，递条陈，提出一系列新政建议。根据康有为等人的建议，在百日维新期间，光绪帝先后颁布了 100 多道除旧布新的改革诏令。

新政遭到了封建守旧势力的一致抵制和反对。光绪帝颁布的变法诏令，除了湖南巡抚陈宝箴还能认真执行外，其他地方督抚大多置若罔闻。在中央，有些新政机关形式上虽然建立起来，但基本上被顽固派所把持。因此，变法诏书大多成为一纸空文。

辛亥革命

辛亥革命是 1911 年 10 月 10 日爆发的中国资产阶级民主革命。是年为辛亥，故名。1894 年，孙中山在檀香山创建兴中会，并立即着手组织、发动武装起义。1901 年以后，民主革命的思想得到了广泛的传播，资产阶级革命团体广泛建立，标志着中国资产阶级革命派已经形成。1905 年，孙中山联合华兴会、光复会、兴中会等团体，在日本东京发起组织了中国第一个全国性的统一的资产阶级革命政党——中国同盟会。创办《民报》为机关刊物，宣扬“民族”“民权”“民生”三大主义。1905 年至 1907 年同盟会联络华侨、会党、新军在华南连续发动数次武装起义，并辅以暗杀清廷要人的活动。其时，全国范围内发生了抗粮、抗捐与抢米的风潮。资产阶级领导的收回利权、抵制外货等爱国运动也日益高涨。1911 年，清政府宣布“铁路国有”政策，收回已经准许商办的铁路干线的修筑权，并将其出卖给英美等帝国。保路风潮随之兴起，四川的保路运动发展成为四川省人民反清大起义。10 月 10 日，武昌地区革命团体文学社、共进会在同盟会中部总会的帮助下，以各革命团体在新军的成员为主力，发动了武装起义，并于次日成立了以黎元洪任都督的湖北军政府。12 日，武汉三镇全部光复。武昌起义后，各省纷纷响应。到 11 月中旬，湖北、湖南、陕西、江西、山西、云南、浙江、江苏、贵州、安徽、广西、福建、广东 13 省及上海市宣布脱离清政府而独立。11 月 1 日，袁世凯出任清政府内阁总理大臣。在帝国列强支持下，他一面用武力镇压革命，一面以革命来迫使清廷接受议和。12 月，孙中山从海外回到上海。1912 年 1 月 1 日，孙中山在南京就任中华民国临时大总统，宣告中华民国成立，并成立了临时参议院，颁布了具有资产阶级共和国宪法性质的《临时约法》及一系列有利于资本主义发展的法令。2 月 12 日在袁世凯的逼迫下，宣统帝正式下诏退位。15 日南京临时参议院选举袁世凯为临时大总统。3 月 10 日袁世凯在北京就职。4 月 1 日，孙中山正式解除临时大总统职务，临时政府遂迁北京。袁世凯篡夺了辛亥革命的胜利果实，全国政权落入军阀之手。辛亥革命是中国近代历史上一次伟大的反帝反封建资产阶级民主革命。它推翻了清朝的封建反动统治，结束了 2000 多年的君主专制政体，建立了资产阶级共和国。

末代皇帝

幼年溥仪

光绪帝在位 34 年，最终抑郁而死。在光绪帝病死前，醇亲王载沣被宣入中南海，跪在慈禧的帷帐前。

慈禧开口说："载沣，你得了两个儿子，这是值得喜庆的事。光绪已将不起，我又在病重之中。现国家有难，朝廷不可一日无君，我决定立你的长子溥仪为嗣，继承皇位，赐你为监国摄政王！"

1908 年十一月十四日，一群太监将溥仪带入皇宫。第二天，慈禧便一命呜呼了。到了十二月二日，清廷举行了隆重的皇帝登基大典。

登基大典开始时，不满 3 周岁的溥仪坐在皇帝的龙床宝座上竟哇哇地大哭起来。他父亲载沣侧身坐在龙床上，双手扶着他，叫他不要再哭闹。

根本还不懂事的溥仪，见那些文武百官不断地磕头，高呼"万岁、万岁、万万岁"，加之山崩地裂般的锣声、鼓声、钟声，更加害怕，哭声也更大了。载沣觉得在这样的盛典上，皇帝却哭闹不止，太不像话，心中一急，不由脱口而出，叫道："就快完了！就快完了！马上回老家了！一完就回老家了！"

话一出口，文武官员们不由得窃窃私语起来："怎么说是'快完了'呢？说要'回老家'是什么意思呢？"回满族老家？不就是结束二百六十多年的清朝统治吗？

载沣这一番话，竟不幸得到了应验。到了 1911 年，溥仪当皇帝不到 3 年，辛亥革命就爆发了，在重重压力下，隆裕皇太后不得不替溥仪宣布退位，大清帝国就此宣告灭亡了。

 三、列强的侵略与中国人民的抗争

民族英雄林则徐

在乾隆、嘉庆在位期间，清朝的国力开始由强盛走向衰弱。与此同时，英、美、法等国正逐渐完成工业革命，资本主义需要广阔的商品市场和原料产地，英国首先将目光投向了中国。

鸦片，俗称大烟，是用罂粟汁熬制而成的麻醉毒品，吸食者极易上瘾，长期吸食能导致身体委顿、精神颓靡。早在清初，鸦片就已随其他商品一起输入到了中国。以英为首的西方殖民者为扭转贸易逆差，改变白银大量流向中国的局面，转而采用倾销鸦片的恶毒手段，以此敲开中国的大门。英国是最大的鸦

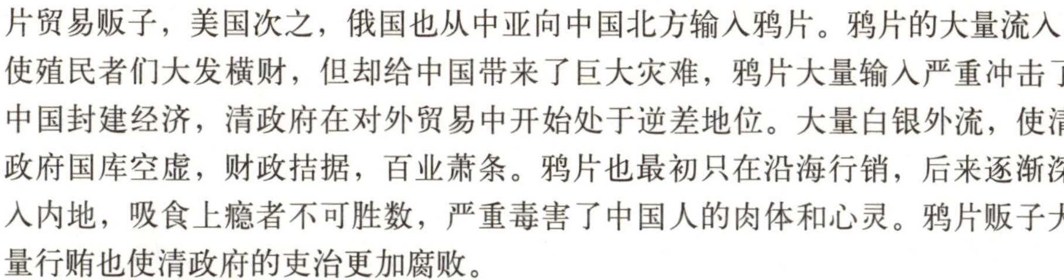

片贸易贩子，美国次之，俄国也从中亚向中国北方输入鸦片。鸦片的大量流入，使殖民者们大发横财，但却给中国带来了巨大灾难，鸦片大量输入严重冲击了中国封建经济，清政府在对外贸易中开始处于逆差地位。大量白银外流，使清政府国库空虚，财政拮据，百业萧条。鸦片也最初只在沿海行销，后来逐渐深入内地，吸食上瘾者不可胜数，严重毒害了中国人的肉体和心灵。鸦片贩子大量行贿也使清政府的吏治更加腐败。

种种情况使人民要求禁烟的呼声越来越强烈，政府和一些正直官员也逐渐认识到禁烟的重要性。1838 年六月，鸿胪寺卿黄爵滋等人上奏，痛陈鸦片祸害，揭发官吏包庇鸦片烟贩，主张坚决遏制鸦片的输入。他认为要禁绝鸦片，必先严惩吸食者。湖广总督林则徐和两江总督陶澍等人十分赞成黄爵滋的主张。1838 年农历七月到九月，林则徐三次复奏道光帝，指出若不禁烟，长此以往，数十年后，“中原几无可以御敌之兵，且无可以充饷之银”。林则徐的话坚定了道光帝严禁鸦片的决心。

林则徐是福建侯官（福州）人，他的父亲林宾日是个以教书为业的秀才。林则徐 27 岁那年被选为翰林院庶吉士。在京时期，他与南方出身的清流派小京官结成文学团体“宣南诗社”，社友中有陶澍、黄爵滋、龚自珍等人。他们之间常常议论时局，讨论治世的学问，这自然为林则徐日后出任封疆大吏，建立斐然政绩打下了良好的基础。

1839 年农历一月，林则徐离开北京前往广州，宣布这次出差将自备车轿，自带役夫，沿途供应不许铺张，若有犯者，言出法随。这种严肃的态度使英国的毒贩们感到了情势的转变。到达广州后，林则徐又在行馆门外张贴告示：严禁收取地方供应，所有随从人员不得擅离左右。在两广总督邓廷桢的帮助和合作下，林则徐暗访密查，充分掌握了广州鸦片走私和经营情况，然后下令收缴外商鸦片，还让他们保证以后来船永不再夹带鸦片，如果有货全部没收，人立即正法。广州人民也纷纷行动起来，配合林则徐的缴烟命令。鸦片贩子不愿交出鸦片，操纵广州的外商商会破坏禁烟行动。林则徐便下令中止中英贸易，命令海关禁止外人离开广州，从四月到五月二十一日收缴了鸦片 2 万多箱。

道光十九年（1839 年）四月二十二日，林则徐在虎门开始销烟，在场群众成千上万，争相观看这一次焚烟活动。林则徐先让兵士在海滩上挖成两个 15 丈见方的池子，池底铺上石条、四壁栏桩钉板，防止渗漏。又在前面设一涵洞，后面通一水沟。之后，将水车从沟道推入池子，将盐撒进，又把鸦片切成小块投入卤水中，浸泡半小时后再将石灰投入，池中立刻水汤滚沸，围观群众欢呼声震天动地。退潮时，兵士启放涵洞，池中水汤随浪潮鼓动送入大海。然后再用清水洗刷池底，不留下半滴烟灰。在连续 20 多天的时间里，收缴的鸦片全部被销毁。

林则徐领导中国人民的禁烟斗争，具有了反抗侵略、捍卫民族生存权利的伟大意义。虎门销烟谱写了近代史上中国人民反对外国侵略光辉篇章的第一页。

第一次鸦片战争

当英、美、法等列强进行如火如荼的资本主义革命时，清政府正闭关锁国，自以为“天朝上国”，不思改革，遂使中国在世界上落伍。英国通过鸦片贸易从中国攫取了大量白银，同时使我国军民身衰体弱，统治阶级中的有识之士纷纷要求禁销鸦片。

1839 年，湖广总督、钦差大臣林则徐奉命于 1 月底到达广州，他一方面整顿海防，允许人民群众持刀杀敌；一方面宣布收缴鸦片。三月，英国鸦片贩子被迫交出烟土 237 万余斤。四月二十二日，林则徐下令把这些鸦片在虎门海滩当众销毁，以示中国政府禁烟的决心。

英国政府以此为借口向中国发动了战争，1840 年一月，以懿律和义律为正副全权代表，懿律为侵华英军总司令，出兵中国。五月，英国舰船 40 余艘、士兵 4000 多名先后到达澳门附近海面，鸦片战争爆发。懿律率英军进犯广州海口，看到广州军民早已严密布防，遂转攻厦门，又被邓廷桢军击退。六月，英军北上攻占定海作为军事据点。八月，英舰抵达天津大沽口外。

道光帝慑于英军武力，又为投降派的劝说所动摇，遂改变态度，罢免了林则徐，改派直隶总督琦善为钦差大臣去天津和英军谈判。而此时英军因夏秋换季，疾疫流行，遂放弃定海，于八月中旬南返，双方议定在广州谈判。琦善到广州后，一反林则徐所为，命令撤除海防水勇，镇压抗英群众，一心议和。1840 年十二月，琦善与义律在广州开始谈判。英军趁中方严防撤除、又因谈判而致海防松懈无备之际，于 1841 年一月七日发动突袭，攻陷了虎门附近的沙角、大角两炮台，并单方面宣布所谓“穿鼻草约”。一月二十六日，英军攻占了香港。

道光帝得知琦善开门揖盗，丢失两炮台后，下令锁拿琦善，并向英宣战，派侍卫内大臣奕山为靖逆将军，调兵万余赴粤抗英。英军先发制人，出动海陆军攻虎门，广州提督关天培亲率清兵迎击，清军刀矛不敌英军坚枪利炮，关天培中弹牺牲。二月二十六日，英军攻占虎门、猎德、海珠等炮台，溯珠江直逼广州。四月，奕山率大军抵广州。五月二十四日，英军进攻广州，一路占领城西南的商馆，一路由城西北登陆，包抄城北高地，不久攻占城东北各炮台，并炮击广州城。奕山执行“防民甚于防寇”的方针，对英军侵略消极抵抗，在英军的迅猛攻势下，他与英人签订《广州和约》并征得道光帝批准，以缴 600 万元换得英军撤出广州地区。

与清政府的妥协投降态度相反，广州三元里人民在广州北郊牛栏冈附近同窜入这里的千余英军英勇作战，打死打伤英军数十人，并把四方炮台围得水泄不通。在广州知府的调停下，英军才得以解围。

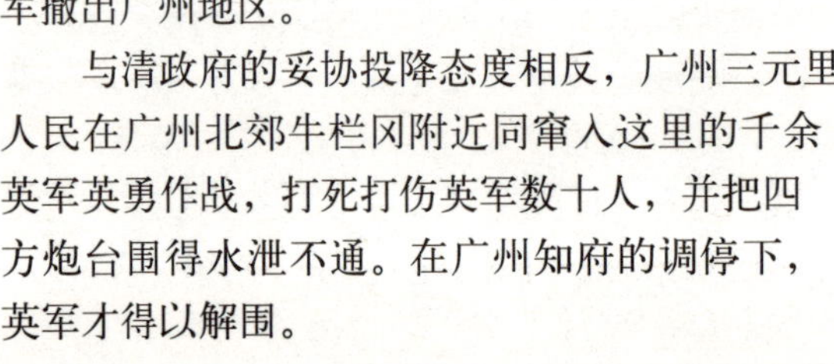

林则徐像

英政府并不满意懿律和义律在中国获得的权益，改派璞鼎查（后来的首任港督）为全权代表来华，扩大侵略战争。1841 年八月二十一日，璞鼎查率 37 艘舰队、陆军 2500 人离开香港北上，攻破厦门，占据鼓浪屿；十月一日再次攻陷定海，定海总兵葛云飞英勇殉国。十日英军攻占镇海（今属宁波），钦差大臣、两江总督裕谦战死，英军旋占宁波城。道光帝闻讯大惊，忙派吏部尚书大学士奕经调兵赴浙以收复失地。1842 年三月，奕经在准备不充分的情况下全面反击，清军数战不利，撤回原地。

战败消息传到京师，朝野上下震动，道光帝无奈，只得派盛京将军耆英和伊里布赴浙向英军请和。璞鼎查不理会耆英的乞和，继续深入。1842 年 5 月 18 日，英军攻取浙江平湖乍浦镇，六月十六日攻吴淞口，吴淞炮台守将陈化成壮烈牺牲，宝山、上海沦陷。英军溯长江西上，于七月二十一日陷镇江，八月，英舰陆续到达南京下关江面。清政府已无心再战，遂接受英方停战的条件，二十九日在英军舰“康华丽”号上，耆英、伊里布与璞鼎查签订了中国近代史上第一个不平等条约《南京条约》。条约共 13 款，主要内容是：割让香港岛，赔款 2100 万银元，广州、福州、厦门、宁波、上海五口通商等。

《南京条约》严重侵害了中国的主权，标志着中国开始逐步陷入半殖民地半封建社会。

中英《南京条约》和附件

道光二十二年（1842 年）农历七月，中英《南京条约》在英舰“康华丽”号上签订。《广州和约》签订后，英国认为没有达到其目的，悍然执行以战通和。清政府在不得已情况下，七月二十四日，由钦差大臣耆英、伊里布与英国全权代表璞鼎查签订了《江宁条约》，即中英《南京条约》。中英《南京条约》共 13 款，主要内容有：一、中国开放广州、福州、厦门、宁波、上海五处为通商口岸，允许英商寄居贸易，英国可以派驻领事等官；二、割让香港岛给英国；三、向英国赔款 2100 万银元，其中烟价是 600 万元，商欠是 300 万元，军费是 1200 万元；四、协定海关税则，商议英商进出口货税。八月二日，道光皇帝批准了《南京条约》。

第二年（1843 年）八月十五日，清钦差大臣耆英与英代表璞鼎查在广东虎门又签订中英《五口通商附粘善后条约》（即《虎门条约》）、《中英五口通商章程》

“亚罗号事件”

1856 年十月八日，广东水师搜查停泊在黄埔的“亚罗”号走私船，拘捕了船上 12 名中国水手。这纯系中国内政，与英国毫不相干，可是英国公使包令却指使英国驻广州领事巴夏儿，硬说“亚罗”号是英国船，蛮横要求送回拘捕的人，并捏造说中国士兵扯下了挂在船上的英国旗，要求向英国公开道歉。两广总督叶名琛怕事态扩大，释放了被捕的水手，但拒绝道歉。这清楚地说明，所谓“亚罗号事件”只不过是英国侵略者为挑起战争而制造的借口。

第一次鸦片战争以后，英、法、美等资本主义国家虽然在中国攫取了许多的权利，但仍不满足既得的利益。他们企图进一步打开中国市场，扩大侵略权利，就提出修改条约的要求。遭到拒绝后，英国就利用“亚罗号事件”这个借口，发动了第二次鸦片战争。

附《海关税则》作为《南京条约》附件。其补充条款破坏了中国司法权、关税自主权，并取得了片面最惠国待遇。从此，外国殖民者以条约形式对中国人民进行“合法化”奴役。古老东方帝国的门户被西方殖民者用大炮轰开了，各国侵略者接踵而来，中国的封建社会开始解体，向半殖民地半封建社会过渡。

第二次鸦片战争

第二次鸦片战争是英法在美俄支持下发动的侵华战争。这次战争是为扩大鸦片战争的既得利益而发动的，史称“第二次鸦片战争”，又称“英法联军战争”。1856年十月，英国以“亚罗号事件”为借口进攻广州，正式挑起战争。两广总督叶名琛不作抵抗，英军一度攻入广州城。1857年，英国政府任额尔金为全权专使，率领侵略军到中国扩大战争；同时向法、美、俄政府发出照会，提议联合出兵，迫使清政府签订新的不平等条约。法国政府借口“马神甫事件”，任命葛罗为全权专使，率领侵略军进攻中国。同年十二月二十九日，英法联军攻陷广州，叶名琛被俘。1858年五月二十日，联军北上攻陷大沽炮台，进逼天津。清政府派大学士桂良、吏部尚书花沙纳赶往天津求和，被迫与英、法、美、俄四国分别签订了《天津条约》。后英法联军南撤。清政府于十一月在上海又同英、法、美三国分别签订了《通商章程善后条约·海关税则》。沙俄乘机又以武力强迫黑龙江将军奕山签订了中俄《瑷珲条约》。1859年六月，英法又以换约为借口，率舰队到大沽口外，向清廷施加压力，并于六月二十五日攻击大沽炮台。中国军队被迫自卫，打退英法联军。1860年八月，英法联军攻陷北塘、大沽，占领天津，进逼北京。九月下旬，咸丰逃往热河，委派其弟恭亲王奕䜣作为钦差大臣向侵略者投降求和。十月，英法联军在焚圆明园后进入北京。清政府分别与英、法、俄签订了《北京条约》，第二次鸦片战争结束。

火烧圆明园

被抢劫与焚毁后的圆明园大水法遗址

圆明园始建于明朝。1709年，康熙帝将它赐给四子胤禛，并赐名为圆明园，“圆”乃“君子之灵魂”，“明”为“用人之智慧”，是康熙帝授其子孙为人治国之计。雍正即位后，将圆明园大规模扩建，乾隆三十五年（1770年）圆明园三园格局基本形成。后来圆明园又经过嘉庆、道光、咸丰等皇帝的经营，才

颐和园

中国著名的古典园林，在北京市西北郊区，距市中心约15千米。原系清代行宫花园。1750年乾隆在此兴建清漪园，1860年被英法联军焚毁。1888年，慈禧挪用海军经费重建，改称今名，作为避暑游乐地。全园由万寿山、昆明湖等组成，占地约290公顷，水面约占全园面积3/4。湖光山色之间，掩映着数千间宫殿、拱桥和园林建筑。

营造成为一座规模宏伟、景色秀丽的宫苑。清朝皇帝每到盛夏就来此避暑听政，所以圆明园也被称为“夏宫”。

圆明园共经营了150多年，它由圆明园、万春园、长春园三园组成，其中以圆明园最大，此外它还有许多属园，建筑面积达16万平方米，园里共有100多个景点。它继承了中国历代优秀的造园艺术，汇集了全国的名园胜景，是我国园林艺术的集大成之作。同时，它也大胆吸收西方建筑形式。有一组中西合璧的“西洋楼”建筑群，兼备中、日、西欧三种风格。除此之外，圆明园还是一座皇家博物馆，珍藏了无数的孤本秘籍、名人字画、鼎彝礼器、金珠珍品和铜瓷古玩等，堪称人类文化的宝库。

1856年，正当清政府忙于镇压太平天国运动之时，英法联军在俄国和美国的支持下，发动了新的旨在扩大《南京条约》所取得的权益的侵略战争，这就是第二次鸦片战争。在这次战争中，中华文化遭受到一次空前的劫难。著名的皇家园林圆明园不仅被残暴洗劫，甚至被野蛮的侵略者们付之一炬。

1860年十月五日，英法联军兵临北京城下，听说清军驻守力量在北城最薄弱，便绕道安定门、德胜门，进犯圆明园。首先闯入的是法国侵略军，当法军攻破宫门时，园内太妃董嫔恐受辱而自缢身亡，护园大臣亦投水自尽。侵略者们见物就抢，口袋里装满了珍品宝物。刚开始司令部还对士兵们有所节制，后英军亦赶到，联军司令部发出了“自由抢劫”的通知，一万多名士兵军官贪婪地扑向琳琅满目的珍藏，进行疯狂的洗劫，能抢就抢，能运就运，对于那些搬不走的大件器物，他们就丧心病狂地砸碎破坏。大肆洗劫后，额尔金在英国首相支持下，竟下令烧毁圆明园。十月七日到九日，迈克尔率英军第一师持火燃园，园内300多名太监、宫女、工匠都葬身于火海，大火连续烧了三天三夜，这座世界名园化为一片焦土。十月十三日，侵略军攻占了安定门，控制了北京城，十月十八日再次抢劫万寿山、玉泉山和香山等多处所藏的珍贵文物，并进行第二次大焚烧。

这次焚烧圆明园的事件之后，有些偏僻角落和水中景点并没遭劫，清廷30多年间仍将此处当成重兵看守的禁苑，进行一系列的修复工程，同治、光绪和慈禧还常到此巡游。1900年八国联军侵华，圆明园再次遭受劫难，遗址被彻底破坏。

圆明园被焚使中国文化蒙受了巨大的损失，大量的珍奇、瑰宝、文物流落国外。它见证了外国列强无耻侵略我国的罪恶，提醒我们不忘国耻、奋发向上，为祖国的振兴和强大而不停奋斗。

《北京条约》

《北京条约》是英、法、俄三国强迫清政府分别签订的3个不平等条约。1860年十月二十四日、二十五日，恭亲王奕䜣代表清政府与英国使臣额尔金、法国公使葛罗在北京分别交换了《天津条约》的文本，并订立了中英、中法《续增条约》，即中英、中法《北京条约》。主要内容有：承认《天津条约》完全有效；增开天津为商埠；准许在中国招募华工出洋；割九龙司地方一区给英国；准许法国传教士在各地租买田地、建造教堂；赔偿英、法军费各800万两，恤金英国50万两、法国20万两。十一月十四日，沙俄又强迫清政府订立中俄《续增条约》，即中俄《北

京条约》，由奕䜣与沙俄公使伊格纳切夫在北京签订。主要内容有：承认中俄《瑷珲条约》有效，将《瑷珲条约》中规定的所谓中俄“共管”的乌苏里江以东约40万平方公里的中国领土（包括库页岛在内）割归沙俄；规定中俄重新勘定西北边界；增开新疆喀什噶尔（今喀什）为商埠，准许俄商在库伦（今蒙古人民共和国乌兰巴托）、张家口贸易；沙俄可在喀什噶尔、库伦建立领事馆，并享受领事裁判权。

收复新疆

第二次鸦片战争以后，新疆成为浩罕、俄、英三国角逐的战场，随时有被瓜分的危险。光绪元年（1875年）三月，清廷任命左宗棠为钦差大臣督办新疆军务。光绪二年（1876年）二月，左宗棠任命刘锦棠为前敌统领，率清军分三路入疆。三月，左宗棠移驻肃州（今甘肃九泉市）。四月三日，刘锦棠率湘军从肃州西进。六月一日抵达济木萨，连败白彦虎与浩罕国阿古柏的军队。六月二十八日，克复古牧地，二十九日，克复乌鲁木齐。到九月中旬，新疆北路全部收复。

光绪二年（1876年），清军平定北疆的分裂割据势力后，刘锦棠于第二年又率军南下。三月七日，攻克南疆门户达坂城，不久又收复托克逊，阿古柏次子海古拉逃到库尔勒。张曜、徐占彪两军则先后攻克士克腾木、辟展城（今新疆鄯善），又攻拔鲁克沁城和哈拉和卓城。白彦虎早已弃守吐鲁番。三月十三日，张曜、徐占彪与刘锦棠军一同攻克吐鲁番，清军收复吐鲁番全境。阿古柏自杀。同年九月，刘锦棠收复喀喇沙尔城。白彦虎下令凿决开都河水阻止西征军。西征军越过水淹区，抵达原阿古柏大本营库尔勒，击溃白彦虎，收复库车、拜城、阿克苏、乌什。这样，南疆东四城及附近各城镇，全部收复。十一月中旬，刘锦棠又连续收复了喀什噶尔、叶尔羌和英吉沙尔三城，白彦虎逃入俄国境内。阿古柏的儿子伯克胡里也逃到俄国。光绪四年（1878年）提督董福祥收复和阗。至此，除伊犁外的新疆领土，全部由清军收复。

中法战争

光绪九年（1883年）十一月十三日，法军将领孤拔率兵6000人进犯越南山西，黑旗军与清朝云南防军约5000人应战，血战3日后刘永福率部退守兴化，山西失陷。光绪十年（1884年）七月，法海军突袭驻防马尾的清福建水师，这是法军直接对中国本土发动的战争。福建水师仓促应战，伤亡惨重，几近覆灭。清廷下诏对法宣战。八月二十日，法舰又攻击沪尾（今台湾淡水），清军守将孙开华在台湾人民的积极支援下重创法军，取得沪尾大捷。光绪十一年（1885年）二月九日，清军取得镇南关大捷，法国茹费理内阁因此而垮台，可是清政府却以胜请和，同法国签订了《中法停战协定》，中法战争至此结束。从此中国西南门户洞开，清政府承认法国占领越南全境。

镇南关大捷

法国侵略越南，清政府采取绥靖政策，息事宁人。但法国蓄意与中国开战，独占越南后，不断犯边挑衅清军。1884年，法国竟炮轰中国福建水师，致使福建水军全军覆灭，清廷无奈对法宣战。

1885年三月中旬，法军再度大举进犯，集中两个旅团约万余人兵力向谅山清军发动进攻。广西巡抚潘鼎新不战而退，法军未经战斗即占领战略要地谅山。法军进犯文渊州，守将杨玉科力战牺牲，清军纷纷后撤，法军乘势侵占广西门户镇南关（今友谊关）。

由于潘鼎新怯战致法军深入桂北，清廷免去其职务。在清军中素有威望的原广西提督冯子材受旨督办广西关外事务。冯子材赶到镇南关后，根据清军内部派系之争的情况，对诸将晓以民族大义，使众将感动而团结一致，冯子材得以统一指挥协调各军行动。此时法军因兵力不足，补给困难，已从镇南关退回文渊，伺机再北犯。冯子材亲自跋山涉水勘测地形，依托有利地势构筑起坚固的防御工事，形成一个完备的山地防御阵地体系。十五日，冯子材得悉法军将经扣波袭艽封，妄图从侧后包抄清军关前隘阵地，他急调兵力前往扣波和艽封，挫败了法军的迂回企图。十九日，有人密报法军将入关攻龙州，冯子材决定先发制人。二十一日，他率王孝祺军出关夜袭文渊之敌，激战竟日，“毙贼甚多”，极大地鼓舞了清军斗志，增强了诸部的信念。

三月二十三日，法军前线指挥官尼格里因文渊受袭，恼羞成怒，纠集了两三千侵略军，集起谅山之众，直扑关前隘长墙。尽管之前他曾观察了清军的设防，知道清军工事坚固，但他在报复心理驱使下，贸然踏入冯子材早已布置好的陷阱。法军在炮火掩护下，攻占隘东小青山上清军三座堡垒后，势如潮涌般扑向关前隘长墙。第一天战斗异常激烈，炮声震得地动山摇，沙石横飞，双方伤亡都很重。冯子材挥刀大声激励部众：“若让法寇再入关，我们有何面目见家乡父老！活得又有什么意义？”将士们深受感动，“皆誓与长墙俱死”。由于清军浴血奋战，在炮弹如雨点般倾泻入阵地的险境下拒不退缩，法军猖狂进攻没有占到什么便宜，只好收兵。

尼格里仍然迷信武器装备的精良，还要拼死一搏。翌日黎明，他先派副手爱尔明加中校率一股法军乘浓雾弥漫山野之时，攀登大山头，以迂回偷袭清军大青山大堡，然后居高临下，配合正面攻击的法军主力，夺取清军关前隘阵地。然而当地山路曲折崎岖，灌木丛生，爱尔明加的法军被地形搞得像无头苍蝇一样胡冲乱撞，转了半天也找不到攻击目标，只好沿原路返回。而尼格里以为偷袭得手，迫不及待地把全部兵力派上正面冲锋。法军在炮火掩护下，向长墙推进。炮弹在冯子材身边不远处爆炸，清军担心主师安危，劝冯退避。但冯子材长矛插地，岿然不动，铿锵凛然地说道：“怕炮弹还打什么仗？我是宁死不会退的，谁退就是动摇军心！”

法军这时已抵长墙下，有的已从长墙缺口爬入墙内。冯子材看到就近歼敌、转守为攻的时机已到，遂下达反击命令。霎时，号角嘹亮取代了炮声沉闷，战鼓擂得震天响，只见须发斑白的冯子材大吼一声，率两个儿子首先持矛冲出长墙，直奔法军。清军诸将士见主将年老尚如此奋不顾身，皆感奋，一齐杀出，“奋挺大呼从者如云，同拼一死随将军”的动人场面出现了。清军与法军进行白刃格斗，

法军的枪炮不管用了，而清军的刀矛却大显威力，双方在关隘前战得难分难解，但清军毕竟人多势众，以10倍、20倍于法军的兵力猛压过来，法军主力被打退。此时，绰号“王老虎”的清将王德榜在击溃法援军、消灭其运输队后，又从关外夹击法军右侧后，配合东岭的陈嘉、蒋宗汉军攻袭法军，夺回了被占堡垒。而清将王孝祺也已击溃西岭的法军，并包抄敌人左侧后，法军三面受敌。而在敌后，关外游勇客民千余，闻冯子材身先士卒，亦来助战，袭敌后方。清军如潮水般冲向敌寇，法军在四面打击下死伤数百人，弹药将尽，后援断绝，尼格里只得下令作梯形阵势退却。

法军残部狼狈逃到文渊，又退到谅山，企图重新积蓄力量反扑。但冯子材岂会给尼格里喘息机会，率清军乘胜追击，二十六日克复文渊，二十八日在激战中又把尼格里击成重伤，二十九日突袭谅山。法军士气沮丧又疲惫不堪，代指挥爱尔明加下令毁坏各种军用物资后，弃城而逃。清军和黑旗军继续追击，又在谷松、威坡、长庆重创法军，缴获各种枪炮弹药不计其数，法军第二旅团精锐悉被歼灭。与此同时，黑旗军与清军在临洮也取得大捷。抗法战争在中方胜利在望之时，清廷却与法国签订不平等条约，使越南成为法国殖民地，并成为侵略中国西南的基地。

甲午战争

1868年明治维新以后，日本开始大力发展资本主义，建立近代国家，并具有强烈的军国扩张欲望。明治政府一建立就制定了旨在征服中国和世界的所谓“大陆政策”：侵占中国台湾，再征服朝鲜，进一步侵占中国的东北和蒙古地区，继而征服全中国，最后独占亚洲，称霸世界。

1894年春，朝鲜爆发了东学党起义，以“除暴安良”和“逐灭夷倭”为口号。起义很快席卷了朝鲜南部很多地区，朝鲜政府无力镇压，便向清政府求援。清派直隶提督叶志超等率兵2500人赴朝助剿。日本伺机而动，决定出兵朝鲜，趁机挑起中日冲突以发动侵略战争。朝鲜东学党起义被镇压后，清政府照会日本，建议中日两国同时撤兵。日本拒不撤兵，蓄意扩大事态。面对日本的挑衅，清统治集团内部出现了主战和主和两派意见。以光绪帝为首的帝党力主加强战备，以武力遏制日本的扩张，但实权掌握在慈禧太后和李鸿章手上，他们对日避战求和。日本重兵压境，驻朝清兵多次请添援军，李鸿章不予理会，反而把解决中日争端的希望寄托在国际列强的调停上，但西方列强对日本发动战争均持默许和支持的态度。

中日甲午海战图　清

七月底，清援军途经丰岛海面时，突遭日

舰袭击，清军官兵死伤惨重，日本不宣而战，正式挑起侵华战争。1894 年八月一日，中日两国同时正式宣战。九月，日陆军分 4 路会攻平壤，清军与日军在城外展开激战。左宝贵指挥清军英勇抵抗，死守城北玄武门一带，并亲自登城开炮轰击日军，不幸中炮牺牲，玄武门失守，主将叶志超逃跑。九月十七日，中日在黄海海面上进行了激烈的海战。提督丁汝昌率领北洋舰队与日军展开激烈战争，丁汝昌受伤后仍坐于甲板上鼓舞士气，由“定远”号管带刘步蟾代其指挥督战。“致远”号管带邓世昌在鏖战多时、船舰受重创情况下，下令舰船猛撞日舰，不幸中鱼雷，全舰官兵壮烈殉国。“经远”号亦在其管带林永升指挥下坚持战斗到最后一刻。黄海海战北洋舰队虽然损失了 5 艘军舰和近千士兵，但也重创了日舰。由于李鸿章实行“保船制敌”的消极防御方针，命令北洋海军集于威海卫，不准出战，致使日本掌握了黄海海域制海权。

十月，日军偷渡鸭绿江成功，九连城、安东等地相继失守，日军进逼辽阳。与此同时，日军另一支军队由辽东半岛的花园口登陆，南犯金州。徐邦道率部分清军与日军在金州激战，因寡不敌众、后援不济而退守旅顺，另一清军将领赵怀业不战而逃，弃守大连。十一月十七日，日军进攻旅顺，只有徐邦道一部奋勇迎敌，孤立无援，旅顺失守。二十二日，日军进入旅顺，进行了惨绝人寰的大屠杀，历时 4 天，杀害 2 万多人，血流成河，尸横遍野。旅顺失守后，清政府多次派人向日本求和，日军不予理会，将进攻重点转向北洋舰队基地威海卫。当时北洋舰队实力尚存，可与日军一战，但李鸿章严禁其出击，造成了被动挨打的局面。威海一战，北洋舰队全军覆灭，提督丁汝昌拒降自杀，定远管带刘步蟾亦自杀殉国。1895 年初，日军战略重点转向辽东半岛，辽东半岛沦陷。三月，清政府派李鸿章赴日议和。1895 年四月十七日，李鸿章屈服于日本的压力，与伊藤博文签订了《马关条约》，甲午战争结束。

《马关条约》是《南京条约》以来最严重的不平等条约。日本割占了中国大片领土，进一步破坏了中国的领土完整，助长了列强侵略中国的野心，引发了列强瓜分中国的狂潮，给中华民族带来了空前严重的危机。

帝国主义瓜分中国的狂潮

《马关条约》签订后，清政府割辽东半岛给日本。这损害了俄、德、法三国利益，于是就出现了“三国干涉还辽”的事件。

1896 年六月，俄国政府诱迫李鸿章在莫斯科签订了《中俄密约》。不久，俄国趁德国强占胶州湾之机，于 1897 年底派军舰开赴旅顺，第二年迫使清政府签订《旅大租地条约》，强占旅顺、大连，并获得了南满铁路的修筑权，把整个东北划入了自己的势力范围。1897 年十一月，德国借口山东巨野两名传教士被杀一案，派兵强占胶州湾沿岸各地。1898 年三月，迫使清政府签订《胶澳租界条约》，把山东划入了自己的势力范围。

1895 年六月法国签订了中法界约和商约，割占了我国云南边境的一部分领土，获得了陆路通商减税的特权，并首先获得了筑路、开矿的特权。1898 年四月，法国获得了租借广州湾的特权。从此，广东、广西、云南划入了法国的势力范围。

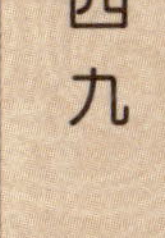

1897年，英国获得了中国西南边境的大片领土，1898年七月，获得租借威海卫的权利。1898年，又获得了九龙“新界”大批土地的租借权。这样，英国在长江流域及华南、西南、东北等地都划定了自己的势力范围。美国由于种种原因没能参加瓜分中国的狂潮。1899年，提出了“门户开放”政策。

义和团的兴起

义和团原名义和拳，来源于白莲教和秘密结社。甲午战争后，随着外国资本主义列强对中国侵略控制的加强，反清的号召逐渐让位于反侵略的号召。1898年秋，山东巡抚张汝梅主张持平解决民教纠纷，并对义和拳组织采取以抚为主的政策。此后，冠县的义和拳首领赵三多首先打出了“助清灭洋”的旗号。

1899年，山东清平县义和拳改称义和团。同年夏季，清政府转变了对义和拳一味剿杀的政策，改行抚剿兼施的策略。毓贤接任山东巡抚后，奏请朝廷承认义和拳为合法民间团练，正式改义和拳为义和团。此后，义和拳争得了合法地位，各地义和拳陆续改称义和团。毓贤对义和团的招抚政策，使山东义和团迅速扩展，团众四处攻打教堂，驱逐教士，与助教士为虐的地方官府作对。朱红灯在平原县，树起了“兴清灭洋”的大旗。此后，“顺清灭洋”“保清灭洋”“扶清灭洋”等口号都陆续出现，后来大都统一为“扶清灭洋”。1900年日趋高涨的义和团运动也波及直隶、天津。各国公使因各地教堂遭受沉重打击，多次照会清政府，施加种种压力。清政府畏于列强的一再逼迫，不久后改派袁世凯为山东巡抚，开始了对山东义和团的血腥镇压。

八国联军进攻天津、北京

1900年六月，为镇压中国人民的反抗，英、美、俄、日、法、德、意、奥八国联军2000多人，由英国海军中将西摩尔率领，分3批从大沽经天津乘火车北进。消息传到北京，董福祥率领的清兵甘军迅速控制了北京车站，准备迎击联军。前往火车站迎接联军的日本使馆书记官杉山彬，在永定门外被甘军射杀。在联军开往北京的途中，沿铁路线的义和团及民众破坏铁路，随处拦击侵略军。当联军到达廊坊时，发生了廊坊之战。

各国公使感到形势恶化，立即举行会议，一致同意调军队保护各国使馆。驶达大沽口外的各国舰队先后接到奉命进京的电报，并迅速派出陆战队，由海河乘船到达天津，准备向北京进犯。后来，迫于列强的威逼，慈禧太后命令总理衙门同意八国调兵入京，但每一国派兵不得超过30名。这些军队实际上是八国联军的先遣队。进入天津租界内的各国军队后来已达2000人。

1900年七月中旬，八国联军攻陷天津，清政府宣布对各国开战。义和团著名首领张德成率“天下第一团”5000多人进入天津，参加战斗。义和团和清军攻打紫竹林的战斗整整持续了一个月，天津防御力量急剧衰退。但是此时清军又开始大肆捕杀义和团，致使天津最后失陷。八国联军接着向北京进攻。1900年八月中旬，八国联军侵入北京。北京陷落。联军入京后，对北京义和团和广大民众进行了残暴的屠杀，联军还在城中肆意放火，大批珍贵图书档案遭到焚毁和劫掠。

慈禧太后西逃

光绪二十六年（1900 年）五月二十八日晚，义和团焚烧丰台火车站的消息与京津铁路轨道被拆毁的谣言传到外国公使居住的东交民巷。各国公使感到形势紧急，立即举行会议，全体同意调军队保护各国使馆。次日，驶抵大沽口外的外国舰队先后接到进京的电报，并很快派出陆战队，由海河乘船抵达天津，准备向北京进犯。六月上旬，进入天津租界的各国军队已达 2000 人。六月十日，各国驻津领事和海军统帅在英国领事贾礼士的提议下举行会议。在美国领事的鼓动下，会议决定将在津的八国现有兵力组成联军进军北京，由在津军队中级别最高的英国人西摩尔中将为统帅，美国人麦卡加拉上校为副统帅，八国联军正式组成。

六月十七日，八国联军攻打大沽炮台，当天义和团和清军联合攻打紫竹林租界，天津战役爆发。六月二十一日，清政府宣布对各国开战。七月十九日夜里，炮声急促起来，慈禧不敢入睡，坐在养心殿听取军情报告。忽然载漪慌慌张张地跑了进来，喊道："老佛爷，洋鬼子打进来了！"接着，军机大臣荣禄也惊慌失措地报告沙俄哥萨克骑兵已经攻入天坛。

慈禧慌忙召集王室亲贵和军机大臣，紧急商议撤离京师避难事宜。七月二十一日凌晨，慈禧与光绪皇帝等皇室人员，换便衣乘马车仓皇逃离京城。当时东直门、齐化门已被洋人攻下，慈禧一行从神武门出宫，经景山西街，出地安门西街向西跑。当队伍到德胜门时，难民涌来。慈禧的哥哥桂祥率八旗护军横冲直撞一阵，才开出一条道来。

队伍在上午像潮水一般到达颐和园，两宫人员纷纷下车进入仁寿殿休息了一会。随后，慈禧下令马上出发。由皇室成员和 1000 多名护驾人员组成的队伍，马不停蹄地一路向西急行军。

慈禧一行，历尽了颠沛之苦。沿途只能夜宿土炕，既无被褥，又无更换的衣服，更谈不上御膳享用，仅以小米稀粥充饥。

一直到了西安后，安全和供应才有了保障。为了能早日"体面"地回京，她命令庆亲王奕劻回京会同直隶总督李鸿章与各国交涉议和。

虽然国家已经面临亡国的危险，但慈禧仍然要求地方官员供应她奢侈的生活

西摩尔

西摩尔（1840 年—1929 年），英国海军将领，英国海军上将西马糜格里之侄。1854 年—1856 年参加英、法对俄国的克里木战争。1857 年以中尉见习生的身份参加英、法侵华的第二次鸦片战争。1862 年在上海随军与太平军作战。1863 年回英国，后升为中将。1897 年—1901 年任英国驻东亚舰队总司令。义和团运动期间，参加八国联军侵华。1900 年六月十日，以保护北京使馆为名，他率领一支由英、美、德、法、俄、日、意、奥八国水兵组成的 2000 余人的联军，分批从天津向北京进犯。6 月 12 日—14 日，被清军和义和团困于廊坊。因铁路断绝，十六日西摩尔决定退回杨村。十九日，开始向天津总撤退。二十二日于败退途中占领天津西沽武库。二十六日得援军接应才退回天津。1900 年七月下旬至九月下旬，他到上海、南京等地指挥调动英国军队，为英国在长江流域的利益及"东南互保"施加军事影响。而后返回大沽，与沙俄争夺山海关。曾参与策划并指挥了列强共同占领山海关和秦皇岛的军事行动。西摩尔在 1929 年死去。

用度。为了满足慈禧一行在西安浩繁的开支，各省京饷纷纷解到，漕粮也改道由汉口经汉水、丹江运往陕西。据档案文献统计，截至1901年二月初，解往西安的饷银就高达500万两，粮食100万石。

为了讨好列强，慈禧不断发布上谕：这次中国变乱，事出意外，以致得罪友邦，并不是朝廷的意思；对于那些挑起祸乱的人，清朝政府一定全力肃清，决不姑息。这些话完全表明她要丢卒保帅，不惜一切代价讨好列强。

慈禧为尽量满足列强的心愿，还以光绪的名义下罪己诏，奴颜十足地说："量中华之物力，结与国之欢心。"

1901年八月十五日，《辛丑条约》签订，中国赔款白银4.5亿两，这笔费用相当于清政府12年的收入总和。《辛丑条约》的签订，标志中国完全沦为半殖民地半封建社会。

"议和"告成，慈禧一行便于同年八月二十四日踏上返京的路途。这次归返京城与逃出京城的情形可大不一样了。从西安启程时，百姓"伏地屏息""各设彩灯"欢送，数万人马按照京城銮仪卫之制列队行进。慈禧乘坐八人抬大轿，轿前有御前大臣及侍卫，后面是3000多辆官车，装着慈禧及王公大臣的行装及土特产，浩浩荡荡如同打胜仗般凯旋。

同年十一月二十八日，慈禧、光绪帝等人回到了北京，京城地方官动用了大量财力和人力，将御道装饰一新。但入城的气氛叫人感到压抑，沿途大街上除了乱哄哄的八国联军官兵围观外，跪迎慈禧回銮的官员百姓没有几个。经历浩劫的京城已经再也打不起精神，来迎接这个祸国殃民的国贼了。

《辛丑条约》

《辛丑条约》是外国侵略者强迫清政府签订的丧权辱国的条约，又称《辛丑议定书》《辛丑各国和约》。1900年，八国联军攻占北京。十二月二十二日，外交团以英、美、俄、德、日、奥、法、意、西、荷、比11国公使团名义向中国提出"议和大纲"12条。1901年（农历辛丑年）九月七日，清政府全权代表奕劻、李鸿章与上述11国代表在北京签订《和约》，共12款，附件19件。主要内容为：中国赔款白银4.5亿两，分39年还清，年息47厘，本息折合9.8亿多两，以海关税、常关税和盐税作抵押；将东交民巷划为使馆界，界内各国驻兵管理，中国人概不准居住；拆毁大沽炮台及京师至海通道各炮台，外国军队驻扎在北京和从北京到山海关沿线的12个重要地区；永远禁止中国人民成立或参加"与诸国仇敌"的各种组织，违者处死。各省官员对所属境内发生的"伤害诸国人民"事件，必须立刻镇压，否则立即革职，永不叙用；外国认为各个通商章程中应修之处或其他应办的通商事项，清政府概允商议，并改善北河及黄浦两水道；清政府承认"纵信"义和团之错，并向诸国道歉，惩办首祸诸臣；改总理各国事务衙门为外务部，班列六部之前。

日俄战争结束

1905年九月五日，因战争而筋疲力尽的日俄双方在美国签订了《朴茨茅斯条

约》。在中国土地上进行的日俄战争以俄国失败而结终。这场战争持续了一年半，规模之大，伤亡之惨，均为罕见。仅日本一国所耗战费即达 15 亿日元，动员的兵力 110 万。俄国所耗人力物力，均不在日本之下。战争中，日本修改了征兵令，服役年龄从 32 岁延至 37 岁，动员能力已接近极限。所有陆军 13 个师团全部投入战场。乃木希典的第三军胜利归国时，乃木于船中迎风洒泪，赋诗曰："皇师百万征强虏，野战攻城尸做山。"这场战争竟以中国的东北为战场，东北人民在长达 19 个月的时间里惨遭兵燹之灾，伤亡无计其数。日俄两军建筑炮台、挖掘战壕、修垫车道时，拆毁民房、毁坏民地、砍伐树木、驱使民工，无一不使东北国人遭难。仅海城杨家园子第 21 屯，地亩禾苗被毁 10000 余亩，树木被砍伐 50000 余棵。战后待赈灾民即 38413 户。俄军粮的 85% 取自中国东北，东北人民死于战火的约 20000 人，财产损失折银 6900 万两。

 四、清朝的经济与现代化

农业的发展

清朝康熙帝在位的 60 多年间，政府奖励垦荒屯田，重视兴修水利，大举治理黄河、淮河。多次减免租税，耕地面积不断扩大，经济逐步得到恢复发展。康熙五十三年（1714 年），康熙帝还向大江南北推广一年两熟、双季连作的新稻种。雍正帝即位后继续发展农业，修建海塘，政府还采取多种种植方法，粮食产量明显提高。高产作物甘薯的种植也得以推广。经济作物桑、茶、棉花、烟草等种植面积扩大，经济快速发展。到乾隆时期，耕地面积大量增加，人口迅速增长，社会经济呈现繁荣景象，历史上称之为"康乾盛世"。

闭关政策

乾隆前期，清政府加强了对外贸易的限制，形成了所谓闭关政策。一、限定一口通商。乾隆二十二年（1757 年），规定凡外国商船只准在广州一地通商贸易。二、严格约束外商活动。规定凡外国商人来广州贸易，只能同行商打交道。行商是清政府特许的商人，这些商人设立洋行，专门经营对外贸易。行商的职权和责任至重，凡外国商人买卖货物、交纳商税，皆由行商代为办理；凡外国商人一切居住行动，皆由行商负责管束、担保；凡清政府有所宣示或外国商人有所陈请，皆由行商居间传达。此外，还有许多条例和章程。三、限制中国商民出海。规定凡出海商船装载不得超过五百石，又规定船上一切人员都必须详细登记姓名、年

旗地

旗地是指清代八旗成员所占有的田地。天命六年（1621 年）七月，努尔哈赤在辽沈地区实行"计丁授田"，每一成年旗人授田 6 垧（一垧约为 5 亩）。入关后从顺治初年到康熙中期（1644 年—1684 年），清朝统治者先后进行了三次大规模的圈地，共圈占了畿辅官民田地 16 万余顷。各地驻防八旗也进行了圈地。畿辅旗地、驻防旗地和入关以前早已圈占的盛京旗地共同构成了清代"八旗旗地"。

貌、履历、籍贯等，以供官府稽查。

资本主义萌芽的缓慢发展

清朝，随着社会经济的恢复发展、商品经济的活跃，资本主义萌芽也在缓慢地发展起来。

此时，江宁、苏州等地出现一些很富有的机户，经营着较大的手工业作坊和工场。一些大的包买商还开设“账房”或“行号”。这种“账房”或“行号”拥有大量的织机和原料，或自行设机督织，或将织机、原料分给小机户为其生产。它的周围有众多的小机户及织工受其支配，从账房到小机户到织工，结成资本主义的生产关系。在棉织业中，资本主义萌芽最为明显。此外，在广东的冶铁业、铸铁业中，云南的采铜业中，江西景德镇的制瓷业中，四川的制盐业中，陕西的木材采伐业中，也有资本主义性质的经营。在当时中国的社会条件下，清代的资本主义萌芽虽然有所发展，但仍非常微弱，发展缓慢。

江南三织造

清代在江宁、苏州和杭州三处设立的、专办宫廷御用和官用各类纺织品的织造局。顺治二年（1645 年）恢复江宁织造局；杭州局和苏州局均于顺治四年（1647 年）重建。顺治八年（1651 年）确立了“买丝招匠”制的经营体制，并成为清代江南三织造局的定制。江南织造通常分为两部分。织造衙门是织造官吏驻扎及管理织造行政事务的官署，织造局是经营管理生产的官局工场。苏州织造局分设有织染局和总织局。局内织造单位分为若干堂或号，每局设头目三人管理，名为所官。所官之下有总高手、高手、管工等技术和事务管理人员，负责督率工匠，从事织造。江宁织造局之下设三个机房，即供应机房、倭缎机房和诰帛机房，技术分工较细，按工序由染色和刷纱经匠、摇纺匠、牵经匠、打线匠和织挽匠等各类工匠操作。

茶商

茶商是指清政府特许经营茶叶的专卖商人。清初茶叶为政府实行专卖的商品，一般商人不能随意贩运。茶商因在茶叶运销中的职能不同，大致可分为收购商、茶行商和运销茶商。茶叶收购商人，深入茶山，向零星茶户（茶叶生产者）收购毛茶，然后卖与茶行商人。有的地方没有这类收购商，由茶户直接卖与茶行商人。茶行商人的业务，主要是代运销茶商收购茶叶，他们一般为经纪人，亦有兼营毛茶加工业务者。运销茶商至产茶区贩茶，必投茶行，给验茶引，预付货款。茶行商人代为收购，抽取佣金。开设茶行，要经过官府批准，领取照帖。官府禁止私自开设茶行。运销茶商有两种：运销“官茶”的称“引商”，运销“商茶”的称“客贩”。“引商”请引于部，每运一引（100 斤）茶叶到陕甘等地的茶马司，50 斤“交官中马”，50 斤“听商自卖”，另外还允许带销“附茶”14 斤，作为“官茶”运脚之费。“客贩”请引于地方政府，专门运销“商茶”，除缴纳引课之外，凡遇税关，需验引抽税。产茶区生产的茶叶，要先尽“引商”收买，然后方给“客贩”运销。

盐商

盐商指清政府特许的具有垄断食盐运销经营特权的食盐专卖商人。清代盐商主要有窝商、运商、场商、总商等名目。窝商，亦称业商。清初，无窝商、运商之分。有引窝的盐商都是自己运销食盐。以后，有引窝的盐商，因资本短缺，无力贩运，遂将引窝租予无窝之商运销食盐，便有了窝商、运商之分。窝商不经营盐业，靠垄断引窝，坐收巨利。运商，亦称租商。运商认引贩盐，先向窝商租取引窝，缴付“窝价”。然后，凭盐引到指定产盐区向场商买进食盐，贩往指定的销盐区销售。场商，是在指定的盐场向灶户收购食盐转卖给运商的中间商人。场商具有收购盐场全部产盐的垄断特权，并采取不等价交换的手法，残酷剥削食盐生产者而攫取商业利润。总商，又名商总。清政府盐运使衙门在运商中选择家道殷实、资本雄厚者指名为总商，其主要任务是为盐运使衙门向盐商征收盐课。总商经济实力雄厚，与官府的关系最为密切，是盐商中的巨头。

外国在华银行

外国在华银行指近代资本主义各国为便于向中国输出商品及资本，在中国设立的金融机构。从 1845 年起，外国纷纷在华开设银行。19 世纪 40 年代英国在华开设银行只有 1 家，50 年代增为 4 家，60 年代初期又增加 4 家，即汇川银行、利华银行、利生银行和利升银行。但它们在 1866 年的一次金融危机中全都倒闭。其后，汇丰银行于 1864 年八月六日在香港创立，1865 年四月三日在上海开设分行，总行设在香港，表明它一开始就以中国为其榨取利润的对象。60 年代在福州、汉口、宁波、汕头设立机构，70 年代又在厦门、芝罘（今山东烟台）、九江设立分行，80 年代扩展到天津和澳门、海口、打狗（今台湾高雄）等地。到 19 世纪 80 年代末，4 家著名的英国银行在中国各地设的分支机构计有丽如银行 6 个、有利银行 8 个、麦加利银行 5 个、汇丰银行 14 个，合计 33 个。其时中国自办银行尚未出现。90 年代各主要帝国主义国家纷纷来华设立银行。德国几个垄断资本集团投资的德华银行设总行于上海；日本的横滨正金银行 1893 年在上海设立分行；法国的东方汇理银行在 1894 年和 1899 年分别于香港和上海设立分行；沙俄的华俄道胜银行 1895 年在牛庄设行，1896 年在上海设行；美国的花旗银行于 1902 年在上海设立分行。外国在华银行的业务活动，最初是以中外贸易中的汇兑业务包括买卖远期汇票为主，同时吸收存款，办理放款和发行钞票。1894 年至 1913 年的 20 年间，各国向中国输出资本中以借款方式提供的银数为十亿九千二百四十六万两（不包括庚子赔款转作借款）。

外国在华铁路投资

19 世纪末至 1911 年外国在中国进行了一系列兴建铁路的活动。鸦片战争结束至甲午战争前，外国势力一直企图在中国进行铁路投资，以开拓中国市场。中法战争爆发后，法国提出由其提供贷款 2000 万两，让其在中国建筑铁路，作为讲和条件之一。1895 年，法国首先迫使中国同意越南铁路可接至中国界内，次年又取得建筑龙州铁路的权益。1898 年、1899 年，取得承办从北海造路至南宁、让

予建筑从广州湾向雷州半岛内地延伸的铁路的权益。其次是俄国于1896年取得让予建筑横穿东北北部（满洲里—哈尔滨—绥芬河）铁路的权益，1898年又取得纵贯东北南部（哈尔滨—长春—大连）铁路的让予建筑权益。1899年，对从北京向北或东北俄界的铁路也取得了优先承办权。其三是德国于公元1898年一举囊括了在山东全省建筑铁路的让予建筑权益。其四是英国于同年迫使清政府给予承办津镇等5条铁路的让予建筑权益。同时，各国财政资本组织配合该国侵略中国政策，或应清政府要求提供铁路贷款，或强使清廷举借路债而取得投资权益。比利时的比国铁路公司对芦汉（即后来的“京汉”），英国的中英公司对关内外（即后来的“京奉”），美国的合兴公司对粤汉各路，都取得了投资权益。俄国的华俄道胜银行投资建筑柳太（即后之“正太”）铁路，则与清政府基本上达成协议。1902年至1911年间，帝国主义列强攫取了开兖、正德、汴洛、安奉、新奉、吉长、吉会、新法、粤汉川等9条铁路的“借款优先”“独享建筑权”或“借款”的权益。他们从中国攫取的铁路建筑权益，在中国人民的抵制、列强之间的矛盾冲突等因素制约下，实际上并没有全部实现。截至公元1911年止，列强投资建成的铁路，有京奉（979千米）、中东（2554千米）、京汉（1308千米）、胶济（433千米）、广三（50千米）、道清（166千米）、正太（243千米）、滇越（469千米）、安奉（260千米）、沪宁（327千米）、汴洛（184千米）、广九（143千米）、津浦（1066千米）、吉长（100千米）14条铁路，总长为8282千米。

中国自办的银行

1897年5月27日，中国自办的第一家银行——中国通商银行，由太常寺少卿、全国督办铁路事务大臣盛宣怀“奉特旨开设”，总行在上海。在该行250万两实收资本中，由招商局和电报局分别投资80万两和20万两，盛宣怀名下包括他本人和代其他官僚出面投资的达73万两。另有户部拨存、分五年还清的生息

票号

清朝以经营汇兑业务为主的信用机构。亦称票庄、汇号或汇兑庄。乾隆、嘉庆以后，由于埠际贸易扩展，汇兑业务发展迅速，专营汇兑的票号应运而生。道光初年由山西平遥县日升昌颜料庄改组而成的日升昌票庄是最早的一家票号。票号多为合伙组织，也有独资经营。每号创始资本自数万两至二三十万两不等。其后，由盈利转化为护本、倍本等名目，实有资本不断扩大。

存款100万两。其后，20世纪初，清政府又在法律上承认民营银行的开设。在短短的十几年间，各地先后建立了10余家银行，即户部银行（1905年、1908年改称大清银行，北京）、浚川源银行（1905年，成都）、信成银行（1906年，北京）、信义银行（1906年，镇江）、浙江兴业银行（1907年，总行原在杭州，旋移上海）、交通银行（1908年，北京）、四明商业储蓄银行（1908年，上海）、直隶省银行（1910年，天津，由直隶省银号改组而成）、殖业银行（1911年，天津）、福建银行（1911年，福州）、四川银行（1911年，成都）。

华工

华工指在国外从事体力劳动的中国人，是海外华侨的重要组成部分。鸦片战争前，华工主要是自愿结伙出洋谋生，大多分布在东南亚，人数较少；到清末，几乎全是被西方殖民主义者拐掠、贩卖的契约华工，分布在世界各地。19 世纪去东南亚的华工，累计至少在 700 万人以上。绝大多数是闽南人，也有少数粤东人。

官办企业

官办企业是指清政府指派官员、筹拨创办费和常年经费、雇用工人使用机器或机械动力进行生产的企业。其中，军事工业占绝大部分，民用企业只占小部分。1861 年，曾国藩设立安庆军械所，仿制洋枪洋炮。次年，设立上海洋炮局。1863 年又创办苏州洋炮局。1865 年，清政府在上海创建了江南制造总局。至 1911 年，全国共创建了 26 家军用企业。它们生产的产品不投入交换，属于非商品生产。这些企业从设计施工、机器装备、生产技术，直到原材料和燃料的供应，大多依赖外国势力的支持。清政府曾设立若干民用企业，分布在采掘、冶炼和棉、毛、纺织等经济部门。为供应福州船政局和其他军事企业急需的燃料，清政府于 1875 年着手开发台湾基隆煤矿，经营三年，于 1878 年产煤。这是中国第一个使用机器开采的大型煤矿。1890 年，湖广总督张之洞在湖北经营汉阳铁厂。1878 年，左宗棠在兰州筹办兰州机器织呢总局。官办棉纺织企业有湖北织布官局，由张之洞于 1888 年在武昌筹办。其后又在 1898 年设立制麻局。人们通常所称的湖北纺织局即是湖北织布、纺纱、缫丝、制麻四局的通称。20 世纪初，官办民用企业在数量上有所增加，绝大多数属于地方经营。

詹天佑修筑铁路

詹天佑（1861 年—1919 年），字眷诚，江西婺源人。同治十一年（1872 年）作为清政府派出的第一批幼童生赴美国留学，1881 年以优异成绩毕业于美国耶鲁大学土木工程系。从 1888 年起，他参与和主持修筑多条铁路，成为中国铁路工程的先驱。

詹天佑先后参与修建、勘测和主持修建的铁路路线有：京奉铁路、江苏铁路、京张铁路、张绥铁路、津浦铁路、洛潼铁路、川汉铁路、粤汉铁路和汉粤川铁路等。从 1905—1909 年，他以总工程师的身份主持修建的京张铁路全长 200 多千米，是第一条由中国人勘测、自行设计和施工的铁路。詹天佑克服种种困难，以有限的经费、高超的技术，用复式大功率机车前引后推及大坡度“之”字线展线，越过了险峻的八达岭，并采用新工程技术，减少了工程数量，缩短了工期，节约了费用，受到中外人士的高度赞扬。此外，詹天佑还勘测设计并主持修筑了中国自建的川汉铁路宜昌至万县段，以及主持了粤汉铁路和汉粤川铁路的修建工程。

1909 年，詹天佑获清政府工程进士第一名。在 1916 年，他获香港大学荣誉法学博士学位。此外，詹天佑编写了中国第一部《华英工学字汇》，另外还著有《京张铁路工程记略》等著作。

状元实业家张謇

张謇（1853 年—1926 年），字季直，号啬庵，江苏南通人，清朝末年的状元。他不愿做官，决心以兴办实业来救国。

1895 年四月，日本强迫清政府签订了结束中日战争的不平等条约《马关条约》，除了割地、赔款、开辟商埠外，还有允许日本人在中国内地开办工厂的条款。为了抢在外资在内地设厂之前创办一些工厂，张之洞委派张謇在通州集资兴办纱厂。经过张謇的一番努力，到 1899 年五月在南通建成大生纱厂。大生纱厂投产后，得到了官府的支持。该厂投产后不但较快地站稳了脚跟，经受住了洋商、洋货的竞争，而且年年盈余。大生纱厂创办成功，是张謇生平的一件大事，它也鼓励了一些有钱人投资办厂。

为了发展生产，张謇又陆续开办了一批企业。张謇还参加投资了很多公司，成为名噪东南的实业家。

可是有利于企业发展的好景并不长久。1922 年以后，各盐垦公司连续遭遇自然灾害，加上用人不当、经营不善，使大生纱厂负债愈重。加之国内军阀连年混战，以及第一次世界大战结束后帝国主义国家对华经济压迫加剧，到 1923 年，一向盈利的大生纱厂转为亏损。

张謇虽曾有“失败不要紧，第一要失败得光明，第二要失败后有办法。大家打起精神，决心再来打一个败仗以后的反攻，不要馁，不要退”的打算，但这个决心未及实现，他就在 1926 年 8 月 24 日病故于南通，终年 74 岁。张謇兴办实业的历程，成为中国民族工业曲折发展的一个缩影。张謇是位清末从封建士绅转化过来的民族资产阶级上层人物，他在兴办实业方面所取得的成就，对我国民族资本主义的发展起了引导和促进作用。

五、清朝的文化

《四库全书》

中国历史上卷帙最大的一部丛书。共收书 3461 种，79309 卷，36304 册。全书按照隋朝以来历代沿用的经史子集四部分类法编纂，每大部又分若干类，类下细别为属。四部分类：经部有易、书、诗、礼、春秋、孝经、五经总义、四书、乐、小学 10 类；史部有正史、编年、纪事本末、别史、杂史、诏令奏议、传记、史钞、载记、时令、地理、职官、政书、目录、史评 15 类；子部有儒家、兵家、法家、农家、医家、天文算法、术数、艺术、谱录、杂家、类书、小说家、释家、道家 14 类；集部有楚辞、别集、总集、诗文评、辞典 5 类。全书除中国历代各种典籍外，还有朝鲜、越南、日本，以及印度和明清之际来华的欧洲传教士的一些著述。全书共抄录 7 部，分贮于文渊阁、文溯阁、文源阁、文津阁、文宗阁、文汇阁及文澜阁。

乾嘉学派

蒲松龄像

清代实行残酷的文字狱，使得大批知识分子逃避现实而沉溺于对经书的文字、音韵、名物以及古代典章制度的训诂和考据。乾隆和嘉庆年间，考据学发展到了高峰，出现了著名的乾嘉学派。乾嘉学派分为吴派和皖派。吴派即苏州学派，惠栋是其开创者，著名学者王鸣盛、钱大昕、赵翼都是吴派的名家。皖派即徽州学派，戴震是其创始人，著名学者有王念孙和王引之父子二人。以乾嘉学派为代表的清代考据学，对于后代的学术有着很大的影响，考据学者们踏实严谨的治学态度，也影响了后代的许多学者。但是它不重实际，只重训诂，思想的火花在烦琐的考据之中窒息，对思想界有着一定的消极影响。

蒲松龄著《聊斋志异》

自从传奇小说在唐代蔚为大观之后，中国的文言小说就陷入了长久的沉寂之中。一直到蒲松龄的出现，这种局面才得以改变。

1640年农历四月十六日破晓时分，山东省淄川县蒲家庄一户人家的一声清脆啼哭，宣告了一个新生命的诞生。这个小生命的父亲欣喜若狂，于是他给孩子起名叫蒲松龄——他希望孩子能够和南山的不老松一样长寿。

蒲松龄出生时，家道已经衰落。他在父亲的指导下开始读书，19岁时以府、县、道三个第一考中秀才。但之后三年一次的乡试，成了他一生都迈不过的坎。一直到他72岁的时候，他才博得了一个岁贡的功名。一次次的志在必得，又一次次地折戟沉沙，他不得不在41岁时到别人家当家庭教师，直到71岁时才撤帐回家；另一方面使得他把大部分兴趣和精力放在收集、整理谈狐说鬼的故事上。从30多岁开始，一直到去世前，他都坚持着对《聊斋志异》的创作与加工。在他72岁的时候，他一生的精神支柱、跟他患难与共56年的妻子刘孺人病逝。他在埋葬妻子的仪式上对儿孙们宣布，自己将在三年之内死去。两年后，也就是1715年，他倚书屋——聊斋的南窗边逝世。

《聊斋志异》是一本凝聚蒲松龄一生辛酸与痛苦的“孤愤之书”，全书共有近500个故事。他在《聊斋志异》中，以饱含激情与热泪的巨笔，为读书人谱写了一曲壮志难伸的悲歌。《叶生》中的叶生“文章词赋，冠绝当时”，但是穷其半生，却困于科场，始终无法向功名迈进一步，最终郁郁而死。但他不知道自己已死，魂魄一直追随着生前的文章知己、县令丁称鹤，教丁公子读书应举，结果每试必中，直至进士及第。当他带着巨大的荣耀返回故里时，才突然发现自己早已死去多时，是一颗不甘心就此泯灭的灵魂支撑着自己，由自己的学生来实现自己终生未竟的心愿。这一个个科举考试制度下的悲剧形象身上，凝聚着作者自己一生怀才不遇的苦闷情怀，是作者自己一生痛苦的写照。

由于在现实世界中的郁郁不得志，蒲松龄把自己的理想寄托在鬼狐花妖身上，

建造了一个瑰丽奇特、异彩纷呈的精神家园。在他笔下，天地万物，一花一草，一石一木都获得了生命。从狐狸，到黄蜂，到老鼠、青蛙，甚至连牡丹花，都有思想有灵魂，有丰富的情感。而且与尘世的人相比，她们身上更具有浪漫的气息，更富有理想性。这些花妖鬼魅置封建社会的传统礼法不顾，常常夜扣书斋和心爱的书生幽会。她们大胆地追求自己的爱情和幸福，丝毫没有世俗婚姻的门当户对的观念和嫌贫爱富的庸俗想法。相反，她们对于恋爱对象的选择，或是出于对男子才能胆识的崇敬，或是由于志趣相投、爱好相近，决不会因为对方是落魄潦倒的书生或小市民而嫌弃对方。《连琐》中的连琐和杨于畏相爱，是因为共同的文学兴趣；《晚霞》中的晚霞和阿端的相爱，是以舞蹈艺术爱好为桥梁；《白秋练》中的白秋练追求慕蟾宫，诗歌是其媒介。

不仅如此，这些美丽的花妖鬼魅绝不像很多世俗的人一样朝三暮四、喜新厌旧。她们一旦付出了真心，就算海枯石烂也决不变心。《香玉》中的白牡丹，爱上了胶州的黄生，当她被迁往别的地方，与黄生两地分离之后，立即枯萎而死。而在黄生日夜凭吊的真挚感召下，她又起死回生。后来黄生魂魄所寄的牡丹花被道士砍死后，她也憔悴而死。这种可以为情而生、为情而死的伟大爱情，已经超越了时空的限制，超越了物类的区别。而且一旦这些花妖鬼魅能最终与人类结合，生活往往会幸福美满。《翩翩》中的仙女与罗子浮结合，生了儿子，并为儿子娶亲。在婚宴上她欣慰地唱道："我有佳儿，不羡高官；我有佳妇，不羡绮纨。"这种超脱而健康的情绪，是世俗婚姻中很少见的。

蒲松龄凭借着自己的力量把文言小说推向了不可企及的高度。在他身后，出现大量模仿《聊斋志异》的作品，但再也没有一部作品能像《聊斋志异》一样，既深刻而广泛地反映社会现实，又塑造出如此之多的鲜活人物，同时还留给世人一个瑰奇幻丽的艺术世界。

曹雪芹写《红楼梦》

曹雪芹名霑，字梦阮，"雪芹"是他的别号，又号芹圃、芹溪。约生于康熙五十四年（1715 年），卒于乾隆二十七年（1763 年）除夕。曹家在康熙朝盛极一时，曹玺、曹寅及其伯父曹颙、父亲曹頫等任江宁织造一职前后达 60 余年。曹寅工诗能词，又是有名的藏书家，著名的《全唐诗》就是他主持刻印的。曹雪芹就是在这种繁盛荣华而又充满书香气的家境中度过了他到 13 岁为止的少年时代。

曹雪芹像

雍正即位后，曹頫被查办革职，抄没家产。曹家全部迁回北京后，曹雪芹曾在一所学堂当差，境遇潦倒，常常要靠卖画才能维持生活。他最后流落到北京西郊的一个小山村，生活困顿。乾隆二十六年（1762 年）秋，他唯一的爱子夭亡。不久，他也含恨谢世，只留下一位新娶不久的继妻和一部未完成的书稿。《红楼梦》第一回记述道："曹雪芹于悼红轩中披阅十载，

增删五次。”他去世时，全书仅完成前八十回和后面的一些残稿。

小说一开始的十几回，写林黛玉初入荣国府的见闻，写宁国府为秦可卿出殡时的声势，写元春选妃、省亲，像缓缓拉近的长焦镜头一样，层层推进地表现出贾府特殊的社会地位和令人目眩的富贵豪奢。但就在这烈火烹油、鲜花着锦的繁华景象中，透出了它不可挽救的衰败气息。钱财方面坐吃山空、内囊渐尽，而人才方面的凋零则是贾府衰败的真正原因，贾府的男性或炼丹求仙，或好色淫乱，或安享尊荣，或迂腐僵化。

贾宝玉是《红楼梦》的核心人物。在他身上应该有作者早年生活的影子，但也渗透了他在后来的经历中对社会与人生的思考。在贾宝玉身上，集中体现了小说的核心主题：新的人生追求与传统价值观的冲突，以及这种追求不可能实现的痛苦。小说的第一回，作者也似乎在有意识地运用一个神话模式作为小说的框架。作者以女娲补天神话为象征，女娲炼石补天时剩的一块石头，时间一久，通了灵性，便因自己不能有补天之用而日夜悲号。一僧一道将它化为一块美玉，就是后来贾宝玉出生时口中所衔的“通灵宝玉”，也就是“宝玉”本人。这个神话故事揭示了贾宝玉这一形象的本质特征——他是一个具有良材美质的“废物”。这似乎有些矛盾，但事实就是这样：他聪明无比，却厌恶读书；他是母亲眼中的命根子，但却是父亲眼中的“逆子”；他和大观园中的女孩们如胶似漆，但对老妈子却很少有什么好感；对秦钟他一见如故，但却视贾雨村为禄蠹……总之，凡是沾了利禄之气的人或物，都遭到他的蔑视和抛弃，因而，他就成为他的“诗礼簪缨之族”的“废物”，也成了社会政治结构的“废物”。贾宝玉便把他的全部热情灌注在一群年轻女性的身上。他是一个天生的“情种”。一岁时抓周，“那世上所有之物摆了无数”，他“一概不取，伸手只把些脂粉钗环抓来”；七八岁时，他就会说“女儿是水作的骨肉，男人是泥作的骨肉。我见了女儿，便清爽；见了男子，便觉浊臭逼人”；更有一句因林黛玉而起、对紫鹃所说的话：“活着，咱们一处活着；不活着，咱们一处化灰化烟，如何？”在贾宝玉看来，爱情已经成了生命的唯一意义。

在《红楼梦》中，宝黛两人既有一层表兄妹的现实关系，更有一层木石前盟的神话结构中的前身相爱关系。在现实关系中，他们的爱情是因长年耳鬓厮磨而形成，又因彼此知己而日益加深的。但这种爱情注定不能够实现为两性的结合，因为在象征的关系上，已经规定了他们的爱情只是生命的美感和无意义人生的“意义”。

包括黛玉在内的青年女性，寄托着作者的感情和人生理想，但她们在小说中无一例外地走向毁灭：有的被这腐败没落的贵族之家所吞噬，有的随着这个家庭的衰亡而沦落。由女儿们所维系着的唯一净土也不能为现实的世界所容存，所以《红楼梦》终究是一个永远也无法实现的梦。

高鹗所续的后四十回，给人的感觉是收束有些急促，显得变故迭起，一片惊惶。语言文字上也相对逊色，不过从总体上看，后四十回还是保持了原作的悲剧气氛，这是难能可贵的。后四十回中写得最好的，是宝玉被骗与宝钗成婚、同时黛玉含恨而死的情节，在很大程度上感动了许多读者，以致有怀疑那可能就是曹

雪芹的原稿。

《红楼梦》在艺术上达到了中国小说前所未有的成就。从《红楼梦》前八十回看，这部作品的结构已经突破了原来章回长篇小说的模式。它以贾、林、薛、史四人的情感纠葛为中心线索，以他们生活的大观园为主要舞台，以贾、王、史、薛四大家族的兴衰为社会背景，组织一个庞大的叙事结构。而这个结构据原作推测，又放在一个巨大的神话叙事结构中。贾、林、薛、史等人从情天幻海而来，终将回归仙境。

《红楼梦》最值得称道的，是人物形象的塑造。在《红楼梦》的主要人物中引人注目的，首先是王熙凤，作为荣国府的管家奶奶，她是《红楼梦》女性人物群中与男性的世界关联最多的人物。她“体格风骚”，玲珑洒脱，机智权变，心狠手辣。她精明强干，在支撑贾府勉强运转的背后，又挖空心思地为个人攫取利益，放纵而又不露声色地享受人生。迟发月银用来放高利贷；私了官司以谋取暴利；而借机敲诈更是她的拿手好戏，连丈夫贾琏都不放过。因此作者将加速贾府沦亡的过错，有意无意地集中到了她身上，“机关算尽太聪明，反误了卿卿性命”。王熙凤在《红楼梦》中，无疑是写得最复杂、最有生气、最新鲜的人物。

薛宝钗的精明能干不下于王熙凤，但她温良贤淑，所以她的言行举止就显得委婉内敛。她有很现实的处世原则，能够处处考虑自己的利益，但她同样有少女的情怀，有对于宝玉的真实感情。但她和宝玉的婚姻最终却成了一种有名无实的结合，作为一个典型的“淑女”，她也没有获得幸福。

林黛玉是一个情感化的、“诗化”的人物。她的现实性格聪慧伶俐，由于寄人篱下，有时显得尖刻。另一方面，正因为她是“诗化”的，她的聪慧和才能，也突出地表现在文艺方面。在诗意的生活中，和宝玉彼此以纯净的“情”来浇灌对方，便是她的人生理想。作为小说中人生之美的最高寄托，黛玉是那样一个弱不禁风的“病美人”，也恰好象征美在现实环境中的病态和脆弱。

值得注意的是，《红楼梦》中不仅写出了林黛玉、薛宝钗、史湘云、贾探春以及女尼妙玉这样一群上层的女性，还以深刻的同情精心刻画晴雯、香菱、鸳鸯等婢女的美好形象，写出她们在低贱的地位中为维护自己作为人的自由与尊严的艰难努力。这里晴雯的勇补雀金裘、笑撕纸扇、愤寄指甲，鸳鸯以死怒拒贾赦的淫威等，都给人以美好和光明的希望。

贾府中的男性如贾赦、贾珍、贾琏、贾蓉等，大都道德堕落，行止不端。他们享受着家族的荣华，是一群对财色贪得无厌的寄生虫。刘姥姥在《红楼梦》中，尤其是在后半部分，基本上成了重要人物。这位乡间老妇本是深于世故，以装痴弄傻的表演，供贾母等人取乐。然而，这一个出场时极似戏曲中丑角的人物，后来却成了巧姐的救命恩人。她可笑可怜却又可敬，人性含蕴十分丰富。在她的身上，表现了曹雪芹对下层人物的理解。

《红楼梦》的语言，既是成熟的白话，又简洁而略显文雅，或明朗或暗示，描写人情物象准确有力。它的对话部分，尤能切合人物的身份、教养、性格以及

特定场合中的心情，活灵活现，使读者似闻其声、似见其人。

《红楼梦》是一部具有历史深度和社会批判意义的爱情小说。它颠覆了封建时代的价值观念，把人的情感生活的满足放到了最高的地位上，用受社会污染较少、较富于人性之美的青年女性来否定作为社会中坚力量的士大夫阶层，从而表现出对自由生活的渴望。

清末三大谴责小说

李伯元的《官场现形记》。李伯元（1867 年—1906 年），清末谴责小说代表作家，名宝嘉，江苏武进人，曾办过多种报刊杂志。《官场现形记》是他的长篇小说，共 60 回，描写了晚清官场贪污勒索、迫害人民和投靠帝国主义的种种现象，思想上表现出改良主义的倾向。

吴沃尧的《二十年目睹之怪现状》。吴沃尧（1866 年—1970 年），清末谴责小说代表作家，亦名趼人，广东海南人。所作《二十年目睹之怪现状》为 108 回长篇小说，以描写官场为主线，涉及商场和洋场，在一定程度上暴露了晚清政治的腐败和社会的黑暗，表现出改良主义的倾向。

曾朴的《孽海花》。曾朴（1872 年—1935 年），谴责小说作家，笔名东亚病夫，江苏常熟人。1904 年创办小说林书店，并着手写作《孽海花》。该书以金雯青、傅彩云的故事为线索，描写当时一些官僚和文士的活动，暴露了清末政治的腐败，对维新派抱有幻想。

京师大学堂

京师大学堂的部分前身是 1862 年清政府在总理衙门设立的京师同文馆。京师同文馆主修外国语言，后增设有关自然科学科目，并延请外国人担任教习，具中等专科学校性质。

1898 年光绪帝下诏变法，强调要开办京师大学堂，后由梁启超草拟大学堂章程。七月，光绪帝正式下令批准设立京师大学堂。十二月正式开学，有学生近百人。京师同文馆于 1902 年正式并入京师大学堂。京师大学堂初以“广育人材，讲求实务”为宗旨，1900 年八国联军入侵北京后，京师大学堂遭破坏，停办。

1902 年复校，由张百熙任管学大臣，设预备、速成两科。预备科又分政、艺两科，速成科分为仕学馆及师范馆。1903 年增设进士馆、译学馆及医学馆。同时办分科大学。1910 年改设经、法、文、格致、农、工、商、医等 8 科 46 门。京师大学堂是中国近代最早的国立大学。

辛亥革命推翻清王朝后，1912 年，京师大学堂正式改名为北京大学，首任校长严复。1917 年，著名学者、教育家、民主主义革命家蔡元培出任校长，推行“思想自由，兼容并包”的方针，对学校进行了整顿和革新，设文、理、法 3 科 14 个系，并成立了文、理、法 3 个研究所。先后聘请陈独秀、李大钊、鲁迅、钱玄同、胡适、刘半农等具革新精神和丰富学识的著名学者到校任教，使学校的学术空气为之一新。

容闳开拓留学教育

19 世纪 70 年代，容闳向洋务派重臣提出了一个划时代的建议：派幼童出国

八仙图　清　黄慎　绢本

八仙为我国喜闻乐见的神话人物，其中张果老倒骑毛驴，铁拐李遍走天下，韩湘子捻箫而吹，吕洞宾仗剑天涯等故事为人所乐道。正是“八仙过海，各显神通”。本图人物形神各异，个性突出，传神入化，笔触劲健流畅，顿挫有致。构图上，人物正、侧、立、蹲、躬身各异，错落有致而避免呆板，而每人形姿又符合其个性特征。八仙似欲跃出画端，踏波而去。

学习。从此揭开了中国留学教育的序幕。容闳（1828 年—1912 年），是中国留学美国并获耶鲁大学学位的第一人。他从小就读于澳门的英语学校，19 岁赴美留学。容闳早年便立志以开拓教育为救国之道，欲使更多的人能像他一样享受文明教育，因此大学毕业后立即回国，争取实施他的留学教育计划。在曾国藩、李鸿章的支持下，清廷委派刑部主事陈兰彬及容闳为正副委员，常驻美国，主持留学教育的一切事宜。

从同治十一年（1872 年）起，中国连续 4 年每年派遣幼童 30 名赴美留学。他们在美国每 2 人一组住进美国人家中学习外语，然后就近入学，并陆续进入美国各大学开始深造。从同治十三年（1874 年）起，还建成了留学事务所的永久办公所。

后来由于守旧派不断打击、毁谤留学幼童，诬指他们失去爱国心、全盘西化，导致清政府于光绪七年（1881 年）六月电令留美学生全部撤回。这批幼童尽管回国后遭遇坎坷，但经过艰难曲折的奋斗，多数仍成长为国家栋梁之材，如民国首任总理唐绍仪、海军元帅蔡廷干、著名工程师詹天佑等，便是其中的佼佼者。

“扬州八怪”

“扬州八怪”是指清朝雍正、乾隆年间活跃在扬州地区的八位著名画家，他们是金农、黄慎、郑燮、李鱓、李方膺、汪士慎、高翔和罗聘。所以称他们为怪，是因为他们在作画时不守墨矩，离经叛道，奇奇怪怪，再加上大都个性倔强、孤傲清高、行为狂放，所以称之为“八怪”。

金农（1687 年—1764 年），字寿门，号冬心，杭州人，人称“八怪之首”。他博学多才，50 岁后始作画，终生贫困。他长于花鸟、山水、人物，尤擅墨梅。他的画造型奇古、拙朴，布局考究，构思别出新意，作品有《墨梅图》《月花图》等。他独创一种隶书体，自谓“漆书”，别有意趣。

黄慎（1687 年—1768 年），字恭懋，号瘿瓢，福建宁化人。他幼时家贫，学怀素书法获益匪浅，以草书入画，自创风格；擅长粗笔写意，人物画造诣颇高。作品多以神仙佛道为题材，也有不少反映社会下层人物生活的作品。作品有《醉眠图》、《苏武牧羊图》等。

郑燮（1693 年—1765 年），字克柔，号板桥，江苏兴化人。他为康熙秀才、雍正举人、乾隆进士。曾任山东范县、潍县知县，因开仓赈济灾民得罪上

司，愤然辞官，居扬州卖画为生。他思维特别活跃，颇有创见，诗书画造诣俱高，擅画竹、兰、石。他还创造了一种集真、草、隶、篆于一身的六分半书体，人称“乱石铺街”体。

李鱓（1686 年—1762 年），字宗扬，号复堂，江苏兴化人。他从小喜爱绘画，16 岁时就有了名气。他曾经做过山东滕州知县。他受徐渭、石涛影响较大，画风粗放，不拘法度，泼墨淋漓，设色清雅，以“水墨融成奇趣”。作品有《秋葵图》《松柏兰石图》等。

李方膺（1695 年—1755 年），字虬仲，号晴江，江苏南通人。曾任县令、知府约 20 年，和金农、郑燮交谊甚笃，善画松、竹、梅、兰，晚年专门画梅自喻。他在一首题画诗中写道：“此幅梅花又一般，并无曲笔要人看。画家不解随时俗，豪气横行列笔端。”他的作品有《游鱼图》《潇湘风竹图》等。

汪士慎（1685 年—1759 年），字近人，号巢林，安徽休宁人。幼时家贫，居扬州卖画为生，安贫乐道，精研艺术，擅画梅。他与金农、高翔、罗聘被时人称四大画梅高手，作品有《墨梅图》等。

高翔（1688 年—1753 年），字凤岗，号西唐，扬州人。高翔生活清苦，性格孤傲，一生敬佩石涛，善画山水、花鸟，喜画疏枝梅花，作品有《弹指阁图》等。

罗聘（1733 年—1799 年），字循夫，号两峰，祖籍安徽歙县，迁居扬州。他是金农的弟子，在“八怪”中，年辈最小，但见识很高，落笔不凡。他终生不仕，以卖画为生，一生潦倒。作品有《鬼趣图》《醉钟馗图》等。

“扬州八怪”有相近的生活体验和思想感情。他们大多出身于知识分子阶层，有的终生不仕，有的经过科举从政，一度出任小官，却又先后废黜或辞职，终以卖画为生。他们生活比较清苦，深知官场的腐败，形成了蔑视权贵、行为狂放的性格，借助书画抒发内心的愤懑。他们的艺术大都取材花鸟，以写意为主要表现方式。他们在创作中重视个性，力求创新，不同程度地突破传统美学规范，带有某些反传统的意义，作品具有较强的主观色彩，令人耳目一新。但在当时，他们并不能够被完全理解，甚至被视为旁门左道，而受到“非议”。其实，正是他们开创了画坛上新的局面，为花鸟画的发展拓宽了道路。

“扬州八怪”在中国绘画史上有着不可替代的地位。他们的作品用笔奔放，挥洒自如，不受成法的束缚，打破了当时僵化的局面，给中国绘画带来新的生机，影响和哺孕了后来的赵之谦、吴昌硕、齐白石等艺术大师。

电影艺术传入中国

清光绪二十二年（1896 年）八月十一日，上海徐园内的“又一村”放映了“西洋影戏”，这是中国第一次放映电影。光绪二十三年（1897 年）七月，美国电影放映商雍松来到上海，先后在天华茶园、奇园、同庆茶园等处放映电影。光绪二十五年（1899 年），西班牙商人加伦百克来上海放映电影。光绪二十八年（1902 年），北京也开始放映电影。当时，有一个外国人携带影片、放映机及发电机来到北京，在前门打磨厂租借福寿堂映演。影片内容多为“美人首旋转微笑，或着

花衣作蝴蝶舞”以及“黑人吃西瓜”“脚踏赛跑车”等。次年，中国商人林祝三从欧美携带影片、放映机等返国，也在打磨厂放映。这是中国人自运外国影片在国内放映的开始。光绪三十年（1904 年），慈禧太后 70 寿辰时，英国驻北京公使曾进献放映机一架和影片数套祝寿。影片在宫内上映时，放映了 3 本，发电机就发生炸裂，慈禧认为不吉利，清宫内从此不准放映电影。光绪三十一年（1905 年），清政府派五大臣出国考察，五大臣之一的端方在回国时也曾带回放映机一架，并在次年宴请载泽时“演电影自娱”，还令通判何朝桦在旁边作解说员，但演至中途，猝然爆炸，何朝桦等人均被炸死。光绪三十一年（1905 年），北京丰泰照相馆拍摄了中国最早的一部戏曲片《定军山》。这也是中国人自己摄制的第一部影片。光绪三十二年（1906 年）以后，北京城内电影放映就逐渐多起来，如北京西单市场内的文明茶园和大栅栏的庆乐茶园，便开始放映有故事情节的侦探滑稽短片。在香港，在光绪三十年至光绪三十一年（1904 年—1905 年）间，第一家电影院比照影画院在中环的云咸街建成。在上海，意大利商人 A . 雷玛斯经营电影放映，赢利颇丰，并在光绪三十四年（1908 年）建起了一座可容纳 250 人的虹口大戏院，这是上海第一家正式修建的电影院。此后，电影放映在中国就逐渐遍及南北，深入内地了。电影艺术也进一步为国人所接受而得到发展。

京剧的形成

京剧是中国的国粹，是中国文化的重要组成部分。它是一个古老而又年轻的剧种，吸收了昆剧、汉剧等历史悠久的古老戏曲的艺术精华。

1790 年发生了一件对京剧形成有关键影响的事——徽班进京。1790 年是乾隆 80 岁生日，用当时的话说，正是皇上的“八十万寿”，北京城自然准备了盛大的庆贺典礼。当时扬州有一个叫江鹤亭的盐商，他原籍安徽。这一年的秋天，他为了讨好皇帝，结识一些达官贵人，就投资组织了一个进京祝贺皇帝生日的戏班，名叫三庆班。这个戏班由当时的著名演员高朗亭率领，是历史上第一个进入北京的徽班。三庆班在北京很快取得了成功。紧接着，四喜班、春台班、和春班等许多徽班相继来到北京。这四个班社在历史上并称“四大徽班”。

徽班进京是徽班由南方的地方戏曲演变为京剧的第一步，所以，习惯上人们也把徽班进京算作京剧形成的开端。徽班进京对当时北京戏曲活动的繁荣产生了极大影响。徽班进京后，为适应当时北京观众的需要，及时吸收了曾在京都流行的京腔、秦腔、昆曲等剧种的长处，迅速发展起来，并雄踞北京剧坛。以“老三鼎甲”（程长庚、余三胜、张二奎）为代表的一批艺术家的出现，标志着以皮簧腔为主的京剧诞生。

不过，严格地说，1790 年徽班进京带来的不是真正的京剧。京剧的出现不是一件突然发生的事情，从徽班演变成京剧，大概有几十年的时间。京剧形成的过程也很复杂。

京剧形成后得到上自皇室官僚，下到普通百姓的喜爱，很快成为最有中国特色的剧种。

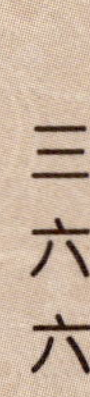